정복왕
윌리엄

노르망디
공작에서
잉글랜드의
왕으로

정복왕
윌리엄

폴 쥠토르 지음 | 김동섭 옮김

글항아리

일러두기
- 이 책은 Paul Zumthor의 *Guillaume le Conquérant*(1978)을 완역한 것이다.
- 본문의 노르만 출신 인명은 노르망디 공국의 영국 정복 과도기에 활동한 인물들이기 때문에 윌리엄을 제외하고는 프랑스어 발음으로 표기했다. 윌리엄의 두 아들인 로베르(로버트)와 앙리(헨리) 등이 그 예다.
- 본문의 이해를 위해 원서에 없는 다양한 도판과 지도를 참고자료로 수록했다.
- 동명이인이 많이 나와 혼선을 줄이기 위해 등장인물 설명을 색인을 겸하여 책 뒤에 부록으로 실었다.
- 인물의 생몰년 중 몰년만 표기될 경우에는 숫자 앞에 † 표시를 했다.

"노르만족의 영웅적 역사는 실로 대단하다.
그렇기에 그것을 이야기한다는 건 참으로 어려운 일이다……."

—

바스의 『바이킹 이야기』 중에서

역사가들은 편리함과 관성으로 인해 전통적인 용어를 고집하는 경향이 있다. 그런데 그 용어란 것이 때로는 더 이상 의미를 갖지 못하는 경우가 있다. 서양 역사에서 '중세'라는 표현이 그렇다. 8~9세기 동안 지속되었던 중세는 보수적인 관점에도 불구하고 동질성이 있던 시기로 인식된다. 하지만 중세에 대한 상이한 시각은 엄연히 존재하며, 이는 주기적으로 열띤 토론을 야기하기도 한다. 그 결과 학자들은 중세에 일어났던 새로운 변화의 흐름을 인정한다. 하지만 변화의 속도는 시대에 따라 차이가 있었다. 이런 경향은 사회 구성원들이 같은 위기와 단절된 시기를 겪으면서 형성된 정신 상태에서 잘 드러난다. 중세 유럽인들의 정신세계는 불안정했으며 체계적인 제도라곤 존재하지 않았다. 하지만 그들이 경험한 일들은 비록 정확한 시대를 알 수는 없지만 많은 자료를 통해 현대인들에게 알려져 있다.

카롤링거 왕조(8~10세기)는 로마 제국의 신화에 종말을 고했다. 하지만 제국의 종말은 새로운 시대의 시작이기도 했다. 나는 여기에 관해서

『대머리 왕 샤를Charles le Chauve』(1957)을 통해 그 역사적 의미를 설명한 바 있다. 마찬가지로 14세기에서 16세기를 거치면서 형성된 인간에 대한 재발견, 즉 르네상스는 새로운 시대의 출발을 예고하는 신호탄이었다. 이런 흐름 속에서 우리는 중세 서양사에 큰 획을 긋는 두 시대를 구분할 수 있다. 두 시대는 분명히 서로 유사한 역동적인 환경에서 탄생했지만, 필연적인 연속선상에 있는 것은 아니다. 좀더 구체적으로 말하자면 유럽의 변화는 두 시대, 즉 '로마네스크' 시대와 '고딕' 시대를 기준으로 구분할 수 있다. 또한 이 시기를 전후로 11세기의 서유럽에서는 각지의 언어가 서서히 라틴어의 그늘에서 벗어나 고유의 모습을 갖춰갔다.

문명은 사회 구성원 전체가 가진 인식의 총체를 말하지만, 그것을 눈으로는 확인할 수 없는 경우가 있다. 이 책의 1부는 이런 인식에 관한 내용을 담고 있다. 특히 정복왕 윌리엄이 살았던 시대에 주변 상황들이 그의 개인적 행위에 어떤 영향을 미쳤는지를 상세히 기술할 것이다. 그런가 하면 윌리엄은 자신의 행위가 주변에 어떤 영향을 미칠지 예상했던 인물은 아니었다. 그는 당장의 효율성에 근거해서 행동했으며, 당대의 관습들을 보존하려는 시도는 전혀 하지 않았다. 그는 도전을 받을 때마다 이에 즉시 응수했으며, 그 무대는 노르망디에서 영국으로 확대되었다. 이후 노르망디 공국과 영국은 유럽에서 가장 먼저 문명과 제도의 틀을 갖추었으며 그 응집력도 단연 돋보였다. 그렇지만 사회의 변화가 구성원 모두에게 영향을 미치지는 않는다. 왜냐하면 사회적 변화가 기술을 발전시키고 삶의 방식을 바꾼다고 해도 개인의 감정과 지적 수준이 그 변화에 필연적으로 적응하는 것은 아니기 때문이다. 중세 시대인 1000년 무렵에 살던 유럽인들은 국가적 협력과 농업 문화의 환경에서 살고 있었는데, 그들의 생활 방식은 21세기의 현대인과 크게 다르지 않았다. 우리가 알고 있는 것처럼 역사는 되풀이되지 않는다. 하지만 세대를 이어온 모든 계층의 역동성은 시간이 지나도 오랫동안 남는다.

폴 쥠토르

옮긴이
해제

역자가 폴 쥠토르의 『정복왕 윌리엄Guillaume le Conquérant』을 처음으로 접한
때는 졸저 『영국에 영어는 없었다』를 펴낸 2016년 봄이었다. 이 책은 정
복왕 윌리엄이 1066년 영국(잉글랜드가 맞지만 편의상 영국으로 부른다)을
정복하고 영국 왕으로 등극하는 과정을 상세히 추적하고 영어에 미친 프
랑스어의 영향 등 역사와 문화 교류의 내용을 풀어 쓴 책이다.

　정복왕 윌리엄은 중세 유럽의 역사에 등장하는 인물 중에서 입지전적
인 군주다. 그의 조상은 덴마크에서 건너온 바이킹이었고, 911년에 노르
망디 지방에 정착하여 프랑스 왕의 봉신이 된 롤롱Rollon이 그 시조다. 그
는 노르망디 공국의 제1대 공작이었다. 윌리엄은 노르망디의 장엄공 로
베르의 사생아로 태어났다. 중세 사회에서, 특히 노르망디 공국에서 제
후의 사생아로 태어났다는 사실은 다른 나라에 비해 특별한 의미를 지녔
다. 덴마크 바이킹의 후손인 노르만인들은 '덴마크식 풍습more danico'이라
는 독특한 풍습을 지키고 있었다. 이들의 풍습에 따르면 비록 서자라고
해도 아버지의 지위와 재산을 적자처럼 물려받을 수 있었다. 하지만 공작

의 아들로 태어났다고 아버지의 지위를 당연히 물려받는 것은 아니었다. 여기에서 윌리엄의 위대함을 찾을 수 있다. 이 책은 어떻게 윌리엄이 서자 출신으로 노르망디 공작이 되었으며, 훗날 영국을 정복하고 위대한 왕의 자리에 오를 수 있었는지를 다양한 학문적 관점에서 중세 영국과 노르망디 공국의 역사를 아울러 조망한 책이다. 물론 그 중심에는 정복왕 윌리엄이 있다.

그런데 윌리엄에 대한 평가는 프랑스와 영국에서 다소 차이가 난다. 프랑스에서는 그를 노르망디 공작에서 영국의 정복왕이 된 위대한 군주로 칭송하지만, 정복을 당한 영국의 입장은 다르다. 단순히 왕국이 공국에 의해서 정복되었기 때문에 자존심이 상해서일까? 물론 영국 입장에서 보면 정복왕은 20여 년간 왕권을 강화하기 위해 지나칠 정도로 냉혹한 통치를 펴기도 했다. 인구 2만 명 정도의 노르만인이 200만 명의 영국인을 통치하려면 그럴 수밖에 없었는지도 모른다. 하지만 저자 쥠토르는 노르망디 공국이 영국 왕국을 정복할 수 있었던 이유를 필연성에서 찾는다. 저자는 그 이유를 다양한 분야의 예를 통해 설명하고 있다.

폴 쥠토르는 스위스에서 태어나 소르본대학의 중세문학 교수 귀스타브 코엔Gustave Cohen과 함께 연구했으며, 유명한 프랑스어 학자 발터 폰 바르트부르크Walther von Wartburg와 함께 프랑스 어원론을 연구했다. 그는 중세 프랑스 문학과 중세사에 관한 다수의 저술을 남겼다.

이 책은 두 개의 축으로 구성되어 있다. 첫 번째 축은 공시적인 문화의 축인데 정복왕 윌리엄이 태어난 11세기 서유럽의 공간적 특징을 기술한다. 저자가 이런 방법을 선택한 것은 인간이 주변 환경, 특히 자신이 사는 시대의 사상과 문화에 크게 영향을 받기 때문이다. 이 책의 주인공인 윌리엄을 이해하기 위해서는 그가 살던 11세기의 중세 프랑스 사회를 이해

해야 한다는 것이 쾸토르의 생각이었다.

이 책은 한 개인의 전기를 다루는데, 그가 살아간 시대는 지금과는 너무나 다른 시대였다. 학교도 없었고 대부분의 사람이 문맹이었으며 교회와 수도원이 학교 역할을 했다. 사회 제도 역시 현대 사회와 비교할 때 극히 이질적인 제도, 다시 말해 봉건제에 얽매여 있었다. 중세 초기에 봉건제는 모든 구성원을 피라미드 구조에 묶어놓았다. 그 정점에는 왕이 있으며 아래로 내려갈수록 대제후, 소제후, 기사, 농민의 순으로 구성원 수가 많아진다. 이들의 관계는 신하서약이라는 오마주Hommage에 묶여 있었는데, 오마주는 쌍방의 의무를 확인하는 의식이었다. 즉 주군은 기사에게 무기와 토지를 하사하고, 봉신인 기사는 주군 앞에서 평생 충성을 서약하는 의식이었다. 둘의 관계는 결코 저버릴 수도 없고 배신해서도 안되는 관계였다. 이 책에 나오는 에피소드를 하나 살펴보자. 윌리엄이 아버지의 사후에 공작에 오르자 노르망디 공국 여기저기에서 반란이 일어난다. 그런데 윌리엄과 반란군이 전장에서 조우하는 장면을 보면 반란군은 모두 윌리엄의 봉신들이다. 다시 말해 오마주를 바쳐 충성을 맹세했던 바로 그들이 반란을 일으킨 것이다.

한편 반란군의 진영에서는 140명의 기사들이 기세등등하게 언제라도 전투가 시작되기를 기다리고 있었다. 그런데 반란군의 수장首長 라울 테송Raoul Tesson이 갑자기 주저하기 시작했다. 반대편에서 움직이는 무리 가운데 자신의 주군인 윌리엄 공이 보였기 때문이다. 그는 갑자기 향후 저지를 죄에 대해 인식하기 시작했다. 주군을 죽인다는 것은 어불성설이었다. 그는 무기를 내려놓고 윌리엄 쪽으로 가까이 갔다. 그리고 장갑으로 살짝 그를 쳤다. 공작을 때려눕히기로 맹세했기 때문이

II

다. 이렇게 그는 살인자가 되지도 않았고 맹세를 배신하지도 않았다.

현대인의 시각에서 보면 목숨을 내놓고 반란을 일으킨 자들이 서약 행위 때문에 목적을 포기한다는 게 이상하게 보일 것이다. 하지만 11세기 서유럽 사회에서는 당연한 일이었다. 당시의 사회는 명분이 실리보다 우선하는 사회였던 것이다.

당시의 특이한 제도를 보여주는 또 하나의 사례는 사법권의 소재에 관한 것이다. 지금이야 재판이 공정한 법률과 절차에 따라 이뤄지지만 중세 사회에서는 전혀 다른 방식으로 진행되었다.

현대 사회와 중세 사회를 구분할 때 가장 두드러진 특징인 재판권은 본질적으로 영주의 세습권이었다. 재판권을 가진 영주는 자유롭게 그것을 다른 이에게 양도하거나 팔 수도 있었다. 재판권을 가진다는 것은 이유가 분명하지 않은 분쟁이 있을 때 유리한 입장에 설 수 있다는 의미였다. 재판권의 소유는 사실 영주들의 금전적인 이익을 위한 것이었다. (…) 이 밖에도 신명재판ordalie이 있었는데 물과 불로써 심판을 하는 재판이었다. 이 재판은 먼저 피고가 손바닥에 뜨겁게 달군 쇠를 가깝게 가져간다. 그리고 덴 손을 붕대로 감고 다음날 붕대를 풀었을 때 심한 화상을 입지 않았으면 그는 무죄로 석방된다. 신명재판이 놀라운 것은 재판의 최종 결론을 내릴 때 이 방법이 사용되었다는 사실이다.

2부와 3부는 시간의 흐름에 따라 통시적인 관점에서 사건과 인물 중심으로 내용이 전개된다. 이것이 이 책을 구성하는 두 번째 축이다. 아버지 로베르 공이 예루살렘으로의 성지 순례를 마치고 돌아오던 중 터키에서 죽자 일곱 살밖에 안 된 소년 윌리엄이 그의 후계자가 된다. 하지만 윌리엄은 사생아, 즉 서자였고 그의 어머니는 무두질하던 집안 출신이었다. 윌리엄은 어떻게 이 위기를 극복했을까?

당시 사회는 대가족 제도가 근간을 이루고 있었다. 게다가 노르망디에는 적자와 서자들이 한집안에 사는 경우가 많았다. 그렇다면 공작 집안에는 배다른 형제가 얼마나 많이 살고 있었을까? 일곱 살 소년 윌리엄은 자신을 경멸하던 수많은 숙부와 당숙, 사촌의 반대를 잠재워야 했다. 이 부분에서는 영웅적인 능력이 필요하다. 아무리 죽은 아버지가 든든한 후견인을 지명했다 하더라도 본인의 능력이 기대에 못 미친다면 결코 아버지의 뒤를 이을 수 없었을 것이다. 윌리엄의 장점을 쥠토르는 다음과 같이 기술하고 있다.

> 그는 청년 시절부터 자신에게 주어진 당대의 어떤 문제도 회피하는 법이 없었고, 비록 지식에 대한 욕구를 잘못 이해했어도, 그는 항상 깨어 있는 정신 상태로 문제의 핵심을 직시했다. 행정가의 역량, 뛰어난 적응력, 배우고자 하는 욕망은 아버지로부터 물려받은 난폭한 성격에도 불구하고 청년 시절부터 돋보였다.

숙부들과 사촌들의 반란을 차례로 제압한 윌리엄은 이제 장년이 되었다. 공국의 정세는 안정되었으며 주변의 다른 제후국들에 비해 정치적·경제적으로 거듭된 발전을 이룬 상태였다. 그렇다면 발전의 원동력은 어디에 있었을까? 먼저 윌리엄 자신이 가진 결단력과 굳은 의지를 꼽을 수 있다.

13

그는 충동적이긴 했지만 이성이 지배하는 경우에는 자제할 줄 알았다. 그리고 결코 이유 없이 사람들을 괴롭히지 않았다. 그의 결단력과 냉정함은 전쟁에서 우위를 차지하는 결정적인 요인으로 작용했다. (…) 그는 예측할 수 없는 상황에서도 초연할 수 있는 능력이 있었으며, 또 그 상황을 자기에게 유리하게 만들 줄 알았고, 남들이 만들어 놓은 경험과 사상도 효과적으로 이용할 줄 알았다. 그는 균형 감각과 합리적 사고의 소유자였으며, 규율을 존중하는 계산적인 인물이었다. 하지만 격한 분노에 사로잡힐 때는 드물게 실수도 범했다.

월리엄은 용감했지만 다소 폭력적인 군주였다. 하지만 그는 항상 현명한 참모들을 가까이 두었다. 그중에서도 평생 월리엄을 보필한 수도사 랑프랑 같은 인물이 대표적이었다. 그는 이탈리아 출신 수도사였는데, 학문과 지식이 출중하고 분별력과 열정이 있는 사람이었다. 랑프랑은 월리엄이 죽을 때까지 평생 주군을 보필한 핵심 참모였다. 그는 지적으로 성숙한 사람이었고 신앙심이 올곧은 성직자였다. 게다가 성격도 겸손했다. 그는 다혈질인 월리엄 공에게 로마법에 퍼져 있던 법적 개념을 소개하고 당시로서는 낯설었던 자연법과 평등에 대한 개념들을 월리엄에게 소개한 인물이다. 평생에 걸쳐 랑프랑이라는 지적 완충 지대가 없었다면 월리엄은 영국 정복을 완수할 수 없었을지도 모른다.

월리엄이 공작이 된 후 정치적 안정기를 구가한 지도 수십 년이 지났다. 이 책의 3부는 영국 정복에 관한 이야기다. 월리엄의 일생은 세 구간으로 구분할 수 있다. 첫 구간은 1035년 월리엄의 아버지인 장엄공 로베르가 죽고 불과 7세 때 노르망디의 공작이 되는 시기다. 이 시기는 후견인들 덕분으로 안전하게 성장하는 단계다. 두 번째는 성년이 되어 공국의 귀족들이 일으키는 수많은 반란을 제압하는 1065년까지의 시기다. 그리고 마지막은 1066년 영국 정복에 성공하고 영국 왕이 된 후 사망할 때 (1087)까지의 기간이다. 영국 왕이 된 후에도 윌리엄은 사방에서 일어나는 반란을 진압하는 데 대부분의 시간을 보냈다. 노르망디보다 인구는 2배, 총생산이 3배 더 많았던 거대한 영국을 통치하기가 그만큼 힘들었다는 말이다.

그렇다면 국력이 영국의 절반에도 미치지 못했던 노르망디 공국은 어떻게 영국 정복에 성공할 수 있었는가? 쥠토르는 다음과 같이 설명하고 있다.

영국 정복(1066) 이전 10년 동안 노르만국État normand은 그 형태를 완전히 갖추었다. 한 세기 전부터 이미 많은 분야를 통해 공국은 주변의 제후국과는 달리 체계와 제도의 틀이 잡혀 있었다. 노르망디 공은 젊고 총명했으며 넘치는 에너지를 가진 사람이었다. 그는 다른 제후국과는 차별화된 역할을 하는 체계적인 제도를 정착시켰는데, 정부라고 불러도 손색이 없을 정도였다. 이 시기의 노르망디 공국은 유럽의 발전에 한 축을 담당하는 중요한 위치에 있었으며, 제후국 중에서 가장 먼저 국가의 단계에 도달했다.

정리해보면 소수의 노르만인이 영국을 통치할 수 있었던 배경으로는 노르만국이라는 당시로서는 근대적인 국가 시스템을 들 수 있고, 엘리트 계층의 고급문화와 발달된 제도 등을 꼽을 수 있을 것이다. 그리고 당시까지만 해도 영국에 없었던 요새성의 건축을 통해 피지배 계층을 효과적으로 통치한 것도 정복에 성공한 이유 중의 하나였다.

월리엄의 영국 정복기는 피정복민에게는 가혹한 시간이었다. 요크를 중심으로 북부 지방에서는 끊임없이 반란이 일어났는데 그때마다 미봉책을 쓰던 월리엄은 마침내 영국 역사에서 가장 잔인한 방법으로 반란 지역을 초토화했다. 가로 70킬로미터, 세로 180킬로미터의 땅에서 생명체가 사라질 정도로 반란 지역을 초토화한 곳도 있었다고 한다. 그러니 프랑스에서 정복왕으로 불리는 월리엄의 이미지가 영국에서는 결코 좋을 수 없는 것이 아닐까?

영국은 월리엄의 정복으로 바이킹 세계와 절연하고 대륙의 본류에 들어오게 된다. 물론 1066년 정복 전에도 영국은 경제적인 번영과 찬란한 문화를 구가하고 있었지만, 항상 문화적으로 열등한 스칸디나비아 제국諸國의 먹잇감이었다. 그런 점에서 1000년부터 1066년까지 영국은 두 번의 외침을 받는다. 한 번은 덴마크의 크누트가 영국의 왕이 되어 영국을 크누트 제국에 편입시킨 일, 또 한 번은 1066년 월리엄의 정복으로 앵글로색슨 왕조가 종말을 고하게 된 일이다. 노르만인들은 영국을 정복한 마지막 이민족이었다. 저자는 영국에서 덴마크의 크누트 왕조가 끊어지고 노르만 왕조가 흥하게 된 이유를 다음과 같이 설명한다.

그런 점에서 영국이 50년의 간격을 두고 1016년과 1066년에 정복당했다는 사실은 우연이 아닐 것이다. 크누트의 정복은 군사적 우위를 확인하는 데 그쳤지만, 월리엄의 정복은 국가 기구의 우월성과 정치 체제의 지속성, 이미 존재하고 있었던 두 체제의 조화라는 결과로 나타났다. 그래서 후자의 정복이 오래 지속되었던 것이다.

정복 이후 영국에서는 앵글로색슨 왕조가 사라지고 노르만 왕조

(1066~1154)가 들어선다. 영국이 게르만 세계에서 라틴 문화의 영역으로 들어온 것이다. 영국 문화는 이후 프랑스 문화의 영향을 크게 받는다. 언어도 예외는 아니었다. 이후 등장하는 플랜태저넷 왕조(1154~1399)의 마지막 왕인 리처드 2세에 이르기까지 영국 왕의 모국어는 영어가 아닌 프랑스어였다는 사실 하나만 봐도 윌리엄이 영국 왕조에 미친 영향을 짐작할 수 있다.

이 책은 중세 봉건 제후의 영웅담이 아니다. 윌리엄이 수많은 전쟁에서 승리하고 마침내 노르망디 공국보다 몇 배나 더 큰 잉글랜드 왕국을 정복했다는 사실도 중요하지만, 그가 일구어놓은 앵글로-노르만 제국이 어떻게 당시 서유럽에서 가장 발전된 나라가 될 수 있었는지 그 원인을 살펴보는 것도 흥미로운 주제일 것이다. [17]

서양사의 주도권은 여러 나라를 거쳐 영국에 정착했다. 영국은 프랑스와의 애증 관계를 끊고 세계사의 주인공이 되었다. 그리고 그 이면에는 현재 영국 왕실의 뿌리인 정복왕 윌리엄이 다져놓은 노르만 왕조, 즉 노르만 제국이 그 중심에 있었다는 것을 간과해서는 안 될 것이다.

1987년 영국의 찰스 왕세자가 노르망디의 옛 도시 캉을 찾았다. 그는 정복왕 윌리엄이 묻혀 있는 생테티엔 성당을 찾아 프랑스인들 앞에서 다음과 같이 말했다. "윌리엄! 당신들의 공작, 우리의 왕, 그리고 나의 조상……."

찰스 왕세자는 정복왕 윌리엄의 33대손이다.

2020년 2월 신춘을 기다리며
김동섭

차례

제2부 노르망디 공

제3부 영국 왕

제1부

1000년, 유럽의 인간

1장

노 동 과
일 과

삶의 주변 환경

11세기 초, 유럽 대륙에는 아직 많은 사람이 살고 있지 않았다. 다만 몇몇 부족이 여기저기에 흩어져 살고 있었을 뿐이다. 그들의 문명은 느슨한 고리들로 연결되어 있었지만 연속성이 부족했다. 당시 유럽에 살던 부족 집단의 인구밀도†는 낮은 편이었고 사람들은 특정 지역에 모여 살았다. 이 시기 유럽인들이 살던 크고 작은 촌락은 작은 길이 만나는 곳, 강가, 언덕 기슭 등지에 형성되어 있었다. 그곳에는 오두막이나 축사가 들어서 있었고, 주변은 작은 정원으로 둘러싸여 있었다. 또 다른 주거지로는 본당 예배당, 묘지, 때로는 그 지역의 영주나 그의 가족이 거주하는 건물들도 있었다. 촌락을 둘러싸고 있는 정원을 벗어나면 공유지가 펼쳐진다.

---

† 11세기 초 유럽 인구에 대한 자료는 찾을 수가 없다. 다만 1300년경에 프랑스 왕국에는 2200만 명이 살고 있었다는 자료가 있다. 이 수치로 10세기의 재앙 이후 11세기에 인구가 팽창한 점을 감안한다면 11세기 프랑스 왕국의 인구는 13세기의 절반 혹은 3분의 1 정도, 즉 최대 1100만 명에서 최소 700만 명 정도로 추측할 수 있다.

공유지는 포플러, 물푸레나무, 버드나무 등으로 울타리를 친 경작지—전원bocage이라 불렸다—와 울타리가 없는 벌판으로 구분할 수 있었다.

당시 사람들은 위에서 언급한 공간에서 태어나서 살다가 죽음을 맞이했다. 각 촌락의 모습은 개성이 뚜렷했다. 다른 마을 사람들과 분명하게 구분되는 주민들, 호숫가나 강가에서 빨래를 하는 아낙들이 촌락에서 모여 살았고, 연인들이 자주 찾는 덤불, 성인聖人이 살았다는 나무 같은 장소들이 마을마다 많았다. 이곳을 자주 찾는 사람들 중에는 우스꽝스런 사람, 두려움을 주는 사람, 병자, 불구자, 바람둥이, 고약한 술주정뱅이들이 있었다. 요즘의 시골 풍경과 별로 다르지 않은 모습이다.

당시 사람들에게서 시간이라는 개념은 찾아보기 힘들었다. 성인成人들은 자신의 나이조차 모르는 경우가 있었고, 인위적으로 시간을 측정할 수 있는 도구도 드물었다. 몇몇 교회 벽에 해시계가 있을 뿐이었고, 일부 성직자들은 물시계나 모래시계 같은 옛 방식으로 시간을 쟀다. 시간에 대한 본격적인 개념은 훗날 13세기경 상업과 무역이 발달하면서 형성되었다. 상인들이 정확한 시간을 측정할 필요가 있었기 때문이다. 14세기에 발명된 기계식 시계는 새로운 시대를 알리는 신호탄이었다. 중세 유럽인들은 한 해가 자연의 리듬에 맞춰 흘러간다고 생각했다. 그래서 화가들은 달마다 변하는 계절의 모습을 작품의 단골 주제로 다루었다. 1월은 칩거의 계절이었다. 농부들은 농기구를 손보고 가축을 축사에 가두어 돌봤다. 2월은 밭일을 시작하는 첫 번째 달이었고, 3월과 4월은 밭을 갈고 나뭇가지를 치며 파종하는 달이었다. 이때쯤부터 세상은 다시 태어난다. 젊은 남녀는 결혼하고, 5월 1일 밤에는 농민, 영주, 마을 주민들이 한자리에 모였다. 이런 모임은 숲속의 빈터 등에서 이루어졌는데, 참

석자 중에는 성직자들도 있었다. 물론 공의회는 이런 모임을 이교도적이라고 규정하고 성직자들의 참여를 금지했지만, 여자들은 그곳에서 춤을 추고, 무슨 뜻인지도 모르는 후렴구를 따라 불렀다. 이 시기는 또 슈보셰 chevauchée†와 전쟁의 시기였다. 농민들은 휴한지에 가축을 방사했으며, 농촌의 길은 사람들로 넘쳐났다. 8월이면 도리깨가 허공을 가르며 수확한 곡물들의 알곡을 골라냈다. 9월과 10월이면 지방마다 다소 시기 차이는 있었지만, 포도 수확의 계절이 돌아온다. 가을에 다시 파종을 마치면 이번에는 돼지를 도살하는 시간이 돌아온다. 그리고 첫눈이 내리면 흩어진

† 불태우고 약탈해 체계적으로 적의 영역을 초토화 하는 습격 전술.—옮긴이

「베리 공의 풍요로운 시대」에 나오는 11월의 모습.
돼지를 방목하다가 도살하여 소시지를 만드는 계
절이다.

가족이 한곳에 모인다. 그리고 긴 겨울밤에 옛날부터 내려오는 전설을 들으며 농민들은 긴 야회夜會를 이어갔다.

　중세 유럽인들의 일상은 기독교의 전례 의식에 따라 분배된 계절의 리듬에 맞춰 활기차게 돌아가고 있었다. 그들은 성탄절부터 사순절, 승천축일까지 축제를 즐기며 진례의 전통을 지켜나갔다. 일부 전통의 기원은 멀리 올라가면 골족이나 게르만족의 전통에서 비롯되었는데, 교회는 그것을 계승하여 예배 행렬 같은 양식으로 바꾸었다. 하지만 성인들의 축일은 그리 많은 사람이 즐기지 않았다. 지방마다 수호성인이 있었고, 동종 직업을 가진 사람들은 자신들의 수호성인을 섬겼기 때문이다. 그 결과 성인의 축일은 민속 명절과 같은 날이 되었다. 일부 주거 밀집 지역에는 동업자 조합이 존재했는데, 각 조합은 그 지방의 수호성인을 섬겼고, 축일이 되면 엄청나게 먹고 마셔댔다. 이런 축제일은 1년에 일요일을 제외하고 30일 정도 있었는데, 교회 의식이 그 중심에 있었고, 민중에게 재미있는 놀이를 선사했다. '기도의 기술'을 표현하는 전례는 당시 문화의 중심부에 있었고, 가장 생기 넘치는 의식이었다. 하지만 전례는 일종의 사치스런 의식이었다. 왜냐하면 오직 대규모 교회만이 이러한 의식을 거행할 인적·경제적 수단을 갖고 있었기 때문이다. 사람들은 이러한 종교 의식을 여러 부속물로 치장하여 더 오랫동안 더 복잡하게 구현하고 싶어했다. 매일 거행되는 미사에서는 성찬 봉헌이 성무 때마다 수시로 반복되었다. 새벽기도, 아침기도, 제3시 기도, 제6시 기도, 제9시 기도, 저녁기도, 끝기도 등 하루에도 일곱 번의 기도를 올려야 했다. 미사 때마다 기도 시간을 알리는 종이 일곱 번 울리면 사람들은 하던 일을 멈추거나, 자다가도 시편을 암송하거나 성가를 부르며 기도를 드려야 했다.

　중세의 촌락에서는 비종교적인 축제도 여기저기에서 열렸는데, 특히

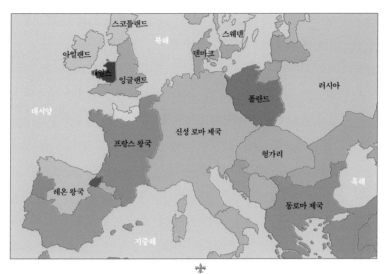

1000년의 유럽과 비잔틴 제국(동로마 제국).

영주에게 채무를 이행할 때 이런 방식의 축제를 벌였다. 예를 들어 황소 머리에 나뭇잎으로 관을 씌워 영주에게 바치면 영주는 화환을 받았다는 영수증을 써준다. 이런 종류의 퍼포먼스는 법원도 예외가 아니었다. 명백한 범법 행위였던 간통죄로 잡힌 남녀를 마을에서 우스꽝스러운 모습으로 끌고 다니거나, 공시대公示臺에 죄인을 묶어놓고 공개적으로 사형을 집행하는 광경은 당시에는 흔한 구경거리였다. 하지만 낮의 서글픈 처형이나 축제의 열기도 밤이 되면 조용해지고 마을에는 다시 평온이 찾아온다. 순간적인 삶의 기쁨과 즐거움도 잠시뿐, 중세인들이 사는 곳은 울창한 숲속에 파묻혀 있었기 때문에 늘 위험에 처해 있었다.

당시 유럽 전역은 울창한 원시림으로 덮여 있었다. 사방에 새를 비롯한 짐승들이 서식했고 주변은 황무지와 늪지대였다. 거기에는 다양한 참나무와 밤나무들이 울창한 숲을 이루고 있었고(이 숲은 노르망디 지방까지 이어졌지만 훗날 사라졌다), 덤불 잡목 숲에는 야생 사과나무, 배나무, 마가목이 자라고 있었다. 9세기와 10세기의 천재지변과 그로 인한 인구 이동은 특히 중부와 서부 유럽에서 경작지가 확대되는 결과를 가져왔다. 1000년경 프랑스와 영국†에서는 삼림이 전 국토의 3분의 2를 덮고 있었다. 숲은 유럽인들에게 대대로 숭배의 대상이었는데, 그 이유는 숲이 식량을 제공해주는 동시에 공포의 대상이었기 때문이다. 사제들이 속한 본당의 경계는 자연 경계와 일치하지 않았고, 지리적 환경은 자연 그대로였다. 마치 신이 정한 것처럼 들쭉날쭉했다. 숲은 기도에 영감을 불어넣어주거나 명상의 장소를 제공해주는 장소였으며, 아주 드물게 나무에 목매달아 죽은 사람들에게는 쾌락의 원천이었고, 가을에 단풍이 들 때면 수많은 수종이 뒤섞여 농염의 아름다움을 선사하기도 했다.

중세에는 오래전부터 숲은 개인이 도피하기에 가장 적합한 장소라는 인식이 널리 퍼져 있었다. 하지만 숲의 소유권은 대부분 영주들에게 있었다. 농촌 공동체가 숲에서 공동 작업을 할 때는 농민들이 영주에게 이용료를 지불하며 숲을 이용했다. 그러나 중세인들은 숲을 제대로 관리하지 않았다. 그들은 나무 껍질을 마구 벗겨 무두질이나 밧줄 제조에 사용했고, 나무의 밑동만 남겨두고 베어낸 뒤에 고사시켰다. 불규칙한 남벌은 숲속에 커다란 공터를 남겼으며, 가시덤불이 그 자리를 메웠다. 한편 숲은 국가 간의 경계를 구분하는 천혜의 국경이었다. 예를 들어 오를레앙의 숲은 수세기 동안 프랑스 왕국과 부르고뉴 및 베리 공국의 경계를 구분하는 자연 국경이었다. 숲은 또한 많은 이의 피신처였다. 강도, 은자, 도망

---

† 이 책에서 영국은 잉글랜드를 가리킨다. 스코틀랜드와 웨일스는 영어명으로 표기한다.—옮긴이

자 같은 사람들이 숲을 은신처로 삼았으며, 촌락 주민들이 수상쩍게 여기는 사람들, 숯 제조인, 비누 제조인, 야생 꿀 및 밀랍 채취업자들도 숲에서 자주 눈에 띄었다. 강가에 거주하는 사람들에게 숲은 목재를 무한히 제공해주는 곳이었다. 하지만 목재는 운반할 수 있는 수단이 없어서 그 자리에서만 사용할 수 있는 1차 재료에 불과했다. 숲에서 얻을 수 있는 마른 가지들은 땔감의 원료로 사용했으며, 이끼와 낙엽은 주요 재산인 가축을 키우는 축사 바닥에 깔았다. 사람들은 숲에서 딴 너도밤나무 열매에서 일상생활에서 사용하는 기름을 짜냈고, 베리류, 야생 사과와 배, 자두, 모과 등의 과일도 숲에서 얻었다. 당시로서는 과수원이 흔치 않았기에 귀한 과일들이었다. 숲속의 잡목림에서는 양, 염소, 돼지, 소들이 어슬렁거리며 풀을 뜯고 있었다. 중세에 숲은 돼지 방목기에 사용이 제한되기는 했지만 중세 사회의 경제를 떠받치는 중요한 기둥이었다.

29

숲은 야생동물에게도 훌륭한 은신처였다. 사슴, 산돼지, 노루, 수달, 담비, 삵 같은 동물들이 숲속에 살고 있었다. 여우 같은 동물들은 그 수가 급증하고 있었고, 수많은 늑대가 인간의 거주지 근처에서 서식했다. 하지만 인간이 만들어놓은 일상생활의 영역에 들어오면서 이들은 사라질 운명을 맞이했다. 영국에서 늑대가 가장 먼저 사라진 이유는 섬나라라는 특성 때문에 외부에서 유입되는 개체가 더 이상 없었기 때문이다. 중세인들은 늑대를 경멸하면서도 무서워했다. 그들에게 늑대는 굶주린 동물이었으며, 잔인하고 비열하며 또한 야비한 동물이었다. 사람들은 '늑대 같은 배신자'라는 표현으로 늑대의 속성을 표현하곤 했다. 실제로 늑대는 교활했지만 강인한 체력, 특히 불굴의 의지를 가진 동물이었다. 늑대는 사냥개 몰이로 생포할 수 없는 맹수였기 때문에, 포획을 위해서는 함정에 빠뜨리는 수밖에 없었다. 그래서 늑대 사냥이 시작되면 마을

노동과 일과

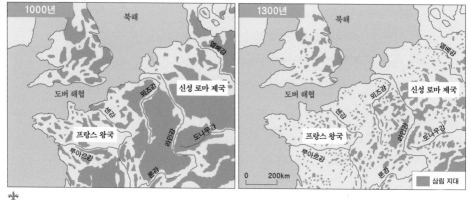

❊
300년간 유럽 대륙의 삼림은 거의 다 사라졌다. 인구의 팽창이 주요 원인이었다.

30 　사람들 전체가 모였고, 온갖 소리를 질러대며 늑대를 함정으로 몰아 갔
다.
　　사냥은 늑대나 여우같이 해로운 동물을 사라지게 했고, 축산을 통해
얻는 육류보다 더 많은 육류를 중세인들에게 제공해주었다. 부자들[†3]은
사냥에 열정을 쏟았고, 전시에는 귀족들의 주요 활동이었다. 중세인들은
큰 짐승들도 활이나 창으로 잡았으며, 멧돼지나 사슴은 훈련된 사냥개
를 동원해 몰이사냥으로 잡았다. 한편 토끼는 날쌘 그레이하운드로 잡았
고, 사슴은 포인터나 밀렵을 통해 잡았다. 이 밖에도 중세의 사냥술 중에
서 가장 섬세한 기술이 필요했던 건 매사냥인데 고대로부터 내려온 전통
이었다. 매사냥에는 비용이 많이 들어갔는데, 둥지에서 어린 매를 잡아
키우려면 오랜 시간과 인내가 필요했기 때문이다. 사냥개를 사용한 몰이

---

† 　프랑스어 riche(영어의 rich)는 고대 프랑스어에서 권력을 가진 자를 뜻했다. '권력'은 다른 사람을
　　지배하는 것을 의미하며, 경제적 수단의 소유를 의미했다. 두 번째, 즉 '경제적 수단의 소유와 '부
　　富'의 의미로는 12세기부터 점차 보편적으로 사용되기 시작했다.

사냥은 경제적 파급 효과를 일으켰다. 왜냐하면 몰이사냥을 하기 위해서는 울창한 숲이 필요했기 때문이다. 그런데 11세기부터 영주들의 영지에서 사냥감이 눈에 띄게 줄기 시작했다. 그러자 영주들은 잡목림을 축소시켜 자신의 영지에서 몰이사냥을 제한하기에 이른다. 본래 숲을 의미하는 영어 'forest'는 프랑스어 'forêt'에서 유래한 말인데, 영주들이 사냥을 독점하기 위해 정한 특정 지역을 의미했다('forêt'의 어원은 '금지' '울타리'다[†]).

중세인들이 집을 지을 때 사용할 수 있는 유일한 재료는 목재였다. 물론 거기에 가루로 만든 흙이나 말린 흙을 섞어 사용했다. 집은 악천후와 위험으로부터 중세인들을 지켜주었지만 대규모의 수도원을 제외하고는 활기찬 모습을 찾아볼 수 없었다. 경작지로 둘러싸인 시골의 오두막집을 노르망디에서는 '마쥐르masure'라고 불렀다. 이 말은 라틴어 'manere'(머무르다)에서 왔는데, 프랑스어의 'manoir'(영주의 저택)를 파생시켰으며, 다시 영어의 'manan'(촌민)과 'manor'(영주의 장원에 있는 주택)의 어원이 되었고, 여기에는 '농민le paysan'이라는 뜻이 들어 있다. 촌락은 전쟁으로 쉽게 파괴되었지만 곧바로 재건할 수 있었다. 물론 그런 경우에는 마을이 임시 가옥들로 가득차기 마련이다. 임시 가옥은 판자들로 대충 만들었기 때문에 불결했으며, 출입구로 사용하는 낮은 문 위에는 황소나 사슴의 뿔이 걸려 있었는데 일종의 부적 같은 것이었다. 사람들은 그런 곳에서 거주한다기보다는 피신하고 있었던 것이다.

당시의 인간은 야외에서 사는 동물과도 같았다. 영주의 성 역시 하나의 방으로 이루어진 경우가 많았다. 하지만 영주의 거처에는 부모, 자식들과 부인들, 정부, 적자와 사생아 그리고 그들의 자녀가 함께 살고 있었

31

[†] 네덜란드의 지명 헤이그Hague와 프랑스의 도시 르플레시Le Plessis의 어원이 '울타리'에서 나왔다.

✤
중세의 목수들이 들보와 기둥을 조립하여 집을 짓고 있다. 오른쪽은 플랑드르의 이프르Ypres 지역에 남아 있는 중세 가옥의 모습이다.

다. 이처럼 거주지에는 많은 세대가 함께 얽혀 살고 있었으며, 이러한 주거 양식이 당대의 문화를 보여주는 대표적인 특징이었다. 당시 사람들은 최고의 악덕이 모략, 거짓말, 위선이라고 생각했다. 그들은 집밖에서 음식을 해 먹었는데 그 이유는 집에 화재가 날 수 있기 때문이었다. 사람들은 그런 누추한 집마저 다른 사람들과 나누며 살았다. 하지만 여름이면 벌레가 들끓었다. 그들은 해충을 잡을 흰족제비나 사향고양이 같은 동물을 집에서 길렀고, 족제비는 마법의 힘을 주는 동물로 여겨졌다. 중세인들은 온갖 종류의 개도 길렀는데, 집합적인 의미로 '마스탱mastin'†이라고 불렀다. 개와 달리 고양이는 서유럽에서 쉽게 볼 수 없는 동물이었다. 15세기까지 유럽인들은 고양이를 호기심 많은 동물로 간주하여 집 안에서 기르지 않았기 때문이다. 집 안에 있는 가구에 대해 말하자면 변변한

† 라틴어 'mansuetus'(온화한 기분)에서 유래한 말이다.

건 하나도 없었다. 나무 사다리, 단지, 긴 의자banquet, 큰 상자, 절구공이 따위가 전부였다. 영주의 방에서는 하인이 주군의 옆에서 잠을 잤는데 침대가 아닌 바닥에서 잤다. 그렇다고 침대가 영주만의 전유물은 아니었다. 부유한 사람들은 침대가 있어 깃털 이불 속에서 옷을 벗고 잤다. 당시에는 집 안에 식탁으로 쓰는 가구가 없었다. 식사 시간이 되면 긴 사각대를 세워놓고 그 위에 널빤지를 올려놓으면 식탁이 되었고, 식사를 마치면 다시 널빤지를 치웠다. 가옥에서 실내조명 시설은 거의 없었고, 넓은 영지를 소유한 영주들만이 자비로 밀초나 양초를 만들어 실내를 밝혔다. 일부 지역에서 희미한 양초나 기름을 사용하는 등불이 드문드문 보일 뿐이었고, 대부분 지역은 거의 조명이 없었다. 당시에는 진정한 의미의 난방 시설이 존재하지 않았다. 돌로 만든 굴뚝은 12세기가 되어서야 나타났다. 난방을 위해 집 안 구석에서 마른 나무나 솔방울을 태웠는데 연기는 현관문을 통해서 내보냈다. 창유리를 만드는 기술이 없었던 것이다. 이렇게 중세인들은 생존을 위해 추운 겨울, 그리고 밤과 맞서 사투를 벌였다. 하지만 그 노력은 큰 결실을 맺지 못했다. 특히 지중해 연안에서 북유럽으로 올라갈수록 주거 환경은 열악해졌다. 수세기 동안 지중해의 문명이 북유럽의 문명보다 더 세련되고 앞서 있었다. 특히 지적인 활동은 중북부 유럽의 일정 지역을 넘어서지 않았다. 중부 유럽의 이북 지역에서는 1년 내내 혹독한 기후와 싸워야 했고, 살아남기 위해서는 강인한 체력과 정신력이 필요했다.

추위를 이기기 위해서 당시 사람들이 가진 것이라곤 의복뿐이었다. 의복의 종류는 단순했으며 남녀 간에도 별 차이가 없었다. 거친 모직물로 만든 의복은 잘 닳지 않았기에 다음 세대에도 물려줄 수 있었다. 그 결과 중세에는 의복의 발전 속도가 매우 느렸으며, 일부 부유한 이들을 제외하고는 의복의 유행에 관심이 없었다. 하지만 장신구에 대한 취향은 뜨거웠다. 옷감 가운데는 모직과 대마 외에도 아마포가 매우 귀했다. 많은 이가 밝은 계통의 대비가 뚜렷한 색을 선호했다. 부의 상징인 보석은 반지, 브로치, 버클, 단추 등에 사용되었다. 셔츠 위에는 무릎까지 내려오는 고넬gonelle이라고 불리는 긴 망토 모양의 옷을 입었고, 그 안에 남자는 브레braie라는 바지를, 여자는 코트cotte라는 긴 치마를 입었다. 여기에 신분의 고하에 따라 두꺼운 가죽신이나 나막신을 신었다. 성직자나 귀족처럼 신분이 높은 사람들은 직분에 따라 긴 가운 모양의 로브robe를 입었는데, 이러한 의복 풍습은 11세기 말에 일반화되었고 가내수공으로 직조술이 발전한 덕분에 대중화되었다. 추위를 이겨내기 위해 사람들은 긴 망토에 후드가 달린 옷을 입었다. 당시에 유행했던 펠리송pelisson이라 불리는 외투는 모피를 사용하여 만든 방한용 외투였다. 망텔mantel은 소매 없는 긴 외투로 가슴 앞뒤에 걸치는 가장 사치스러운 의복이었는데, 지체 높은 귀족이나 왕족이 걸쳤다. 일반적으로 남자들은 모자를 쓰지 않고 다녔고 헤어스타일은 지방마다 달랐다. 노르만인들은 말끔히 면도하고 머리는 수도사처럼 정수리 부분만 동그랗게 남겨두고 주변을 깨끗이 밀었다. 한편 앵글로색슨족은 턱수염을 기르지는 않았지만 콧수염은 가늘게 길렀다. 앵글로색슨족은 머리를 길게 기르고 다녔는데 그런 헤어스타일이 자신들의 명성과 관대함을 드러내 보인다고 믿었기 때문이다. 일반적으로 앵글로색슨 왕들과 나이 든 노르만 기사들은 근엄한 턱수염을 길렀다고 알려져 있다. 순례자들, 죄수들, 고해자들은 턱수염과 머리를 깎지 않았는데, 그들은 그런 모습이 자신들의 황폐한 마음을 드러낸다고 믿었다. 한편 여자들의 머리 모양은 웜플guimpe이라고 불렸는데 천으로 머리를 감싼 모양이었다. 노르망디 공국에서는 1100년경에 캉 지방의 헤어스타일

❧ 고넬을 입고 있는 중세인의 모습(왼쪽). 독일 나움부르크 대성당의 우타Uta 여인상(오른쪽). 머리에는 기혼의 상징인 윔플을 쓰고 흰 담비로 누빈 망토를 두르고 있다.

이 유행하기 시작했다.

당시에 먹었던 주식으로는 우유에 밀가루를 넣고 끓인 죽을 꼽을 수 있다. 먹을 것이 부족한 시기에는 도토리를 가루로 만들어 밀가루 대용으로 먹기도 했다. 당시의 빵은 순수한 밀가루로 만들지 않고 밀과 호밀을 혼합해서 만들었다. 마을 여기저기에서 농민들은 불씨가 남아 있는 재 속에 반죽을 넣어 빵을 구웠다. 영주가 사는 성에서는 화덕에서 빵을 구웠는데 때때로 누룩이 없는 빵을 만들어 먹거나, 식물의 잎과 뿌리를 섞어서 만들기도 했다. 설탕 대용으로 사용했던 꿀은 벌통, 나무껍질, 밀짚, 속이 빈 나무속에 살고 있는 야생벌들로부터 얻었다. 육류는 귀한 식재료로 유일하게 얻을 수 있는 고기였던 돼지고기가 육류의 대부분을 차지했다. 11월의 돼지 도살은 고대부터 내려오던 이교도들의 풍습이었는데 중세인들은 이 풍습에 열광했다. 돼지 이외의 가축 중에서 소는 노동력을, 양은 양모를, 염소는 우유를 제공했다. 소나 양을 도살한다는 것은 전쟁에서 승리를 거둔 후 승자만이 누릴 수 있는 특권이었다. 중세에는 부유한 사람들만이 육식을 즐길 수 있었는데, 그들을 통하여 육식하는 사람들의 정신 상태를 알 수 있었다. 부유한 사람들은 사냥한 고기들을 부엌에 저장해놓고 먹었다. 그들은 질기고 맛도 별로 없는 두루미나 왜가리 고기까지 먹었다. 그들은 또한 백조나 공작처럼 사육하는 데 비용이 많이 들어가는 새들까지 먹어 치웠다. 고기를 탐식하는 주민들 때문에 교회는 일정 기간 육식을 금했는데 실제로는 잘 지켜지지 않았다. 그래서 12세기까지는 여전히 일부 날짐승의 고기를 물고기나 냉혈 동물로 간주하여 금육 기간 중에도 먹곤 했다. 한편 강, 호수 그리고 바닷가에 사는 사람들은 생선을 저장하고 보존할 도구가 부족했음에도 불구하고[†] 물고기 낚시에 열중했다.

당시에 즐겨 마시던 음료 중에는 꿀물(물에 꿀을 타서 발효시킨 음료), 야생 사과로 만든 시큼한 포도주 피케트piquette, 맥주 그리고 골족의 전통 맥주인 세르부아즈cervoise(홉을 넣지 않고 보리나 밀로 빚은 맥주)가 있었다. 노르망디의 특산 음료 시드르cidre는 12세기에 처음 등장했다. 영국과 네덜란드의 수도사들은 전례 의식을 위해 포도주가 필요했지만 운반이 어려웠기 때문에 포도나무를 직접 수입하여 현지에 적응시켜 나갔다. 하지만 영국과 네덜란드같이 북쪽에 위치한 나라에서 만들어지는 음료는 시큼하기 마련이었다. 노르망디의 포도주는 품질이 그리 좋지 않았지만 그래도 13세기까지 그 명맥을 이어갔다. 노르망디의 주교들은 세속의 왕족

[†] 청어의 염장 방법이 발명된 것은 2세기 뒤의 일이다. 염장 덕분에 북해와 도버 해협에 인접한 나라에서는 경제 혁명이 일어난다.

들과는 달리 고대로부터 내려오는 우수한 포도밭을 유지하려고 노력했다. 하지만 품질이 안 좋았기 때문에 포도주 제조업자들은 향을 첨가하여 술을 주조하는 것이 일반적이었다. 피망piment이라는 포도주는 포도주에 꿀과 향이 나는 허브를 섞어 만든 노르망디의 전통 포도주였다.

당시의 농업 생산량은 보잘것없었다. 특히 가난한 사람들은 항상 식량이 부족했다. 많은 지방에서 사람들은 만성적인 영양 부족에 시달렸으며, 그런 상태는 로마 제국 말엽부터 농업 혁명이 도래한 11세기 후반까지 계속되었다. 사실 주기적인 기근의 고통을 받지 않은 지역은 거의 없었다. 일례로 지금의 프랑스 레지옹(우리나라의 도道) 면적 5~6배 정도 규모의 지역에 기근이 들면 수천 명이 1년 내내 생사의 기로에서 고통받았다. 오늘날에도 여전히 기근은 '미개의 상태'라고 부르고 있다. 기근은 높은 출산율에도 불구하고 중세 유럽의 인구를 감소시키는 주요 원인으로 작용했다. 연대기 작가들에 따르면 실제로 굶주린 농민들은 흙을 먹거나 죽은 사람의 시신을 해체해서 먹기도 했다고 한다. 기근의 절망에 빠진 사람들은 최악의 경우를 무릅쓰고 고향을 떠나거나 탈출하기도 했다. 하지만 목숨을 걸고 탈출한 이들은 다시 비참한 지경에 빠져 노동력을 착취당하거나 목숨을 잃는 경우가 많았다. 그런 기근의 와중에도 성직자들은 농민들에게 죄를 고백하고 희망을 가질 것을 설교했다. 하지만 기근의 원인은 인간이 알 수 없는 것이었다. 일부는 기근이 천체의 영향이나 하늘의 징벌이라고 주장했다. 당대의 연대기 작가 라울 르글라브르Raoul le Glabre는 970년에서 1040년 사이에 70년 동안 48번이나 기근이 들었다고 적고 있으며, 1022년과 1095년 사이에는 43번의 기근이 있었다고 한다. 그중 일부 기근은 유럽 전체를 뒤흔들 정도로 최악이었는데, 1000년과 1031년의 기근에 뒤이어 찾아온 엄청난 홍수와 3년간의 흑사병은 유럽 대륙을 황폐화시켰다.

혹사병은 감염성 전염병을 일컫는 일반적인 용어였다. 우리는 11세기 사람들의 위생 상태에 대해 잘 모른다. 분명한 것은 빈자들 사이에 구루병 같은 것이 창궐했다는 점이다. 반대로 알코올성 질환이나 결핵 같은 질병은 당시로서는 드물었다. 잘 알려진 것처럼 모든 병에는 이력이 있다. 영양 부족과 전염병 등이 발병의 주요 원인이었던 것이다. 당시의 유아 사망률은 매우 높았으며, 건장한 남녀만이 사춘기를 지날 수 있었으므로 기대 수명은 매우 낮았다. 마흔 살이면 당시로서는 늙은 나이에 속했고, 예순 살이면 기력이 소진해서 더 살기 힘들었다. 그러므로 중세 유럽은 젊은이들의 사회였다. 그들은 육체적 훈련에 매진했으며 성적 욕구를 자제하지도 않았다(현대 사회와는 반대로 당시에는 성적 흥분제도 없었다). 그들은 위생 관념이 없다시피 했으며, 강에서 남녀가 옷을 벗고 함께 목욕하면서 청춘의 원기를 키워갔다. 엄밀히 말해 당시에는 의학에 근거를 둔 치료법이 존재하지 않았다. 남프랑스의 몽펠리에에는 처음으로 의학교가 문을 열었는데, 그곳에서 고대 의학서에 대한 연구가 이루어졌다. 그러자 다른 도시에서도 학식이 높은 성직자들이 잊힌 학문인 의학에 관심을 갖기 시작했다. 한편 의학이 질병을 치료해주지 못하면 사람들은 성인에게 도움을 청했다. 간질병은 성 루Saint Loup, 관절염은 성 모르Saint Maur, 또 다른 질병은 기적을 행하는 성 엘루아Saint Éloi 또는 성 피아크르Saint Fiacre에게 낫게 해달라고 사람들은 기도했다. 당시 사람들은 식구의 목숨을 빼앗는 악에 대항하기 위해 마법에 의존하는 경우가 많았다. 때로는 사회 전체가 맹목적으로 악에서 자신들을 지키고자 했으며, 질병을 파묻시키는 일도 있었다. 고대로부터 내려오던 나병은 1차 십자군 전쟁이 끝난 뒤에 유럽에 널리 퍼진 질병이었다. 혹이 나서 부풀어 오른 살갗, 쉰 목소리, 비늘처럼 변한 살갗, 악취가 나는 몸을 가진 나병 환자들은 에로틱한 광기를 지닌 사람들로 오해를 받아 더욱더 공포의 대상이 되었다.[†] 나병 환자들은 근거도 없는 소문, 즉 한 번만 접촉을 해도 나병에 걸린다는 소문에 시달려야 했다. 노르망디의 일부 지방에서는 나병 환자의 시체를 엎어서 매장하기도 했다. 어디에서도 그들은 격리의 대상이었고, 마을이나 도시에서 추방되어 떼를 지어 떠돌아다니거나 정착하여 살았는데, 그들이 사는 곳은 메조mézeaux(나병 환자)라고 불렸고 대부분 숲속에 있었다. 지금도 퐁마조Fontmazeau, 마조프루아Mazeaufrois 같은 지명이 남아 있다.

강과 맞닿은 평원이나 감춰진 작은 계곡을 굽어보는 건물들을 상상해보자. 이 건물들은 성벽에 둘러싸여 있고 높은 지붕을 가지고 있다. 성벽으로 둘러싸인 덕분에 여행자들은 건물 전체를 볼 수 없고, 그 토대는 피라미드처럼 견고하다. 이런 종류의 인구 밀집 지역은 대개 수도원 근처에서 볼 수 있는데, 쥐미에주Jumièges 같은 거주지에는 많은 하인, 군인, 피신자, 장인이 모여들었다. 이 밖에도 흔한 경우는 아니지만, 알랑송Alençon처럼 요새 근처에 들어선 주거 지역도 있다. 일반적으로 이런 주거 밀집 지역은 로마 제국의 도시였거나 골족이 살던 촌락이었다. 이곳은 전쟁으로 수십 번이나 폐허가 된 곳이었는데, 그 흔적은 옛 성벽에 남아 있다. 하지만 옛 성벽의 흔적은 찾아보기 어렵다. 그 위로 많은 흙이 쌓이고 나무를 심고 돌을 쌓았기 때문이다. 게다가 그 경계가 매우 길고 분명하지 않았으며, 중간에는 경작지까지 있었다. 도시의 전 단계인 '부르구스 burgus'[††]의 중심이나 성벽 중간에는 방어용 탑이 우뚝 솟아 있었는데 그곳엔 고대 로마인들이나 골족의 성채가 자리했다. 성벽 너머에는 요새화

39

[†] 12세기부터 나병 환자 수용소가 생기기 시작했는데, 그런 곳에는 나쁜 평판이 생기게 되었다.
[††] 프랑스어 '부르bourg'가 라틴어 burgus에서 나왔다.

 9세기의 성과 11세기의 성. 목재 성에서 석재 성으로 바뀌었다.

된 교회와 몇몇 수도원이 자리를 잡고 있었다. 하지만 외견상으로는 독자적인 인구 밀집 지역인 도시보다 그 면적이 크지 않았다. 하지만 '도시ville'란 말은 당시 유럽인들의 언어에는 없던 말이었다. 성벽으로 둘러싸인 성곽도시에는 네 개의 성문이 있었다. 노르망디의 수도 루앙이 그런 도시였으며 동쪽 성문 근처에는 노르망디 공의 요새가 있었다. 노르망디의 윌리엄 공† 시절에는 루앙 주변에 세 개의 외곽 지역faubourg††이 있었는데, 말팔뤼, 에망드르빌, 생투앵 등이 그에 포함되었다. 하지만 이 외곽 지역의 규모는 형편없었다. 11세기 중엽 강력한 도시였던 르망의 성벽에는 20개의 탑이 있었고, 성벽은 언덕 위에 세워져 있었는데 그 규모가 가로 450미터, 세로 200미터에 이르렀다.

이미 950년경부터 라인강과 뫼즈 계곡 인근의 성곽도시 주변에는 새로운 변화가 일어나고 있었다. 성곽 주위에는 오두막이 들어서고, 많은

---

† 원서에는 '노르망디의 기욤Guillaume de Normandie'이라고 표기되어 있지만 독자들에게 익숙한 '윌리엄William'으로 표기한다. 사실 윌리엄이 살았던 11세기의 노르만 방언으로 부른다면 윌리엄이 맞는 말이기 때문이기도 하다.―옮긴이
†† 라틴어 'foris-burgus'(성곽의 외곽)에서 유래.

사람이 소금, 농산물, 수공업 제품들을 팔기 위해 시장을 찾았다. 이런 오두막들이 모여 성곽의 외곽 지역을 형성했는데 교회 옆에 자리를 잡고 있었다. 교회에 속한 땅은 죄인들의 피신처였으며, 대개 말뚝으로 울타리를 쳐놓았다. 플랑드르 지방의 주변 마을에는 옛 방식으로 직물을 짜는 공방이 많았고, 10세기에 이 지방의 직물 산업은 눈부시게 도약하게 된다. 플랑드르 상인들은 원모를 영국에서 수입하여 모직물을 짰고, 같은 시기에 로렌 지방에서는 금속 가내수공업이 발전하기 시작했다. 하지만 도시 안에서의 경제 활동은 미미했다. 예외적인 몇몇 도시를 제외하고 도시는 구심력이 부족해 특별한 기능을 하지 못했다. 고대 로마 제국에서 번창하던 도시의 역할을 중세에선 찾아볼 수 없었던 것이다. 중세의 도시에는 화려했던 고대 도시의 페허만이 남아 있었고, 그 용도 또한 잊혔으며, 단지 채석장으로 사용될 뿐이었다. 고대부터 현대에 이르기까지 도시는 영원히 변치 않는 지도의 중심지다. 실제로 아무리 천재지변이 있다 하더라도 도시는 그 자리에 재건설되기 때문이다. 도시 재건은 외형적으로 불안정했던 도시의 특성과 무관하지 않다. 도시 재건의 주범이었던 화재는 주기적으로 반복되어 도시를 잿더미로 만들었다. 화재에 대비하기 위한 수단이 거의 전무했던 것도 원인이 되었다. 천재지변이나 방화 같은 인재, 페스트나 가뭄 같은 재난에 대해 중세인들은 전혀 손을 쓸 수 없었던 것이다. 11세기 초반의 30년 동안 프랑스의 12개 도시에 화재가 발생하여 잿더미가 되었다. 1000년에 앙제(1032년에 또 화재 발생), 1002년 스트라스부르, 1018년 보베와 푸아티에, 1019년 루앙과 샤르트르, 1020년경 소뮈르, 1024년 코메르시, 1025년 오세르, 1026년 생트, 1027년 캉브레와 투르 같은 도시에 화재가 끊이지 않았다.

사회적인 측면에서 볼 때 도시 주민citadin의 생활 조건은 획일적이지

루앙의 마틀라 거리. 중세의 좁은 골목길을 잘 보여주고 있다. 20세기 초반의 모습이다. 윌리엄이 영국을 정복하고 루앙에 금의환향하던 날 이 길은 공작을 환호하는 시민들로 넘쳐났을 것이다.

않았고 특별하지도 않았다. 성직자와 군인들, 자유민과 농노들은 각자의 법적 지위에 따라 사회적 위치가 정해져 있었다. 그리고 모두 영주의 통제권 안에서 서로의 역할을 다했다. 이 무렵 프랑스어로 부르주아 bourgeois란 말이 널리 사용되기 시작했는데, '자유 시민'을 뜻하는 말이었다. 1007년 프랑스의 투렌 지방의 로슈에서 처음 기록된 것으로 확인된다. 하지만 도시 자유민의 생활은 농민과 별 차이가 없었다. 자유민도 자신의 경작지에서 일을 했고 가축을 방목하며 살았다. 그들이 키우는 돼지와 가금류들이 도시의 거리에서 우글거렸던 것이다. 상업 활동이 발전하여 도시에서 농업 활동을 할 수 없게 되기까지는 아직 수 세대를 더 기다려야 했다.

43

의식 구조

인간은 자신이 살고 있는 환경에 밀접하게 연결되어 있다. 인간은 삶을 영위하기 위해 주변 환경을 경제적으로 이용하고, 노동을 통해 이를 활용하고, 격렬하게 주위 환경과 투쟁하며 살아왔다. 인간은 삶의 터전에 뿌리를 내리기 위해 협력하고, 거기에서 습성을 만들고, 또한 모든 에너지를 쏟아부으면서 힘든 생존을 이어왔다. 농민과 영주는 그런 점에서 큰 차이가 없다. 농민들은 영주와 자신을 위해 일하고, 영주의 권력은 농민이 느끼는 불확실한 안전을 보장해준다. 개인이 모인 집단은 스스로 폐쇄적인 모습을 띠면서 특별한 정신구조를 퍼뜨리는 경향이 있다. 그 현상들은 지금도 유럽 대륙에서 가장 낙후된 시골에 잔존하거나 변형되어 남아 있다. 11세기 유럽은 농민들의 세계였다. 물론 그들은 원시적인 무리

노동과 일과

의 단계를 지나 동족 간의 애국심을 어느 정도 인식하고 있었다. 하지만 현대적 의미로 볼 때 11세기의 농민들은 국가라는 개념이 없었기 때문에 애국 의식은 아주 희미하게만 존재했다. 그러므로 당시의 애국주의는 오히려 '지방$_{pays}$'†이라고 불리는 개념과 밀접한 관계가 있었다. '지방'이란 계절에 따라 일거리를 찾아 여기저기를 다닐 수 있는 공간적인 개념이었다. 사람들은 외지인$_{horsain}$††과 외래인$_{aubain}$에 대해서 배타적이었고, 본능적으로 호기심은 있었지만 새로운 소식을 가져오는 외부인들과는 사이가 좋지 않았다. 전쟁이나 성지순례에서 서로 언어가 다른 사람들과 조우할 때, 다투는 것으로는 그 갈등이 해소되지 않았다. 게다가 각자의 언어는 일부 소수의 성직자를 제외하고는 모두 지방어$_{patois}$였다. 마을의 지방어가 모여 상위 범주에서 더 큰 언어, 즉 방언이 되면 그 중심부에서는 활기찬 경제적 혹은 정치적인 구심 지역이 형성된다. 그리고 그곳은 인구의 왕래가 빈번한 곳으로 자리를 잡게 된다. 한 지방의 언어, 즉 방언은 이렇게 형성된다. 로망어 계통의 방언들은 라틴어와 다음과 같은 점에서 확연히 구분된다. 즉 라틴어에 비해 두드러진 풍부한 유성음과 모음들, 의미가 가변적이고 화려한 어휘들이 로망어들의 특징이다. 그리고 이 방언들은 지리적, 역사적, 심리적으로 복잡한 차이를 보인다. 10세기부터 루아르강을 따라서 프랑스의 언어 지도는 남북으로 두 개의 언어 집단이 서서히 구분되기 시작한다. 많은 지방어와 방언은 그 다양성에도 불구하고 근본적인 공통 속성을 가지게 된다. 북부 지방의 방언들은 프랑스 방언†††이라고 부르고, 남부 지방의 방언들은 옥시탕 방언 혹은 프로방스

---

† '브레 지방pays de Bray'이라고 말할 때, '지방'의 원래 의미는 라틴어 'pagus'에서 유래했다. 카롤링거 왕조 시절에는 작은 행정적 구역을 의미했다.

†† 노르망디에서 다른 지방 출신자, 즉 외부 사람을 이렇게 부른다.—옮긴이

††† 언어학자들은 중세의 북부 프랑스 방언군을 '오일어Oïl'라고 부른다.—옮긴이

방언이라고 부른다.

언어의 변화는 점진적으로 이루어지기 때문에 개인은 그 변화를 인지하지 못한다. 그리고 집단의 풍습이나 사고방식은 더 큰 집단의 관습으로 정착하게 된다. 그런데 이 관습은 모든 종류의 존재를 정하며, 분명하지 않지만 정교한 권력을 소유하고 있다. 오늘날에도 특정 집단이나 갱단 혹은 불법 단체 등에서 이런 규범을 찾아볼 수 있으며, 규범의 준수 여부는 개인이 집단 안에서 심리적 균형을 찾을 수 있는 조건이 된다. 만약 그것을 지키지 않아 집단과의 끈이 끊어지면 돌이킬 수 없는 부적응의 결과가 초래된다.

경제적인 활동의 압력은 관습의 변형을 일으키고 그 모습도 다양하게 만든다. 하지만 구성원들이 느끼는 변화는 극히 작고 끊임없이 일어나기 때문에 제대로 느끼지도 못한다. 만약 작은 관습 중의 하나라도 어겼다면, 구성원들은 전통에서 그 근거를 찾는다. 이런 점에서 중세의 교회는 도덕적, 법적 규범의 개념을 교회의 교리에까지 확대시켰으며 사상, 언어, 제스처 등을 소통의 수단으로 모두 끌어안았다. 그 결과 전례 의식의 중요성은 한층 더 강조되었다. 이 시기 지성의 모습은 다음과 같았다. 즉 제도와 신앙 그리고 사물과 사람은 오래되면 오래될수록 그 진가를 발휘했다. 예를 들어 수도원의 권위는, 비록 그 진위를 확인할 수는 없었지만, 오래될수록 인정을 받았다. 그 결과 수도사들은 오래된 것처럼 헌장들의 시대를 앞당기고, 몽상적인 문서도 상당히 많이 작성했는데 그들의 의도는 순수한 것이었다. 제후를 의미하는 'seigneur'가 '가장 나이 많은 사람'을 나타내는 라틴어 'senior'에서 유래한 것은 우연이 아니다. 서사시 시인들은 '베양티프veillantif'라는 말까지 만들어냈는데, 그 의미는 '나이가 많아서 존경할 만한'이라는 뜻이었다. 시인들은 이 말을 무훈시 『롤랑의 노래La Chanson de Roland』에 나오는 열정적인 롤랑의 말馬에게 붙여주었다. 역사에 푹 빠진 학자들은 자신들의 작품 속에서 과거의 특별함—게다가 기이한 것이었다—을 추구하기보다는, 자신들이 창조한 인물의 이미지를 중시했다. 그들은 스스로를 순수하다고 추론하면서 영원불변한 진리를 추구했다. 당시에는 역사에 대한 취향이 널리 퍼져 있었고, 심지어 교양이 없는 사람들에게도 좋은 시절과 성인들의 이야기는 또 다른 역사의 원천이었다. 그런 까닭에 역사는 존재 가치가 있었다. 새로운 것이 자리를 잡으려면 일단 관습으로 받아들여진 다음 사후에 인정을 받아야 했다. 예를 들어 어떤 사건을 통해 행복에 도취된 사람이 영주에게 즉흥적으로 감사의 선물을 했다고 하자. 그러면 이 행위는 어느 정도 세월이 흐른 뒤에 의무적인 관습으로 자리를 잡게 된다.

관습은 사회 구성원 전체가 만장일치로 인정한 원칙과 같은 것이다. 중세 언어에는 현대 프랑스어에서 '자유'를 의미하는 '리베르테liberté'란 말이 없었다. 단지 프랑스와 독일 그리고 남프랑스의 도시를 제외하고는 자유라는 개념이 존재하지 않았던 것이다. 아마도 '자유'란 말의 엄청난 파급효과 때문이었을 것이다. 관습법은 과거에 축적된 사실을 중시하며, 그 근거에 중심을 둔 경험의 산물이었다. 그런 점에서 9세기 말부터 어떤 유럽의 군주도 성문화된 법을 공포하지 않았고, 고대 로마 제국 시대의 소유권에 대한 개념은 중세에 와서 희미해졌다. 단지 '세진saisine'이란 용어만이 '오랜 시간을 거쳐 가지게 된 소유권'이라는 의미로 통용되었는데 실제로는 토지나 권력의 소유를 의미했다. 하지만 성문화된 규범이 없어도 인간의 기억은 관습법들의 연결 고리가 되어주었다. 집단적 증언이 유일한 기준이 된 것이다. 그러므로 세대가 지남에 따라 관습법은 점차 사람과 재산에 따라 상대적으로 적용되어 복잡한 양상을 띠게 되었고, 결국 매우 유연한 법으로 바뀌게 된다.

시간과 공간에 대한 집착은 이상한 모순성을 내포하고 있는 경우가 있다. 그런 점에서 남프랑스 및 파리 지방의 동부에 작은 공동체를 이루며 살고 있던 유대인들은 다소 이상하게 보였다. 유대인들은 소소한 일에 종사하고 있었으며, 때로는 포도나무를 재배하기도 했다. 그들은 기독교 사회의 주변에서 살고 있었는데 주변 사람들과는 좋은 관계를 유지했다. 교회는 유대인과 비유대인의 결혼을 금지했고, 관습법에 따르면 유대인의 인적·물적 재산은 왕이나 제후의 중재에 따라 처분할 수 있었다. 특히 아키텐 지방 같은 곳에서는 기독교 축제일에 군중이 갑자기 흥분해서 무방비 상태의 유대인들을 공격하기도 했는데, 이것은 유대인들에 대한 기독교도들의 복수 같은 것이었다. 이와는 반대로 조금 모자라는 사람들이나 정신에 이상이 있는 사람들은, 비록 조롱을 받거나 마법을 행사한다고 비난을 받기도 했지만, 자비로운 마음으로 공동체에서 받아주었다. 사람들은 그들이 사리에 어긋나게 행동하는 것은 살아온 경험에서 나오는 것이라고 생각했으며, 보통 사람들이 이성적으로 행동하는 것과 마찬가지라고 여겼다. 사람들은 그들이 정상인들의 세계 안에서 또 다른 세계를 살고 있다고 생각했다. 그 결과 그들은 신의 보호를 받는 순진한 사람들이라고 여겨졌다. 그래서 제후들은 자신의 궁정에서 단순한 생각을 가진 자들을 곁에 두었는데 광대가 그 주인공이었다. 마찬가지로 비록 의심의 대상이었지만 떠도는 걸인들과 빵을 구걸하는 사람들을 시골에서 찾아보는 것은 그리 어렵지 않았다.

중세 사회는 그 뿌리가 아무리 깊어도 항상 불안정한 사회였다. 가까이 위치한 마을끼리도 서로에 대해서 모르기는 마찬가지였다. 주변 사람 중 한 명이 성지 예루살렘으로 떠나도 주위에서는 그 사실을 몰랐다. 당

노동과 일과

시 큰길에서는 이동하는 사람들을 쉽게 찾아볼 수 있었는데, 그중에는 전쟁에서 낙오한 도주병, 식구가 많아 영주에 대한 채무를 이행할 수 없는 농민들, 탈출한 농노들이 있었다. 또한 일감이 없는 실직자들, 성곽과 수도원을 오가는 날품팔이들, 추수철에는 일꾼으로 일하다가 다른 곳에선 말단 병사로서 살아가는 사람들, 돈이나 빵 혹은 옷감을 받는 익살꾼이나 광대, 곡예사, 이야기를 암송해서 들려주는 사람, 곰 재주를 부리는 사람들이 항상 길 위에서 이동하고 있었다.[†] 순회하는 설교자들, 수도원을 떠난 수도사들, 해안 지방에서 표류물을 주워 파는 사람들, 사회 계층의 고하를 막론하고 폭력적이고 예민한 기질을 가진 이들은—모험을 좋아하는 사람들이었다—자신들의 가문에서 가족 구성원과 어울려 사는 것을 견뎌내지 못했다. 또한 가부장 제도의 압제와 생존에 대한 근심으로 말미암아 막내들은 종종 결혼을 할 수 없었는데, 결혼을 해서 식구가 늘어나면 가문의 봉토에서 나오는 보잘 것 없는 수입으로는 그 부담을 감당하기가 어려웠기 때문이다. 그런 까닭에 로베르 1세(프랑스 왕)의 아들 위그Hugues는 궁정을 떠나 방랑길에 올랐다. 공작, 백작 심지어 왕들도 여기저기 옮겨 다니기는 마찬가지였다. 그들은 자신들의 영지에서 몇 주 동안 옮겨 다녔는데, 이러한 행위는 생계를 위해서였거나, 여기저기 퍼져 있는 영지에서 생산되는 것들을 영주가 직접 소비하기 위함이었다. 영주 일행은 수행원 및 용병들과 함께 야영하며 그해 영지에서 생산된 식품으로 식사를 해결했다. 영주와 농민들의 접촉은 자주 이루어지는 편이었는데, 그 이유는 자신의 권위가 신민들과의 만남에서 나온다고 생각했기 때문이다. 이렇듯 영주의 '거주권droit de gîte' 행사는 영주가 봉신의 거주지

† 집시는 당시에는 등장하지 않았다. 프랑스에서 집시가 처음으로 등장한 것은 15세기 초반이다.

에 살 수 있는 권리였다. 당시 사람들은 왕국에 널리 퍼져 있는 숙박지에서 이야기하고, 자랑하고, 싸우고, 사랑하며 기억의 폭을 넓혀주는 새로운 이야기를 듣곤 했다. 이렇게 사람들의 이야기, 전설, 유행은 여기저기로 옮겨지고 문학이나 민간 전승을 연구하는 사람들에 의해 기록으로 남게 되었다.

중세에는 때때로 길이나 오솔길에 큰 펠트 모자를 쓴 일단의 순례자가 지나갔다. 그들은 행진곡이나 성가를 부르며 걸어갔는데 그중 일부는 맨발로 걸었다. 어떤 순례자들은 짧은 망토를 두르고 손에는 지팡이를 쥐고 있었는데 경우에 따라서는 무기로도 사용하기도 했다. 또 어떤 이들은 칼을 차고 순례지로 떠났다. 하지만 성지 순례의 신성함이 재난을 막아주지는 못했다. 브르타뉴의 조프루아 백작은 1008년에 로마로 가는 여인숙에서 암살되었다. 순례자들은 고행의 목적으로 성지로 떠나거나 비이성적인 열정에 휩싸여 순례의 길에 올랐다. 아마도 그들의 신앙심은 깊었지만 때로는 성지 순례가 어렴풋하게 느껴질 때도 있었을 것이다. 하지만 그들은 진정한 삶은 지상에 있는 것이 아니라 다른 곳에 있다고 생각하며 성지로 떠났다. 중세인들에게 성지 순례는 이미 신비한 세상에 발을 들여놓은 것을 의미했다. 성지 순례 중에는 지방의 성지를 찾아가는 짧은 여정도 있었는데 생마르탱드투르 같은 성지는 가까운 곳이었다. 스페인에 있는 산티아고데콤포스텔라 같은 성지는 10세기 중반부터 프랑스 신자들이 자주 찾았다. 하지만 산티아고 성지 순례에는 위험도 따랐다. 왜냐하면 이 성지에 가려면 스페인 해안의 칸타브리아산맥을 따라가야 하는데 거기에는 사나운 바스크족이 살고 있었고, 그중의 일부는 이교도들이었다. 그래서 나바르 왕은 송포르와 롱스보를 통해 가는 조금 더 안전한 길을 정비했다. 이 길은 '카미노프라네스camino franès'라고 불렸는데 10세기 중반 이전에 개통되었다. 하지만 순례자들이 본격적으로 늘어난 것은 1100년 이후다. 로마로 성지 순례를 떠나는 것은 오랜 전통이었고, 팔레스타인 지방의 성지 순례는 10세기부터 빈번해졌다. 1020년에는 예루살렘에 숙박업소가 들어섰고, 자선수도회가 예루살렘을 찾는 가난한 순례자들을 맞이했다. 프랑스에서 성지로 가기 위해서는 예전에는 그랑생베르나르Grand-Saint-Bernard를 통과한 다음 이탈리아를 거쳐 배를 타고 지중해를 가로질러 예루살렘까지 갔다. 하지만 헝가리의 왕이 기독교로 개종한 순례길은 더 짧아지고 안전해졌다. 그리고 바닷길 대신에 발칸반도와 소아시아로 관통해서 가면 덜 위험하고 비용도 줄일 수 있었다. 순례자들은 수도원을 전전하며 6개월 동안의 도보 여행을 통해 성지에 도착할 수 있었다. 그들은 신의 사랑으로 잠잘 곳을 찾을 수 있다고 믿었다. 하지만 마을을 지날 때마다 순례자들은 선술집 주인의 좋은 먹잇감이 되었다. 일단 술에 취하면 가진 것을 털리는 경우가 다반사였기 때문이다. 그러면 순례자는 빈털터리가 되어 적어도 1년 동안, 아니 몇 년 동안 순례의 길에 나설 수 없었다. 그동안 자신이 살던 마을, 성곽, 가족들과는 완전히 이별이었다. 그래서 주변에 누군가 순례에 나서면 어떤 이들은 자신의 식구가 어떤 마을에 있으니 그에게 편지를 전해달라는 부탁을 하기도 했다. 운이 좋게 성지 순례를 무사히 마치고 돌아오는 사람들은 자신이 들었거나 겪었던 신기한 이야기와 극적인 사건들을 주위 사람들에게 이야기해주었다. 물론 고향에서 다시 적응하기 위해서는 시간도 필요했다.

성지 순례 덕분에 유럽에는 교통의 대동맥이 형성되었다. 북유럽에서 서남 유럽과 동남 유럽으로 가는 길이 만들어졌으며, 구간마다 성소聖所가 생겨났는데 그곳은 교회 문화의 구심점이 되었다. 이 길은 고대 로마

중세에 흔히 볼 수 있었던 순례자의 모습. 저 복장으로 1000킬로미터, 아니 수천 킬로미터 떨어진 산티아고데콤 포스텔라와 예루살렘까지 갔다.

시대에 건설한 도로망과 일치했는데 파리에서 투르와 푸아티에 그리고 보르도를 지나 스페인까지 이어졌고, 느베르를 통과한 길은 오베르뉴 지방으로 연결되었다. 론강을 따라 내려가는 순례길은 마르세유에 이르고, 몽스니산맥을 넘으면 이탈리아까지 이어졌다. 하지만 성지 순례의 경로는 확정된 것이 아니었다. 여행 경로는 늘 불안정했으며, 약탈자들이 언덕 위에 탑을 세워놓고 순례자들을 노리는 경우가 많아서 멀리 돌아가야 했다. 순례자들은 그 수가 많든 적든 길 위에서 철저하게 고립된 사람들이었으며, 1세기 이상 순례의 길을 보호해주는 공권력은 존재하지 않았다. 그리고 많은 순례 구간—예전에는 로마 가도나 골족의 오솔길이었다—은 울창한 숲으로 인해 차단된 구간이 많았다. 지금도 지명학에 실린 지명은 당시의 상황을 잘 보여주고 있는데, '모파_{Maupas}'나 '모페르튀이_{Maupertuis}'라는 지명은 이곳들이 당시에는 무시무시한 곳이었음을 말해주고 있다. 순례의 길은 험난함의 연속이었다. 어떤 구간의 길은 끊어지거나 소용돌이가 있는 개울로 인해 유실되고, 좁은 길과 위험한 계곡 등으로 이어지기도 했는데 말 그대로 고난의 연속이었다. 중세의 '큰 길_{grand-route}'은 그 폭이 얼마 되지 않았다. 실제로 노르망디의 플레르에서 동프롱까지의 길은 폭이 채 2미터가 안 되었다. 그러므로 마을과 마을을 이어주는 오솔길은 폭이 좁아 짐수레가 지날 수 없었다. 한편 돌로 지은 다리는 무너진 채로 버려져 있기 일쑤였다. 만약 영주나 그 지방의 단체들이 무너진 다리를 개축하기를 원하면, 주민들은 공사 기간 동안 배다리나 나무로 만든 가교 아니면 나룻배에 만족해야 했다. 1000년경 모_{Meaux}지역 근방의 마른_{Marne}강에 있던 다리는 너무 낡았지만 필요에 의해 어쩔

† 이 지명은 프랑스어 '나쁜_{Mauvais}'과 '걸음_{Pas}'으로 만들어진 이름이다.—옮긴이.

수 없이 다리를 건널 수밖에 없었다. 그럴 경우 마부는 다리 여기저기에 뚫려 있는 구멍 때문에 널빤지나 방패를 구멍 위에 올려놓은 다음 조심스럽게 먼저 가고, 뒤를 이어 가축들이 뒤를 따라 건넜다. 순례자들에게 위험한 것은 다리뿐만이 아니었다. 그들은 곳곳에 설치된 통행료 징수소_{péage}에서 통행세도 지불해야 했다. 카롤링거 왕조 시대에 생겨난 이 전통은 영주가 자신의 영지에서 세금을 거두려는 목적에서 생겨났다. 프랑스에는 국토를 가로질러 흐르는 대하大河 변에 10여 곳의 통행료 징수소가 있었다. 통행세는 이렇게 지불됐다. 먼저 행인은 강둑의 나무에 걸려 있는 나팔을 힘차게 분다. 그러면 다리를 지키는 사람과 뱃사공들이 나타나 통행세를 징수했는데, 통행세는 점점 증가하여 행인들에게는 큰 부담이 되었다. 통행세는 당시 행인들을 괴롭히는 속박이었지만, 그럼에도 11세기에 더 발전하여 이윤을 창출하는 사업으로 번창하게 된다. 하지만 예외적으로 일부 사람들이 특별한 단체를 설립해 강의 특정 지점을 지정하고 영주에게 통행세 면제를 요구하기도 했다.

특별한 교통수단이 없던 중세에 사람들은 대부분 걸어서 이동했다. 노새는 부유한 자들의 교통수단이었고, 말은 전쟁에 필요한 가축이었다. 말보다 두 배 더 싼 당나귀는 가장 일반적인 짐바리 동물이었지만 이동 속도가 너무 느렸다. 하루에 평균 30킬로미터 정도밖에 이동할 수 없었기 때문이다. 게다가 이동하는 사람들은 끊임없이 길을 돌아가야 했기 때문에 실제로 이동 시간은 더 걸렸다. 당시에는 사람들이 거의 살지 않는 지방도 더러 있었기 때문에 중간에 쉬어가는 거처가 없으면 여행 시간은 더 걸리기 마련이었다. 수상 교통수단의 경우, 비록 비용은 더 비쌌지만 중세인들이 선택할 수 있는 이동 수단 중의 하나였다. 배를 이용하면

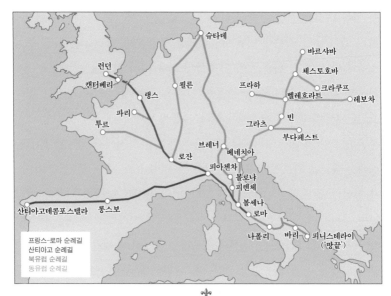

프랑스-로마 순례길
산티아고 순례길
북유럽 순례길
동유럽 순례길

54

✤

중세의 주요 성지 순례길. 스페인의 산티아고데콤
포스텔라와 로마, 예루살렘이 주요 성지였다.

강이나 바다에서 하루에 100킬로미터 또는 150킬로미터 정도 이동할 수
있었다. 센강과 북해는 해상 운송이 활발하여 11세기에 일기 시작한 경
제 부흥의 중심이 되었다.

　당시 사람들이 삶에 대해 갖고 있던 느낌은 인생의 굴곡과 비통함이었
다. 가난한 자들의 삶은 끊임없이 위협받았고 항상 두려움 속에 있었다.
하지만 그들이 느꼈던 비참함은 현대인들이 느끼는 감수성과는 차이가
났고 그 정도 역시 덜했다.

　중세인들은 오래전부터 봉건제도라는 틀에 묶여 인생을 비관적으로
바라보는 습관을 갖게 되었다. 아무도 '행복한 인생'을 확신하지 않았던
것이다. 카롤링거 왕조 시절부터 교회는 "가난한 자에게 천국의 문은 더

빨리 열린다"라고 빈자들을 격려했다. 하지만 생이 더 나아진다고 생각하는 사람은 많지 않았고, 대부분은 인간이 죽기 위해 태어난다고 생각했다. 그렇다고 죽음에 대해 곰곰이 생각한 건 아니었다. 이따금 죽음에 대한 생각이 중세인들을 사로잡기도 하고, 극단적인 열정의 상태로 몰아가기도 했다. 죽음에 대한 명상은 수도사, 은자, 설교자 같은 전문가들의 몫이었다. 사회 꼭대기부터 밑바닥까지 당시 사회는 폭력으로 점철되어 있었다. 농노들이나 제후baron†들은 서로 싸우거나 죽이는 일이 빈번했는데 살인자는 승리를 정당화시켰다. 그런데 당시 사람들은 상대방을 죽일 때 급하게 서두르지 않았다. 예를 들어 신체의 일부를 훼손하는 방식으로 천천히 복수하면서 자신들만의 정의를 실현했다. 모반을 꾀한 아들의 눈을 아버지가 도려낸다는 것은 당시로서는 하나도 이상한 장면이 아니었다. 무기력, 면책권에 대한 확신으로 저지른 충동적 행위, (사냥 등에서) 피를 쏟아붓는 잔인한 의식, 신체적 힘에 대한 오만함, 일상생활에 대한 멸시 그리고 가톨릭 정신 등이 당시 사람들의 머릿속을 채우고 있던 생각이었다.

인간의 육체는 놀라울 정도로 고통을 잘 견뎌내지만, 영혼은 마음이 조금이라도 흔들리면 그 자리를 양보한다. 11세기 중세인들의 모습은 이러했다. 그들은 이성보다 충동에 사로잡힌 사람들이었는데, 평소에는 양처럼 온순하다가도 갑자기 무분별하게 돌변하여 엄청한 분노를 터트리는 그런 사람들이었다. 중세인들이 이러한 성격을 갖게 된 배경으로는 정치적 요인들을 배제할 수 없다. 예들 들어 대부분의 결정은 자신들이 섬기

55

---

† 이 말은 '탁월한 인물'을 뜻하는 게르만어 '바르bar'에서 비롯되었다. 중세 초기에는 모든 종류의 대영주, 즉 공작이나 백작 또는 자작을 총칭하는 표현이었으나, 봉건적 계서제가 확립된 이후에는 백작보다는 낮고 단순한 기사보다는 높은 제후를 지칭하게 되었다(다니엘 리비에르, 『프랑스의 역사』, 최갑수 옮김, 까치, 1998).

는 주군主君의 기분에 따라 결정되었다. 개인의 인생이 이렇게 의미 없이 결정되곤 했던 것이다. 실제로 중세에는 순간적으로 신분이 바뀌는 사람들의 이야기를 흔히 찾아볼 수 있었다. 그런 사람들은 대개 감정의 기복이 심하고, 쉽게 전사에서 은둔자나 수도사로 변신할 수 있는 사람들이었다. 심지어 강도 같은 사람들도 쉽게 신분을 바꿀 수 있었고, 가족 전체나 영주를 비롯한 모든 구성원의 운명까지 신의 가호에 의해 바뀔 수 있다고 중세인들은 믿었다.

중세인들의 모순된 성격은 중세 문명의 애매모호한 성격과 무관하지 않았다. 이런 성향은 중세의 모든 문화, 언어, 심지어 심오한 사상에까지 영향을 끼쳤다. 보편성에 대한 갈망이 편협한 배타주의와 함께 어울릴 수 있었던 것도 중세인들의 모순된 성향 때문이었다. 한편 중세에 정치권력을 소유하고 있는 계층은 대부분 영주들이었다. 문맹이었던 그들은 자신들의 기억에 의존하여 신민들을 통치하고 있었고, 그 결과 정치 행위는 공정하지도 않았고 일관성도 없었다. 문맹의 영주들이 중세 사회를 통치했음에도 불구하고, 행정 기관들은 비록 원시적인 체제였지만 모든 정치 행위를 문서로 기록해야 했다. 하지만 문서로 기록한다는 것은 작성 비용이 많이 들고 매우 어려운 작업이었다. 단지 극소수의 성직자만이 문서 작성을 독점하고 있을 뿐이었다. 그러나 성직자들 중에는 정식 교육을 받지 않아서 교양이 부족한 사람도 많았다. 그들은 교부적 전통에 따라 교리를 일반적인 불변의 언어로 설명하려고 노력했다. 그 결과 교리와 세속적인 경험 사이에 괴리가 생기게 되었다.

중세인들의 공동생활은 두 개의 축을 중심으로 이루어졌다. 첫 번째 축은 지성, 도덕, 미학의 축인데, 4세기에서 9세기에 걸쳐 형성되었다. 그 중심에는 중세의 대표적인 신학자 성 아우구스티누스와 성 마우로

가 있었는데, 그들은 프랑스어를 사용하는 지방에서 유일한 신학자들이었고, 그들만이 신학의 비밀과 방법론을 알고 있었다. 지성의 축 이외의 또 다른 축, 즉 경험의 축은 대부분 문맹이었던 중세인들의 의식 속에서 3~4세기 동안 지속되었던 흐름이었다. 물론 이러한 의식의 흐름은 현대인의 시각으로 보면 이해하기 어려운 것이다. 첫 번째 축, 즉 지성의 축은 소수의 특권층에 문학적인 특징을 부여해주었는데, 그 근간은 지식의 발견 도구인 언어였다.† 신을 이해하기 위해서는 신의 언어를 알아야 하는데 그 언어는 라틴어였다. 즉 신은 '언어'로 구현되었다. 국제어인 라틴어는 신성한 언어였으며, 가장 추상적인 모습으로 신성을 은닉하고 있었다. 라틴어는 학습을 통해서 배울 수 있었지만, 로마 제국이 멸망한 뒤로 라틴어를 사용하는 유기적인 공동체는 존재하지 않았던 관계로 언어의 공급 주체는 존재하지 않았다. 라틴어를 사용하는 사람들의 대부분은 라틴어를 소통과 학문의 언어로 사용했지만 내면을 성찰하는 언어로는 사용하지 않았다. 하지만 라틴어는 두 제후 사이에 구어로 합의한 조약을 명문화하는 데 사용되었다. 그런데 제후들이 라틴어 텍스트에 경멸감을 갖고 있지는 않았을까? 중세에 역사를 기록하던 사람들은 성직자들이었다. 그들은 수도원에 머물며 제후들의 옆에서 역사를 기록했는데 그 기록을 '연대기Annale'라고 부른다. 연대기에는 현지의 사건을 연대순으로 기록했으며, 때로는 지방으로 범위를 확대하여 사건을 기술했다. 성직자들은 자신들만의 방식으로 예술을 지키고 있었는데 세속사회 구성원에게는 그것을 공개하지 않았다. 예를 들어 음표††가 제대로 적혀 있지 않

---

† 이후 '교양'이라는 말의 본질은 산업혁명이 싹틀 때까지 유지되었고, 지금도 프랑스어 어휘에서 개인의 '교양' 혹은 '문학적 지식'이라는 의미로 남아 있다.
†† 오늘날 음표라고 불리는 기호는 이탈리아의 귀도 다레초가 11세기에 발명했다.

앉음에도 현대인은 전해오는 노래를 통하여 당시의 음악을 알 수 있다. 그레고리오 성가와 두 종류의 노래, 즉 시편 영창과 선율이 있는 노래는 음절 수에 따라 하나의 음표에서 세 개의 음표를 붙였다. 9세기에 생겨난 이 방식은 한 음절에 여러 개의 음을 붙이는 방식이었는데 음절을 여러 소리로 이어서 부를 경우 암기하기가 어려웠다. 이후 진정한 의미의 시詩 가 탄생하기에 이른다…….

위에서 설명한 문화, 특히 책으로만 전수되는 이론적인 문화의 특징은 결코 폐쇄적이지 않았다는 것이다. '연대기'에는 세속적인 면을 잘 보여주는 전설이 들어가 있었고, 사라졌던 민요의 멜로디가 성가를 통해 다시 살아나기도 했다. 일반적으로 전례는 서로 다른 전통이 조우하는 장소였다. 당시에는 국가의 형태가 갖추어지기 전이었는데, 많은 문맹의 무리가

9세기부터 서유럽과 영국을 쑥대밭으로 만든 바이 킹. 이 책의 주인공인 정복왕 윌리엄의 조상이다.

서서히 그 모습을 드러내기 시작했다. 스칸디나비아인들, 즉 바이킹과 헝가리인들의 침입은 유럽을 쑥대밭으로 만들었으나, 침입이 끼친 생명력은 이제 막 피어나려고 하고 있었다. 그 생명력은 모든 분야에서 감지할 수 있었는데 작은 발명품 같은 것에서부터 문명의 봄이 이미 도래했음을 느낄 수 있었다. 대개 한 세대 정도의 시간이 지나면 어느 날 갑자기 특별한 결실을 알리는 꽃이 피게 된다. 건축, 로마네스크 양식의 조각들, 서사시와 라틴어가 아닌 현지어로 쓰인 시들이 이런 조짐의 척후병이었다. 950년부터 1050년까지는 '대탄생'의 시기였다. 이 시기는 고대의 경험을 뛰어넘어 새로운 균형 질서를 만든 시기였으며, 삶의 질서가 본질보다 우선하는 시기였다. 중세 사회를 대표하는 봉건 제도야말로 삶의 질서를 극명하게 보여준다.

성직자들은 자신들이 옮겨 적은 문서나 고전들을 주로 읽었고, 속세의 기독교도들은 성직자들이 말하는 것을 들었지만, 성직자들은 별로 말이 없었다. 실제로 속세의 하위 성직자들은 설교를 거의 포기한 자들이었다. 현대의 교리 교육에 비추어보면 중세의 성직자들은 그 어떤 형태로도 비교할 수 없는 사람들이었다. 그렇다면 중세의 성직자들과 일반 신도들은 어떻게 소통했을까? 신앙심의 내용을 소통하는 주요 형태는 바로 전례였다. 전례는 우주의 미적, 상징적 성찰의 결과물이었고, 거기에서 역사적 진실이 도덕적 진실로 흡수되었다. 당시 중세인들에게 존재의 신비스러운 삶은 존재를 지배하는 법보다 더 중요한 의미를 내포하고 있었다. '40'은 유혹의 숫자였고 '50'은 환희의 숫자였던 것처럼 당시 사람들은 세상을 수를 통해서 인식하고 있었다.

중세 초기에 기독교는 농촌 세계를 정복했다. 기독교가 오랫동안 농촌에서 뿌리를 내리고 있던 잠재적인 애니미즘을 흡수하자, 애니미즘의 중심은 곧 그 구심점을 잃고 말았다. 기독교는 중세인들의 머릿속에 인간의 과거, 현재, 미래와 관련 있는 지식이나 중요한 이미지들을 깊이 심어 주었다. 스토아학파의 학자들은 우주의 영겁회귀를 주장했는데, 이에 대해 기독교는 초자연적인 서사시로 맞섰다. 기독교의 교리에 따르면 과거 예수의 행적은 불가변의 차원을 이루고 있고, 모든 것은 예수의 예언처럼 제자리에 있었다. 기독교의 교리에서 보면 직선적인 긴 움직임은 단순한 찰나에 불과한 것이었으며, 예수를 통한 죄의 속죄는 그리스도가 재림한다는 사상을 더욱 굳게 만들었다. 하지만 이러한 사상적 경향은 고대의 주술적 마법에 기인한 것이었다. 자비심이란 것도 그 의미를 깊이 따져 보면 예외적인 영혼의 특징 중 하나다. 속세의 기독교도들은 1년에 한 번 영성체를 하거나 고백 성사를 보았고, 성물은 기적을 일으키는 것으로 여겼다. 그래서 사람들은 성스러운 기름을 보관한 작은 병, 전례에 사용되는 그릇, 성체의 빵 등을 병의 치유와 주술에서 벗어나기 위해 슬쩍 훔치기도 했다. 한편 몇몇 신학자의 교리는 그가 살았던 지방과는 아무 관계가 없었다. 그들은 단지 교리를 통해 애매한 초월성을 불러일으키려고 찬미와 본능적인 공포로 기독교의 교리를 포장한 것뿐이었다. 신부라는 존재는, 비록 그들이 경멸과 조롱의 대상이기는 했지만, 여전히 신비스러웠으며 호감과 동시에 혐오감을 줬다. 사람들은 성유물이나 호신용 부적을 얻기 위해 서로 싸우거나 심지어는 죽이기까지 했는데 이러한 성물들은 성지 순례에서 교회가 얻을 수 있는 이익의 원천이었다.

중세인들은 신과 인간 사이에 천사와 악마 그리고 성인들이 살고 있다고 생각했다. 그들은 또한 일부 성인들은 신비스럽게도 샘 주변이나 길가에 살고 있으며 그들의 막강한 중재력에 의해 인간 구원의 드라마가 실현된다고 믿고 있었다. 그리고 그 구원의 드라마는 '기적'에 의해서 현실화된다. 중세인들은 경험을 통해 기적에 대해 다음과 같이 믿고 있었다. 즉, 기적은 찬미를 받을 일이거나 생각하지 못했던 뜻밖의 일이라고 생각했다. 한편, 어떤 성소가 경우에 따라서는 다른 성소보다 낫다는 얘기가 돌았고, 각 성소는 특별한 장점을 지니고 있었다. 자신의 좋은 평판을 위해 성인을 통해 바치는 보시布施는 교회가 관리하는 경제적 수입 중에서 가장 효과적이고 강력한 수입원이었으며, 교회에 막대한 부를 가져다주었다. 사람들은 신과 그의 수호자들, 즉 성인들에게 맹세를 하고 싸웠으며, 예언적 주술을 할 때도 신을 언급했다. 교회는 종교 재판을 통해 이러한 미신을 뿌리 뽑으려고 했지만 근절시키지는 못했다. 당시 사람들이 구마 의식을 통해서 무엇인가를 필요로 했기 때문이다. 사람들은 늑대인간과 흡혈귀의 존재를 믿었고, 모든 일에는 길일이 있다고 믿었다. 그리고 꿈의 해몽은 은자들에게 물었다. 중세인들은 숲에는 난쟁이, 요정, 자비로운 사람, 로마의 다신교 신에서 유래한 아바타들, 성직자들도 확신하고 있는 악마의 화신들이 살고 있다고 생각했다. 그 악마들의 이름은 니통Niton이나 뤼탱Lutin으로 불렸는데, 이 이름들은 해왕성에서 비롯되었다. 노르망디의 공작 리샤르 1세Richard le Vieux는 유령들과 친하게 지냈다는 설이 있었는데 사람들은 그가 초자연적 존재와의 논쟁을 주재했다고 믿고 있었다. 결국 대중은 모든 종류의 과학을 주술이라고 믿었다.

중세인들은 사람들의 사상과 행동 그리고 인간들 사이에 성스러운 것과 세속적인 것이 섞여 있다고 생각했다. 그들의 생각은 지체 없이 당장 실현될 신의 내재적 판결에 그 뿌리를 두고 있었다. 성직자들조차도 강인한 인상을 주는 종교적 감각이 필요하다고 생각했는데, 그 이유는 교회법에 의해 작성된 문서만으로는 충족될 수 없다고 생각했기 때문이다. 이런 감각은 성서 외전이나 기독교 민담에서 그 이야기를 받아왔고, 이후 로마네스크 양식의 조각가들에게 예술적 영감을 불러일으켰다.

기독교 정신이 꿈꾸었던 이상과 경제, 정치, 사회적 현실 사이에는 심오한 동질감이 있다는 것이 당시에는 널리 퍼져 있었다. 지상은 구원의 장소이고, 빈곤은 신이 원한 것이며, 노동의 목표는 인간이 태어난 조건에서 죽음과 영생을 준비할 수 있도록 자신의 중심을 잡아주는 것이라고 중세인들은 생각하고 있었다.

몸짓, 리듬, 색상 등은 눈과 귀가 감지할 수 있는 기호들이다. 몸짓을 따라 하는 것, 목소리의 음색, 의복, 춤 등도 표현의 기능을 수행하는 수단들이었다. 여기에서 소위 중세의 '솔직함'이 생겨났다. 인간은 정신 능력을 통해 구체적인 것을 음미하고, 개인의 얼굴에서 보편적 특징들을 분간해 낸다. 이런 인지 과정은 추상적인 것에 의해 이루어지지 않고 형상

앙주 백작 불평꾼 풀크(1043~1109)의 삽화. 윌리엄이 영국을 정복할 당시(1066) 노르망디의 숙적은 앙주의 백작이었다. 훗날 윌리엄의 집안과 풀크의 집안은 사돈을 맺는다. 영원한 원수는 없는 법이다.

등을 통해 구체화된다. 중세 제후들의 운명도 이런 과정을 따랐는데, 그 별명들이 영주들의 운명을 대변하고 있다. '불평꾼 풀크Foulques le Réchin' '회색 망토 조프루아Goeffroi Grise-Gonelle' '개처럼 민첩한 자 에르베르Herbert Éveil-Chien' '짧은 장화 로베르Robert Courte-Heuse' 등의 이름이 중세에 등장하는 인물들의 특징을 단적으로 잘 보여준다. 위의 별명들은 당사자에게 전적으로 종속된 정보를 알려준다(그 정보를 통하여 그들의 독특한 성격과 기질을 알 수 있다). 그들을 알기 위해서는 그 시대로 가서 보고 듣고 그들의 감정을 느껴야 한다. 그런데 이 정보들에 대한 욕구조차 장소에 따라 차이가 났는데, 그런 욕구가 일찍이 시들어버려 다시는 깨어나지 못하는 경우도 있었다. 대개 고립된 지방이나 비참하게 고통을 받은 지방일수록 그 정도는 더 심했다. 그 결과 중세에 일어났던 사건들은 물결이 퍼지듯 불규칙하게 퍼져 나갔지만 곧바로 사람들의 기억에서 사라졌다.

동물과 식물 등 자연의 거친 형태들과의 일상적인 접촉은 중세인들을 야수들이 들끓는 환경에 그대로 노출시켰다. 그 결과 그들은 자연의 독특한 아름다움을 점점 더 느낄 수 없게 되었다. 특히 동물들은 인간의 운명에 어떤 식으로든 영향을 주었다. 속세를 등진 성인들의 덕망은 암사슴에 비유되었고, 말은 천상에서 풀을 뜯어먹다가 갑자기 지상으로 내려왔다고 중세인들은 생각했다.

양식良識은 속담들에 의해 잘 드러난다. "두 날의 아침보다 하룻저녁이 더 낫다" "마지막 일격이 참나무를 쓰러뜨린다" "침묵하는 부자를 본 적이 없다" "위협은 창으로 하지 않는다" 같은 속담들이 중세인들의 의식 구조를 잘 보여주고 있다. 강력한 유머는 거친 삶 속에서 만들어지지만 중세에는 비극적인 속담은 찾아볼 수 없었다. 한편 '서기 천년의 공포'는 전설이 되었다. 이 구호는 『늙은이들의 세계Mundus senescit』에서 인용한 것인데 당시 사회의 노령화를 상기시킨다. 하지만 이런 표현에서 말하고자 했던 것은 무엇인가? 인간은 시간과 존재를 잘 구분하지 못하는 경향이 있다. 인간은 단지 본질을 통해 존재할 뿐이다. 인간의 지성은 단지 영원성이 결여될 때 변화를 인지하는데, 그 변화는 사물의 무기력에서 기인한다. 하지만 무기력은 충만함이 나타나는 일을 지체시키는 것 외에는 어떤 힘도 발휘하지 못한다. 이렇게 모든 것은 자신만의 지속적인 시간 안에서 완성의 단계로 미끄러지듯이 들어간다. 그러므로 종결자의 역할을 하는 것은 언제나 시간이다. 다시 말해 시간은 어떤 것의 방향을 잡아주는 역할도 하지만, 영원한 재생의 순환 고리에서 벗어나게 해주는 역할도 한다. '늙어가다senescit'란 표현이 이를 잘 말해주고 있다. 그 결과 인간이 가진 인식의 경향이 싹트는데, 그런 경향을 통하여 인간은 어떤 사건 안에서 눈부신 존재, 즉 신의 존재를 인식할 수 있게 된다. 이것이 기적으로 이어지는 것이다. 인간에게 시간이란 지속적인 상태에서 확인할 수 있는 유일한 실제적 단위인 것이다.

2장

봉건
세계

사회 질서

중세의 사회 질서는 혈연에 따라 좌우되었다. 자연 공동체는 혈통에 따라 구성되었으며, 그 결과 경제적 생산의 감소가 가중되었다. 공동체 구성원들은 대부분 공동생활을 영위했고, '솥단지 공동체'라고도 불렸다. 빈자들의 공동체는 토지를 법적으로 또는 실질적으로 공유하고 있다는 사실을 통해 연결되어 있었다. 일반적으로 부유한 농민은 자신이 일군 농지의 소유권 문서에 친척과 함께 서명했다. 이러한 행위는 소유주의 변화가 있을 경우를 대비하여 토지의 공동 소유권을 문서에 명시하기 위함이었다. 그 결과 토지의 소유권은 개인적인 것에서 세습적인 것으로 바뀌게 되었다.

현대 프랑스에서 '친구'를 의미하는 'ami'가 당시에는 같은 혈통을 가진 가족 구성원을 의미했다. 그래서 '친구' 뒤에 '육체적인', 즉 '피를 나눈'이라는 형용사 'charnel'을 덧붙여 사용했다. 구성원 간의 법적인 계약의 실행은 주군과 봉신간의 서약으로 이루어졌다. 친구 중에는 구성원들의 불평을 지지해주는 무장한 '친구'들이 있었고, 고발당한 친구들을 위해 헌신하는 '친구'들도 있었다. 대제후의 권력은 자신이 거느린 봉신의 수와 '친구'들의 수에 의해서 결정되었다. 초기 노르망디 공들의 권력은 자신의 가족이 얼마나 많은가에 달려 있었다. 일부 가문은 전설도 보유하고 있었는데 자신들이 훌륭한 조상들로부터 나왔다는 것을 강조하기 위함이었다. 그러므로 가문에서 따로 떨어져서 살아간다는 것은 당시로서는 상상할 수 없는 일이었다. 그러므로 만약 가문에서 한 사람이 공격을 당하면 곧바로 복수하는 것이 전통이고 의무였다. 최근까지도 지중해 지방에는 '집안 간의 복수_vendetta_' 전통이 많은 마을에 남아 있는데 이 전통은 오래전부터 내려오는 쌍방 간의 증오가 그 뿌리다. 중세 서유럽을 쑥대밭으로 만들었던 수많은 전쟁 역시 집안 간 복수가 그 원인이었다. 당시의 전쟁을 현대의 시각에서 보면 지금과는 그 모습이 매우 달랐다. 이를테면 제후 주변의 열다섯 내지 스무 명 정도의 기사—그들은 난투극에 익숙해져 있는 불한당들이었다—들이 주변을 약탈하기 위해 쏜살같이 이동하며 벌이는 소동 같은 것이었다. 이 시기에는 모욕, 보복, 중재의 실패, 폭력을 통한 결투 등과 같은 '집안 간의 복수_faide_'†가 끊이지 않았다. 제후들도 몇몇 기사와 함께 맹위를 떨치며 넓은 지역을 황폐화시킬 수 있었다. 이렇게 전 국토가 이들로 인해 초토화되어 이제 막 형성되려던 국가는 치명타를 입을 수밖에 없었다. 11세기에 이러한 문제는 전적으로 해결될 수는 없었지만, 유일하게 이런 상태를 막을 수 있는 사람은 노르망디의 윌리엄 공뿐이었다.

---

† 게르만 사회에서는 '집안 간의 복수'를 'faide'로, 지중해 지역에서는 'vendetta'로 불렀다.

부부간의 관계는 가문의 이해관계에 종속되어 있었다. 사람들은 부부간의 특별한 관계를 희미하게 의식했을 뿐이었다. 가장은 자녀의 결혼을 책임졌고, 제후와 봉신들은 미성년인 자녀들까지 출가시켰다. 경제적 혹은 정치적 상황이 중대할수록 자녀들을 서둘러서 결혼시켰던 것이다. 심지어 여섯 살 난 자식을 약혼시키거나 결혼시켰는데 결혼 적령기까지는 서로 따로 살게 했다. 하지만 부자들은 결혼을 해도 그 상태가 불안정한 경우가 빈번했다. 특히 왕족들은 근친 간의 가까운 결혼을 핑계로 교회법을 위반하지 않는 범위에서 이혼하는 경우도 많았다. 당시의 여자들은, 해마다 출산을 하는 존재임에도 불구하고, 남자들의 눈에는 쾌락과 생산의 도구로밖에 비치지 않았다. 당시의 아내는 남편과 동등한 존재였으며, 비록 남자들처럼 무기는 없어도 자신들이 남자보다 열등한 존재라고 생각하지 않았다. 그런 사례는 쉽게 찾아볼 수 있었다. 예를 들어 남자 못지않게 정력이 넘치고 정치적 감각까지 남자보다 뛰어난 여걸들이 중세의 역사에 자주 등장했다. 그럼에도 여자들의 사회적 활동은 오늘날처럼 활발하지 못했다. 여자들에게 더 무거운 사회적 제약이 짐으로 작용했기 때문이었다. 교회의 교리에 따르면 11세기 말까지 결혼은 불안정한 것으로 간주되었다. 왜냐하면 인간 육체의 허약함을 관대하게 보려는 기독교 교리의 영향 때문이었다. 교회는 부부간의 서약을 장려하면서, 부부의 결합을 최소한의 악으로 간주했다. 정결과 금욕의 이름 아래 교회는 부부 생활이 고행의 훈련에 의해 정화된다고 강조했다. 그 결과 부부 사이에 성생활이 없는 금욕이 강요돼 결혼 생활은 성인전에만 나오는 주제로 전락했다. 반면에 간통죄는 교회의 재판권에 속했는데 대개 벌금형에 처했다. 교회는 재혼을 허용하지 않았지만 사람들은 재혼을 정상적인 결혼으로 생각하고 있었다. 특히 미망인의 경우는 재혼이 필요하다고 생각했다. 실제로 봉토를 소유한 여자나 농사를 짓는 여자 농노는 남편이 죽으면 영주에게 지대와 채무를 갚을 수 있는 방법이 막연했다. 그러므로 당시 사람들은 미망인들의 재혼을 필연적으로 여겼다. 연대기에는 이런 여인들의 기구한 삶에 대한 기록이 자주 등장한다. 즉 어린 나이에 결혼을 했지만 남편을 만나보기도 전에 미망인이 되고, 그 후 재혼했지만 다시 이혼을 당하고 또 결혼하고…… 하지만 다시 흔들리고 실패하고, 결국 마지막으로 수녀원의 문을 두드리지만, 그녀의 일은 속세에 있기에 수녀원은 그녀를 받아주지 않는다. 메로빙거 왕조 시대부터 내려오는 전통에 따르면 부부 중 한 명이 종교에 귀의하면 결혼은 자동으로 취소되었다. 교회법에 따라 이렇게 결혼이 취소되는 것을 반대하는 자들도 있었지만 대부분의 주교들은 눈감아주었다. 당시 관습법에 따르면 아내는 남편에게 모든 권리와 강제권을 양도해야 했다. 13세기에 한 법률학자는 아내에 대한 징벌이 합리적이어야 하며 절대로 아내를 죽이거나 불구로 만들어서는 안 된다는 주장에 동조했다.

동일 계통의 가문을 유지하는 데는 한 가지 약점이 있었다. 그것은 집안에 지속적인 가장의 권위를 유지하는 것인데 당시의 관습으로는 이 지속성을 유지할 수가 없었다. 실제로 결혼은 동일 계통의 가문에 이질적인 요소가 들어오는 창구였으며, 결혼으로 새로 탄생한 처가 혹은 시가 같은 가족들은 그 경계가 모호했다. 그래서 일찍이 제도적인 면에서 새로운 관계가 탄생하는데 '신하의 서약'이라고 부르는 오마주가 그것이다.

오마주는 9세기에서 10세기 사이에 시작된 주군과 봉신의 서약 의식인데 인적 자원이 극도로 부족한 중세 사회에서 인력을 확보할 수 있는 유일한 방법이었다. 오마주를 통한 주종의 관계는 11세기에 공식적으로 인정되었고, 이후 12세기부터 해체되기 시작했다. 오마주의 관계는 혼자

✤
1286년 영국의 에드워드 1세가 프랑스의
필리프 4세에게 오마주를 바치는 모습. 프
랑스 왕의 봉신이었던 윌리엄이 영국 왕이
되는 바람에 영국 왕임에도 에드워드 1세
는 복음서에 손을 얹고 프랑스 왕에게 신
하 서약을 하고 있다.

생존하기에는 너무 가난하고 나약한 개인이 강력한 존재에게 자신을 의
탁하면서 성립된다. 그러면 서약을 한 종자從者, homme는 주군의 보호자
로 선발된다. 이 관계는 주군과 종자 사이에 맺어진 특별하고 아주 강력
한 관계다. 주군과 종자 사이에 맺어진 서약은 상징적인 의식으로 진행되
는데 이 의식이 바로 오마주다. 이 의식은 게르만 전통에서 유래한 것인
데 그 과정은 다음과 같다. 먼저 종자가 주군 앞에서 무릎을 꿇고 두 손
을 모은 채 자신을 주군께 바친다고 말한다. 이때 성직자도 이 의식에 동
참한다. 종자는 복음서에 손을 얹고 충성의 서약foi을 하는데 11세기에는
이미 이런 소박한 전통은 사라졌다. 그리고 서약한 종자들의 일부는 '봉
신vassal'이라는 특권층이 된다. 그리고 주군과 종자의 세대가 지나도 종자
가 맺은 오마주의 특권은 자식에게 세습되었다. 주군은 종자에게 토지

를 제공할 의무가 있으며, 종자는 반대로 주군을 돕고 조언할 의무가 있었다. 즉 종자는 주군에게 군역軍役, ost의 의무를 바치고 궁정에서 주군을 섬기는 의무 외에도, 영지의 행정 기관에 참석하는 의무와 사법권의 행사 등의 의무를 지녔다. 이 밖에도 주군의 성에 주둔하며 경비하거나 주군에게 거처를 제공하는 것도 종자의 의무였다. 이후 주종의 관계는 금전적인 상호 출납의 관계로도 발전하는데 그 액수는 쌍방 간에 차이가 있었다. 봉신제는 동일 계열의 가문에서 그 기원을 찾을 수 있다. 이 제도는 가문의 사람들을 하나로 묶어주었고, 그 구성원들은 가문의 복수를 할 의무도 지니고 있었다. 영주가 제공하는 영지에서 살고 있던 봉신들 주위에는 또 다른 사람들이 주군과 함께 살고 있었다. 그들 역시 '주군과 동행하는 사람들compagnie†로 불리거나, '가축 사료를 생산하는 자provendier'로 불렸다. 때때로 봉신의 아들은 영주의 집에 몇 년 동안 기거하면서 사냥과 전쟁의 기술을 배우기도 했다. 거처를 제공받은 봉신의 아들은 당시에 유행하던 서사시를 읊곤했는데, 그 내용은 친지와 영주 사이에서 포로가 된 봉신의 고통스러운 처지에 관한 것이었다. 이럴 경우 시인은 봉신의 의무가 먼저라고 노래했다. 이렇듯 당시의 권력 구도는 복잡하게 얽혀 있었으며, 후손들의 불안한 신분 보장, 사방에 흩어진 영지들, 해결해야 할 사건들의 중압감 등이 종국에는 이 관계들을 약화시켰다. 하지만 봉신과 주군의 오마주는 여전히 유지되었고, 당시 구성원은 모두 오마주가 인간관계를 유지할 수 있는 가장 신성한 관계라는 점에 동의했다. 그러므로 자신의 주군을 살해한다는 것은 최악의 범죄였고, 주군을 위하여 죽는 것은 신의 축복을 받는 순교와 같았다. '봉신의 의무'를 의미하

† 게르만어의 뜻을 옮긴 라틴어 'compagnie'(시골)는 '빵을 나누어 먹는 사람'(cum＋pane)이라는 말에서 만들어졌다.

는 'vassalage'는 11세기부터 '용맹'을 의미하는 'bavoure'로 바뀌었다. 하지만 봉신 관계는 한편의 배신으로 인해 때때로 혼미스러울 때도 있었다. 그럼에도 불구하고 중세 사회에서 봉신 관계는 인간이 맺을 수 있는 관계 중에서 가장 이상적인 관계라고 말할 수 있다. 봉신은 '주군은 하느님이다'라는 경건한 마음으로 주군을 섬겼고, 무릎을 꿇고 기도하듯이 두 손을 모은 자세는 신앙심이 충만한 신자의 모습을 그대로 보여주고 있다. 이후 남프랑스의 음유시인들은 봉신제도에서 많은 은유적 이미지를 빌려왔는데, 그것은 오마주, 신앙심, 주군 섬기기 등의 이미지였고 그 후로도 속세에서 오랫동안 그 전통이 살아남았다.

11세기 중세 유럽 사회를 현대 사회학의 관점에서 보자. 먼저 그 실체를 신뢰할 수 있는 계층으로는 봉신들의 집단을 꼽을 수 있다. 실제로 우리는 포괄적이고 구체적인 방법으로 봉신 집단이 어떤 행동적 특징을 보였는지 이해할 수 있다. 그들이 함께 모여 사는 공동 주택mesnie에는 사람들의 훈훈한 정이 가득차 있었다. 그들의 거처는 외진 곳에 있었기에 주변에 사람들도 별로 없었고 접근성도 아주 안 좋았지만, 동일한 기상 환경과 자연 조건에서 살고 있었다. 봉신들의 집단은 점점 더 그 수가 증가하여, 물론 그 와중에도 개인적이고 변덕스러운 시도도 있었지만, 전형적인 공동의 행동 양식을 만들기에 이른다. 이 경우 집단의 리더는 결정적인 역할을 하게 된다. 그의 힘, 용맹성, 수려한 외모, 유창한 웅변술은 리더십의 중요한 덕목이었다. 그런 점에서 개인의 행동은 대단한 효율성을 발휘하며 공동체의 운명에 결정적인 영향을 미치게 된다.

하지만 같은 이유로 영주와 그로부터 영지를 제공받은 봉신들—그들은 영주 다음으로 부유한 자들이었다—사이의 관계는 다소 느슨해질 수도 있다. 여기에서 또 다른 하위 집단이 형성된다. 이렇게 만들어진 작은 집단은 가축의 사료를 생산하는 자들과 봉신의 하급봉신vasseur들로 구성되어 있었는데 그들의 생활은 비참했다. 그들은 제후의 영지 주변에 작은 봉토를 소유하고 있었고, 이 봉토는 봉신들이 오랫동안 소유하고 있던 땅이었다. 당시의 사회 구조를 그려보면 마치 피라미드와 같았다. 정점에 있는 왕에서 최하위 봉신까지 피라미드 모양으로 연결되어 있었고, 구성원들은 오마주와 충성심 등으로 밀접하게 연결되었다. 많은 제후는 또한 대제후에 종속되어 있었는데 그런 대제후를 군주suzerain라고 불렀다. 봉신 제도의 체제는 수많은 피보호자로 구성되어 있었는데, 그들은 지방의 실력자들이었고 어느 정도 독립적인 위치에 있었다. 11세기의 역사적 사건들을 지금의 행정 구역과 비교해서 설명하자면, 대부분 아주 작은 지역에서 발생한 것이었다. 지금으로 치면 프랑스의 도道, 파리의 구, 지방의 면 정도에서 일어난 사건들이었다. 당시의 실질적인 권력은 제후들의 수중에 있었다. 하지만 프랑스 왕도 전적으로 권력이 없는 존재는 아니었다. 프랑스 왕은 일드프랑스Île-de-France 지방의 가문, 즉 위그 카페Hugues Capet 가문의 후손이었기 때문에 제후들은 프랑스 왕의 권력을 인정하지 않을 수 없었다. 세분된 농촌 사회로 구성된 당시 사회에서 권력은 경험적인 적응의 산물이었다. 하지만 인구와 재물의 이동은 어려웠다. 타인에 대한 명령권은 자신이 소유하거나 타인으로부터 빼앗은 인적·물적 재산권이었지만 실제로 제후들은 봉신들의 조언이 없는 경우 중요한 결정을 할 수 없었다. 그럼에도 어떤 추상적인 개념, 예를 들어 종주권souveraineté이나 통치권légitimité 같은 개념들은 정치력 관계를 통해 분명히 드러나지 않고 있었다. 특히 프랑스에서는 국가의 위상이 '개인 국가État d'individus'라는 형태로 그 지위가 떨어지고 말았다. 이런 국가의 특징은 합법적인 규범이나 행정 체계가 존재하지 않았다는 의미이다. 그 결과 기술은 축소되었고, 오히려 전문적인 지식보다 개인의 의지나 힘이 좌우했다. 중세에 국가가 지닌 의무는 셋으로 요약되었다. 신앙심을 지키고, 신민의 구원을 확보하고(특히 수도원의 건립을 통해서), 적으로부터 성직자들과 주민들을 지키며 평화를 유지하는 것이었다. 사실 11세기 전반부에 대부분의 대제후는 반란을 일으킨 봉신들과 싸우는 데 시간을 쏟아부었다. 제후들은 근본적으로 전사였으며 정치의 시대는 아직 도래하지 않고 있었다.

그 결과 정치 체제는 불안정했고, 서서히 불안해지기 시작했다. 이러한 현상은 특히 도시에서 두드러졌다. 프랑스의 도시에는 그 어떤 행정적 단위도 찾아볼 수 없었고, 도시의 공간과 주민들은 다양한 권력 기관에 얽혀 있었다. 그런 까닭에 권력은 극도로 분열되어 있었으며, 그로 말미암아 싸움과 복수가 끊이지 않았다. 카롤링거 왕조가 몰락하던 때부터 주교와 세속 제후는 도시에서 자신들의 권력을 빼앗기지 않으려고 치열하게 싸웠는데, 어떤 때는 주교가 승리를, 어떤 때는 세속 제후가 권력을 차지했다. 실제로 1015년 보베의 주교는 백작의 권리를 양도받기도 했다. 그런데 권력의 분산에 대한 처방으로 생겨난 권력 집중에 대해서는 아무도 인식하지 못하고 있었다. 게다가 권력 기관의 소유자가 홀로 떨어져 사는 사람에게 권한을 양도하는 경우도 비일비재했다. 1050년 기욤 피츠제레 Guillaume Fitz-Géré는 생테브룰에 있는 수도원에 몽트뢰유에 사는 주민을 선물로 주었는데, 이 말은 영주가 몽트뢰유 주민들로부터 세금을 거둘 수 있는 과세권을 수도원에게 양도했다는 의미였다.

학식이 깊은 당시 성직자들은 로마 제국에 대한 추억을 버리지 않고 있었지만, 9세기에 전 유럽을 초토화시킨 바이킹들의 침입으로 로마 제국의 부활은 물거품이 되었다. 바이킹의 대부분은 기독교로 개종하거나 기독교 국가의 구성원이 되었고, 11세기에는 서유럽에서 점점 더 중요한

73

집단으로 부상하고 있었다. 일부 식자층은 봉신제도에서 로마가 꽃피웠던 공화국res publica의 개념을 재발견했고, 1020년 샤르트르 교구의 교구장인 퓔베르Fulbert는 이런 관점에서 봉신제도의 특성을 분석하려고 시도했다. 하지만 이런 지적인 논고論考는 세인들의 관심을 끌지 못했다. 하지만 그의 성찰은 국가에 대한 개념을 재인식하게 만들었고, 마침내 점점 널리 퍼지면서 현실 속의 권력자들의 행동에 영향을 미치기 시작했다.

이전에 권력은 하나의 권력 기관, 즉 왕실에서 나왔는데, 이러한 권력을 '봉신에 대한 소집령ban'이라고 부른다. 9세기부터는 왕실의 알력과 바이킹의 침입, 경제력을 지방에 분산시키려는 필요성의 압력이 높아지면서 권력은 점점 더 왕의 대표자들에 의해 독점되었다. 백작comte이라고 불리는 사람들은 오늘날의 도지사에 비견될 수 있는 관리인데, 그 수가 300~400명 정도였고, 지방pays이라 불리는 행정 구역의 우두머리였다. 백작의 권력은 여기저기에서 그 지방의 상황에 따라 제약을 받았으나, 봉신 중에서도 강력한 왕의 동료로서 그 우월성을 인정받게 된다. 하지만 백작이 왕권을 수행하는 대리자라는 사실은 점차 잊혀져 가고 있었다. 때때로 일부 지방에는 백작보다 더 높은 지위의 또 다른 왕권의 대리인, 즉 공작이 있었는데, 그들 사이의 구분은 분명하지 않았다. 공작은 본래 카롤링거 왕조 시절에는 넓은 지역의 군인과 민간인을 통솔하는 지휘관을 의미했다. 그러나 그 지위는 명확하게 정해지지 않았었다. 10~11세기의 공작은 백작의 영지보다 더 넓은 지역을 통치하는 제후는 아니었다. 예를 들어 카페 왕가의 조상들은 센강과 루아르강 사이의 띠 모양의 영지를 통치하고 있었는데, 그 지방의 우두머리를 '프랑스 공duc de France'이라고 불렀다.

그렇다고 11세기의 모든 백작령—카롤링거 왕조 시기의 '지방'과 일치

—과 그들의 가문이 오래된 전통을 가지고 있었던 것은 아니다. 앙주의 백작들은 대머리 왕 샤를Charles le Chauve의 밑에 있었던 산림 감시원의 후손들이었으며, 블루아 백작들의 조상은, 연대기 작가 리셰Richer에 따르면, 프랑스 왕인 외드Eudes의 마부였고, 외드 2세를 비롯한 그의 후손들은 1000년에서 1040년 사이에 프랑스 왕국의 주요 실력자로 성장한다. 이밖에도 모험심이 강한 많은 사람이 자신에게 유리한 순간을 이용해서 광활한 지역을 손에 넣기도 했는데, 생리키에 수도원의 권한 대리인이 어느 날 아침 퐁티외Ponthieu 백작을 참칭한 사건이 좋은 예다.

백작이라는 지위는 겉모습만 그럴듯한 자리였다. 사실상 백작은 백작령 안에 있는 주요 봉신에게만 직접적으로 권리를 행사했다. 나머지 신민에 대해서는 하위직의 봉신이나 관리를 파견했다. 지방에 따라서 그들은 사법관, 자작, 권한 대리인 등으로 불렸다. 하지만 당시만 해도 대부분의 사람, 즉 봉신과 농민들은 자신의 직속 제후에만 종속되어 있었고, 백작이 소유한 권력 기관의 통제 속에 있지 않았다. 교회가 소유한 토지와 면세자들 역시 백작의 관할에 있지 않았다. 백작 제도의 근본적인 폐해는 백작들이 모든 행정 명령을 토지의 소유와 관련되어 있는 것으로 인식하고 있었다는 것이다. 하지만 백작의 통치권은 개인이 소유하고 있는 권리 중에서 일부에만 미쳤으며, 작위가 없는 다른 제후들과 큰 차이가 없었다. 그럼에도 결단력이 있고 유능하며 주위 환경을 잘 활용하는 소수의 백작은 자신의 위엄을 통해서 초기 단계의 국가의 모습을 되살려놓았다. 즉 카롤링거 왕조 때 존재하던 국가라는 개념을 부활시킨 것이다. 10세기의 플랑드르 백작령이 그런 지방이었다.

포고령ban은 영주의 세 가지 권리를 내포하고 있었다. 첫 번째는 전쟁이 일어나면 군사를 소집할 수 있는 권리이고, 두 번째는 사법권의 행사

그리고 세 번째는 세금을 징수할 수 있는 권리다. 집안 간의 복수와 개인적인 전쟁은 포고령의 첫 번째 권리, 즉 군사를 소집할 수 있는 영주의 권리를 침해했다. 두 번째와 세 번째 권리도 자주 훼손되었다. 현대 사회와 중세 사회를 구분할 때 가장 두드러진 특징인 재판권은 본질적으로 영주의 세습권이었다. 재판권을 가진 영주는 자유롭게 그것을 다른 이에게 양도하거나 팔 수 있었다. 재판권을 가진다는 것은 이유가 분명하지 않은 분쟁이 있을 때 유리한 입장에 설 수 있다는 의미였다. 재판권의 소유는 사실 영주들의 금전적인 이익을 위한 것이었다. 재판관인 영주는 재판과 관련된 세금이나 벌금 또는 재산의 압류를 통해 이익을 취했다. 이러한 사법권의 혼란은 훗날 두 가지의 중요한 결과를 초래한다. 첫째, 몇몇 제후는 그때까지 사분오열되어 있던 일부 지방의 사법권을 돈으로 사거나, 때로는 강제로 빼앗아 사법권의 중앙 집권화를 완성하게 된다. 이러한 과정은 국가의 부활로 이어지게 되었다. 둘째, 다수에 의한 사법권의 보편화는 사법 정신이라는 문화를 형성하는 데 일조했다. 그런데 중세에 재판을 주재한다는 것은 통치 행위와 마찬가지로 그다지 많은 학문적 지식을 필요로 하지 않았다. 재판관 혹은 그를 대신하는 자는 야외, 궁정 혹은 성에서 열리는 재판에 참석했는데, 거기에는 몇몇 봉신이나 지방의 유력 인사들이 참석했으며, 그들은 자신들의 자격과 해당 지역의 법에 따라 사법권을 행사했다. 소송의 대상은 지방마다 크게 차이가 나지 않았는데, 사람에 대한 범죄나 인적 또는 물적 권리에 관한 소유권 분쟁이 대부분이었다. 이 경우 보통법은 봉신 관계의 근원近遠에 따라 차별적으로 적용되지 않았다. 예전부터 내려오는 중죄(살인이 가장 큰 죄였다)는 하급 재판소에 관련된 사건일 경우 경죄로 취급되기도 했다. 하지만 고등법원의 재판관들이 하급법원의 사건을 담당하는 경우도 있었다. 한편 주교가 관할하는 교회 재판소는 성직자들과 면세자들의 사건을 독점적으로 처리했다. 교회, 공동묘지를 대상으로 일어나는 테러 사건이 주요 담당 사건이었고, 간통이나 근친상간, 마녀 사건들도 교회 재판소가 담당하는 사건들이었다.

재판에서 증언은 판결 과정에서 필수적인 것으로 인식되었다. 당시에는 피고에게 재판에 필요한 증거를 제출할 것과, 자신의 무죄를 재판관에게 입증할 것을 요구했다. 이 경우 전통적인 수단은 '신의 판결'을 통해 도움을 받는 것인데 신성神性을 입증하는 형태에는 여러 가지가 있었다. 무죄를 입증하는 또 다른 방법으로는 책을 사용하는 방법이 있었다. 먼저 나무판을 하나 준비한다. 그리고 그 위에 시편을 놓고 재판의 당사자들은 나무판의 끝을 잡으면 된다. 그다음에 신부는 기도를 한다. 그리고 책이 어떻게 움직이는지 관찰한다. 만약 태양과 같은 방향으로 책이 움직이면 무죄가 입증된다. 이 밖에도 신명재판ordalie이 있었는데 물과 불로써 심판을 하는 재판이었다. 이 재판은 먼저 피고의 손바닥에 뜨겁게 달군 쇠를 가깝게 가져간다. 그리고 덴 손을 붕대로 감고 다음날 붕대를 풀었을 때 심한 화상의 상처가 없으면 그는 무죄로 석방된다. 신명재판이 놀라운 것은 재판의 최종 결론을 내릴 때 사용되었다는 사실이다. 하지만 상처에 대한 해석은 주관적일 수 있고 사람마다 회복력이 다르기 때문에 판결을 그르칠 수도 있었다. 신명재판의 다른 방법으로는 피고를 줄에 매달아 호수에 던진다. 만약 그가 헤엄쳐서 나오면 무죄로 석방된다. 하지만 신명재판은 11세기에 점차 사라지고 있었다. 결투나 서약이 신명재판을 대체했기 때문이다. 결투의 당사자인 '샹피옹Champion(챔피언)'은 같은 집안사람이나 봉신 중에서 선택되었고, 울타리로 둘러친 야외에서 결투를 벌였다. 만약 결투 신청을 받은 사람이 첫 별이 뜰 때까지 나타나지 않으면 결투를 신청한 사람은 무죄가 된다. 약속의 일종인 서약의 경우, 거짓 서약은 엄중한 대가를 치러야 했다. 당시 사회는 교회가 영적 세계를 지배하고 있었기 때문이다. 서약은 같은 가문의 구성원과 함께하는데 손을 성유물 위에 얹고 신이 이 서약에 함께한다고 맹세한다. 하지만 이런 방식의 서약에는 경건함이 결여되어 있었다. 재판의 승패 역시 중세인들의 관심사였다. 중세의 유능한 재판관은 어느 한편의 손을 일방적으로 들어주기보다는 소송의 당사자들을 화해시키기 위해 노력했다. 즉 두 당사자를 타협시키고 중재하는 데 그 목적이 있었다. 하지만 중범죄의 경우는 예외였다. 당사자들이 인정하지 않는 판결의 결과를 설복시키려면 그들이 무장한 채 결투를 하도록 내버려두는 수밖에 없었다. 이렇듯 무력의 사용은 공공의 권리를 인정받을 수 있는 제도처럼 보였다. 하지만 많은 사람은 전쟁보다 손쉽고 확실한 법의 판단을 선호했다. 법원의 관할은 얽히고설켜 있었는데 그 이유는 어떤 재판관에게 사건을 맡길지 몰랐기 때문이다. 그 결과 소송 당사자들은 법원에 속하지 않은 제3자에게 중재를 요구하기도 했다. 이런 문제를 해결하기 위해 10세기에는 온정에 근거한 형벌이나 고문 제도를 도입했지만 법적 장치의 취약점을 보완하기에는 역부족이었다.

세금을 징수하는 징세권 역시 당시에는 개인의 영역에 속해 있었다. 중세의 영주들은 세금을 자신의 권력을 유지하기 위한 개인적인 수입이라고 여기고 있었다. 징세권은 영주권에 통합되고 있었는데 그 방식은 영주권과는 다른 차원과 방식으로 발전하고 있었고, 종국에는 사법권의 독점을 가능하게 해주었다.

78

경제 구조

중세의 경제는 전적으로 농업에 의존하고 있었다. 식량은 기본 재산이었고 주요 식량은 빵이었으며, 그것을 얻기 위해 빈민들은 가지고 있는 모든 것을 바쳤다. 부자들조차도 구매력이 보잘 것 없었기 때문에 그들은 상품, 직물, 무기, 보석들을 충분히 확보하지 못했다. 게다가 고대의 방식을 답습했던 당시의 농업은 전혀 과학적인 면을 찾아볼 수 없었다. 그 결과 자연적 기상 조건에 달려 있던 농업은 수확량도 보잘 것 없었다. 당시의 수확 비율을 정확히 알 수는 없지만 추정해 본다면 카롤링거 왕조 시절에는 대략 1.7 대 1[†]에서 7 대 1로 급상승했다. 이와 같은 농업의 발전은 금속 농기구가 발명된 13세기에 절정을 맞이하지만 이후에는 더 이상의 발전을 찾아볼 수 없었다.

중세인들에게 개인적인 부의 축적은 위축된 경제로 인해 불가능한 일이었다. 수입은 고정적이었으며 사람들은 대개 부를 자연적인 현상으로 여겼다. 이제 막 체계적으로 형태를 갖춘 생산력은 '장원'의 범주 안에 놓여 있었다. 장원은 고대 로마 제국 말기의 라티푼디움Latifundium을 모방해서 만든 경제 공동체였는데 로마 제국이 멸망한 뒤에 쇠퇴하다가 자급자족의 경제 형태인 장원으로 재탄생했다. 장원에는 영주 외에도 주요 소비자들, 경작지에 거주하는 농민들[††] 그리고 최소한의 수공업 활동을 하는 장인들이 살고 있었다. 장인들 중에는 방적공, 직조공, 무두장이, 수레 제조공, 밧줄 제조공들이 있었는데, 특히 밧줄 제조공들은 넓은 작업 공

[†] 종자 1을 파종하면 거둘 수 있는 비율.—옮긴이
[††] 농민을 의미하는 프랑스어는 여러 개가 있다. 라틴어 'rusticus'에서 유래한 'rustre'(농민), 시골집을 뜻하는 'villa'에서 나온 'villain', '정주한 사람'이라는 뜻의 'manant'이 있다. 'roturier'란 말은 '경작자'라는 뜻이다.

간이 필요했던 까닭에 윈치winch나 삼밧줄을 오솔길을 따라 설치했다. 교회가 소유한 광활한 장원에는 석공들이 많았는데, 그들이 바로 초기 로마네스크 양식의 교회 건물과 조각상들을 만든 주인공이다. 석공 외에도 금은세공을 하는 장인들과 화공들이 오늘날 우리가 예술가라고 칭송하는 사람들이다. 여기에 포함되지 않는 최하위 장인들 중에는 대장장이가 있는데 그들은 도시에 정착하거나 11세기 중반 일부는 이동하면서 작업했다. 그들은 무기 제작에 지대한 영향을 미쳤을 뿐만 아니라, 장기적으로는 농기구를 제작하여 농업 발전에 크게 기여한 계층이었다.

영주가 영지를 취득했건 또는 부당하게 차지했건, 영지는 점차 영주의 장원으로 바뀌어 갔다. 장원은 실물로 확인할 수 있는 경제 단위였다. 즉 장원은 중세 사회의 경제적, 재정적, 정치적, 사법적 단위이며 세습, 취득, 전쟁 등으로 그 소유주가 바뀔 수 있었고, 그 결과 중세의 지도는 끊임없이 변했다. 그리고 장원은 11세기부터 '봉토'라고 부르기 시작한 토지와 그 범주가 일치했다. 하지만 여기에는 두 가지 차이점, 즉 역사적 또는 법률적인 차이가 존재한다. 봉토는 장원에 오마주의 관계가 중첩되면서 탄생했다. 대영주는 자신이 소유한 영지의 일부를 신하에게 녹봉지bénéfice나 종속 관계tenure로 맺은 봉토의 상태로 양도한다. 이와는 반대로 봉신이 주군을 보호할 것을 서약하고 주군에게 소유한 토지를 바치면 주군은 그 사용권을 봉신에게 되돌려주는 방식도 있었다. 일반적으로 10세기 말에 오마주는 토지를 양도하는 의미로 굳어졌다. 하지만 오마주의 개념은 부정확했고, 상황에 따라서 내용적 차이가 컸다. 영주는 다음과 같은 것들도 타인에게 양도했다. 물건, 통행세, 농민의 노동, 방앗간의 소유권, 귀속 재산에 대한 징세권, 과실수에서 생산된 열매들도 양도의 대상이었다. 이러한 양도를 통해 대규모 장원에 거주하는 많은 사람은 자신들이 임명한 집행관sergent 들에게 보수를 지급했다. 그러나 점차 다수의 사람은 봉토를 토지 재산으로 여기게 되었다. 비록 토지 재산이 보잘것없는 경우도 있었지만, 지방에 따라서 봉토의 종속 관계에는 두 개의 분명한 구분이 생기게 되었다. 일반적으로 봉토의 종속 관계는 그 관계가 요구하는 의무에 근거를 두고 있었다. 다시 말해 의무를 수행할 때 급여를 제공하는 방식이다. 이 의무는 종속된 자의 경제적 역할을 규정한다. 그리고 그 의무는 사회적 계층이 분화하는 데 초석이 된다. 토지 사용과 관련된 대부분의 관습은 이후 봉토와 정액지대 부과 토지censive로 구분하게 되었다. 봉신의 부담을 요구하는 봉토는 토지 증여의 주요 특징을 잘 간직하고 있었다. 반면에 두 번째의 정액지대 부과 토지는 경제적 속박을 의미했다.

봉토의 양도는 '봉토 수여식investiture'이라는 의식을 통해 이루어지는데, 봉토를 상징하는 물건, 즉 '흙덩어리'를 봉신에게 준다. 이러한 행위는 이 의식이 개인적인 계약이라는 것을 의미하지만 이미 10세기 말부터 봉토는 봉신의 가족에게 세습되었다. 물론 세대가 바뀔 때마다 세습을 받은 봉신은 다시 '봉토 수여식'을 치르는데 오마주 의식도 함께 거행되었다. 그런데 만약 봉신이 여러 명의 아들을 남겨두고 세상을 떠나면 현실적인 문제들이 발생한다. 이 문제는 서로 다양한 관습들이 적용되어 상이한 해결책이 필요했다. 예를 들어 봉토의 상속자가 미성년이면 영주는 그의 후견인이 되고, 그가 성년이 될 때(15세)까지 개인적으로 영지를 사용할 수 있는 권리를 행사한다. 반대로 노르망디와 앙주에서는 11세기까지 영주가 봉신의 봉토를 압수할 수 있는 권리를 가지고 있었다. 봉토의 몰수권은 봉신이 종속 관계를 지키지 않을 때 주군이 사용할 수 있는 유일한 제재 수단이었다. 그런데 이 종속 관계라는 것이 점점 더 복잡해진다. 봉

81

아키텐의 알리에노르처럼 주군이 여성인 경우도 있었다. 주군은 칼을 기사의 어깨에 대고 그를 자신의 봉신으로 서임한다. 그림은 영국 화가 에드먼드 레이턴의 「기사 서임식」(1901).

토의 양도가 세대가 지남에 따라 점점 변질되었기 때문이다. 물론 이 관계에서 예전에는 쌍방의 이해관계가 공존했지만, 봉토의 주인이 바뀌면 그가 섬겨야 하는 주군도 바뀌는 것이 일반적이었다.

정액지대 부과 토지는 봉토와는 모든 면에서 달랐다. 공동의 관습에 따라 운영되던 이 토지는 주군에게 개인적인 서약을 할 필요가 없었고, 토지의 사용에 부과되는 의무는 노동으로 갚으면 되었다. '부역corvée'†은 공공시설을 사용함으로써 '지불해야 할 채무taille'인데, '타유taille'란 말은 방목하는 가축의 수를 세기 위에 막대기에 홈을 판 것에서 유래했다. 부역과 지불할 채무는 농촌 공동체의 납세자들에게 균등하게 배분되어 있었다. 농민들은 부역의 경우 영주의 경작지에서 3일간 가축을 동원하여 노동력을 제공했으며, 전시일 경우 짐수레나 보급품도 제공해야 했다. 농민들은 사회적 위기 때 보병으로 징집되어 헛된 죽음을 맞이하기도 했는데 전장에 들고 나가는 무기가 몽둥이, 도끼, 낫 같은 것이 전부였기 때문이다. 농민들은 현물로도 세금을 바쳤는데 밀, 포도주, 계란, 가금류, 가축 등이 현물세의 대상이었고, 지방의 관습에 따라 정해진 도량 단위에 따라 납부다. 당시의 도량 단위로는 정확하지 않은 자연 단위를 사용했다. 예를 들어 '한 줌' '앞치마 한가득' '팔 길이만큼' 같은 단위들이 사용되었다. 한편 현금으로 내는 세금은 사람과 가구 수에 따라 계산해서 납부했다. 소작인들은 영주의 식솔들을 먹여 살렸고 필요한 도구들을 영주에게 제공했다. 일부 영주는 카롤링거 왕조 시절부터 존재했던 입시세入市稅 같은 세를 남용하여 징수하기도 했다. 예를 들어 영주가 포도주 판매 허가를 포고布告한 뒤에 징수하는 포도주 판매세banvin가 있었는데 이

83

---

† 'corvée'란 말은 중세 초기까지 거슬러 올라가는데 '공동 노동'을 의미했고, '함께 기도하다'라는 라틴어 'cum-rogare'에서 나왔다.

❧ 농민들이 영주에게 토지 사용료를 비롯한 채무를 현금으로 바치고 있다.

세금은 포도주 가격을 규제하려는 것이 그 목적이었지만, 실제로는 영주의 포도주를 유통시키지 않으면 소작인들은 자신들이 생산한 포도주를 판매할 수 없었다. 때때로 교회의 영주 격인 수도원장들이 마을의 선술집 의자에 앉아 있는 광경도 심심치 않게 목격되었다. 어쨌든 당시 농민들이 부담해야 할 부역과 채무는 1950년대 프랑스의 소작인들이 지불했던 소작료의 평균을 초과하지 않았다. 하지만 흉년이 들면 소작 제도의 유연성이 떨어지기 때문에 농민들은 기근에 시달려야 했다. 결국 소작농들은 풍년이 들 때 정해진 만큼의 채무를 갚으면서 과세의 부담에서 벗어났지만, 경제가 성장함에 따라 세금이 늘어나서 그 할당량도 증가했다.

정액지대 부과 토지도 봉토와 마찬가지로 11세기에는 대부분 세습 재산이 되었다. 그렇지만 일부 지방에서 이 토지는 정해진 기간만 양도하는 형태†로 바뀌기도 했다. 이런 형태의 임대차 방식은 특히 노르망디 지방에서 유행했는데, 임대차 기간은 가변적이었다. 예를 들어 평생을 임대하는 경우나 몇 세대 혹은 1년(추수 한 번)도 있었고, 15년간 임대하는 경우도 있었는데 이럴 때는 경작지를 새롭게 객토客土해야 했다.

중세 초기에는 점진적인 사회 변화로 인해 토지 소유주의 직접세 징수régie가 사라졌고, 토지의 양도tenure가 늘어남에 따라 대규모 경작지도 급증했다. 영주의 예비지réserve는 본래 양도할 수 없는 토지였다. 하지만 점점 더 양도할 수 있는 토지로 바뀌어 영지와 그의 부속 토지만이 가족 단위로 경작하는 안정된 재산으로 남게 되었다. 한편 토지 양도의 일반화는 로마의 토지 소유권 개념 자체를 흔들어놓았다. 그 결과 12세기까지 중세인들은 부동산 거래를 비정상적인 것으로 간주했고, 경건한 증여로 포장된 경우를 제외하고는 부동산 거래가 빈곤의 원인이라고 생각했다.

위와 같은 배경에서 상거래가 이제 그 형태를 조금씩 갖춰가기 시작했다. 영주의 성 근처와 수도원 정문 앞에서 농민과 영주의 대리인들이 주기적으로 잉여 농산물들을 고객들에게 판매하기 시작했다. 물론 그 고객들이 정기적으로 시장에 오는 사람들은 아니었다. 이러한 시장은 경제적인 역할 외에도 구성원들이 만날 수 있는 사교의 장으로 자리를 잡았고, 사람들은 그곳에서 서로 만나서 떠들었다. 장원의 영주는 직물을 생산하지 않았기 때문에 이웃으로부터 옷감을 구입해야 했으며, 어떤 때는 멀리 떨어진 곳에서 구입했다. 시장은 정기적으로 열리지 않았고 장소도 일정하지 않았다. 그런 까닭에 시장은 단지 생필품을 구입하는 곳에 지

85

---

† 이러한 양도 형태를 'mainfermes'라고 불렀다.

나지 않았으므로 경제 활동의 원동력은 되지 못했다. 교회는 이런 시장
을 좋게 보지 않았고, 상품의 거래를 폭리를 취하는 행위라고 비난했다.
왜냐하면 교회는 증여만이 정당한 교환의 방식이라고 여겼기 때문이다.
교회는 증여를 통해서 사람들의 관계가 형성되고, 고위층의 귀중한 재산
이 하위층에 전달된다고 믿었지만 그런 증여는 감소하는 추세였다.

　　중세에는 농민, 재배업자 혹은 장인들이 자신들의 생산품을 스스로
팔았다. 외국 물품을 구입하기 위해 실력자들은 멀리 하인들을 보내기도
했으며, 때로는 원하는 물품을 얻기 위해 긴 여행에 들어가는 경비도 마
다하지 않았다. 그 결과 극소수의 운송업자들이 영주들이 원하는 것을

❁
12세기 샹포Les Champeaux 시장의 모습. 옷감,
가금류, 가축, 야채 등 없는 것이 없었다. 현재 파리
레알Les Halles 자리에 있던 시장이다.

찾아 길을 나섰다. 예를 들어 꼭 필요한 것이지만 구하기 어려운 물품들, 특히 소금이나 좋은 포도주, 사치품들이 그런 품목이었다. 일부 상인들은 도시 변두리에 겨울 동안 물품을 보관할 창고도 가지고 있었고, 봄이면 수레와 당나귀에 물건을 싣고 여기저기 물건들을 팔러 다녔다. 이들은 공동 관습에 따라 서로를 잘 알고 있었으며 상법의 원형을 태동시킨 주역들이었다. 때때로 건장한 상인들이 무장한 채 무리를 지어 이동했는데 그 모습이 전사들과 구분이 잘 되지 않았다. 그들은 위험할 때를 대비하여 항상 방어할 준비가 되어 있었다. 그런데 이렇게 이동하는 무리들은 빈축과 부러움의 대상이었다. 그들은 노동도 하지 않고 부를 축적했으며, 신자들이 자비를 베풀기 위해 기증한 것을 팔기도 했다. 특히 당시 성직자들이 행상들을 맹렬히 비난했던 이유는 그들이 이런 행위들을 통해 많은 이윤을 남겼기 때문이었다. 그들은 약탈을 일삼는 기사도 아니었고, 전리품을 적당한 기회에 판매하는 영악한 불한당도 아니었다. 대부분의 행상은 한정된 지역에서 서로 경쟁했고, 일부는 멀리까지 가서 물건을 팔았다. 예를 들어 프랑스 동부의 베르됭 행상들은 아랍 정복하의 남스페인 상인들과도 교역을 했다. 다른 행상들은 이탈리아를 통해서 오리엔트 상인들과 힘들게 거래를 하고 있었다.

직무와 계층

우리가 기술하려는 중세의 체제는 '봉건적'이라는 용어를 지나치게 많이 사용하는 경향이 있다. 그런데 이 용어는 그 의미가 다양하고 가변적이며 심지어 모순적이기까지 하다. 그럼에도 중세에는 일종의 독창적인 형태의 문화가 존재하며, 당시를 '비상식'이라는 현대의 잣대로 보면 중세를 이해할 수 없다. 일반적으로 실제의 권력은 추상적인 권리보다 그 실체가 분명하게 확인된다. 여기에서 말하는 중세의 권리란 것도 개인적 혹은 현실적인 것이지만 다소 애매하고 유동적인 권리를 말한다. 중세의 현실은 마을의 관습을 대변하고 있으며, 우리가 그것을 이해하려면 그 수준에 맞게 20세기에 생존해 있는 중세의 잔재들을 통해 관찰해야 한다. 당시에는 개인적 권리와 공공의 권리가 자주 혼동되었다. 공공의 이익과 우두머리들chef의 이익이 혼동된 것이다. 그러므로 중세 사회에 로마법이나 현대법의 정신을 적용한다는 것 자체가 불가능하다. 봉건제를 큰 틀에서 보면 모든 것이 혼재되고 관습에 뒤얽힌 연결체 같았다. 그러므로 봉건제의 체계적인 특징을 찾아본다는 것은 쉬운 일이 아니다. 영주에게 귀속되지 않은 토지들이 산재해 있었으며, 우연히 봉건제의 종속에서 벗어나거나 10세기의 혼란을 틈타 자유지alleux가 된 토지도 많았다. 때로는 자유지의 소유주가 과거에 영주로부터 받았던 정액지대 부과 토지를 영주에게 제공하는 경우도 있었고, 반대로 부유한 자유지의 소유주가 자신의 자유지를 봉신에게 봉토로 떼어주는 경우도 있었다.

봉건제는 오랜 기간의 무정부 및 기아 상태에서 스스로를 방어하려는 반작용으로 태어났으며, 10세기 말부터 점차 공동체 안에서 경제적, 정치적, 사회적 모습을 갖춰나가기 시작했다. 1000년경 성직자들은 세 가지의 특별한 직무fonction를 구분했는데 노동, 전투, 기도가 그 기준이 되었다. 당시의 사회 구성원을 신분에 따라 구분하면 민중, 귀족, 성직자로 나눌 수 있었다. 하지만 중세 초기의 사람들은 자신들이 지나온 과거의 궤적이나 계층 의식에 귀속되지는 않았다. 로마 시대에 자유인과 노예의 심했던 대립은 중세에 들어와 완화되었는데 그 원인은 대부분의 농민이 농노로 전락했음에도 불구하고 그 수가 증가했기 때문이었다. 어떤 지방에서는 농노들이 인구의 대부분을 차지하고 있었다. 농노의 신분은 실제적인 예속 상태를 의미했지만 신체적인 예속은 아니었다. 그리고 아무도 자신의 경작지에 종속되어 있었던 농노를 다른 경작지로 옮길 수도 없었다. 반대로 순수한 의미의 노예제는 단지 잘 없어지지 않는 사회적 현상이었다. 실제로 부유한 사람들의 집에는 농노를 제외하고 가사家事를 맡고 있는 농노가 있었는데, 이들은 모든 권리를 박탈당한 사람들이었다. 한편 봉토를 받은 봉신과 정액지대 부과 토지를 소유한 사람들 사이에는 분명한 구분이 없었다. 일부 농민들rustre은 영주에 버금가는 지위에 오르기도 했다. 어떤 영주는 금욕 정신을 실천하기 위해 숲에서 숯을 굽는 일을 하기도 했다.

농민들의 위상은 사회적 기준으로 볼 때 동일하지 않았다. 그 이유는 경제적 차이에 따라 농민들의 지위도 구분되었기 때문이다. '경작자'를 의미하는 'laboureur'는 멍에를 씌울 소를 소유한 사람이라는 뜻이었으며, 'brassier'는 '모든 것을 상실한 일꾼'이라는 뜻이었다. 대부분의 농촌 인구는 사회 계층의 최하위에 있었고 신분의 변화는 상상할 수도 없었다. 그러나 현대의 무산계급과 달리 중세의 농민들은 자신들이 살고 있는 사회의 훨씬 중심적인 구성원이었다. 그 사회에서 농민들은 비록 그 실체는 미미했지만 약간의 재산도 소유하며 안정적으로 삶을 영위하고 있었다. 그리고 이런 안정성은 현실적인 최소한의 권리를 허용해주었으며, 마을 공동체가 그런 안정을 유지하기 위해 일부 권리들을 보장받고 있었다. 이삭줍기와 숲의 사용권 등이 공동체의 권리에 속했다. 게다가 이런 수단들의 위상에 상관없이 농민들은 대규모 영지에서 자신들의 주인인 영주들에게 비중 있는 영향력을 행사할 수도 있었다. 이런 일은 권한 대리인

avoués 혹은 촌장maires이라 불리는 자들이 맡았는데 농민들은 이들을 환대하지 않았다. 삶의 방식이 거칠고 믿지 못할 정도로 세련되지 못한 농민들은 전적으로 자신들의 주인인 영주에게 모든 분야에서 예속되어 있었다. 농민에 대한 영주들의 재판은 중재자들을 통해서 이루어졌는데 재심을 하는 경우는 거의 없었다. 영주는 보잘것없는 것에도 벌금을 부과해가면서 농민들의 주머니를 털었다. 심지어 영주는 사소한 죄를 범한 농민의 신체에 형벌을 가하거나 농민들을 교수형에 처하기도 했다. 게다가 농민들은 전쟁이 터지면 가장 먼저 희생을 치르는 계층이었다. 그래서 농민들의 머릿속에는 늘 군인에 대한 혐오감이 자리를 잡고 있었다. 하지만 농민들의 연대감은 끈끈했으며, 영주에 대한 관계가 때로는 우호적이고 때로는 적대적이었지만, 투박한 농민들은 연대감을 통해 영주와 하나가 될 수 있었다. 영주는 농민의 보호자였으며 그들이 복종해야 할 유일한 대상이었다. 때때로 농민들은 국왕이 영지에 행차를 할 때면 영주가 파기한 사건을 국왕에게 간청하곤 했지만, 스스로 변론할 수 있는 능력이 없었기에 실현되는 경우는 거의 없었다.

농민, 가족, 마을 집단의 위상은 상이했지만—집단의 우두머리만 대표성이 있었다—농민들의 생활은 영주들이나 성직자들에 비해 훨씬 더 공동체 사회에 뿌리를 두고 있었다. 농민들은 두개의 공동체를 형성했는데 하나는 거주 공동체이고 또 하나는 공유지의 의무 및 권리에 대한 공동체였다. 조상 대대로 내려오는 경작지는 집안 전체의 책임이었다. 농민들은 거기에서 살다가 죽었으며, 아버지와 아들도 같은 경작지에서 일하다가 죽었다. 농민들의 공동체는 또한 노동 공동체였다. 토양이 거칠었던 프랑스 서부의 경우 여러 마리의 소에 쟁기를 매달아 밭을 갈아야 했다. 이러한 경작법은 계절마다 공동으로 이루어졌는데 여러 마리의 소를 줄로 연결한 다음에 쟁기를 매 밭을 갈았다. 작은 공유지들은 연대를 통해 상호 부조 단체를 조직한 다음에 경작할 때마다 공동 비용을 지불했다. 본당 교구paroisse 주위를 둘러싸고 있던 많은 마을에는 공제 조합들이 있었는데, 이 공공 단체régies에서는 소유물, 목초지, 공동 산림의 운영권, 부역의 분배 등을 표결로 결정했다. 이렇게 농민 단체들이 마을마다 깊이 뿌리를 내렸기 때문에 농민 반란 같은 민중 봉기는 거의 찾아볼 수 없었다. 물론 자크리Jacquerie 농민 봉기(1358)는 그 이후에 일어난 사건이었다. 당시의 농민들은 이론적으로 자신들이 영주들과 평등하다고 생각하지 않았고, 예외적인 경우를 제외하고는 사회적 불평등도 크지 않다고 생각했다. 그래서 비록 그들의 처지는 비참했지만, 치정과 관련된 드문 경우를 제외하고는 영주에게 반란의 칼을 겨누는 일은 거의 없었다.

농민rustre의 존재는 자신들이 헌신하고 있는 노동에 따라 구분되었다. 그들의 노동 기술은 로마 제국 말기부터 내려오던 기술을 세습하는 과정에서 전수받았거나, 고대 켈트 문명 또는 그 이후에 침입한 이민족으로부터 받은 것들이었다. 프랑스어로 밀blé, 황야lande, 쟁기charrue, 작은 토지arpent, 길chemin 같은 단어들은 조상인 골족의 언어에서 유래됐는데 놀랄 만한 역사의 연속성을 보여주는 말들이다.† 2년식 혹은 3년식 윤작은 일종의 농업 유랑민들을 양산해냈는데, 그 결과 많은 경작지가 휴한지로 남게 되었다. 농민들은 쟁기나 작은 농기구를 사용하여 경작지를 갈았다. 쟁기는 목재로 만들었으며, 쟁기 덕분에 힘들지 않게 밭을 갈 수 있었다. 다른 농기구들로는 불에 달군 단단한 괭이, 절구, 낫 등이 주요 기구로 사용되었다. 이 농기구들은 아주 오래전부터 내려오는 농사 문화의

---

† 골족의 사투리patois 중 일부는 현대에 이르기까지 농촌에서 살아남았다.

근간이었으며, 초기 유럽의 거의 전역에서 공통적으로 사용되고 있었다. 그런데 중세의 농기구 문화는 마치 인류 문명이 진화 과정에서 문지방 같은 한계를 만난 것처럼 무기력한 상태에 빠져 있었다. 그 결과 농기구 문화는 극복할 수 없는 관성의 상태에 놓여 있었다. 농기구의 발전이 이루어졌다면 그것은 내적 변화에 의한 것이 아니라 외적 환경이 변한 결과였다. 기술적 수준의 저하는 비옥한 토지와 열악한 토지의 구분을 어렵게 만들었으며, 모든 토지의 생산성은 하향 평준화되었다. 한편 술바닥을 무겁게 개량한 쟁기는 황소 8마리를 이어서 사용했는데 당시로서는 사용하기에 힘든 농기구였다.

소와 양으로 구성된 가축의 영양 상태 역시 좋지 않았다. 이 가축들은 농촌 경제에서 농민 다음으로 중요한 보조 역할을 하고 있었다. 목축업으로 유명한 노르망디에서도 가축을 10여 마리 이상 방목하지 않았고, 다른 지방에서는 두세 마리 정도 단위로 방목하며 가축을 키웠다. 하지만 유제품과 육류를 잘 보관하고 운반하는 일은 해결하기 어려운 문제였다. 가축 임대 계약의 대상은 주로 돼지나 소였는데, 후자는 힘든 농사일에 필수적인 노동원이었다. 소는 농가의 대표적인 가축이었으며 농경지의 규모는 농사에 필요한 소의 수를 통해 측정되었다. 소의 가격(구입하는 경우는 거의 없었지만)은 말의 절반 혹은 3분의 1이었고, 키우는 비용은 말의 6분의 1에 해당되었다. 소와 농민의 동거 관계는 농민들의 성격을 차분하게 만드는 역할을 하기도 했다. 소는 고집이 센 동물이었지만 온순했고 잘 다루려면 인내심이 필요했다. 변함없는 기질을 가진 소는 유쾌한 동물이었으며, 노래가 있는 분위기에서는 더 열심히 일을 하는 가축이었다. 소는 특히 우유를 제공해주는 가축이었다. 소는 말처럼 발굽에 편자를 박고 멍에를 씌워 쟁기를 맸는데, 때로는 긴 줄로 여러 마리를 연결하기도 했다. 11세기 초 베르나르 당제Bernard d'Anger는 무려 26마리의 소를 묶어서 석재를 운반하는 장면에 대해 기술하기도 했다. 당시에 널리 퍼져 있던 최신 수레의 사용법은, 아마도 스칸디나비아 지방으로부터 수입된 듯한데, 하나는 말 어깨 사이를 줄로 연결한 다음 수레로 매는 방법과, 또 하나는 두 개의 막대를 사용하여 수레를 말에 매는 방식이었다. 한편, 목재는 주로 뗏목을 사용하여 운반했다.

가축의 퇴비는 가축 상태의 빈약함으로 인해 귀한 대접을 받았다. 퇴비 대용이었던 건초 더미에는 부식토를 섞었으며, 로마식 전통에 따라 경작할 수 있는 토지에 이회토를 섞어주기도 했다. 어떤 지방에서는 점토질의 토양을 가볍게 하기 위해 모래를 뿌렸으며, 추수를 마치면 짚단을 불태우고 비를 맞게 한 다음 그 재를 땅에 섞었다.

93

농지의 대부분에는 곡식을 파종했는데, 그중에는 밀(특히 호밀), 보리, 귀리, 밀과 보리의 혼합 곡식méteil, 3월의 밀 등을 파종했고 완두콩, 잠두콩, 렌즈콩 등도 주요 경작 곡물이었다. 삼이나 아마 같은 작물은 물레를 이용하여 꼰 다음에 밧줄을 만드는 데 사용되었다. 겨울 동안 난방용 땔감을 제공하는 산림은 장원의 일부분만 차지하고 있었는데 전체 비율로 보면 2~10퍼센트 정도였다. 가축들은 황야나 휴한지에서 방목되었으며, 목초지는('작은 목초지'를 의미하는 'préau'라고도 불렸다) 마을 근처까지 인접해 있거나, 도시나 수도원 때로는 영주의 성까지 그 경계를 맞대고 있었다. 그곳에서 농민들은 가축을 방목하거나 가금류를 풀어놓았고, 마을의 축제 때에는 무도회장, 궁수들이 활을 쏘는 연습장, 기사들의 무술 연습장, 오마주 의식의 장으로 사용했다.

영주는 장원의 대부분에서 농민들과 생활을 공유하고 있었는데, 영주의 토지가 얼마 되지 않으면 농민들의 경작지와 거의 구분이 되지 않았다. 그 결과 아주 가난한 영주들은 스스로 경작지에서 노동을 해야 했다. 대영주 중의 일부 봉신들은 자신들만의 궁정과 봉토를 소유하기도 했지만, 이들과는 반대로 일부 농민들에만 명령을 할 수 있는 배신陪臣, vavasseurs도 많았다. 그들은 부유한 봉신들과 대비가 되었고, 그런 까닭에 핑계만 있으면 무시의 대상이 되었다. 가난한 영주 가문에서는 형세와 사촌들이 농민처럼 공동생활을 하는 경우가 많았다. 실제로 아주 작은 성에 30여 명의 동일 가문의 구성원들이 함께 살기도 했는데, 그들은 '중세 농가의 가족 구성원'을 의미하는 '파르소니에parsonnier'라고 불렀다. 한 공간에서 함께 살던 그들의 생활을 상상해보라! 한편 11세기 초반에는 소유지에 대한 특별한 생각이 여기저기에서 나타나기 시작했다. 그런 개념은 봉신 관계로 맺어진 공동체 사회에서 형성되었거나, 동일 가문이라는 의식이 오래될수록 분명해졌다. 실제로 1000년경, 대부분의 제후barons는 '새로운 인물들homines novi'이었는데, 그들의 부모나 조부모들은 혈통이 분명하지 않은 모험가들이었다. 그래서 그들은 좋은 집안과 혼인을 맺었고, 이런 결혼은 끊이지 않고 계속되었다. 이제 서서히 귀족과 평민을 구분할수 있는 생각이 태동하고 있었지만, 아직 인간을 신분이라는 추상적 개념의 차이로만 구분하는 정도는 아니었다.

중간 계층에 속한 영주들의 특징은 기근과 상관없이 식량을 보관할 수 있는 지하 저장실을 가지고 있느냐에 달려 있었다. 그들은 이웃의 농가에 비해 무한한 자유재량의 권리를 누릴 수 있는 사람들이었다. 그들은 또한 육류를 소비하고 화려한 의복을 입었고, 제대로 된 무기를 소유하고 있었다. 노르망디의 곳곳에서 영주의 가문은 남들과 구별되는 성을 사용하기 시작했는데, 대개 조상들의 별명에서 온 것이었고, 가문의 구성원들은 그 성姓 앞에 자신의 이름을 붙여 사용했다. 현대 프랑스인들의 오랜 세습 전통이 이때부터 시작된 것이다. 또한 사람들은 가장 활력이 넘치는 사람들을 지칭하는 단어를 찾기 시작했다. 카롤링거 왕조 시대에 직무상 독점하거나 세습을 받았던 공작이나 백작 등의 직함을 작위로 사용하기 시작했고, 다른 귀족들은 스스로를 '제후 나리seigneurs barons'라고 부르기 시작했다.† 본래 이 말의 뜻은 '봉신'을 의미했는데, 이후 두렵고 존경할 만한 봉신의 의미로 바뀌었다. 제후는 백작처럼 경우에 따라 독단적으로 새로운 관습을 부여할 수 있는 권력을 소유한 존재였다. 많은 사람이 제후는 꿈에서나 되어볼 수 있는 지위라고 생각했으며, 시인들은 제후를 "자존심이 강하고 용감하며, 동시에 화를 잘 내고 충동적이며 질투심이 많은 존재"로 묘사했다. 그런 까닭에 서사시에서 제후는 배신자, 배교자, 반란의 주역 등으로 자주 등장한다. 심지어 가장 잔인한 싸움의 원인이 제후의 변덕스런 마음에서 비롯된 것이라고 말할 정도였고, 제후의 행동은 자주 모순적인 반응으로 이어지기도 했다. 제후들은 약탈과 증여를 통해 부족한 재물을 보상받았고, 다른 한편으로는 교회에서 영혼의 구원을 위해 기도했다. 그들은 몇 달 동안 맨발로 참회를 하며 끝이 없는 길을 걷기도 했는데 그 이유는 교황으로부터 용서를 받기 위함이었지만, 곧바로 똑같은 죄를 저질렀다. 그래서 그들의 난폭함은 끊임없이 주위 사람들을 공포에 몰아넣었다. 그렇다고 모든 제후가 경멸을 받을 만한 정신 상태를 가진 사람은 아니었다. 몇몇 제후는 성직자들의 권유에 따라 기초 교양 교육을 받았는데, 그들은 교양을 키우는 것이 전사가 되는 데에 해가 되지 않는다고 교육을 받았다. 한편 오래전부터 내려오는 게르만 전통의 싸움은 끊이지 않았다. 이 싸움은 명예로 포장되어 체

---

† 귀족의 서열 중에서 '남작'이라는 작위는 16세기에 생겨났다.—옮긴이

계화되었는데, 마침내 11세기 중엽에 최초의 토너먼트 방식의 결투로 탄생한다. 제후가 결투에서 증명하는 용기의 실체는 건장한 체력과 충분한 휴식에서 비롯되었다. 또한 쉽게 화를 잘 내는 그들의 성향과 맹목적인 헌신도 그들을 강인한 용기의 소유자로 만들었다. 그들은 가문의 명예를 위해 용감하게 싸웠지만, 절대로 공포에 떨거나 무분별하게 낙담하지 않았다. 그들은 어떤 때에는 맹신적이기도 했지만 때로는 영웅적인 관대함도 보여주었고, 일반적으로 반교권주의적 성향을 가지고 있었다. 그들은 또한 약자들의 보호자를 자처하고 나섰는데, 교회는 이들의 행동을 못마땅하게 여기고 있었다. 11세기 제후들의 의식 구조는 남성 위주의 상징성으로 대변되며, 모든 인간관계는 남성성에 의해 좌우되었다. 농촌에서 복수의 권리는 대제후가 장악하고 있는 사법권의 개입으로 점점 더 제한

❧
중세 기사들의 결투tournoi 장면. 영어 토너먼트 tournament의 어원이다.

을 받고 있었는데, 사실 이 복수권은 제후의 특권이었다. 전쟁은 원수의 무리를 끝까지 추적하여 생포하거나 적들의 영지를 초토화시키는 유형이 일반적인 행태였다. 강탈과 이유 없는 파괴는 중세의 점진적 경제 발전에 촉매제가 되었으며, 동시에 비천한 자들에 대해 가지고 있던 제후들의 덧없는 성격을 잘 보여준다. 중세에는 비천한 사람들을 특별한 이유도 없이 학살하고, 부유한 자들은 생포하여 몸값을 요구하는 일이 다반사였다. 실제로 무장한 사람들이 전쟁을 벌인 이유는 많은 사람을 생포하여 몸값을 받아내기 위함이었다. 하지만 정복왕 윌리엄은 정반대의 인물이었다. 그는 절대로 적을 그냥 풀어주지 않았고, 죽을 때까지 감옥에서 살려두거나 유리한 경우에만 풀어주었다. 다시 말해, 그는 정치적인 수완이 대단했던 중세의 인물이었다.

97

11세기의 전사는 단순하고 가벼운 옷차림을 했다. 보병은 가죽으로 만든 방어용 가슴보호구만 걸치고 있었으며, 챙 없는 모자와 작은 방패로 무장했다. 공격용 무기로는 폭이 좁은 장검이나 창, 도끼, 활, 투석기를 가지고 있었다. 기사는 쇠사슬 갑옷을 입거나, 말총이나 가죽으로 만든 상의 혹은 금속 조각을 이어 붙인 갑옷을 입었다. 머리는 원뿔 모양의 금속으로 만든 채색 투구를 착용하여 보호했다. 투구의 정면은 칼로부터 기사의 얼굴, 특히 코를 보호하기 위해 T자 형태를 이루고 있었다. 각반은 정강이를 보호해주었으며, 150센티미터 정도의 방패는 세로가 더 길었고, 왼손으로 방패를 들거나 목에 매달았다. 기사의 주요 무기는 십자가 모양의 장검 그리고 짧은 창이 있었는데 칼에 대한 애정은 가히 신비 그 자체였다. 기사들의 무구武具는 종류도 여러 가지였지만 매우 비쌌다. 11세기 이후에는 무기 제작 기술이 발달해 부유한 전사들과 그렇지 않은 자들의 간격은 더욱더 벌어졌다. 실제로 몇몇 소수의 영주 가

11~12세기 기사의 무기와 의복. 전 시대보다 길어진 쇠
사슬 갑옷, 안면을 보호해주는 투구, 속을 누빈 바지 등
을 착용했다.

문만이 완전한 무구를 장만할 수 있었고, 가난한 기사들은 집안에 칼 한 자루가 고작이었다. 무구 중에서 가장 값비싼 것은 역시 말이었다. 가격뿐만 아니라 유지하는 데 많은 비용이 들었기 때문이다. 말을 소유한다는 것은 자존심의 상징이었고, 권력자들에게는 사치의 상징이었다. 프랑스에는 토종말들이 방목되고 있었는데, 노르망디 공국에서는 루마르, 브로통, 리옹, 벨렘 같은 지방에서 말들을 방목했다. 페르슈 지방†의 말들은 아키텐의 말들에 비해 손색이 없는 훌륭한 말들이었다. 이 말들은 육중한 몸을 자랑했는데 적을 공격할 때 특히 위력적이었다. 토종말 외에도 스페인에서 아라비아말들도 수입을 했는데 수말은 거세하지 않았으며, 전쟁에서 최고의 말은 역시 종마였다. 말안장은 편히 앉을 수 있도록 깊게 만들었으며 안장의 뒷부분이 높아서 기사가 허리를 기댄 채 똑바로 말을 탈 수 있었다. 하지만 말에서 똑바로 설 수 있게 해주는 등자는 당시에는 아직 일반화되지 않았다. 말과 무구를 준비한 기사들은 봉신들 사이에서 자신들만의 공동체를 형성하며 특별한 단체임을 과시했다. 기사에 입문하는 청년 기사들은 기사 서임식adoubement을 통해 무기를 전달받았는데 이것은 군사적·법적 임무의 수행과는 아무 관계가 없는 일종의 의식과 같은 것이었다. 그러나 10세기부터 교회는 검을 전달하는 의식에 세례 의식을 포함할 것을 제안했고, 12세기부터 기사 서임식은 일종의 종교적 서약식으로 자리를 잡게 되었다.

요즘 상상하는 것처럼 모든 제후가 성주는 아니었다. 토성 위에 목책으로 둘러싸인 작은 보루堡壘, fortin 하나만 소유하면 그 제후는 특별한 존재가 되었다. 11세기에는 아직 성城이 많지 않았지만 이후에 건설된 성은

† 노르망디 남쪽─옮긴이

기사 서임식에서 주군은 충성의 서약에 대한 대가로 기사에게 검, 박차, 투구, 방패를 하사했다.

지금도 지명에 그 흔적이 남아 있다. 'roche' 'mont' 'isle' 'ferté'가 들어간 지명이 과거에 그곳에 성이 있었음을 말하고 있다(라로슈기용La Roche-Guy-on, 릴아당L'Isle-Adam, 라페르테생토뱅La Ferté-Saint-Aubain 등이 그렇다). 성 가운데 가장 가공할 만한 것은 카롤링거 왕조 시대의 요새였는데 최초에 요새를 지은 집안이 대대로 그곳을 지켰다. 일부 제후의 작위가 없는 모험가들은 주인이 없는 혼란한 틈을 노려 이런 요새를 빼앗았는데, 그러한 약탈된 성들은 '간통으로 태어난 성châteaux adultérins'†이라고 불렸다. 성주는 성을 이용해서 주변 사람들을 무력화시키고, 자신에게 적대적인 사람들을 제압했는데, 그 이유는 성이 강도들이 접근할 수 없는 은신처로 적합했기 때문이다. 하지만 개인적인 성의 건설은 기술적인 문제라는 장애

---

† 영주의 허락도 받지 않고 축조된 성을 가리키는 표현이다.—옮긴이

물을 만나 오랫동안 진전이 없었고, 부유한 성주만이 석재로 된 망루tour를 지을 수 있었다. 1150년경까지 성곽의 모습은 다음과 같았다. 내성內城 가운데에는 목재 주탑donjon이 자연 언덕이나 인공 둔덕 위에 솟아 있었고, 그 주위의 급경사지는 울타리가 둘러싸고 있었다. 그리고 주변에는 이중의 해자가 울타리를 둘러싸고 있었다. 언덕 위의 성에는 하인들의 오두막집, 화덕, 압착실, 예배당이 있었는데 이런 종류의 성은 15명 정도의 농민이 몇 주 만에 완성할 수 있었다. 성곽의 건축과 방어를 위해 사용된 자재는 성을 포위하여 공격하는 전략과 밀접한 관계를 지니고 있었다. 우선 적의 성을 함락하려면 성을 불태워야 한다. 그렇기 때문에 성주는 성벽 위에 이제 막 도살한 가축의 가죽을 덮었는데, 그 이유는 불이 붙은 발사체로 인해 성이 불타는 것을 방지하기 위함이었다.

성곽 가운데 솟아 있는 주탑은 성주의 거처인 동시에 병영이었다. 주탑은 음침한 감옥으로도 사용되었는데 빛이 거의 들어오지 않아 어둡고 침울한 분위기를 자아냈다. 주탑의 아래층은 지하 저장소였고, 그 위에는 넓은 홀salle이 있었는데 가장 높은 층에는 쾌적한 방이 있었다. 노르만인들은 그 방을 '솔리에solier'라고 불렀다. 주탑의 맨 꼭대기에선 감시병이 경계를 섰고, 탑 속에서의 층간 이동은 바닥이나 천정에 만들어진 뚜껑 문을 이용했다. 밖으로부터 들어오는 넓은 방—주탑의 1층에 해당된다—은 계단을 통해 진입할 수 있었는데 계단 아래에서는 탑에 거주하던 가난한 사람들이 잠을 잤다. 이 방의 벽에는 긴 의자가 놓여 있었고 실내는 좁은 창문 때문에 어두웠는데, 이곳이 탑에서 가난한 자들이 생활할 수 있는 유일한 공간이었다. 거기에서 탑에 거주하는 사람들은 식사를 하고 잠을 잤으며, 겨울에는 수많은 야회夜會가 그곳에서 열렸다. 위층 방은 주거와 노동의 공간이었다. 여자들은 앉아서 물레를 돌리며 실을 잣

하늘에서 내려다본 스코틀랜드의 요새형 성château fort의 구조　　주탑donjon의 내부

거나 밖에서 나는 소음에 귀를 기울였는데, 대개 결혼하지 않은 처녀들이 이 방에서 살았다. 약혼식이 있는 날이면 처녀들은 아래층의 넓은 홀로 내려와 남자들의 식사 시중을 들었다. 홀의 위층에서 일어난 일들은, 어머니들의 시기심에도 불구하고 중세의 시인들에게는 밀회의 사건으로 주요 작품의 소재가 되었다.

　11세기 중세 사회에서 성을 소유한다는 것은 남들과 구별되는 권력의 상징이었다. 이런 저런 경험을 한 다양한 사람들이 성 주변에 모여들기 시작했고, 성은 공권력의 상징으로 서서히 자리 잡게 되었다. 그 결과 1100년경 성은 행정의 중심이 되었다. 성주의 지배권châtellenie이 미치는 영지는 하루 동안 걸어서 돌아올 수 있는 지역을 벗어나지 않았다. 성을 소유하지 못한 제후들은 점점 시대가 변함에 따라서 권력의 중심에서 소외되었고, 나중에 등장하는 귀족 계급에도 편입되지 못했다. 이와는 반대로 최고 계층의 일부 제후는 여러 개의 성을 소유하고 있었다. 그들은 자신의 성을 봉신들에게 양도함으로써 주군의 입지를 확실히 굳혔다.

중세의 많은 사회 구성원 중에서 성직자들을 구분하기란 쉽지 않았는데 그 이유는 비종교인, 즉 속인과 성직자를 구분할 수 있는 기준이 불분명했기 때문이다. 성직자들은 머리 가운데를 둥글게 깎고 다녔다. 그들은 신분상 여러 특권을 누렸지만 생활 방식은 속인들과 별 차이가 없었다. 그 결과 교회와 일반 사회는 상호간에 많은 교류를 통해 서로에게 적지 않은 영향을 미쳤다. 그래서 두 집단의 당연한 차이조차도 분명하게 구별할 기준이 모호했다. 11세기에 스칸디나비아 제국諸國이 기독교로 개종했고, 근대 초기까지 기독교 제국의 경계는 유지되었다. 중세 유럽은 지리적으로는 하나로 연결되어 있었지만, 인적 구성은 이질적이었기 때문에 교회는 그 속에서 지도력을 발휘하며 군림했다. 교회의 권력 구조는 지금보다는 덜 중앙 집중적이었지만 예로부터 내려오는 전통에 따라 위계질서가 분명했으며, 교회 조직 역시 상당히 복잡했다. 교회 책임자들인 주교들은 거미줄처럼 연결되어 있었고, 각 지방의 교회 회의synodes/ conciles는 상호 견제를 통해서 자신들의 최고 지도자, 즉 교황과 항구적인 관계를 유지하고 있었다. 당시에는 교황을 'pape'라고 부르지 않고 사도를 의미하는 'Apostoile'이라고 불렀다(라틴어 apostolicus). 교황 특사들은 교황과 주교들 간의 관계를 원활하게 만들어주는 주체였다. 그들은 또한 대주교가 관할하는 지방 교구가 정상적으로 존속할 수 있도록 도움을 주었다. 일부 대주교들은 넓은 지역(예를 들어 왕국)에서 다른 교구에 대해 대주교의 권리를 행사하기도 했다. 교회는 세속 군주와 늘 경쟁 관계에 있었는데, 교회법과 세속법이 관할권을 두고 치열하게 부딪혔다. 그 결과 교회는 때때로 교회법에 부여된 제재 수단을 통해 세속인들을 효과적으로 통제하기도 했다. 가장 무거운 제재는 성무 집행 금지령interdit이었는데, 이 제재의 대상은 개인 혹은 한 지방이 해당되기도 했다. 성무 집행 금지령이 내려지면 일정 기간 모든 전례 행위는 중단된다. 이 금지령은 때때로 파문excommunication과 혼동되었는데, 파문은 죄인을 신자들의 공동체로부터 일시적으로 제명하는 징벌이었다.

중세 유럽 세계의 단일성을 지켜주는 주요 인자는 역시 교회였다. 당시 교회는 중요한 중재자의 역할을 맡고 있었다. 교회는 공공 재산을 관리하는 기관이었고, 다양한 구제원과 교육기관의 역할도 수행했다. 10세기 중엽부터 유럽의 곳곳의 주교좌나 수도원에 학교가 들어서기 시작한 것이다. 비록 그 속도는 느렸지만, 르네상스의 기운이 싹트기 시작했다. 1000년경에는 루아르강, 손강, 뫼즈강 사이에 10여 개의 학교가 들어섰고, 그중에서 특히 아키텐 사람 제르베르Gerbert가 세운 랭스의 학교가 돋보였다. 제르베르는 아랍인들로부터 수학을 배웠고, 그의 이탈리아 제자인 퓔베르Fulbert는 샤르트르에서 학문을 가르쳤다. 하지만 10세기 말엽부터 교회는 구성원들의 의식 구조처럼 점점 더 봉건사회의 틀 속으로 들어가고 있었는데, 많은 수의 주교와 수도원장이 유력한 제후의 세습 재산에 귀속된 것이다. 프랑스 왕국의 왕들이 찬탈해간 고위 성직자에 대한 서임권은 세속 제후가 소유한 개인의 권리처럼 인식되었다. 마찬가지로 주교좌와 수도원장의 서임도 세속 제후들이 소유한 권력의 원천이었다. 고위 성직자를 배출한 가문lignage은 계속 그 자리에 연연했으며, 세대마다 가문의 일원이나 봉신에게 주교나 수도원장의 자리를 물려주기 위해 노심초사했다. 그런데 이런 전통은 성물 매매처럼 교회법의 차원에서 보면 불법이었지만 1000년경에는 일반화되어 다수의 사람과 교회의 성직자도 문제를 삼지 않았다.

주교들은 자신의 교구에 속한 많은 도시에서 백작의 지위를 물려받거나 독점하기 시작했다. 그렇게 해서 교회가 소유한 장원은 수세기 전부터 행정과 징세의 특권을 누려왔는데, 실제로는 독립적인 영주의 장원과 다름이 없었고, 신자들의 기부 덕분으로 그 규모가 지속적으로 커지고 있었다. 이 영지들은 세속 영주의 장원보다 더 안정적이었는데, 그 이유는 언제 분할될지 모르는 위험도 없었고, 세습의 대상도 아니었기 때문이다. 이런 종류의 장원은 세속 제후의 이름을 붙이지 않고 성 브누아Benoit, 생 방드리유Wandrille 같은 성인의 이름을 붙여 불렀다. 주교와 수도원장은 자신들의 봉신과 기사들도 거느리고 있었고 봉토도 양도할 수 있었다. 수도원에 기거하며 살아가는 가축 사료 생산업자들은 주교와 수도원장의 장원을 관리하고 있었으며, 수도원 근처에 주둔하는 경비병으로 인해 장원 주변은 늘 소란스러웠다. 결국 고위 성직자의 영적인 임무는 봉토를 유지하는 세속 제후들과 별 차이가 없어지고 말았다. 주교의 상징인 지팡이를 건네는 의식에도 기사 서임식 같은 의식이 동반되었으며, 그 의식의 주관자는 해당 지역의 영주였다. 이제 영주는 새로운 봉신, 즉 주교로부터 오마주를 받게 된 것이다. 그와 동시에 교회 소유의 장원은 면책권과 피난처의 지위도 획득하여 진정한 의미의 토지 관할권도 갖게 되었다. 교회가 소유한 장원은 비정상적인 모든 사법권으로부터 제외되었고, 고위 성직자의 재정 관리를 위해 권리 대리인들이 장원을 관리했다. 이렇듯 고위 성직자는 세속의 제후들보다 더 강력한 권력을 갖게 되었다.

주교를 선임하는 과정은 공명정대하지 않았다. 공모의 흔적이 숨어 있는 경우가 빈번했던 것이다. 어떤 주교는 부자라서 선임되었고, 또 어떤 주교는 군사적 중요성 때문에 선임되기도 했다. 게다가 몇몇 주교는 고위직을 매수하기도 했다. 그럼에도 신앙심이 돈독하고 학식이 풍부한 주교가 없는 것은 아니었다. 하지만 일부 주교는 난폭한 군인이거나 지독한 폭군이었다. 필리프 1세 때의 보베 주교는 문맹이었고, 투르의 주교는 광적인 동성애자였는데 사람들은 그의 이야기를 노래로 만들어 조롱했다. 랑의 주교는 성무를 희극화하는 광대로 유명했다. 그렇다고 주교의 존엄과 위엄이 사라진 것은 아니었다. 주교는 성직에 종사하는 사람들 중에서 중요한 자리를 차지하고 있었고, 그의 사회적 역할은 세속 사회를 자비로운 세계로 만드는 것이었다. 세속 제후들이 주교에게만 중대한 죄를 고백할 수 있는 것도 주교의 막강한 위상을 엿볼 수 있는 부분이다.

성직자들의 경제적·사회적 위상은 일반 민중들과는 아주 달랐다. 주교를 보필하는 참사원chanoine들은 토지 유산을 운영하는 중요한 집단이었다. 이와는 반대로 시골 본당의 겸임 사제들desservant은 일반 신자들과 거의 차이가 없었다. 당시 대부분의 본당 교회는 세속 영주들에게 종속되어 있었다. 영주는 교회의 수입을 자신의 개인 수입이나 비정기적 수입 혹은 십일조로 여기며 독점하고 있었다. 그리고 영주는 기부라는 명목으로 그 수입의 극히 일부를 겸임 사제에게 되돌려주었다. 영주는 수입이 별로 없었던 겸임 사제에게 얼마 안되는 토지를 양도하여 재정적 도움을 주었는데 그 토지는 사제가 직접 경작했다. 게다가 겸임 사제는 영주가 소작인이나 농노 중에서 직접 선발했으며, 이웃 고장의 주임 신부가 그의 전례 교육을 맡았다. 하지만 겸임 사제는 비록 그의 열정이 대단했어도 전문 지식은 상당히 낮았다. 그는 이해도 못하는 미사문을 암송했으며, 성사聖事 집무에 대해서도 마찬가지였다. 경제적인 측면에서 사제들은 여자들의 도움이 없이는 생활을 영위하기 힘들었다. 그런 점에서 결혼 혹은 동거 생활을 하는 사제들은 자신들의 처지가 비참하고 경멸을 받고 있다는 사실을 인식하고 있었다. 어떤 곳에는 사제의 자식들과 후손들로 이뤄진 가문이 버젓이 존재하기도 했다. 성무를 집전하는 예배당을 유지할 능력도 없는 사제들은 기도문이나 미사 도구가 없는 경우도 있었으며, 농노처럼 영주로부터 회초리를 얻어맞는 경우도 있었다. 때때로 사제들은 술에 취해 방황을 했고 심지어 마법에 빠진 사제들도 있었다.

1000년경 교회는 정치와 도덕 그리고 교리에 대한 개혁을 요구했다. 이러한 개혁은 로렌, 영국, 부르고뉴에서 동시에 일어났는데, 수도원 교단이 그 중심이었다. 그 이유는 수도원이 세속의 교회보다 아무래도 영주에게 덜 종속되어 있었기 때문이다. 개혁은 어느 한 사람이 요구하는 경우도 있었지만, 점점 많은 사람이 한 목소리로 요구했다. 벨기에의 나뮈르 출신인 제라르 드 브로뉴Gérard de Brogne는 로타링기아Lotharingia 왕국†의 수도원들이 규율을 엄격히 준수할 것을 주장했으며, 그의 저서는 앵글로색슨인 던스탠Dunstan에게 영감을 주었다. 던스탠은 플뢰리쉬르루아르Fleury-sur-Loire 수도원(클뤼니 수도원의 영향을 받음)과 긴밀한 관계를 유지하고 있었다. 클뤼니Cluny 수도원은 910년 베르농Bernon 수도원장이 설립했다. 이 수도원은 아키텐 공작의 후원을 받아 과거 아키텐 수도원을 모델로 재건되었는데 그 원형은 베네딕토 수도원이었다. 클뤼니 수도원의 생활은 전적으로 '오푸스 데이Opus Dei'††에 할애되었는데, 전례 기도는 명상이 주를 이루었고, 강론과 예술도 중요한 기도의 일부분이었다. 베네딕토 수도원의 규율은 독방에서의 수도를 중요하게 생각하지 않았으며, 3인 1조로 구성원을 묶어 개인적인 청빈, 복종, 순결 등을 강조했으며, 항상

---

† 지금의 벨기에와 독일 서부에 있었던 카롤링거 왕조의 한 왕국(855~959).—옮긴이
†† 라틴어로 '하느님의 사업'을 뜻한다.—옮긴이

공동 침소나 식당, 예배당에서 단체 생활을 할 것을 강조했다. 베네딕토 수도사들은 정수리 부분을 동그랗게 깎고, 제복 형태의 의복을 입었기 때문에 개인적인 특성은 찾아볼 수 없었다. 수도사의 일상은 기도와 다양한 노동으로 나뉘어 있었다. 가장 흔한 장면은 수도사들이 줄을 지어 들로 나가는 장면인데, 어깨에는 작은 괭이와 파종할 씨기 담긴 배낭을 메거나 퇴비가 담긴 수레를 끌었다. 베르농Bernon 수도원의 경우 수도사들은 지방 영주의 간섭에서 벗어나기 위해 수도원 소유의 토지를 '교황청 Saint-Siège의 토지'라고 불렀다. 그러면 그 토지는 교황청 외에는 그 어떤 영

프랑스 부르고뉴 지방에 있는 클뤼니 수도원. 아키텐의 공작에 의해 909년에 설립되었다.

주도 간섭할 수 없었다. 마찬가지로 클뤼니 수도원도 주교의 사법권에서 벗어날 수 있었다. 수도원장 선출의 문제에 대해 프랑스 왕 위그 카페는 클뤼니 수도사들이 수도원장을 독자적으로 선출할 수 있는 권한을 허용했다. 이후 클뤼니 수도원은 오동, 마이욀, 오딜롱, 위그 같은 걸출한 인물들이 주동이 되어 분원分院을 설립하기 시작했다. 현재의 프랑스 영토에 1000년 이전에는 15개의 클뤼니 수도원의 분원이 있었고, 1000년에서 1050년 사이에는 30개, 11세기 후반에는 70개의 분원이 있었다. 바야흐로 클뤼니 수도원은 전 유럽에 퍼져 영광의 시기를 보내고 있었다. 클뤼니 수도원은 보다 순수한 형태의 수도 생활을 위해 새로운 기도일을 정해 널리 알렸는데, 예를 들어 11월 2일을 망자들의 축일로 정했다. 특히 클뤼니 수도원은 자신들의 공동체가 세속 제후들의 간섭이 필요 없는 자치 공동체라는 사실을 널리 알렸다. 이런 정신은 11세기의 정치 발전에도 적지 않은 영향을 끼쳤다. 분원들과의 원활한 교류와 뛰어난 수도원 운영 덕분에 클뤼니 수도원은 지적 작업의 산실이 되었고, 지방 경제를 촉진시키는 원동력이 되었으며, 영주는 그 과정에서 이득을 취했다. 도덕적인 면에서도 기사도 정신에 뿌리를 둔 클뤼니 수도원의 개혁 운동은 당시의 선구자들이 가진 사상과 일치하고 있었다. 뿐만 아니라 클뤼니 수도원은 교회와 민중들을 열정으로 묶는 데 중요한 촉매제의 역할을 했다.

주교단에 대한 개혁의 시도는 11세기 말에 로마 교황청에서 공론화되기 시작했다. 하지만 개혁은 주교단이 원하는 것에 발목이 잡혀 있었다. 그러나 실제로 성직자들이 원했던 근본적인 개혁은 사회 시스템에 참여하고자 하는 것이었다. 그러므로 현실과 단절하지 않고 개혁을 추진한다는 것은 불가능해 보였다. 교회와 현실의 분리 문제는 많은 이의 생각을 혼란스럽게 만들었다. 일부 성직자는 교회가 정치에 개입한다는 것은 있을 수 없다고 생각했다. 결국 11세기 내내 여기저기에서 반란이 일어났는데 반란의 주체는 농민이거나 하위 성직자들이었다. 그리고 하위 성직자들의 봉기는 고위 성직자들의 가혹한 탄압에 대한 반작용이기도 했다. 1000년경에 성인전의 작가 리외타르 드 베르투스Lieutard de Vertus는 샹파뉴 지방에서 다음과 같이 설교했다. 즉 청빈한 성인이 설교에서는 이상적인 모델이지만, 교회는 이중적으로 민중을 지배하기 위해 성인들을 이용한 면도 없지 않았다고 작가는 설파했다. 하지만 같은 생각을 설파한 다른 성직자들의 말로는 비참했다. 1022년 오를레앙에서 심각한 사건이 터져 13명의 성직자가 이교도로 몰려 화형을 당하는 사건이 일어났다. 이 사건을 연대기 작가들은 오를레앙의 모든 성직자가 마니교 신자들로 매도되었다고 기록하고 있다. 이후 1025년에는 아라스, 1040년과 1050년에는 또다시 샹파뉴 지방에서 유사한 사태가 발생했는데, 이 지방은 경제력이 다른 지방보다 우위에 있던 곳이었다.

이 시기의 대제후들은 자신들에게 종속된 교회를 정화하려는 의도에서 주교좌의 수도사들을 부추겼다. 이 수도사들은 개혁적 성향을 가진 수도원 출신이었으며 주교들에게 반감을 품고 있었다. 하지만 모든 수도사가 성직자들은 아니었다. 그들의 일부는 턱수염을 기른 세속인이었다. 또 그들 중의 일부는 전 재산을 바치고 수도원에 들어와 스스로를 희생하고 사는 사람들이거나 해방된 농노들이었다. 그런데 이런 종류의 해방은 형식적인 것에 지나지 않았다. 제후가 수도원에 농노를 기증하면 농노는 신의 세계에서는 자유인이 되지만, 동시에 성인의 노예가 되었다.

3장

연대기의 기준점

재편성의 축

권력과 관습의 세분화는 인간 집단의 다양성에서 그 원인을 찾을 수 있다. 로마 시대의 키비타스Civitas처럼 프랑크족 혹은 골족의 성향, 생활 방식, 특별한 욕구 등은 지방마다 독특한 생활 공동체를 탄생시켰다. 여기에 집단의 수장이 지닌 성향이 지방 공동체의 개성에 적지 않은 영향을 주었다.

광대한 정치적 실체의 부재는 다양성을 더욱 부채질한다. 독일 왕들은 10세기에 황제의 직위를 부활시켰지만 이름뿐이었다. 1000년경 초강대국을 실현하려던 오토 3세의 꿈은 진전이 없었다. 한편 샤를마뉴 대제의 영광에 대한 추억은 시대에 맞지 않는 전설이 되어버렸다. 신성 로마 제국을 오랫동안 지원했던 교황령은 쇠퇴했고, 심지어 9세기 후반에는 독일 황제의 수중으로 들어갈 뻔했지만, 다행히 투스쿨룸Tusculum 백작령으로 넘어갔다. 로마 제국이었던 대부분의 서유럽에서는 6세기부터 '프랑크왕국'이라는 지리적 공간이 존속하고 있었다. 그리고 프랑크 왕국은 10세기부터 '프랑스 왕국'으로 불렸는데, 왕과 영지의 피상적인 결연 관계에 의한 것이었지 구성원 사이의 관계에 의한 명칭은 아니었다. 하지만 교회가 축성하여 왕의 위엄은 마술적 효과로 빛났지만, 왕이 임명한 봉신 이외에는 아무도 왕의 실체를 한 번도 본 적이 없었다. 왕의 권력은 껍데기에 불과했고, 그의 왕국은 실체가 없었다. 이렇듯 왕의 허약함에도 불구하고 제후들은 왕을 조롱하지 않았지만, 무례하고 비천한 방법으로 현실을 최대한 이용했다. 사실 제후들은 왕권이 자신들의 권력과는 태생부터 다르다는 것을 인정하고 있었고, 교회의 고위 성직자들도 정치에 대한 자신들의 영향력이 왕권에 이르러서는 더 이상 통하지 않는다는 사실을 알고 있었다. 영국, 아일랜드의 작은 왕국들, 웨일스, 스코틀랜드 같은 왕국들은 카롤링거 왕국 변방에 있던 왕국들이었으며, 독일, 프랑스, 부르고뉴 왕국(곧 사라졌다)은 제국의 분할로 생겨난 왕국이었다. 그러나 이 왕국들의 경계를 역사를 통해서 확인하기는 쉽지 않다. 교회는 이교도들의 나라에서 새롭게 기독교 왕국이 된 나라만 지원하는 것에 동의했는데 스페인에서 이슬람 세력을 몰아내고 수복한 북부 지방이 여기에 해당되었다. 새롭게 기독교 왕국에 편입된 나라는 잘레강 너머의 폴란드, '멋진 머리카락을 가진 하랄'이 세운 노르웨이왕국, '노인 고름'의 덴마크 왕국, '웁살의 에릭'이 세운 스웨덴 등이 있었다. 한편 반란을 일으킨 바이킹들은 아이슬란드에 주민들을 이주시켰으며, 그린란드와 래브라도†까지 진출했다. 또 다른 바이킹들은 러시아까지 들어가 거기에서 키예프 공국을 세웠다. 헝가리에는 왕국이 성립되었는데 그 영향력이 베

† 캐나다 퀘벡의 북쪽 지방.─옮긴이

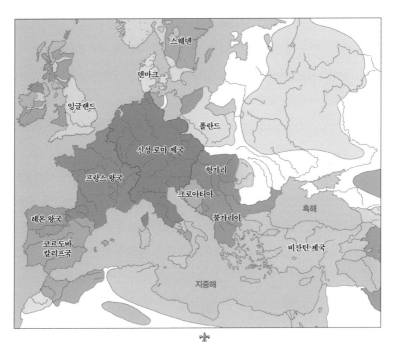

🌸
서기 1000년경 유럽의 판도.

네치아 공화국과 비잔틴 제국, 크로아티아와 달마티아에까지 미쳤다. 하
지만 기독교 세력의 확장은 11세기에 멈추었고, 중세 유럽의 지도는 이렇
게 확정이 되었다.

　고대의 지중해 세계는 중세에 접어들자 그 확장 방향을 북쪽과 동쪽
으로 바꾸기 시작했다.† 10세기부터는 프랑스의 가스코뉴만, 북해, 발틱
해, 도버 해협 등이 새로운 세계로 나갈 수 있는 거점들로 떠올랐다.

---

† 　동쪽으로 뻗어나가는 경제의 축은 호기심을 유발하는 한 단어에 의해 확인된다. 바로 '노예'를 의
　미하는 'esclave'인데 라틴어 'servus'를 대체한 단어다. 'esclave'의 어원은 '슬라브인'을 의미하는
　'slave'인데, 라인란트(독일)와 베네치아 상인들이 동유럽과 중부 유럽에서 매수한 노예들이 슬라
　브족 출신이었던 사실에서 유래한 말이다.

1000년경 유럽은 오랜 쇠락에서 빠져나오지 못하고 있었다. 이슬람 세력과 아시아인들의 세력 확장에 따라 유럽이 이들의 공격 대상이 된 것이다. 유럽인들은 이슬람 세력의 침략을 스페인과 중부 이탈리아에서 격퇴했지만 오리엔트 지방에서는 힘든 전쟁을 벌였다. 1015년부터 피사인들은 무어인들(사라센)을 사르데냐섬에서 축출했고, 1034년에는 본을 수중에 넣었지만 오래가지는 못했고, 제노아와 아말피 해군의 도움으로 마그레브의 항구를 집요하게 공략했다. 코르시카섬은 1091년에 이탈리아에 다시 귀속되었다. 이제 침략의 시대는 종말을 고하고 있었다. 몽골군과 튀르크군도 유럽의 심장부까지 들어오기 전에 격퇴되었다. 10세기 이후 지속적으로 이민족의 침입을 받은 유럽은 외침에 대한 면역력이 생겼다. 그리고 이것이 유럽 문명이 도약하는 데 가장 중요한 원동력으로 작용했다. 이후 유럽은 다른 문화를 축출하면서 마침내 유럽 전역을 재발견하게 된다.

중세 유럽의 기독교 세계에서는 지역마다 세력이 재편되어 왕권의 권위가 약화되는 원심력 현상이 일반화되고 있었다. 구성원들의 심리적 기저에는 민족적·언어적 인식이 분명하게 드러나고 있었으며, 점점 더 주변으로 확산되어 있었다. 그 결과 인근 지방과의 인적·경제적 교류를 통해 상당히 넓은 지방에서 더 이상의 쇠락은 찾아볼 수 없었다. 대표적인 지방이 플랑드르였다. 한편 카롤링거 왕국의 공작과 백작 집안은 자신들의 통치력을 공작령과 백작령 전체에 행사하는 데 성공하기도 했다. 그리하여 서유럽의 도처에는 '공국'이라는 작은 국가가 생겨났는데, 이들은 국가로서의 실체도 없었고 봉건제의 정점에 있는 왕과의 관계도 애매했다. 하지만 제후들의 영지와는 혼동되지 않았다.

프랑스 왕국에서 가장 큰 '공국'은 10세기 말에 형성된 아키텐 공국이었는데, 라틴어 문서에는 '군주국'으로 기록되어 있다. 아키텐 공국은 제후들의 영지와 느슨한 관계를 유지하고 있었는데 푸아티에 백작의 권력 아래 있던 베리에서 생통주 지방, 루아르강에서 세반Cévennes 산맥에 이르는 제후들의 영지를 명목상 통치하고 있었다. 아키텐 공들의 조상은 '부스스한 머리 기욤Guillaume Tête d'Étoupe'이었는데, 그는 935년 롤롱[†]의 딸과 결혼하여 노르망디의 공작 가문과는 먼 친척이 된다. 1000년에 유럽에서 가장 강력한 제후국은 플랑드르 백작령이었는데, 그 시조는 카롤링거 왕조의 후손이었다.[††] 언어와 풍습이 달라서 항상 고립되어 있었던 브르타뉴 공국은 프랑스 왕국의 변방을 지키고 있었지만 이민족의 약탈과 주기적인 재해로 인해 왕국의 국경으로 여겨지지 않았다. 10세기 후반에는 블루아 백작 가문을 중심으로 전도양양한 공국 하나가 그 모습을 갖추기 시작했다. 이 공국은 프랑스 왕실이나 샤를마뉴 대제의 후손들과 혼인함으로써 탄생했는데, 트루아, 모, 프로뱅 지방이 그 중심이었다. 이후 11세기에는 샹파뉴 공국을 형성하기에 이른다. 이후 샹파뉴 공국은 프랑스 문화의 핵심 지역으로 성장한다. 이 제후국은 블루아, 샤르트르 같은 프랑스 서부의 일부분을 차지했고, 이제 막 자라나는 새로운 백작령인 앙주 백작령과 충돌하게 된다.

115

[†] 911년 프랑스 왕 샤를 4세로부터 노르망디를 봉토로 하사받은 바이킹의 수장. 정복왕 윌리엄의 직계 조상이 된다.—옮긴이
[††] 플랑드르 백작령의 시조는 보두앵인데 그는 샤를마뉴 대제의 손자 대머리왕 샤를의 딸과 결혼했다.

유럽 세계의 팽창

유럽의 기독교 세계는 슬라브 지역과 스칸디나비아반도를 동화시키고 인간이 살 수 있는 경계까지 그 영역을 확장해 나아갔다. 물론 동유럽과 인접한 중앙아시아 지방은 제외되었다. 11세기 유럽의 남쪽과 동남쪽의 경계에는 또 다른 세계가 있었는데, 세련된 문화와 기술로 유럽을 압도하던 문명, 즉 비잔틴 제국과 이슬람 세계가 유럽의 변방에 있었다.

마케도니아 왕조의 황제가 철권을 휘두르던 비잔틴 제국은 이제 막 확장하려던 불안한 서유럽과 여러 왕국으로 분할된 이슬람 세계의 중간에 위치한 유일한 강대국이었다. 왕국의 눈부신 발전은 산업, 상업, 지식, 예술 등 모든 분야를 망라하고 있었고, 사절단과 군대를 통하여 왕국의 위엄을 과시하고, 발칸반도와 주변 공국들, 왈라키아†의 유랑 집단, 우크라이나, 크림반도, 캅카스 그리고 소아시아 지방을 지배하고 있었다. 비잔틴 제국은 다뉴브강에서 유프라테스강까지 지배하고 있었으며, 나폴리, 아말피, 가이타, 베네치아 공국들을 보호령으로 두고 있었고, 동쪽 끝으로는 아르메니아 기독교 왕국을 포함하고 있었다. 비잔틴 제국 사람들은 자신들의 문화적 우월성을 인식하고 있었기에 서유럽인들을 열등한 사람들이라고 여기고 있었다. 하지만 비잔틴 제국의 몰락은 서서히 다가왔다. 1019년에 끝난 불가리아와의 전쟁은 제국의 붕괴를 예고한 전조였다. 1055년 콘스탄틴 9세(일명 모노마르크Contantin Monomarque)의 죽음은 제국을 무정부 상태와 내전으로 몰아넣었다. 설상가상으로 1071년에는 말라즈기르트 전투의 패배로 소아시아 지방이 튀르크족의 수중으로 넘어갔

116

---

† 지금의 불가리아.—옮긴이

다. 1062년부터 1071년 사이에는 노르만족이 중부 이탈리아의 비잔틴 영토를 하나씩 차지하기 시작하여 이탈리아반도에서 비잔틴 제국과의 마지막 연결 고리는 끊어지고 말았다. 이 전투에서 비잔틴 제국의 보조병이었던 노르만 용병들은 제국을 위해서가 아니라 자신들의 이익을 위해서 싸웠다. 비잔틴 제국의 황제 디오게네스의 장군 중 한 명이었던 노르만인 루셀 드 바이욀Roussel de Bailleul은 갈라티아 지방의 공국을 손에 넣었고, 1073년에는 콘스탄티노플을 점령하려고 시도했다. 하지만 그러기 위해서는 셀주크 튀르크 제국 슐라이만 황제와의 동맹을 확보해야 했다.

슐라이만은 말라즈기르트 전투에서 승리를 거둔 뒤에 아나톨리아 지방에 술탄 왕국을 세운다. 이 이슬람 왕국은 1055년 바그다드에 설립된 또 다른 이슬람 왕국(칼리프의 보호에 있었다)과 경쟁을 하게 된다. 하지만 슐라이만이 세운 셀주크 튀르크 제국은 불안정했으며, 당시까지는 잘 알

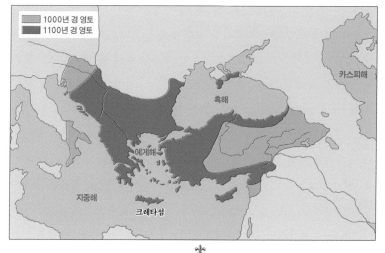

❦
1000~1100년경 비잔틴 제국.

려지지 않았던 이슬람의 호전성을 널리 전파시켰다. 이 제국은 아르메니아 기독교 왕국을 북쪽으로 몰아냈으며, 남쪽으로는 이집트 왕국을 위협했다.

지중해의 서쪽 끝, 즉 이슬람 지배하의 스페인에서는 알만수르가 죽자 이슬람 세력이 위축되기 시작했다. 코르도바 칼리프가 통치하는 왕국은 1030년경에 작은 나라로 분할되었고, '분할 왕국(타이파 왕국)'은 20개 전후로 늘어났다. 이와 동시에 피레네산맥 주위에는 기독교 공국들이 밀물처럼 들어서게 되었다. 이곳의 주인공들은 거친 산악 민족들이었는데 그들은 평원을 차지하고 레온, 부르고스 같은 곳에 정착한 다음 세력을 더 넓혀나갔다. 그로 인해 사라고스의 이슬람 군소 왕들은 거의 버티기가 힘들게 되었다. 1040년에는 나바르인들이 에브르강을 건넜다. 1035년에는 카스티야 왕국이 성립되었고, 1037년에는 아라곤 왕국이 들어섰다. 하지만 바르셀로나 백작령의 카탈루냐인들은 지중해를 따라 타라고나까지 내려간 다음, 레리다 쪽으로 다시 올라가며 동맹국을 찾고 있었다. 1018년 바르셀로나 백작 라몬 보렐이 죽자 그의 미망인 에르메생드는 사라센의 공격이 두려워 노르망디의 한 제후인 로제 드 토즈니에게 도움을 청한다. 훗날 순례자들은 이 노르만 기사의 용맹을 찬양하는데 로제는 몇 안 되는 동행자들과 함께 무어인들을 물리치고 도시와 성을 수복하는 데 성공한다. 여기에서 로제에 관한 전설이 생겨났다. 그는 매일같이 사라센과 싸워 그들을 생포한 다음, 몸을 잘게 잘라 구워서 게걸스럽게 먹는 흉내를 냈다고 한다. 그러자 데니아 왕은 공포에 질려서 그에게 자비를 구하고 조공을 바쳤다고 한다. 이후 로제는 에르메생드의 딸과 결혼하여 노르망디로 돌아갔다.† 돌아가는 길에 페리고르 지방에 있는 콩크Conques 수도원을 방문하는데 거기에는 유명한 성 푸아 다쟁의 성유골이 안치되어 있었다. 그는 약간의 유골을 얻어 고향인 노르망디로 가져간 다음 콩슈 수도원을 설립한다. 폭력을 통해 로제가 얻은 급작스런 영광은 이제 막 자리를 잡아가던 노르망디 공국의 촌뜨기 젊은이가 보여준 좌충우돌의 결과였다.

한편 이슬람 점령하의 스페인에서는 시인 이븐 하즘Ibn Hazm이 「비둘기의 목걸이Collier de la colombe」라는 사랑의 시를 썼다. 이 시는 섬세한 신비주의적인 사랑의 시였는데 기독교도들이 이 시를 이해하는 데는 2세기 반의 시간이 걸렸다.

11세기 중엽, 아스튀리, 레온, 카스티야 왕국은 페르디난도 대왕의 홀 아래 하나의 왕국으로 통합되어, '레콩키스타reconquista'를 맹세한다. 1062년에 페르디난도 왕은 마드리드에 이르렀고, 1063년에는 세비야의 무어 왕을 굴복시켰다. 그리고 코임브라를 탈환하고, 1065년에는 발렌시아까지 진격했다. 이후 교황령이 개입하여 이 전쟁은 이슬람에 대한 성전聖戰이 되었다.

노르만 전사가 스페인 전쟁에 참전했던 것은 궁극적으로 이탈리아로 들어가 많은 이득을 얻기 위해서였다. 스페인 이상으로 이탈리아는 노르망디의 가난한 제후들과 집안의 막내들 그리고 무법자들에게 모험과 피신의 땅이었다. 그들은 1000년부터 이탈리아로 들어가기 시작했다. 1009년, 1018년, 1029년 이탈리아 곳곳에서는 조심성이 없고 충성심도 없는 노르만 전사들을 전장에서 목격할 수 있었는데 그들은 전투의 대가로 토지를 받았다. 1029년에 나폴리 공은 노르만 제후 르누프 드랑고Renouf Drengot에게 아베르사 도시를 전쟁의 대가로 주기도 했다.

† 이 이야기는 연대기 작가 아데마르 드 샤반Adémar de Chabannes의 기록인데, 서사적인 특징이 잘 드러나며, 동시대의 시와 전설의 유형 그리고 기사의 명성에 관한 이야기를 잘 들려준다.

119

1154년 노르만 기사들은 이탈리아 남부에 시칠리아 왕국을 건설했다.

이탈리아의 소식은 곧 노르망디에 전해져 노르만 전사들은 밀물처럼 이탈리아로 들어왔다. 아베르사에서 굶주리고 사나운 노르만 전사들은 서로 싸웠고, 아베르사는 노르만 전사들의 소굴이 되었다. 르누프와 그의 집안 전사들은 그중에서도 가장 강력한 집단이 되었고, 이탈리아 제후들은 동맹을 간청하기에 이른다. 1042년에 아베르사의 노르만 전사들은 가에타까지 세력을 넓힐 정도로 강력해져서 1058년에는 카푸아 공국을 점령한다. 한편 남쪽에는 또 다른 노르만 전사의 무리들이 코탕탱(노르망디의 지명)의 중소 제후인 탕크레드 도트빌 주위에 집결했다. 그는 몇 년 전에 12명의 아들 중에서 8명을 데리고 이탈리아에 상륙한 제후였다. 이 무리들은 자신들의 이득을 취하기 위해 푸이야 공국을 세웠다.

그런 과정에서 탕크레드의 아들이 한 명씩 죽었다. 그러던 중에 가장 용감했던 막내 로베르—노르만 사투리로 '교활한 사람Guiscard'이라고 불렸다—가 공국을 차지하고 칼베레를 정복했다. 1038년부터 시칠리아는 이슬람 세계의 수장국이었는데 작은 공국으로 분열되어 정치적으로 혼란에 빠졌다. 하지만 노르만 전사의 정복은 수월하지 않았다. 수도인 팔레르모가 노르만족의 수중에 들어간 해는 1072년이고, 로베르 기스카르 Robert Guiscard는 정복을 완수하지 못한 채 죽었다. 마침내 섬의 동남쪽에 마지막으로 살아남았던 무슬림이 생포되어 시칠리아의 노르만 정복은 끝이 났다. 1091년이었다.

제2부

♛

노르망디 공

이중의
유산

노르망디와 노르만족

10세기와 11세기의 유럽인들은 북방 민족의 넘치는 힘을 호메로스 시대의 그리스인들에 비유하곤 했다. '노르만족의 세계'는 전통 유럽의 세계와 공통점이 많았고, 그들의 세계는 다소 유연한 종속 관계 및 가족 관계로 하나가 되어 새롭게 태어나고 있었다. 덴마크의 왕 '푸른 이 하랄Harald à la Dent Bleue'의 도움으로 노르망디 공 리샤르 1세는 프랑스 왕의 침략을 두 번이나 물리칠 수 있었다. 1013년에도 리샤르 2세는 노르웨이의 올라프Olaf de Norvège가 이끄는 이교도 무리들을 격퇴했다. 그리고 이제 바이킹의 오랜 전통인 약탈은 그 종말을 맞이하고 있었다. 924년에서 926년 사이에는 스칸디나비아에서 온 약탈자들이 루아르강까지 배를 타고 올라와 브르타뉴 지방마저 바이킹의 공포에 떨고 있었다. 한편 루앙에 침입한 노르만족은 연합군을 결성하여 966년과 970년 사이에 산티아고데콤포스텔라까지 함대를 이끌고 가서 성지를 쑥대밭으로 만들었다. 1006년

노르망디 공

에는 틸과 위트레흐트 그리고 1018년에는 푸아투 지방이 공격을 받았다. 어느 정도 기독교 국가로 변신한 스칸디나비아의 군주들은 이 약탈을 '전통적인' 정복으로 왜곡시켜 고착시켰다. 하지만 역시 '노르만 세계'의 추진력과 그 중심은 센강 하류인 지금의 프랑스 '노르망디'에 있었다.

장차 프랑스의 지방이 될 노르망디는 지리적 특성에 의해 만들어지지 않았고 인간의 의지가 만들어낸 역사에 의해서 만들어졌다. 외관상 노르망디는 여기저기 흩어진 고장들이 모자이크처럼 하나가 된 지방으로 보인다. 노르망디의 변덕스럽고 축축하며 포근한 날씨는 목축에 유리하다. 봄에는 바람과 우박을 동반한 소나기가 자주 내리고, 여름에는 폭풍우가 추수에 피해를 주기도 한다. 노르망디 지방의 토양은 규토를 포함한 다소 척박한 점토질의 토지가 사이사이에 있고, 거친 이회암 언덕이 그 중간에 여기저기 있었다. 하지만 토양은 경작을 위해서는 개량이 필수적인 것으로 보였다. 황야의 중간에 널려 있는 계곡에는 관목, 가시양골담초, 고사리 등이 자라고 있었다. 폭이 좁은 계곡과 물결이 일렁이듯 하다가도 평편해지는 들판이 노르망디 시골의 전형적인 모습이었다. 하늘을 가리는 짙은 숲으로 우거진 코 지방은 센강과 맞닿아 있었고, 우슈 지방의 헐벗은 구릉과 대조를 이루고 있었다. 벡생과 에브르생이 일드프랑스까지 이어지며 대칭을 이루었고, 브레는 피카르디 지방의 경계에 있었다. 구불구불한 센강은 강 사이의 섬들을 지나 아침이면 물안개가 올라오는 깎아지른 절벽을 끼고 흐르다가 이윽고 강둑도 없는 낮은 목초지로 이어졌다. 센강 어귀, 즉 리외뱅 평원 너머와 투크 계곡 너머에는 오주 지방이 있었는데 여기부터는 갑자기 캉의 드넓은 지평선이 드러난다. 이 지방의 남쪽, 즉 이에무아에는 툭 튀어나온 팔레즈 마을이 있다. 디브강은 유속이 느려서 많은 늪지를 만들었는데 트로앙 읍의 수도사들은 이탄지를 경

125

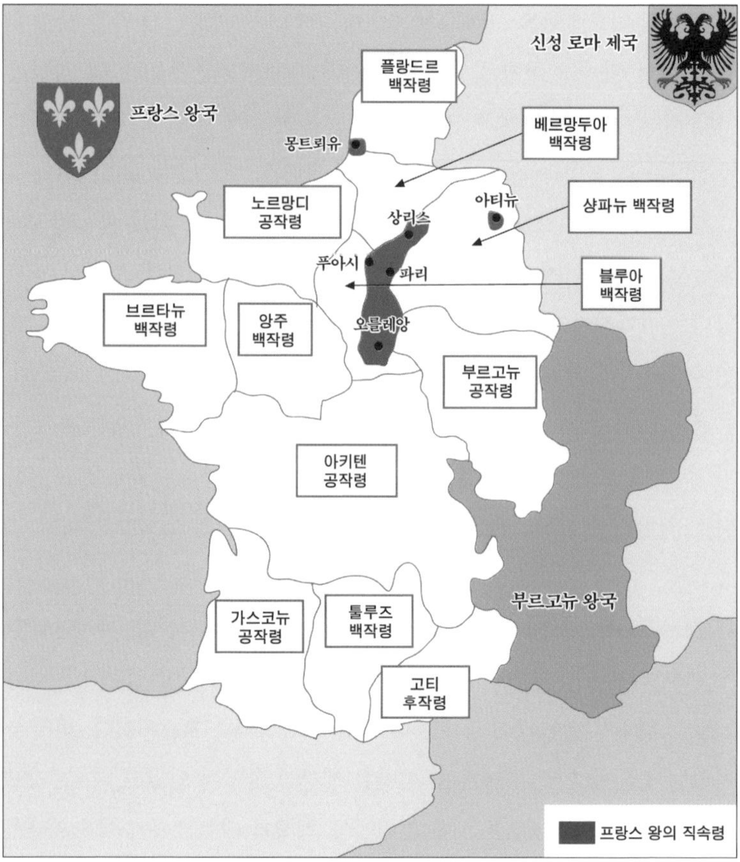

987년 위그 카페가 프랑스 왕에 올랐을 당시의 프랑스 왕국의 모습.

작하고 있었다.

노르망디의 작은 숲과 늪지대를 끊임없이 잘게 쪼개는 아브랑생과 코탕탱 지방은 브르타뉴반도와 접해 있었다. 이곳은 넓은 마름모꼴인데 낮은 지형에 나무가 빽빽했고, 캉칼과 카롤 쪽으로 이어진다. 이 땅의 정상에는 쇼제섬이 우뚝 솟아 있다. 이 섬은 나중에 몽생미셸섬이라고 불린다. 이 지형은 평평한 갯벌인데 709년 3월에 홍수가 나서 돌 지방과 바다 사이에 새롭게 만들어진 땅이다. 섬이 되어버린 몽생미셸에는 일찍이 수도사들이 정착했다. 코탕탱의 서쪽 해안은 절벽이 이어진 진흙 뻘 해안이고, 센강 어귀에는 모래사장이 잘 발달되어 있으며, 칼바도스 지방의 암초와 뚜렷이 구분된다. 반면에 센강의 다른 쪽 하안河岸은 이스크 항과 불로뉴 항 쪽으로 암초가 가득한 절벽이 부채처럼 늘어서 있는데 예전부터 선원들이 두려워하던 절벽이었다. 이렇듯 저지대 노르망디는 절벽을 따라 갯벌이 여기저기 펼쳐져 있는 땅이었다. 강은 뱀처럼 흘러가고 중간에는 섬들이 가득했으며, 디브강의 계곡 아래에는 진흙으로 가득한 호수가 하나 있었다. 고대 로마의 가도는 당시에도 여전히 주요 교통망으로 사용되고 있었고 루앙과 바다를 이어주고 있었다.

이 지방의 지명에는 라틴어와 골(갈리아)어의 추억이 남아 있는데 여기에 중세 바이킹의 언어도 약간 들어가 있다. 특히 지명의 끝에 붙은 '-bec'(개울), '-bœuf'(오두막), '-tot'(잔디밭), '-fleur'(만)라는 말들은 바이킹의 언어에서 유래한 것들이다. 바이외, 쿠탕스, 리지외, 루앙 같은 도시는 골족이 살던 때 형성된 도시들이고, 릴본, 발로뉴, 에브뢰는 로마 시대에 형성된 도시다. 그리고 베르네, 레장들리는 메로빙거 왕조 시대에 만들어졌을 것이다. 한편 모르타뉴와 비르는 제1세대의 노르만인들이 세운 도시들이었고, 노르망디 공국의 제2도시인 캉은 서기 1000년경 센강 건너편에 세워졌다. 캉은 오른강과 오동강이 합류하는 지역의 몇몇 촌락을 합쳐 만든 도시였다.

노르망디 공국의 기원은 우리 같은 현대인들에게는 전설 그 자체다. 이미 841년 바이킹들의 약탈에 쑥대밭이 된 루앙 지역은 841년과 845년

이 책에 등장하는 12세기 노르망디의 주요 지방과
도시들

에 라그나르 로드브로그Ragnard Lodbrog가 이끄는 바이킹 무리들에게 약탈
을 당했고, 876년부터 도버 해협을 통과하는 바이킹들에게는 정기적인
기항지가 되었다. 바이킹들은 일 년 중 절반은 바다에서 생활했는데, 그
들 중 일부가 노르망디 주변에 정착을 하기 시작했다. 같은 시기에 낭트
근방에 바이킹들이 정착하려고 하자 브르타뉴 공인 알랭 2세(별명이 '꼰
턱수염 알랭Alain Barbe-Torte')가 이들을 몰아냈다.

　893년 루앙 지역에 정착한 바이킹 수장─그의 이름은 롤프르Rolfr, 고
대 프랑스어로는 루Rou, 지금은 롤롱Rollon이라고 부른다─이 바이외를

노르망디의 팔레즈에 있는 정복왕 윌리엄의 동상. 윌리엄의 조상들이 자랑스러운 후손인 정복왕을 지켜주고 있다.(1035~1087년: 노르망디 공, 1066~1087년: 영국 왕)

좌측부터 롤롱(911~927) 장검공 윌리엄(927~942) 헌자공 리샤르 2세(996~1026) 장엄공 로베르 1세(1027~1035).

공격하여 백작을 죽이고 그의 딸 포파를 납치한다. 그리고 포파가 결혼 적령기에 이르자 롤롱은 그녀를 동거녀로 맞이한다. 포파는 롤롱에게 아들과 딸을 한 명씩 낳아주었는데 '장검공 윌리엄Guillaume Longue-Épée'이 바로 그의 아들이다. 이런 결합은 센강 어귀에 정착한 사나운 노르만족의 성향을 누그러뜨리는 결과를 가져왔다. 서기 910년에는 파리에서, 그리고 911년에는 샤르트르에서 프랑스군은 롤롱이 이끄는 소규모의 군대를 저지했는데, 그 군대는 북해를 따라 내려오던 무리들이었다. 그중에는 앵글로색슨족과 프리슬란트인(지금의 네덜란드인)들도 섞여 있었다. 이때부터 프랑크 왕은 왕국의 안보를 생각하게 되었다. 프랑크 왕이 '바이킹 해적들'을 격퇴할 힘이 없자 랭스의 대주교는 프랑스의 단순왕 샤를Charles le Simple과 노르만족 수장의 만남을 주선했다. 이 만남은 911년†에 생클레르쉬르엡트에서 이루어졌다.

그렇다면 롤롱은 누구인가? 프랑크 왕국의 단순왕 샤를은 왜 롤롱의 침공을 물리쳤음에도 롤롱과의 협상을 통해 평화를 얻으려고 했던 것일까? 롤롱에 관한 전설은 별로 남아 있는 것이 없다. 어떤 전설에 따르면 노르웨이인, 어떤 전설은 덴마크인이라고 전한다. 노르망디에 오기 전에 롤롱은 영국 왕의 손님이었고, 헤라클레스 같은 용사라는 이야기도 전해온다. 키가 너무 커서 그를 태울 말을 찾기가 어려웠다는 전설, 즉 '걷는 자 롤프르Rolfr le Marcheur'라는 별명도 있었다. 그는 프랑스 왕의 딸인 지젤Gisèle††을 아내로 맞이했는데, 이 동화 같은 이야기의 결말은 결국 노르만족이 봉건적 기독교 세계에서 제후들이 맺는 결혼 동맹의 중요성을 이해했다는 뜻으로 풀이할 수 있다. 그들은 그런 결혼을 통해서 무엇을 할

---

† 연도는 정확하지 않지만 분명한 것은 923년 전에 조약이 체결되었다는 사실이다.
†† 확인된 사실이다.

수 있는지 알고 있었다.

생클레르쉬르엡트 조약은 문서처럼 형식적인 모양을 취하고 있지 않았다. 그 조약은 단순한 구두 약속에 불과했고, 약정 조항도 분명하지 않았다. 그러므로 조약의 결과는 점차 시간이 흐른 뒤에 드러나기 시작했다. 사람들은 이 조약을 카롤링거 왕조의 마지막 왕들이 프랑스의 공작 집안과 20년 전부터 맞서 싸우는 한 과정으로 보았다. 단순왕 샤를은 실제로 이 조약을 통해 노르만족에게 루앙 대주교구(브렐, 엡트, 외르, 아바르, 디브)를 양도했으며, 새로운 봉신은 자신의 적수인 프랑스 공작에게 강력한 경쟁자가 되었다. 한편 법률적 차원에서 노르망디의 양도가 한 가지 간과하는 것이 있다. 그것은 롤롱이 단순왕 샤를에게 오마주를 했냐는

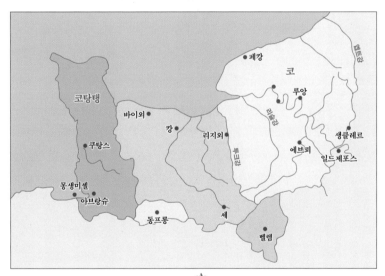

🙟

노르망디의 주요 지방과 하천들. 노르망디 공국의 경계가 동쪽에서 서쪽으로 확대된 것을 확인할 수 있다. 저지대 노르망디(서쪽)에서 반란이 자주 일어난 이유도 공국에 가장 늦게 편입되었기 때문이다.

이중의 유산

노르망디의 수도인 루앙에는 모네의 그림으로 유명한 고딕 양식의 대성당이 있다. 로베르 공이 통치하던 1030년에 로마네스크 양식으로 건축이 시작되었고, 지금의 고딕 양식의 대성당은 1145년에 개축이 시작되어 1506년에 완공되었다.

것이다. 몇 년 뒤에 이러한 주장을 확인해주는 불확실한 사실들이 두 왕국의 분쟁을 초래하기 시작했다. 한편 노르망디의 베생, 이에무아, 아브랑생, 코탕탱 같은 지방은 이 조약에 포함되지 않았다.

10세기의 연대기 작가들은 롤롱이 노르망디를 유린하고 차지한 사건을 두 가지 대비되는 시선으로 기술하고 있다. 하나는 카롤링거 왕조의 화려한 영광의 시각이고, 다른 하나는 노르망디의 새로운 주인인 롤롱과 그의 추종자들의 관점이다. 비록 당시의 많은 정치적·경제적 환경이 사실상 혼란스러웠다 하더라도, 노르망디에 정착한 '북방인', 즉 롤롱의 동족들은 현지인들 속에 동화되었으며, 노르망디의 사회적 환경이 부활하는 데에 적지 않은 영향을 미쳤다는 것이다.

924년에는 롤롱에게 바이외, 이에무아, 멘의 교구가 양도되었는데, 이 지역에서도 노르만족은 현지 문화에 곧 동화되었다. 마침내 933년, 프랑크 왕국의 왕 라울(재위 923~936)은 롤롱의 후계자인 장검공 윌리엄으로부터 오마주를 받고 아브랑슈와 쿠탕스 교구를 양도했다. 이미 그곳에도 바이킹의 식민지가 있었지만 루앙의 식민지와는 무관했다. 이후 노르만족은 100년 이상 프랑스 서부 지역에서 거주하게 되는데 그들은 정치적으로 타협할 줄 모르는 완강한 사람들이었다. 1000년경에는 스칸디나비아로부터 계절에 따라 지속적으로 이민자들이 노르망디에 유입되었는데 그중에는 덴마크와 영국 출신도 있었다.

950년의 노르망디는 두 개의 집단 거주지가 양립하고 있었다. 하나는 센강과 리슬강 사이의 코 거주지였고, 또 하나는 베생과 코탕탱 사이의 거주지였다. 이 지역을 차지한 제후들은 공작의 권력을 인정하며 사실상 독자적으로 지배하고 있었다. 이 거주지들에는 민족적 차이도 보이는데 동쪽에는 노르웨이 출신들, 서쪽에는 덴마크 출신의 노르만족이 살고 있었다. 공유지의 형태와 불규칙적인 모양의 경작지(코 지방), 그리고 베생 지방의 경작지들은 띠 모양으로 늘어서 있었는데, 이러한 형태는 그들이 살던 고향의 모습을 잘 보여준다. 노르망디 동쪽, 즉 루앙과 페캉 근처는 노르망디 공이 선호하는 주거 지역이었다. 이곳은 현지 문화에 급속도로 동화되고 있었지만, 서쪽 지방은 노르만 문명의 연결 끈을 오랫동안 지키고 있었다. 서쪽 지방의 노르만족은 자신들의 수장에 대해 적대감이 있었는데, 그 이유는 제후들이 프랑스의 관습과 주교에 복종을 하며 자신들에게 종주권을 행사하려고 했기 때문이다. 노르망디 공의 로마 문명에 대한 동화는 첫 세대부터 시작되었다. 912년에 기독교 세례를 받은 롤롱은 930년에 죽었지만, 그는 여전히 노르만 신들을 믿고 있었다. 그는 아들 윌리엄의 교육을 보토Botho라는 전사戰士에게 맡겼는데 그는 출중한 용맹심과 경건한 신앙심을 가진 자였다. 윌리엄은 그에게서 글을 배웠다. 또한 그는 아버지를 계승하여 충복들을 장악했으며 기독교 신자인 제후들과도 협조 관계를 유지했다. 그는 베르망두아 백작의 딸인 힐드가르드Hildegarde와 결혼했는데 베르망두아는 푸아티에 백작의 처남이었다. 하지만 당시까지도 쿠탕스 주교구 지역은 토르Thor† 신을 숭배하는 자들이 대부분을 차지하고 있었고, 토르란 이름은 고유명사에도 자주 등장한다. 투루드Touroude, 튀롤드Turolde, 튀르크틸Turquetil, 투탱Toutain, 튀르지Turgis 등 많은 이름과 성에서 찾아볼 수 있다. 전반적으로 노르망디 공국의 기독교화는 1000년경에 끝난다. 하지만 정복왕 윌리엄의 치세에도 "주님 저희를 도우소서Dieus aïe!"라는 외침이 젊은 공작의 입에서 들렸는데 이 말은 "토르 신이여, 저희를 도우소서Thor aïe!"를 외치는 반란군에 대한 응답

---

† 북유럽 게르만 신화에 나오는 번개와 천둥의 신. 주신主神 오딘의 아들이다.—옮긴이

이었다.

바이킹의 후예들은 현지인들과 충돌하며 긴장을 유발하기도 했지만 노르망디에 잘 정착했다. 이후 그들은 자신의 단일성을 인식하는 독특한 집단으로 발전했다. 10세기말 리샤르 1세는 생캉탱에 학식이 있는 성직자를 보내 자신의 가문에 대한 역사를 쓰도록 한다. 이 작업은 뒤동Dudon이 맡았는데 그는 20년 동안 공작 집안의 족보에 대한 책을 저술한다. 이 책은 카롤링거 왕조 이후 통치자의 집안에 대한 가장 오래된 기록으로 전한다. 연대기 작가들의 기록에 따르면 12세기까지 노르만인과 프랑스인들은 서로에 대해 적대감이 있었다. 노르만 시인인 바스[†]에 따르면 프랑스인들은 노르만인들을 '비고bigots'(게르만어로 욕설을 의미)라고 부르거나, 드라쉬에draschiers(보리 찌꺼기 먹는 사람)라는 경멸적인 별명으로 불렀다. 노르만인들은 주변의 민족들과 여러 가지 풍습에서 차이를 보이고 있었다. 그들은 경작지를 직사각형 모양으로 자르고 주위에 나무를 심어 밭을 둘러쳤다. 그들의 수장은 일부다처제를 유지하고 있었는데 당시의 성직자들에 따르면 이 풍습은 한 명의 부인을 정식으로 맞이하고 동시에 동거녀를 거느리는 결혼 풍습이었다. 이 풍습은 '덴마크식 풍습more danico'이라고 불렸다. 하지만 노르만족의 언어는 자신들의 사촌인 스칸디나비아반도의 바이킹과 달라지고 있었다. 10세기 내내 프랑스의 노르만족은 자신들의 언어인 노르드어(고대 스칸디나비아어)를 적어도 집안에서는 사용하고 있었지만, 11세기 초반부터는 완전히 공국에서 사라졌다. 940년에 장검공 윌리엄이 노르드어를 배우라고 봉신들을 바이외로 보낸 것으로 봐서 당시까지 지도자의 권력을 행사하기 위해서는 노르드어를 배우

[†] 노르만 시인(1100년경~1174년 혹은 1183년)이자 『브뤼 이야기le Roman de Brut』와 『루 이야기le Roman de Rou』의 저자.—옮긴이

는 것이 필수적이었던 것으로 보인다. 이후 80년이 지나자 노르망디에는 로망어의 방언 하나가 만들어졌는데, 이웃 지방인 일드프랑스와 피카르디 지방의 방언과 유사한 언어였다. 노르만 방언은 바이킹의 침입이 있기 전의 순수한 라틴어의 특징을 잘 간직하고 있는 언어였는데 노르드어의 영향으로 발음과 어휘에 약간의 변화가 일어났다. 다음에 소개하는 신명재판의 기록은 노르만 방언으로 기록된 것이다.

"사물의 진리를 추구하는 자는 단식을 하거나 은혜를 베풀어야 하며 죽을죄를 지어서는 안 된다. 그는 또한 미사에 참석해야 하고 새벽 기도문과 일곱 개의 시편, 신도송 등을 외우고 성수로 성호를 그어야 한다. 이제 신의 자비를 위해 기도하자! 성모, 성 십자가, 성 헬레나 그리고 모든 성인과 주님의 충복들을 통하여 기도하자! 그리고 주님에게 아무도 비난을 받지 않는 이 진리를 드러내주시도록 간청하자."

노르만족은 정열적이고 실용적이며 동시에 치밀하고 성실한 사람들이었다. 그들은 좋은 것에 대한 애착이 있었고 스스로 자질이 부족하면 끈질기게 그것을 얻으려고 폭력, 불신, 탐욕, 폭식 등도 마다하지 않았다. 초기에 정착한 노르만족은 개인의 권리를 존중했지만 규율은 등한시했다. 노르만족의 용맹성은 공포 그 자체였다. 거칠기 짝이 없는 성격에도 불구하고 노르만 제후들은 봉신 및 농민들과 긴밀히 연결되어 있었다. 때로는 경작지에서 끊임없이 노동하여 남들보다 뛰어난 건강을 망치기도 했다. 하지만 굳건한 가족 전통이 체력의 남용을 막아주었다. 노르만족은 전통적으로 다산의 민족이었다. 그들의 영토 팽창이 급속히 이루어진 원인 중 하나는 영아 사망률이 다른 민족에 비해서 낮았던 것이다. 바이킹은 혈기가 왕성하고 건강한 민족이었던 것이다. 이탈리아 출신의 노르만 사람인 연대기 작가 로베르 기스카르는 "노르만족은 땅에 무릎을

노르망디 공

꿇고 신에게 아들을 간청하지 않고서는 결코 부부간의 육체적 관계를 갖지 않았다"라고 적고 있다. 이 말은 바이킹의 의식 구조를 잘 보여주는 말이다. 코탕탱과 오주 지방에 정착한 궁핍한 노르만족은 인구가 넘쳐났다. 그들의 검소한 감정이 극단적인 신앙심에 포장되어 그들의 과거 본성—그들은 전사였다—을 일깨웠을 것이다. 이탈리아에서 바이킹들을 관찰한 조프루아 말라테라Geoffroi Malaterra의 기록은 다음과 같이 적고 있다. "그들은 영민한 민족이며 복수심이 강했고, 전리품에 대한 욕심도 대단했다. 이익의 추구와 타인을 지배하려는 의지는 탐욕스러웠고, 모방과 낭비벽도 대단했다. 노르만족의 수장들은 후한 인심이 자신들의 영광을 드높여준다면 상황에 구애받지 않고 이를 증명하려고 애썼다. 그들은 아첨에

137

🌸
노르망디 쿠탕스 출신의 가난한 기사 로베르 기스
카르는 이탈리아로 진출해서 남부 지방의 아풀리아
와 칼라브리아 및 시칠리아의 공작이 된다.

도 능했고 언쟁도 즐겼으며, 능숙한 수사학자처럼 부모와 논쟁을 벌이기도 했다. 지독한 고집쟁이였던 노르만족은 사법적 판결에는 순한 양처럼 굴복했다. 그들은 추위와 배고픔에도 굴하지 않는 강인한 인내력의 소유자였고 사냥, 승마, 무기, 장신구 등에 심취해 있었다." 노르만족의 능수능란한 능력과 새로운 것에 대한 발명 정신 등이 그들이 새로운 땅에 정착하는 데 결정적인 도움을 주었다. 1000년경, 노르만족 사회에는 돈을 벌기 위해 용병이 되어 멀리 떠나는 용감한 전사들을 거의 찾아볼 수 없게 되었다. 노르만족의 성공은 온 유럽인들에게 선망의 대상이 되었다.

프랑스식 관습에 노르만족이 동화된 것은 그들의 특별한 정신적, 사회적 자유 때문이다. 노르만족의 본질적인 성향은 지금까지도 프랑스인의 기질에 남아 있다. 먼저 정치적인 차원에서 그들의 정열적이고 실용적인 영민함은 초기 노르망디 공들의 통치에서 잘 드러난다. 노르만족의 통치 체제는 봉건제도 아래에서 독창적인 통합의 방식으로 나타났다. 롤롱이 받은 노르망디는 카롤링거 왕조가 붕괴된 후에 남은 행정 조직의 근간을 그대로 이어받았다. 공작과 주교 그리고 오마주의 실천 등이 그런 잔재였다. 센강의 저지대에 정착한 바이킹의 무리는 자신들의 수장을 따르기 시작했는데, 뛰어난 수장의 지도력 덕분으로, 비록 자신들의 고향은 부족 간의 전투로 무정부 상태였지만, 고향에서 멀리 떨어진 이국땅에서는 안정된 사회를 정착시켰다. 그들은 미숙한 상태에서 처음 겪은 경험들을 통해서 집단의 무력을 키웠고, 유럽을 초토화했던 어려운 시기(5~9세기)를 겪지 않았기 때문에 봉건제를 신속하고 안정되게 정착시킬 수 있었다. 그들의 수장은 놀랍도록 체계적인 정신으로 과거 카롤링거 왕조 시대의 영토에 안정된 사회적 환경을 정착시켰는데, 그 환경은 기존 구성 요

138

소들의 점진적인 통합의 결과물이었다. 이렇게 노르만족은 봉건제를 재창조했다. 유틀란트(덴마크)와 스카니아(스웨덴)에서 내려온 바이킹들은 처음부터 자유인이자 농민 전사였으며, 스스로를 평등하다고 생각했다. 그들은 서유럽 해안 제후국들을 부분적으로 약탈했을 뿐이었고, 전적으로 점령한 적은 한 번도 없었다. 노르망디에서 농노제는 외부로부터 수입된 제도였고 간헐적으로만 찾아볼 수 있었다. 1020년이 지나자 농노제는 노르망디에서 완전히 사라졌으며, 자유농은 자신들을 '코티에cottier'라고 불렀다('cot'는 '오두막'이란 뜻이며, 작은 집을 의미하는 영어 'cottage'의 어원이다). 아마도 이 명칭은 중세 사회의 소유권과 관련이 있는 듯하다. 봉토와 정액지대 부과 토지censive는 아직까지 노르망디에서는 구분이 잘 안 되어 혼동스러웠고, 오마주는 사회적 서열을 구분하는 기준으로 잘 사용되지 않았다. 심지어 농지를 양도받은 말단의 농민조차 토지를 임대하기 전에 오마주를 하기도 하고, 때로는 자신의 소작인으로부터 오마주를 받기까지 했다. 한편 노르망디에서는 봉신 아래의 배신陪臣도 자유농vilain처럼 부역을 이행할 의무를 지고 있었다. 배신의 군역 의무는 봉신보다 가벼웠지만 마구馬具 등을 완벽하게 구입하기에는 경제력이 부족했다. 자유농들은 다른 지방보다 자신들의 경작지를 이용하는 것이 자유로웠기 때문에 영주를 토지의 소유자라는 개념보다 군대의 지도자로 생각했다.

911년에 맺은 생클레르쉬르엡트 조약을 통해 롤롱과 그의 봉신들은 집단적 증여를 받은 셈이 되었다. 롤롱이 받은 지역은 대부분 전쟁으로 폐허가 된 땅이었다. 전설에 따르면 롤롱은 영지를 질서정연하게 분할하여 자신을 포함해서 봉신들과 추첨 방식을 통해 나눠 가졌다고 한다. 롤롱과 봉신들을 이어주는 유일한 연결 고리는 이제 분명하지 않은 군사적 명령권만 남았다. 롤롱의 영지 분배와 그의 후계자들의 영지 양도는 오랫동안 노르망디 군주의 유일한 관심사였다. 노르망디 공은 다른 지방과 경계에 있는 도시와 성의 소유권을 야심이 많은 제후로부터 거의 박탈하지 않았으며 1000년부터는 그들이 스스로를 백작이라고 칭하는 것도 내버려두었다. 이렇게 백작령을 자처한 지방은 다음과 같다. 아르크, 에브뢰, 엠, 구르네, 브리온, 레글, 토즈니, 오말과 외 지방의 백작령들, 그리고 플랑드르, 이브리, 샤르트랭, 아브랑슈와 브르타뉴 지방의 경계에 백직령이 우후죽순처럼 생겨났다. 비록 이 지방들이 크지는 않았지만 탈루 백작령은 그 면적이 디에프 군郡 정도와 비슷했다. 거칠지만 단순한 노르만족이 차지한 이 영지들은 점점 더 주변으로 확대되고 있었는데 그런 현상은 필연적이었다. 이 지방은 이제 막 정치적 지배로부터 자유로워진 상태였기 때문에 권력의 공백이 생긴 곳이었다. 그러자 초기의 노르망디 공들은 새롭게 얻게 된 영지들을 수없이 많은 집안의 구성원에게 녹봉지로 하사했고, 그중 일부는 스칸디나비아 전통인 프릴라frilla(동등권)에 따라 적자와 서자에게 균등하게 분배되었다.

이렇게 형성된 영지들은 아주 예외적인 경우가 아니면 영역을 확대할 수 없었다. 물론 남의 영지를 찬탈하는 경우도 있었다. 이에 대해 뒤동은 노르만 영주들의 봉토는 롤롱과 장검공 윌리엄 치하에서 양도받은 것일 뿐 강탈한 것은 아니라고 그 특징을 강조했다. 하지만 장검공 윌리엄은 자신의 봉신에게 충성을 강요하면서 프랑스식 주군 관계를 체결했는데 이것이 에브뢰와 리울프를 중심으로 서쪽 지방의 봉기를 야기시켰다. 장검공은 곧 반란을 진압했지만, 또 다른 봉기를 미연에 방지하기 위해 프랑스 공† 위그와 동맹을 체결했다. 리샤르 1세와 리샤르 2세의 치하에서도 봉신 관계와 과중한 의무의 이행으로 말미암아 부분적인 봉기가 있었다. 996년 새로운 노르망디 공들이 과거에 자신들이 소유하고 있던 숲의 사용권 등을 몰수하자 마을의 동업자 조합confrérie들이 그 권리를 다시 돌려달라며 연합체를 구성하기도 했다. 그러자 리샤르 2세는 대표단을 포로로 붙잡은 다음, 손과 발을 잘라 고향으로 돌려보냈다. 이 사건은 여기에서 끝났지만 그 여파는 사람들의 머릿속에 오랫동안 남아 있었다.

노르망디에서 봉건화는 10세기에 본격적으로 진전되었고 정복왕 윌리엄이 태어난 1028년에는 거의 완성되었다. 1000년부터 노르망디 공들은 독자적으로 바이킹들이 소유하고 있던 땅들을 거의 다 수복했고 그 대신 그 땅들을 봉신들에게 영지로 하사했다.

초기 봉건제의 형태—스칸디나비아 혹은 프랑크족이 그 기원—가 노르망디 봉건제에서 다 상실된 것은 아니다. 노르망디의 봉건제에 초기 봉건제의 흔적이 수세기 동안 살아남았던 것이다. 주거지를 침범††한 자를 태형으로 다스리는 잔인한 형벌은 바이킹들의 관습법이었다. 노르망디의 형법은 아주 엄격했는데 그 이유는 무정부 상태, 즉 최악의 상태를 대비하기 위함이었다. 봉신 관계의 경우, 노르만 형법은 고대 게르만 형법에 10세기의 전투에서 즉흥적으로 만들어진 형법을 추가했는데, 주군과 봉신이 주종 관계를 깰 경우 엄벌에 처했다. 예를 들어 주군에게 불복종하면 추방하거나 재산을 몰수했다. 주군은 불복종하는 봉신을 영지에서 쫓아낼 수 있었는데, 영지의 주민들은 영주의 판결이 집행되는 것에 강제적으로 동참해야 했다. 그들은 죄인이 금지된 땅에 들어오면 겁을 주거나 그렇게 하지 못할 때에는 소리를 질러야 했는데 그 소리를 '고함 소리의 아우성clameur de haro'이라고 불렀다. 추방 선고를 받은 죄인들은 짐승처럼 쫓겼다. 피신처를 찾고자 할 때는 교회에서 복음서에 손을 얹고 강제로

† 프랑스 왕국이 탄생(987년)하기 전이므로 그 전까지는 '프랑스 공'으로 불렸다.―옮긴이
†† 함파라hamfara 범죄라고 불렸다.

맹세한 다음 지체 없이 공국을 떠나야 했다. 반역자들과 도망자들에게는 신체를 절단하는 형벌이나 사형이 기다리고 있었다. 봉신을 살해한 주군은 사형에 처해졌으며, 주군을 살해한 봉신은 잔인한 형벌을 받고 교수형에 처해졌다.

　10세기의 연대기 작가는 노르망디 공국의 평화를 노래했다. 물론 그 기준은 요즘의 것과는 비교할 수 없는 것이지만, 적어도 초기의 노르망디 공들은 자신들의 권력이 미치는 영지에서 최소한의 공권력과 다양한 관습법이 준수될 수 있도록 노력한 것만큼은 사실이었다. 그 결과 초기의 공작들이 그랬던 것처럼 노르망디 공국의 운명은 두 명의 공작이 다스리는 동안 지속적으로 평화가 잘 유지되고 있었다. 리샤르 1세의 등극(훗날 '노인공le Vieux, 재위 942~996으로 불린다)에 이어 그의 아들 '현자賢者공le Bon' 리샤르 2세(재위 996~1026)의 치세 동안 노르망디 공국은 단절 없이 85년 동안 안정을 유지하고 있었고, 그 결과 노르망디 공국은 '프랑스'의 다른 제후국들보다 정치적 발전의 속도가 더 빨랐다. 그렇다고 노르망디 공국의 정치적 발전에 특별한 이데올로기가 밑받침이 된 것은 아니었다. 정치적 안정은 영토 분쟁을 잘 수습하는 과정에서 얻어진 것이었다. 그리고 이 기간의 정치적 안정이 결코 정의 구현을 방해하지는 않았다. 일종의 지정학적 결정론이 이러한 정치적 안정에 중요한 영향을 미쳤으며, 일부분은 그런 요인들에 의해서 설명할 수 있다. 본래 롤롱이 세운 공국은 태생적으로 불안정한 지정학적 위치에 있었다. 즉 프랑스 공국에 둘러싸여 있었고, 프랑스 공국은 987년 카페 왕조로 태어난다. 그리고 노르망디 공국 주변에는 부유한 플랑드르, 혼란스러운 브르타뉴, 그리고 이제 그 모습을 갖춰가던 샤르트르 공국이 노르망디를 포위하고 있었다. 공국의 서쪽(브르타뉴 공국 근방)에는 분쟁이 끊이지 않고 있었는데 유격 부대guérilla들이 끊임없이 출몰했으며, 돌과 렌의 백작들은 아브랑슈 쪽과 쿠에농 근처에서 노르망디 공국에 대항하고 있었다. 이렇듯 노르망디 공들은 지극히 야만적인 민족의 후손들을 통치하고 있었던 것이다. 노르망디 공국은 과거에 바이킹에 대항하던 유일한 국가였지만, 주변 제후국들에게는 전쟁과 가축 방목의 나라라는 이미지를 주었을 뿐이고, 나머지는 그저 혐오감뿐이었다. 노르망디의 주민들은 유제품을 주로 먹었는데, 6~7세기에 웨일스에서 앵글로색슨족의 침입을 피해 들어온 켈트족들이 유제품 제조법을 가르쳐주었고, 그들의 고립된 언어인 켈트어도 이때 들어왔다. 켈트족은 두려움의 대상이었으며, 사람들은 그들을 멸시하고 증오했다. 켈트족은 겉으로는 기독교 문화에 동화된 듯 보였다. 그들의 수장은 여전히 웨일스의 군소 왕들처럼 처신했고 선천적으로 음유시인 문관文官 혹은 의전을 중시하는 관리들과 비슷했다. 11세기 낭트 백작령의 퐁텔루스, 캥페르 백작령의 카디오Cadion 같은 인물이 대표적인 켈트 시인들이었다. 일부 브르타뉴의 제후들은 주변 상황이 안 좋아지자 노르망디 공에게 오마주를 바쳤다. 그럼에도 그들과 노르망디 공의 관계는 애매했고 분쟁의 소지가 여전히 남아 있었다. 결혼을 통한 동맹 관계는 주군과 신하와의 관계를 더욱 더 끈끈하게 만들었다. 장검공 윌리엄은 931년에 브르타뉴의 무리들을 제압한 다음 신하들의 청원을 받아들여 '덴마크식 풍습'에 따라 포로 중 한 명을 아내로 맞이했다. 그녀의 이름은 스프로타Sprota였는데 장차 태어날 리샤르 1세의 어머니가 된다. 리샤르 2세는 렌 백작의 딸인 쥐디트Judith de Bretagne와 합법적으로 결혼하고, 그의 누이는 브르타뉴 제후와 결혼했다. 그러나 950년에 리샤르 1세는 게르주 계곡과 뵈브롱 사이의 땅에 1300미터 길이의 울타리를 쳐서 푸제르 지방 사람들이 들판에 접근하는 것을 막았는데, 그 땅은 그의 어머니가 결혼할 때 지참금으로 가져온 땅이었다.

노르망디 공작령 북쪽과 플랑드르 백작령과의 경계는 브레슬강의 하류와 외 숲이었다. 플랑드르 백작은 항구를 차지하고 있었는데, 그 항구를 통제하며 주변 제후국을 견제하고 있었다. 플랑드르 백작령은 이제막 나라의 기틀을 잡아가고 있던 노르망디에게는 강력한 위협의 대상이었다. 942년에 아르눌Arnoul 백작은 위그 대공이 소유하고 있던 몽트뢰유 성을 점령했다. 성주는 자신의 주군, 즉 위그 대공에게 도움을 청해봤지만 아무 소용이 없었다. 궁여지책으로 몽트뢰유의 성주는 장검공 윌리엄에게 도움을 청한다. 아르눌 백작은 전쟁 중에 솜강의 섬에서 회담을 할것을 제안한다. 두 제후간의 만남은 우호적인 분위기에서 성사되었다. 하지만 해가 지고 윌리엄이 회담장을 떠날 무렵, 장검공 윌리엄은 노르망디의 반역자들과 결탁한 플라망인들에 의해 암살되고 말았다. 4년 뒤, 플랑드르 군대는 프랑스 왕의 군대와 결탁해 루앙을 탈취하려고 공격했다. 그러자 플랑드르와 노르망디 사이에 있던 완충국 퐁티외 백작령은 두 나라 사이의 지나친 충돌을 막으려고 중재에 나섰다.

965년 블루아와 샤르트르 백작인 외드Eudes 1세—'배신자' 티보Thibaut le Tricheur와 장검공 윌리엄의 미망인† 사이에서 태어난 아들—는 루앙에서 프랑스 왕 로테르Lothaire와 동맹을 맺었다. 하지만 그는 노르망디 정복에 실패했고, 노르만 군대는 스칸디나비아 함대에 원군을 청하여 외드 1세의 영지를 쑥대밭으로 만들어버렸다. 1005년, 리샤르 2세는 외드 백작의 아들에게 화해의 제스처로 자신의 누이를 시집보냈지만, 그럼에도 1013년에 매부와 전쟁을 벌인다. 그 후 리샤르의 누이는 세상을 떠났지만 외드

---

† 그녀는 의붓아들인 리샤르 1세를 증오했는데 그 이유는 리샤르가 경쟁자의 아들이었기 때문이다.

백작은 신부의 지참금을 돌려줄 생각이 없었다. 그래서 리샤르 2세는 외드 백작을 설득하기 위해 노르웨이의 형제들에게 도움을 청한다.

　노르망디 공국과 프랑스 왕국의 관계는 법률적인 면에서 애매했다. 프랑스 왕실은 왕국의 공작들에게 불확실한 정책을 주기적으로 행사하고 있었고, 마찬가지로 공작들은 왕권에 대해 애매한 입장을 취하곤 했다. 그 결과 두 가문의 관계는 항상 적대적이었다. 프랑스 왕국에 대한 노르망디 공국의 반감은 마침내 장검공 윌리엄이 루이 4세와 맺은 봉신 관계를 파기하는 사태로 번지고 말았다. 그러던 중에 장검공이 암살을 당하자 루이 4세는 그의 아들 리샤르 1세가 미성년인 것을 이용하여 노르망디를 약탈하려고 했다. 왕은 이제 열 살 정도밖에 안된 공작을 보호한다는 구실로 랑에 리샤르 1세를 감금했다. 리샤르 1세는 신하의 도움으로 밀짚 다발에 숨어 탈출에 성공하고, 덴마크 함대가 디브강에 상륙하여 루이 4세를 생포하고 왕자들을 인질로 삼는다. 노르망디 공작 가문과 카롤링거 가문이 이제는 돌이킬 수 없는 파국의 관계에 들어선 것이다. 그러자 946년 루이 4세는 독일 왕 및 자신의 대제후와 연합하여 루앙을 공격하지만 실패로 돌아간다. 20년 뒤에는 샤르트르의 외드Eudes de Chartres 의 지원을 받은 로테르가 또 다시 루앙을 공격하지만 역시 실패한다. 결국 두 번에 걸친 프랑스 공작의 공격에도 노르망디는 백생을 경계로 영지들을 유지하게 되었다. 아마도 리샤르 1세는 위그 대공, 즉 위그 카페의 아버지에게 오마주를 바치며 자신의 아들을 보호해줄 것을 요청했을 것이다. 이후 노르망디의 리샤르 2세는 프랑스 왕 경건왕 로베르Robert le Pieux 를 도와 부르고뉴 공작령을 정복하는 데 일조한다. 카페 왕조와 노르망디 공국의 동맹 관계는 비록 군건하지는 않았어도, 이후 75년 이상 지속되다가 정복왕 윌리엄 시대에 산산조각이 난다.

　　노르망디의 불안한 정치적 위상은 수장의 명칭에서 잘 드러난다. 현대 역사학자들이 사용하는 '공작' 혹은 '공작령'이라는 명칭은 편리한 용어를 사용하기 위해 선택된 것이다. 10세기와 11세기의 문헌에는 노르망디의 우두머리가 '수장'을 의미하는 '프린켑스princeps'나 '국경 지방의 사령관'을 의미하는 '마르치오marchio'로 기록되어 있다. '국경 지방의 사령관'이란 명칭은 브르타뉴인들과의 관계로부터 만들어진 말이다. 노르망디의 수장은 대개 백작을 의미하는 '코메스comes'로 불리다가 리샤르 2세 때부터는 공작을 의미하는 '둑스dux'로 불리게 된다. 한편 바이킹의 상속 관습은 오래전부터 세습으로 이루어졌다. 그러나 이 세습은 장자나 적자 세습은 아니었다. 실제로 장검공 윌리엄과 리샤르 1세는 덴마크식 풍습에 의해서 태어난 자식들, 즉 서자 출신이었다. 리샤르 2세는 아름다운 덴마크 여성 군바르Gunvivar 혹은 공노르Gonnor의 소생인데 그녀는 리샤르 1세의 두 번째 부인이었다. 하지만 정복왕 윌리엄의 백부인 대공 리샤르 3세는 리샤르 2세의 정실인 쥐디트의 아들이었다. 당시의 봉건제도는 권력의 개념도 불안했기 때문에 적자와 서자를 구분하지도 않았고, 또한 게르만족의 오랜 관습을 빠른 기간에 송두리째 바꾸지도 못했던 것이다.

　　초기 노르망디 공들의 권력적 속성에 대해서는 정의를 내리기가 쉽지 않다. 다만 이들이 군주의 권리를 온전히 행사하고 있었던 것처럼 보이지는 않는다. 그럼에도 이들은 주화의 발행권이 있었으며 재산 몰수권도 보유하고 있었다. 군대의 통수권은 연례적으로 소집하는 군역으로 집행하고 있었고 개인 호위대도 거느렸다. 리샤르 2세는 비록 고등법원에 사법권을 양보하기는 했지만 고등법원을 자신의 수하에 두려는 생각을 가지고 있었다. 노르망디 공이 명령을 한다는 것은 법률의 제정권을 가지고 있음을 의미했다. 하지만 11세기 중엽까지 그는 이런 권한을 거의 사용하지 않았다. 그는 그 어떤 영지보다 넓고 집중된 영지를 소유하고 있었으며, 또한 수중에 권력을 보장해주는 안정적인 경제적 기반과 정치적 수단이 있었다. 1000년경, 노르망디 공의 권력은 안정적이고 건전한 토대 위에 놓이게 되었고, 정복왕 윌리엄이 미성년의 위기를 보내는 시기에도 공작의 권력은 유지되었다. 이렇듯 공국의 견고함은 아마도 공국의 영지가 일관되게 안정된 형태를 유지하고 있었기 때문일 것이다. 911년, 924년, 933년에 있던 공국 영지의 양도는 국경을 확정하는 데 일조를 했으며, 비록 양도한 영지가 다시 정복해야 할 땅으로 남아 있을지라도 더이상 공국의 국경에는 변화가 없었다. 하지만 프랑스의 다른 공국principauté에서는 이러한 국경의 확정이 12세기나 13세기에 이루어졌다. 공국의 경계는 루앙을 포함한 교구의 경계와 일치했으며 실제적 권력을 가진 제후들을 통제하는 데 매우 용이했다.

911년 생클레르쉬르엡트 조약이 체결되던 해에 노르망디의 교회 상황은 처참했다. 많은 본당이 황폐화되었고 여러 주교는 본당을 버리고 떠났다. 한 세기 동안 지속된 바이킹의 약탈 결과였다. 쿠탕스의 주교인 시프루아는 890년에 바이킹에게 학살되었기 때문에 그의 관할 교구는 피신처를 찾을 수 있는 루앙으로 옮겨졌다. 세의 주교도 상리스로 몸을 피한터였다. 그럼에도 불구하고 '해적들의 공국'이라고 불리던 노르망디에서이제 서서히 최소한의 조직과 법체계가 회복되고 있는 중이었다. 교회는먼저 새로운 지배자들에게 다가갔다. 롤롱에게 세례를 준 것이 대표적인 예다. 롤롱과 그의 제후들은 이 교회가 엄청난 잠재력을 가진 권력 기관이라는 사실을 직관적으로 알았고, 자신들에게 믿음직한 조력자가 될수 있으리라는 가능성을 간파하고 있었다. 하지만 교구에 있던 성직자들의 지적·정신적 자질은 수준 이하였고 종교 개혁의 노력 이후에도 변함이 없었다. 두 번째 군주였던 장검공 윌리엄 때부터는 두 가지 유형의 모순된 경향이 교회에서 동시에 나타나기 시작한다. 하나는 폐허가 된 공국의 교회를 부흥시키기 위해 외국의 주교와 수도사들을 불러오는 것이었고, 또 하나는 그들을 명령권을 가진 자리, 즉 주교직과 수도원에 배치하는 것이었다. 물론 정치적으로 확실한 인물들이 여기에 해당되었다. 노르망디 공작은 루앙 교구와의 긴밀한 관계를 이용하여 주교 서임에 쉽게 간섭할 수 있었다. 공작의 영향력은 곧 그 실체가 드러났다. 이후 성직자의 운명은 그들을 서임한 노르망디 공에 의해 좌우되었다. 이렇게 선발된 주교들은 비슷한 성향의 소유자들이었으며, 로마 교황청과의 관계는 당연히 느슨해지는 경향을 보이게 되었다. 결국 노르망디의 교회 제후들은

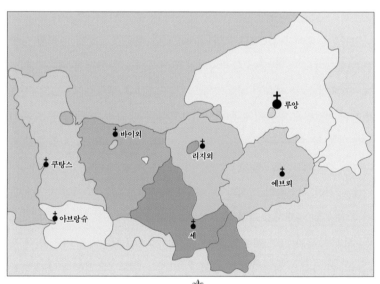

노르망디의 교구 분할.

군사적 혹은 정치적으로 거의 완전하게 공작의 영향력 아래 놓이게 되었다. 이제 그들은 제2차 명령권자에 불과했으며, 다른 제후국처럼 세속 영주의 권력에 저항할 힘도 상실하고 말았다.

장검공 윌리엄은 루앙의 대주교를 임명할 수 있었지만 그 자리에 앉힐 만큼 교양이 있는 주교를 찾지 못했다. 그래서 그는 생드니의 위그라는 수도사를 호출했다. 장검공의 아들인 리샤르 1세 역시 두 번째 부인인 공노르의 아들 로베르를 추천했지만 교회 참사원은 이 제안을 거부했다. 하지만 리샤르 1세는 계속해서 밀어붙였다. 결국 로베르는 루앙의 대주교에 임명되었다. 에브뢰의 백작이었던 로베르는 기혼이었으며 봉토를 양도받은 세 아들까지 있었다. 그럼에도 그는 50년 이상 루앙의 대주교로 군림했다. 이런 종류의 족벌주의는 이때부터 일반화되기 시작했으며, 이후 노르망디 공은 명령권이 있는 자리에 자신의 최측근을 배치하여 이익을 챙기게 되었다. 이런 족벌주의는 아직 저항의 세력이 평정되지 않은 공국의 서쪽 지방에서 두드러졌다. 리지외, 바이외, 아브랑슈 같은 교구에는 11세기부터 리샤르 1세의 조카나 오촌 조카들이 임명되었다. 쿠탕스는 오래전부터 버려진 교구였는데 1048년까지 루앙 교구의 통제 아래 있다가 생로로 넘어갔다. 한편 세 교구의 주교 자리는 10세기 중엽 프랑스 공과의 협상을 통해 벨렘의 제후들에게 넘어갔다. 벨렘의 제후들은 이미 르망 교구의 임명권을 행사하고 있었는데 주교 자리에 같은 집안 출신의 제후들을 차례로 임명했다.

주교직에 대한 노르망디 공의 정치적 결정은 결국 승리를 거두었다. 반면에 수도원에서는 개혁 성향이 주류를 형성하고 있었다. 6세기에서 8세기에 세워진 공국 내의 수도원들은 911년경에는 아무 것도 남아 있지 않았다. 하지만 수도원을 부흥시키자는 운동이 빠르게 확산되었다. 롤롱은 이미 폐허만 남은 생투앵과 루앙의 생피에르, 쥐미에주와 몽생미셸 수도원을 복구했으며, 그의 아들 장검공 윌리엄도 누이를 통하여 푸아투 출신의 수도사들을 보내 교회의 복구를 도왔다. 아울러 바이킹들이 탈취했던 토지 재산도 수도원에 돌려주었다. 리샤르 1세는 '수도원의 아버지'라는 별명답게 폐허가 된 수도원을 복구했고, 페캉의 트리니테 수도원의 열렬한 후원자이기도 했다. 리샤르 1세는 990년에 이 수도원을 '노르망디의 생드니'라고 부르며 신에게 봉헌했다. 그는 거기에 자신의 무덤을 만들었는데, 훗날의 리샤르 2세도 아버지의 뒤를 이었다. 리샤르 1세의 독실한 신앙심은 물질적 복원에만 그친 것이 아니었다. 그는 플랑드르의 수도사인 메나르Mainard에게 종교 개혁을 위임했는데 메나르는 제라르 드 브로뉴Gérard de Brogne 문하생이었다. 그가 추구한 개혁은 선대의 노르망디 공들이 복원시킨 수도원의 개혁이었다. 하지만 수도원의 규율은 개혁을 완수하기에는 미흡했기 때문에 그는 몽생미셸의 수도사들을 교회의 공동 참사원 소속의 수도사들로 교체했으며, 생투앵과 퐁트넬 수도원에도 같은 조치를 취했다.

리샤르 2세는 종교적 과업을 지속적으로 추진했다. 그는 이탈리아 출신 수도사 기욤 드 볼피아노Guillaume de Volpiano를 디종의 생베니뉴 수도원으로 초빙하기도 했다. 리샤르 2세는 그에게 페캉 수도원의 재건을 맡겼다. 하지만 볼피아노 수도사는 망설였다. 왜냐하면 노르망디 공들은 거칠고, 수도원의 재건 역시 긴 시간을 필요로 하는 일이었기 때문이다. 게다가 수도사들과 그들의 짐들을 옮길 말 같은 짐바리 가축도 부족했다. 하지만 리샤르 2세의 뜻은 분명했다. 그는 말들을 보냈다. 1004년에 볼피아노 수도사는 쥐미에주 수도원에 도착했다. 1017년에 쥐디트 공작 부인의 청으로 볼피아노는 베르네에 수도원을 건립했고 이후 페캉에 정착했다. 그의 노력 덕분에 클뤼니 수도원은 노르망디를 접수하게 되었다. 1025년경에는 30여 개의 클뤼니 수도원과 소수도원prieuré이 노르망디에 들어섰다. 노르망디에서 클뤼니 수도원의 개혁이 확산되자 노르망디 공은 교회에 예속된 인적·물적 재산에 대한 통제를 수월하게 할 수 있었다. 사실 새로운 수도원이 세워지면 그 소유는 설립권을 가진 로마 교황청에 있었지만 노르망디의 수도원은 공작의 영지에 종속되었다. 그래서 리샤르 2세는 1006년에 페캉의 트리니테 수도원이 로마 교황청에 종속되어 있지 않다고 선언했다. 교황청은 10년이 지난 뒤에나 이 선언을 인정했고, 교황 베네딕토 8세의 승인 칙서는 당사자인 수도원이 아니라 노르망디 공에게 전달되었다.

수도원의 재건과 개혁, 설립은 많은 무상 공여를 촉발했다. 특히 노르망디 공은 영지의 행정 관청에 공작이 소유한 많은 영지를 기증했는데 그중에는 '프레보prévôt'[†]나 자작vicomte의 관할 영지들이 포함되어 있었다. 리샤르 2세는 자신이 기증하는 영지들이 안정된 것이라고 생각했는데 당시에 그런 영지를 소유한 대제후는 찾아보기 힘들었다. 그는 또한 팔레즈의 시장세tonlieux 중에서 1할을 생방드리유 수도원에 기증했다. 이 밖에도 엠, 아르장탕, 아르크, 캉의 정기시에서 거두는 세금의 일부도 기증했다. 쥐미에주 수도원은 베생의 프레보가 거두는 수입의 1할을 받았다. 페캉의 트리니테 수도원이 세금의 1할을 기증받고, 토지 소유권을 증여받았다는 사실은 노르망디 경제의 풍요로운 모습을 잘 보여준다. 하지만 리샤르 2세가 페캉, 쥐미에주, 생투앵, 베르네 수도원에 면세권을 부여한 것에 반하여, 그의 후계자인 정복왕 윌리엄의 입장은 다소 유보적이었다.

† 11세기 말에 사법권과 경찰력의 행사를 책임졌던 관리.─옮긴이

그는 이런 증여를 달갑지 않게 생각하고 있었던 것이다.

　노르망디 공국의 지적 전통은 수도원의 개혁을 통하여 유지되었는데 950년부터 공작의 주위에 있던 성직자들이 이런 운동에 앞장섰다. 이때부터 노르망디의 교회는 2~3세대에 걸쳐 서유럽의 식자층들을 공통의 핵심 과목들을 통하여 동화시켜 나갔다. 핵심 과목들이란 추론 방법, 라틴 문학의 표현법, 글쓰기와 독서 기술, 서예, 문체 수식법, 역사, 전례 등이었다. 이렇게 빠른 속도의 지적 동화를 통하여 노르망디 사람은 11세기의 지성을 대표하는 독일 트리어의 주교라고 불릴 정도였다. 물론 당시에 저술된 지적 작품들의 수준은 보잘 것 없었으며 창작이기보다는 기존 작품을 편집한 수준이었다. 수도사들은 어두운 실내에서 성인전 모음집Miracula을 편집하거나 옮겨 적었는데 당시의 취향에 맞춰 성인전의 내용을 각색했다. 성 오베르Saint Aubert의 일대기는 아브랑슈에서 1020년경에 편찬되었고, 성 크로드강Saint Chrodegang은 1014년 세에서 편찬되었다. 이 밖에도 낭퇴유, 바이외, 쥐미에주, 루앙 등지에서 성인들의 일대기가 편찬되었다. 볼피아노 수도사는 페캉에 도서관이 갖춰진 학교를 설립했는데 그곳에서 공작 가문의 어린 제후들을 교육시켰고, 거기에서 음악도 가르쳤다. 특히 볼피아노 수도사는 노르망디에 로마네스크 건축 양식을 도입한 장본인이었다. 한편 수도사 제라르 드 크레스피Gérard de Crespy는 생방드리유와 코르메유에서 음악가이자 문법가인 기몽Guimond을 가르쳤다.

　이 시기에 노르망디 공국에서 이루어진 문화 사업의 주체는 성직자들이었다. 그렇다면 대다수의 노르망디 사람들은 어떤 형태로 문화적인 표현을 했을까? 노르망디의 민속적 특징, 전설, 시 등을 통하여 우리가 알 수 있는 노르망디의 고유한 전통은 무엇일까? 그러나 10세기의 기록이 거의 남아 있지 않기 때문에 이러한 질문에 대한 답을 한다는 것은 어려운 일이다. 게다가 바이킹의 예술적 기여는 거의 없다고 봐야 한다. 물론 목선에 문양을 새겨 넣는 바이킹의 조각술은 뛰어났지만 노르망디에서는 그 흔적을 찾을 길이 없다. 다시 말해 바이킹의 고고학적 유적이 노르망디에는 없다는 뜻이다. 전사로서 승리자였던 바이킹의 무기 제조 기술은 그 수준이 상당했지만, 그것은 단지 기술적인 차원에서 전승되었을 뿐이고 예술로는 승화되지 못했다. 또한 문학 분야에서도 10세기 스칸디나비아반도에서 절정기를 구가하던 음유시인들skalde에 비교할 만한 시들이 노르망디의 바이킹들에게는 없었다. 단지 라틴어 기록이나 성직자들의 의식 구조에 약간의 흔적이 남아 있을 뿐이다(「장검공 윌리엄에 대한 애가哀歌」). 80행의 이 애가는 950년 이전에 완성되었는데 무명의 수도사가 지은 것으로 노르만 방언으로 쓰인 문학작품 가운데 가장 오래된 것이다. 이 시의 내용이나 리듬 형식은 서사시의 양식을 따르고 있는데 문학적 수준은 그리 높지 않다. 시의 내용은 수장의 죽음을 애도하는 카롤링거 왕조 시대의 애도문학인 플랑투스planctus 형식을 따르고 있다. 이 문학 장르는 당시의 투박하고 대중적인 요소가 가미된 불완전한 형식이었지만 그래도 지적인 표현들의 결합물이었다. 이러한 문학적 기록들은 기독교 세계에 마지막으로 합류한 바이킹들이 다른 민족들보다 로망스어† 세계의 탄생에 일조를 했다는 사실을 상기시킨다.

---

† 로마 제국이 멸망하고 그 속주에서 사용되던 민중 라틴어의 후예들을 가리킨다. 이탈리아어, 프랑스어, 스페인어, 포르투갈어, 루마니아어 등이 여기 속한다.—옮긴이

앵글로색슨족

노르망디 공국은 형제국인 스칸디나비아 왕국과의 관계를 유지한 덕분에 해상 무역에서 혜택을 받았다. 해상 무역의 이동 경로는 바이킹들이 발틱해, 북해, 도버 해협 사이에서 개척한 탐험로였다. 바이킹들은 한걸음 더 나아가 이탈리아까지 탐험에 나섰다. 그곳은 훗날 유럽 대륙이 신대륙을 개척하는 과정에서 추진체 역할을 한 지역이다. 바이킹들을 사로잡은 지역은 영국이었다. 프랑스 도시 중에는 칼레, 불로뉴, 위상, 에타플, 루앙 같은 도시들이 영국(잉글랜드를 말한다)의 런던, 샌드위치, 헤이스팅스 같은 도시와 교류하고 있었다. 영국인과 노르만인들에게 바다는 땅과 같았기에 그들은 바다를 전혀 두려워하지 않았다. 10세기부터 루앙 시장에는 영국 선원들이 눈에 띄기 시작했다. 1000년경 런던에 입시세가 정착되었다는 사실은 런던을 찾는 이가 그만큼 많아졌다는 것을 의미했다. 영국을 자주 찾던 선원들은 불로뉴, 플랑드르, 뫼즈 지방 출신이었는데, 특히 루앙에서 포도주와 올리브유를 싣고 들어오는 대형 선박들이 많았다. 정직하기로 정평이 나 있던 루앙의 시민bourgeois들은 이 무역에서 특히 많은 이익을 챙겼다. 그리고 이때에 이미 루앙 상인들 중에는 유대인들도 섞여 있었다. 이런 무역이 번성하자 항로 주변국들도 이익을 챙겼다. 1010년경 브루게에서 시장이 열렸는데 그 전까지는 갯벌로 둘러싸여 접근이 어려웠던 도시였다. 그러나 1050년 이전에 퀼른과 브루게를 이어주는 도로가 개통되어 런던으로 가는 길이 매우 좋아졌고, 이 도로의 개통은 노르망디와 플랑드르 간의 경쟁을 유발했다. 이후 두 제후국은 지리적인 인접성으로 인해 영국과 아주 밀접한 관계를 유지하게 된다. 로마나 예루살렘으로 가려면 앵글로색슨인들은 릴이나 루앙을 지나가야 했다. 앵글로색슨인들은 이럴 때 인간관계의 중요성을 새삼스레 느꼈을 것이다. 영국 왕실과 데인로Dane Law 지역은 프랑스 왕국의 단순왕 샤를—그는 영국 웨섹스 왕의 사위였다—이 롤롱에게 노르망디를 양도하는 것을 보고 공포에 사로잡혔을 것이다. 애설스탠Athelstan†왕은 이제 막 탄생하려는 노르망디 공국을 무력화시키기 위해 장검공의 적들을 모두 후원했다. 하지만 왕의 적대감은 왕실 간의 정략결혼으로 무의미해졌다. 1002년 영국의 에설레드Ethelred 왕(애설스탠의 손자)이 리샤르 2세의 누이인 여장부 엠마 공주를 왕비로 맞이한 것이다. 아마도 에설레드 왕은 이 혼인이 덴마크 바이킹들의 약탈을 막을 수 있는 동맹이라고 믿었을 것이다. 이후 노르만인들은 영국으로 물밀 듯이 몰려왔다. 1003년에는 노르만인이 엑서터의 대법관이 되기도 했다. 노르만 상인들은 도버 해협을 건너 서식스나 켄트의 항구에 정착했는데 그들의 정열적인 모습은 새롭게 생겨난 정착촌에서 쉽게 목격되었다. 서유럽에서 가장 오랜 전통을 가진 영국 왕실의 왕들은 교양이 넘치는 사람들이었다. 그들은 덴마크인들에 대한 공포에도 불구하고 노르망디 출신 기사들의 호위를 받으며 대단한 명성을 누리고 있었다.

11세기 영국 왕국의 면적은 프랑스 왕국의 4분의 1밖에 되지 않았다. 왕국의 북쪽 국경에는 하드리아누스 성벽이 있었고 그 너머에는 스코틀랜드 왕국이 있었다. 이 방어벽은 로마인들이 축조한 것인데 뉴캐슬에서 칼라일까지 브리튼섬의 북부를 서에서 동으로 관통하고 있었다. 924년 영국인들은 스코틀랜드인들에게 컴벌랜드 지방을 양도하고 점점 더 남진

---

† 　웨섹스의 왕으로 잉글랜드 전역을 실질적으로 다스린 최초의 왕.—옮긴이

하기 시작했다. 이윽고 그들은 요크셔에 이르게 되었다. 그런데 거기부터는 땅이 야생 상태 그대로였으며, 작은 강의 범람에도 사람의 이동이 불가능할 정도였다. 길이란 것도 두 명이 함께 다닐 수도 없는 그런 길이었다. 서쪽에는 색슨족이 건설한 또 다른 방벽, 즉 오피아 방벽이 있었는데 웨일스와 영국의 완전한 경계를 이루고 있었다. 이 성벽은 디강 어귀에서 세번강으로 이어지고 있었다. 웨일스 지방에는 세 개의 작은 왕국이 있었는데 전쟁이 끊이지 않았다. 산이 많은 웨일스에 사는 켈트족은 거친 농부였으며 아일랜드와 아르모리크(프랑스 브르타뉴의 켈트명)에 사는 켈트족과는 바다로 고립되어 있었다. 브리튼섬의 최남단 서쪽 끝에 위치한 콘월반도는 아서왕의 전설이 서린 곳이었다. 이 지방은 앵글로색슨족이 개척한 식민지였지만 영국에 크게 종속된 식민지는 아니었다. 중세 초에 세워진 글래스턴버리 수도원은 폐허 더미 위에 남아 있었는데 이웃 지방인 웰스 주교구에 속해 있었고, 두 장소를 이어주는 통로는 작은 오솔길이 전부였다. 게다가 길은 파이고 진흙탕이어서 사람들이 이 길을 '암퇘지 길'이라고 불렀다. 켈트족이 사는 이 지방은 고유의 언어와 부족 사회의 특징을 그대로 간직하고 있었으며 앵글로색슨족의 영향은 거의 받지 않았다. 한편 바이킹들은 스코틀랜드 서쪽의 제도인 헤브리디스 제도를 점령하고 있었고, 아일랜드에는 그 이전부터 더블린을 중심으로 항구적인 식민지를 보유하고 있었다.

브리튼섬의 동쪽, 즉 워시만 근처에는 펜랜드가 펼쳐져 있었다. 그런데 이 지방은 늪지대라서 통제가 어려웠다. 펜랜드 동쪽에는 엘리섬이 있었는데 헌팅던에서 엘리섬으로 접근하는 것은 쉽지 않았다. 하지만 이 늪지대 가장자리에는 저지대가 펼쳐져 있었고 거기에 피터버러 수도원과 램지 수도원이 자리를 잡고 있었다.

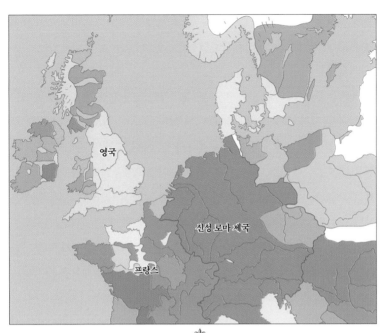

❖
서기 1000년경 프랑스와 영국. 스코틀랜드와 웨일
스가 빠진 영국의 크기는 프랑스에 비해 상당히
작다.

이런 좁은 경계들이 앵글로색슨 왕국의 주위를 둘러싸고 있었다. 런던
과 서식스 해변 사이에는 울창한 안데리다 원시림이 자연 방벽의 역할을
했는데 남쪽에서 쳐들어올지 모르는 적들을 방어해주었다. 로마 가도는
여전히 사용 중이었고 도버에서 캔터베리를 거쳐 런던까지 이어져 있었
다. 미들랜드의 거주지는 겨울이면 진흙탕이 되어버렸지만 다른 곳은 토
양이 기름지고 대부분의 경작지에서 작물을 재배하고 있었다(현대의 영
국식 전원은 한참 후에 영국에 수입되었다). 노샘프턴셔의 토양은 돌이 많아
서 앵글로-노르만 건축물에 석재를 공급해주었다. 노리치에서 케임브리

지를 이어주는 로마 가도는 노픽을 통해 연결되었으며, 달링턴을 경유해서 요크로 이어지는 도로도 있었다.

게르만 부족인 앵글로족, 색슨족, 유트족이 원주민인 켈트족을 몰아내고 영국을 정복한 것은 서기 5세기경이었다. 그들은 그곳에 여러 개의 작은 왕국을 세웠는데 부침을 거듭하다가 결국에는 7개의 왕국만 남았다. 켄트, 서식스, 에식스, 웨섹스는 남쪽에, 이스트앵글리아, 머시아는 중앙에, 그리고 노섬브리아는 북쪽에 자리를 잡은 왕국이었다. 7~8세기에는 라틴 문화의 선교사들이 영국에 유입되어 요크 학파 출신의 앵글로색슨인 앨퀸Alcuin 수도사를 중심으로 영국은 문예 부흥의 절정기를 구가한다. 샤를마뉴 대제는 앨퀸에게 프랑크 왕국에서 문학과 과학을 가르쳐서 문예 부흥을 주도하라는 임무를 맡겼다. 하지만 8세기부터 영국 동부 지방은 바이킹의 습격을 받기 시작한다. 이후 바이킹의 약탈은 끊임없이 이어지고 영국은 나라 전체가 끔찍한 재난을 겪는다. 그리고 900년경 바이킹들은 영구히 영국에 식민지를 건설한다. 그들은 영국의 행정 기관을 점령하고 거기에 정착했는데, 노섬브리아 전체와 머시아, 이스트앵글리아의 절반을 점령했다. 그 결과 영국의 북부는 문화적으로 파괴되었으며, 남부는 강력한 왕국인 웨섹스의 통제 아래 놓이게 되었다. 웨섹스의 왕은 앨프레드 대왕이었는데 886년에 최초의 영국 왕으로 불린 왕이었다. 앨프레드 대왕은 그때부터 영지에 대한 지배권과 풍부한 자원들을 확보했다. 그의 후계자들은 영국 중부와 북부에 정착한 바이킹들을 명목상 인정해주었고, 그 대신 영국 왕의 권위를 그들에게 강요했다.

영국 중북부에 정착한 바이킹들은 현지 수장의 통치 아래 작은 왕국으로 연합국을 이루고 있었다. 그들은 앵글로색슨족의 공동체와 영국섬

에서 공존하고 있었으며, 이 덴마크 출신의 바이킹들은 노르망디에 정착한 동족과는 달리 피정복민들과 동화되지 않았다. 당시 영국인들에게 '덴마크인'이라는 말은 증오와 경멸의 상징이었다. 영국에 정착한 덴마크 바이킹들은 스칸디나비아 왕국과 긴밀한 관계를 유지하고 있었다. 그들의 존재와 정착한 땅은 영국 왕들에게 골칫덩이였으며 왕국의 균형을 깨뜨리는 존재였다. 하지만 영국 왕들은 그들이 정착한 지역, 즉 '데인로' 지역을 인정하지 않을 수 없었다. 이 지역은 스칸디나비아 관습법만이 통용되는 지역이었고 영국 왕의 법은 통하지 않았다. 문화적 관점에서 보면 노르망디와는 정반대로 스칸디나비아 문화가 깊이 자리 잡았다. 특히 영어에 대한 스칸디나비아어의 영향이 두드러졌다.[†] 데인로 지역에 사는 덴마크인들은 거주 지역을 훨씬 더 초과하여 원주민들과 공생했다. 그 결과 11세기는 앵글로색슨 가문과 덴마크 출신 가문이 섞여 더 이상 출신 성분을 구분할 수 없게 되었다.

이제 막 새롭게 탄생한 영국은 바이킹에 의한 제도와 문화의 파괴로 인해 서기 1000년부터 자력으로는 왕국의 운명을 결정할 수 없게 되었다. 결국 영국은 상황에 따라 자신들을 호시탐탐 노리던 주변 국가들, 즉 스칸디나비아와 프랑스의 관심에 노출될 수밖에 없었다. 그러자 여기저기에서 일부 사람들은 이런 정세를 간파하고 자신들에게 유리하게 영국의 상황을 이용했다.

역사가들은 에설레드(재위 978~1016) 왕을 '신중하지 못한 자'라고 부르는데, 그 이유는 그가 바이킹의 침입을 막지 못했기 때문이다. 실제로 그의 신하이자 후원자였던 캔터베리 주교 던스탠Dunstan이 죽자 바이킹의 침입이 재개된다. 988년 7척의 덴마크 함대가 켄트 해안에 상륙하고, 3척의 또 다른 전함은 사우샘프턴 근처에 상륙해 나라 곳곳을 유린했다. 에설레드는 포위되어 바이킹 철군의 대가로 무려 1만 파운드의 돈을 지불했다. 하지만 바이킹들은 다시 찾아왔다. 이제는 약탈이 연례행사가 되었고 그때마다 불행의 몫을 지불해야만 했다. 덴마크인들은 템스강까지 거슬러 올라와서 런던을 위협하고 2만 4000파운드의 조공을 받아갔다. 1012년에는 덴마크인들이 캔터베리 주교인 성 엘페고Saint Elphège를 살해하자 에설레드는 자국민들에게 투쟁할 것을 독려했지만 헛수고에 불과했다. 최악의 해는 1002년으로 기록되어 있다. 에설레드가 아내였던 덴마

[†] 앵글로색슨어와 스칸디나비아의 고어는 둘 다 게르만어파에 속한다. 그런 까닭에 두 언어의 교류는 로망어의 방언이 사용되던 노르망디보다 훨씬 더 빈번했다.

크 바이킹 수장의 딸이 죽자 이번에는 노르망디 공 리샤르 2세의 누이동생 엠마와 재혼한 것이다. 이 결혼에서 왕자 에드워드 및 앨프레드, 공주 에디트가 태어난다. 그러나 에설레드와 엠마의 관계는 나빠졌고 노르망디의 처남 리샤르 2세는 동생의 복수를 결심하게 된다. 에설레드는 선수를 치려고 노르망디의 코탕탱 지방을 공격하지만 쿠탕스에서 패하고 만다. 게다가 설상가상으로 1002년 11월 13일부터 덴마크 왕국과의 관계가 최악으로 치달았다. 에설레드가 무차별적인 폭력으로 덴마크 용병들을 학살하라는 명령을 내린 것이다. 덴마크 용병들이 자신을 배신했다는 것이 이유였다. 대규모 학살은 덴마크 왕인 '스벤 1세 갈퀴 수염Sven à la Bar-be-Fourchue'을 진노하게 만들었다. 스벤은 손수 함대를 이끌고 에설레드를 징벌하기 위해 영국으로 쳐들어왔다. 1003년에 영국의 몇몇 도시가 불에 타버렸으며 1014년 스벤왕은 죽을 때까지 영국을 떠나지 않았다. 사실상 그는 에설레드의 주군이었다. 에설레드는 그 기간에 노르망디로 피신해 있었다. 영국의 귀족들은 에설레드에게 귀국할 것을 종용했고, 그의 사생아인 '에드먼드 무쇠 갈비뼈Edmond Côte-de-fer'는 새로운 덴마크 왕 크누트Cnut(스벤의 아들)에 맞서 용감히 싸웠지만 헛수고에 불과했다. 중재자들은 두 왕에게 영국 왕국을 나누어 가질 것을 제안한다. 하지만 1016년에 에드먼드와 에설레드가 잇달아 죽는다. 이제 영국은 크누트의 수중에 들어갔다. 크누트가 영국을 통치하고 있는 동안 그의 동생은 덴마크를 통치했고, 에드먼드의 두 아들은 헝가리까지 도주했다. 한편 노르망디에 피신해 있던 에설레드의 두 아들은 조용히 성장하고 있었다. 그들은 언제 올지 모를 복수의 날을 기다리고 있었다. 크누트는 이제 경쟁자가 없는 불안한 제국의 수장이 되었다. 크누트의 제국은 영국, 유틀란트 그리고 얼마 전에 정복한 노르웨이 왕국을 아우르고 있었다. 한편 엠마 왕비는 남편 에설레드가 죽었는데도 영국을 떠날 생각이 없었다. 앵글로색슨족 부인을 잃어 홀아비가 된 크누트는 엠마 왕비와 결혼한다. 이후 25년 동안 영국은 스칸디나비아 세계에 종속된다. 이제 크누트는 영국에 영구 정착하기로 마음 먹은 것이다. 무시무시하면서도 매력이 있던 크누트는 이교도의 아들이었지만 나중에 기독교 세례를 받았고, 앵글로색슨 귀족 여섯 명을 살해하고 자신의 치세를 천하에 알렸다. 그중에는 에설레드가 첫 번째 결혼에서 낳은 막내 왕자도 있었다. 한편 크누트는 영국 성직자들을 이용하여 스칸디나비아 왕국의 기독교화에도 힘을 기울였다. 수도원의 설립자이자 1027년에는 로마로 순례를 다녀온 데보Dévot†는 앵글로색슨족의 풍습을 기록했고 '크누트 법'이라는 법전도 편찬했다. 그는 영국의 고위 행정 업무들을 스칸디나비아인들에게 위탁했으며, 반대로 덴마크의 행정 업무들은 영국인에게 위탁했다. 그 결과 덴마크인들은 이런 행정 방식을 청산해야 한다며 크게 분노하고 있었다. 크누트 대왕의 통치 흔적 속에는 새로운 사람들이 등장한다. 대왕은 그들을 지배하고 온순한 심복으로 만들었는데, 일부는 대왕의 개인적인 비서 역할을 담당했다. 그중에는 실체가 확실치 않은 고드윈Godwin이란 인물이 있는데, 1018년부터 영국 역사의 전면에 등장하기 시작한다. 그의 아버지는 서식스의 유력한 집안 출신이었다고 하지만 분명하지 않다. 그는 끈기가 있고 복수심에 불타는 사람이었으며, 무엇보다도 야심이 크고 언제든지 배반할 준비가 되어 있는 인물이었다. 그는 바이킹 전사 한 명의 목숨을 구한 앵글로색슨 출신의 탈출병이었지만, 나중에 그 바이킹 전사를 자신의 주군인 크누트에게 인계한다. 그는 1020년에 웨섹스의 백작이 되고 크누트의 질녀

---

† 콘라트 2세의 대관식에도 참석했으며 스칸디나비아의 샤를마뉴로 불린다.

서기 11세기 초의 크누트 제국(붉은색). 지금의
노르웨이, 스웨덴, 덴마크, 잉글랜드를 아우르고
있다.

기사Gytha와 결혼하여 7명의 아들을 두었는데, 그중에는 헤이스팅스에서
패한 해럴드Harold도 있었다.

앵글로색슨 사회에서 비록 데인로 지역이 중북부를 차지하고 있었지
만, 영국 왕은 대륙의 왕보다 그 위상이 분명하게 정립되어 있었다. 새 국
왕은 전임자에 의해 지명되거나 때로는 선출되었다. 그러면 귀족 회의
Grands는 그를 새로운 왕으로 추인하고 교회는 새 왕을 축성해주었다. 카
롤링거 왕조 시대에 비롯된 축성 의식은 새 국왕이 공공의 평화를 유지
하고 공평무사하게 왕국을 통치하겠다는 서약을 하는 장면이 핵심이었
다. 그 이후에는 모든 신하가 왕을 존경하고 의무를 다할 것을 서약했다.
앵글로색슨 왕은 자신의 집안에서는 유일하게 '귀족'이라는 호칭인 '에셀
링Aetheling'을 사용할 수 있는 존재였다. 이 전통은 게르만족의 오래된 전

통이었지만, 그렇다고 영국 왕이 무제한의 권력을 사용할 수 있었던 것은 아니었다. 상서국尚書局, Chancellerie은 왕명을 전달하는 기구이자 동시에 왕권의 견제 기구였다. 당시 대륙에서는 법조문을 기록하는 추세가 퇴보하고 있었지만 영국에서는 이런 현상이 두드러지지 않았다. 라틴어를 대체하여 속어俗語가 법조문에 사용된 적이 한 번도 없었기 때문이다. 라틴어의 사용은 법률을 자의적으로 해석하는 것을 막아주었으며 안정적이고 지속적인 법 집행을 가능하게 했다.

왕의 주변에는 다양한 계층의 참모conseiller 혹은 자문위원들이 있었고 그들은 왕령을 문서로 작성했다. 그들은 왕과 인척 관계에 있거나 왕의 호위병 또는 고위 성직자들이었는데 그중에서 캔터베리 대주교는 수상직을 수행하고 있었다. 이 모임은 왕이 소집했는데 이후 왕국의 현자들이 모이는 '현인회Witanagemot'의 형태로 발전했다. 현인회의 뿌리는 고대 게르만 사회에서 유래했는데, 그 구성원들은 부자, 고위 성직자, 고위 관리 등이었다. 현인회에서 상정되는 의제는 토론을 거쳐 입법화되었다. 현인회는 얼마 되지 않은 경험적 한계와 법령 및 규범의 부재에도 불구하고 군주제의 독단을 효과적으로 완화시켜주었다. 어떤 경우에는 현인회가 폭군을 퇴위시킨 적도 있었다. 현인회의 영향력이 커지자 10세기부터 영국 왕의 권력은 약화되어 빠져나올 수 없는 올가미에 걸린 신세가 되기도 했다. 영국 왕은 현인회의 의견을 경청하지 않고는 아무것도 할 수 없게 되었다. 이런 상황들이 영국에서는 일찍부터 정치권을 지배하는 특징으로 고착화되었다.

카롤링거 왕조의 해체 이후, 국가의 형태는 대륙에서 쇠락의 길로 접어들고 있었다. 하지만 영국에서는 국가의 틀이 잘 유지되고 있었다. 실제로 영국에서는 왕과 제후의 권력이 시민들과 직접적으로 연결되어 있

❧
영국 왕실 현인회Witanagemot의 모습(11세기). 줄여
서 'Witan'으로 불렸다.

었다. 왕국의 주민 모두는 도로나 교량을 유지할 의무를 지고 있었고, 대
규모 재앙이 닥치면 왕은 많은 성인 남자를 소집했다. 이 소집령은 '피르
드fyrd'라고 불렸는데 이렇게 소집된 장정들은 제대로 훈련이 안 된 오합
지졸이었다. 게다가 어려운 전쟁이라도 터지면 소집령의 효과는 거의 찾
아보기 힘들었다. 한편 인구의 분산과 더 효과적인 기구의 필요성으로
인해 국가의 시스템에 변형이 일어난 것도 이즈음이다. 11세기 중엽에 국
왕은 1인당 경지 면적이 100~200평에 해당하는 농민들만 징집했다. 국
왕의 호위대는 엘리트층을 경비하는 사람들이었는데, 그들은 직업 전사,
월급 수급자(토지로 지불하는 경우는 드물었다), 궁정에 기거하는 사람 등
이었다. 그들은 무거운 도끼를 사용하여 전투를 벌였는데, 넓은 벌판에

1066년 헤이스팅스 전투에 참전한 영국군 허스칼의 모습(오른쪽). 당시 영국군의 무기와 장비들, 특히 주요 무기인 도끼가 보인다.

빽빽하게 대열을 만들어 싸웠다. 그들이 만든 인간 방벽을 통과하기란 매우 힘들었으며, 용이나 괴물이 그려진 깃발이 마치 풍향계처럼 대열의 방향을 바꾸었다. 이 용병들을 '허스칼huscarl(집안의 장정)'†이라고 불렀는데, 크누트가 덴마크 병사들 중에서 충성심이 강한 전사들을 선발한 데서 유래했다. 영국 왕은 마침내 '바다를 이용한다'는 명목 아래 해안 지방의 관리를 맡을 함대를 보유하게 되었다. 10세기부터 영국 왕은 전국에서 '데인겔드danegeld'라는 토지세를 징수했다. 이 세금은 덴마크 바이킹의 침략에 대비하기 위한 것이었는데 세금의 존재와 유지는 대륙에서 화폐의 유통이 보잘것없었던 것에 비하면 상징적인 의미가 있었다.

당시 영국 왕국은 사법 구역에 따라 나라가 분할되어 있었다. 헌드레드hundred로 불리던 행정 구역에는 4주週마다 재판소가 개설되었고 10세

---

† '집'을 의미하는 'hus'와 '장정'을 의미하는 'Carl'의 합성어다.—옮긴이

헤이스팅스 전투에서 노르만 군대에 맞서는 허스
칼 군대. 하지만 허스칼 정예 부대는 기병 위주인
노르만 군대에게 굴복하고 만다.

기에는 더 큰 행정 단위인 주州, shire로 재편되었다. 브리튼섬의 남쪽에 위
치한 주들의 경계는 옛 색슨 왕국 영토와 거의 일치했다(켄트, 서식스). 반
면 다른 곳에서는 지명에 민족 이름을 붙였는데, 노퍽Norfolk(북쪽 사람),
서퍽Suffolk(남쪽 사람) 등과 같은 지명이 옛 이스트앵글리아에 남아 있다.
섬의 중부와 북부에는 덴마크인들의 침입에 대비하기 위해 성채 주변에
주州를 만들었다. 요크셔 같은 지명이 대표적이다. 주의 우두머리는 군사
령관이나 주장州長, shérif 같은 관리가 맡았다. 그는 왕실의 세금을 징수하
거나 자유민들의 집회를 주재하는 역할을 수행했다.

또 다른 행정 지역으로는 백작령earldom이 있었다. 이 명칭의 유래는 잘
알려져 있지 않지만 스칸디나비아인들의 식민지 명칭에서 유래한 것으로
보인다('earl'은 고대 스칸디나비아 말이다). 백작령의 경계 역시 주州처럼 여
러 지방으로 나뉘어 있었고 때로는 경계가 분명하지 않은 광활한 제후국
으로 구성되어 있었다. 그러나 덴마크인들 또는 지방 호족의 수중에 떨어
진 백작령은 왕에게는 위협적인 존재였지만 각 가문에는 엄청난 부의 상

징이었다. 백작령의 수장인 백작earl은 원칙적으로 왕이 임명했다. 하지만 점점 더 왕의 통제에서 벗어나기 시작하더니 마침내 왕권이 거의 미치지 않게 되었다. 백작은 군사적 특권(왕을 대신하여 군사를 징집)뿐만 아니라 사법적, 경제적 특권도 누리고 있었다. 그리하여 사리가 불분명한 고드윈처럼 자신이 소유한 영지를 마음대로 사용하여 개인적인 축재의 수단으로 삼는 경우가 많았다. 이후 11세기에는 백작의 역할이 점점 커지게 된다. 에설레드의 전쟁 시기에 머시아 지방이나 햄프셔 지방 출신 백작들은 자신들의 성향이나 이해관계에 따라 영국이나 덴마크 편을 들었는데, 그 과정에서 봉신의 의무인 충성심의 흔적은 찾아볼 수 없었다. 숲이나 황야 혹은 늪지대에 둘러싸인 지방에 살던 백작들은 자신들만의 독립성을 소중히 여겼다. 그들은 성격이 신중하기는 했지만 어떤 때는 화를 잘 내기도 했다. 그들은 언제나 반란을 일으키거나 배신을 할 준비가 되어 있었으며, 왕의 소환 명령은 무시했지만 자신들에게 유리한 현인회에는 꼭 참석했다. 그들은 대개 용감하고 너그러웠으며 자신의 영지에 속한 공동재산에 늘 관심을 가지고 있었다. 하지만 영국의 백작령을 카롤링거 왕조 시대의 공국과 비교할 수는 없다. 카롤링거 왕조 시대의 공국들은 봉건제 하에서 제국의 일부를 구성하고 있었지만, 영국의 백작령은 그 위상이 분명하지 않았다. 게다가 영국에서는 왕권이 여전히 존속하고 있었고 적어도 외관상으로는 합법적인 권력으로 인정되었다. 그 결과 영국의 백작들은 대륙의 봉건 제후들처럼 권력을 소유하기 위해 부단히 노력했지만 큰 소득은 없었다.

사실상 영국에서는 점진적이고 필연적인 봉건제도의 발전을 찾아볼 수 없었다. 대륙과 영국에서 동일한 사회 변화의 움직임이 8세기부터 감지되었지만 영국에서는 게르만 사회의 전통이 더 강했기 때문에 사회 변

886년경 브리튼섬

데인로 지역
앵글로색슨 왕국
웨일스(밑)와
스코틀랜드(위)

화의 유형과 속도가 대륙과 달랐다. 그 결과 영국의 봉건제는 다소 미숙한 형태로 자리를 잡았다. 게다가 브리튼섬의 중부와 북부의 데인로 지역은 봉건제 발전에 걸림돌로 작용했다. 1066년경 웨섹스와 남부 지방은 노르망디 사회와 유사한 사회 구조였다. 하지만 다른 지역은 사정이 달랐다. 광활한 지역에 영주가 없었고 대부분의 농민은 자유민이었다. 그리고 영주가 없다보니 농민들은 왕에게 직속되어 있었다.

앵글로색슨 세계에서 봉신제도는 전반적으로 더 좋은 방향으로 발전하고 있었다. 게르만 전통의 일가친척 제도가 봉신제도의 발전을 가속화시킨 것이다. 앵글로색슨족은 결코 왕국의 땅이 왕의 소유라는 개념을 가진 적이 없었다. 그들은 계약을 통해 토지를 양도받았다고 생각하고 있었다. 하지만 노르만인들은 공작이 공국의 소유주라고 생각했다. 영국의 경우 '로드lord'라고 불리는 제후는 기사knight라고 불리는 가신들을 거느리고 있었는데, 가신들은 봉토가 없었고 농민들만 거느리고 있었다. 그들의 관계는 단순했으며, 드물지만 농민이 두 명의 영주를 주군으로 섬기는 경우도 있었다. 10세기부터 왕이 주재하는 법정의 권한은 약화되었는데, 그 이유는 영주의 법정이 헌드레드의 주州 법정과 경쟁 관계에 들어가면서 점차 영향력을 키웠기 때문이다. 왕의 봉신thegns은 왕으로부터 봉토를 하사받았지만 그들의 지위까지 왕에게 종속된 것은 아니었다. 실제로 봉신 관계에서 주군이 봉신을 제재할 수 있는 수단은 없었으며 주군과 봉신의 관계는 가변적이었다. 그리고 두 주체의 관계는 상호간의 동의가 있을 경우 취소될 수도 있었다. 그 결과 주군을 바꾸는 행위도 정상적인 것으로 받아들여졌다. 이렇듯 영국에서는 봉신 관계보다 후원 관계가 일반적이었다. 일단 주군과 봉신 간에 계약이 성립되면 영국에서는 대륙처럼 귀족과 농노의 의무가 구분되지 않았다. 기사 계층도 마찬가지였다. 한편 군대 조직의 경우, 앵글로색슨족의 군대 조직은 보병 중심이었다. 왕의 봉신이라고 불리던 귀족은 동일한 신분 계층으로 이루어져 있지 않았다. 일부 귀족은 광활한 토지를 소유하고 있었지만 대부분은 다수의 농민과 섞여 있었다. 일부 귀족은 교회가 양도한 토지를 받아 교회나 수도원에 종속되기도 했다. 그 결과, '귀족thegn'의 의미는 단지 '자기의 뜻대로 행동할 수 있는 사람'이라는 식으로 흐려졌다.

한편 농민 계층의 분열은 극도에 달했다. 농노는 집안의 하인으로 전락했고, 자유민은 채무나 부역의 의무가 있는 토지socage를 양도받아 경작을 했다. 봉신들은 개인적 계약을 통해 제후에게 종속되어 있었는데, 그 계약은 대개 세습되어 봉신들은 나중에 중소 지주가 되었다. 브리튼 섬에는 고대 켈트 시대부터 공동 경작의 흔적이 남아 있었는데 로마인들도 이 전통은 없애지 못했다. 한편 장자 상속권의 전통―스칸디나비아 전통이다―도 농업 공동체의 단일성을 유지하는 데 일조한 것으로 보인다.

동일 가문의 자연적인 결연 관계와 영주와의 법적인 관계 외에도 영국에는 길드guilde라는 자율적인 연대 조직이 있었다. 길드는 여가 혹은 상부상조의 단체였는데, 상호 보증을 통해 공동의 복수를 실행하거나, 930년 기록에 적힌 것처럼 가축 보험 등을 상호 보증했다. 예를 들어 가축의 소유주는 30드니에deniers†의 가축 떼에 1드니에씩 갹출하고 왕실 재무국chambre의 보조를 받는다. 이렇게 형성된 비상 적립금은 가축을 잃어버렸을 때 피해 보상금으로 지불했다.

영국의 경제 단위의 근간은 장원manor이었는데, 프랑크족이 지배하던 카롤링거 왕조 시대의 대규모 장원과 비교할 수 있었다. 장원의 한가운데에는 영주의 저택hall이 자리를 잡고 있었다. 장원의 경작지는 영주의 예비지(대개 자유농에게 임대)와 봉신 관계를 맺은 배신陪臣들에게 양도되는 6~10헥타르 정도의 토지로 구분되었다. 당시 영국 사회는 장원을 단위로 마을 수를 세었는데, 특히 이스트앵글리아에서는 한 마을이 여러 개의 장원으로 분할되어 있었다. 반면에 서부와 중부 지방에서는 한 장원에 일곱 개의 마을이 포함되어 있는 경우도 있었으며, 동부와 서부 지역에서는 인구가 밀집된 촌락 지역도 있었다. 마을은 다양한 형태에도 불구하고 오랜 전통에 기반을 두고 자신만의 독특한 특성을 간직하고 있었다. 앵글로색슨 사회에서 '인구 밀집 거주지'를 의미하는 '타운town'은 본래 '둘러싸인 땅enclos'††이라는 뜻이었는데, 그 의미가 확장되어 초보적인

---

† 고대 로마의 은화 단위, 영어로는 denarius.―옮긴이
†† 프랑스어로 도시를 의미하는 'ville'은 원래 '거주할 수 있는 건물이 있는 농촌 지역'을 뜻했다.

조직 단위를 의미하는 공동의 주거 지역이 되었고, '초기의 도시borough'를 의미하는 거주지들은 '마을village'과 구분이 되었다. 이 거주지에서는 도시 생활의 씨앗이 잉태되고 있었다.

11세기에 런던에서는 유지들의 단체인 기사 길드가 시 행정의 공공 분야를 관리하겠다고 나섰다. 하지만 런던에는 왕국에서 가장 많은 사람이 살고 있었고 동시에 가장 중요한 도시였다. 엘프레드 대왕은 로마 시대에 축조한 성벽과 템스강 덕분에 남쪽으로부터의 공격을 막을 수 있었고, 강에는 좁은 다리들이 놓여 있어서 방어에 유리했다. 1066년 영국을 정복한 노르만인들은 130헥타르(1.3제곱킬로미터에 불과하다)에 이르는 런던의 경계를 보고 아연실색했다고 한다. 한편 옛 켄트 왕국의 수도였던 캔터베리는 영국 종교의 성지였지만 그 규모는 촌락에 지나지 않았다. 요크는 로마 시대의 성벽에 둘러싸여 있었고, 윈체스터에는 왕이 머무는 성채와 왕실 국고trésor 그리고 문서 보관소가 있었다. 노리치는 소금을 수출하는 도시였으며 링컨의 인구는 5000명이 채 되지 않았다. 게다가 이러한 도시에는 경제 활동과 수공업 지역도 자리를 잡고 있었다. 브리스틀에는 아일랜드와 북해의 암거래상들이 활동하는 노예 시장이 있었는데 1005년 엔섬 공의회는 이 시장을 불법으로 간주했다. 그리고 이 시장에서 기독교도를 이교도에게 파는 행위를 금지시켰다. 하지만 이 암시장이 근절된 것은 윌리엄의 정복이 있었던 1066년 이후였다. 웨일스 근방에 위치한 체스터는 웨일스의 수장들이 지배하고 있었는데 그들은 스칸디나비아 혹은 아일랜드의 모피를 수입해서 팔았고, 글래스턴은 철 수공업이 발달한 도시였다.

영국 왕국의 근간을 이루는 기관 중에서 교회는 덴마크인들의 전쟁 때문에 많은 고통을 받고 있었다. 11세기에 이르자 그 전까지 서유럽 기

172

독교의 정점에 있었던 영국 성직자들의 위상은 지방 공동체의 수준으로 추락했으며, 국가의 통제를 받는 일반 관리와 그 위상이 거의 비슷해졌다. 교회가 전성기에 있을 때에도 영국 교구는 부족적인 특징을 가지고 있었다. 일반적으로 전국의 14개 교구는 초기의 색슨 왕국과 거의 일치했고, 왕국의 주요 도시에는 주교좌가 있었다. 하지만 10~11세기에 찬란한 문화를 꽃피우던 도시들이 파괴되자 남은 것은 버려진 마을뿐이었다. 그러자 주교들은 이때를 교회 부흥을 위한 재충전의 기회로 삼고 왕권으로부터 독립을 시도했다. 하지만 요

⚜
앨프레드 대왕의 동상(윈체스터).

크와 캔터베리 대주교구는 전쟁 중에 교구가 거의 사라졌다. 참사회의 구성은 대성당의 위치에 따라서 상이했고, 교구의 성직자 회의도 거의 사라졌다. 고위 성직자들은 대륙처럼 왕이나 현인회에서 임명했기 때문에 영국 왕들은 대륙의 제후들처럼 자신들이 선택한 고위 성직자들의 덕망과 능력에 대해서는 거의 신경을 쓰지 않았다. 일례로 글래스턴버리의 한 수도원장은 수도사들에게 성 암브로시우스 성가를 강제로 부르게 하기 위해 무장한 장정들을 호출하기도 했다. 헤리퍼드의 주교 로프가Leofgar

는 열렬한 웨일스 비판자였는데 그는 서품을 받은 후에도 교회에 대한 반항을 상징하는 콧수염을 결코 깎지 않았다. 앵글로색슨 주교들은 왕의 면전에서 주州가 관장하는 재판을 주재했고, 종교 재판소는 성직자들이 범한 죄를 담당했다. 수도원장은 수도원이 보유한 장원을 개인적으로 관리하는 유일한 존재였으며, 그를 대신하는 권한 대리인은 존재하지 않았다. 영국에서는 클뤼니 수도원의 뿌리인 베네딕트 수도원의 오랜 전통이 여전히 수도원을 지배하고 있었다. 10세기 중반 이후에는 캔터베리의 던스탠Dunstan, 요크의 오즈월드Oswald 그리고 윈체스터의 에설월드Ethelwold 같은 세 주교가 침체된 수도원에 생기를 불어넣으려는 시도를 했다. 이들의 시도는 이후, 비록 자국의 교회는 개혁하지 못했지만, 크누트가 지배하는 스칸디나비아 지방으로 선교사를 보내는 데 일조했다. 이후 클뤼니 수도원이 영국에 들어온 것은 노르만인들을 통해서였다.

9세기 말 영국에서 지적인 문화 활동의 흔적을 간직한 곳은 머시아뿐이었다. 앨프레드 대왕은 샤를마뉴 대제를 본받아 외국의 학자들을 초빙하여 학교를 세웠다. 앨프레드 대왕의 치세 기간은 문예 부흥의 시기였으며 속어俗語인 영어에도 그 기운이 미쳤다. 앨프레드 대왕은 라틴 고전Autoritas†을 현지어로 번역했으며, 이 작업은 앵글로색슨 인문주의자들이 맡았다. 오거스틴Augustin, 보에스Boèce, 오로스Orose, 대大그레고리우스Grégoire le Grand, 베드Bède 같은 인물이 문예 부흥을 이끌었다. 이 밖에도 앨프레드의 명에 따라 인문주의 학자들이 덴마크인들의 파괴에서 살아남은 고전 텍스트를 번역했다. 지금까지 영국의 기독교화에 대한 소중한 증언들이

---

† 중세에 라틴어로 쓰인 고전을 말하는데 르네상스 시대의 '고전'과 일맥상통하는 말이다. 중세 유럽의 학교에서 가르치던 작품의 토대를 이루었다.

노르망디 공

보존될 수 있었던 것도 이들 덕분이었다. 이들은 주로 성서를 번역하거나 7세기 말부터는 이교도의 노래를 앵글로색슨족의 음유시로 만들어 종교적 시가詩歌로 재탄생시켰다. 이 시기를 풍미했던 문예 부흥의 절정은 영웅 송가頌歌인데 그 뿌리는 8세기까지 거슬러 올라간다. 이 노래는 고대 스칸디나비아의 전설인 「베어울프Beowulf」에 기원을 두고 있으며, 앨프레드 시대에는 쇠퇴기에 접어든 서사 문학의 전통을 노래하고 있다. 하지만 이 서사시는 훗날 발라드ballade 시로 되살아난다. 앨프레드 대왕은 앵글로색슨어, 즉 영어를 라틴어처럼 사용할 수 있는 언어로 만들고 싶어했다. 실제로 영국에서 현지 방언, 즉 영어의 사용을 확산시키려는 노력은 로망어를 사용하는 유럽보다 몇 세기나 앞서 시도되었다. 10세기와 11세기의 영국은 유럽에서 다양한 언어—라틴어가 아닌 앵글로색슨어(영어)—표현을 통한 문화의 꽃을 피우는 유일한 나라였다. 윈체스터, 애빙던, 캔터베리와 같은 수도원은 영어로 연대기를 기록했다. 그들은 또한 라틴어로 기록된 역사서, 이야기Roman, 학술서 등을 영어로 번역하여 마치 아풀레이우스 바르바루스Apuleius Barbarus†의 식물 표본집Herbarium처럼 출간했다. 이 책들은 당시 영국의 학교가 전통 자연과학이나 의학에 관심을 보이고 있었음을 보여준다. 그러나 에설레드 통치하에 일어난 전쟁으로 인해 학문의 부활은 멈추고 만다. 그 후 크누트 시대에 학문은 다시 부활하지만 외국의 지배에서 벗어나지 못한다. 예를 들어 크누트는 수학자들이 많은 로타링기아Lotharingia 지방의 학자들에게 도움을 청하여 그들에게 성직을 맡겼다.

　11세기 중엽 문예 부흥이 왕성했던 이전 세기와는 다르게 앵글로색슨

---

† 　4~5세기에 살았던 식물 표본집의 저자.—옮긴이

문명은 쇠퇴기에 접어들고 있었다. 윌리엄의 정복(1066년) 이전에 앵글로 색슨의 유능한 학자들은 사려 깊지 못함과 거친 언행으로, 체계적이고 심오한 원동력을 상실해가고 있었다. 앵글로색슨족의 가장 큰 장점은 엘리트층이었는데 그들은 사변적 학문과 행정 분야 그리고 장인 계층을 체계적으로 장악하고 있었다. 영국의 장인은 유럽에서도 유명했는데 부유한 앵글로색슨족은 일상생활에서 장인들이 만든 고급 장식품을 많이 사용했고, 스칸디나비아인들과 노르만인들에게는 이런 모습이 사치와 영예의 상징으로 비쳐졌다. 들소 뿔로 만든 술잔은 금 받침 위에 올려 사용했고, 금은세공품은 영국제의 명성이 국제적으로 자자했다. 특히 켄트 지방의 금은세공품이 유명했다. 연대기 작가들이 기술하는 영국 귀족의 특징은 다음과 같다. 그들은 지나치게 허세를 부리고 낭비벽이 심했으며 사치품에 열광했다. 또한 일관성 없이 자주 만용을 부렸으며 성향은 추잡스러웠고 식탐은 대단했다. 사치 산업이 번성할 수밖에 없던 이유가 여기에 있었다. 10~11세기에는 캔터베리와 윈체스터의 채색공만이 라이헤나우, 트레브, 쾰른, 리에주의 장인들과 더불어 채색유리의 제작 공법을 알고 있는 유일한 이들이었다. 유럽 채색 공법의 전통을 영국의 장인들이 잘 보존하고 있었던 것이다. 그들의 작품은 주변 나라들로 널리 퍼져나갔다. 엠마Emma 왕비가 런던에서 전례용 시편을 오빠인 루앙의 대주교 로베르에게 보낸 것이 좋은 예다. 원래 프랑스와 독일에서 수입한 영국의 기술은 이후 더욱더 독창적인 발전을 하게 된다. 영국의 채색 유리 공법에는 두 가지 양식이 있었다. 첫 번째는 주름 장식이 많아 마치 파도가 치는 듯한 양식이었고, 두 번째는 그림이 선명하고 어두운 양식이었다.

　고대 색슨 양식의 건축은 나무만을 사용하여 지은 것으로 11세기에도 여전히 남아 있었다. 석조 건축물은 로마로부터 수입한 양식이었는데

7세기에 기독교 선교사들이 브리튼섬으로 가져왔으며, 남쪽 지방에 축조된 교회는 대륙의 양식을 그대로 모방한 것이었다. 앵글로색슨의 독창적인 건축물이 나타난 것은 북부 지방인 노섬브리아 지방이었는데 개종한 아일랜드 수도사들의 작품이었다. 700년경 몰락하고 있던 노섬브리아 지방은 석조, 금속, 채색의 건축 양식이 혼합된 건축물들의 보고寶庫였다. 하지만 덴마크인들이 이 전통을 초토화시키고 원래 있던 건축물의 자리에 높은 십자가가 솟아 있는 건물을 세웠다. 지금도 루스웰, 헥샘, 에이벌레디 등지에 덴마크인들의 흔적이 남아 있다. 한편 웨섹스의 건축 예술은 카롤링거 양식을 따르고 있으며 데인로 지역을 제외하고는 여기저기 사방에 흩어져 있었다.

한편 도버 해협 건너편에서는 장차 윌리엄 공이 될 아기가 이제 막 태어났다. 당시의 앵글로색슨 왕국은 그 수준이 높고 풍성한 문명을 누리고 있었지만, 반세기 동안의 전쟁으로 왕국에는 불행이 끊이지 않았다. 게다가 영국에는 국가의 존속과 공동체에 대한 의식이 전혀 없었다. 그런 점에서 영국이 50년의 간격을 두고 1016년과 1066년에 정복당했다는 사실은 우연이 아닐 것이다. 크누트의 정복은 군사적 우위를 확인하는 데 그쳤지만, 윌리엄의 정복은 국가 기구의 우월성과 정치 체제의 지속성, 그리고 이미 존재하고 있었던 두 체제의 조화라는 결과로 나타났다. 그래서 후자의 정복이 오래 지속되었던 것이다.

5장

서자 庶子

1027~1035

1026년에 노르망디 공 리샤르 2세가 죽었다. 그는 이미 몇 년 전부터 쥐디트의 소생 중 장남을 자신의 후계자로 지명한 터였다. 리샤르 2세의 장남 리샤르의 나이는 18세였다. 대부분의 노르만 제후들은 그를 후계자로 인정하고 있었다. 하지만 모두가 인정한 것은 아니었다. 리샤르의 승계를 반대하는 분파들이 재빨리 행동에 나선 것이다. 예전에도 노르망디 공국에서는 권력의 승계 과정에서 늘 분쟁이 끊이지 않았다. 이번에도 분파 간에 보복이 반복되었다. 죽은 통치자의 적자이든 서자이든 그가 공작에 오를 때면 형제들이나 사촌들의 공격을 받는 것이 관례였기 때문이다.

리샤르 2세의 차남 로베르는 16세의 청년이었다. 그는 아버지가 사망할 당시 이에무아 백작령을 보상으로 물려받았다. 비옥한 토지와 숲을 가진 이 지방은 오른과 디브 지방 사이에 있었는데, 노르망디 공에게는 군사적인 요충지인 동시에 중요한 경제적 거점 지역이었다. 실제로 이 지방은 페르슈와 멘 쪽으로 뻗어 있었으며 공국의 남쪽 지방을 차지하고 있었다. 하지만 주민들의 통제는 쉽지 않았기에 항상 주의를 기울이고 있었다. 공국의 관습에 따르면 공국의 계승권자는 가문에서 믿음직한 자식 가운데 한 명을 골라 이에무아 백작령을 맡기는 것이 관례였다. 리샤르 2세의 아버지인 리샤르 1세는 이에무아 백작령을 자신의 서자 중 한 명에게 맡겼었다. 이에무아의 백작들은 카롤링거 왕조 시대의 촌락이었던 엠을 버리고 10세기에 팔레즈 언덕 위에 주탑이 성벽에 붙은 석조 성을 하나 축조했는데 당시로서는 가공할 만한 요새 성이었다.

후대의 사람들은 리샤르 2세의 차남 로베르를 '자유인' 혹은 '영웅le Magnifique'이라 불렀다. 조금 과장된 전설에 따르면 로베르는 스리지 수도원의 봉헌식에서 그의 시종에게 당시로서는 어마어마한 금액인 100파운드를 주었다고 한다. 그 이유는 시종이 봉헌 예물을 바칠 때 돈이 없어 수치심을 느끼지 않도록 배려한 것이라고 한다. 성지 순례를 할 때에도 그는 노새의 편자를 금으로 만들었는데 여행 중에 금붙이가 떨어져도 동행자들에게 그것을 줍지 말라고 명령했다고 한다. 한편 성지 로마에서는 악천후로부터 아우렐리우스 황제의 기마상을 보호하기 위해 자신의 멋진 망토를 씌워주었다고 한다. 비잔틴 제국의 콘스탄티노플에 초대를 받았을 때는 이런 일도 있었다. 그는 접견장에서 어디가 자신의 자리인지 몰라 화려한 비단으로 만든 외투를 넷으로 접어 방석 대신 그 위에 앉았다고 한다. 회담이 끝나자 그는 외투를 버리고 자리를 떠났는데 그 이유는 노르만인은 의자를 등에 짊어지고 다니지 않는다는 것이었다. 로베르와 관련된 일화 중에는 다음과 같은 것도 있다. 성지 예루살렘에 도착한 로베르는 튀르크인들에게 쫓겨나 성문 밖에 모여 있는 불쌍한 순례자들을 만났다. 그런데 그들은 비잔틴 금화 한 닢이 없어서 예루살렘에 들어

가지 못하고 있었다. 로베르는 그들 모두에게 성에 들어갈 수 있는 돈을 대주었다고 한다.

이 이야기는 아마도 서사적 과장이 섞여 있거나 훗날에 만들어진 이야기일 것이다. 1080년에서 1090년 사이라면 로베르가 자신보다 정복왕의 아버지로서 존경을 받고 있을 시기이기 때문이다. 그렇지만 역사적 인물을 후대의 사람들이 혼동한 것일 수 있다 해도 모든 것이 사실무근의 이야기는 아니다. 청년 시절의 로베르에게서 이미 아버지나 형의 모습을 발견할 수 있었으며, 팔레즈 성을 자신의 수중에 넣었던 것으로 보아 수완이 뛰어났음을 알 수 있다. 그는 열정에 사로잡혀 폭력적이고 경망스러운 일에 자주 빠져 본인도 늘 불안해했다고 한다. 그런 점에서 로베르에 대한 전설은, 아들 정복왕이 이성적이고 의지가 강하며 게다가 예지력이 있는 인물이었던 것과 정반대의 모습을 보여준다. 중세 말기에 연대기 작가들은 그를 '악마공 로베르Robert le Diable'라고 기술하기 때문이다. 이런 평은 출처가 불분명한데 아들을 사탄에게 바쳐 영웅으로 만들었다는 돈 후안의 전설을 상기시킨다. 이 이야기는 13세기 이래 많은 문학작품의 소재가 되었다.

자유분방했던 로베르에 대한 이야기는 역사적 자료들이 부족하여 정확히 알 수는 없다. 하지만 확실한 사실은 리샤르 2세가 죽기 전후에 두 개의 중요한 사건이 발생했는데 그 사건의 실체가 우리에게 잘 알려져 있다는 것이다. 이 사건의 정확한 상황이나 순서는 불분명하지만 그 사건이란 로베르가 장차 정복왕의 어머니가 될 여인과 사랑에 빠진 것이다.

중세의 전통에 따르면 로베르가 만난 처녀의 이름은 1026년부터—정확히 1027년부터—기욤 드 쥐미에주Guillaume de Jumièges가 불렀던 것처럼 라틴어로 에를레바Herleva였다. 이 이름은 저지대 노르망디에서 흔히 볼 수 있는 이름이었다. 에를레바는 아를로타Harlotta라고도 불렸는데 프랑스어의 아를레트Arlette와 일치한다. 하지만 12세기의 역사학자들은 아를로Arlot, 알레즈Alrez, 에요Aillot, 엘렌Hélaine, 에를레브Herlève, 엘라비Hellavie, 심지어 벨론Bellone 등으로 혼동하고 있다. 그녀는 노르망디 지방 평범한 가정의 처녀였을 것이다. 로베르와의 관계는 그가 죽을 때까지 계속되었고, 당시 노르만족의 관습이었던 '덴마크식 풍습'도 그녀를 남편과 떼어놓을 수 없었다. 11세기의 연대기 작가들도 이러한 결혼 풍습을 자연스럽게 받아들인다. 12세기에는 로베르와 아를레트의 이야기가 문학작품의 소재로 불쑥 등장한다. 이들의 사랑 이야기가 기사도 연애담courtoise의 좋은 소재가 되어 많은 이야기가 만들어지고 아름답게 각색되어 훌륭한 시의 주제가 된 것이다. 오드릭 비탈Orderic Vital, 바스, 브누아 드 생모르Benoit de Saint-More 같은 역사가들이나 시인들, 그리고 그들 의 추종자들이 로베르와 아를레트의 연애담을 서정시의 수준까지 끌어올렸다. 그런데 그들은 정복왕 윌리엄이 영웅적인 집안의 출신임을 강조하기 위해서 이런 시를 만들어 바치지 않았을까? 아마도 가능한 이야기다.

어떤 이들은 루앙의 광장에서 성가대의 단원으로 춤을 추고 있던 아를레트가 로베르의 눈에 띄었고, 로베르는 당장 그녀를 납치하다시피 데려갔다고 한다. 이런 주장은 로베르

❧
벨기에의 위이Huy 마을 사람들은 윌리엄의 생모 아를레트가 이 마을 출신이라며 그녀의 동상을 세웠다.

를 험담하려는 사람들의 입에서 나왔을 것이다.† 이 이야기는 영국인들이 자신들의 적인 정복왕 윌리엄의 이야기를 변질시켜 그의 위상을 떨어뜨리고 그가 어릿광대의 자식이라고 비하하기 위해서 만들어냈을 가능성이 크다. 오드릭 비탈에 따르면 아를레트는 퓔베르Fullbert라는 공작이 거느린 시종의 딸이었다고 한다. 다른 이들도 로베르와 아를레트의 사랑이 팔레즈에서 싹텄다고 말한다. 브누아 드 생모르는 다음과 같이 두 사람의 만남을 얘기한다. 어느 더운 여름날 아름다운 처녀들이 개울에서 목욕을 하고 있었다. 처녀들은 물웅덩이의 자갈밭 근처에서 긴 옷을 두 손으로 들어 올리고 물장난을 하고 있었다. 마침 젊은 공작이 사냥에서 돌아오던 길에 그 옆을 지나고 있었다. 그는 어깨에 화살을 걸치고 지나가고 있었다. 공작은 허벅지가 드러난 예쁜 처녀들을 보자 그녀들 앞에 멈춰 섰다. 그의 마음은 뛰었고 버드나무 사이로 이 세상에서 가장 아름다운 처녀의 다리를 보고 말았다. 그는 정열에 사로잡혀 처녀의 아버지에게 딸을 달라고 요청했다. 처녀의 아버지는 당연히 결혼을 요구했다. 하지만 결혼은 불가능했다. 연대기 작가들은 그 이유에 대해서 말해주지 않는다. 그 이유를 사람들은 이렇게 짐작한다. 로마에서 돌아오던 크누트가 노르망디를 지나면서 자신의 누이인 에스트리트Estrith를 젊은 로베르에게 주었다는 것이다. 이 결혼은 순전히 정략적인 결혼이었다. 크누트는 아들 에설레드를 위해 노르망디와 결혼 동맹을 성사시켜 노르만족의 침략을 막을 수 있다고 생각했던 것이다. 이 결혼으로 인해 로베르는 아를레트와 결혼할 수 없었던 것이다. 하지만 브누아 드 생모르의 견해는 조금 다르다. 한 은둔자가 로베르 집안사람들에게 장황하게 설교를 하며 로베르

---

† 이 이야기는 윌리엄의 속내 이야기를 의도적으로 변질시켜 만들어낸 데에서 시작된다. 실제로 앵글로색슨 연대기 작가들은 윌리엄이 자신의 부모가 춤을 추다가 만났다는 말을 했다고 주장한다.

가 가지고 있을 양심의 가책을 위로해준다. 그는 "우리의 주군(로베르 공)은 아를레트를 아내로 받아들이기 위해 세례를 받을 필요 없이 용감한 제후처럼 행동하면 된다"라고 말한다. 사람들은 예쁜 아를레트에게 옷을 입히고 성으로 데려와 아름답게 꾸며주었다. 이튿날 아침에 사람들은 열을 지어 성으로 가서 그녀를 찾았다. 그녀는 고귀한 분의 아이를 잉태했다는 것을 추호도 의심하지 않았다. 바스의 해석은 또 다르다. 꿈속에서 아를레트는 자신의 몸에서 큰 나무가 나와서 노르망디에 큰 그늘을 드리워주었다. 물론 이 꿈은 성서적 해석이고 길몽이다.

위에서 언급한 작가들에 따르면 아를레트의 아버지는 모피 가공업자 혹은 무두장이었다고 한다. 이 말은 사실인 것 같다. 왜냐하면 정복왕의 적들이 그를 가리켜 무두장이의 아들이라고 모욕을 주었기 때문이다. 하지만 13세기의 연대기 작가들의 기록이 어디까지 진실인지는 의문의 여지가 있다. 예를 들어 정복왕의 외조모가 리에주 출신이라는 주장은 확인할 길이 없다.

어쨌든 사람들은 모험과 전쟁으로 틈이 생긴 두 형제의 관계로 말미암아 그들의 관계가 적대적으로 변했을 것이라고 추측한다. 그렇다면 로베르는 새로운 공작인 형에게 불만을 가지고 있던 이에무아 사람들—그들은 언제든지 반란을 일으킬 준비가 되어 있었다—을 부추겨 자신의 목적을 이루려고 했을까? 또는 부왕 리샤르 2세의 임종 때 맹세한 결투를 성사시키기 위해 이에무아 사람들을 이용한 것일까? 게다가 무두장이의 딸과 맺은 인연—우연인지 계산된 것인지는 몰라도—은 로베르의 정치적 동맹 관계를 결속시키는 데 전혀 도움이 되지 못했던 것도 사실이지 않은가? 1027년 어느 날 갑자기 리샤르 3세가 봉신 기사들을 이끌고 출동하여 팔레즈 성을 포위했다. 로베르는 성에 갇혀버린 꼴이 되었다. 하지만 그는 성을 공격할 만큼 무장을 한 상태는 아니었다. 그는 성을 탈환하라고 벨렘의 영주에게 명령을 내렸다. 만약 그가 팔레즈 성을 탈환하면 알랑송과 동프롱의 봉토를 양도하겠다고 리샤르 3세는 약속했다. 벨렘의 영주는 성곽의 둔덕 아래에 투석기와 포위 장치들을 설치한 다음에 투석기로 거대한 돌을 마치 화살처럼 쏘면서 성벽을 공략했다. 돌을 맞은 성벽은 금이 가기 시작했으며 그 틈새로 공격자들이 성곽 안으로 침입했다. 하지만 성곽의 주탑Donjon은 공격에도 끄떡없었다. 로베르는 결국 항복했다. 리샤르 3세는 승리했다고 자평하고 루앙으로 돌아왔다. 그러나 8월 6일 식사를 마친 리샤르 3세는 특별한 병이 없었음에도 불구하고 갑자기 세상을 떠났다.

로베르가 자신의 형 리샤르를 독살했다는 소문이 퍼졌다. 그리고 로베르에게 등을 돌리고 있었던 친척들은 그 소문을 사실로 믿기 시작했다. 당장 제후들은 회의를 소집하고 로베르를 새로운 노르망디의 공작으로 인정했다. 죽은 리샤르 3세에게는 두 명의 딸만 있었는데 둘 다 사생아였고, 정실인 아델 드 프랑스Adèle de France와 나이 어린 아들 니콜라Nicolas가 있었다. 니콜라는 페캉 수도원으로 보내지고, 다시 생투앵 수도원으로 쫓겨난 뒤 그곳에서 긴 여생을 보냈다. 그는 1092년에 생을 마감했다.

이렇게 '장엄공 로베르Robert le Magnifique'의 시대가 열렸다. 그는 엘느에 자문회의를 두었는데 카롤링거 왕조 시대에는 북쪽 경계에 해당되는 지방이었다. 그런데 현지의 주교들이 개인적인 전쟁에 대한 문제를 제기하고 나섰다. 특히 아키텐 지방의 성직자들은 40년 동안 주기적으로 반복되는 개인적인 전쟁 때문에 골치를 앓고 있었다. 그 결과 공동의 인식이 형성되어 이 지방의 주민들은 정의와 평화에 대한 열정을 표출하기에 이른다. 989년에 샤루, 990년에 르퓌이, 999년에 리모주, 1000년에 푸아티

❧
'신의 평화' 덕분으로 중세 사회의 세 신분(성직자,
기사, 농민) 사이에는 평화가 정착되었다.

에서 공의회가 열렸다. 이 공의회를 통해 주민들은, 비록 이 전쟁을 완전히 없앨 수 있다는 환상은 없었지만, 최소한 폭력을 한정하고 규제하는 조치들을 마련해줄 것을 요구했다. 그 결과 일부 지역과 인물들에게 폭력의 행사가 금지되었다. 교회나 보호령이 적용되는 지역의 성직자와 농부들은 특정 시기에 공격의 대상에서 제외되었다. 노르망디 공국의 자문회의가 있는 엘느에는 일요일과 교회의 전례력이 적용되는 기간 중에 모든 군사적 행위가 금지되었다. 훗날 '신의 휴전Trève de Dieu'의 싹이 이때에 뿌려졌다. 이후 허락된 행위와 피지배 계층에게 행사할 수 있는 권한—대부분 비난의 대상이었다—등이 다소 애매한 기준과 현지법에 의해 목록으로 작성되었다. 이렇게 작성된 목록은 선한 양심을 가진 제후들에게 제안하거나 강제로 준수할 것이 요구됐다. 결국 '평화 협정'은 교회의 제약이 수반되는 경건한 서약이었으며 이를 어길 시에는 성무를 금지시키는 제약을 감수해야 했다.

1010년에서 1020년 사이에 이 협정은 클뤼니 수도원의 주도로 부르고뉴 지방으로 확산되었고, 이후 파리 지역에도 전파되었다. 1016년 베르됭 쉬르손에서 열린 공의회에서는 이 협정의 의도를 재확인했다. 1023년에 경건왕 로베르Robert le Pieux는 신성 로마 제국의 황제 하인리히 2세와의 화기애애한 회담에서 '신의 평화'를 전 기독교 제국으로 확신시키자는 제안을 하지만 결실을 얻지는 못했다. 하지만 같은 해에 수아송과 보베의 주교들은 자신들의 교구에 있는 제후들에게 '귀족 부인'들에 대한 폭력을 자제해줄 것을 제안한다. 이 제안은 특정 계층에 대한 성향이 표출된 상징적 의미로 간주할 수 있었다. 그러나 프랑스 왕국과 피카르디 지방의 주교들은 이 요청에 대해 거부감을 드러냈는데, 그 이유는 관습에 위배된다는 것이었다.

교회의 공의회가 제안한 평화 협정에 기꺼이 동의하는 제후들은 드물었다. 그들은 비이성적인 정열에 사로잡혀 있었고 그러한 조치들이 자신들에게 지속적인 영향을 미친다고 생각하지 않았다. 하지만 이 조치들에 동의한 몇몇 제후의 행동이 결국에는 승리를 거두었다. 경제적 발전과 제후들의 정치적 의지가 평화 협정을 성공시키는 데 중요한 역할을 했기 때문이다.

1027년 말 혹은 1028년 초에 아를레트가 사내아이를 낳았다. 아이의 이름은 노르망디에서 가장 흔한 이름 중의 하나인 윌리엄William이었다. 지금은 기욤Guillaume이라 부르지만 당시 노르망디 방언의 발음은 영어처럼 윌리엄William이었다.[†] 윌리엄의 전설은 태어나면서부터 눈덩이처럼 생겨났다. 바스에 따르면 산파가 이제 막 태어난 갓난아이를 짚을 깔아놓은 바닥에 누이자마자 아이는 손으로 짚을 한 움큼 쥐었다고 한다. 사람들은 이 동작의 징조를 알아차렸고 이렇게 위대한 정복왕은 탄생했다.

아이는 유년 시절 초기를 아를레트의 고향인 팔레즈에서 보냈다. 틀림없이 어머니가 있는 외가에 맡겨졌을 것이다. 이제 공작이 된 아이의 아버지 로베르 공은 페캉이나 루앙에 머무르고 있었다. 그는 손에 검을 들고 시골을 누비고 다니며 작은 전투에 시간을 보내고 있었다. 하지만 그는 아를레트와 아들을 버리지 않았다. 그가 자주 아들을 찾았던 것으로 봐서 아들에게서 끈끈한 정을 느꼈던 것 같다. 그 무렵 아를레트는 아엘리스Aélis라는 딸을 출산했다. 한편 로베르의 정실인 에스트리트(크누트의 누이)는 아이를 낳지 못했다. 그런 까닭에 두 부부 사이의 금슬은 썩 좋지 않았다고 한다.

바스의 기록에 따르면 어느 날 벨렘의 제후인 기욤 탈바Guillaume Talvas가 팔레즈 마을을 지나가고 있었다. 그는 나이 많고 추악한 인물이었다. 마을 사람 하나가 탈바에게 농담으로 "자, 이리 와서 우리 공작님의 아들을 보세요"라고 말했다. 탈바는 허세를 부리며 그렇게 하는 시늉을 했다. 시종 한 명이 아이를 말에 태워 탈바에게 데려왔는데, 아이가 작아

187

---

† 윌리엄의 직계 조상이나 본인의 이름 그리고 아들의 이름은 앞에서도 언급한 것처럼 이 책에서는 기욤 대신 윌리엄으로 표기한다. 나머지 제후들의 이름은 현대 프랑스어 발음인 기욤으로 통일한다.—옮긴이.

노르망디 칼바도스의 팔레즈에는 고성이 하나 있
다. 서자 윌리엄의 어머니 아를레트의 고향이다.

말에 제대로 앉지도 못하고 있었다. 고리타분하고 거친 성격의 탈바는 미
래의 공작을 본 순간 자신의 시대가 끝나가고 있다는 혼미한 생각을 하
게 되었다. 그는 아이에게 목례를 하고 돌아서서 "벨렘이 망해가는 것을
보게 되는구나!"라고 탄식했다고 한다.

또 다른 전설도 있다. 무두장이의 외손자인 윌리엄이 증조부인 리샤르
1세의 사나운 후손들 틈바구니에서 지니고 있었던 위엄은 어떤 것이었을
까? 사실 윌리엄이 아버지 로베르 공으로부터 받는 사랑은 대단한 것이
었다. 리샤르 1세의 후손들인 '리샤르의 패거리Richardides'는 그 수도 많았
고 부유했으며, 이해관계와 동일 가문이라는 고리로 긴밀하게 연결되어
있었다. 노르망디 공국은 그들의 수중에 있었다. 리샤르 1세의 자식들은
정실의 자식들이거나 서자들이 그 주인공이었는데, 그중에는 루앙의 대

주교인 로베르, 코르베유 백작과 혼인한 모제Mauger 그리고 외Eu 백작 기욤이 모두 포함돼 있었다. 모두 같은 증조부의 후손으로서 이들은 대개 20~30대의 기사들이었는데 탐욕스럽고 용감하며 때로는 잔인하고 무례한 자들이었다. 그들은 또한 서로의 자치권을 시기하고 있었다. 대주교의 아들인 라울 드 가세Raoul de Gacé, 모제의 아들 기욤 게를랑Guillaume Guerlenc, 리샤르 1세의 서자인 조프루아Geoffroi의 아들 질베르 드 브리온 Gilbert de Brionne, 그리고 로베르 되Robert d'Eu, 기욤 뷔사크Guillaume Busac, 탈루Talou의 백작 기욤(로베르 공작의 사촌 혹은 이복형제) 같은 인물들이 노르망디의 실력자들이었다. 그리고 마지막으로 리샤르 1세의 후손 중에서 가장 젊은 윌리엄—이 책의 주인공이다—도 있었는데, 아직은 어린아이에 불과하여 이빨도 드러내지 않은 상태였다. 여기에 리샤르 1세의 두번째 부인인 공노르Gonnor의 남형제인 '늙은 에르파스트Herfast'와 그의 아들 오즈베른Osbern이 있었다. 윌리엄의 친인척 중에서 여자들의 가계를 합치면 양상은 더 복잡해진다. 공국의 분쟁에 여인들의 고향, 즉 영국, 브르타뉴, 블루아, 부르고뉴 지방의 이해관계가 더해지기 때문이다. 이런 상황에서 리샤르 2세의 죽음은 그때까지 잘 유지되고 있었던 힘의 균형을 깨뜨리는 결과를 초래했다. 아주 짧았던 리샤르 3세의 통치와 의문의 죽음 그리고 너무 어리고 충동적인 로베르, 이 모든 것이 공국의 권위를 위협하는 요인들이었다.

다수의 주교들은 로베르를 새로운 공작으로 인준했는데, 다만 두 명만 반대를 하며 오마주를 거부했다. 루앙의 대주교는 교구를 등지고 에브뢰로 낙향하여 새 공작에 반기를 들었다. 그러자 로베르는 격앙하여 반란을 진압하러 나섰고 반역자는 겁에 질려 프랑스 왕국으로 도주하고 말았다. 대주교는 대로하여 로베르를 파문했지만 로베르 자신은 신경도 쓰지 않았다. 다음으로 바이외의 주교 위그가 로베르에 반기를 들었다. 그는 이브리의 성에 틀어박혀 로베르의 공격에 대비하고 있었지만, 결국 로베르의 추적에 프랑스 왕국으로 피신한다.

로베르를 인정하지 않은 두 명의 주교 이외에도 또 한 명의 세속 제후가 있었는데, 그는 바로 벨렘의 제후 탈바였다. 그런데 벨렘의 영지는 공국에서 가장 중요한 위치에 있었고 노르망디 공은 그곳을 한 번도 복속시키지 못하고 있었다. 사실 벨렘 영지는 봉토보다는 공국에 가까웠는데 일부는 노르망디와 프랑스 왕에게 속했으며 나머지는 멘 백작령에 속해 있었다. 이 지역의 영주들은 벨렘에 정착했는데 옛 켈트족의 거주지였던 벨렘에는 견고한 성이 하나 있었다. 여기에서 루이 4세의 궁수였던 이브Yves가 태어났는데 그는 르망 혹은 브르타뉴 출신이었다. 리샤르 1세는 그에게 페르슈 땅의 일부를 양도하고 봉신 관계를 맺는다. 11세기에 벨렘 영지는 여기저기에 산재해 있었는데, 약 100킬로미터에 걸쳐 위슨에서 에그렌, 벨렘에서 동프롱까지의 지역을 포함하고 있었다. 이 지역을 나무가 빼곡히 들어선 르망의 산악 능선 지대에서 굽어보면 200~300미터의 낮은 지형으로 이루어져 있음을 알 수 있다. 벨렘에는 30여 개의 석조 성곽이 있었는데 루아르 지방의 저지대에서 루앙과 바이외에 이르는 길을 통제하고 있었다.

1030년경에 기욤 탈바('방패'라는 별명이다)는 30년 전부터 벨렘 영지를 통치하고 있었다. 그는 교활하고 잔인한 제후로 소문이 자자했다. 그는 동프롱 요새의 망루에서 로베르를 자극했다. 로베르는 단숨에 달려가 요새를 포위하고 그를 붙잡아 그의 재산을 모두 바칠 것을 서약하라고 강요했다. 심지어 서약식에 말처럼 네 발로 기어 나오라고 윽박질렀다. 기욤 탈바의 아들 하나는 로베르에게 대항하다 끝내 목숨을 잃었고, 또 한 명의 아들은 생포되어 감옥에서 도끼로 처형되었다. 그러자 벨렘에서 저항하던 반란군은 휴전 제안에 동의한다.

로베르가 반란을 진압하자 일시적으로 공작령의 패권은 유지되는 듯 보였다. 하지만 그의 통치 기간이 짧았기 때문에 반란군에 대한 승리는 오래가지 못했다. 노르망디 공국은 중앙 권력이 신속하게 회복되면서 '평화 협정'의 필요성을 느끼지 못하고 있었을지 모른다. 하지만 다른 제후국의 사정은 달랐다. 1030년 플랑드르 백작과 투렌 백작은 공동 서약을 통해 투렌 지방의 제후들로부터 '평화 협정'을 얻었기 때문이다. 1031년에 리모주의 공의회에서 약탈을 일삼는 제후들을 파문한 것도 평화 협정을 준수하지 않은 제후들에 대한 징벌이었다.

이번에는 브르타뉴 공인 알랭 3세가 노르망디의 아브랑슈로 진격해 왔다. 로베르는 당장 반격에 나선다. 로베르는 퐁토르송성과 샤뤼성을 점령하여 코탕탱 자작인 네엘 드 생소뵈르Néel de Saint-Sauveur와 '거인 아브레 Avray le Géant'에게 나눠준다. 이 두 명의 잔혹한 충복은 브르타뉴에서 끔찍한 살육을 저지른 장본인들이었다. 마침내 로베르의 총애를 되찾은 루앙의 대주교와 몽생미셸 수도원장의 중재로 노르망디와 브르타뉴 사이에는 1030년에 협정이 체결되었다. 두 공국의 경계는 쿠에농강으로 정해졌다. 노르만인들은 이 조약에서 알랭 3세가 로베르에게 신하의 서약을 했다고 주장하기도 한다. 로베르가 이 경계선을 특히 강조한 것은 벨렘의 영지에 비수를 꽂기 위한 포석 이외에도 모르탱 백작령을 만들어 자신의 사촌인 기욤 게를랑에게 양도하기 위해서였다.

1031년에 프랑스의 경건왕 로베르가 세상을 떠났다. 완고한 성격의 소유자였던 그를 후대의 사람들은 '경건왕'이라고 불렀다. 오래전부터 왕실에서 영향력을 행사하던 장남 앙리는 계모인 콩스탕스의 미움을 받아 쫓기는 신세가 되었다. 그는 신의 섭리가 두려워서 세례를 받자마자 로베르가 있는 노르망디의 페캉에 피신해 있었다. 콩스탕스의 군대가 압박을 가하자 앙리는 신하들에게 도움을 간청하기에 이른다. 그는 조부가 쟁취했던 부르고뉴 공작령을 동생에게 양도하고 앙주 백작에게도 도움을 청한다. 그러자 장엄공 로베르도 이 사태에 개입한다. 세 번의 전투에서 그는 반란군을 격파하고 그들의 항복을 받아낸다. 그리고 앙리 1세에게 신하로서 오마주를 바쳤다. 로베르의 승리는 중재자의 승리이자 동시에 주변 상황을 잘 이용한 결과였다. 그가 앙리 1세를 도운 것은 신하의 본분으로 마땅히 할 일을 한 것이라고 생각할 수 있다. 그런데 로베르는 앙리 1세에게 대가를 요구했다. 결국 로베르는 우아즈강에 이르는 벡생 백작령을 되찾았다.

앙리 1세는 선왕과 조상들로부터 건강한 체질을 물려받았다. 그는 전투를 하기 전에 1파인트pinte(약 0.93리터)의 오를레앙산 포도주를 한 번에 마셨다고 한다. 그는 조상들의 영광을 질투했으며 수중의 권력도 아직 보잘것없었다. 하지만 그는 멀리에서 자신의 위엄을 찾으려고 했다. 키예프 대공의 딸(안 드 키예프Anne de Kiev)을 왕비로 맞이한 것이다. 그의 궁정curia regis은 봉신들의 무리를 제외하고는 난장판과 다름이 없었다. 앙리 1세의 궁전은 되는대로 행동하며 늘 싸우는 인척들과 임시로 고용된 왕실 소속 대리인과 조언자들—그들은 전문가도 아니었다—의 집합소였다. 게다가 앙리 1세는 수도사나 학식이 있는 사람들을 좋아하지 않았으며, 점차 자리를 잡아가던 평화 제도들에 관해서도 별 관심을 보이지 않았다. 그런데 왕의 인기가 낮았음에도 불구하고 앙리 1세의 통치 기간에 민중들 사이에서는 왕이 병자를 만지기만 해도 완치된다는 미신이 퍼지고 있었다. 이는 당시에 나력écrouelles 혹은 '왕의 질병mal du roi'이라고 불리던 선병腺病이 크게 창궐하고 있었기 때문이다. 앙리 1세는 30년의 치세 동안 왕권을 신장시키려는 생각뿐이었다. 그의 의도는 대제후 중의 한 명이 다른 제후들에 비해 두각을 나타내지 못하게 만드는 것이었다. 그는 정치적 상황과 저급한 음모를 통해 제후들이 서로 싸우게 했고, 그 결과 노르망디 공에 대한 국왕의 태도는 우유부단하고 적대적이었다. 앙리 1세는 로베르가 죽기 전에 엡트강에 이르는 벡생 지방의 동부를 노르망디로부터 탈취했다. 반면에 앙리 1세는 앙주의 풀크Foulques 백작과는 긴밀한 관계를 유지하여 풀크 백작을 대동하고 많은 원정에 나서기도 했다.

20년 전부터 앵글로색슨 왕의 두 아들, 즉 에드워드와 앨프레드는 노르망디 공의 보호를 받으며 함께 살고 있었다.† 이들은 틀림없이 공작의 거처에서 살았을 것이고, 야영지와 성城도 같이 나누어 사용했을 것이다. 1030년 로베르 공은 결혼할 나이가 된 누이를 벡생 백작 드롱공Drongon 과 결혼시키려고 마음을 먹고 있었다. 영국의 두 왕자가 노르망디에서 망명 생활을 하고 있었지만, 크누트의 지배로 말미암아 노르망디와 영국의 관계는 좀처럼 예전의 모습으로 회복되지 못하고 있었다. 1028년 페캉 수도원은 윈첼시 영지를 기증받았는데 이 땅은 도버 해협 북쪽에 위치한 영국 땅이었다. 노르망디에 망명한 영국 왕자들은 자국에서 분쟁이 발생했을 때 노르만인들이 개입해줄 것을 기대하고 있었다. 실제로 1030년과 1034년 사이에 로베르 공은 모험을 감행한다. 그는 페캉에서 함대를 소집하여 영국의 남부 서식스 해안을 공격하기로 작정한 것이다. 그러나 도버 해협을 건너던 중 사나운 폭풍우를 만나 저지섬과 코탕탱 해안으로

¹⁹³

---

† 에설레드가 리샤르 2세의 누이인 엠마와 재혼해서 낳은 왕자들이 에드워드와 앨프레드다. 그러므로 리샤르 2세의 아들인 리샤르 3세와 로베르는 영국의 왕자들과 고종 사촌 간이다.—옮긴이.

떠밀려오게 된다. 하지만 로베르 공이 폭풍우를 만나지 않았다고 해도 원정이 성공할 가능성은 희박했다. 크누트 시대의 영국 남부 지방은 그 경계가 철통같이 튼튼했던 것이다. 크누트의 지배에서 벗어난 지역은 북쪽의 노섬브리아 백작령뿐이었는데 이 지방은 여러 부족이 내전을 벌여 두 개의 공국으로 분열된 상태였다. 그중에서 가장 북쪽에 위치한 버니시아 공국은 그 지방에 오래 살던 백작의 가문으로 넘어가고 만다. 그렇다면 만약 장엄공 로베르가 통치 초기에 영국 원정에서 승리를 거두었다면? 그는 사촌을 영국 왕위에 앉혀 뒤에서 그를 조정할 수 있을 것이라고 생각했을까?

11세기의 3분의 1에 해당하는 기간에 노르망디의 실제 권력은 공국의 전반적인 현실 상황에서 나오고 있었다. 먼저 인구를 보자. 10년 동안의 잦은 전쟁에도 불구하고 노르망디의 그 어떤 지방도 황폐화되지 않았다. 그런 까닭에 정복왕 윌리엄이 미성년 시절을 보내던 시기의 노르망디 경제는 별 어려움 없이 시련에서 서서히 회복 중이었다. 행정 상황도 마찬가지였다. 리샤르 1세와 2세 때 초안을 잡은 계획들이 로베르 공 통치하에서도 여전히 점진적으로 진행 중이었다. 이 시기에 작성된 문서들은 약식 행정 기구의 존재를 잘 보여주고 있다. 하지만 행정 기관의 권한에 대해서는 정확히 알려진 것이 없다. 행정 관리들은 제후들 중에서 채용되었다. 그러므로 그들은 봉건제의 몰락에 저항하면서 장기적으로 투쟁했다. 하지만 결과적으로 그들이 참여한 행정 조직은 봉건제의 몰락을 촉진했다. 적어도 이 시기의 노르망디 공은 다른 제후들보다 더 효과적인 명령권을 가지고 있었던 것은 주지의 사실이다. 1025년부터 1035년 사이에 노르망디 공의 명령권을 집행할 수 있는 핵심적 기구들이 완성되었다. 정복왕 윌리엄은 30년 뒤에 이 수단들을 이용하여 최대의 효과를 거둔다.

노르망디의 행정 조직은 서유럽의 다른 공국들과 비교할 때 크게 다르지 않았다. 그러나 그 독창성은 오랜 기간 동안 행정 기관이 안정되게 정착했다는 사실에 있었다. 우리는 그 독창성이 바이킹의 군사 조직에서 유래했다고 추측하기도 한다. 하지만 자세히 살펴보면 노르망디의 제도는 고대 바이킹의 제도와 거의 관련이 없어 보인다. 단지 노르만 사회는 국가의 형태가 빠른 속도로 형성되고 있던 시기에 우호적인 여건으로 작용했다는 것이다.

공국의 제후들은 1년에도 여러 번 봉신의 자문 역할을 하기 위해 공작의 주변에 모였다. 이 회의를 '주군과 봉신들의 회의'라고 불렀다. 이 회의에서는—주군의 요청에 의해 소집되었는데—일어날 수 있는 모든 문제, 즉 성유골의 이송과 장거리 군사 원정에 관한 문제 등을 토의했다. 노르망디 공국에서도 초기부터 어떤 공작도 이 회의의 동의 없이 결정을 내리지 못했다. 이 회의에는 세속 봉신과 교회 봉신을 지명하는 일이 자주 있었는데, 그들은 공작과 가장 긴밀한 관계를 맺고 있는 자들이었으며, 때로는 공작이 특별한 업무를 맡길 수 있는 사람들이었다. 해마다 부활절에는 페캉 수도원에서 회의가 열렸는데, 그곳에서는 공국의 주교들과 백작들이 모여 접수된 소송들에 관한 재판을 열었다. 10세기 중반부터는 이 회의에 상시 출석을 하는 하인들이 등장했다. 공작의 시종chambellan, 술을 따르는 하인échanson, 집사sénéchal, 비서 또는 서기notaire 등이었다. 이들은 원래 공작의 집안일을 하는 하인들이었는데 나중에 공적인 직무를 맡는 사람들로 그 역할이 바뀌었다. 공작은 이 관리들을 손 안에 장악하고 있었는데 아직까지 그들의 직책이 세습되지 않았기 때문에 가능한 일이었다.

재정 조직은 초기에는 그 존재 자체가 분명하지 않았다. 그러다가 리샤르 2세 때 그 실체를 확인할 수 있게 되었고, 이후 통치 기구의 모체로 발전하게 된다. 재정 수입은 영주의 개인 수입과 자주 혼동되었는데, 재무국은 회계 능력과 공국의 수입과 지출을 관리할 수 있는 자들이 맡았다. 장엄공 로베르 시대에 이미 공작은 자연인으로 평가되지 않고 자신의 영지에서 발생하는 수입의 총액으로 평가되었다!

공작이 소유한 영지는 자작vicomte이 공작을 대신해서 권한을 행사했다. 그리고 그 관할 구역은 카롤링거 왕조 시대의 '촌락'과 거의 일치했다. 자작의 임무는 지대를 징수하고, 공권력을 유지하며 영주에 대한 의무인 군역軍役을 관리하며 공작의 성을 경비하는 것이었다. 자작은 하급 관리와 삼림 감시원, 세리稅吏들을 감독하는 일도 하고 있었다. 이러한 관리를 통하여 상품의 유통에서 발생하는 다양한 세금을 징수할 수 있었다. 이밖에도 자작 스스로 사법권 및 소유권의 이전과 관련된 세금을 징수할 수 있었으며, 공작이 소유한 교회의 십일조에 대한 권한도 대신해서 행사했다. 영주의 주요 수입원은 이 밖에도 주화의 주조를 통해 얻는 이익, 봉신들의 부조扶助, 임차농의 지대 등이 있었다.

노르망디 공은 봉신인 자작의 존재 덕분에 봉건제도가 발전하는 도중에도 다른 제후들보다 확실하게 신민들의 수장으로 군림할 수 있었다. 11세기 초반에 몇몇 자작령은 사실상 세습되었다. 생소뵈르의 코탕탱 자작령, 브리크사르의 베생 자작령이 대표적이었다. 하지만 공작은 자작령을 취소할 수 있는 권한도 있었다. 당시의 문헌은 자작령과 유사한 권력의 관할 지역을 언급하고 있는데, 앞에서 '프레보'라는 관리에 대해 언급한 바 있다. 프레보는 영주에게 종속된 관리로서 특정 지역의 행정을 맡고 있었는데 그가 다스리는 지역은 자작령보다 그 영역이 작았다. 아마도 이런 행정 구역을 새롭게 만든 이유는 자작령이 공작의 통치권에서 벗어나지 않게 하기 위함이었다.

리샤르 3세의 통치 기간은 너무 짧았다. 그래서 로베르는 리샤르 시기의 행정 체계를 바꾸어보려는 시도를 했지만 전적으로 폐지하지는 않았다. 공작에 비해 경제적으로 빈곤한 제후들은 오마주를 통해 가신이 되었지만, 다른 지방처럼 신속하게 반란을 일으킬 준비는 되어 있지 않았다. 유일한 위험은 공국의 궁정 내부에 있었다. 리샤르 가문의 후손들이 폭탄의 뇌관 같은 존재였다.

일단 형제들의 난에서 로베르는 승자였다. 그가 낳은 사생아 윌리엄도 팔레즈에서 잘 자라고 있었다. 기욤 드 쥐미에주는 윌리엄이 제대로 교육을 받으며 규율 의식도 익히고, 또한 자신의 존엄성과 교회의 관례에 복종하는 법을 배우고 있다고 기록했다. 하지만 이 기록에는 학과 수업에 관한 부분은 빠져 있다. 과연 윌리엄이 글을 읽고 쓸 수 있는 이상으로 교육을 받았는지는 의문스럽다. 하지만 윌리엄은 유년 시절부터 이미 총명함이 번뜩였다고 주위 사람들은 증언하고 있다. 그는 청년 시절부터 자신에게 주어진 당대의 어떤 문제도 회피하는 법이 없었고, 비록 지식에 대한 욕구를 잘못 이해했어도 항상 깨어 있는 정신 상태로 문제의 핵심을 직시했다. 행정가의 역량, 뛰어난 적응력, 배우고자 하는 욕망은 아버지로부터 물려받은 난폭한 성격에도 불구하고 청년 시절부터 돋보였다. 이러한 그의 장점은 그가 부모로부터 물려받은 유산이었다. 윌리엄은 주변으로부터 좋은 영향을 받으며 자랐고 이제 막 그 꽃을 피우려는 참이었다. 그런데 누구로부터 그런 유익한 영향을 받았을까? 어머니? 혹은 아버지 로베르?

스무 살이 된 건장한 청년 로베르는 단순한 전사가 아니었다. 그는 공국의 권력 기관을 용의주도하게 이용했으며 동시에 정치적으로 활용했

197

다. 그는 페캉과 쥐미에주의 대수도원 그리고 몽생미셸 수도원에 많은 선행을 베풀었다. 1028년에 임기가 끝나고 이탈리아로 돌아가는 기욤 드 볼피아노Guillaume de Volpiano가 자신의 제자인 티에리와 일드베르를 쥐미에주와 생투앙 수도원장에 임명할 것을 요구하자 이를 수락했다. 1029년부터는 라벤에 있는 사촌 장Jean de Ravenne을 페캉의 수도원장으로 임명했다. 로베르의 사촌 장은 당시 기독교 세계에서 가장 경륜이 오래된 신비주의 작가였으며 노르망디에 교회 문학을 정착시킨 주역이었다. 그는 페캉에서 23년 동안 수도원장으로 있었다. 1033년 독일 출신의 수도사 이장바르Isembart가 루앙의 삼위일체 수도원의 원장으로 영입되었다. 그는 루앙의 전례 의식—특히 음악 분야—에 괄목할 만한 발전을 가져온 학자이자 예술가였다. 이런 임명은 로베르의 허락 없이는 불가능한 일이었다. 최소한 그의 제안이 필수적이었을 것이다.

젊은 공작은 이렇게 수도원의 개혁에 대해 선친의 호의적인 태도를 견지했다. 그는 소중한 자산을 축적하고 있었고, 훗날 그의 아들은 이것을 최대한 활용했다.

개혁의 야망은 세속 성직자들을 부추겼다. 1031년 리모주 교회 회의는 시골에서 설교 활동을 포기한 교회를 맹공격했다. 쿠탕스의 에르베르 주교는 1035~1036년 사이에 문맹의 참사회원들을 교회에서 쫓아냈고, 그의 후임자는 대성당의 재건축을 추진했다. 그리하여 롬바르디아, 카탈루냐, 부르고뉴 등지에서는 오래된 카롤링거 왕조 시대의 낡은 교회를 허물고 석조 구조의 대성당을 축조하려는 움직임이 20년 전부터 들불처럼 번지고 있었다. 하지만 쿠탕스 지역은 예외였다. 르망에서는 1034년에 벨렘 가문 출신인 제르베Gervais가 주교에 올랐다. 벨렘 가문에서 네 번 연속으로 주교가 나온 것이다. 그렇지만 제르베의 전임자들은 하나같이 무기

✠

11세 혹은 12세에 교황에 오른 베네딕토 9세(재위1032년 10월~1044년 9월, 1045년 4~5월, 1047년
11월~1048년 7월). 반교황주의 역사학자인 페르디난트 그레고로비우스는 "지옥에서 온 악마가 사제의
탈을 쓰고 베드로 좌를 차지했으며, 불손한 언행으로 교회의 거룩한 신비를 모독했다"라고 평가했다.

력하고 무지한 인물들이었다. 그중 한 명은 신부도 아니었다. 한편 이 시
기에는 열세 살 된 소년이 로마 가톨릭의 수장이었다. 그러던 중 멘 지방
의 에르베르 백작—별명이 '개처럼 민첩한 자Éveil-Chiens'였다—이 갑자기
세상을 떠났다. 새벽에 들판을 뛰는 버릇이 그의 수명을 단축시켰을 것
이다. 그에게는 어린 딸 세 명과 한 명의 아들이 있었다. 신임 주교가 법

적으로는 르망의 실질적인 주인이 된 것이다. 이 상황은 정복왕의 치하에서 끊이지 않는 분쟁의 씨앗이 되었다.

노르망디 공국에는 많은 수도원이 건립되었는데 신앙의 열정을 가진 제후들이 세운 것들이었다. 무지했지만 훌륭한 가문 출신의 기사 엘루앵Hellouin은 1034년 세상에 환멸을 느끼고 리슬 숲속에 베크Bec라는 초라한 은신처 하나를 만들었다. 그는 윌리엄의 조상인 롤롱이 거느리고 있던 가신의 후예였으며, 플랑드르 백작과 질베르 드 브리온이 같은 집안의 제후들이었다.

1035년경에 생토랭 수도원과 생뢰프루아 수도원이 에브뢰 교구에 설립되었다. 퐁토드메르의 영주인 옹프루아는 연이어 두 개의 수도원을 프레오에 세웠다. 하나는 남자들을 위한 수도원이었고, 또 하나는 수녀들을 위한 수도원이었다. 그리고 수녀원을 엠마Emma라고 이름 지었다. 아마도 노르망디 공의 먼 조상 이름에서 따왔을 것이다. 이 수도원에는 기욤이라는 수도사가 있었는데, 훗날 푸아티에 학파의 문하생이 되고, 이후 정복왕 윌리엄의 전기 작가가 된다.

로베르는 프레오에 있는 기부 재단에 애착을 가지고 있었다. 그는 전통에 따라 제단祭壇에 기부를 했는데 봉헌식에서는 아를레트의 아들이 그 역할을 맡았다. 소년 정복왕이 처음으로 공식 문서에 등장하는 순간이다.† 이때 소년의 나이는 일곱 살이었다. 이 일화가 사실이라면 로베르는 무언가 의도를 가지고 이 일을 꾸몄을 것이다. 아들로 하여금 자신의 권력을 행사할 수 있는 기회를 마련해준 것이다.

---

† 어떤 이들은 이 사건이 1040년에 일어났다고 적기도 한다. 그러면 이미 청소년기의 나이다.

로베르에게 변화의 조짐이 일어났다. 1033년과 1034년에 생로Saint-Lô 근처에 스리지 수도원을 세운 것이다. 그가 공국을 통치한 지도 벌써 6~7년이 지났다. 그는 정신적인 충격에서 벗어난 것일까? 당대의 사람들은 로베르가 이렇게 자애로운 사람으로 변한 것이 양심의 가책을 느꼈기 때문이라고 생각했다. 그러던 중 1034년 말에 공국의 궁정이 발칵 뒤집혔다. 로베르가 예루살렘으로 성지 순례를 가겠다고 선언을 했기 때문이다. 혼란으로 점철된 초반기와, 후반기의 안정에도 불구하고 죽은 리샤르 3세의 망령이 그를 괴롭혔던 것일까? 설상가상으로 1032년에는 노르망디에 대기근이 들었다. 사람들은 형을 독살한 로베르의 업보라고 생각했다. 그다음에는 흑사병이 창궐했다. 1033년은 예수의 대속이 있은 지 꼭 1000년이 되던 해였다. 유럽의 모든 기독교 왕국의 신자들이 무리를 지어 성지를 찾아 떠났다. 하지만 루앙의 대주교와 주요 제후들은 공작의 결정에 의문을 품게 되었다. 다행히도 최악의 순간들(1027~1030)은 지나갔고, 사람들은 공국 주변의 상황에서 희망을 찾았다. 리샤르 1세와 리샤르 2세의 안정된 통치 기간만큼 로베르의 통치도 안정화되고 있었다. 그 결과 공국도 점차 안정된 국면에 접어들고 있었다. 하지만 공작이 오랜 기간 공국을 비운다는 것은 심각한 혼란을 야기할 수도 있는 문제였다. 격정적이고 때로는 오만한 로베르 자신은 공국의 권력이 충분히 견고해서 자신이 공국을 비우더라도 별문제가 없을 것이라고 믿고 있었다. 그래도 그는 혹시 모를 불행에 대비하여 신중하게 자신의 후계자를 지명해야 했다.

이제 그 어떤 분명한 규범도 로베르의 선택을 막을 수 없었다. 아마도 로베르가 성지 순례를 떠나기 전에 할 수 있는 최선의 선택은 조부 리샤르 1세의 후손 중에서 성년이 지난 용감한 후계자를 지명하여 봉신들을 견제하는 것이 아니었을까? 하지만 로베르가 성지 순례에서 돌아왔을 때 그가 선택한 후계자가 자리를 내주길 거부한다면? 로베르의 마음은 아들, 즉 윌리엄 쪽으로 기울고 있었다. 이럴 때는 윌리엄을 후계자로 지명하자고 주장하는 제후들의 말을 듣는 것이 최선일 수 있었다.

1035년 페캉에 공국의 제후들이 모였다. 로베르는 어린 윌리엄을 그들 앞으로 데리고 왔다. 그는 아들을 자신의 후계자로 소개했다. 그는 "공국의 주군을 지명하지 않고서는 성지로 떠나지 않을 것이다. 이 아이는 내 아들이다. 아직 어리지만 언젠가 신의 도움으로 그의 능력이 커지면 공국을 통치할 수 있는 사람이 될 것이다"라고 힘주어 말했다. 바스의 기록이다. 제후들과 고위 성직자들은 만장일치로 로베르의 제안에 동의했다. 아무도 윌리엄이 서자라는 데 트집을 잡지 않았다. 이 결정은 스칸디나비아의 전통인 '프릴라frilla(동등권)' 즉 적자와 서자의 동등한 권리가 로베르의 시대에도 지켜지고 있었음을 잘 보여주는 사례다. 같은 시기에 그 어떤 유럽의 기독교 왕국에서도 서자가 폭력적인 방법이 아니고서는 공국의 수장에 오르는 경우를 찾아볼 수 없었다.

윌리엄이 아버지에게 오마주를 바치자 시종들이 아이에게 공작이 걸치는 무거운 망토를 입혔다. 제후들은 무릎을 꿇고 열을 지어 어린아이의 손에 입을 맞추며 오마주를 바쳤다. 그중에는 얼굴에 흉터가 있는 늙은 제후들도 있었고, 리샤르 2세의 건장한 충복들도 있었다. 그러나 그들은 훗날 이 의식을 도전의 의식으로 추억할 인물들이었다. 일부 젊은 제후들은 미래의 권력은 자신들의 수중에 있다고 생각하며 얼굴을 찡그리고 이 의식을 지켜보고 있었다.

공국의 궁정은 로베르가 장기간 자리를 비움에 따라 권력의 공백을 최소화할 수 있는 조치들을 실행에 옮겼다. 공작은 윌리엄의 보호자에 서자 출신의 사촌 질베르 드 브리온을 지명했다. 그는 정열적이고 수완이 좋은 인물이었으나 정직함이 다소 부족했다. 윌리엄의 종조부인 집사 오즈베른 드 크레퐁Osbern de Crépon이 공작 집안의 모든 일을 맡았고, 튀롤드Turold라고 불리는 사람이 어린 윌리엄의 교육을 책임졌다. 마침내 로베르 공이 성지를 향해 떠났다. 그는 어린 윌리엄을 프랑스 왕에게 데리고 가서 아들의 보호를 부탁했다. 분명히 윌리엄은 프랑스 왕에게 오마주를 바쳤을 것이고 왕궁에서 일정 기간 머물렀을 것이다.

로베르 일행은 센강 계곡을 따라 랑그르 지방으로 올라간 다음 프랑스 동부의 브장송을 지나갔다. 그리고 쥐라산맥과 알프스산맥을 넘었다. 많은 이가 동행했는데 그중에는 여러 제후와 그들의 시종 투탱Toutain, 벡생 백작 드롱공이 있었다. 한편 이렇게 공작 일행이 멀리 성지로 떠나자 노르망디 공국은 무주공산이 되었다. 리샤르 패거리가 장악한 궁정은 선장을 잃은 배처럼 표류했다. 성들과 수도원들, 루앙, 보드뢰유, 페캉, 팔레즈 그리고 캉까지 공국의 곳곳이 무정부 상태가 되었다. 이 지방들은 십여 년 전부터 항구와 시장 그리고 교회들이 들어선 이래 진정한 도시로 성장하고 있던 곳이었다.

로베르 일행은 산악 지대를 내려온 다음, 이탈리아의 피에몬테 지방의 협곡을 지나고 있었다. 아마도 그는 아베르사를 통과한 후 로마를 지나 예루살렘에 도착했을 것이다. 로베르 일행이 이렇게 빠른 시간에 성지에 도착할 수 있었던 것은 준비한 장비가 엄청났기 때문이었다. 6월에 로베르는 팔레스타인을 떠나 삼복더위에 아나톨리아(지금의 터키 지방) 평원을 지났다. 하지만 건장한 체력의 로베르도 여행의 강행군과 폭염 앞에서는 무릎을 꿇고 만다. 바스에 따르면 피루가 고향인 한 노르만인은 고향에 돌아가서 공작 행렬이 얼마나 비참했는지 증언하고 있다. 그에 따르면 로베르는 말을 타고 갈 수도 없어 12명의 무어인들이 메고 가는 간이침대에 누워 이동했다고 한다. 한 순례자가 공작에게 "제일 먼저 고향인 노르망디에 도착하는 사람이 무엇이라고 공작의 말씀을 전할까요?"라고 물었다. 그러자 로베르는 "노르망디의 내 친구들과 신민들에게 전해라. 나는 지금 살아 있는 저 악마들과 함께 천국으로 실려 가고 있다고"라고 흑인 무어인들을 가리키며 웃으면서 말했다고 한다.

9월 말쯤에 공국에 로베르가 죽었다는 소문이 돌기 시작했다. 이번에도 독살이라는 이야기가 퍼졌다. 당시에 로베르 같은 수장이 죽으면 자연사라고 믿는 사람들은 거의 없었다. 이윽고 나중에 도착한 이들에 의해 사건의 진상이 밝혀졌다. 시종 투탱은 구입한 성유물을 가지고 돌아왔지만 드로공 백작도 공작과 같은 날인 7월 2일에 니케아에서 죽었다. 로베르는 떠나기 전에 봉신들이 아들 앞에서 맹세한 것을 기억했을 것이다. 로베르는 니케아의 어느 교회에 묻혔다. 그의 나이 스물다섯이었다.

6장

권력을 향한
정복
1035~1047

쇄도

로베르는 자신의 부재중에도 공국의 권위가 잘 유지될 것이라는 굳은 믿음이 있었다. 하지만 설마 자신의 죽음을 예견하지는 못했을 것이다. 그의 죽음이 알려지자 모든 것이 붕괴되었다. 질베르 드 브리온, 오즈베른 그리고 튀롤드 중에서 그 누구도 공국의 실권을 장악하지 못했으며, 그들을 두려워하는 사람도 없었다. 1035년 여름부터† 공국에서는 여러 차례 전쟁이 일어났다. 불과 몇 달 만에 공국의 전역에서는 살인과 복수, 보복의 악순환이 반복되고 있었다. 이제 막 어린 시절이 지난 윌리엄에게 했던 충성의 맹세를 진지하게 생각하는 제후는 아무도 없었다. 그들은 상호간에 맺었던 평화 협정을 파기하고 서로의 기득권을 찾아 동맹을 맺었으며, 윌리엄의 노르망디 공작으로의 즉위를 시도하는 모든 행위

---

† 발에스된 전투(1047)에서의 승리 전까지 연대기 작가들이 기록한 것은 정확하지 않다.

에 반기를 들었다. 이러한 방향 전환은 그때까지 로베르가 보유하고 있던 권력의 실체를 반증하는 것이기도 했다. 공국의 힘이 갑자기 약화되면 그때까지 이웃 제후국에 비해 앞서 있던 정치와 행정력은 계속 유지될 수 있을까? 이제 막 열 살이 된 윌리엄은 성숙한 청년이 되려는 참이었다. 그는 이 악몽에서 어떤 교훈을 얻었을까?

윌리엄의 보호자인 질베르 드 브리온은 봉건 군주의 자격으로 임무를 수행하고 있었다. 그는 이미 세상을 떠난 몽트뢰유 라르질레와 에쇼푸르의 영주인 지루아Giroie의 아이들에 대해서도 보호의 임무를 맡고 있었다. 지루아는 브르타뉴 출신의 모험가였는데, 10세기 말에 우슈 지방을 점령하고 그곳에 두 개의 성을 축조했다. 그리고 몽포르 영주의 딸과 결혼하여 일곱 명의 아들과 네 명의 딸을 두었다. 이렇게 피츠제레Fitz-Géré† 집안은 그 세력을 확장하고 있었다. 그런데 지루아가 탈바 드 벨렘 가문에게 복수를 하러 나선 것이다. 거의 50년 이상 지속된 집안 간의 복수는 리슬 계곡을 피로 물들였다. 1035년에 지루아 가문의 장자는 성년의 나이가 되었다. 그들은 자신들의 후견인, 즉 윌리엄의 보호자인 질베르 드 브리온이 자신들을 사취한다고 믿고 있었다. 그러자 루앙 대주교의 아들이자 리샤르 패거리 중의 한 명인 라울 드 가세Raoul de Gacé─당나귀라는 별명이 있었다─역시 지루아 집안의 아들들처럼 분노를 느꼈다. 어느 날 질베르 드 브리온이 친구들과 함께 말을 타고 샤랑톤 계곡을 지나고 있었다. 매복해 있던 라울의 일당은 기습하여 질베르 드 브리온을 살해하고, 그의 아들들은 쫓기는 신세가 되어 이웃한 프랑스 왕국으로 피신했

---

† 영국에서 수입된 이 호칭법은 누구의 아들을 의미한다. 즉 'Fitz-Géré'는 제레Géré 집안의 아들을 가리킨다. 프랑스어 'Fitz'는 라틴어로 아들을 의미하는 'filius'에서 유래했다. 제레Géré는 지루아Giroie의 또 다른 명칭이다.

다. 라울 일당은 리샤르 패거리 대부분의 지지를 받고 있었다. 그리고 리샤르 집안사람들은 어린 공작의 보호자를 라울에게 인도했다. 얼마 후 윌리엄의 교육을 맡고 있던 튀롤드도 누군가에게 암살되었다. 한편 공국에서는 페리에르 가문과 몽포르 가문 사이의 복수로 베르네 지방이 피로 물들고 있었다. 어느 날 밤 앙리 1세가 통치하던 프랑스 왕국으로 망명을 했던 기욤 드 몽고메리가 노르망디로 몰래 들어왔다. 그는 검을 들고 보드뢰유 성으로 침입했는데 이 성은 공작이 거처하는 성이었고 그가 노린 사람은 집사 오즈베른이었다. 그는 젊은 공작 옆에서 함께 자고 있었다. 소스라치게 놀란 어린 공작의 눈앞에서 그는 오즈베른의 목을 베었다. 오즈베른의 봉신인 비외른Bjoern은 주군 오즈베른의 복수를 다짐했다. 그는 기욤 드 몽고메리의 뒤를 밟아 그가 머무르고 있던 집에 침입하여 일행 모두를 살육했다. 가까스로 목숨을 건진 자들은 탈출하여 프랑스 왕국으로 도주했다. 이러한 피의 살육은 아주 짧은 기간에 일어났다. 그 결과 공국의 권력 기반이 갑자기 무너져버렸다. 노르망디에서 주거 침입이 가장 위중한 범죄 중의 하나로 인식된 것도 이런 사회적 혼란에 기인한 것이다.

어린 공작 주위에는 앵글로색슨 사촌†인 에드워드와 앨프레드가 있었다. 그들은 착했지만 소극적인 성격의 소유자들이었다. 그들은 항상 영국을 생각하며 왕권에 대한 권리, 그리고 자신들의 고결한 명분도 잊지 않고 있었다. 틀림없이 그들도 노르만 귀족과 결탁하여 영국 왕위를 찾으려고 호시탐탐 시기를 엿보고 있었을 것이다. 일찍이 그들의 우유부단함을

---

† 에드워드는 윌리엄의 조부 리샤르 2세의 누이 엠마의 아들이므로 엄밀히 말하면 5촌 당숙부가 된다.—옮긴이

간파한 윌리엄에게 에드워드와 앨프레드는 무슨 말을 해주었을까?

에드워드와 그의 동생 앨프레드 사이에는 일종의 경쟁심 같은 것이 있었던 것 같다. 1035년 11월 12일 크누트가 죽었다. 그의 제국에 균열의 조짐이 보이기 시작한 것이다. 노르웨이는 크누트의 장남 스벤Sven에게 귀속되고, 덴마크와 영국은 크누트와 엠마 사이에서 태어난 하르타크누트Harthacnut에게 돌아갔는데, 이미 영국의 많은 제후가 그에게 충성 서약을 한 터였다. 하지만 상황은 복잡하게 돌아가고 있었다. 크누트의 사생아 해럴드가 영국을 차지하려는 음모를 꾸미고 있었기 때문이다. 도버 해협을 사이에 두고 두 나라는 무정부 상태에 빠졌다. 드디어 에드워드에게 기회가 찾아온 것이다. 에드워드는 노르망디 공국의 도움을 받은 40여 척의 전함을 몰고 도버 해협을 건넜다. 하지만 사우샘프턴에 상륙한 그를 기다린 건 미리 매복하고 있던 병사들이었다. 에드워드는 간신히 대학살을 모면했다. 게다가 앵글로색슨인들의 민심은 그에게 적대적이었다. 그래서 그는 교회를 약탈한 뒤에 노르망디로 다시 돌아갔다.† 에드워드의 동생 앨프레드도 이 기회를 놓치지 않았다. 하지만 형과는 다른 방식을 택했다. 그는 먼저 플랑드르 백작과 연합을 시도했다. 노르만인들보다 플랑드르인이 더 쓸모가 있다고 판단했기 때문이다. 그는 꽤 큰 전함을 손에 넣은 뒤 1036년 동료 몇 명과 함께 위상에 상륙했다. 어머니인 엠마 왕비와 합류하기 위해 왕비의 거처를 찾은 뒤 그는 별 어려움 없이 캔터베리에 도착해 켄트 쪽으로 방향을 바꾸었다. 그곳에는 고드윈 백작이 있었는데, 그는 영국 왕위권을 주장하는 크누트의 사생아 해럴드를 지지하고 있었다. 고드윈은 앨프레드를 환대하는 척하면서 길퍼드성에서 연

---

† 이 원정의 진위는 다소 의심스럽다.

회를 베풀어주었다. 그리고 한밤중에 살인 청부업자들을 사주하여 술에 취해 있던 앨프레드를 생포한 뒤 런던으로 압송해 갔다. 크누트의 사생아 해럴드[†]는 앨프레드의 눈을 뽑고 알몸으로 말에 매달아 엘리 섬으로 추방했다. 앨프레드는 그곳에서 생을 마감했다.

해럴드는 에설레드 집안의 왕정 복귀 시도를 무력화하려 했고 단기적으로는 성공했다. 그리고 몇 달 후 영국의 모든 귀족은 해럴드를 영국 왕으로 인정했다. 그러자 엠마 왕비는 플랑드르로 망명해버렸다. 아마도 첫 번째 결혼에서 낳은 자식들(에드워드와 앨프레드)이 그녀가 노르망디에 오는 것을 반기지 않았을 것이다. 그만큼 그녀는 첫 번째 결혼에서 낳은 자식들을 미워하고 있었고, 고향 노르망디는 다시는 가고 싶지 않은 곳이었다. 에드워드가 동생 앨프레드에게 보였던 애매한 태도에도 불구하고(사람들은 에드워드와 고드윈이 공모했을지도 모른다고 생각했다) 영국 왕을 주장하는 해럴드와 노르망디 공국의 관계는 더욱 더 결속되고 있었다.

이 무렵 '무어인 사냥꾼'으로 불리던 로제 드 토즈니[††]가 스페인에서 고향인 노르망디로 돌아왔다. 그는 롤롱의 후손이었고 모험을 통하여 굴욕적인 종속 관계에서 벗어난 제후였다. 그는 죽은 로베르가 제후들에게 아를레트의 사생아 윌리엄을 후계자로 지명했다는 말을 듣자마자 반대의 뜻을 분명히 했다. 로제는 순진하게 이 기회에 공국의 속박으로부터 독립하려는 생각을 했던 것이다. 그는 자신의 영지에 정착한 뒤 콩슈 수도원을 건립하기 시작했으며, 옹프루아와 비에유를 비롯한 이웃 지방을

209

[†] 에드워드 참회왕의 뒤를 이어 왕위에 오른 해럴드 고드윈과 구별해야 한다. 둘은 동명이인이고, 모두 영국 왕이었지만 크누트의 사생아 해럴드는 덴마크의 바이킹이고, 1066년에 헤이스팅스에서 전사한 해럴드는 앵글로색슨족 출신의 왕이었다. 그래서 전자를 해럴드 1세, 후자를 해럴드 2세로 구분하기도 한다.

[††] 로제 드 토즈니의 활약과 용맹함에 대해서는 본문 118쪽 참고.

약탈하기 시작했다. 하지만 이 약탈이 그의 목숨을 앗아갔다. 보몽의 제후—그의 이름도 로제였다—가 로제의 두 아들을 전투에서 죽인 것이다. 한편 벨렘도 권력의 균열로 혼란에 빠져 있었다. 벨렘의 늙은 제후 기욤 탈바의 작위는 똑같은 이름을 가진 막내아들 기욤이 물려받았는데 그는 허약하고 비겁했으며 게다가 교활한 인물이었다. 그의 잔인함은 아버지를 능가하고 있었다. 첫 번째 정실부인에게 싫증이 난 기욤은 마을 한복판에서 부인을 죽이고 곧바로 재혼했다고 한다. 그는 결혼 축하연에 이웃 지방의 기탁 재산 관리자 기욤 피츠제레Guillaume Fitz-Géré를 초청한 뒤에 그를 감금시켜버렸다. 그리고 그의 눈을 뽑고 성기를 제거한 뒤에 귀와 코도 잘라버렸다. 불쌍한 기욤은 베크 수도원으로 피신하여 먼 친척인 엘루앵Hellouin에게 자신의 복수를 해줄 것을 간청한다. 한편 벨렘의 제후 기욤 탈바는 전투에서 도망쳐서 간신히 살아남는다. 어느 날 그의 자식이 반란을 일으켜 아버지를 쫓아내지만 아들 중 하나가 반란을 일으킨 아들을 죽인다. 그리고 아버지 탈바가 다시 벨렘으로 돌아온다. 그러다 또 다시 부자간의 복수가 이어지고 결국 탈바 가문에는 딸 한 명만 남게 된다. 그녀의 이름은 마비유Mabille인데, 범죄로 얼룩진 이 가문에서는 보기 드물게 능력이 아주 탁월한 여자였다. 이 가문에서는 세Sées의 주교 이브Yves만이 괜찮은 사람으로 통했는데 그는 덕망과 학식이 있는 인물이었다. 이번에는 세 명의 약탈자 제후들—그들은 소랑Soreng 형제들이었다—이 세 교구를 약탈했다. 그들은 교회를 마굿간으로 만들어버렸다. 하지만 주교 이브가 세를 다시 해방시키고 소랑 형제들을 교회로 몰아 포위했다. 그리고 그들을 다른 곳으로 쫓아낸 다음에 교회에 불을 놓았다. 이후 이브는 교회를 다시 세웠다. 하지만 교회를 봉헌하던 같은 해에 교회 궁륭이 붕괴되고 만다. 이때를 놓치지 않고 소랑 형제들은 도주한다. 그

노르망디 공

러나 그중 한 명은 약탈하던 중에 죽고 나머지 둘은 무기를 탈취한 농민들에게 살육되었다.

이렇게 노르망디 공국은 로베르의 죽음 이후 외부로부터 들어온 이방인들의 탐욕 때문에 갈가리 찢어져버렸다. 한편 브르타뉴의 알랭 3세도 주인이 없는 노르망디에 대해 노골적인 야심을 드러냈다. 그는 1040년에 쿠에농을 지나고 있었다. 그는 장엄공 로베르가 윌리엄의 보호자 선택권을 자신에게 일임했다고 주장했지만, 이 말은 아마도 거짓말이었을 것이다. 알랭 3세는 질베르와 라울이 자신의 자리를 찬탈했으며, 자신이 윌리엄의 보호자라며 그 권리를 요구하고 나선 것이다. 그는 노르망디 지방의 내륙에 위치한 비무티에를 포위한다. 하지만 알랭 3세는 거기에서 급사하고 만다. 분명히 전투에서 목숨을 잃었을 것이다. 어떤 이들은 독살되었다고 말했다. 그는 페캉에 묻혔는데 그의 부인이 노르망디 공의 먼 친척이었기 때문이다. 그에게는 코난Conan이라는 아들이 하나 있었는데 아직 젖먹이에 불과했다. 알랭 3세의 동생 에옹 드 팡티에브르Éon de Penthièvre는 조카의 후견인과 미망인인 형수 또한 추방했는데, 그녀의 이름은 외드 드 블루아Eudes de Blois의 딸 베르트Berthe였다. 베르트는 피신처를 찾다가 멘의 백작과 결혼한다. 이때 몽생미셸의 수도사들이 특별한 종을 주조하여 백작 부부에게 바쳤는데 노르망디의 사람들에게 브르타뉴의 침략에 대한 경종을 울리기 위해서였다.

같은 시기에 프랑스의 앙리 1세는 노르망디의 티에르쉬르아브르Tillières-sur-Avre 성을 요구한다. 봉신인 윌리엄이 미성년자라서 그의 재산에 대한 관리권이 자신에게 있다는 것이 명분이었다. 이 성은 리샤르 2세가 예전에 노르망디의 외드 드 블루아의 경계에 축조한 성이었다. 라울 드 가세는 윌리엄의 보호자 자격으로 성주인 질베르 크레스팽Gilbert Crespin에게 이 성을 앙리 1세에게 양도하라고 명령한다. 하지만 질베르는 로베르에게 봉신으로 서약한 이상 성을 양도할 수 없다고 거부한다. 그러자 프랑스 군이 성을 포위한다. 라울 드 가세는 재차 성을 양도하라고 재촉한다. 질베르 크레스팽은 양심에 따라 다음과 같은 결정을 내린다. 그는 이 성을 프랑스 왕에게 양도하는 대신 어린 윌리엄에게 바치기로 결심한다. 그리고 윌리엄의 이름으로 라울은 성을 앙리 1세에게 바쳤다. 앙리 1세는 이 코미디 같은 상황에서 조롱거리가 되었다. 윌리엄이 다윗이면 앙리 1세는 골리앗이었기에 그의 체면은 말이 아니었다. 성에서 마지막으로 노르만인이 나오자 왕은 성을 불태우라고 명령했다. 그리고 그는 좋은

티에르 요새 성의 문. 앙리 1세가 그렇게 손에 넣고 싶어 하던 노르망디의 성이다. 노르망디의 두 마리 사자가 그려진 깃발이 펄럭이고 있다.

노르망디 공

자리에 앉아 그 광경을 즐겼다. 그 다음 앙리 1세는 이에무아로 진격하여 아르장탕 부르를 약탈한 뒤에 철수했다. 그리고 라울 드 가세에게 한 약속을 무시하고 티예르성을 무장시켜 프랑스 왕의 영지로 만들어버렸다.

프랑스 왕의 개입은 공국의 정세를 더욱 더 혼란에 빠지게 만들었고 라울의 권력도 힘이 빠졌다. 그리고 마지막 남은 윌리엄의 충성파들 역시 더 이상 저항해봤자 헛수고라는 것을 직감하고 있었다. 그런 분위기에서 이에무아의 프레보인 투탕 고즈Toutain Goz는 팔레즈의 성에 프랑스 병사가 주축인 용병을 투입시킨다. 그리고 라울에게 반기를 든다. 왜 그랬을까? 아무도 투탕의 의중을 알 수 없었다. 앙리 1세가 투탕을 매수한 것일까? 아니면 어린 공작의 보호자를 무력화시키려는 정책에 반기를 들어 공작의 재산을 지키려는 의도에서 그런 행동을 한 것인가? 라울은 무력으로 투탕을 진압하기 위해 공국의 군대를 소집했다. 그리고 성을 포위했다. 라울이 동원한 투석기와 공성루의 공격으로 성벽은 곧 무너질 지경에 이르렀다. 그날 밤 투탕은 망명지를 찾아 성을 빠져 나와 도주했다. 그리고 훗날 다시 돌아와 공작과 화해를 한다.

윌리엄이 12세 혹은 13세가 되었다. 이제 전통에 따른 성년의 나이 14세 또는 15세에 가까워지고 있었다. 윌리엄은 오즈베른의 아들—그의 이름도 윌리엄이었다—과 함께 교육을 받고 있었다. 둘의 우정은 각별했다고 한다. 어린 공작은 동년배 친구로부터 정직하고 올곧은 성격을 발견하고 그것을 최고의 덕목으로 생각했다. 윌리엄이 받은 교육은 그리 수준이 높은 것은 아니었다. 그 배경에는 당시의 상황이 지적인 과목을 교육하기에는 유리하지 않았던 것도 한몫을 했다. 그 대신 윌리엄은 엄청난 강도의 체력 단련 수업을 받았다. 그가 겪었던 사건들과 사람들의 나약

213

함은 그에게 매우 민감하게 각인되었으며 판단력의 기준이 되었다. "윌리엄은 어린 마음에 용감한 남자의 힘을 쌓았다"라고 오드릭 비탈은 적고 있다. 그는 이미 장중하고 사려 깊은 인물이 되어 가고 있었다. 비록 그에게는 폭력적인 성향도 있었지만 그는 자신을 통제할 수 있는 권위적인 수장首長의 이미지로 그리고 있었는지 모른다. 그리고 그 이미지는 미래의 자신이었다. 그는 자신의 보호자들을 엄격하게 판단했다. 아마도 보호자들 내부에서 분쟁이 싹트고 있었을지도 모른다. 윌리엄은 오즈베른이 죽던 날 피가 넘치는 침대에서 자신을 구해준 외숙부 고티에Gautier를 결코 잊을 수 없었다…….

윌리엄은 아버지 로베르 공이 죽자 어머니와 헤어졌다. 아를레트가 예

바이외 박물관에 있는 정복왕 윌리엄의 모습. 너무 완고하고 무섭게 보인다.

의바른 에를뤼앵Herluin 기사와 재혼을 했기 때문이다. 그는 퐁토드메르 근처의 콩트빌 출신 기사였다. 아마도 로베르 공이 성지로 떠나기 전에 아를레트를 맡은 기사였을 것이다. 둘 사이에는 세 명의 자식이 태어났다(로베르Robert, 오동Odon, 딸 뮈리엘Muriel). 윌리엄은 이복형제들과 사이가 좋았고 마음도 잘 통했다. 아버지가 죽고 공포의 시대에도 에를뤼앵 집안과 아를레트 집안은 항상 윌리엄을 지지했다. 윌리엄은 공국의 주인이 된 후에도 리샤르 집안사람들의 반대에도 불구하고 어머니의 집안사람들을 노골적으로 환대했다.

노르망디에서 공공질서가 혼란에 빠진 와중에 '덴마크 패거리'와 '프랑스 패거리'가 다시 꿈틀거리며 준동하고 있었다. 앙리 1세가 노르망디에 개입해서 초래한 혼란은 두 당파를 반목의 상태로 만들었다. 1035년에서 1042년까지 공국에서는 반란과 강도질이 빈번했고, 공국에서 탈퇴하는 구성원들이 특히 저지대 노르망디와 코탕탱에서 우후죽순처럼 나타났다. 스칸디나비아 전통이 무주공산의 공국에서 결정적인 역할로 작용했기 때문이다. 공국은 그렇게 끌려다녔다.

노르망디도 다른 지방처럼 제후들의 권력이 바야흐로 해방될 조짐이 보이기 시작했다. 윌리엄이 미성년이었던 시절에 공국은 성과 석재로 축조된 요새(노르만인들은 석조 요새 건축의 장인들이었다) 그리고 목재로 건축한 망루들로 덮여 있었다. 성 중에서 일부는 윌리엄의 조상들이 전쟁할 때 건축한 것이었고, 이후 성을 지키는 자들이 성을 차지했는데 그들은 대부분 사생아들이었다. 어떤 성들은 공작의 이름으로 축조되어 공작의 권위를 상징하는 중심이 되었다. 예들 들어 1040년 아르크에 기욤 드 탈루 백작이 세운 주탑은 그 규모가 대단했다. 이 성은 베튄강과 바렌강이 합류하는 곳에 세워졌는데, 강을 굽어보는 깎아지른 지형에 축조된 성이었다. 바이외의 백작녀 오베레는 이브리 요새를 축조한 뒤에 건축가가 다른 곳에 똑같은 요새를 지을까봐 그를 죽였다고 한다. 리슬강 가에 세워진 몽포르 성은 공국에서 가장 큰 성 중의 하나였다. 그 규모는 4.5헥타르에 이르렀고, 3중 방어벽에 둘러싸여 있었다. 그리고 해자의 깊이는 9미터에 폭은 30미터에 달했다고 한다.

기욤 드 탈루는 헌장에 "Nutu supeni Regis comes(왕중의 왕으로부터 영감을 받은 백작)"이라고 라틴어로 서명했다. 공국의 정세가 불안해지자 백작들의 영향력은 커졌고, 탈루 같은 백작의 위상이 높아진 결과였다. 노르망디 공국의 북쪽에는 플랑드르 백작 보두앵 5세가 있었는데 그는 프랑스 왕의 처남이었다. 1036년에 성립된 플랑드르 백작령은 당시 서유럽에서 가장 강력한 제후국 중의 하나였다. 그리고 플랑드르 백작령의 남쪽에는 앙주 백작령이 있었다. 거기에는 '늙은 여우'라는 별명의 '검은 풀크Foulque Nerra' 백작이 있었는데, 그는 1039년에 60세의 나이에도 불구하고 성지 순례를 무사히 마치고 돌아온 사람이었다. 그는 성지 예루살렘에서 상반신을 드러낸 채 걸었고, 두 명의 시종이 그를 뒤따르며 채찍질을 했다고 한다. 이 광경을 본 이슬람교도들은 아연실색했다. 그는 다음과 같은 시편을 낭송하며 걸었다: "주님, 당신을 배신하고 부정한 불쌍한 영혼을 받아주시고 회개한 영혼을 받아주소서!" 그는 1040년에 아들 조프루아 마르텔Geoffroi Martel에게 백작령을 물려주고 평안하게 눈을 감았다. 그의 아들은 당대의 인물 중에서 능력이 출중했으며 앙주 백작령을 강력한 제후국으로 만들었다. 한편 노르망디에서는 그와는 반대로 셰익스피어의 작품에 등장하는 스코틀랜드처럼 1040년에는 피비린내 나는 내전이 시작되고 있었다. 마치 맥베스 집안과 덩컨 그리고 시바르 집안 사이에 싸움이 끊이지 않았던 것처럼……

노르망디 공

⚜
노르망디의 아르크에 남아 있는 요새 성의 흔적들.
그 규모를 짐작할 수 있다.

윌리엄과 에드워드의 즉위

7년간의 무정부 상태에도 불구하고 노르망디의 행정 조직은 전적으로 마비되지 않았다. 공국의 장원들은 그 피해를 전혀 입지 않았던 것이다. 많은 중소 제후가 윌리엄에게 충성을 서약했는데 군역의 의무도 여전히 작동했다. 특히 다년간의 혼란에도 경제 기반은 거의 영향을 받지 않았다. 새로 건립된 수도원만 봐도 내란이 공국의 안정에 크게 영향을 주지 않았음을 알 수 있다. 1040년경 외의 백작 레슬린Lesceline이 세운 생피에르쉬르디브 수도원과 리르 수도원, 1049년 이전에 세워진 퐁트네 수도원, 1050년에 세워진 그레스탱과 생소뵈르 수도원이 혼란기에 세워진 수도원들이다. 그렇다고 위의 예들이 노르망디의 생존을 충분히 설명해주지는 못한다. 노르망디가 존속할 수 있었던 배경에는 주변에서 젊은 공작을 보필했던 무명의 신하들과 음지에서 그를 도왔던 사람들의 강인한 정신력도 빼놓을 수 없다. 경제적으로 앞서 있던 노르망디는 11세기 중반에 사회적 질서가 다시 회복되었다. 그 결과 노르망디 공의 명령이 개인의 행위보다 더 우위에 놓이게 되었다.

윌리엄이 어떤 환경에서 권력을 자신의 손아귀에 넣었는지는 잘 알려져 있지 않다. 연대기 작가들은 애매하고 정중한 표현으로 난폭했던 보복을 감추려고 했던 것은 아닐까? 한 가지 분명한 것은 윌리엄이 그의 보호자 라울 드 가세를 쫓아버렸다는 것이다.

이 사건은 틀림없이 윌리엄이 성년이 되던 1042년과 1044년 사이에 일어났을 것이다. 젊은 윌리엄이 리샤르 패거리들의 손에서 벗어나는 데는 어느 정도 시간이 걸렸을 것이다. 기욤 드 푸아티에가 쓴 글에 따르면 공공장소에서 이뤄진 행위들과 과장된 수사적 표현 등을 통해 일련의 사건들을 확인할 수 있다. 그는 윌리엄이 성년이 되어 기사 서임식을 마쳤다고 기록하고 있다. 윌리엄은 최고 법원의 판결을 통해 배은망덕하고 부패한 인물들을 궁정에서 추방했고 새로운 참모들도 선임했다.

1042년 노르망디 공국에 최악의 기근이 닥쳤다. 그해 이탈리아로 간 노르만인들은 아베르사에서 대승을 거두었다. 1045년이 되자 사람들은 노르망디에 평화가 다시 정착되었다고 생각하게 되었다. 윌리엄이 마침내 승리를 거둔 것이다. 가장 폭력적인 반란도 진압되었고 최악의 불한당들도 처벌을 받았다. 이제 사람들은 새로운 권력의 실체를 느끼기 시작했다. 바로 어린 사생아 윌리엄의 권력이었다. 아를레트의 아이는 아주 건장하고 거친 근육질의 청년으로 성장해 있었다.

월리엄의 성년을 축복하기 위해 어떤 축성 의식이 있었는지는 분명하지 않다. 혹시 1035년에 있었을까? 관례적으로 노르망디 공은 칼을 허리에 찼고, 전례 의식 중에는 왕처럼 신성한 존재로 여겨졌다. 이 의식에서는 다른 서유럽 공국처럼 기도문을 찬송했다. 이 신도송은 새 공작에게 성인의 축복이 내리기를 기원하는 노래였다. 노르만 방언으로 기록된 가장 오래된 찬송문이 지금도 전해오는데 그 내용은 월리엄 공의 특별한 관심에 관한 것이다. 그는 이 찬송문을 통해 자신이 노르망디 공작임을 대외적으로 공표했다. 그리고 자신이 주교들의 주군이며 또한 자신이 소유한 영지의 주인임을 천명하고 있다. 이 찬송문이 정확히 언제 작성되었는지는 알 수 없으나 공작으로서 탁월한 위엄을 후대에 기록으로 남기기 위해 작성되었을 것이다.

월리엄이 군주의 권력을 거의 손에 넣었을 무렵, 바다 건너 영국의 덴마크계 왕조는 사반세기 동안의 통치에 종말을 고하고 있었다. 크누트의 아들 해럴드 왕이 1040년에 죽자 그의 이복동생인 덴마크 왕 하르타크누트가 영국에 상륙해 새로운 왕이 되었다. 이런 상황에서 엠마 왕비는 상황을 자신에게 유리하게 조정하고 있었다. 그녀는 아들 에드워드를 왕위에서 배제한다는 생각뿐이었다. 하르타크누트와 노르웨이 왕인 망누스 사이에 협정이 맺어졌다. 두 왕은 자신들이 후사가 없이 죽으면 상대방에게 왕국을 물려준다고 서약했다. 하지만 간질 질환으로 정상적인 업무를 할 수 없었던 하르타크누트는 1041년에 에설레드의 아들인 에드워드와 왕권을 나누기로 합의했다. 이 결정은 영국의 귀족들이 노르웨이 왕을 견제하려는 의도에서 비롯되었다. 에드워드는 곧바로 영국으로 돌아왔다. 그리고 몇 달 뒤인 1042년 6월 8일에 하르타크누트는 세상을 떠났다.

노르웨이 왕 망누스가 약속대로 영국 왕위를 요구했고, 아들 에드워드를 좋아하지 않던 엠마 왕비는 망명지인 플랑드르에서 망누스의 편을 들었다. 이 무렵 노르망디의 사절이 에드워드를 찾았다. 그들은 영국 귀족의 결정에 개입했고, 고드윈 백작도 술책을 꾸미고 있었다. 그는 에드워드가 동생 앨프레드의 죽음과는 무관하다며 에드워드의 관심을 끌었다. 고드윈은 우유부단한 에드워드의 성격을 이미 간파하고 있었던 것이다. 그리고 자신의 딸들 중에서 에디트Edithe를 에드워드와 결혼시킨다. 이렇게 대다수의 영국 귀족이 에드워드의 편에 서게 되자 망누스는 결국 영국 왕위를 포기한다. 하지만 에드워드의 통치 기간 내내 스칸디나비아 귀족들의 불만은 수그러들지 않았다. 영국 귀족 회의의 결정에 정면으로 반기를 든 것이다. 특히 노섬브리아 지방에서 스칸디나비아 귀족들의 불만이 매우 컸다. 이 지방은 1041년 덴마크인 시바르Siward가 앵글로색슨 백작을 살해하고 15년 동안 통치하고 있던 지방이었다. 그러므로 앵글로색슨족은 덴마크인에 대한 잠재적인 적대감과 모멸감이 있었다. 그들은 에설레드의 사생아인 에드먼드('무쇠 갈비뼈 에드먼드'라고 불렀다)가 남긴 두 아들이 헝가리에 망명했다는 것을 기억하고 있었는데 그들에게는 아무런 작위도 없었다. 이후 에드워드는 점점 더 노르망디의 친구들에게 의존하게 되었다. 그가 1042년 왕위에 올라 처음으로 한 일은 어머니 엠마를 추방하고 그녀의 재산을 몰수하는 일이었다.

30년 동안 노르망디에서 살았던 에드워드는 정신세계도 노르만인이 되어 있었다. 40세가 된 에드워드의 성격도 거기에서 벗어나지 못했다. 그는 영국 신민들에게는 낯선 존재였지만 착한 심성의 소유자였다. 특히 그는 양심적이고 평범한 사람이었다. 키가 크고 야윈 체격, 창백한 얼굴에 금발인 에드워드는 성격이 둔하고 우유부단했으며 체질은 허약했다.

그는 다른 사람의 완력에 자주 굴복하는 사람이었으며, 정력적으로 일을 할 때에도 무기력에 휘둘려 앞날을 예측할 수 없었다. 결국 그의 고집은 주변 사람들에 대한 원한으로 바뀌었고, 외교는 이중성으로 점철되었다.

사상과 예술의 원천에서 찾은 평화의 환상

윌리엄은 성년이 지나자 공국의 질서 회복에 최선을 다했다. 그는 교회와 손을 잡고 평화를 유지하는 방식—프랑스와 부르고뉴에서는 보편화되고 있었다—보다는 노르망디의 전통을 통해 사회 질서를 정착시키려고 노력했다. 1038년 부르주 공의회는 기존의 평화 유지 방식은 현실성이 없다는 결론을 내리고 보다 실용적인 방식을 제안했다. 새로운 방식은 '평화의 연합'이었는데, 도시와 지방에 지역 헌병대를 창설하는 것이었다. 1041년에 클뤼니 수도원장 오딜롱Odilon은 니스 공의회에서 주간 휴전 제도를 제안한다('신의 휴전'). 이 제도는 수요일 저녁부터 월요일 아침까지를 평화의 기간으로 설정하자는 것이었다. 이는 이미 50년 전에 아키텐 공국에서 제안한 적이 있는데 기독교의 핵심 사상을 담고 있었다. 이 사상은 다양한 측면을 포함하고 있었고, 당대 사람들을 위해 경제적인 고려도 중시한 사상이었다. 게다가 종교적, 규율적인 의도에서도 크게 벗어나지 않았다. 예를 들어 이 사상의 목적은 빈자들과 교회의 재산을 보호하는 동시에 끊이지 않고 생겨나는 민중들의 이교도 운동을 타파하고 통제하려는 것이었다. 그리고 봉건제를 불안하게 만드는 독소 같은 요소들을 제거하여 봉건제를 한층 더 확고하게 만드는 것이었다. 1041년에서 1042년 사이에 로렌 지방의 수도사 리샤르 드 생반Richard de Saint-Vanne이

'신의 평화'를 설교하며 노르망디를 찾았다. 그는 훗날 성인이 된 성 제라르 드 브로뉴Gérard de Brogne의 작품을 탐독한 학자풍의 수도사였다. 하지만 이 공국의 제후들은 오래전부터 조상들이 물려준 평화 유지 방법, 즉 무력을 통한 평화 이외에는 아는 것이 없었다.

1042년은 노르망디의 지적인 역사에서 큰 획을 그은 해다. 아브랑슈의 성당 부속학교의 교장인 랑프랑Lanfranc이 르베크에서 수도사의 복장을 입은 것이다.

랑프랑은 1005년에 이탈리아 파비아에서 법조 가문의 아들로 태어났다. 서유럽의 다른 나라보다도 이탈리아는 롬바르디아 지방의 도시, 특히 토스카나와 로마에서 옛 로마 시대의 도시 전통을 잘 보존하고 있었다. 이 도시들에서 교회는 교육을 독점하지 않았으며, 교회가 교육을 독점하는 도시와는 다르게 실용적이고 덜 추상적인 교육을 중시했다. 1000년경 이탈리아인들은 로마법을 재발견했는데 그 중심에는 볼로냐 학파가 있었다. 그곳에서 랑프랑은 법률학을 공부하고 고향인 파비아로 돌아가서 법률학을 가르쳤다. 그 후 아브랑슈의 주교가 랑프랑의 명성을 듣고 그를 노르망디로 초청했다. 아마도 다른 이탈리아 학자들도 함께 초청했을 것이다. 아브랑슈 주교는 교회의 개혁을 시도했지만 그의 주위에는 적임자가 없었다. 그래서 랑프랑에게 성직자들의 교육을 맡기기로 작정한 것이었다. 1039년에 랑프랑은 노르망디에 도착했다.

랑프랑은 지적으로 성숙한 사람이었다. 그는 신앙심이 올곧은 성직자였고 성격도 겸손했다. 그는 자기 자신에게는 관심이 없는 사람이었지만, 자신과 관련된 물질적인 명분에는 열정적인 사람이었다. 그는 깊이 생각하거나 이성적으로 행동하는 사람이 아니었다. 그는 충실하고 믿음직한 친구였지만, 다른 사람에게는 신랄하고 무자비한 사람이었다. 인간 영혼의 깊이를 잘 알았으며, 동시에 그런 영혼을 잘 조정할 수 있는 사람이었다. 그는 교회의 지적 부흥에 대한 필요성이 긴박하다고 확신했다. 제후가 봉신에게 행사할 수 있는 권한과 교황이 가진 세속 제후에 대한 권한을 강조한 랑프랑은 로마법에 퍼져 있던 법적 개념들을 노르망디 공에게 알려주었다. 자연법과 평등에 대한 개념은 봉건적 관습에는 낯선 개념이었지만 정치적인 관점에서는 창의적인 것으로 다가왔다.

그런데 어느 날 랑프랑은 아브랑슈의 학교를 홀연히 떠난다. 그리고 공국에서 가장 빈한한 수도원으로 은퇴한다. 르베크는 1042년만 해도 오두막 몇 채만 있었고 엘루앵Hellouin과 그의 동료들이 기거하고 있었다. 그들은 스스로 빵을 구워 식사를 해결했다. 이 공동체는 버려진 상태였지만 엘루앵은 이후 르베크의 소小수도원장이 된다. 1045년 랑프랑은 수련 수도사를 받아들여 교육하는 작은 학교를 세운다. 이후 이 학교에서는 타지방의 수련 수도사들도 받아주었다. 얼마 되지 않아 이 작은 수도원의 명성은 공국에 널리 알려지게 되어 1050년 전에 랑프랑은 교리 연구의 최고 권위자로 공국 전체의 인정을 받게 된다. 이후 그의 명성은 서유럽 전역에서 빛을 발했다.

랑프랑과 그의 동료, 제자들은 르베크 학파에 불씨를 지폈는데, 이 불씨는 1세기 반 뒤에 출현할 기독교 세계의 성직자들에게 등불이 된다. 현대 역사가들은 이 부흥을 '12세기의 르네상스'라고 부른다. 클뤼니, 플뢰리의 수도사들과 랭스와 샤르트르의 성직자들이 거칠고 교양 없는 자들로 인해 자취를 감춘 뒤에 이제는 랑프랑의 르베크 수도원이 그 계보를 이은 것이다. 르베크 수도원의 수도사들은 카롤링거 왕조 시대의 유산을 재발견하려고 노력했다. 그들의 설익은 인문주의에는 다양한 주제들이 넘쳐났지만, 고대적 사고와 교부적 해석 때문에 과거의 정신적 유산

223

정복왕 윌리엄의 영원한 멘토 랑프랑. 그는 캔터베리의 대주교를 역임했던 영국 교회의 상징적인 인물이었다.

을 잘 이해하지 못하는 경우가 많았다. 그들은 보잘 것 없는 지적 창고의 목록을 작성하여 곰곰이 사색하고 그것에 동화되려고 노력했다. 르베크 수도원 선구자들의 지적 노력은 두 가지 유형으로 분류될 수 있었다. 첫 번째 유형은 고행을 통해 수도사의 길을 가는 클뤼니 수도원의 유형인데, 문학작품의 연구를 통해 예비 교육 과정을 마친 뒤, 성서의 주해로 기독교 교리의 현시顯示인 렉티오 디비나lectio divina에 이르는 것이다. 또 다른 유형은 랭스와 샤르트르에서 유행한 방식인데 문학 수업에 더 많은 독자성을 부여하면서 인간이 인식할 수 있는 대상을 사고와 담화의 방식으로 인식하는 것이다.

르베크 수도원의 교육 과정은 이 두 가지 방식을 적용한 지적 노력의 토대 위에 만들어졌다. 그 토대는 고대에서부터 공들여 만들어져온 핵심 과목에 근거를 두고 있었다. 교육 과정은 3과목 교과로 이루어져 있었는데 주로 생각하는 법을 배우는 과목들이었다. 변증법 혹은 추론법, 수사학 또는 설득법 그리고 문법 또는 표현법이 고대의 3과목이었다. 여기에 한 과목을 더해 4과목이 되면 자연의 형태와 관련이 있는 수학적 사변론이 더해진다. 산술학, 기하학, 천체학, 음악이 그것이다. 음악은 우주와 인체, 소리가 어떤 조화를 이루고 있는지 연구하는 과목이다. 3과목 전통은—자주 문법학으로 축소되었지만—10세기에 대부분의 유명한 수도원에서 교육 과정으로 자리를 잡았다. 반면에 4과목 과정의 부활은 기존의 과정과는 전혀 다른 과정이었으며, 르베크 수도원에서는 11세기 중반 4과목 과정을 부분적으로 연구 과정으로 채택하여 그 명성이 자자했다. 랑프랑의 교육은 샤르트르의 인문주의나 클뤼니의 고행주의와는 다른 백과전서적 교육이었다.

랑프랑의 '르네상스'는 독서를 통한 우호적인 지적 교류를 통해 탄생했다. 학문을 이끌 주체의 갑작스런 죽음과 그로 인한 원로의 부재, 필사본의 분실 등은 학문의 '전통'을 단절시킨 큰 요인이었다. 여기에 엄청나게 비싸고 귀한 책도 지적 활동을 위축시켰다. 자신의 수도원에 도서관이 없으면 교수는 개인 도서실을 수도원으로 옮겨와야 했다. 그러나 여행 보따리에 가져온 개인 도서라고 해도 서너 권의 양피지 책이 전부였고, 그것도 과목에 맞춰 고른 것이 아니라 대충 골라서 넣은 것들이었다. 교수는 수업 시간에 예전의 문집에서 발췌한 주해를 통하여 수업을 진행하거나 부차적인 주해들로 설명을 대신했는데, 이때 욕심 많은 필경사들이 원문에 주해들을 덧붙여 재출판했다. 그런 까닭에 동일한 저자의 성서 주해서와 개론서들의 내용이 서고마다 차이가 난다. 교재의 표준화는 12세기에 정착되었다. 이 시기에 교재의 표준화 작업이 이루어진 것은 수도원의 학교가 외부 세계에 문을 닫았고, 세속의 유명 학자들이 도시에 모여 훗날 대학의 모체를 형성하던 시기와 일치했기 때문이다. 학교에서 가르치는 문학은 주해, 환언paraphrase, 작문 연습 등을 통해 라틴 문학을 가르치는 것이었는데, 기술적인 면에서 보면 라틴 문학의 순수한 모방이었고, 그 사상과 주제에 관계없이 인용과 희미한 기억에 의존하고 있었다. 하지만 그 기억도 반복하여 재사용했고, 현대인의 눈에는 너무 인위적인 것들이었다. 실제로 문학 수업에서 텍스트들은 양이 너무 많았고 정리도 되지 않아서 주제의 단일성을 찾아보기 힘들었다. 이 시기에 라틴어로 쓴 개인적인 시 작품들은 투렌, 앙주, 르망 지역의 문인들 손에서 마침내 그 정수의 꽃을 피울 참이었고, 아름다운 언어와 학문에 대한 취향이 점점 커지고 있었다. 그 중심에서 연대기 작가, 성인전 작가, 공증인들이 직업적으로 라틴어를 사용하고 있었다.

랑프랑의 영향력은 완벽함에 있었다. 그는 완벽성을 통하여 평범한 지적 기술을 사용하고 지배했다. 그 결과 전국에서 성직자들과 제후의 자식들이 르베크 수도원을 앞 다투어 찾았다. 그리고 여기에서 수학한 랑프랑의 제자들이 프랑스를 통해 이탈리아와 스칸디나비아 지방으로 흩어졌다. 그중에는 차기 교황인 알렉산더 2세, 기몽 다베르사Guimond d'Aversa, 교회법 학자 이브 드 샤르트르Yves de Chartres가 있었고, 앙셀름 다오스트Anselme d'Aoste는 변증법과 신학 사이에서 아벨라르(중세의 프랑스 철학자)에게 길을 열어주었으며, 반대편에 있던 스콜라 학자들에게는 근대 철학의 지평을 열어주었다.

랑프랑이 르베크에 은거하고 있을 때 루앙의 대주교는 5~6년 전부터 모제Mauger가 맡고 있었다. 그는 리샤르 2세와 두 번째 부인 파피Papie 사이에서 태어났는데 전 루앙 대주교인 로베르의 후임자였다. 월리엄의 통치 초반에 노르망디의 교회는 랑프랑과 로베르의 대립 속에서 격렬한 논

노르망디 브리온 근처에 있는 르베크 수도원. 지금의 이름은 노트르담뒤베크 수도원이다.

권력을 향한 정복

쟁을 벌인 적이 있었다.

모제가 루앙의 대주교가 되었을 때 그의 나이는 20세 정도였다. 그는 학식이 있는 사람으로 통하고 있었다. 왜냐하면 라틴어를 약간 읽을 수 있었기 때문이다. 하지만 모제는 젊은 나이에도 늙은이 같이 닳아빠진 경박한 주교였고 탐욕스러운데다 고집불통이었다. 게다가 무질서하고 허풍떨기를 좋아했으며 탐식을 즐기는 여느 세속 제후와 다를 바가 없었다. 그는 교회를 자신의 세습 재산으로 여겼고, 교회에 속한 성물들을 횡령했다. 그는 관례에 어긋나게 18년간 주교직에 있으면서 로마 교황청의 사도를 한 번도 받은 적이 없었다. 이 문제로 모제는 로마 교황청과 오랫동안 갈등 관계에 있었다. 전형적인 리샤르 집안의 피를 물려받은 모제는 리샤르 집안을 대표하는 정신적인 지주를 넘어 우두머리가 되었고, 점점 더 강력해지는 세속 제후 윌리엄에 대한 증오심을 감추지 않았다.

이런 수장이 있는 루앙의 교회에도 점점 더 활기가 넘쳤다. 루앙은 프랑스 왕국과 밀접한 교류가 이루어지는 중심에 위치한 도시였으며, 동시에 전례 의식의 범주가 확장됨에 따라 대중의 문화가 꽃피는 도시로 성장하고 있었다. 11세기 중반의 기록문서는 루앙의 한 참사원에 대하여 언급하고 있다. 그의 이름은 티보 드 베르농Thibaut de Vernon인데 1050년에 이미 노인이었지만, 라틴어 성인전을 속어俗語인 중세 프랑스어로 번역하여 명성이 자자하던 인물이었다. 그는 생방드리유 전기를 번역했는데, 성가의 리듬에 맞춰 운문으로도 옮겼다. 1030년에서 1050년 사이에 루앙에서 이 노래를 기록하던 익명의 필경사가 신자들이 사용할 수 있도록 '성인의 노래'를 라틴어가 아닌 방언으로 엄숙하게 완성시켰다. 이 노래는 음악과 동시에 시였는데 다른 지방에서도 비슷한 예를 찾아볼 수 있다. 루시옹 지방의 세르다뉴Cerdagne와 리모주의 생마르시알Saint-Martial에서도 비숫한 노래들이 만들어졌다. 그런데 루앙이 이런 신예술의 선구자였을까? 그렇지 않다. 남프랑스 지방의 한 시인이 '프랑스식 관습'에 대해 언급했는데, 그것은 신자들을 장시간의 성무聖務에 묶어두는 것이었다. 특히 대축일 전날의 새벽 기도는 오랜 시간이 필요한 성무였다. 이때 축제의 성격에 맞게 노래를 부르게 한 것이 그 효시였다. 그리고 그 뿌리는 10세기, 아니 9세기 말에 이미 시도되었을 것으로 추측하고 있다. 노르망디, 특히 루앙에서는 이 관습이 윌리엄이 미성년이었을 때 채택되었고, 이후 체계적으로 발전하여 중세 문학의 백미인 『성 알렉시의 노래Chanson de saint Alexis』로 탄생했다.

학자들은 대개 이 노래가 1040년에 만들어진 것으로 본다. 10개 단어들이 한 행을 이루고, 다시 그 행들이 다섯 개씩 시절을 만든다. 이렇게 만들어진 총 625행의 노래는 '프랑스어'로 기록된 최초의 시로 확실하게 인정받고 있다. 조화로운 표현들 속에는 어휘, 문체, 리듬, 이미지가 뗄 수 없는 관계로 연결되어 있으며, 오직 하나의 효과를 위해 서로 경쟁한다. 작품의 종말은 엄숙하면서도 다소 야만적인데 중세 초기 화가들의 작품을 연상시킨다. 이 작품에서 시인은 영혼과 시어를 통하여 성 알렉시를 찬양하고 있다. 작품은 5세기에 시리아에서 활동하던 위인들의 전설에 그 뿌리를 두고 있다. 비잔틴 제국의 시인들이 쓴 이 이야기는 자신의 교구에서 쫓겨난 그리스 정교회의 대주교 세르주 드 다마Serge de Damas에 의해 로마에 전해졌다. 노르만인들은 성지 순례길이나 아베르사 원정길에서 이 이야기를 듣고 고향으로 가져왔을 것이다. 이야기 속의 주인공 알렉시는 세상의 모든 것을 포기하고 청빈한 생활을 한다. 심지어 신을 따르기 위해 젊은 아내조차 포기한다. 그는 다년간 걸인으로 돌아다니다가 아버지의 집에 돌아와 죽었는데, 아무도 그를 알아보지 못했고 심지어 멸시했다. 사람들이 그를 알아본 것은 기적이 실현된 다음이었다. 그렇다면 도대체 이 노래에서 무엇이 노르만인들을 사로잡았을까? 사실 상반된 요소들로 짜인 이야기들은 당시 사람들의 정신세계에서 흔히 볼 수 있는 이야기였다. 부자의 아들과 비참한 거지, 떠돌이와 하느님의 성자, 지상과 천국, 일시성과 영원성 등 이 모든 것이 당시에 유행하던 소재들이었다. 다소 과장된 장면과 순결한 요소가 나란히 펼쳐지는 이중성은 클뤼니 수도원의 이미지를 연상시킨다. 게다가 이야기에서 소설적인 분위기도 풍긴다. 성인 숭배는 민중의 영혼을 물질 숭배에서 다른 방향으로 전환시켰다. 즉 성유물 숭배 외에도 전설의 숭배 및 성인에 대한 호기심이 더 많은 관심을 받게 된 것이다. 하지만 『성 알렉시의 노래』를 쓴 시인은 미사여구를 과감히 버리고 꾸미지 않은 거친 표현들로 성인의 일대기를 그렸다. 진정한 감동은 절제에서 나온다고 시인은 생각했던 것이다. 시인은 자신의 문학적 역량을 라틴어 학습과 수사학을 통해서 키웠을 것이다. 그리고 그 능력을 치밀하면서도 드러나지 않게 자신의 모국어에 적용시켰다. 시인은 당시까지는 문학적 표현의 측면에서는 잠재성만 있었던 프랑스어를 통해 특별한 개인의 일생을 그렸고, 더 나아가 성인의 일생을 통해 일반적인 가치를 재창조했다. 일상생활과 사회적인 용도에 국한되었던 언어에서 시인은 '표현'의 방법을 추출해낸 것이다. 글자 그대로 그는 언어를 창조했고, 그 언어는 진실로 찬양할 만한 내용을 형상화할 수 있는 그런 언어가 되었다.

『성 알렉시의 노래』의 엄청난 성공은 이미 전 세기에 존재했던 전통에 기반을 두고 있었다. 시적 언어는 하루아침에 만들어진 것이 아니고, 오랜 기간의 공동 노력이 만들어낸 결실이다. 그리고 천재적인 시인은 그 시를 완성도 높은 작품으로 재탄생시킨 것뿐이다. 그런데 많은 단서를 통

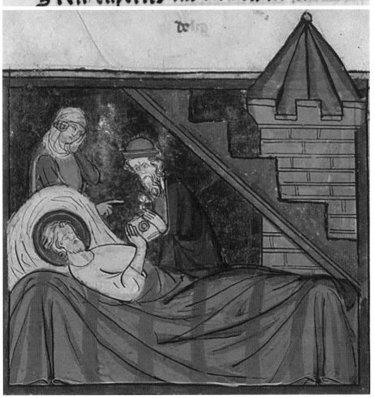

Bons fu li siecles al tens ancienor,
car fois ert. 7 iustise. 7 amor
si ert creance. due or ni a nul pro
tor? mue3 perdue a sa color
ia mais n'iert tel cum fu as anchesor
a trens noe. 7 al tens abraam
7 al davi cue deus ama tant
bons fu li siecles iamais n'iert si uaillanz
viex est. 7 frailes tor son uair declinanz
si est empories. tor bien iuair moranz

집에 돌아와 부모가 지켜보는 가운데 죽음을 맞이
하는 알렉시와 『성 알렉시의 노래』 본문.

하여 우리는 다음과 같이 생각할 수 있다. 성직자들이 채집한 민요 등으로 구성된 시적 언어는 11세기부터 프랑스의 서북부 지방을 중심으로 서서히 나타난다. 1055년 루앙의 성모 축일에서 대주교는 로베르 기스카르를 칭송하는 노래를 하라고 주문한다. 주민들은 아연실색했다. 그들은 즉흥적으로 부를 수 있는 노래도 없었고 라틴어도 몰랐다. 하지만 주민들은 노래를 부르기 시작했다. '영주를 찬양하는 노래'와 '죽은 전사들을 애도하는 노래' 그리고 '풍자하는 노래' 등 그들이 자주 부르던 레퍼토리였다. 일부 역사학자는 이런 노래들을 '민중적'인 것과 '교양적'인 것으로 분류하기도 하지만 별 의미는 없다. 하지만 이런 종류의 대립적 모순은 일상생활에서 실제적인 것보다 더 분명하게 구분되었다. 라틴어와 현지 속어의 대립은 그 기능을 제외하고는 근본적인 차이가 없었다. 12세기 초반에 오드릭 비탈은 라틴어로 무도곡을 읊었는데 그 노래는 아마도 노르망디의 노래였을 것이고, 이미 전통적인 노래로 많은 사람에게 알려진 노래였을 것이다. 11세기에는 "옷감을 짜며 부르는 노래"라며 불린 노래들이 12세기에 개편되어 보존되었다. 예들 들어 영웅 서사시들은 비슷한 주제로 발전해 나아갔다. 영주의 딸이 성에 갇혀 있고, 그녀는 친구를 생각한다. 그녀는 노래를 부르며 실을 잣고 있다. 이렇게 보잘 것 없는 사회의 현실은 멀리 떨어진 익명의 예술가에 의해 문학작품으로 옮겨진 뒤에 중세 문학의 보고로 자리를 잡는다. 이런 작업은 아마도 영주의 작은 방에서 이루어졌을 것인데 거기에서 사용되던 언어는 민중들의 속어였다. 사실 라틴어에 대한 성직자들의 존경심은 프랑스어의 확산에 걸림돌이 되었다. 그렇기 때문에 속어로 작업이 이루어지는 영주의 작은 방은 라틴어가 낯설고 환영을 받지 못하는 유일한 사회적 공간이었다. 아낙네들은 양털을 고르면서 마을 사투리로 노래를 불렀는데 그 노래의 전통은 언제 사라질지 몰랐다. 남자들은 소를 몰면서, 젊은이들은 5월의 한밤에 사랑의 노래를 마을 사투리로 불렀다. 영주들과 그의 친척들은 바로 이 언어로 자신들을 칭송하는 음유시인들의 노래를 들었으며, 재치가 번뜩이는 시인으로부터 웃긴 이야기나 다른 지방의 슬픈 이야기를 듣고 싶어 했다.

11세기부터 약 100년간 노르망디 공국은 루아르강 이북의 다른 공국보다 민중어를 통한 문화의 꽃이 일찍 피었다. 시기가 앞섰다는 것은 그만큼 다른 지방보다 문화의 발전 속도가 빨랐다는 의미로 해석할 수 있다. 반대로 문화의 지체는 회복되기 어렵다. 시간의 지체 역시 그동안 형성되었던 문화에 영향을 주지만, 불리한 인자로 작용하게 된다.

위에서 설명한 관점에서 보면, 분량이 많은 프랑스식 서사시는 이 시기를 풍미한 대표적인 시의 유형으로 분류할 수 있다. 카스티야 지방을 제외하고는 로망어를 사용하는 지역 중에서 '무훈시Chanson de geste'가 태동한 곳은 11세기 초반의 네우스트리아Neustrie(파리 근교와 노르망디 그리고 앙주 지방)가 유일하다. 가장 오래된 무훈시는 노르만 필경사가 옮긴 것인데 12세기의 것이다. 하지만 무훈시들은 오랫동안 구전으로 전해오고 있었다.† 음유시인들은 탁발승처럼 구걸하며 마을, 성곽, 시장, 순례지 등을 돌며 영웅들의 이야기를 읊었는데 단순한 반주에 맞춰 운을 섞어 암송했다. 사람들은 시인들 둘레에 모여 영웅담을 들었다. 서사시의 낭송에는 보통 1~2시간 정도가 걸렸는데 500행에서 1000행에 이르는 시를 낭송하는 데는 충분했다. 물론 중간에 쉬는 시간도 있었다. 지금까지 내려오는 가장 오래된 무훈시는 2000~2500행에 이른다. 이런 시를 요즘에 낭

---

† 지금도 발칸반도, 아프리카의 아랍권 그리고 중앙아시아에서는 구전으로 무훈시들이 전해오고 있다.

송해보면 20분에서 30분마다 쉬어야 한다.

무훈시는 시절詩節로 나뉘어 있다. 시절은 시작하는 행과 끝맺는 행으로 이루어져 있었는데 특정한 멜로디에 각운이 일치하면서 시행은 이어졌다. 바로 이 시절의 차원—서사시 전체가 아니다—에서 음유시인은 기억력과 상상력을 총동원했다. 또한 시절마다 시인은 설명할 상황들의 요소들을 하나씩 묘사했다. 시인은 서사시를 낭송하면서 상투적인 표현이나 이미 만들어진 표현들, 다른 시인으로부터 배운 숙어 표현들을 사용했고, 그가 알고 있는 지식은 시의 예술 기법에 중요한 기술로 작용했다. 이후 다른 음유시인들도 같은 무훈시를 재창조했는데 아마도 자기 방식대로 시절을 매만졌을 것이다.

무훈시에 등장하는 주인공들은 대개 역사적인 인물들이지만 가공의 인물들도 함께 등장한다. 시인은 때로 장소와 지리를 혼동하고, 리듬과 운율을 제멋대로 조정하며 시를 낭송했다. 무훈시의 주요 주제는 두 가지에 한정되어 있었다. 하나는 개인적인 전쟁, 즉 왕에게 부탁을 해봤지만 소용이 없게 되어 개인적인 복수를 하는 이야기였고, 두 번째는 반대로 교회의 승인 아래 모든 이교도에 대항하는 기독교 전사들의 신성한 이야기였다.

사람들은 무훈시의 기원에 대해 많은 이야기를 한다. 우선 무훈시는 듣는 이의 입장과 역할에서 본다면 집단적인 특징이 있으며, 역사의 태동에 적지 않은 기여를 했다. 무훈시의 태동에 역할을 한 요인들은 다음과 같다. 먼저 외부적 요인들이다. 11세기부터 중세인들의 의식에서 '서사적 감수성'이 자라기 시작했다. 예를 들어 군사적 가치관이 가장 고귀한 덕목으로 인식되고 있었다. 그리고 훌륭한 것을 추구하는 취향이 영웅의 찬양을 통해 절정에 이르고 있던 시기였다. 영웅은 용기와 승리 그리고 죽음으로 자기 집안에서 뿐만 아니라 그 민족과 신의 나라에서도 칭송을 받고 있었다. 사회 전체가 그와 동일시되길 원했으며, 모든 이가 영웅의 과장되고 귀감이 되는 행동을 본받고 싶어 했다. 이번에는 형식적인 요인이다. 서사시를 구성하는 시어는 초기의 '성인의 노래'에서 유래했을 것이다. 『성 알렉시의 노래』가 그 본보기다. 이후 독특한 주제들로 발전되어 서사시의 잠재력이 확산되었다. 그 주제들은 시인들이 제후의 집안에서 내려오는 전설에서 빌리거나, 어느 지방의 애가에서 영감을 받아 만들었을 것이다. 시인들은 전통적으로 성인들의 이야기를 다듬어서 서사시로 만들었다. 그런데 그 이야기들에 대한 기억은 대부분 수도원에서 간직하고 있었고, 성유물을 통해 누가 그 이야기의 주인공인지 밝혀주었다. 때로 무훈시 중에는 성지 순례길에서 만들어진 전설을 주제로 삼고 있는 것도 있었다.

대반란

11~12세기에 창작된 30~40편의 무훈시는 당시의 역사에 관한 기억의 단편들을 전하고 있다. 그 기억들이란 8세기에서 10세기에 있었던 카롤링거 왕조 시대의 것들이며, 그 이전이나 그 이후의 것도 아니다. 그런데 이러한 역사적 사실과 무훈시의 텍스트 내용 사이에는 우연적 관계만이 존재할까? 아직 봉건 제도가 쇠락하기 전인 12세기 전후에 살던 사람들은 이 시기를 다음과 같이 느끼고 있었다. 즉 그들은 혼란한 시대적 상황이 대규모 분쟁을 일으켜서 혈기왕성한 제후들을 부추겼다고 생각하고 있었다. 거의 정형화된 샤를마뉴 대제의 이미지는 무훈시에서 다른

주제보다 자주 등장하는 주제였다. 이 주제는 시인들에게 심오한 영감을 주었으며, 기독교도들에게 평화를 지켜주는 보호자로서 샤를마뉴만큼 훌륭한 인물도 없었다. 당시의 초라한 제후들이나 왕들과는 비교할 수 없는 존재였던 것이다. 게다가 작품에 자주 등장하는 친숙한 주제들도 무훈시가 정착하는 데 큰 역할을 했을 것이다.

당시 무훈시에 등장하던 주인공 중에는 물론 다소 가공의 인물도 있지만, 9세기의 바이킹도 있었다. 그중에는 장검공 윌리엄과 그의 아들 리샤르 1세도 등장한다. 리샤르 1세는 20편의 무훈시에 조연으로 등장하는데 또 다른 노르만인은 없었을까? 노르망디의 역사를 주제로 삼은 또 다른 무훈시는 없을까? 물론 이 문제에 대한 답을 찾기란 쉽지 않지만, 그래도 항상 제기해볼 만한 문제. 사실 11세기의 연대기 작가들은 1046년에서 1047년에 창궐했던 노르망디 지방의 내란, 즉 윌리엄 공과 제후들의 내란에 대해 언급하고 있다. 바스는 한 세기 뒤에 이 사건을 집요하게 잘 치장하여 이야기로 만들었다. 바스가 만든 이야기는 서사시의 형식과 유사해서 전쟁을 주제로 삼은 무훈시와 무엇이 다른 것인지 의문을 갖게 한다. 원래 무훈시의 원형은 고대 스칸디나비아의 '민중적 애가'에서 유래했다는 것이 정설이다.

그전의 위기보다 더 심각했던 1046년의 위기는 또 다른 특징을 보여준다. 그 특징이란 이제 윌리엄은 이론의 여지가 없는 노르망디 공국의 군주였으며, 게다가 그는 성년이 되어 모든 통치 수단을 보유한 그런 군주가 되었다. 하지만 그리 조직적이지 못한 반란으로 인해 노르망디는 한때 무정부 상태가 되었고, 제후들의 개인주의는 극에 달했다.

윌리엄이 성년이 되자 보호자들은 할 일이 없어졌다. 윌리엄은 집권 초기에 일련의 조치를 취했는데, 일부 제후는 이 조치에 불만을 터뜨려

1046년에 위기를 초래했다. 리샤르 집안의 무리, 그중에서 기Gui에게 기회가 찾아왔다. 부르고뉴 백작과 리샤르 2세의 딸 사이에서 태어난 기는 노르망디의 궁정에서 자랐다. 그는 왕조를 세울 생각에 여념이 없었고, 그렇게 되지는 않더라도 '사생아 윌리엄'을 쫓아낼 생각만 하고 있었다. 그는 스스로를 윌리엄보다 더 능력이 있는 공작 혹은 적자嫡子라고 여기고 있었다.

그의 뒤에서는 고집 센 제후들이 반란을 모의중이었다. 그 주요 인물들은 노르망디의 서쪽 지방 출신들이었는데 크뢸리와 토리니의 제후 '이를 악문 아몽Hamon de Dentu'은 공작의 봉신이었고, 코탕탱의 실력자 프레보 네Née 2세는 용맹이 출중하여 '매의 머리'라고 불렸다. 베생의 자작인 르누프 드 브리크사르Renouf de Briquessart, 생글레의 제후 라울 테송Raoul Tesson('오소리'), 그리무 뒤 플레시Grimoult du Plessis 등도 주역이었고 모두 저지대 노르망디 출신이었다. 같은 시기에 루앙에서도 반란이 일어났다. 이 시기에 공국에서는 반란이 일상이었는데 루앙의 반란은 혹시 루앙의 대주교 모제가 선동한 것은 아니었을까? 혹은 금전적인 이득을 취하려고 루앙의 시민들이 반란을 일으킨 것은 아닐까? 기욤 드 푸아티에의 기록에 따르면 루앙 사람들은 공작으로부터 상업 특권을 다시 환수하려고 제후들의 반란을 이용했다고 적고 있다.

237

1046년 어느 날 몇몇 제후가 바이외에 있는 라울의 집에 모여 이제 막 공작에 오른 '골칫덩어리' 윌리엄에 대한 불만을 노골적으로 드러냈다. 그들은 성인의 유골을 두고 윌리엄을 타도하겠다는 맹세를 했다. 그런데 공작의 어릿광대 골레Golet가 이 광경을 목격하고 소스라치게 놀랐다. 그는 몰래 빠져 나와 발로뉴 근처에서 사냥중이던 주군에게 한걸음에 달려갔다. 한밤중에 윌리엄이 머무르고 있던 발로뉴에 도착한 골레는 큰소리로 사람들을 깨웠다. 그리고 침대 머리에서 윌리엄에게 반란이 있을 것이라고 알려주었다. 윌리엄은 침대를 박차고 나와 재빨리 옷을 입고 말을 몰았다. 다른 장비들은 걸치지도 않은 상태였다. 그는 혈혈단신으로 동남쪽으로 말을 몰았다. 그리고 생클레망의 위험한 개천과 비르강을 건넜다. 그러고는 역신들—특히 르누프Renouf—이 모여 있는 바이외를 피해 이시니 근처를 우회한 다음, 새벽에 충신 위베르가 있는 리에스Ryes에 도착했다. 그는 주군을 정중히 맞이한 다음에 기력이 좋은 새 말을 내주었다. 그리고 세 명의 아들로 하여금 주군을 호위하도록 했다. 윌리엄 일행은 길을 잃지 않고 말을 몰았다. 훗날 윌리엄은 이 세 명 중의 한 명을 세Sées의 주교로 임명한다. 일행은 전속력으로 길을 우회하여 오른 계곡을 지나고 푸팡당 개천을 지나 튀리아르쿠르에 당도한다. 거기에는 그가 안전하게 피신할 수 있는 어머니의 고향 팔레즈가 있었다. 윌리엄은 그곳에서 방어진을 구축했다.

1라운드는 실패로 돌아갔다. 반란의 주모자들이 성 안으로 들어가버렸기 때문이다. 그들은 서로 연락만 취하고 있었다. 그중의 일부는 기 드 브리온에게 공작의 칭호를 바쳐야 한다고 생각하고 있었다. 팔레즈에 있는 윌리엄은, 비록 어떤 적도 그를 위협하지 않았지만 완전히 고립된 상태였다. 이에무아와 캉 너머로는 윌리엄의 통제가 미치지 않았던 것이다. 봉신들은 응답하지 않았고, 윌리엄의 명령은 전달되지 않았다. 상황은 고립무원의 형국이 되어버렸다.

이때 18세의 공작은 처음으로 정치적 행위를 실행에 옮긴다. 그는 현실적이고 경험적이며, 때로는 눈에 띄게 단순한 뜻밖의 정치적 행위를 하곤 했는데, 훗날 자신의 통치 형태를 미리 엿볼 수 있는 행위들이었다. 비

노르망디 공

록 봉신들 일부가 반란을 일으켰지만, 윌리엄은 주군과 봉신의 관계로 다시 돌아갔다. 즉 자신의 주군인 프랑스 왕에게 봉신의 자격으로서 도움을 청한 것이다. 사실 프랑스 왕은 예전에 노르망디 공을 자신의 봉신으로 인정하고 오마주도 받았었다. 그러므로 그는 이번 기회에 윌리엄을 자신의 확실한 봉신으로 삼으려는 속셈도 가지고 있었다. 그러나 윌리엄은 상황에 대한 정확한 정보를 입수하지 않는 한 어떤 관습법에도 의존하지 않으려고 했다. 사실 왕과 제후는 법적인 관계인 제후와 봉신보다 훨씬 더 긴밀한 역학적 관계를 유지하고 있었다. 윌리엄은 고립된 팔레즈에서 몇 달 동안 이 문제를 곰곰이 생각하고 있었다. 그는 팔레즈와 캉에 남아 있던 봉신들에게 자문을 구했다. 사실 그는 기 드 브리온이 어머니로부터는 노르망디에 대한 기득권을, 그리고 아버지로부터는 부르고뉴에 대한 기득권을 물려받았다는 사실을 알고 있었다. 이런 상황이 프랑스 왕에게는 큰 위협이 아닐 수 없었다. 게다가 이제 막 급성장하는 앙주 가문의 세력도 무시할 수도 없었다. 1044년 조프루아 마르텔Geoffroi Martel은 외드 드 블루아Eudes de Blois의 아들들로부터 투르를 탈취했다. 그는 투르를 손에 넣으면서 외드의 장남에게 투렌 지방을 포기할 것을 무려 15번이나 맹세하게 했다고 한다.

239

기 드 브리온이 동맹군을 결집하는 동안 윌리엄은 팔레즈를 떠났다. 그리고 1046년 가을에 그는 푸아시(랑 혹은 콩피에뉴 지방)에 머물고 있던 프랑스 왕을 찾았다. 앙리 1세는 투박한 시골 사람처럼 윌리엄을 도와주는 것이 자신에게 유리한지 저울질을 하고 있었다. 하지만 앙리 1세는 극적인 상황에서 이성적인 계산보다는 자신의 봉신을 전폭적으로 도와줘야 한다는 쪽으로 마음을 굳히고 있었다. 앙리는 윌리엄을 도와주기로 결심한다. 하지만 실제로는 도와줄 마땅한 수단이 없었다. 그래서 겨울 동안에 병력을 소집시켜 원군을 준비해주었고, 봄이 되어야 적은 규모의 병력을 확보할 수 있었다. 한편 윌리엄은 영지 내의 반란에 격분한 신민들의 지지를 받고 있었다. 루앙, 에브르생, 오주 지방, 리외뱅, 이에무아 등지에서 기 드 브리온의 수탈에 지친 사람들이 윌리엄의 편을 들고 나선 것이다. 무장한 사람들은 무리를 지어 정통성을 가진 윌리엄 공을 지키기 위해 팔레즈로 향하고 있었다. 윌리엄은 캉의 남쪽 평원에 병력을 집결시켰는데 그 지역은 어머니 아를레트의 남편이 소유하고 있던 영지였다. 윌리엄이 처한 위기의 상황에서 그때까지 어머니의 집안은 어떤 결정적 역할을 하고 있었을까?

앙리 1세는 메지동을 거쳐 동남쪽에서, 기 드 브리온과 그의 일당은 서쪽에서 오고 있었다. 결전의 순간이 임박했다. 기 드 브리온의 군대는 작은 대형으로 퍼져 오른강을 건넜다. 두 진영은 부활절을 바로 앞두고 캉에서 10여 킬로미터 떨어진 발에스됭에서 조우했다. 들판이라고 해야 사방 3~5킬로미터 정도의 작은 곳이었다. 그곳에서 첫 번째 전투가 벌어졌다. 이 전투는 헤이스팅스 전투[†]와 함께 윌리엄이 지배한 최초의 전투였고, 열을 지어 싸운 11세기 최초의 전투로 기록되었다. 두 군대는 정면으로 대치에 들어갔다. 윌리엄의 진영에서는 기사와 보병들이 투구의 끈을 조이고 갑옷을 채웠고, 검과 도끼, 미늘창 등을 움켜쥔 채 주군을 둘러쌌다. 한편 반란군의 진영에서는 140명[††]의 기사들이 기세가 등등하게 언제라도 전투가 시작되기를 기다리고 있었다. 그런데 반란군의 수장 라울 테송Raoul Tesson이 갑자기 주저하기 시작했다. 반대편에서 움직이는

240

[†] 1066년 윌리엄이 도버 해협을 건너 페븐시Pevensy 해안의 헤이스팅스에서 벌인 전투를 말한다. 윌리엄은 이 전투에서 승리를 거두고 영국 왕에 오른다.—옮긴이
[††] 바스의 기록이 정확하다면, 140명의 기사를 근거로 발에스됭에 집결한 병력의 수는 2000명 정도로 추산할 수 있다.

무리 가운데 자신의 주군인 윌리엄 공이 보였기 때문이다. 그는 갑자기 향후 저지를 죄에 대해 인식하기 시작했다. 주군을 죽인다는 것은 어불성설이었다. 그는 무기를 내려놓고 윌리엄 쪽으로 가까이 갔다. 그리고 장갑으로 살짝 그를 쳤다. 공작을 때려눕히기로 맹세를 했기 때문이다. 이렇게 그는 살인자가 되지도 않았고 맹세를 배신하지도 않았다. 그리고 그는 자신의 진영으로 돌아가 전투가 끝날 때까지 뒤로 물러서서 싸움을 조심스럽게 지켜보았다. 마침내 승리는 윌리엄 쪽으로 기울었고, 그는 모든 병력을 동원하여 전투를 마무리했다.

병사들은 전장에서 구호를 외쳤는데 주로 제후의 이름이나 수호성인을 부르며 전투를 수행했다. 들판은 부상자들이 내뱉는 고통의 신음 소리와 말들의 울부짖음 등으로 아수라장이 되었다. 칼들이 부딪치고 창들이 부러졌다. 비겁한 병사들은 말의 고삐를 놓아버리거나 방패를 어깨에 메고 도망쳤다. 이 전투는 제후가 속한 집안과 다른 집안의 싸움이었고, 병사들은 적진의 우두머리만을 겨냥하고 있었다. 프랑스 기사 하나는 단 칼에 '이를 악문 아몽Hamon de Dentu'을 베어버렸고, 코탕탱의 한 기사는 창을 던져 프랑스 왕을 말에서 고꾸라뜨렸다. 하지만 왕의 갑옷이 적의 창을 잘 막아주었다. 생폴 백작이 프랑스군과 함께 재빨리 달려와 적들을 죽이고 왕을 일으켜 세웠다. 이 광경을 구경꾼처럼 지켜보던 노르만 병사들은 이 뜻밖의 사고를 보고 조롱했다. 훗날 다음과 같은 격언이 생겨났다.

"코탕탱 병사가 창을 던지니
　프랑스 왕이 고꾸라졌네."

윌리엄은 병사들 무리를 넘어 자신을 배신한 자작 르누프Renouf를 추격했다. 그는 윌리엄이 개인적으로 가장 먼저 복수할 봉신이었다. 르누프는 이미 공작을 모욕한 적이 있어 윌리엄이 벼르고 있던 인물이었다. 마침내 윌리엄과 르누프가 마주쳤다. 두 사람이 결투를 벌인 지 얼마 되지 않아 르누프의 칼이 땅에 떨어졌다. 그러자 외마디 비명을 지르고 공포에 떨며 등을 돌려 도주하기 시작했다. 윌리엄은 호위병 등과 함께 르누프를 쫓았다. 사방에서 반란군들은 밀리기 시작했다. 그들은 부상병들을 팽개치고 코탕탱 방향으로 말을 몰아 후퇴했다. 하지만 코탕탱으로 가려면 오른강을 건너야 했다. 전투가 강가에서 다시 재개되었다. 저녁이 되자 캉 주민들은 피로 붉게 물든 강물을 지켜보았다. 바르베용의 물방앗간에는 시체들이 넘쳐났다.

기 드 브리온은 성에서 몸을 추스르며 군사를 보강하고 있었다. 반란군 주동자 중 한 명인 그리무 뒤 플레시Grimoult du Plessis는 윌리엄에게 생포되어 루앙의 지하 감옥에 갇혔다. 이 불행한 제후는 윌리엄에게 1대 1의 결투를 신청했고 윌리엄은 수락했지만 결투가 벌어지기로 한 날 그는 지하 감옥에서 시체로 발견되었다. 아마도 누군가가 그를 살해했을 것이다. 윌리엄은 그의 재산을 교회에 기부했다.

비록 전쟁은 끝나지 않았지만 적어도 위험은 사라지고 있었다. 윌리엄은 승리를 통해 반란군들을 진압하고 자신에게 유리한 상황을 만들어가고 있었다. 당시의 기록에 따르면 발에스된의 승리 이후, 많은 성†이 사라졌는데, 그 이유는 윌리엄에게 겁을 먹은 성주들이 스스로 성을 허물었기 때문이다. 이후 공작에 대한 충성의 맹세가 늘어났고, 제후들은 새롭게 오

---

† '간통으로 태어난 성châteaux adultérins', 즉 영주의 허락도 없이 축조한 성을 가리키는 표현이다.

마주를 했으며, 일부는 충성의 징표로 공작에게 인질들을 제공했다.

발에스된 전투는 사분오열된 제후들에 대해 윌리엄 공의 권력을 확인시켜주는 계기가 되었다. 제후들은 이번 기회로 주군에게 대항한다는 것이 얼마나 위험한지 깨달았다. 반란의 진압으로 권력의 무게중심이 와해되는 현상은 일단 저지되었다. 윌리엄이 이번 전투로 얻은 기득권은 더 이상 논란의 대상이 될 수 없었다. 윌리엄은 루앙으로 돌아가서 반란군 편에 가담한 상인들의 면세권을 제한했다. 분명히 그는 상인들을 위협해서 면세권의 제한에 동의하도록 만들었을 것이다. 한편 노르망디 주변의 제후국들은 노르망디의 반란을 틈타 세력을 확대시킬 기회로 삼았다. 그들은 노르망디의 내분을 철저히 자신들에게 유리한 방향으로 이용하려고 했던 것이다. 플랑드르의 보두앵 백작은 신성 로마 제국과 전쟁에 들어갔고, 브르타뉴에서도 왕조 계승 전쟁이 일어났다. 어린 코난† 공작의 보호자가 공작을 감금하고 자신이 섭정을 했지만 1047년 렌의 주민들은 무력으로 공작을 구출했다. 그 결과 브르타뉴에서는 15년 정도 전쟁이 지속되었다.

노르망디에서 절체절명의 시기가 지나가고 젊은 공작의 권력이 무르익는 동안, 로마에서는 로마 교회와 기독교 세계의 미래에 큰 영향을 줄 사건이 일어나고 있었다. 1045년 토스카나 백작의 아들인 교황 베네딕토 9세가 교황의 권위를 상징하는 삼중관을 자신의 친척에게 매매한 사건이 발생한 것이다. 결국 이 삼중관을 손에 넣은 사람이 그레고리우스 6세로 교황에 오른다. 그러나 이 거래에 화가 난 신성 로마 제국의 하인리히 3세는 두 교황을 추방하고 그 자리에 밤베르크Bamberg의 주교를 앉

---

† 코난은 알랭 3세의 아들이다. 본문 211쪽 참고.

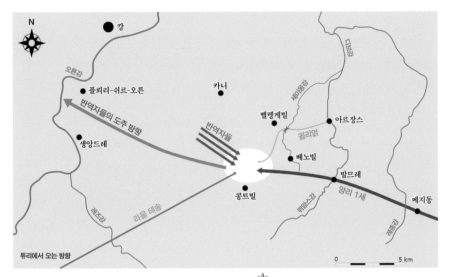

벨에스된 전투 상세도. 윌리엄은 앙리 1세가 이끄는 프랑스군과 함께 반란군을 궤멸시켰다.

한다. 이후 하인리히 3세가 죽을 때까지 세 명의 독일 출신 교황이 자리를 계승했다. 그들은 자신들의 주인, 즉 하인리히 3세에게 종속된 교황이었다. 그 결과 황제는 교황들을 움직여서 교회 행정과 도덕성 개혁에 박차를 가했다. 이 개혁을 그레고리우스 개혁이라 부르고, 장기적으로는 고위 성직자의 임명권을 두고 교황과 신성 로마 제국이 충돌하는 원인이 된다.

젊은 나이에도 불구하고 윌리엄은 당시의 제후로서는 드물게 정치적인 행위를 실행에 옮긴다. 그는 장기적으로 정치적 상황의 핵심을 파악한 다음에 현장에서 행동에 옮기는 실천적 인물이었다. 발에스된 전투에서 승리하자마자 그는 르누프 일당이 패주하는 것을 내버려둔 채 캉으로 돌아왔다. 그리고 세속 봉신과 교회의 봉신들을 소집해 자문회의를 열었다.

노르망디 공

삼중관을 쓴 교황 클레멘트 3세. 저런 왕관을 매매할 수 있었다는 것이 신기하다.

이 '자문회의'는 많은 기사로 구성된 집단과는 별도로 노르망디의 고위 성직자들이 주도하고 있었다. 이 회의는 발에스된 전투가 끝나고 몇 주 뒤 캉 근처의 보셀에서 열렸다. 윌리엄은 노르망디 공의 이름으로 공국 전체에 신의 평화를 선포했다. 그 회의에서 제후들은 공국의 성당에서 가져온 성물을 두고 윌리엄에게 엄숙한 신하의 맹세를 바쳤다. 그때까지 성직자들이 주도하는 이런 의식에 대해 대제후나 지위가 높은 기사들은 무관심하거나 망설이는 입장을 보이고 있었다. 관심을 보였던 사람들은 일부 주교가 전부였다. 전통적으로 노르망디 공은 공공의 평화를 지키는 것이 자신의 고유 권한이라고 생각하고 있었다. 리샤르 2세가 죽은 뒤 윌리엄이 보낸 12년 동안의 혼란기는 윌리엄뿐만 아니라 봉신들까지 이러한 확신이 무너졌다고 생각하게 만들었다. 이제 윌리엄은 성직자들을 통해서만 신의 평화를 지킬 수 있다고 생각했을지 모른다. 그래서 생투앵의 수도원장이자 윌리엄의 사촌인 니콜라Nicolas[†]와 루앙의 대주교 모제[††]는 리샤르 드 생반[†††]이 설파한 '신의 평화'에 각별한 관심이 보였고, 젊은 공작과 같은 생각이었다. 윌리엄은 오직 교회만이 내전의 혼란을 수습할 수 있는 권위가 있다고 판단했다. 그는 또한 어떻게 이 상황을 자신에게 유리하게 돌려놓을 수 있을지 잘 인식하고 있었고 재빠르게 선수를 쳤다. 자문회의에게 '신의 평화'와 관련된 법령의 입법을 명령하고, 공작의 자격으로 공국의 모든 영지에 법령을 공포했다. 이렇게 단호한 평화 조치를 통해 그는 제후들의 연대를 무력화시켰는데, 그 이유는 제후들의 권력 연대가 언제든지 공국을 무정부 상태에 빠뜨릴 수 있었기 때문이다.

[†] 윌리엄의 백부 리샤르 3세의 아들이다. 184쪽 참고.
[††] 리샤르 2세와 두 번째 부인 파피Papie의 아들이며 로베르의 후임자.—옮긴이
[†††] 로렌 출신의 수도사. '신의 평화'를 설교하며 노르망디를 찾았다. 221쪽 참고.

보셀에서 채택된 '신의 평화' 법령은—아마도 플랑드르의 사례를 모방했을 것이다—수요일 저녁부터 월요일 아침까지의 모든 무력적인 행위를 금지할 뿐만 아니라, 대림절부터 주현절† 이후 8일째, 사순절부터 부활절 이후 8일째, 그리고 삼천三天 기도부터 오순절 이후 8일째까지 모든 무력의 행사를 금지했다. 하지만 이 법령은 사회 질서의 최고 책임자인 공작에게는 적용되지 않았는데, 그는 왕처럼 언제든지 전쟁을 선포할 수 있는 권한이 있었다. 이러한 예외적 조항이 교회에게는 위협일 수밖에 없었다. 하지만 노르망디의 성직자들은 별다른 대안이 없었다. 이후 교회의 실력자들은 윌리엄에게 모든 것을 기대할 수밖에 없게 되었다.

자문회의는 마침내 다양한 강제 규정을 제정하기에 이른다. 유배는 30년, 공개 속죄 7년, 그리고 모든 종류의 인적·물적 피해에 대한 법적 규정을 정했다.

1061년과 1064년에 열렸던 자문회의에서는 1047년의 법령을 개정했다. 이후 '신의 평화'는 노르망디에서 '노르만 평화'라는 근본적인 제도로 자리를 잡았다. 노르망디 공은 범법자를 추적해서 체포해야 할 의무를 지니지만 판결은 교회 재판소에게 맡겼다. 윌리엄은 이때부터 평화 유지에 지극히 관심이 많은 교회를 인정하고, 교회의 재판권을 절대적으로 신봉하게 된다. 교회는 공국 내에서 안정적인 권력을 구축하기 위한 한 축이었기 때문이다. 이후 윌리엄은 그의 치세 동안 교회 재판권의 확장에 대해 우호적인 입장을 견지했는데, 그 이유는 교회를 완전히 장악했기 때문에 교회의 재판권이 확대되어도 별로 두려워할 필요가 없었기 때문이다. 실제로 윌리엄은 지나치게 관대한 교회의 판결을 파기하고 자신의

247

---

† 대림절은 성탄절 4주 전, 주현절은 1월 6일, 사순절은 부활절 40일 전, 오순절은 부활절로부터 7번째 일요일을 말한다.—옮긴이

법정에 피고를 다시 세워 형량을 더 무겁게 선고하기도 했다. 동시에 그는 제후들의 법정이 있음에도 불구하고 기회만 되면 자신이 장악하고 있는 법정의 판결권을 확대하려고 노력했다. 그 결과 제후들의 법정은 하나둘씩 줄어들었다.

'신의 평화'는 일 년 중 대부분의 기간 동안 정상적인 경제 활동과 제도의 규칙적인 운영을 보장해주었다. 경제적으로 이 제도를 통하여 윌리엄은 농민과 도시 시민으로부터 안정적인 재정 수입을 확보할 수 있었다. 하지만 장기적인 관점에서 보면 '신의 평화'는 교회와 속인俗人 사이에서 알력의 불씨가 되었고, 나중에는 교회와 국가 간의 분쟁으로 비화되었다. '신의 평화'는 정치적인 적용의 범주에 한계를 보였고, 동시에 새로운 권위를 행사하지도 못했기에 대부분의 유럽 국가에서 '신의 평화'는 임시적인 제도에 불과했다. 그러나 노르망디 공은 그런 문제점을 해결할 묘안이 있었다. 전쟁에 대한 그의 생각이 변하기 시작한 것이다. 전쟁이 영주의 권리라는 생각은 13세기 전에는, 적어도 12세기까지는 사라지지 않고 있었다. 하지만 노르망디에서는 그 이전부터 전쟁은 실체가 없고 단지 허망한 것이라는 생각이 싹트고 있었다.

윌리엄이 소집한 종교회의에서 결정된 중요한 안건들은 '신의 평화'를 영속시키는 것이었다. 윌리엄은 회의가 끝난 후에 자신이 맹세했던 성물들을 모으라고 명령했다. 그리고 그는 캉 교외에 있는 오른강 기슭에 예배당을 건축하여 "모든 성인"과 "신성한 평화"라는 이름을 붙였다.

권력의 집중
1045~1055

브리온을 포위하다

윌리엄은 베생과 코탕탱에서 반란을 일으킨 제후들에게 직접 달려가서 응징하지는 않았다. 아마도 병력이 부족했거나, 노르망디 서쪽을 차지하고 있던 제후들이 고집불통이라는 사실 때문에 무력 사용을 자제했을지 모른다. 하지만 윌리엄의 온건 정책은 또 다른 결과를 불러왔다. 기욤 드 쥐미에주의 기록에 따르면 1055년 전까지 반란을 일으켰던 제후들이 다시 결집한 것이다. 윌리엄은 이미 그들이 소유한 재산을 압수한 뒤에 반란을 일으킨 제후들을 용서해준 터였다. 그는 브르타뉴에 피신해 있던 네엘 드 생소뵈르의 영지를 마르무티에 수도원에 기증해버렸다. 네엘은 1054년에 공작의 궁정에 나타나서 윌리엄으로부터 사면을 받았다. 르누프도 같은 처분을 받았다. 윌리엄은 반란을 일으킨 제후들을 평화적인 방법으로 처리한 것이다.

하지만 기 드 브리온은 자신의 성에 남아 윌리엄에게 항복하지 않았

다. 아마도 윌리엄은 발에스튄의 경우처럼 전광석화와 같이 반역자들을
응징할 수도 있었을 것이다. 그러나 캉에서 개최된 자문회의에 결정권을
일임했다. 그는 브리온이 자신의 성에 틀어박혀 보급품들을 확보하도록
내버려두었다. 마침내 1047년 말 혹은 이듬해 봄에 가서야 윌리엄은 브
리온 성을 포위했다.

　성곽의 포위 공격은 무려 3년 동안 지속되었다. 리슬강의 두 지류 사
이에 있는 섬에 건설된 브리온 마을은 성벽으로 둘러싸여 성곽의 가운데
에는 주탑이 우뚝 솟아 있었다. 두꺼운 성벽과 강 때문에 전통적인 공격
방식, 즉 방화放火를 통한 공략법은 통하지 않았다. 안정된 위치에서 성을
공격하는 방법도 엄청난 손실을 막을 수 없었으며 승리를 장담할 수도
없었다. 윌리엄이 선공을 망설인 이유였다. 남은 선택은 성곽의 포위 대형
을 꾸준히 유지하는 것과, 성곽 주변의 마을을 초토화시키는 것밖에 없
었다. 그리고 성곽 주변에 높은 망루를 건설하여 성곽을 굽어보면서 성곽
의 출입을 금지시키는 방법을 택했다. 공성루는 주변의 거대한 참나무를
베어 30~40보 길이의 큰 들보를 수평으로 쌓은 다음에 수직으로 세운
들보에 연결시켜 만들었다. 공성루의 꼭대기에는 적의 공격을 막아주는
지붕을 설치했다. 이러한 공사는 부역의 책임이 있는 주변의 농민들이 맡
았고 포위 지역에서 떨어진 안전한 곳에서 진행되었다. 그런 다음 공성루
를 이동시켜 성벽 근처에 가깝게 배치했는데 물론 이 작업도 위험이 아
주 없는 것은 아니었다. 공성루는 하부 구조에 바퀴를 달고, 소에 밧줄을
멘 다음 권양기를 이용해서 천천히 목표 장소로 이동시켰다. 하지만 공
성루를 사용하여 얻는 소득은 보잘 것 없었다. 결국 11세기의 군사적 기
술로는 돌로 만든 성을 공격해서 함락시킨다는 것은 매우 어려운 일이었
다. 그러므로 반란을 일으킨 제후들을 제압하면서 윌리엄은 다음과 같

250

251

은 사실을 깨달았다. 큰 희생을 치르며 난공불락의 성을 점령한다는 것이 얼마나 힘든 일이며, 자신의 영지에 확고한 입지를 구축한다는 것이 얼마나 어려운 일인지 제후들을 제압하는 과정에서 교훈을 얻고 있었다. 이후 윌리엄은 자신이 소유하고 있는 성들을 체계적으로 방어에 이용했고, 새로 축조하는 성에는 방어 전략을 적용시켜 또다시 있을지도 모를 반란을 철저하게 대비했다. 소유 영지의 경계에는 참나무로 방책을 만들어 세웠으며, 영지 안에 있는 도시의 사법권을 장악했다.

여기까지가 윌리엄이 반란을 제압하는 데 사용한 전략과 작전이다. 그밖에는 더 알려진 것이 없다. 윌리엄이 이후 거의 무적의 제후가 된 것은 그의 능력과 뛰어난 전략 때문일 수도 있다. 그는 자신이 직접 전략을 세웠으며 봉신들의 도움으로 그것들을 극대화하여 '노르만 식'의 독특한 형태로 재창조했다. 윌리엄은 성년 이전부터 영국 정복(1066) 때까지 당시 유럽에서는 유일하게 정확하고 체계적인 군사적 수단들을 창출한 군주였다. 그는 전임자들처럼 사병들로 구성된 호위병을 조직하여 운영했다. 하지만 이 호위병들은 기사들로 구성된 상비군이었다. 때문에 정해진 기간만 주군에게 군역의 의무가 있는 당시의 기사들과는 달랐다. 윌리엄은 이렇게 리샤르 패거리를 제거하면서 봉신들에게 영지를 양도했다. 그는 더 많은 기사를 확보하기 위해 이탈리아, 비잔틴 제국, 스페인으로 떠나려는 가난한 기사들을 불러들였다. 1045년경에 윌리엄의 봉신인 탕크레드 도트빌†이 원정을 떠나려고 했다. 원래 봉신은 40일 동안만 주군에게 군역의 의무를 바치면 되었으므로 군역의 기간이 지나면 본인이 원하는 원정에 나설 수 있었다. 봉신들은 자신이 소유한 영지의 규모에 따라 기사들을 데리고 군역에 임했는데 다섯 명 단위로 하여 대동했으며 비용은 봉신이 부담했다. 하지만 40일이 초과될 경우 그 비용은 공작의 몫이었다. 야전에서 군대는 10명의 기사를 하나의 단위로 구성했는데 각 기사는 자신의 보병들을 지휘했다. 이런 군대의 체계를 라틴어로 '콘스타불라리아constabularia'라고 불렀다. 번역하면 야전의 '총사령관' 혹은 '원수'라는 뜻이다.

전통적으로 노르만 군대는 필연적인 약점이 있었다. 필수품의 조달은 항상 미흡했으며, 군사 작전은 어설펐고, 정력적이고 총명한 지휘관의 전술은 단기간에만 그 효력을 발휘할 뿐이었다. 그런 까닭에 뛰어난 적응

---

† 코탕탱의 중소 제후인 탕크레드 도트빌에 대해서는 본문 120~121쪽 참고.

력과 기존의 관습을 최적화시키는 능력을 가진 윌리엄은 대열을 만들어서 싸우는 전술을 선호하지 않았다. 하지만 그는 제후들 사이에서 벌어지는 결투는 마다하지 않았다. 이 결투는 먼저 제후가 전령을 보내는 것으로 시작되었는데, 전령은 한껏 멋을 부려 옷을 입고 주군의 도전을 상대방에게 알린다. 전령은 막대기와 주군의 오른손 장갑을 흔들어 보이며 적진에 파견된다. 이러한 도전은 무훈시와 서사시에서 주된 주제로 자주 등장하는데 많은 제후가 실행에 옮기는 방식이었다. 윌리엄은 스스로의 자신감과 군역에 참여한 기사들에 대한 지배력을 통해 노르만 기사들을 일사분란하게 통제할 수 있었고, 노르만 군대는 아주 신속하게 이동할 수 있었다. 당시로서는 쉽게 찾아볼 수 없는 군대였다. 그는 또한 궁수들로 구성된 보병들을 최강의 부대로 만들었다. 윌리엄의 기사들은 칼과 긴 창으로 무장했는데 창은 물푸레나무로 만들어 가벼웠다. 창의 길이는 2미터 정도 되었고, 끝은 쇠로 날카롭게 마무리하여 마치 투창 같았다.

253

윌리엄은 점잖은 기사도 정신 같은 것은 중요하게 생각하지 않았고 서사시에 나오는 영웅들의 태도 또한 경멸했다. 그는 현장에서 신속하게 행동하여 적들을 급습하는 계략을 즐겨 사용했으며, 때로는 간결한 술수(거짓으로 도주하기, 헛소문을 퍼뜨리기)를 사용하여 적들을 혼란에 빠뜨렸다. 그는 적절한 기회를 잡기 위해 기다릴 줄 알았으며, 군사 작전에서 정치적 역량을 발휘하여 사람들에게 이중적인 인상을 심어주었다.

기 드 브리온이 도시와 완전히 고립된 성곽의 망루에서 윌리엄을 경멸하며 시간을 보낸 지 수 년이 지났다. 윌리엄은 리슬 계곡을 거의 떠나지 않고 있었다. 이 지방은 루앙에서 40여 킬로미터 떨어져 있었는데 롱드 숲과 루브레 숲이 가로막고 있었고 지리적인 위치로 본다면 공국의 한가운데에 위치했다. 시간은 윌리엄의 편이었기에 그는 군이 서두르지 않았다. 혹시 성급한 공격이 치명적인 실패로 이어질 수 있었기 때문이다. 윌리엄은 3년 동안 임시 막사에서 야영하면서 그곳을 임시 궁정 삼아 자문 회의를 주재하기 시작했다. 회의의 분위기는 때로는 부드럽고 때로는 진지했다. 회의에 참석한 신하들은 25년 동안 윌리엄을 보필한 봉신들이 었으며, 앞으로 공국을 강성한 나라로 만들어갈 주역들이었다. 이제 윌리엄뿐만 아니라 봉신들 사이에서도 일종의 정치적 성향이 구체적으로 형성되고 있었다. 성의 포위가 막바지에 이르렀을 무렵, 윌리엄은 잇달아 제후들을 앵글로색슨 왕족과 결혼시켰는데, 이러한 계략은 앵글로색슨 왕조를 혼란에 빠트리기 위함이었다. 한편 그는 봉신들로 하여금 앙주 백작과는 관계를 맺지 말 것을 종용했다. 이런 시도는 봉신들을 고립 시키려는 의도에서 비롯된 것이며, 그 결과 봉신들은 서로에게 경쟁자가

주탑의 폐허만 남은 브리온 성. 기 드 브리온은 윌리엄에게 완강하게 저항했지만 결국 기근으로 항복하고 만다.

되었다.

윌리엄의 주변에는 어린 시절의 친구도 있었는데 바로 로제 드 토즈니의 딸과 결혼한 기욤 피츠오즈베른Guillaume Fitz-Osbern[†]이었다. 그는 용감했지만 치밀한 성격의 소유자는 아니었다. 하지만 윌리엄에게 매일 좋은 충고를 해주는 사람이었고, 힘도 장사였으며 용기도 출중했다. 그는 또 군대에서는 윌리엄 다음으로 높은 지위에 있었으며, 권력을 집행할 때도 윌리엄의 최측근에 있던 사람이었고, 공국의 모든 공문서에 부서副署하는 중요한 인물이었다. 기욤 피츠오즈베른과 필적한 실력자로는 이에무아의 자작 로제 드 몽고메리 2세가 있었다. 그는 트로아른 수도원의 공문서에 "나 로제는 노르만 사람 중에서 가장 노르만인다운 사람이다"라고 서명을 하는 인물이었다. 윌리엄과는 먼 사촌이었는데 리샤르 1세의 두 번째 부인인 공노르Gonnor의 손자였다. 그는 1048년경에 기욤 탈바 드 벨렘의 마지막 자식인 마비유Mabille와 결혼했다. 이 결혼은 기욤 탈바 가문의 분리주의에 종지부를 찍는 정략적 결혼이었다. 하지만 뻔뻔하고 수다스럽고 게다가 성을 잘 내며 잔인하기까지 한 마비유는 아버지인 기욤 탈바로부터 나쁜 기질들을 물려받은 여자였다. 그러므로 로제가 통치하던 시기에 페르슈 사람들은 공작 가문에 대해 적대감이 있었다. 로제 또한 오랫동안 애매한 입장을 취할 수밖에 없었다. 그런 연유에서 로제는 1066년 영국 정복에 참여하지 않았을 것이고, 만약 영국 원정에 참전했더라도 그것은 로제에 대한 윌리엄의 관심 때문이었을 것이다.

이제 막 스무 살이 된 이 기사들은 윌리엄의 동년배이자 공작의 봉신들이었다. 이들 말고도 이후 5년 동안 기욤 피츠제레의 조카이자 공작의

255

[†] 아버지 오즈베른 드 크레퐁의 비극적인 죽음에 대해서는 본문 207쪽 참고.

시종인 로베르 드 그랑메닐Robert de Grantmesnil도 윌리엄의 일행에 합류한다. 1050년 이전 노르망디 공국에는 나이 서른 정도의 한 기사가 궁정에 나타난다. 그는 푸아티에서 돌아왔다고 해서 기욤 드 푸아티에라고 불렀다. 1025년부터 유명한 생틸레르 수도원의 학교에서 수년 동안 학문을 연구한 그는 그곳에서 샤르트르 출신의 석학인 퓔베르로부터 3과목을 수학했다. 기욤 드 푸아티에 덕분에 공국에는 다시 문학적 풍토가 조성되어 비교적 널리 확산되었는데, 랑프랑 때의 문학적 부흥보다 더 성숙한 여건이 조성되었다. 기욤 드 푸아티에는 티투스 리비우스, 카이사르, 살루스티우스, 타키투스, 수에토니우스, 유베날리스, 베르길리우스 등 로마의 문인들에 대해 잘 알고 있었고, 그들의 표현들을 자주 인용했다. 윌리엄은 그를 궁정의 전속 사제로 임명했고, 곧이어 그는 리지외의 대주교가 되었다.

윌리엄은 주변을 대부분 충복들로 메웠지만 어머니 쪽의 집안사람들도 중용했다. 윌리엄의 두 이복형제는 아직 어린애들이었지만 1049년 말에 바이외의 주교인 위그Hugues—그는 리샤르 무리였다—가 죽자 두 형제 중 한 명인 오동Odon을 바이외의 주교 자리에 앉혔다. 오동이 고작 10살에서 12살 정도밖에 안 되었을 때의 일이다. 이런 선택은 전임자들이 했던 것을 그대로 답습하는 것이었다. 즉 집안사람들을 고위 성직에 앉히는 전통을 계승한 것이다. 아마도 그는 오동에게서 특별한 능력을 발견했을지도 모른다. 기욤 드 푸아티에는 이 아이에게서 관대함, 선량함, 정직함, 겸허함, 교양 등을 발견할 수 있다며 지나칠 정도로 칭송했다. 이런 덕목들은 모제가 루앙에서 후학들을 가르치고 있던 시기에 중세인들이 중시하는 것들이었다. 한편 잘 생기고 용감한 기사 조프루아 드 몽브레Geoffroi de Montbrai가 쿠탕스의 주교로 1048년에 서임되었을 때 그는 자신의 교구를 루앙으로 편입시키고자 했다. 왜냐하면 쿠탕스의 주교궁은 폐허가 되었고, 대성당에 있어야 할 전례서들과 성물 장식도 사라졌으며, 성당의 토지 소유 문서도 없었기 때문이다. 단지 5~6명의 무식한 참사원들만이 성당을 지키고 있었다. 성격이 극단적이고 복잡한 오동은 문화적 소양까지는 아니더라도 취향은 있는 인물이었다. 오동은 주교로서 교구에 속한 성직자들의 교육을 걱정하여 그들을 리에주나 다른 도시로 보냈다. 그는 천성적으로 야만적인 면이 있었지만 미美를 찬양하는 수호자를 자처했다. 정치적으로는 믿을 만한 조언자였고 전장에서는 용감한 전사였다. 하지만 탐욕스럽고 낭비벽이 심했으며 관습에는 엄격하지 못했고, 성직자로서의 자질은 거의 찾아볼 수 없는 인물이기도 했다. 그럼에도 그는 자신의 이복형, 즉 윌리엄을 35년 동안 보좌한 주요 인물 중의 한 명이었다.

257

1049년 가을, 고립된 지 3년째 되던 해에 브리온의 주변에 소문이 떠돌기 시작했다. 소문의 진실은 르베크의 수도원장인 랑프랑이 윌리엄이 계획하던 결혼에 반대한다는 것이었다. 하지만 이런 갈등은 윌리엄의 승리로 끝났다. 아마도 랑프랑은 기 드 브리온의 분리주의를 지지했던 모양이다. 르베크는 반란의 온상인 브리온의 중심에 위치하고 있었다. 윌리엄은 랑프랑의 처신에 화가 나서 수도원 소유의 농장에 불을 놓았다. 그는 수도원장이던 랑프랑—이탈리아의 롬바르디아 출신—에게 농장의 소유권을 내놓으라고 명령했다. 그러자 랑프랑은 미련 없이 르베크를 떠나기로 한다. 하지만 르베크 수도원의 살림은 보잘 것 없었다. 랑프랑이 타고 떠나려던 말이 야위어서 다리를 절고 있었다. 랑프랑이 떠나는 것을 본 윌리엄은 분노했다. 랑프랑 일행이 너무 천천히 움직이고 있었기 때문이다. 랑프랑은 가던 길을 멈추고 신랄하게 윌리엄에게 빈정거렸다. "당신이 최상의 말을 내주면 내가 더 빨리 갈 수 있을 텐데." 주위의 모든 이가 박장대소를 터트렸다. 공작은 바로 그때 랑프랑이 큰 인물이라고 생각했다. 그는 랑프랑과 함께 르베크 수도원으로 돌아갔다. 그리고 수도원의 어려운 문제도 해결해주고, 랑프랑의 조언을 받아들였다. 분명히 그 이후에도 랑프랑은 르베크에서 살았을 것이다. 그리고 윌리엄은 그가 말하는 것을 경청하고 그의 덕목과 가치를 인정했다. 이후에 두 사람 간에는 다시는 랑프랑에 대해서는 언급하지 않기로 협정이 맺어졌다. 랑프랑은 윌리엄의 통치 기간 조력자로서 공작에게 조언을 아끼지 않았다. 그는 완급을 조절하는 보수적 성향을 지닌 조언자였는데 공작의 개인사나 정치적 현안에 대해 주로 조언했다. 때때로 랑프랑은 공작에게 지적인 충고를 했는데 장기적인 안목에서 볼 때 그런 충고는 윌리엄의 행동 결정에 영향을 주었지만, 동시에 윌리엄의 머릿속을 혼란스럽게 만들었다. 랑프랑이란 인물은 윌리엄과 교황의 권력을 이어주는 영원한 중재자였다. 그는 윌리엄의 40년 통치 기간 중 두 권력이 충돌하지 않게 적절히 조절하는 역할을 맡았으며, 각자는 자신의 발전을 위해 서로를 이용하는 것이 유익하다는 것을 잘 알고 있었다. 윌리엄이 40년 통치 기간에 봉건 세계에서 최초로 국가다운 국가를 세울 수 있었던 것은 랑프랑 덕분이었다고 해도 과언이 아니다.

1050년에 기 드 브리온이 기근으로 인해 마침내 항복했다. 윌리엄의 인내심에 브리온이 결국 굴복하고 만 것이다. 브리온은 다시 공국의 통치 아래에 들어갔다. 반란군 중의 일부는 얼마 전까지도 난공불락의 요새 같은 성이 함락되었다는 사실에 충격을 받았다. 그러나 그들은 이제 윌리엄이 자신들의 공작이라는 사실을 인식하고 안도했다.

윌리엄은 반란에 가담한 자들을 엄벌에 처하지 않았다. 그는 기 드 브리온의 재산 중 일부만 몰수하고, 그를 용서해주었다. 심지어는 브리온

성의 주탑을 공작의 이름으로 점유할 수 있게도 해주었다. 윌리엄이 보여준 관용은 처벌보다 더 이성적이고 실용적인 처사였다. 아마도 어린 시절을 함께 보낸 사촌에 대한 우정이 남아 있었기 때문은 아니었을까? 하지만 모욕을 당했다고 생각한 기 드 브리온은 윌리엄의 제안을 단호히 거부했다. 그는 자신이 태어난 부르고뉴로 돌아간 것이다. 거기에는 부르고뉴 공이 된 형제가 있었다. 그곳에서 그는 부르고뉴 공국의 일부를 자신의 소유로 만들려고 했지만 실패로 돌아갔다. 그리고 10년 뒤 소리도 없이 세상을 뜨고 말았다.

공의회와 결혼의 역사

1049년 랭스에서 교황 레오 9세의 주재 아래 공의회가 개최되었다. 그는 교황이 되자마자 교회 법령을 공포하여 타락한 성직자들과 성물을 매매한 자들을 추방하려고 했다. 그는 이탈리아, 프랑스, 독일에서 자신이 공포한 법령들이 잘 적용되는지 알아보기 위해 순차적으로 종교회의를 개최하던 중이었다. 랭스에는 노르망디 공국을 대표해서 쿠탕스, 아브랑슈, 세, 바이외, 리지외의 주교들이 참석했다(모제의 불참이 이례적이었다). 그들은 교황의 제안에 대해서 우호적인 입장이었다. 이듬해에 루앙에서 열린 공의회에서 주교단은 교회 개혁의 법령을 원칙적으로 수용했다. 그 법령은 성물을 매매하는 자를 처벌하고, 성직과 관직의 매매를 금지하며, 세례를 줄 때 교회가 받는 비용도 불허했다. 또한 교회 규범을 정하고, 교단에 들어가길 원하는 사람의 나이와 교육 과정도 확정했다. 또한 주교와 수도사들이 교구 내에 거주할 것도 명시했고, 교회 소유의 토지를 주교가 사유화하는 것도 금지했다. 그런데 일부 주교들은 자신들의 타락한 정신 상태와 절연하기에는 고통이 너무 컸다. 몽브레의 조프루아 드 몽브레는 코탕탱 교회를 중건하면서 남긴 기록에서 자신은 교황의 개혁 법령에 거부감이 없다고 적고 있다. 그는 장기적으로 보면 자신의 목표 또한 같은 방향이라고 생각했던 것이다. 한편 르망의 성직자들은 교황의 법령이 상식 밖이라고 여기고 있었다. 그들은 몇 달 전부터 이 법령으로 인해 고통을 받고 있던 터였다. 멘 지방에는 젊은 백작이 있었는데 그의 후견인을 맡고 있던 어느 성직자는 제르베† 주교와 갈등을 빚고 있었다. 그래서 그는 앙주의 백작 조프루아 마르텔에게 도움을 청했다. 그러자 조프루아는 이 기회를 자신에게 유리하게 이용하려고 계획을 세웠다. 앙주 백작령의 영향력을 북부 지방까지 확대하려는 야심을 드러낸 것이다. 그는 1047년 혹은 1048년에 르망으로 가서 제르베 주교를 납치한 다음에 그를 감옥에 가두었다. 그러자 교황 레오 9세는 조프루아에게 마이앙스에서 곧 열리는 다음 공의회에 출석할 것을 명령했다. 그러나 조프루아는 경거망동을 범하고 말았다. 그는 교황에게 자신에게 죄가 있으면 앙주에 와서 조사하라고 역제안을 한 것이다. 조프루아는 마이앙스의 공의회에 출석하지 않았고, 제르베 주교는 여전히 감옥에 갇혀 있었다. 1050년 교황 레오 9세는 조프루아를 기다리다 지쳐서 그를 결국 파문했다.

세의 주교 이브에게도 역경이 찾아왔다. 부실 공사로 인해 성당이 무너진 것이다. 교황 레오 9세는 붕괴의 책임이 주교에게 있다며 그를 맹렬하게 비난하고 나섰다. 교황은 성당을 다시 지으라고 명령했다. 그러나 이브는 재정적인 문제로 인해 성당의 재건축이 어렵다고 생각하고 있었

---

† 벨렘 가문 출신인 제르베는 1034년 주교에 올랐다. 본문 198~199쪽 참고.

다. 그는 자신의 조국인 이탈리아 남부로 가서 성당 재건축에 필요한 자금을 모금해오려고 했다. 그는 이탈리아의 푸이야 지방으로 떠났다. 그리고 몇 년 뒤에 콘스탄티노플을 거쳐 많은 황금을 가지고 돌아왔다. 게다가 비잔틴 제국의 황제가 선물한 '진짜 십자가' 조각도 몇 개 가져왔다.

랭스 공의회에서 채택한 법령 중에는 7대 동안 같은 조상을 가진 친족 구성원 간의 근친혼을 금지하는 조항도 있었다.[†] 이런 근친혼을 비난하는 여론이 비등하자 곧바로 새로운 법령을 제정한 것이다. 일련의 개혁 법령들이 쉴 새 없이 공포되자 사람들은 레오 9세와 그의 참모진의 의중이 무엇인지 궁금해지기 시작했다. 혹시 교황이 자신도 모르는 사이에 어떤 음모에 빠진 것은 아닌지 의문이 든 것이다. 물론 노르망디의 공작 궁정에서는 아무도 그 사실을 의심하지 않았다. 하지만 혹시 공국의 성직자들이 루앙의 대주교 모제의 선동에 따라 윌리엄의 결혼 계획을 비난하고 나서면 어떻게 할 것인가? 윌리엄은 그럴 경우 그 비난이 모제의 작품이라고 믿을 참이었다. 어쨌든 랭스 공의회의 법령은 1049년부터 계획하고 있던 윌리엄의 결혼에 암초로 작용한 것이 사실이다. 윌리엄은 플랑드르 백작의 딸인 마틸다Mathilde[††]와 결혼을 계획하고 있었다.

윌리엄은 이제 스무 살이 넘었다. 당시의 결혼 풍습으로 볼 때 공국의 수장이 그때까지 결혼을 안 한 것 자체가 드문 일이었다. 물론 봉신인 제후들이 윌리엄의 배우자를 찾아주려고 노력을 했을 것이다. 하지만 윌리엄의 결혼은 정치적인 면도 고려해야 했다. 윌리엄은 결혼 문제에서 봉신들의 눈치도 봐야 했지만, 동시에 주군인 프랑스 왕의 눈치도 살펴야 했

[†] 윌리엄과 그의 부인인 마틸다는 조부가 같다. 윌리엄의 3대 증조부와 마틸다의 4대 외고조부가 노르망디의 리샤르 1세다. 결국 랭스 공의회의 결정에 따라 둘은 결혼을 할 수 없는 사이였다.

[††] 마틸다는 라틴어 이름을 현대어에 맞게 바꾼 이름이다. 11세기의 프랑스 민중어로는 마외Maheut 혹은 마오Mahaut(영국명 모드Maud)라고 불렸다.

다. 결혼을 통해 확고한 동맹 관계를 설정해야 하는 책임도 있었던 것이
다. 아마도 윌리엄은 아무 계획 없이 마냥 결혼을 기다리고 있지는 않았
을 것이다. 발에스된 전투 전에 혹시 어떤 가문에서 윌리엄에게 딸을 준
다고 언약하진 않았을까? 또 다른 측면에서 보면 이제 반란군을 거의 다
진압하여 승리를 목전에 두었지만, 그렇다고 승리를 완전히 쟁취한 것도
아니었다. 진압당한 제후들이 완전히 굴복했다고 볼 수도 없었고, 멘 지
방에서는 여전히 앙주 백작이 호시탐탐 공국을 위협하고 있었다. 그러던
중에 플랑드르 백작 보두앵 5세의 딸이 결혼 적령기에 있다는 소식이 들
려왔다. 그녀는 앵글로색슨 귀족과 막 파혼한 상태였다. 소문에 따르면
미모에 학식도 겸비한 재원이었다. 그녀는 비록 먼 후손이기는 했지만 앨
프레드 대왕과 샤를마뉴 대제의 피가 흐르고 있던 훌륭한 집안의 규수
였다. 하지만 플랑드르와 노르망디는 오래전부터 견원지간이었다. 그런
데 20년 전부터 플랑드르 백작의 관심은 동쪽과 북쪽 지방에 있었다. '턱
수염' 보두앵 4세는 캉브레와 발랑시엔에 교두보를 확보했는데, 이곳은
신성 로마 제국의 황제로부터 발헤런과 에스코 계곡 지대를 양보받고 얻
은 브라방 땅의 일부였다. 보두앵 5세는 우선 계곡 저지대의 잡목을 베고
땅의 물기를 제거했다. 노르망디 공국과 마찰을 빚을 수 있는 지역을 모
두 제거한 것이다. 남은 곳은 영국이었다. 영국은 플랑드르가 지지하는
나라였는데 거기에는 에드워드, 엠마 그리고 '덴마크 패거리'가 서로를 견
제하고 있었다. 이런 상황에서 플랑드르와 영국이 거래하는 것도 불가능
한 것은 아니었다. 미래를 누가 알겠는가? 보두앵 5세는 프랑스 왕을 처
남으로 두고 있었다. 그렇기 때문에 윌리엄은 이번 기회에 플랑드르와 혼
인을 맺고 앙주를 압박할 절호의 기회라고 생각하고 있었다. 그럼에도 윌
리엄은 보두앵 5세가 2년 전부터 신성 로마 제국의 황제와 전쟁을 치르

고 있다는 사실을 간과하지 않았다. 그리고 그가 외교적 또는 군사적 원조가 필요하다는 사실도 명심하고 있었다. 어려움에 처한 플랑드르와 손을 잡으면 일석이조의 효과다. 1049년에 신성 로마 제국과 연합한 영국과 덴마크의 함대가 노르망디 해안을 위협했다. 윌리엄과 에드워드 왕의 관계는 윌리엄이 에드워드의 어머니이자 정적인 엠마를 지지하지 않는다는 조건으로 인해 별 문제가 없었다. 기욤 드 푸아티에—브리온 성을 포위하고 있던 시기였다—에 따르면 윌리엄은 보두앵 5세와 주고받은 편지에서 애매한 표현으로 신성 로마 제국의 황제와 유지하고 있는 관계에 대해 암시했는데, 이러한 작전은 보두앵 5세로 하여금 윌리엄과의 혼사를 서두르게 하기 위함이었다.

윌리엄은 차근차근 결혼 계획을 실행에 옮기기 시작했다. 13세기의 연대기에 따르면 처음에 마틸다는 사생아인 윌리엄과 결혼하는 것을 몹시 혐오했다고 한다. 전령들은 마틸다의 그런 얘기를 그대로 윌리엄에게 전했다. 윌리엄은 분기탱천하여 말을 몰아 릴까지 한 번에 달려갔다. 그리고 백작의 성에 난입해서 마틸다를 사로잡아 바닥에 팽개쳤다. 그러고는 박차로 마틸다의 옷을 갈가리 찢어버렸다. 자존심이 강했던 플랑드르의 마틸다는 윌리엄 앞에 굴복하고 결국 그의 청혼을 받아들였다.

복잡하게 얽혀 있는 가계도는 약혼자들이 정확히 몇 촌인지 잘 알 수 없게 만든다. 6촌, 5촌 혹은 4촌인지 정확히 알 수 없는 경우가 빈번하다. 혹시 랭스 공의회가 규정한 7대에 걸쳐 같은 조상을 가진 친족 구성원이 있는지도 살펴야 한다.

윌리엄은 마틸다와의 혼인을 포기할 수도 없었고 그럴 마음도 없었다. 랑프랑과 함께 마틸다를 본 다음에 윌리엄은 랑프랑의 의견을 물었다. 그

파리 뤽상부르 공원에 있는 마틸
다 여왕 상. 프랑스를 빛낸 훌륭
한 여왕 중의 한 명으로 소개되
어 있다.

는 이 결혼에 대하여 머뭇거리고 있었고, 심지어 적극적으로 반대까지 했다. 하지만 윌리엄이 새 친구 랑프랑에게 위임한 첫 번째 일은 로마 교황청과 잘 협상하여 이 결혼을 성사시키라는 것이었다. 아무리 두 사람 간의 인척 관계가 가까워도 마틸다 같은 여인은 노르망디 공국의 미래를 위해 꼭 필요한 존재였다. 그런데 반대자는 오히려 노르망디에 있었다. 루앙의 대주교 모제가 랭스 공의회의 결정에 따라 이 결혼에 강력히 반대했던 것이다. 랑프랑에게 결혼 문제를 일임한 윌리엄은 그가 어서 성사시킬 수 있도록 독려했다. 그는 20살의 피끓는 자신과 고귀한 집안 출신인 마틸다가 이 결혼을 소원한다고 랑프랑을 설득했다. 그는 또한 확신을 가지고 이 결혼이 자신이 추구하던 정치에서 가장 중요한 사건이 될 것이고, 자신의 미래도 여기에 달려 있다고 말했다. 결혼에 반대하는 몇몇 사람은 안중에도 없었다.

교황 레오 9세는 신성 로마 제국의 황제 하인리히 3세와 긴밀한 관계를 유지하면서 날로 커지는 플랑드르의 세력에 근심을 감추지 않고 있었다. 로렌 출신인 교황은 고집불통이자 원칙주의자였는데 랭스 공의회의 결정에서 한 발자국도 물러서지 않았다. 그는 노르망디 공국이 이 결정을 따르지 않는 것에 대하여 매우 분노했다. 그에게 동조하던 세력은 신성 로마 제국의 황제였는데 그는 로마 교황의 후광을 지켜주는 유일한 원군이었으며, 교회의 일들에 대해 세속인들의 간섭을 막아주는 유일한 방패였다. 그런데 합법적인 결혼은 오직 교회만이 결정할 수 있지 않은가? 교황청이 안고 있던 유일한 문제, 즉 교황청의 임무는 예전에 '세계의 수도'였던 로마를 다시 한 번 영원한 도시로 만드는 것이었다. '세계의 수도'라는 표현에는 두 가지 의미가 들어 있었다. 먼저 로마는 각국의 순례자들이 찾는 기독교 성지의 수도인데, 당시의 로마는 고대 유적 터에 성당들이 볼품없는 자태로 여기저기 서 있었다. 군사적인 측면에서 레오 9세는 이탈리아의 푸이야에 머무르고 있던 노르만 기사들이나 이교도 같은 야만족을 군사적 원정을 통해 축출하려는 생각밖에 없었다. 하지만 레오 9세의 계획은 제대로 이행되지 못했다. 그가 1054년에 죽었기 때문에 새로운 국면이 전개되고 있었다. 이제 교황의 권위는 레오 9세가 확립시킨 이래 더 이상 약화되는 모습을 찾아볼 수 없게 되었다. 같은 해에 콘스탄티노플의 총대주교 미카엘 1세 케룰라리오스Michael I Cerularius에 의해 동서 교회의 대분열이 일어났고, 이로서 동방의 교회와 서방의 교회를 이어주는 끈은 끊어졌다. 교회의 대분열을 정치역학적인 면에서 보면 로마 교황권의 강화에 대한 동방 교회의 반발로 볼 수 있다. 어쨌든 레오 9세

힐데브란트는 훗날 그레고리우스 7세로 교황에 등극한다. 신성 로마 제국의 황제 하인리히 4세를 파문하고 굴복시킨 주역이다.

노르망디 공

는 1048년에 차기 교황을 지명해놓고 자신이 주교로 있었던 툴로 가기 위해 로마를 떠났다. 교황이 툴로 가는 길에는 힐데브란트Hildebrand라고 불리는 이탈리아 사제가 레오 9세를 수행하기 위해 길을 따라 나섰다. 개종한 유대인 집안 출신인 힐데브란트는 막강한 피에를레오니 집안 출신이었는데, 2년 전에 교황에서 쫓겨나 독일에서 망명 생활을 하던 그레고리우스 6세를 찾아간 적이 있었다. 피에를레오니 집안은 레오 9세와 긴밀한 관계를 유지하고 있었다. 레오 9세는 젊은 힐데브란트를 생폴 수도원의 원장에 임명했고, 그를 추기경으로 훈육시키고 있었다. 그가 바로 25년 뒤에 교황에 오르는 그레고리우스 7세다. 그는 세속의 제후들과 정면으로 충돌하는 것에 주저함이 없는 교황이었다.

월리엄은 자신의 결혼에 반대하는 교황에게 굴복하지는 않았지만 그렇다고 교황의 의지를 꺾을 수도 없었다. 윌리엄은 현실적 감각을 유지하며 교황에게 대놓고 맞서는 것을 자제했다. 그는 자문회의가 결혼을 반대함에도 불구하고 타협과 협상을 통해 결혼을 성사시키려고 노력했다. 그는 목적을 이루기 위해 자신의 장점과 기독교 제후국 수장으로서의 술책, 심지어 남들의 장점까지 최대한 활용했다. 이제 윌리엄은 건강한 신체를 가진 기사형 군주가 되었으며, 주변에서는 그를 성격이 복잡하면서도 매력적인 인물이라고 평가했다. 그의 실제 모습은 바이외의 자수에 묘사되어 있다.† 윌리엄의 모습은 넓은 어깨와 큰 키, 권위적인 자세, 굵은

---

† 1522년 캉의 생테티엔Saint-Étienne 성당에 누워 있는 윌리엄의 관을 열었다. 현지 화가는 당시까지 신기할 정도로 잘 보존되어 있던 윌리엄의 유해를 통하여 그의 얼굴을 그렸는데 그때 윌리엄이 영국 헨리 8세의 의복을 입은 것으로 묘사했다. 이 초상화를 근거로 보위아르Boüard는 자신의 저서 『정복왕 윌리엄』에 이 초상화를 실었지만 실제 윌리엄의 얼굴인지는 알 수 없다. 윌리엄의 묘는 1562년에 훼손되어 유골들이 산산조각 났다. 단지 대퇴골만 남아 윌리엄의 키가 당시 사람들보다는 아주 컸다는 사실을 알 수 있었다.

　　　　　　　　　　　　　　　권력의 집중

목과 진한 머리카락의 큰 머리, 면도를 한 턱과 얼굴, 짧고 뭉뚝한 코와 튀어 나온 턱을 가진 인물로 묘사되어 있다. 물론 자수를 놓던 여인들은 등장인물의 외모를 정확히 묘사할 수 없었을 것이다. 하지만 자수에 열한 번씩이나 등장하는 윌리엄의 외모는 한결같으므로 자수의 인물이 실물과 어느 정도 비슷하다고 생각할 수 있다. 연대기 작가들은 윌리엄의 풍채가 역동적이고 우람했으며 목소리는 거칠고 설득력이 있었다고 전하고 있다. 그는 자신의 생각을 명확하게 설명하는 능력이 있었지만 말수는 적었다고 한다. 윌리엄은 엄숙하고 단정한 성품의 소유자였지만 지나칠 정도로 사냥에 빠져 있었다. 그런 이유에서 교회는 사냥에 빠진 윌리엄을 비난했다. 그는 충동적이긴 했지만 이성이 지배하는 경우에는 자제할 줄 알았다. 그리고 결코 이유 없이 사람들을 괴롭히지 않았다. 그의 결단력과 냉정함은 전쟁에서 우위를 차지하는 결정적인 요인으로 작용했다. 그는 조상들로부터 주변의 찬탄을 받을만한 용맹함을 물려받았다. 그를 호위하거나 전장에서 보호하는 군사는 열 명을 넘지 않았다. 때로는 네 명밖에 안 되었다. 말이 창에 맞아 죽으면 무훈시에 나오는 영웅처럼 걸어서 전장을 누볐다. 그는 또 조상으로부터 남의 것을 자기 것으로 만드는 뛰어난 능력을 물려받았다. 그는 예측할 수 없는 상황에서도 초연할 수 있는 능력이 있었으며, 또 그 상황을 자기에게 유리하게 만들 줄 알았고, 남들이 만들어놓은 경험과 사상도 효과적으로 이용할 줄 알았다. 그는 균형 감각과 합리적 사고의 소유자였으며, 규율을 존중하는 계산적인 인물이었다. 하지만 격한 분노에 사로잡힐 때는 드물게 실수도 범했다. 또한 대대로 원수지간인 집안에 대해서는 파렴치한 태도까지 보이기도 했다. 역사가들은 다정함은 별로 찾아보기 힘들고, 쉽게 반감을 드러내는 성격의 소유자라고 기록하고 있다. 오드릭 비탈에 따르면 윌리엄은 식탁에서

바이외의 자수 그림에 등장하는 윌리엄의 모습. 해럴드HAROLD와 윌리엄WILLELMO(윌리엄에게)의 이름이 라틴어로 적혀 있다.

만 유쾌한 모습을 보였다고 한다. 그는 절제된 식생활의 소유자였고, 특히 술에 취하는 것을 혐오했다. 절대로 식사 중에 석 잔 이상의 술은 마시지 않았다고 한다. 팔레즈성에서 열리는 긴 야회夜會에서 그는 광대의 공연을 즐겼고, 하프 연주도 즐겨 들었다고 한다. 하지만 자신에 대해서는 하찮은 농담도 용인하지 않았다. 자신을 욕하는 자는 한 명도 용서하지 않았다고 한다.

윌리엄의 비관적 성격은 그의 불우한 어린 시절에서 비롯되었을 것이고, 무자비한 성격도 거기에서 나왔을 것이다. 통제된 잔인함과 의식적으로 자신을 배신하는 성격이 있었다. 끈기가 있고 부드러운 구석도 있었지만 자신이 마음을 먹은 것에 대해서는 결코 번복하는 일이 없었다. 항상 자신만이 결정권이 있다고 생각했으며, 그 권리를 결코 남에게 양보하지 않았다. 현실을 직시하는 인물이었으며, 실패할 경우 거기에서 교훈을 찾았다. 그리고는 인내심을 가지고 과업을 묵묵히 수행해 나갔다. 장기적인 관점에서 볼 때 실패에서도 교훈을 찾아내는 그런 인물이었다. 그는 주변 사람들을 철저하게 굴복시켜 자신의 휘하에 두었다. 1050년경에 그는 수장首長이라는 직책을 라틴어로 쓰인 이야기 『루오틀리프Ruodlieb』에 나오는 주인공의 직책에 비유했는데, 이 소설은 익명의 독일인이 쓴 것이다. 그는 자신을 정의와 평화, 대지를 수호하는 '대왕Rex Major'이라고 생각했다. 수십 년 동안 윌리엄은 이런 생각을 버리지 않았다. 물론 나이를 먹으면 신념도 약해지는 법이다. 하지만 통치 기간 내내 어느 누구도 그에게 끝까지 저항하지는 못했다.

윌리엄은 중요한 일이 없는 한 매일 아침 미사에 참여하고 저녁의 성무까지도 받들었다. 주변의 성직자들은 그의 독실한 신앙심을 칭찬했다. 기욤 드 푸아티에는 윌리엄이 성서 공부에도 충실하고, 우아한 취향도 즐긴다고 적고 있다. 그는 성사聖事에도 열심히 참석했으며, 이교도에 대한 열정은 모두 버리고 기독교의 신앙심을 키우는 데 전념했다. 또한 교회가 요구하는 정당한 명분을 모두 받아들여 이제 이교도로 회귀한다는 것은 상상할 수도 없는 일이었다. 영국인 헨리 드 헌팅던Henri de Huntingdon은 정복왕의 능력과 지략을 칭찬하면서도 그의 야심과 탐욕, 잔인함에 대해서는 비난했다. 물론 정복을 당한 입장에서 나온 평이다. 윌리엄은 교회와 협조하면 교회로부터 엄청난 권력을 받을 수 있다고 생각하고 있었다. 물론 불가근불가원이란 말처럼 그는 교회의 포로가 되지 않기 위해서 적당히 교회를 통제했다. 이런 신념—랑프랑과의 관계에서 잘 드러난다—의 기저에는 확고한 신앙심이 있었고, 미신으로부터 해방되었기에 가능했다. 요컨대 그의 신앙심은 일종의 근본적인 교리와도 같았다. 윌리엄은 제후의 주위에는 학식이 있는 성직자가 있어야 한다는 필요성을 인정했다. 아마도 그는 자신의 숨겨진 나약함을 알고 있었는지도 모른다. 그것은 미완성인 채 남겨진 자신의 학식과 사변적 사고들이었다. 그래서 그는 주변에 능력이 뛰어난 사람들을 채우려고 노력했다. 그 능력은 교회만이 그에게 제공해줄 수 있는 것이었다. 그는 사방에서 능력 있는 사람들을 초빙했는데, 당시에 범세계주의는 쉽게 찾아볼 수 있는 유행 같은 현상이었다. 실제로 1066년에 노르망디 공국의 대수도원을 이끌고 있던 수도원장 중에서 노르망디 출신은 한 명도 찾아볼 수 없었다. 윌리엄은 적재적소에 국적을 가리지 않고 능력 있는 고위 성직자들을 임명했던 것이다. 주로 친분이 있는 자들이었는데, 자신을 배신할 경우에는 그들을 비난했다. 하지만 당시의 다른 제후들과는 다르게 윌리엄의 주변에서는 배신자가 거의 나오지 않았다.

랭스 공의회는 윌리엄의 결혼과는 상관이 없는 또 다른 사건을 문제 삼았다. 하지만 이 사건의 이면을 꼼꼼히 살펴보면 노르망디 공이 개입하면 쉽게 해결할 수 있는 그런 문제였다.

1040년부터 투르의 학교에서는 필베르 드 샤르트르의 옛 제자가 문하생들을 가르치고 있었다. 그는 이전에는 생방드리유 수도원의 수도사였고, 나이는 50대에 이름은 베랑제Bérenger였다. 학문적으로 스승과는 정반대의 입장이었던 베랑제는 인간 지적 능력의 나약함을 극복하기 위해서는 신의 계시를 통해 얻는 가르침을 무조건 따라야 한다고 생각하고 있었다. 그는 신앙의 진리를 이성적인 표현으로 옮겼다. 이러한 사상은 11세기 서유럽에서는 찾아보기 힘든 대담한 생각이었던 까닭에 종교에 미치는 파장은 자못 컸다. 베랑제는 자신의 생각을 저술로 발표했다. 당대의 사람들은 종교를 철학의 비판 대상에 속하는 것으로 동일시하면서 부질없이 변증법적 연습에 몰두하는 척했다. 투르 학파는 신의 섭리 안에 이성이 존재하는 것처럼 인간의 내부에도 이성이 존재한다고 주장했다. 스콧 에리젠Scot Érigène의 사상에서 새로운 것을 발견할 수 있다고 믿었던 베랑제는 물질의 전환transsubstantiation을 부정하고 전례에서 중요한 성찬Eucharistie을 일종의 상징으로 정의했다. 결국 그는 이단에 빠졌고 당대 사람들은 그로부터 등을 돌리고 귀를 막아버렸다. 그들은 베랑제의 사상을 분석해보려는 시도도 하지 않았다. 물론 그들은 베랑제의 사상이 당대의 주요한 사상과 일치한다는 것을 추호도 의심하지는 않았다. 그의 사상의 핵심은 인생의 대부분이 이성적인 것으로 구성되어 있다는 것이었다. 그런 삶 속에서 제후들은 점차 강력한 군주들의 권위에 굴복하고 있다는 것과, 자신들이 진정한 국가에 귀속되고 있다는 것을 알게 되었다. 진정한 국가란 재화들이 보편법에 근거하여 정비된 체제를 가지고 있는 국가를 의미했다.

베랑제에 관한 소문은 프랑스 서부의 모든 학교와 교회에 퍼지게 되었다. 앙주의 조프루아 마르텔 백작이 개인적으로 그를 감싸주려고 했지만 소용없는 일이었다. 베랑제에 관한 편지들이 돌고 돌아 결국 주교들에까지 그의 이야기가 전해졌다. 결국 1047년에 베랑제 사건이 공론화되어 가장 학식이 높은 성직자들은 그를 걱정하게 되었다. 한때 베랑제의 제자였던 랑프랑도 르베크 수도원에서 홀로 베랑제에 관한 자료를 대조해 가

며 랭스 공의회에 제출할 보고서를 작성하고 있었다. 하지만 랭스 공의회
는 베랑제 사건을 논의하기는 했지만 심도 있게 다루지는 않았다. 한편
베랑제는 랑프랑의 주장을 알게 되었고, 그에게 당시에는 통상적이었던
공개 토론을 제안한다. 그런데 그 무렵은 랑프랑이 윌리엄의 요청에 따
라 1049년이나 1050년경에 로마로 막 떠난 뒤였다. 로마에서 또 다른 공
의회가 예정되어 있었고, 거기에서 플랑드르 백작의 딸 마틸다와의 결혼
문제를 협상할 예정이었다. 랑프랑의 답신을 못 받은 베랑제는 노르망디
로 떠났다. 그리고 노르망디에서 프레오의 수도원장이자 옛 동문인 앙프
루아를 찾았다. 베랑제는 진심으로 그에게 자신의 입장을 변론했다. 그리
고 브리온을 포위하고 있던 윌리엄의 진영에 출두했다(그는 정말 조정자를
찾고 있었다). 그는 무엇을 바랐을까? 공작이 베랑제의 말을 들었지만 그
의 주장에 답을 하지는 않았다. 오히려 그에게 반론할 수 있는 회의를 주
선해보라고 충고했다. 그 회의의 이름은 브리온 공의회로 알려졌고, 랑프
랑은 참석하지 않은 채 현지의 성직자들만 참석했다. 베랑제는 거기에서
아무도 자극하지 않았다. 1050년 4월 로마 공의회는 이 문제를 재조사했
다. 랑프랑도 베랑제가 과거에 자신이 이교도들과 접촉했었다는 사실에
대해 변론해주길 원했다. 하지만 그는 이듬해 9월에 다시 한 번 베랑제를
베르첼리 공의회에 소환하는 조건으로 공의회의 결정을 따랐다. 결국 성
직자들은 베랑제를 다시 소환했다. 하지만 베랑제는 소환에 응하지 않았
다. 결국 공의회의 성직자들은 베랑제의 저서를 읽어보지도 않고 그에게
유죄 판결을 내린다. 사건은 끝날 기미가 안 보였다. 베랑제가 굴복할 생각
이 전혀 없었기 때문이다. 베랑제는 그가 죽은 1088년까지 프랑스, 로렌,
독일, 영국의 고위 성직자 및 신학자에 맞서 끊임없이 논쟁을 벌였다. 그들
은 유럽 전역에서 열정적으로 서신을 주고받으며 논쟁을 펼쳤는데, 이러

한 열정적인 교류는 자신이 살고 있는 곳을 벗어난 최초의 개인적인 교류이자, 지적인 교류망이 되었다. 베랑제는 결국 굴복했다. 하지만 베랑제가 의도한 바는 아니지만, 그가 촉발시킨 논쟁 덕분에 추론법이 발전하게 되었고, 신학자들과 사제들은 베랑제를 신학의 대부로 인정하게 되었다.

한편 로마, 브리온, 베르첼리의 공의회는 랑프랑과 윌리엄 공이 가지고 있던 교리가 완벽하다고 어느 정도 인정해주었다. 윌리엄은 교리에 대해 엄격한 태도를 보였다. 그리고 그런 태도 덕분에 랑프랑은 자신의 심오한 계획을 계속해서 추진할 수 있었다. 로마 교황청과의 관계도 개선되고 있었다. 그 즈음에 교회가 윌리엄의 결혼을 경멸하며 금지했음에도 랑프랑은 결혼에 필요한 경비를 확보하기 위해 애를 쓰고 다녔다. 마침내 윌리엄과 플랑드르의 보두앵 백작은 결혼에 합의한다. 결혼식은 1051년에 열리기로 되어 있었다. 노르망디의 사절이 마틸다 공주를 영접하기 위해 공국의 경계 지점까지 마중을 나왔다. 보두앵 백작도 딸과 함께 나왔다. 외 성에서 공국의 경비대장인 튀롤드가 백작과 공주의 행렬을 맞이했다. 그리고 의전에 맞춰 공주를 공작궁의 구성원들에게 소개했다. 윌리엄의 소중한 가족인 생모 아를레트와 에를뤼앵 드 콩트빌이 마틸다를 반갑게 맞이해주었다. 곧이어 결혼식이 성대하게 거행되었다. 물론 이 결혼에 반대하던 고위 성직자들은 한 명도 참석하지 않았다. 아마도 다른 주교들은 몰라도 루앙의 대주교 모제가 특히 결혼에 반대했기 때문에 윌리엄은 성당 소속의 평범한 신부에게 결혼 의식을 맡겼다. 그리고 이제 막 결혼한 신혼부부는 대중의 환호 속에 루앙에 입성했다.

이렇게 윌리엄과 젊은 신부의 부부 생활은 시작되었다. 그들은 당시로서는 드물게 32년 동안 돈독한 부부애를 나누며 살았다. 12세기에 인구에 회자했던 마틸다에 대한 중상모략에도 불구하고 윌리엄이 마틸다에게 가졌던 믿음은 전적인 것이었다. 그는 당시로서는 유일하게 사생아를 두지 않았던 제후다. 윌리엄은 노르망디의 전통인 '덴마크식 풍습', 즉 프릴라frilla를 종식시킨 주역이었다. 그는 통치 기간 중에 마틸다에게 중요한 정치적 책임을 맡겼던 것으로도 유명하다. 그는 마틸다를 동지로 여겼으며, 그녀는 남편에게 정신적인 버팀목이 되어 조언을 아끼지 않았다. 윌리엄은 다정다감한 성격의 소유자는 아니었다. 그래서 그런지 그가 죽고 많은 세월이 흐른 다음, 그가 마틸다에게 한 행동에 대해 걷잡을 수 없는 소문이 돌기도 했다. 그가 아내를 폭력적으로 버렸다는 소문이었다. 그 소문에 따르면 윌리엄이 마틸다를 말에 묶어 캉의 프루아드 거리에서 끌고 다녔다는 것이다. 분명히 그는 자기 방식대로 아내를 사랑했을 것이다. 그 사랑은 성숙되지 못한 남자의 사랑이었고 강압적인 성격의 소유심에서 나온 사랑이었을 것이다. 게다가 그 사랑은 일방적이고 질투심을 유발하기도 했다. 마틸다는 봉건 제도 초기의 여인이었지만 현대 여성 못지않게 활달한 성격에 사냥과 말 타는 것을 좋아했다. 원기 왕성한 육체와 정신의 소유자였던 그녀는 강직한 판단력이 있었고, 남편에게 많은 자식을 낳아주었다. 아마도 그래서 남편의 사랑을 받을 자격이 충분하다고 믿고 있었을 것이다. 하지만 이 부부의 삶에서 낭만적인 로맨스를 찾아보기란 불가능했다.

그들은 열 명의 자식을 두었는데 네 명이 아들이었다. 그중 세 명은 로베르Robert, 리샤르Richard, 윌리엄Guillaume이었다. 그리고 첫 딸은 1060년 이전에 태어났다.†

---

† 마틸다가 낳은 딸들의 이름은 순서대로 아엘리스Aélis, 아가트Agathe, 콩스탕스Constance, 아델Adèle, 세실Cécile 그리고 여기에 어릴 때 사망한 알리송Alison이 있다. 장녀는 아엘리스 혹은 아가트라고 전해오는데 훗날 해럴드Harold의 약혼녀가 된다. 이 책에서는 아엘리스를 장녀로 인정하기로 한다.

에드워드 왕의 약속

노르웨이의 망누스 왕이 죽자 그의 후계자 하랄 하르드라다Harald Hardrada(하르드라다는 '준엄한 자'라는 의미)가 다시 영국 왕위를 요구하고 나섰다. 그는 일관성이 없고 잔인한 성격의 소유자였다. 사람들은 그를 가리켜 '최후의 바이킹'이라고 부른다. 그는 왕위에 오르기 전에 멀리 북극해까지 항해하기도 하고, 비잔틴 경비대를 지휘하기도 했다. 그리고 시칠리아의 아랍 군에 맞서 비잔틴 군을 이끌고 싸운 적도 있었고, 조에Zoé 여제의 정부로 알려지기도 했다. 그는 나중에 노보그라드Novograd 제후의 딸과 결혼했다. 검은색 말에 푸른 옷을 입고 전투를 했으며, 서사시의 주인공처럼 미지의 세계에서 죽을힘까지 다 바쳐 끝까지 싸우는 기사였다고 한다. 하지만 그런 주인공은 서사시에나 있는 인물이다. 1047년에 그의 함대는 영국의 남부 해안 지방을 노리고 있었고, 실제로 2년 뒤에는 플랑드르에서 함대를 출발시켜 켄트 지방을 습격했다. 하랄이 영국을 약탈할 때 보두앵 5세는 어떤 역할을 할 수 있다고 생각했을까? 그리고 플랑드르에 피신해 있던 엠마†의 은밀한 역할은 무엇이었을까? 그렇다면 영국의 실력자로 부상하던 고드윈의 역할은? 한편 현인회에서 쫓겨난 하랄의 장남 스벤은 아버지를 도와 영국 왕위를 차지하는 데 어떤 도움을 줄 것인가? 이런 역학 구도에서 노르망디 공국과 플랑드르 백작령의 동맹으로 탄생한 윌리엄 부부의 선택은 무엇인가? 이런 상황에서는 보두앵 5세의 결정에 영향을 받을 수밖에 없었다. 이 문제의 이해 당사자들은 쉽게 결정을 내릴 수 없었다. 하지만 이렇게 복잡한 상황에서도 당사자들

---

† 영국의 귀족들이 해럴드를 왕으로 인정하자 엠마 왕비는 플랑드르로 망명했다. 본문 209쪽 참고.

사이에는 비록 느슨하고 임시적이지만 연결의 고리가 존재했다.

참회왕 에드워드는 고드윈에게 상당 부분을 빚지고 있었다. 에드워드와 웨섹스의 백작 고드윈은 많은 부분이 안 좋게 연결되어 있었다. 특히 고드윈의 여섯 아들과는 악연으로 엮여 있었다. 에드워드는 이런 예속 관계를 견뎌내지 못했고, 특히 고드윈 같이 시기심이 많고 너무 막강한 신하는 불편해 했다. 하지만 이렇게 불편한 감정은 폭력적인 방법을 택하지 않고 애매모호한 이중성이나 배신을 통해 은근히 드러난다. 게다가 에드워드처럼 성격이 분명하지 않은 사람의 경우는 더욱 그렇다. 고드윈은 자신이 주군의 보호자임을 자처하고 나선다. 그리고 주군에게서 명예를 얻고 양보도 받아낸다. 1045년부터 고드윈 무리는 남쪽 해안을 따라 띠를 이루듯이 자신의 백작령을 확대했다. 워시부터 브리스톨 운하에 이르는 지역이 고드윈의 세력권에 편입되었다. 1050년에는 영국 땅의 대부분이 고드윈 부자를 포함한 6명이 통치하는 행정 구역으로 재편되었다. 즉 고드윈과 그의 아들들, 스벤과 해럴드 그리고 머시아의 레오프릭과 노섬브리아의 시바르Siward가 영국을 분할해서 나누어 가졌다. 마지막으로 노르만 출신인 망트Mantes의 라울에게 나머지 영지가 돌아갔다.

라울은 에드워드의 조카였는데 에드워드를 따라 영국에 왔다. 에드워드는 그에게 헤리퍼드 백작령을 하사했다. 헤리퍼드에 정착한 라울의 주변에는 노르망디에서 이주한 기사들이 무리를 이루고 있었다. 군사 소집령fyrd의 총책임자였던 라울은 웨일스의 침입에 대비하기 위해 앵글로색슨 병사들의 전술을 노르만식으로 바꾸려고 했지만 소용이 없었다. 노르만식 전술이란 기사들이 중심이 되어 전투를 하고 방어용 성곽을 구축하는 것이었다. 영국에서 노르만인들은 '프랑스인'이라고 불렸는데 영국 남부 지방에 그 수가 상당히 많았다. 그중에는 로베르 피츠비마르크Robert

Fitz-Wimarch처럼 윌리엄의 먼 친척인 제후도 있었는데, 에드워드는 그를 봉신으로 봉하고 에식스의 레일리 영지를 하사했다. 한편 템스강 어귀의 포구를 양도받아 무역을 하는 노르만인들도 있었다. 노르망디 출신의 고위 성직자로는 도체스터의 주교 로베르 샹파르Robert Champart가 있었다. 그는 1037년 쥐미에주의 수도원장으로 있다가 1044년 런던 주교구의 부름을 받고 1051년 봄에 캔터베리 대주교로 임명되었다. 사람들은 샹파르의 승진 이면에는 노르망디 공의 계략이 숨어 있다고 생각했다. 영국인들은 윌리엄이 에드워드를 통하여 앵글로색슨 교회에 대륙 출신의 새 인물을 천거했다고 생각했다. 에드워드는 3명의 주교는 노르만인, 그리고 4명은 로렌 출신을 임명했다. 캔터베리의 새 주교 샹파르는 클뤼니 수도원의 운동에 감동하여 영국에 개혁적 사상을 들여왔고, 성직자들이 받는 교육의 수준을 끌어올리기 위해 필요한 조치를 취했다. 하지만 그의 시도는 몇몇 동료 성직자가 교회를 떠나는 결과를 초래했다. 요크의 대주교 알드레드Ealdred는 자신의 교회에 시대에 뒤처진 크로데강 드 메츠Chrodegang de Metz†의 규율을 적용하려다 쫓겨났다. 노르망디의 영향은 11세기부터 특히 종교 건축에서 두드러졌다. 도버의 성 마리 성당과 에식스의 해드스톡 성당, 심지어 팩스턴의 지하 구조물과 랭퍼드에서도 노르만 양식의 건축 구조를 발견할 수 있다. 1066년 윌리엄의 정복 당시에는 완성되지 않았던 캔터베리의 성 아우구스티누스 성당은 디종의 성 베니뉴 성당을 연상시킨다. 분명히 디종 성당을 축조한 장인이 바다를 건너 영국으로 가서 비슷한 양식의 성당을 지었을 것이다.

왕립 예배당에 속한 상서국 인원 중에는 많은 '프랑스인'(노르만인)이

---

†   8세기 메츠Metz의 주교.

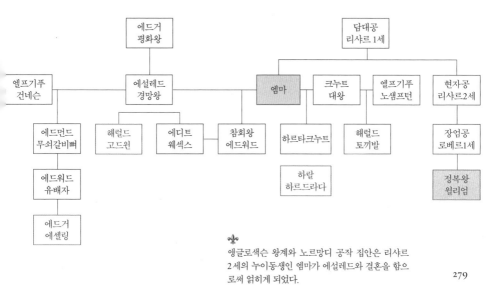

앵글로색슨 왕계와 노르망디 공작 집안은 리샤르
2세의 누이동생인 엠마가 에설레드와 결혼을 함으
로써 얽히게 되었다.

있었는데 그 수는 점점 더 늘어나 앵글로색슨인은 거의 찾아볼 수 없게
되었다. 에드워드는 주장州長들도 노르만인으로 채웠다. 하지만 그들은 현
지의 풍습이나 언어를 모르는 사람들이었고, 궁정에서도 거의 프랑스어
만 사용했다. 그 결과 앵글로색슨 귀족들의 긴장과 불만이 끊임없이 고
조되었다. 왕은 북부 지방인 머시아와 노섬브리아 사람들의 우호적인 태
도를 기대했지만 허사였다. 레오프릭 백작 휘하에 있던 북부 지방 사람
들은 에드워드를 지지하기는커녕, 오히려 레오프릭과 적대 관계에 있는
고드윈을 이용하려고 했다. 한편 고드윈도 레오프릭을 왕실 주변의 노르
만인들에게 맞서게 하려는 계략을 꾸미고 있었다. 고드윈 역시 영국에 있
는 스칸디나비아인들이나 하랄 하르드라다의 노르웨이인들과 협상을 하
거나 그들을 조정하여 노르만인들과 레오프릭을 싸우게 하려는 계략을
꾸미고 있던 것이다. 하지만 각 파벌의 관계는 단순한 미봉책 같은 동맹

이었고, 파벌의 갈등으로 인한 대규모 충돌은 빚어지지 않았다.

에드워드의 매형은 외스타슈 드 불로뉴Eustache de Boulogne 백작이었는데 비록 그가 영국에 살지는 않았지만 자신이 속한 왕실 가문과 지속적인 관계를 유지하고 있었다. 하지만 이상하게도 항상 문제를 일으키는 사람이었다. 높은 지위에 속한 제후였지만 앵글로색슨인들은 무례한 그를 좋아하지 않았다. 그는 오히려 윌리엄의 환심을 사려고 노력했다. 1050년경부터, 겉으로는 드러나지 않았지만, 동정심이 많은 에드워드에게 잘 보이려는 징후들이 여기저기에서 나타나기 시작했다. 분명히 이상한 거래였지만 에드워드의 심약함도 한몫을 했다. 왕위를 차지하려고 주변 사람들의 갈등이 표출되기 시작한 것이다. 15년 동안 모략과 암투가 점점 그 도를 넘기 시작하더니 지속적이고 체계적인 모양새를 갖추어 나가기 시작했다. 많은 역사학자는 윌리엄이 오래전부터 영국 정복을 준비하고 있었다고 인정한다. 물론 가능한 말이다. 하지만 영국의 왕위는 크누트가 죽은 다음부터, 아니 에드워드가 결혼하고 6년 동안 자식이 없었을 때부터 많은 사람이 탐내는 자리였다. 그렇다면 누가 차기 왕이 될 것인가? 모든 경우의 수가 살아 있었다.

윌리엄 공은 외스타슈 백작을 영국 왕실에 보내 자신의 공식 대변자로서의 임무를 맡겼을까? 1051년 이제 막 캔터베리 대주교에 임명된 로베르 샹파르는 대주교가 걸치는 팔리움pallium(영대領帶)을 받기 위해 로마로 길을 떠났다. 양모로 만든 이 팔리움을 받는다는 것은 교황이 대주교로 서임을 했다는 의미였다. 로마로 가는 길에 그는 노르망디에 들렀다. 한편 불로뉴 백작 외스타슈는 여름에 도버 해협을 건너 에드워드를 찾았다. 그리고 돌아오는 길에 도버에서 시민들에게 왕이 머무는 거처와 같은 곳을 요구했다. 물론 배의 무장을 할 때까지라는 단서를 달았다. 당시의 관습에 따른 요구였다. 그런데 이상한 소문이 돌았다. 시민들이 백작의 요구를 무시하고 자취를 감춰버린 것이다. 결국 싸움이 벌어졌다. 외스타슈의 수행원들과 현지인들이 격돌하여 각 진영에서 20명의 사상자가 발생했다. 외스타슈는 에드워드 왕에게 다시 돌아가서 주동자들을 엄벌해달라고 요구했다. 에드워드는 도버가 고드윈의 영지에 속한 항구이므로 그에게 범인 색출과 징벌을 맡겼다. 하지만 고드윈은 이를 거절했다. 그는 이명령이 불공평하다고 생각했던 것일까? 자신의 명망에 금이 간다고 생각했거나 왕의 명령을 집행하는 것이 부당하다고 생각했을지 모른다. 왕은 그해 가을 글로스터에서 현인회를 소집했다. 샹파르 대주교가 발언하면서 고드윈을 추방해야 한다고 주장했다. 레오프릭은 대주교의 말을 듣기만 할 뿐 별다른 말을 하지 않았다. 현인회에 모인 원로들은 과거의 살인 사건을 언급하면서 문제의 용의자들이 에드워드의 동생 앨프레드†를 살해한 범인들이라고 맹비난했다. 현인회는 고드윈의 추방을 투표에 부쳤다. 하지만 에드워드는 투표를 인정하지 않고 레오프릭, 시바르, 망트의 라울에게 군사를 소집할 것을 명령했다. 결국 왕의 자문회의가 사태에 개입하여 중재안을 내놓았다. 왕은 이 사건에 대해 성탄절이 지난 다음에 재심하기로 잠정적으로 결론을 내렸다.

성탄절 전까지 고드윈의 군대는 해산했다. 에드워드 왕은 다시 한 번 고드윈을 추방한다는 포고령을 내렸다. 고드윈은 세 아들 기스, 토스티, 스벤과 함께 플랑드르로 피신했다. 막내 스벤은 이후 곧바로 예루살렘으로 성지 순례를 떠나 거기에서 죽었다. 예전에 윌리엄의 아버지 장엄공로베르가 성지 순례에서 돌아오다가 죽은 시기와 거의 일치한다. 고드윈

---

† 앨프레드는 덴마크의 바이킹에 의해 눈이 뽑힌 채 엘리섬으로 추방되었다. 본문 209쪽 참고.

의 또 다른 아들 해럴드와 동생 레프윈은 아일랜드로 피신했다. 보두앵 5세는 플랑드르로 피신한 고드윈의 아들 토스티에게 딸을 주고 사위로 삼았다. 이로써 토스티와 윌리엄은 동서지간이 되었다!

한편 에드워드 왕은 일시적으로나마 고드윈을 제거하여 왕국을 안정적으로 통치할 수 있었다. 그는 어질고 착한 부인 에디트와 결별하고 그녀를 수녀원에 유폐시켰다. 선왕의 부인이었던 엠마 왕비는 1052년에 마침내 유배지인 플랑드르에서 세상을 떠났다. 그녀는 노르망디 공국을 세운 조상의 피를 이어받은 사람답게 유배지에서도 결코 굴복하는 법이 없었다.

이런 상황에서 에드워드는 윌리엄에게 자신의 후계자로서 우선권이 있다는 믿음을 주었을 것이다. 그렇지만 어떤 식으로 언질을 주었는지는 아무도 모른다. 에드워드는 윌리엄에게 분명한 약속이나 서약을 해주었을까? 아니면 단순한 언질 정도만 주었거나 혹은 예의상 몸짓 정도만 했는데, 훗날 일방적으로 윌리엄이 자기에게 유리하게 해석한 것은 아닐까? 만약 그렇다면 윌리엄은 그때 영국에 갔을 것이다. 정복자로 도버 해협을 건너기 15년 전에 미리 에드워드를 찾았을 것이다. 이 사건의 진위에 대해서는 네 가지의 다른 해석이 존재한다.

첫 번째 해석: 캔터베리의 대주교인 로베르 샹파르가 로마로 가는 길에 노르망디에 들러 윌리엄에게 에드워드의 후계자 자리를 제안했을 가능성이다. 물론 윌리엄이 에드워드에게 군사적 지원을 한다는 조건이 전제되었을 것이다. 그렇다면 윌리엄은 결혼식 이전에 영국인들이 요청하는 약속을 이행하기 위해 영국에 갔을 것이다. 즉 왕위 계승에 대한 확답을 받기 위해서 말이다.

두 번째 해석: 에드워드가 고드윈을 추방한 다음에 윌리엄은 영국에

노르망디 공

사자를 보내거나 본인이 직접 영국에 가서 에드워드가 자신에게 왕위를 물려준다는 약속을 받아올 수 있었을 것이다. 이 시기는 윌리엄의 결혼 시점과 거의 겹친다.

세 번째 해석: 윌리엄의 영국 여행은 고드윈이 사면을 받아 귀국한 다음에야 가능했을 것이다.

네 번째 해석: 에드워드의 약속은 1065년 해럴드를 통해서 윌리엄에게 전해졌다. 바이외 자수의 첫 번째 그림이 이 사건을 묘사하고 있다.

마지막 해석은 가능성이 가장 낮다. 약속의 형태가 어찌되었든지 간에 에드워드 왕의 약속과 윌리엄의 영국 여행은 1051년 혹은 1052년 사이에 이루어졌을 가능성이 크기 때문이다.

윌리엄과 영국 왕위 승계권의 역사적 문제는 매우 중요하다. 왜냐하면 1066년 영국 정복의 법적 근거가 되기 때문이다. 그런데 두 가지 요소가 이 문제를 복잡하게 만든다. 먼저 영국에서는 그 누구도 에드워드의 '약속'에 대해서 들은 바가 없다는 것이다. 또 다른 문제는 윌리엄이 1052년

에드워드 왕이 해럴드에게 윌리엄이 자신의 후계자라고 확인시켜주고 있다. 이 소식을 윌리엄에게 전하려고 해럴드가 길을 나서고 있다.

부터 고드윈의 아들인 울프노스Wulfnoth와 손자 하콘Hakon을 인질로 공작궁에 데리고 있었다는 사실이다. 왜 그랬을까? 두 가지 이유를 생각해볼 수 있다. 먼저 윌리엄이 에드워드나 고드윈에게 인질을 요구했을 가능성이다. 두 번째는 고드윈이 영국으로 돌아간 다음에 노르망디에 대해 나쁜 감정을 드러낼 가능성 때문에 그의 아들과 손자를 노르망디에 인질로 잡아두었다는 것이다.

실제로 고드윈은 플랑드르에서 복수를 준비하고 있었다. 그는 군사를 모으고 전함을 준비했다. 아일랜드에 피신한 아들 해럴드도 마찬가지였다. 그는 더블린에 있는 스칸디나비아 식민자들의 지지를 받고 있었다. 먼저 고드윈이 1052년 중반에 공격을 개시했다. 그는 9척의 배로 서머싯의 폴록에 상륙하여 그 지방을 유린했다. 그리고 다시 바다로 나와 도버 해협으로 빠져나갔다. 고드윈의 행동은 플랑드르 용병의 협력 덕분에 가능했다. 그는 다시 와이트 섬에 상륙하여 약탈을 감행했다. 고드윈 부자는 합류하여 협동 작전을 펼쳤고, 켄트 해안까지 이동하여 보조 부대를 보충했다. 해안가의 주민들은 반란군에 강제로 편입되어 고드윈의 군대를 따라갔으며, 고드윈은 템스강 어귀에서 배를 타고 런던까지 올라갔다. 런던은 고드윈에게 성문을 열어주었다. 캔터베리 대주교인 로베르 샹파르와 도체스터 동료들은 급히 피신하느라 어선을 타고 노르망디로 도주했다. 단지 고드윈과 특별히 가까웠던 윈체스터의 주교 스티갠드Stigand만이 자리를 지키고 있었다. 그는 크누트 시절 축재한 인물이었는데 교양이라곤 전혀 없었다. 그는 에드워드 왕에게 가서 화해를 중재했다. 이제 왕은 고드윈의 포로가 된 것이다. 런던을 손아귀에 넣은 고드윈과 그의 아들들은 몰수당한 재산과 권리를 되찾는 데 만족하지 않았다. 민심도 고드윈 편이었다. 노르만인이 전횡을 일삼던 에드워드의 궁정에 대해 영국인의 불만이 컸기 때문이다. 고드윈은 즉각 현인회를 소집하여 이 사태를 '프랑스인'(노르만인)이 촉발시킨 무질서라고 규정했다. 그리고 그는 프랑스인들이 나쁜 인습을 정착시킨 반역의 원흉이라고 맹비난했다. 민중들의 반응은 폭발적이었다. 이미 수년 전부터 감지되었던 민심이 폭발한 것이다. 고드윈 일당의 의도는 노르만인들을 영국에서 완전히 추방하는 것이었다. 하지만 에드워드 왕이 협상을 제안하자 고드윈도 한 걸음 물러섰다. 고드윈은 일부 노르만인들이 담보를 제공하자 판결을 유예해주기로 했다. 마침내 많은 노르만인이 영국을 떠났다. 하지만 집단 탈출은 아니었다.

한편 고드윈은 에드워드에게 다소 가혹할 정도로 예전의 상태, 즉 앵글로색슨 왕실로 복귀할 것을 강요했다. 이렇게 영국에서 노르만인들의 전성기는 하루아침에 막을 내렸다. 이 사태에 대한 윌리엄의 무반응은 다음과 같이 설명할 수 있다. 당시에 윌리엄은 앙주 지방 문제에 골머리를 앓고 있었기 때문에 병력을 분산시킬 수 없었다. 하지만 에드워드와의 약속을 생각한다면 위기에 처한 에드워드를 도와주어야 한다는 의무감이 그를 짓눌렀을 것이다. 윌리엄이 난국에 빠진 에드워드를 도와주지 못한 것이 결국은 훗날 에드워드의 마음을 바꾸게 한 것일지 모른다.

고드윈은 특별한 정치적 실수를 범하지 않고 상황을 완전히 예전처럼 바꾸어놓았다. 이후 영국의 정세는 1066년까지 변하지 않았다. 그는 로베르 샹파르가 피신하여 공석이 된 캔터베리 대주교 자리에 자신의 측근인 스티갠드Stigand를 앉혔다. 아마도 스티갠드는 자신이 반란에서 고드윈을 도와주었기에 그 대가를 요구했을 것이다. 하지만 로마에서는 이 사태를 교회법을 심각하게 왜곡한 것으로 간주했다. 게다가 샹파르는 아직 대주교 자리에서 완전히 쫓겨난 것도 아니었다. 그는 여전히 자신의 교구에서 대주교의 직책을 유지하고 있었다. 로마 교황청은 이 사태가 종결되었다고 인정하지 않고 있었다. 아마도 윌리엄은 랑프랑의 중재로 은밀하게 아직 샹파르가 캔터베리의 대주교라고 교황청에 충고했을 것이다. 하지만 고드윈의 지지를 받는 스티갠드는 교황청의 중재를 거부했다. 고드윈과 스티갠드는 자신들이 영국을 손아귀에 넣었다고 자신한 것이다. 단지 4명의 주교가 스티갠드를 대주교에 선임하는 선거에 참여했다. 결국 로마 교황청은 스티갠드에게 대주교의 상징인 팔리움을 하사하지 않았다. 그러자 스티갠드는 샹파르가 도주하면서 버리고 간 팔리움을 손에 넣고 자신이 대주교라고 우겼다. 레오 9세는 결국 스티갠드를 파문했다. 하지만 스티갠드는 1058년에 베네딕토 10세의 동의를 받는 데 성공하여 대주교에 서임되었다. 이듬해 베네딕토 10세는 민중과 교황청의 반대로 교황의 자리를 니콜라스 2세에게 양위했다. 니콜라스 2세는 스티갠드를 또 파문했다. 이렇게 영국 교회의 수장 자리는 근 20년 동안 공석으로 남아 있었다. 게다가 스티갠드는 그 기간에 공개적으로 개인적인 축재를 한 파렴치한 인간이었다. 스티갠드는 윈체스터 주교직을 지키면서 노리치 주교 자리와, 글래스턴버리, 엘리, 성 알밴스 수도원장의 자리를 독점했다. 그 결과 스티갠드에 대한 앵글로색슨 성직자들의 혐오감은 극에 이르렀다. 결국 스티갠드는 감금되는 처지가 되었다. 대주교에 소속된 대부분의 성직자는 스티갠드가 교황의 권위를 인정하지 않는다고 생각했다. 실제로 캔터베리 대주교구는 스티갠드로 인해 사법권을 상실하고 말았다. 그는 단 한 명의 주교도 서임하지 않았으며, 모든 중요한 전례 의식에는 캔터베리 대주교 대신 요크의 대주교가 맡았다.

노르만인들이 영국에서 추방된 사건은 이후 새로운 세력들 간의 대결을 불러왔다. 고드윈 파벌과 레오프릭 파벌이 정면으로 충돌한 것이다. 이 충돌은 상당히 큰 결과를 초래할 것처럼 보였다. 그런데 고드윈이 1053년 갑자기 세상을 떠나고 말았다. 왕궁에서 연회 중에 뇌졸중으로 사망한 것이다. 사람들은 앨프레드를 죽인 것에 대한 인과응보라고 생각했다.

고드윈에게는 다섯 명의 아들이 있었다. 그중에서 해럴드가 웨섹스의 백작 및 글로스터와 헤리퍼드의 주장州長을 물려받았다. 해럴드는 이제 명실상부한 왕국의 제1인자가 된 것이다. 그가 물려받은 영지는 영국 전역에 퍼져 있었다. 1066년에 그는 모든 주에 영지를 소유하게 되었지만, 모든 영지를 합법적으로 손에 넣지는 않았을 것이다. 해럴드는 그럼에도 민중의 인기를 누리고 있었고, 에드워드 자신도 비록 그를 신임하진 않았지만 때때로 해럴드를 칭송하기도 했다. 그는 키가 컸고 귀족 출신답게 기품도 있었다. 게다가 교양도 갖춘 용감한 제후였다. 그렇지만 그는 분노를 참지 못하는 성격의 소유자였다. 그는 능력이 출중한 전사였으며 동시에 예술에도 조예가 깊은 사람이었다. 그래서 서섹스 지방에 노르만 양식으로 보점 성당을 건설하기도 했다. 해럴드─세 명의 사생아를 두었다─의 주위에는 고드윈 파벌들이 그를 중심으로 모이고 있었다. 고드윈의 아들 중에는 토스티만이 겉돌고 있었다. 그는 자신의 길을 홀로 가는 유형의 사람이었다. 토스티의 성격은 강인하여 에드워드 왕도 그에 대해 특별한 호감이 있었다. 그는 시바르가 죽은 1055년에 노섬브리아 백작령을 하사받았다. 2년 뒤에 해럴드는 에식스와 미들섹스, 켄트, 서리, 서식스를 아우르는 광활한 지역의 통치를 그의 동생 레프윈에게 일임했고, 기스에게는 이스트앵글리아와 옥스퍼드 주를 주었다.

앙주, 노르망디의 적수

    윌리엄이 브리온 성의 반란을 진압할 무렵 르망의 시민들은 앙주 백작의 과도한 지배에 항거하기 위해 일어났다.[†] 그리고 그들은 젊은 백작 위그 4세를 옹립했다. 그는 그때까지 제르베[††]의 보호를 받고 있었다. 그런데 아키텐 공으로부터 생통주를 빼앗은 앙주의 백작 조프루아 마르텔이 이제 노골적으로 사르트와 루아르 계곡에 관심을 보이기 시작했다. 마르텔의 야심은 프랑스 왕 앙리 1세에게는 걱정거리였다. 앙리는 평소에 봉신인 대제후들 간에 알력이 있을 경우 자신이 균형추 역할을 해야 한다고 생각하고 있었다. 이번에는 르망 시민들의 편을 들어주기 위해 사태에 개입했다. 그는 아마 1050년에 군대를 소집했을 것이다. 여러 지방에서 징집병들이 모여 들었는데 주력 부대는 윌리엄의 지휘를 받는 노르만 병사들이었다. 윌리엄은 브르타뉴 공 에옹Éon이 지원하는 노르망디의 맞수 앙주 백작을 약화시킬 절호의 기회라고 생각했다. 윌리엄은 실질적인 총사령관인 앙리 1세를 수행하고 원정에 나섰다. 원정은 앙주 지방의 심장을 겨누고 있었다. 프랑스 왕의 동맹군은 소뮈르에서 북쪽으로 30킬로미터 떨어진 물리에른성을 포위했다. 10월에 성이 함락되었다. 왕은 그보다 먼저 파리로 돌아갔다. 아마도 동맹군 중에서 자신의 라이벌, 즉 윌리엄 공을 발견해서 그런 것은 아니었을까? 이 원정을 통하여 윌리엄은 자신이 왕국의 모든 봉신이 모인 자리에서 뛰어난 기사형 군주라는 사실을 입증했다. 젊고 혈기 넘치는 22살의 윌리엄은 15명의 기사를 홀로 거꾸러뜨리고, 다섯 명의 기사를 포로로 잡았다. 그의 공적은 적장인 조프루

[†]   조프루아 마르텔의 백작령 확대 야심에 대해서는 본문 260쪽 참고.
[††] 제르베가 주교에 오른 배경에 대해서는 본문 198~199쪽 참고.

아 백작도 칭송할 정도였다. 전투에 참가했던 전사들은 고향으로 돌아가 그날 본 장면을 이야기했다. 전투에 일가견이 있던 사람들은 그 얘기를 듣고 열광했다. 대중은 윌리엄의 작은 전투 장면 하나에도 찬사를 보냈는데, 마치 현대인들이 럭비 경기나 투우 경기에 환호하는 장면을 연상시킨다. 제후들 사이에서 윌리엄은 이미 기사 중의 기사로 칭송을 받게 된 것이다. 이 사건은 윌리엄의 생애에서 중요한 사건이었으며, 앞으로 일어날 사건에서 중요한 역할을 한다. 이후 멀리 떨어진 궁정에서 정기적으로 선물이 윌리엄에게 당도했다. 아마도 윌리엄과의 친교를 유지하고 싶은 제후들이었을 것이다. 그 선물 중에는 특히 오베르뉴, 가스코뉴 심지어 스페인의 말들까지 있었다(윌리엄은 말에 열광했다).

윌리엄에게 어떤 변화가 생긴 것일까? 마침내 자신의 영지에서 주인이 되었고, 자신의 영역도 확대했다. 영국을 염두에 두고 플랑드르의 공주와 혼인했으며, 목표를 향해 한 발씩 전진하고 있었다. 전장에서 현명하고 후퇴를 모르는 전사였던 그의 야망은 순수하기만 했을까? 야만적 취향과 전쟁을 유희 정도로 생각했던 태도는 어떻게 설명할 수 있을까? 제후로서 평소의 훈련을 완전히 통제할 수 없었던 것도 분명히 그에게는 약점이었다. 이 모든 것은 복잡한 봉건적 관계로 인해 불가피하게 초래되는 악순환의 결과였다. 또 다른 면에서 윌리엄에게는, 분명하지는 않지만 이런 생각이 싹트고 있었다. 그것은 강력한 공권력과 위계질서 그리고 목적을 이루기 위한 수단의 정당성에 관한 희미한 생각이었다.

10여 년 전부터 윌리엄의 주적은 앙주 백작 조프루아 마르텔이었다. 현대인의 눈으로 보면 두 사람의 운명은 호기심을 자극하기에 충분하다. 왜냐하면 반세기 뒤에 앙주 백작의 증손자가 윌리엄 손자의 뒤를 이어 영국 왕에 오르기 때문이다.[†] 조프루아는 윌리엄과 비슷한 점이 많은 사람이었다. 하지만 그에게는 추진력과 위대한 포부가 없었다. 둘 다 많은 영웅을 배출한 쟁쟁한 가문 출신이었고, 그들의 조상은 같은 시대에 많은 부를 축적한 제후들이었다. 10세기에 노르망디 공 리샤르 1세와 앙주 백작 '회색 망토' 조프루아는 맞수였는데 이 두 영웅은 과장되고 풍자가 많이 섞인 중세의 영웅담에 자주 등장하는 주인공이었다. 그들의 조상이 경쟁자였던 것처럼 윌리엄도 멘 지방의 영주권을 놓고 조프루아 백작과 경쟁을 벌이고 있었다. 조프루아는 계산적이고 냉철한 인물이었다. 고집불통에 냉혹했으며 군주로서는 폭군에 가까웠다. 그런 이유에서 스스로를 '망치'라고 불렀고 문장紋章에 망치를 그려 넣었다. 한편 조프루아의 결혼은 정치적인 면에서 보면 성공작이었다. 그는 1032년에 푸아티에 백작의 미망인 아녜스 드 부르고뉴Agnès de Bourgogne와 결혼을 했는데 그 결혼을 정략적으로 이용하지 못했다. 1050년에 조프루아는 아녜스와 이혼을 하는 바람에 푸아투Poitou 백작과의 동맹이 깨졌고, 그 결과 노르망디 공은 푸아투 백작령을 호시탐탐 노리게 되었다. 그는 교회의 막강한 권위를 인식하지 못하고 있었는데 제르베 주교의 감금 사건을 보면 잘 알수 있다. 요컨대 그는 자신이 힘으로 적을 누르기보다는 적의 약점과 모순을 파고들어 이용하는 인물이었다.

조프루아는 르망 사건을 통해 처음으로 실패를 맛보았다. 이제 멘 지방의 문제가 앙주 백작에게 골칫거리로 수면 위에 떠오른 것이다. 멘 백작령 중심에는 르망이 있었고, 그 주위에는 인구가 밀집한 작은 제후국

[†] 조프루아 마르텔의 손자인 조프루아 플랜태저넷Geoffroi Plantagenêt은 윌리엄의 손녀와 결혼을 한다. 그리고 그들의 아들 헨리(앙리) 플랜태저넷이 1154년에 스테판의 뒤를 이어 영국 왕위를 계승한다. 스테판 역시 윌리엄의 딸 아델 드 블루아Adèle de Blois의 아들이었다.

앙주 지방의 수도인 앙제에 있는 요새성의 위용. 조프루아 마르텔은 윌리엄의 천적이었지만 1세기 뒤에 두 집안은 사돈이 된다. 플랜태저넷의 헨리 2세의 부계는 앙주에서, 모계는 윌리엄의 노르망디에서 비롯되었다.

들이 여기저기 흩어져 있었다. 그런데 백작령의 주위에는 이 지방을 탐내는 대제후들이 항상 멘을 노리고 있었다. 그러던 중 갑자기 백작령의 핵심 하나가 상실되었다. 1051년 초 백작 위그 4세가 세상을 떠난 것이다. 게다가 그에게는 어린 자식들밖에 없었다.

조프루아 마르텔은 곧바로 르망에 입성했다. 그는 신중하게 제르베를 석방했다. 하지만 자신이 도시의 주인임을 알리고자 주교 제르베를 추방했다. 제르베는 윌리엄에게 망명을 청하기 위해 노르망디로 떠났다. 그리고 거기에서 위그 4세의 잠재적 상속인인 어린 에르베르 2세와 그의 어머니, 누이인 마르그리트와 상봉했다. 에르베르 2세의 어머니는 만일의 사태에 대비하여 아들로 하여금 막강한 윌리엄 공에게 오마주를 바치게하고 노르망디로 자녀들을 피신시켰었다.

7장_____　　　　　　　　　　　권력의 집중

조프루아 마르텔은 상황이 상황인 만큼 신속하게 처신했다. 그는 재빨리 벨렘의 영지에 속한 알랑송과 동프롱으로 달려갔다. 이 요새들은 철옹성이었다. 알랑송 주민들은 노르만인들에 대해 좋지 않은 감정이 있었다. 오히려 남쪽 지방, 즉 앙주 사람들에게 더 친밀감을 느꼈다. 동프롱 주민들은 최근 벨렘에 대항하여 반란을 일으킨 적이 있었다. 조프루아 마르텔은 정확히 공격 지점을 선택한 것이다. 두 요새의 주민들이 그에게 성문을 열어주었다.

윌리엄은 1051년 가을 무렵, 자신의 결혼이 성사된 다음에야 이 사태에 대해 반박하고 나섰다. 윌리엄은 벨렘의 봉신에 대한 주군의 역할을 보여주기 위해 동프롱으로 향했다. 그런데 발에스된 전투에서 살아남은 제후 한 명이 윌리엄을 배신했다. 앙주 수비대에게 이 사실을 밀고한 것이다. 윌리엄은 당황하여 허둥대다가 적들에게 둘러싸여 하마터면 포로가 될 뻔했다. 위기에서 빠져나온 그는 곧바로 앙주의 수비대를 성으로 몰아넣고 포위했다. 이 방법은 브리온성을 함락할 때도 사용하여 성공한 적이 있는 전략이다. 먼저 바위산 기슭에 포위할 성의 주탑을 굽어볼 수 있는 네 개의 망루를 건설하고 망루 주변에는 둔덕을 쌓고 해자를 파서 보호한다. 일단 망루들이 완성되면 남은 것은 이 작업의 효과를 기다리는 것뿐이다. 그때까지 포위한 성 주변에서 적당한 때를 기다리며 사냥 등으로 시간을 보내고 있으면 상황은 종료된다.

동프롱 요새에 대한 포위는 몇 달이나 계속되었다. 브리온성의 포위 때처럼 이번에도 윌리엄이 머무는 야영지는 공국과 공작궁의 중심지가 되었다.

윌리엄에게는 또 다른 이복형제가 있었다. 이름이 로베르였는데 윌리엄은 모르탱 백작령을 그에게 맡겼다. 모르탱 백작령은 전략적 요충지로 리샤르 무리 중의 하나인 기욤 게를랑이 백작령이 만들어졌을 때부터 차지하고 있었다. 어느 날 게를랑은 자신의 봉신인 로베르 비고Robert Bigod의 방문을 받았다. 그는 불쌍한 사람이었는데 이 자리에서 게를랑에게 이탈리아로 원정을 떠나면 많은 돈을 벌 수 있다고 제안했다. 그러자 게를랑이 로베르에게 충고했다. "여기 그냥 있게. 석 달만 가만히 있어도 노르망디에서 힘들이지 않고 많은 부를 쌓을 수 있네." 이 말은 농담이었을까? 아니면 리샤르 무리가 득세하던 좋은 시절의 향수에서 나온 음모였을까? 비고는 동프롱을 포위하고 있던 윌리엄에게 달려가 자신의 주군이 한 말을 고했다. 윌리엄은 당장 게를랑을 소환했다. 그는 윌리엄 앞에서 말을 더듬었고, 게를랑이 반란을 꾸몄다고 여긴 윌리엄은 그의 재산을 몰수한 다음에 추방했다. 알거지가 된 게를랑은 말 한 필에 올라 이탈리아로 떠났다.

이제 윌리엄의 이복형제 로베르가 모르탱 백작령의 주인이 되었다. 그는 로제 드 몽고메리와 마비유 드 벨렘 사이에서 태어난 딸과 결혼을 앞두고 있었는데 이제 노르망디 공국의 가계가 다시 분리되어 새로운 가문이 공국의 남쪽에 생겨난 것이다. 이 가문은 노르망디 공국과 봉신 관계 및 토지 소유의 관계를 통해 이중으로 연결되어 있었다. 로베르 손에 들어온 영지는 멘 지방과 인접해 있었기 때문에 그는 멘을 통제할 수 있었다. 그리고 이 지역에는 코탕탱 남쪽으로 광활한 숲도 있었다. 로베르는 자신의 영지를 수년 동안 더 확장시켰고 에브뢰 백작과 함께 노르망디 공국에서 가장 서열이 높은 제후가 되었다. 그의 이름은 공식 문서에 기록되었는데 주교들 바로 다음 자리를 차지했다.

한편 조프루아 마르텔은 1052년 초에 동프롱 요새를 수복하려는 계획을 꾸미고 있었다. 윌리엄은 조프루아가 다가오고 있음을 직감했다. 그

293

런데 윌리엄은 평소와는 다르게 예상 밖으로 행동을 개시했다. 그가 가지고 있던 장점, 즉 새로운 인식과 당당함을 통해 적을 기만하기로 작정한 것이다. 그는 자신의 휘하에 있던 두 명의 훌륭한 기사 기욤 피츠오즈베른과 로제 드 몽고메리에게 자신의 이름을 걸고 마르텔에게 도전하게 했다. 공작과 백작이 울타리로 둘러친 결투장에서 동프롱의 운명을 걸고 결투를 벌인다는 뜻이다. 조프루아는 결투를 받아들였다. 이튿날 동틀 무렵에 거사를 치르기로 하고, 조프루아는 자신이 쓸 투구와 갑옷에 어떤 문양을 정해 넣을지 알렸다.† 하지만 이튿날 정해진 장소에 조프루아는 나타나지 않았다. 야영장을 철수시켜 남쪽으로 군대를 이동시킨 것이다. 분명 조프루아는 전날 밤 앙리 1세가 투렌 지방을 공격했다는 소식을 들었을 것이다. 조프루아 군대와 앙리 1세의 군대가 생소뵈르에서 조우했고 그러는 사이에 네엘 드 생소뵈르는 앙주 지방을 약탈하고 있었다. 이러한 계략은 윌리엄이 협상하는 데 있어 유리하게 작용했다.

이런 상황에서 동프롱 함락이 임박했다. 윌리엄은 동프롱 포위 공격을 보좌관에게 일임하고 밤을 이용해 알랑송으로 발길을 재촉했다. 이번에는 알랑송을 급습할 계획이었다. 하지만 사전에 소식을 들은 알랑송 주민들은 이미 적을 맞을 만반의 준비를 해놓았다. 윌리엄이 새벽녘에 알랑송 성 앞에 도착했을 때 성벽†† 위에서는 병사들이 몽둥이로 마른 가죽을 내리치며 큰 소리를 내고 있었다. 그들은 윌리엄에게 무두장이의 아들이라며 욕설을 퍼부었다. 윌리엄은 격노하여 맞받아 욕하면서 성을 공격했고, 성을 지키던 이들은 곧바로 항복했다. 윌리엄은 성 앞마당의 가

---

† 기욤 드 푸아티에의 기록은 다른 기록과 마찬가지로 이 부분에 대해서 분명한 설명이 없다. 이런 결투에서 방패와 가문의 문장이 무엇이었는지 지적했으면 좋았을 텐데 그는 그런 언급을 하지 않고 있다.

†† 당시의 성과 성벽의 구조 및 용도에 대해서는 본문 101~102쪽 참고.

옥을 불태우고 서른 두 명의 기사와 주민을 붙잡아 손발을 잘랐다. 주탑을 지키며 항거하던 수비대는 이 광경을 공포에 떨며 지켜보다가 곧이어 항복했다. 윌리엄은 반란에 참여한 수비대를 무장 해제시키고, 자신의 병사들로 교체한 뒤 동프롱으로 돌아왔다. 봄이 지나기 전에 동프롱 성도 항복했다.

윌리엄은 시간을 허비하지 않았다. 그는 남쪽으로 20여 킬로미터를 더 내려가 마옌강과 바렌강이 합류하는 지점에 성을 축조하기 위해 적당한 장소를 물색했다. 그리고 거기에 앙브리에르성을 지었다. 하지만 이곳은 앙주 백작의 봉신인 마옌의 영주가 지배하던 땅인지라 백작은 성을 축조하려는 노르만인들을 쫓아내려고 시도했으며, 적어도 축조를 허락하지는 않았다. 양측 간에 유혈 교전까지 있었지만 백작의 노력은 허사였다. 이미 윌리엄이 그 땅의 주인이었기 때문이었다. 앙브리에르성은 벨렘을 지키기 위해 요충지에 건설된 성이었으며, 노르망디 공국의 남쪽은 마침내 확고해지게 되었다.

윌리엄은 이번 원정을 통해 승리를 거두었지만, 이 승리에서 자신의 몫을 챙기지 못한 리샤르 무리 중 일부는 '사생아'의 승리를 비난하기 시작했다. 자신들이 일으킨 반란이 실패한 것은 우연이나 배신 때문이며 본인들은 잘못은 없다고 주장하고 나섰다. 그 결과 1052년 공국의 동부에서 두 번의 반란이 연속해서 일어났다.

첫 번째 반란의 무대는 외 성이었다. 이 성은 리샤르 2세가 건설했는데 그는 성의 주변 영지를 이복형제 중의 한 명인 기욤에게 하사했다. 이후 레슬린과 결혼한 기욤은 고지대 노르망디에서 아주 활동적인 가문을 일구었다. 그중의 한 명인 위그Hugues는 리지외의 주교구를 장악한 다음에 퐁레베크 읍성을 건설하려고 했다. 1050년 외의 기욤 1세가 죽자 윌리엄은 우환을 없애기 위해 기욤 집안사람들과 자식들을 레슬린 백작령에서 내쫓았다. 그들은 루앙으로 피신하여 이장바르Isembart가 수도원장으로 있는 트리니테 뒤 몽 수도원으로 들어갔다. 이렇게 외 성이 비어 있는 동안 윌리엄은 이곳을 자신의 결혼식을 기념하는 장소로 이용했다. 하지만 1052년 여름 무렵 레슬린의 두 번째 아들인 기욤 뷔사크가 복수를 결심하고 몰래 외 성에 들어와서 성을 탈취하고 스스로 공작을 참칭했다!

앙브리에르성에 있던 윌리엄은 외 성으로 급히 발길을 돌려 성을 포위했다. 얼마 가지 않아 뷔사크를 제압한 윌리엄은 죄를 물어 그를 공국에서 추방했다. 윌리엄은 레슬린 백작령을 뷔사크의 동생인 로베르 되에게

❧
외 성은 윌리엄에게 가장 먼저 반기를 든 성이다. 백년 전쟁 당시에는 잔 다르크가 영국군에게 포로로 잡혀 저 성에 갇혀 있었다. 그림은 빅토리아 여왕 일행의 외 성 도착을 그린 19세기 루이스 라미의 작품.

주었다. 그런데 로베르 되는 공작이 자신에게 백작령을 하사할 거라고는 전혀 예상하지 못하고 있었다. 이것이 윌리엄의 스타일이었다. 그는 봉신이 자신에게 빚을 지게 만든 다음 가장 고귀한 직무를 맡겨 충성심을 유도했다.

기욤 뷔사크는 곧장 프랑스 왕국으로 피신했다. 앙리 1세는 그를 정중히 맞아주었고 수아송Soissons 백작령을 하사했다. 이러한 왕의 처사는 윌리엄의 심기를 매우 자극했다. 카페 왕조의 앙리 1세는 최근의 사건을 통해 노르망디의 봉신, 즉 윌리엄이 앙주의 백작과는 또 다른 자신의 경쟁자임을 알게 되었다. 1052년에 앙리 1세는 조프루아 마르텔과의 대담을 통해 그와 정식으로 평화에 합의했고, 국왕은 평화의 분위기를 깨지 않았다. 9월에 윌리엄 공은 파리의 루브르 궁에서 열린 제후들의 회의에 참석했다. 그 후 몇 주 뒤에 앙리 1세는 노르망디에 개입할 수 있는 구실을 찾아냈다. 그는 이번 기회를 최대한 활용할 셈이었다.

노르망디로 돌아온 윌리엄은 쿠탕스로 갔다. 아직 해결해야 할 사건이 남아 있었기 때문이다. 늦은 가을 쿠탕스에 있는 아르크로부터 윌리엄에게 근심스러운 소식이 들려왔다. 아르크라는 도시는 탈루 백작령의 중심지로서 15년 전 리샤르 2세의 사생아에게 양도된 바 있었다. 그의 이름역시 기욤(기욤 드 탈루)이었고 모제 대주교의 형제였다. 기욤 드 탈루는 노르망디를 피로 물들인 모든 반란을 조종했던 인물이었다. 그는 아르크의 바위산 정상 위에 공국에서 가장 견고한 성을 축조했다. 그는 윌리엄이 동프롱성을 포위하고 있을 때 군대를 탈영했던 인물이었다. 윌리엄은 군역 의무 기간을 어기고 탈영한 것에 대한 보복으로 아르크성을 점령하고 수비대를 주둔시켰다. 하지만 성으로 돌아온 기욤 드 탈루가 부린 간교에 속아 넘어간 수비대는 그에게 성을 넘겨주고 말았다. 이제 아르크에 틀어박힌 반란의 우두머리인 탈루 백작은 자신의 주군에게 칼을 들이댄 것이나 마찬가지였다. 그러자 고지대 노르망디의 제후들이 기욤 드 탈루에게 호감을 보이기 시작했다. 그리고 서로 공모하여 탈루 백작의 편을 들고 나섰다. 그리고 탈루의 형인 모제가 충동질하자 탈루 역시 노르망디 공을 참칭하고 나섰다.

전령이 가져온 소식을 듣자마자 윌리엄은 말에 올라타 아르크 방향으로 말을 몰았다. 이렇게 신속하게 이동하다보니 그의 수행원은 고작 여섯 명 정도밖에 안 되었다. 나머지는 중간에서 포기하고 따라오지 못한 것이다! 반란군이 전 지역을 장악하고 있던 코 지방은 부패해 있었다. 이번 반란의 수괴인 탈루 백작도 윌리엄의 봉신이었다. 탈루 백작과 그의 반란군들은 성벽에서 공작의 군대를 기다리고 있었다. 윌리엄은 군사를 소집했다. 센강 계곡에 루앙에서 긴급히 차출한 병사 300여 명이 모였다. 윌리엄은 참모들의 조언을 뿌리치고 반란군의 주의를 끌기 위해 평원으로 나아갔다. 하지만 반란군들의 반응은 없었다. 결국 윌리엄은 아르크성을 포위하기로 결심한다. 늘 하던 대로 망루를 세우고 참호를 파서 성을 에워싼 뒤 군대를 성 주위에 남겨둔 채 저지대 노르망디로 돌아왔다. 또 다른 일들이 그를 기다리고 있었기 때문이다.

프랑스의 앙리 1세는 대반격을 위해 시기만 노리고 있었다. 그는 봉신들의 불신을 유발시켜 물랭라마르슈성을 자신의 수중에 넣었다. 이 성은 노르망디 서남쪽의 경계에 위치한 성이었는데 앙리 1세는 그 성을 푸아투의 제후에게 맡겼다. 퐁티외의 새 백작 앙그랑Enguerrand은 아엘리스라는 부인을 두었는데 그녀는 윌리엄의 누이동생이었다.† 퐁티외 백작은

---

† 아엘리스의 출생에 관해서는 본문 187쪽 참고.

자신이 국왕을 돕겠다고 말해 그를 안심시켰다. 앙리 1세는 직접 군대를 지휘해 포위된 아르크성으로 향했다. 고립된 성 안의 사람들을 위해 보급품도 함께 실었다. 하지만 성을 포위한 윌리엄의 군대는 이 소식을 미리 입수하고 매복 공격을 시도했다. 왕의 군역에 소집된 제후들, 그중에는 퐁티외의 앙그랑도 있었는데 그는 전투에서 치열하게 저항했다. 앙리 1세는 매복 공격을 격퇴하고 노르만 군대의 진영으로 들어가는 데는 성공했지만 곧 자신의 시도가 성공하기 어렵다는 것을 깨닫고 후퇴를 결정했다. 이 전투를 통해 성에서 저항하던 반란군은 식량을 얻었고, 성의 포위도 느슨해졌다. 그러나 반란군의 저항은 오래가지 못했다. 동프롱 성처럼 식량이 부족하여 버틸 여력이 없어진 것이다. 1053년 추운 겨울에 진이 빠진 기욤 드 탈루는 항복했다. 윌리엄은 그의 백작령을 몰수했지만 상당량의 개인적 영지는 그대로 남겨주었다. 그리고 본인이 원하는 곳으로 떠나는 것을 허락했다. 패배자인 기욤 드 탈루는 외스타슈 드 불로뉴의 땅으로 피신 길에 올랐다.

같은 해 레오 9세가 윌리엄을 파문했다. 교황청이 금지한 결혼을 결행했다는 것이 이유였다. 공국은 성무 집행이 금지되는 타격을 입게 된 것이다. 윌리엄이 성당에 가까이 가면 종소리가 멈추고, 사람들은 은밀하게 성무를 볼 수밖에 없었다. 이렇게 위중한 조치는 동생(기욤 드 탈루) 복수를 위해 모제가 꾸민 일이었을까? 이후 대주교 모제를 향한 공작의 진정한 복수가 가슴 속 깊이 싹트게 된다.

아르크성의 함락은 물랭라마르슈 사건의 종말을 고하는 것이었다. 아르크성의 수비대는 왕의 편이었던 성주를 쫓아내고 윌리엄에게 항복했다. 그들은 윌리엄의 아량에 한껏 고무된 터였다. 윌리엄이 패자들에게 보인 관용 덕분이었다. 물론 이번에도 가벼운 벌만 내렸다.

앙리 1세는 이번에야말로 결단코 노르망디 공에 대한 문제를 끝장내려고 작심하고 있었다. 그는 대제후들과 동맹을 맺고 전투를 준비했는데 그 계획이 먼저 조프루아 마르텔의 군대가 외브뢰 백작령을 공격하고, 앙리 1세의 군대는 망트에서 출발하여 서쪽으로 진군하는 것이었다. 세 번째 군대는 왕의 형제인 외드Eudes의 지휘 아래에 있었는데, 발루아 백작의 후계자인 기 드 퐁티외Gui de Ponthieu가 맡고 있었다. 이 군대는 보베 지방에서 그 수를 불려 곧 브레 지방을 침공할 예정이었다. 이 세 군대의 공동 목표는 노르망디 공국의 심장인 루앙이었다. 거기에서 앙리 1세는 윌리엄을 제거하고 동생 외드에게 노르망디 공작령을 주려는 계획을 세우고 있었다.

이렇게 많은 군대가 집결하여 노르망디를 위협한 적은 한 번도 없었다. 윌리엄은 당당하게 맞섰다. 외드의 군대에 대항하기 위해 그는 믿을 만한 기사들을 중심으로 군대를 조직했는데, 그 기사 중에는 롱그빌의 제후 고티에 지파르, 로베르 되, 위그 드 구르네, 위그 드 몽포르 그리고 백생 백작 기욤 크레스팽 등이 있었다. 센강 남쪽에는 저지대 노르망디에서 징집한 병사들을 배치하고 지휘는 윌리엄 자신이 맡았다. 그는 남쪽에서 올라오는 조프루아 마르텔의 군대를 급습하기 위해 매복에 들어갔다. 그리고 왕의 군대가 지켜보는 앞에서 윌리엄은 조프루아 마르텔의 군대를 고립무원의 상태에 빠뜨리기로 작정했다.

1054년 2월에 앙리 1세는 공격 개시 명령을 내렸다. 외드가 지휘하는 침공군이 엡트강을 건너 오말과 뇌프샤토에 신속하게 이르렀다. 당시의 전법에 따르면 군대는 가능하면 덤불이 우거진 숲은 피하며 넓고 평평한 들판에서 전진했다. 이동 중에 군대는 마을과 성곽을 불사르고 농민들을 학살했다. 이렇듯 당시의 군대는 스스로를 방어하는 데 어려움이 많았다. 군대가 지나가는 주변의 주민들은 그 동태를 염탐하여 윌리엄 진영의 고티에 지파르Gautier Giffard에게 알려주었다. 외드와 기사들은 그날 저녁에 모르트메르쉬르온Mortemer-sur-Eanlne에 들어갔다. 그리고 거기에서 가축과 포도주 그리고 처녀들을 약탈했다. 그들은 새벽까지 푸짐하게 먹고 마셨다. 바로 이 순간을 지파르는 노리고 있었다. 그들은 마을에 불을 지르고 술에 취한 외드의 군대를 급습했다. 술에서 깬 프랑스 병사들은 격노하여 방어하기 시작했고 전투는 10시간 정도 지속되었다. 이튿날 오후에 외드의 군대는 쫓기듯이 퇴각했다. 남은 프랑스 병사들은 노르만 군대의 수중으로 넘어가거나 무장해제를 당했다. 포로 중에는 앙그랑의 후계자 기 드 퐁티외도 있었다. 전투에서 승리한 지파르는 지체하지 않고 승전의 소식을 윌리엄에게 알렸다. 평소에 신랄한 유머를 즐겼던 윌리엄은 라울 드 토즈니Raoul de Tosny에게 앙리 1세가 들을 수 있는 곳까지 몰래 침투하라는 명령을 내린다. 거기에서 드 토즈니는 나무에 올라가 목청을 다하여 노르망디의 승리를 외쳤다. "가라! 가서 당신 병사들의 시체를 매장하라!" 갑작스런 소란에 잠이 깬 왕은 철수 명령을 내렸다.[†]

윌리엄은 퇴각하는 왕의 군대를 추격하지는 않았다. 그는 앙리 1세의 변덕과 부당한 처사에 대해 심각하게 항변할 구실이 있었음에도 한 번도 왕을 직접 공격한 적이 없었고, 왕의 신변을 위협하는 일을 꾀한 적도 없었다. 그런 성향은 왕권에 대한 존중, 즉 위계질서를 중시하는 인식에서 나왔을 것이다.

1054년에 윌리엄은 대부분의 시간을 왕을 추종하는 무리와의 소규모 교전으로 보냈다. 이제 총사령관이 없는 왕의 군대는 산발적인 지휘에 따

[†] 이 이야기는 바스에 의해 다소 과장되었을 것이다. 이 에피소드는 발에스뒨의 승리처럼 서사시에서 따왔을 것이다.

라 전투를 벌였고, 조프루아 마르텔에 대한 공격도 조급하게 할 필요가 없어졌다. 윌리엄은 왕이 점령하고 있던 성읍인 티예르에 있는 조프루아에 대적하기 위해 브르퇴유성을 축조한 다음에 기욤 피츠오즈베른에게 성을 맡겼다. 하지만 이내 왕과의 협상이 타결되었다. 공작은 모르트메르에서 잡은 포로를 풀어주기로 하고 제후들이 빼앗은 자신의 영지에 대해 봉건 군주로서의 종주권을 확인받았다. 그리고 자신도 앞으로는 맞수인 앙주 백작으로부터 영지를 빼앗을 것이라고 선언했다. 윌리엄은 퐁티외 백작으로부터 신하의 서약을 받았고, 플랑드르와 접한 공국의 국경에 대한 방위권도 얻어냈다. 앙리 1세는 노르망디와 앙주 사이에 벌어질 분쟁

앙리 1세가 윌리엄에게 패배를 당하는 장면. 『생드니 연대기Chroniques de Saint-Denis』(14세기) 삽화.

에 대해 앞으로는 중립을 지키겠다고 약속했다. 끝으로 앙리는 티예르를 윌리엄에게 반환했다.

이번 전쟁을 통해서 평화의 지속적인 토대보다는 휴전의 조건들이 더 부각되었다. 윌리엄 자신은 속으로 이번 휴전을 이용하고 있었다. 그는 조프루아 마르텔에게 40일 안에 이 휴전안에 동의하라는 메시지를 보냈다. 하지만 조프루아는 회신하지 않았다. 윌리엄은 다시 군사를 소집하여 멘 지방을 침공하여 앙브리에르성에 군대를 주둔시켰다. 마옌의 제후는 개인적으로 자신의 영지가 공격을 받았다고 판단하고 브르타뉴 공 에옹Éon과 조프루아 마르텔에게 원군을 청했다. 이 세 명은 1055년 봄에 윌리엄이 머무르고 있던 앙브리에르성을 포위했다. 양측은 교착상태에 빠졌다. 군역의 기간(40일)이 지나자 윌리엄의 봉신들이 고향으로 돌아가겠다고 나섰고 공작도 식량이 부족해지자 더 이상 버틸 것을 포기한다. 그럼에도 그는 수비대에게 끝까지 성을 방어하라는 명령을 내렸다. 그러자 앙주의 군대가 파성추를 앞세워 성을 공격하기 시작했고 이에 맞선 노르만의 용맹한 군대는 힘을 모아 파성추를 박살냈다. 그 사이에 윌리엄은 기사들을 보강할 수 있었다. 윌리엄이 쏜살같이 나타나 요새를 다시 차지하자 조프루아 마르텔과 브르타뉴 공은 후퇴할 수밖에 없었다. 이를 본 마옌의 제후는 노르만 군대에 머리를 숙이며 윌리엄에게 오마주를 바쳤다.

303

8장

수 장 과
그 의 신 민
1055~1065

교회의 역할

앙리 1세는 봉신들의 분쟁에서 손을 뗐다. 그는 조프루아 마르텔과의 동맹은 유지하고 있었지만 브르타뉴반도에서 일어난 내전에 개입하여 마지막 동맹군을 잃었다. 1055년 브르타뉴의 합법적 계승자는 젊은 코난 2세였다. 그는 젊지만 성격이 포악하고 고집불통인 인물이었다. 그의 주위에는 주군에게 목숨까지 바칠 각오를 한 기사들이 모여들었고, 코난 2세는 숙부이자 후견인인 에옹을 제거하려는 계획을 꾸미고 있었다. 그러자 에옹은 낭트의 백작 오엘Hoël의 도움으로 반격에 나선다.

르망의 주교 제르베는 여전히 노르망디의 공작 궁정에서 망명 생활을 하고 있었다. 1055년 교황은 제르베를 랭스의 대주교에 임명했다. 그 후 르망의 주교 자리는 공석이 되었다. 이때를 틈타 조프루아 마르텔이 앙주 출신의 성직자 부그랭Vougrin을 르망의 주교에 앉혔다. 한편 로마 교황청과 노르망디 공국 사이의 관계가 눈에 띄게 좋아진 징후들이 여기저기

노르망디 공

에서 포착되었다. 그러나 랑프랑의 논리적 반박에도 불구하고 교황은 윌리엄과 마틸다의 결혼에 대하여 여전히 반대하고 있었다. 그러기에 교황청과의 관계가 호전된 것은 다소 의외의 상황이었다. 하지만 두 당사자는 타협의 길을 택한다. 공작이 마지막으로 남은 리샤르 무리를 제거하면서 새로운 담보물을 교황에게 제공하기로 한 것이다. 1055년에 윌리엄은 리지외에서 열린 공의회를 통해—물론 교황과 합의한 뒤에—루앙의 대주교 모제를 축출했다. 그는 모제의 자리에 교황청의 특사인 에르망프루아Ermenfroi를 임명하여 대주교의 역할을 축소시켰다. 모제는 동거녀 지슬라Gisla와 아들 미셸 드 바인Michel de Baynes과 함께 건지섬으로 유배길에 올랐다. 그는 이제 종교적 책무에서 벗어나 자신의 습관과는 동떨어진 세계에 발을 들여놓게 된 것이다. 그는 피상적인 기독교적 관습보다 더 강렬한 인간 본성에 자신을 던졌다. 바스에 따르면 그는 스칸디나비아 신들에게 귀의했다. 그는 '작은 토르Toret'라고 이름을 붙인 친숙한 악마를 만들고, 자신의 마음에 들 때마다 그 이름을 불렀다고 한다. 뿌리를 상실한 바이킹으로서 그는 노르망디의 섬을 정처 없이 떠돌아다녔다. 그리고 어느 여름날에 그는 코탕탱 해안가에서 술에 취해 몸을 던졌다. 절벽에는 그의 신발만이 놓여 있었고 그는 바위 사이에서 벌거벗은 시체로 발견되었다.

모제는 노르망디의 도시 출신으로는 공국 가문이 선택한 마지막 사제였다. 윌리엄은 이제 오래된 관습을 털어버리고 성직자의 개혁에 동참할 인물을 찾는다고 공개적으로 선언했다. 당시의 제후가 이렇게 분명하게 자신의 입장을 밝히는 경우는 아주 드물었다. 로마 출신의 개혁주의 성향의 지도자들, 즉 힐데브란트, 욍베르 드 무아앵무티에Humbert de Moyenmoûtier와 그 친구들이 자신들의 신학 사상을 이해하는 최고의 지도

자로 윌리엄을 치켜세웠다. 윌리엄은 모제의 후임자로 레나니아 출신이자 기욤 드 볼피아노 집안에서 성장한 모리유Maurille의 선임에 동의했다. 그런데 대주교의 선임 과정에서 윌리엄은 랑프랑을 통해 로마의 승인을 요구하지 않았다.

모리유는 이미 나이가 어느 정도 들었고 성격은 단순했으며 전통에 대해서는 금욕주의자라 교회의 개혁과 잘 맞아떨어졌다. 리에주와 랭스의 학교에서 수학한 모리유는 알베르스타트에서 수도사들을 가르친 적이 있었다. 페캉 수도원의 수도사였던 그의 문학적 재능은 일찍이 잘 알려져 있었다. 그는 윌리엄의 조상인 롤롱과 장검공 윌리엄의 묘비에 금박 음각체로 명문을 쓰기도 했다. 그리고 그는 잠시 이탈리아의 피렌체에 있는 성 마리아 수도원에서 수도원장으로서 교회 개혁에 대한 열정을 키우고 돌아왔다. 그러나 엄격한 규율을 통한 수도원의 개혁은 현지 수도사들의 반발에 부딪히고 말았다. 심지어 수도사들은 그를 감옥에 가두기까지 했다. 페캉에 돌아온 모리유는 독실한 신앙심을 가지고 성인에 대해 참회하는 것으로 시간을 보내고 있었다.

총명하고 훌륭한 조언자였던 모리유는 노르만 성직자들을 개혁하려는 의지를 불태우고 있었다. 거기에는 어떤 개인적인 행동이나 수단도 포함되어 있지 않았다. 그는 공작이 자신에게 맡긴 임무 이외에는 어떤 것도 하지 않았고, 마찬가지로 공작도 개혁 대상인 공국의 주교구와 수도원에 필요한 조치를 취하기 전에 교구의 주장을 경청했다. 공작의 봉신으로서 주교와 수도원장은 주군인 공작에게 경제적, 군사적 부조의 의무를 지고 있었다. 그런데 모리유가 대주교로 있었던 12년 동안 윌리엄은 항상 전쟁 중이었으므로 교회의 영지에서 나오는 재정적 또는 군사적 도움을 정기적으로 받을 수 없었다.

모리유는 성직자의 결혼에 관한 니콜라이즘Nicolaïsme에 반대하는 운동을 적극적으로 펼쳤다. 이런 종류의 개혁은 노르망디 공국에서 항상 암초에 부딪혀왔다. 랑프랑조차도 이 문제에 깊이 관여하는 것을 피했었다. 은밀하게 이루어지는 성물 매매가 교회의 성무가 된 것도 모리유에게는 받아들일 수 없는 교회의 중대한 악덕이었다. 한편 성직자의 독신을 추종하는 자들은 도덕적 개념을 강조하고, 애정과 성애性愛의 영역에 청빈과 금욕주의 개념을 도입했다. 실용적인 측면에서 모리유를 비롯한 개혁주의자들은 경제적 고려와 효율성의 추구를 원칙으로 삼았으며, 이런 생각은 수도원의 규율에 영향을 받은 것이었다. 그럼에도 이러한 원칙을 대부분의 성직자들이 받아들이는 데는 반세기의 시간이 필요했다. 12세기 초에 들어 결혼한 성직자들은 대부분 제재를 받았지만, 그럼에도 노르망디와 영국에서 결혼한 성직자들은 오랫동안 교회에서 중요한 자리를 차지하고 있었다.

307

비록 모리유가 주장한 개혁 운동의 영향이 노르망디의 전체 성직자들에게는 미약했지만, 루앙의 교회에서는 새로운 전례 형태가 꽃을 피우기 시작했다. 아브랑슈의 주교 장Jean은 대주교의 교회 관례에 관한 저술 『성무에 관하여De officiis』에서 성 금요일에서 부활절 아침까지의 전례에 대한 특별함을 강조했다. 그는 이 저술에서 두 개의 축일—성 금요일에서 부활절 아침—이 복잡하지만 하나의 단일성을 형성하여 전례의 중심을 이룬다고 설명한다. 그리고 그 축일들이 죽음과 부활의 변증법적 상징을 내포한다고도 말한다. 이미 975년경에 에설월드Ethelwold는 대륙의 수도원(특히 플뢰리쉬르루아르)에서 대화와 몸짓으로 구성된 교회선법教會旋法, tropes을 수정하고 가필하여 부활절 미사의 전례 문서를 완성시킨 바 있다. 이것이 중세 연극의 먼 기원이고 11세기에 더 다듬어졌다. 외형적인 면에서 보면 루앙 교회는 바로 플뢰리 수도원에서 대화로 된 교회선법을 빌려왔다. 모리유가 루앙의 대주교로 있는 동안 루앙의 미사 전례는 부활절의 '운문극jeu'이나 '별의 성무', 즉 주현절을 통하여 그 깊이가 더해졌다. 이러한 흐름은 루앙에서 시작하여 바이외, 아브랑슈, 쿠탕스, 몽생미셸, 르망까지 확산되었으며, 12세기부터는 루앙의 '전례극'이 영국의 바킹과 아일랜드의 더블린 그리고 남부 이탈리아에까지 퍼졌다. 이런 형태의 예술은 15세기와 16세기에 수난극Passions의 형태로 꽃을 피우는데 서유럽 문명에서 탄생한 가장 완벽한 집단적 연극의 표현이다. 이 예술은 전통이나 공연을 준비하는 사람들의 솜씨에 따라 교회마다 다르게 발전했다. 그리고 큰 틀에서 본다면 전체적인 동질성을 공유하고 있지만 지방마다 매우 독자적인 특징을 함축하고 있었다. 11세기에 이 '전례극'은 초기의 종교적인 엄숙한 분위기를 상실하지 않고 있었다. 에설월드의 설명에 따르면 '부활절 운문극'은 새벽 기도가 끝날 무렵 성가대가 희미한 불빛 아래 성가를 부를 때 공연되었다. 이 전례극에는 먼저 네 수도사가 입장한다. 첫 번째 수도사는 여명의 불빛을 받으며 제단 쪽으로 가는데, 여기에서 제단은 예수의 무덤을 상징한다. 세 수도사들은 첫 번째 수도사를 머뭇거리며 따르는데 모두 뾰족 두건을 쓰고 있고 손에는 향로를 쥐고 있다. 이윽고 수도사 간에 대화가 시작된다. 수도사들은 짧은 문장의 대화를 노래로 부르고, 전통의 전례 텍스트가 끊어지는 부분마다 기도를 통해 기원을 한다. 그 다음에 천사가 나타나 제단 위에 있는 접힌 천을 가리킨다. 제단 위에 놓인 천은 부활의 수의를 의미한다. 세 명의 다른 천사는 성모를 포함한 여인들을 가리킨다. 그들은 "주님이 부활하셨네Surrexit Dominus!"라는 그레고리안 성가를 합창한다. 제단에서는 성부와 성자를 찬양하는 '테 데움Te Deum' 송가를 부르며 미사를 계속 이어간다.

장 다브랑슈Jean d'Avranches에 따르면 11세기에 공연된 루앙의 운문극에
서는 예수를 상징하는 십자가를 제단 위에 놓은 다음에 곧바로 치워버린
다. 예수의 죽음과 부활의 과정을 상징적으로 보여주기 위함일 것이다.
에설월드의 기록에 따르면 운문극의 종류나 스타일이 크게 달라서는 안
되었다. 1100년경에는 '현명한 성모Vierges Sages'†의 우화에서 따온 복음 우
화극에서 운문극을 만들기도 했다. 그 운문극은 리무쟁 지방의 필사본
에 '신랑극Drame de l'Époux ou Sponsus'이라는 이름으로 보존되어 있다. 언어학
적으로 이 텍스트를 조사해보면 텍스트가 세 개의 층으로 이루어져 있
음을 확인할 수 있다. 원본은 라틴어로 작성되었는데 그 위에 프랑스 중
세 방언으로 다시 덧썼다. 마지막으로 남프랑스 지방의 오크 방언으로
상세하게 부연 설명을 하고 있다. 이 텍스트의 두 번째 판은 민중어로 기
록된 가장 오래된 연극 텍스트인데 노르망디에서 발견되었다. 그 시기는
아마도 11세기 후반인 것으로 추정된다.

1054년에 아키텐의 나르본에서 신의 평화를 장려하는 공의회가 열렸
다. 공의회에서는 이전에 제기된 원칙을 다시 일반화시키면서 "기독교도
가 다른 기독교도를 살해하는 것은 예수의 피를 뿌리는 것과 마찬가지
다"라고 강조했다. 이 선언은 비록 신학적인 것이지만, 장기적으로 볼 때
미래††를 약속하는 선언이었다. 기독교의 보편적인 운명을 강조한 비슷
한 공의회가 노르망디의 캉에서도 1061년에 개최되었는데 윌리엄은 모리
유 및 랑프랑과 함께 참석했다. 하지만 이 공의회는 전적으로 노르만 식
으로 진행되었다. 공의회에서는 1047년에 규정한 신의 평화를 반복할 뿐

309

---

† 어떤 축일과 관련이 있는지 잘 알 수 없다.
†† 이 선언은 이중적이고 새로운 단계의 메시지를 기독교도들에게 제시하고 있다. 첫째는 기독교성
  의 인식에 대한 선언이고, 두 번째는 스페인의 성전을 앞두고 있는 기독교도들을 독려함이고, 마
  지막은 앞으로 있을 십자군 전쟁에 대한 이데올로기로 해석할 수 있다.

이었다.[†] 윌리엄과 모리유의 참석은 이 공의회의 토론에 정치적 성격을 부여했으며, 세속과 교회의 제후들에 대한 공국의 위계질서를 한층 더 강화시킨 계기가 되었다.

이렇게 유지된 평화는 사실 헌법과 같은 법전보다는 한 개인의 의지에서 나온 것이었다. 그런 까닭에 제후들 사이에서 윌리엄의 영광은 대단한 것이었고, 30년 뒤 그가 사망하자 제후들은 공포에 사로잡히고 만다. 이처럼 캉 공의회 이후 공작의 통제력은 더욱 더 강화되었고, 음모와 범죄가 숨을 수 있는 미지의 자연까지 비난하는 분위기가 형성되었다. 그것은 바로 밤이었다! 그런 이유에서 윌리엄은 공작령 내 모든 곳에 야간 통행 금지령을 내렸다. 동시에 절도자에 대해 새로운 형벌도 만들었다. 그리고 성직자들이 의무적으로 거주할 곳을 지정하여 대도시가 아닌 곳에 거주할 경우 발생할 수 있는 불만의 요소를 차단했다.

1064년의 리지외 공의회는 캉 공의회에서 결정된 사항들과 교회의 개혁주의자들이 염원하는 여러 규율에 관한 원칙을 다시 한 번 확인해주었다. 성물 매매의 금지, 성직자들이 세속인들의 일을 맡을 수 없는 원칙, 개인적인 재산을 운영할 수 없고 고리대금업을 할 수 없는 규칙 등이 공의회에서 재확인되었다. 관례적으로 '모기지mortgage'라고 불렸던 고리대금은 토지를 담보로 위탁하고 돈을 빌리는 방식이었는데 수도원의 동의하에 이루어지는 대표적인 탐욕스런 돈벌이였다. 고리대금의 확정 이율은 10~15퍼센트였는데 단기간의 원금 상환은 원천적으로 배제되었다. 그 결과 최소 15년에서 20년씩 이자를 물어야 하는 경우가 빈번했고, 짧아야 2년에서 10년은 기본이었으며, 그 이하는 결코 존재하지도 않았다.

[†] '신의 평화' 법령의 제정과 개정에 대해서는 본문 246~247쪽 참고.

그리고 담보를 맡기고 빌린 돈의 총액은 토지 가치의 2/3를 넘을 수 없었다. 차용자는 제후나 부유한 사람들이었는데—가난한 사람들은 토지가 없었기 때문에 담보로 맡길 땅이 없었다—대개 소비재를 구입하기 위해서 돈을 빌렸다. 하지만 실제로는 장기 원정을 나갈 때 담보를 맡기고 돈을 빌리는 경우가 많았다.[†] 노르망디에서도 11세기 중반부터 이 제도가 일반화되는데 경제에 대한 개념이 태동하고 다양한 금융 거래가 활성화되기 시작한 시기와 일치한다. 리지외 공의회는 모리유의 주장이 강하게 반영되어 시골에 거주하는 부사제와 신부들이 여자와 함께 동거하는 것을 금지했다. 한편 주교 성당에 속한 참사회원이 파혼을 하지 못하는 경우에는 결혼을 유지할 수 있도록 허락했다. 모리유의 입김이 크게 작용한 이 결정은 베랑제[††]가 취했던 입장과 삼위일체 그리고 그리스도의 현존에 대한 교리에 정면으로 배치된 결정이었다. 사제들은 이 결정이 지나치게 세속적인 종교관을 드러낸 것이라고 걱정했다.

윌리엄은 이 개혁안을 후원하면서 진지한 입장을 취했다. 타고난 원칙주의자였으므로 성직자들 사이에 퍼져 있던 모든 종류의 이단을 혐오하고 있던 터였다. 그는 개혁에 원칙적으로 찬성했으며, 그 개혁의 주체는 자신이 되어야 한다고 생각했다. 윌리엄은 교회도 사회적 조직의 하나이므로 국가에 예속되어야 한다고 믿고 있었다. 이러한 견해는 나중에도 바뀌지 않았다. 그런데 로마 교황청에서는 두 종류의 개혁적 경향이 태동하고 있었다. 하나는 도덕적인 경향인데 교리의 교육과 선교의 중요성 그리고 정신 상태의 개조를 강조하는 것이었고, 다른 하나는 제도적으로 교회가 세속적인 국가에 예속된 고리를 끊어야 한다는 생각이었다. 이러

---

† 　12세기에 십자군 전쟁이 일어났을 때 이 시스템이 발달하게 된다.
†† 　베랑제 사상의 핵심은 인생의 대부분이 이성적인 것으로 구성되어 있다는 것이었다. 본문 272쪽 참고.

한 사상은 두 명의 추기경에 의해 현실화된다. 첫 번째 흐름의 주인공은 피에르 다미앵Pierre Damien이었고, 두 번째는 힐데브란트 추기경이었다. 피에르 다미앵의 영향을 받은 모리유의 사상은 특히 윌리엄의 생각과 일치하는 면이 많았다. 그런데 1058년부터 교황에 오른 니콜라스 2세는 힐데브란트 추기경의 사상에 더 힘을 실어주었다. 1059년에 바티칸에서 열린 라트란Latran 공의회는 세속 제후가 고위 성직자†에 서임되는 것을 처음으로 공개적으로 비난하고 나섰다. 동시에 공의회는 추기경들이 교황 선거에서 독점권을 가져야 한다고 요구했다. 하지만 세속 제후가 고위 성직자가 될 수 없다는 주장은 교회의 미래를 위중하게 만드는 꼴이 되었다. 왜냐하면 이런 주장은 교황청을 정치적 구속에서는 해방시켜주지만, 반대로 교황청을 기독교 신자들로부터 소외시키는 결과를 초래할 수 있기 때문이다. 이 주장은 교황청을 초법적 국가처럼 세속의 왕국들 위에 놓자는 것이었다. 이후 이 주장은 오랜 기간 이데올로기의 변화를 겪으면서 세속 제후와 교황청 간의 심각한 분쟁을 초래한다. 사실 메로빙거 왕조 시대에도 성직자들이 성 아우구스티누스의 『신국론』을 번역할 때 원전에서 종교 권력의 원칙과 존엄함이 정치 지도자 위에 군림한다는 사상을 빌려온 적이 있었다. 이런 관점에서 훗날 샤를마뉴 제국을 교회의 수호자 혹은 "신의 팔"이라고 비유했던 것이다. 이런 사상이 세월이 흐름에 따라 일부 성직자들 사이에서 싹트게 되고, 기독교 세계††의 성지Saint-Siège, 즉 교황청이 내재적으로 소유한 헤게모니에서 그 개념이 태동하게 되었다. 이후 몇몇 요소가 첨가되어 이 생각은 점점 구체화되었다. 1056년에 신성 로마 제국의 하인리히 3세가 죽자, 6살 된 아들이 황제에 올랐다.

---

† 중세 유럽의 성직자 제도 전반에 대해서는 본문 104~107쪽 참고.
†† 9~10세기 기독교 세계에는 많은 지각 변동이 일어난다. 본문 111~112쪽 참고.

이 무렵 노르만인들은 이탈리아 원정을 통해 교황청 문 앞까지 가서 자신들의 존재를 소란스럽게 알렸다. 노르만 제후 출신인 로베르 기스카르의 승리는 당장에 세속 제후의 우위를 증명하는 듯했다. 하지만 1059년에는 교황 니콜라스 2세가 유리한 입장에 있었다. 그는 로베르 기스카르와 리샤르 다베르사Richard d'Aversa를 성지의 수호자처럼 맞이해주었다. 그리고 세속 제후와 교황 간에 계약적 행위들이 이어졌고, 제후들은 교황에게 영지를 양도하고 신하 서약과 연간 정액지대를 조정하는 계약에 서명했다. 이 사건은 교황권을 인정하는 계약이었고, 아라곤 왕은 곧바로 교황을 통해 신의 가호를 비는 선례를 남겼으며 동시에 교황청에 사법적 근거를 제공해주었다. 하지만 1066년에 노르망디 공국이 영국을 정복할 때 교황청과 공국 간의 관계는 여전히 애매한 상황이었다. 1059년의 합의에 따라 로베르 기스카르는 동생 로제 기스카르와 함께 이듬해에 시칠리아를 공격한다. 시칠리아는 2세기 전에 무어인이 정복한 섬이었다. 교황은 기스카르 형제에게 성전을 상징하는 문장과 성 베드로의 깃발을 보낸다. 그리고 6년 뒤에 교황은 똑같은 지지를 정복왕 윌리엄에게 보낸다.

그럼에도 교황과의 새로운 관계─세속 제후의 성직자 서임 문제─의 여파는 윌리엄의 통치 말년에 감지된다. 윌리엄이 세속 제후의 서임에 대한 교황의 비난을 못 본 척했기 때문이다. 윌리엄은 1060년에 아브랑슈 주교 자리에 자신의 사촌을 서임한다. 그는 비록 리샤르 무리에 속했지만 매우 총명한 인물이었기에 주교 자리를 준 것이다. 윌리엄은 개혁주의자들의 이상과 일치하는 훌륭한 주교를 원했지만 사실은 주교들을 자신의 통제 아래 두고 싶어했다. 실제로 그 어떤 공의회도 실패로 끝난 적이 없었고, 어떤 주교도 공국의 백작령에서 오랫동안 주교의 자리에 있지 못했으며, 주교구의 도시에서 공작의 권리를 찬탈하는 주교는 없었다. 윌리

313

엄은 끊임없이 주교의 영향권이 공국의 사법권을 넘어서는지 살폈고, 또한 수석사제와 부주교†의 권한을 확대시키라고 고위 성직자들에게 압력을 가했다. 실제로 윌리엄은 선대의 공작들이 수도원으로부터 양도받거나 횡령한 일부 특권만을 유지하고 있었다.

수도원의 경우 윌리엄이 매우 효과적으로 보호하고 있었다. 그래서 다른 지방처럼 수도원의 권한 대리인이 노르망디에서는 발을 붙일 수 없었다. 모든 수도원은 공작에게 군역의 의무로서 기사들을 제공했는데, 전통적으로 이 기사들은 수도원장의 봉신이자 동시에 공작의 봉신이었다. 그런데 1050년부터 수도원의 설립과 양도에 관한 문서에서 상황이 바뀌기 시작했다. 수도원에 속한 기사들이 공작에 직속된 봉신이 된 것이다. 수도원장과 기사가 맺은 봉신 관계는 취소되었고, 공작이 수도원장의 중재 없이 주군이 된 것이다. 그는 주교구를 장악했던 동일한 방법으로 수도원을 자신의 수중에 넣었다. 1063년 윌리엄은 생방드리유 수도원에 개혁주의자이자 모리유의 친구인 제르베르를 앉혔다. 제르베르는 이후 25년 동안 수도원을 이끌었다. 한편 1058년에 몽생미셸의 수도원장이 예루살렘에서 사망했다. 그런데 그 소식이 수도사들에게 전달되는 데는 무려 2년이 걸렸다. 공작은 그의 후임에 바이외의 성직자 르누프Renouf를 앉혔는데 그는 1084년까지 수도원을 이끌었다.

이미 윌리엄의 통치 기간에 노르망디의 교회는 외부에 그 높은 위상을 드러냈고 다른 나라에 영향을 줄 정도였다. 그런 사례는 영국에서 이미 확인한 바 있다. 페캉 수도원장인 장은 1052년에 디종으로 초빙되어 윌리엄과 서신을 주고받았다. 1058년에 교양이 높았던 성직자 기는 아미앵의

---

† 교구에 예속되어 있지만 주교에게 개인적으로 종속되지 않은 사제를 말한다.—옮긴이

프랑스를 대표하는 관광지로 잘 알려진 몽생미셸
은 노르망디의 아이콘이다. 돌섬의 정상에는 수도
원 교회가 들어서 있다.

주교로 선임되었고, 그도 역시 주군인 윌리엄과 밀접한 관계를 유지했다.

개혁 정신은 윌리엄의 주변에 있는 제후들에게도 그 여파가 미쳤다. 정복왕 윌리엄은 임종 직전에 침대에서 왕실 사제에게 천국에 들어가기 전에 결산할 것이 있다는 말을 한다. 그는 자신이 공국을 통치하는 동안에 노르망디에는 수도원이 10곳에서 36곳으로 늘었으며, 28명의 남성 수도원장과 6명의 여성 수도원장을 주님에게 보냈다고 말했다. 1050년에 기욤 피츠제레와 로베르 드 그랑메닐의 조카들도 르베크 수도원의 수도사들에게 기부하여 작은 기도원은 생테브룔 수도원이 되었다. 그랑메닐은 이 수도원에 영국에서 가져온 훌륭한 미사경본을 기증했다. 이 미사경본은 윌리엄의 대고모인 엠마가 예전에 윌리엄의 이복동생인 로베르 대주교에게 준 것이다. 그리고 로베르의 아들이 그것을 슬쩍 가져와 자기 아내인 아드비즈Hadvise Fitz-Géré에게 주었다. 그녀는 이 미사경본을 잘 보관하고 있었는데, 이번에는 그녀의 두 번째 남편의 아들인 로베르 드 그랑메닐이 이 경본을 훔쳐서 가지고 있었던 것이다. 당시 사람들은 이렇게 축적한 부를 기부하는 방법으로 신과 화해를 했던 것이다.

1055년경에 로제 드 모르트메르Roger de Mortemer는 생빅트로앙코 수도원을 설립했고, 1056년에 투탱 알뒤프Toutain Haldup와 그의 부인과 자식들은 레세 수도원을, 1059년에 로제 되Roger d'Eu는 트레포르 수도원, 1060년에 기욤 피츠오즈베른은 코르메유 수도원을 세웠다. 당시의 제후들이 이렇게 많은 수도원을 세운 이유는 단순히 집안간 질투심 때문만은 아니었다. 하지만 로제 드 몽고메리는 피츠제레 집안과 경쟁하기 위해 신앙심이 없는 교회의 참사회원들을 내쫓고 생마르탱드트로아른 수도원을 세웠고 그 후에도 생마르탱드세 수도원을 세웠다. 한편 윌리엄 공은 전임 공작들처럼 기존의 종교 시설에 토지와 수입을 기부하는 방법을 택했다. 캉의 프레보가 관할하는 영지의 경우 1066년 이전에 100에스텔린(영어의 '파운드 스털링')을 몽빌리에 수도사들과 트리니테 수도사들에게 기부했다.

그 결과 1050년대에 개종의 바람이 공국에서 들불처럼 번져나갔다. 기욤 피츠제레를 무참히 살해한 기욤 탈바†는 비참한 순례자가 되어 예루살렘까지 갔고, 돌아오는 길에 르베크 수도원에서 기독교에 귀의한다. 모르트메르에서 싸우던 제후 중의 세 명도 같은 길을 갔다. 하지만 확실하지 않은 소명召命은 때로는 불행으로 이어졌다. 세속 제후인 로베르 드 그랑메닐은 생테브룰에 정착하여 초대 수도원장이 되었다. 티에리 드 마통빌Thierry de Mathonville 역시 세속 제후 출신인데 그가 거느린 수도사들도

---

† 교활하고 잔인한 벨렘의 제후 탈바는 윌리엄에게 제압당하고 모든 재산을 바쳤다. 본문 190~191쪽 참고.

마찬가지였다. 에르베르 드 몽트뢰유Herbert de Montreuil, 공프루아Gonfroi, 레노Rainaud 같은 사람도 비슷한 부류의 사람이었다.

이런 신앙 공동체에서 로베르 드 그랑메닐은 대제후 때의 습관을 버리지 못하고 있었다. 그는 세속 세계의 일들에 더 관심이 많았던 터라 티에리와 공동체의 재산 운영권을 놓고 분쟁이 벌어진 것이다. 로베르는 자신보다 세속 제후였을 때 더 높은 지위에 있던 티에리—그는 지쳐 있었다—에게 수도원을 떠날 것을 강권한다. 이 사건이 윌리엄에게 보고되었고 그는 측근인 모리유에게 조사를 명했다. 1056년 6월에 사건에 대한 조사가 랑프랑과 함께 현장에서 실시되었다. 랑프랑은 티에리의 손을 들어주었다. 그런데 1년 뒤에 사건이 다시 수면 위로 떠올랐다. 이번에는 티에리가 수도원장직을 로베르에게 물려주고 멀리 순례의 길을 떠났다. 1063년에 로베르를 미워하던 로제 드 몽고메리의 성화에 밀려서 윌리엄은 교회의 자문을 구하지도 않고 새 수도원장인 로베르를 파면시켰다. 그리고 그 자리에 코르메유의 기도원장인 오즈베른을 앉혔다. 이에 로베르는 로마 교황청에 사건을 고소하여 교황의 도움을 이끌어냈고 윌리엄 공도 어쩔 수 없게 되었다. 로베르는 계속해서 자신의 복귀를 원했다. 그러자 공작은 교수형에 처할 수도 있다면서 로베르를 위협하며 버텼다. 교황청은 새 수도원장인 오즈베른을 파문시켰다. 수도원은 이 사건으로 큰 상처를 입게된다. 한편 로베르는 11명의 수도사들과 함께 노르망디를 몰래 빠져나갔다. 수도사 중 몇몇은 기사 출신이었다. 하지만 기스카르 때문에 도주는 실패하고 만다. 기스카르는 예전에 로베르를 칼라브르 수도원장으로 만들어준 인물이었다. 그 사이 이번에는 또 다른 로베르—이 사람도 피츠제레 집안 출신이다—가 이탈리아에서 돌아왔다. 그는 천문학과 의학에 조예가 깊은 사람이었는데 마법으로 명성이 자자한 인물이었다. 그런 그가

317

마르무티에 수도원의 수도사가 되었다. 생테브룰 수도원이 위기에 빠져 있을 때 마법사 로베르는 그의 사촌인 그랑메닐의 편을 들고 나서기도 했다. 양심에 상처를 입고 수모를 당한 마법사 로베르는 사촌인 그랑메닐에게 문둥병을 내려 육체를 부패시켜 영혼을 정화할 것을 기도한다. 실제로 그의 기도는 실현되어 그랑메닐은 6년 뒤에 문둥병으로 죽었다. 오드릭 비탈의 기록이다.

리샤르 당드리쿠르Richard d'Hendricourt가 르베크 수도원에 들어간 해는 1065년이다. 전장에서 부상을 입은 뒤였다. 그는 자신이 소유한 모든 토지를 수도원에 기부했다. 거기에서 그는 많은 제후를 만나는데 그중에는 로제, 오동 뒤 사프, 세를롱 도르제르, 라종 딜베르, 풀크 드 게르낭빌 같은 노르만 제후들과, 브르타뉴 출신의 제후(외드 드 돌) 그리고 프랑스 기사들(조프루아 도를레앙, 장 드 랭스)도 있었다. 그리고 그는 나중에는 벡생 백작 기욤 크레스팽도 만나지만 결국 병이 들어 수도사의 옷을 입고 죽고 만다.

일시적으로 매듭을 풀다

노르망디에서 윌리엄의 권위가 확실하게 자리를 잡아가고 있는 동안 영국에서는 해럴드와 그의 추종자들이 끊임없이 자신들의 영향력을 확대시키고 있었다. 에드워드 왕은 무기력한 사람답게 우회수단만 쓰고 있었다. 1054년에 에드워드는, 현인회의 동의가 없지는 않았겠지만, 우스터의 주교인 알드레드Ealdred를 신성 로마 제국의 황제에게 보냈다. 망명 중인 에설레드의 사생아 '무쇠 갈비뼈' 에드먼드의 아들 에드워드 에셀링의 귀환을 협상하기 위해서였다. 에드워드와 귀족들은 에설레드의 유일한 상속자인 에셀링의 귀환에 대해 어떤 입장을 취할 것인지 고민하고 있었다. 황제는 에셀링의 귀환에 동의했다. 하지만 에셀링은 독일에 머무르고 있었다. 그런데 에셀링의 귀국을 반대하는 목소리가 들려왔다. 어디에서? 혹시 노르망디에서? 아마도 플랑드르에서도 반대의 목소리가 나왔을 것이다. 노르웨이의 하랄 하르드라다Harald Hardrada의 압력 탓일 수도 있었다. 그는 1058년에 머시아 지방의 반란이 일어났을 때 영국 왕위를 요구하며 침공한 적이 있기 때문이다. 1056년에 에드워드는 해럴드를 플랑드르 백작에게 전령으로 보냈다. 그 목적은 알려지지 않았지만 에셀링에 관한 것이었음이 분명하다. 에셀링은 몇 달 뒤에 영국에 상륙하기로 되어 있었기 때문이다. 그는 조속히 에드워드를 만나고자 했다. 하지만 에드워드는 또 망설였다. 에셀링과의 만남을 거부한 것이다. 그 사이에 에셀링은 에드거Edgar라는 아들을 하나 남기고 세상을 떠났다. 그는 훗날 영국 왕위를 요구하게 된다. 이 이야기에서 해럴드의 역할은 주군인 에드워드의 의도만큼 분명하지 않다. 이때부터 고드윈의 아들 해럴드와 노르망디의 윌리엄 사이에는 복잡하고 은밀한 관계가 형성되었다. 하지만 상대방의 승부수를 알기까지는 아직 몇 년의 시간이 더 필요했다.

그러던 사이에 스코틀랜드 왕국의 상속자 맬컴 캔모어Malcolm Canmore의 아버지가 암살을 당하는 사건이 일어났다. 맬컴 캔모어는 1056년 에드워드의 궁으로 피신했다. 스코틀랜드는 이렇게 고립으로부터 벗어났고, 1066년 영국이 윌리엄에게 정복당하자 이번에는 스코틀랜드가 정복당한 앵글로색슨 왕족과 귀족에게 안전한 피신처와 동맹의 희망을 제공하게 된다.

1057년에 브르타뉴 젊은 공작 코난이 마침내 에옹과 그의 동맹 오엘을 제압하고 에옹을 포로로 잡았다. 조프루아 마르텔은 이때를 틈타서 낭트를 수중에 넣었다. 하지만 낭트를 자신이 직접 통치할 수는 없었다. 프랑스 왕국의 서부에서 권력의 역학 구도에 변화의 조짐이 나타난 것도 이 무렵이다. 노르망디의 국력이 프랑스 왕국의 서부에서 천천히, 그리고 거역할 수 없게 커지고 있었다. 그 결과 제후국간의 힘의 균형이 무너지고 있었다. 앙리 1세는 다시 앙주 백작에게 동맹의 손을 내밀었다. 1057년 3월에 앙리 1세는 앙주 지방의 수도 앙제를 찾았다. 그는 거기에서 환대를 받으며 꽤 오랫동안 머물렀다. 동맹이 다시 맺어졌고 두 군주는 노르망디를 공격할 새로운 계획을 세웠다. 계획을 실행에 옮기는 데는 많은 시간이 필요하지 않았다. 그해 초여름에 앙주의 수비대와 함께 프랑스군이 멘 지방에서 이에무아 지방으로 쳐들어온 것이다. 국왕은 생피에르쉬르디브 수도원에 머무르고 있었다. 허를 찔린 윌리엄 공은 군역軍役을 소집한 뒤에 팔레즈로 들어갔고, 적들이 평원 지방†을 맘껏 약탈하게 내버려두었다. 프랑스군과 앙주군으로 구성된 연합군은 베생 지방까지 이동하며 마을에 불을 지르고 약탈을 일삼았다. 그리고 침략군은 오른강을 건너 캉에 도착했다. 거기에서 다시 북쪽에 있는 디브강 어귀로 방향을 바꾸었다.

윌리엄은 적군을 디브강 어귀까지 오도록 내버려두었다. 일단 디브강의 늪지대에 적들이 들어오면 그들을 궁지에 몰아넣기는 쉬운 일이었다. 그런데 적들은 이런 위험을 대수롭지 않게 여기고 있었다. 윌리엄은 얼마 안 되는 군사들과 함께 바방 숲으로 들어가서 농민들을 징집하고 삽과

---

† 바스의 이야기는 시골에서 시작되는 경향이 있는데 서사시의 전통에 근거를 두고 있기 때문이다.

몽둥이로 무장을 시켰다. 그는 바라빌 근처에서 침략자들을 따라 잡았는데 그들은 전리품으로 가득 찬 수레 때문에 낡고 좁은 디브강의 다리를 건너지 못하고 있었다. 그런데 밀물 때가 되자 강물이 불어 그만 다리가 무너지고 말았다. 블루아 백작이 지휘하는 후미 부대는 강의 왼편에 있었는데 겁에 질려 무기와 짐들을 버리고 우왕좌왕하며 얕은 개울을 찾기에 바빴다. 하지만 디브강은 넓었고 만조인지라 너무 깊었다. 그 이후의 상황을 바스는 '노르망디에서 이런 살육은 처음'이었다고 묘사하고 있다. 블루아 백작은 생포되었다. 앙리 1세는 강의 오른편에서 패주하는 자신의 군대를 지켜보고 있었다. 그도 중간에 들어와 싸우고 싶었지만 제후들이 말려서 강에 들어가지 못했다. 앙리 1세는 조프루아 마르텔과 함께 노르망디 경계까지 한 번도 쉬지 않고 도주했다. 모르트메르에서의 실패가 다시 반복되었다. 앙리 1세는 이번 실패를 통해 노르망디에서 어떤 군사적 거점도 확보할 수 없다는 교훈을 얻었다. 그는 노르망디의 제후들이 윌리엄의 뒤를 굳건히 받쳐주고 있음을 또 한 번 확인했을 뿐이다. 이번에도 윌리엄은 패주하는 국왕을 마치 도둑을 쳐다보듯 내버려두었다. 그는 국왕의 손 끝 하나도 건드리지 않았다.

전쟁은 끝이 났지만 어떤 조약도 체결되지 않았다. 프랑스 왕국의 입장에서 보면 노르망디를 강력한 제후국이라고 인정하지 않을 수 없었다. 해럴드는 로마의 순례를 마치고 돌아오는 길에 노르망디에 들렀는데, 훗날 또 다른 우연으로 이 공국을 찾게 된다. 바라빌의 패배를 통해서 멘의 젊은 백작 에르베르Herbert 2세는 노르망디와의 관계를 돈독히 해야 한다는 결심을 하게 되었다. 반대로 앙주 입장에서는 중요한 교두보를 상실하고 말았다. 1058년에 에르베르 2세는 다시 윌리엄에게 오마주를 바쳤다. 이런 분위기에서 노르망디와 멘은 결혼을 통하여 동맹 관계를 결속시켰다. 윌리엄의 어린 딸 아엘리스를 새로운 봉신인 에르베르에게 준 것이다. 반대로 에르베르는 자신의 여동생 마르그리트를 윌리엄의 아들 로베르에게 주었는데 로베르가 7살 무렵이었다. 마르그리트의 양육은 메지동Mézidon의 제후에게 맡겼다. 그녀는 수도원에서 결혼 적령기가 될 때까지 지냈다. 그녀의 약혼자 로베르는 체형이 뚱뚱한 남자였다. 특히 넓적다리가 굵어서 별명이 '짧은 넓적다리Courte-Cuisse'였는데, 나중에 성인이 되었을 때의 성격(단순하고 뒤죽박죽)이 이미 보였다고 한다. 그의 아버지 윌리엄은 지도자가 갖춰야 할 학식의 유용성을 인식하고 로베르의 교육을 성직자에게 맡겼지만 별 소득이 없었다. 윌리엄은 계약을 통해 에르베르가 후사가 없이 죽으면 멘 지방이 자신에게 귀속된다며 안심하고 있었다. 하지만 멘의 제후들과 르망의 시민들은 자신들의 영주가 야심이 많은 이웃의 영주(윌리엄)와 연결되어 있는 것을 좋게 보지 않았다.

프랑스 왕국의 경계 지방에서는 새로운 교전들이 평화를 위협하고 있었다. 샤르트르와 드뢰 백작령 경계에 있는 티메르성의 주인이 수시로 바뀌고 있었다. 1059년에는 노르망디가 이 성을 함락하자 프랑스 왕이 성을 포위했다. 그와 동시에 성직자들의 발의에 따라 협상이 시작되었다. 1060년 파리의 주교가 부활절 날 왕의 메시지를 들고 페캉 수도원을 방문하여 화해의 신호로 노르만 수도사들의 서품식을 거행했다. 하지만 첫 번째 시도는 실패로 돌아갔다. 7~8월에도 성의 포위는 풀리지 않고 있었다.

건축가 윌리엄과 로마네스크 양식

1059년에 랑프랑은 마침내 이제 막 교황에 오른 니콜라스 2세로부터 6년 전부터 금지된 노르망디의 윌리엄과 플랑드르의 마틸다의 결혼 승낙을 받아냈다. 하지만 교황청의 법무국은 이 부부에게 불복에 대한 대가를 요구했다. 교황청의 요구에 공작 부부는 빈자들을 위한 네 곳의 구제원hospice을 세우기로 약속한다. 루앙, 캉, 바이외, 셰르부르에 각각 구제원과 수도사와 수녀를 위한 2개의 수도원을 세우기로 약속한 것이다.

공작 부부는 수녀들을 교육할 장소로 캉을 선택했다. 몇 년 전부터 윌리엄은 그 위치의 중요성을 주목하고 있었는데, 캉은 오른강 계곡에서 코탕탱으로 가는 길에 위치한 곳이었고, 저지대 노르망디의 경계에 있는 팔레즈보다 더 좋은 곳에 위치한 도시였다. 바라빌 전투 이후에 윌리엄은 인구가 밀집한 캉 같은 도시를 요새화시켰다.[†] 도시의 둘레에는 성벽을 쌓았는데 마치 성곽으로 둘러싸인 다르네탈 마을 같았다. 이렇게 축조된 요새 도시 캉은 곧이어 윌리엄의 개인적인 거처로 사용되었다. 성을 축조하면서 동쪽과 서쪽에 교황청이 요구했던 수도원을 지었다. 몇 년 만에 수도원이 완공되어 공국의 제2도시 캉은 노르망디의 단일성을 상징하는 도시가 되었다.

마틸다도 앞장서서 수도원 건립에 나섰다. 1059년부터 트리니테 수도원—부인 수도원이라고 불렸다—을 세웠는데, 수도원에는 넓은 영지를 하사하고 수도원장에는 명망이 있는 부인을 임명했다. 그녀의 이름도 마틸다였고 그때까지 프레오 수도원장이었다. 3~4년 뒤에 윌리엄이 남성

323

[†] 캉의 지형적 특성과 도시의 형성에 대해서는 본문 125~127쪽 참고.

남성 수도원에 있는 생테티엔 성당. 로마네스크 양식과 고딕 양식이 혼재되어 있는 건축물이다.

생테티엔 성당 제단 앞에 있는 윌리엄의 묘. 석판의 비문에는 라틴어로 다음과 같이 적혀 있다 "여기 노르망디 공이자 영국 왕조의 시조 윌리엄이 1087년에 묻히다. 그는 한 번도 패한 적이 없었던 위대한 정복왕이었다."

마틸다가 세운 부인 수도원. 로마네스크 양식으로 지은 생트리니테 성당의 모습이다.

마틸다 여왕은 부인 수도원 성당에 누워 있다. 노르망디 공작녀에서 영국 왕비로 생을 마감했다. 남편의 묘보다 단출하다.

수도원을 세웠고, 수도원장 자리에 친구인 랑프랑을 임명했다. 한편 윌리엄 부부는 자신들의 빛나는 집안에 걸맞은 종교 시설을 만들기 위해 두 개의 거대한 교회를 건립하기로 결정한다.

캉에는 두 개의 수도원이 있었는데 건축 양식의 완성도는 거의 절정에 이르러 있었다. 공국에서는 50년 전부터 비슷한 양식의 건축물들이 그 수준을 높여가고 있었다. 로마네스크 양식이라 불린 이 양식은 당대에 가장 완성도가 높고 성공한 건축 양식이었다. 로마네스크 양식의 최초 시도는 10세기 전부터 지중해 근방에서 목격되었다. 이 지방에는 스칸디나비아인들과 사라센인들의 침입으로 말미암아 목재를 사용한 건물은 남아 있는 것이 별로 없었다. 그러던 중에 950년에서 1050년 사이에 서유럽에서는 종교적 열정에 힘입어 석재로 된 교회를 건설하려는 열망이 타올랐다. 석재 건축물이 화재에 강했기 때문이다. 하지만 석재 건물을 짓기 위해서는 처음부터 다시 시작해야 했다. 석재의 절단과 기기器機 그리고 석재가 받는 하중의 계산까지 해야 할 일이 산더미처럼 쌓여 있었다. 한 세기 동안 이탈리아, 스페인, 프랑스의 석공들이 작업에 관한 기술을 공유하기 시작했다. 그 결과 석재 건축에 관한 기술들이 다시 세상으로 나오게 되었다. 특히 궁륭의 건축 기술은 당대의 기술자들이 재발견한 건축 공법이었다. 이 기술들은 현장에서 벽돌공들이 경험으로 체험한 기술을 통하여 발전을 거듭했다. 대성당은 10년, 20년 아니 그 이상 지탱할 수 있었다. 작업장에서 인부들은 직업적 명운을 걸고 후대에 두고두고 언급될 흔적을 남겼다. 급여를 받는 전문 인부들, 즉 돌을 자르고 조각하는 석공, 벽돌공, 작업 감독들은 건물을 지으면서 특별히 어려운 문제를 만나면 서로 가르치고 배우면서 난관을 극복했다. 현장 주변의 주민들은 무료로 혹은 부역을 통하여 노동력을 제공했는데 이러한 시도는 매우 힘들었지만 흥미진진한 모험이었다. 건축 자재의 운반과 승강기의 사용에 대해서는 별로 알려진 것이 없다. 분명한 것은 전쟁 기기를 만들 때처럼 사다리 발판, 권양기, 지렛대, 가축의 동력을 이용했을 것이다. 그래도 공사의 핵심은 인간의 노동력이었다. 인간이 축적한 경험은 이런 공사에서 중요했으며, 1050년까지 서서히 불기 시작한 경제 부흥처럼 오랜 기간 준비된 연구들이 '1차 로마네스크 예술'로 승화되었다. 당시에는 성직자이건 세속인이건 숙련된 기술자를 찾아보기 힘들었다. 사람들은 그런 전문가들을 여러 작업장에서 찾았고 적당한 조건으로 채용했을 것이다. 로마네스크 건축 기법은 오늘날에도 전수되고 있는데 현재의 역사학자들은 지역별 건축 기법, 즉 부르고뉴 로마네스크 양식, 푸아투 양식, 샹파뉴 양식이라는 용어 대신에 '교회별 양식famille d'église'이라는 용어를 사용한다.

서기 1000년경에 수도원 건축에 대가들이 등장한다. 위그 카페의 사생아 고즐랭Gauzlin이 플뢰리쉬르루아르Fleury-Sur-Loire에, 모라르Morard가 생제르맹데프레Saint-Germain-des-Prés에 훌륭한 건축물을 완성했다. 독일과 이탈리아에서도 대가들을 찾아볼 수 있었다. 로마네스크 양식을 최초로 보여주는 수도원은 역시 클뤼니 수도원이며, 부르고뉴 지방은 프랑스 내에서 가장 많은 로마네스크 건축물이 있는 곳이었다. 이후 로마네스크 양식은 루아르강 계곡 방향으로 이동한다. 초기 로마네스크 양식의 다양하고 분석하기 힘든 경향들은 다양한 기술적 필요성, 경제적 조건, 설립자의 의도, 해당 지역의 지질학적 구조, 건축 재료와 건축지의 선택 등에 따라 결정된 것이다. 그런 까닭에 11세기 초기 로마네스크 양식의 건축 구조와 장식에는 비잔틴, 아랍, 페르시아 양식이 혼재되어 있었고 카롤링거, 메로빙거 그리고 고대 로마 양식 또한 접목되어 있었다.

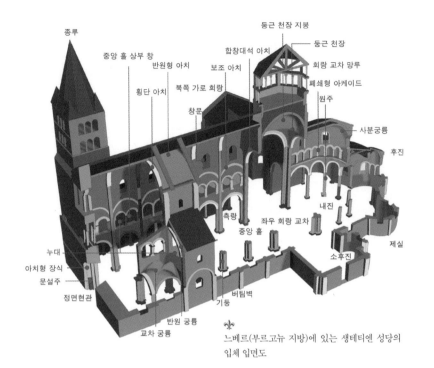

종루

중앙 홀 상부 창

횡단 아치

반원형 아치

북쪽 가로 회랑

창문

보조 아치

합창대석 아치

둥근 천장 지붕

둥근 천장

회랑 교차 망루

폐쇄형 아케이드

원주

사분궁륭

후진

측랑

중앙 홀

좌우 회랑 교차

내진

제실

소후진

누대

아치형 장식

문설주

정면현관

기둥

버팀벽

교차 궁륭

반원 궁륭

327

느베르(부르고뉴 지방)에 있는 생테티엔 성당의
입체 입면도

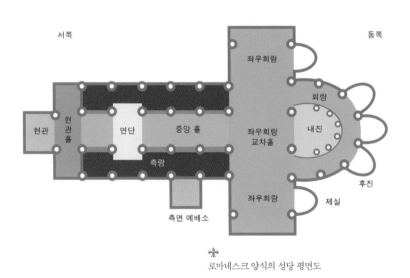

서쪽

동쪽

현관

현관 홀

연단

중앙 홀

측랑

측면 예배소

좌우회랑

회랑

좌우회랑 교차홀

내진

좌우회랑

후진

제실

로마네스크 양식의 성당 평면도

수장과 그의 신민

✦
느베르 성당의 파사드와 내부 측랑

　　로마네스크 양식의 전통적 형태는 단순하다. 정방형과 원형, 반원 등
의 형태가 건축물의 전체적인 구도를 지배하고 있으며 벽, 아치, 기둥 등
도 같은 형태를 따르고 있다. 교회의 주요 형태는 베네딕토 수도원이 채
택한 것처럼 삼중의 내부 구조로 이루어져 있었다. 먼저 현관문을 열고
교회 내부에 들어서면 넓은 중앙 홀이 나온다. 그리고 정면 제단 쪽으로
가면 좌우 날개 부분에 가로 회랑이 중앙 홀과 교차한다. 가로 회랑 뒤에
는 내진內陣, chœur 공간이 있고, 내진 뒤에는 후진後陣, abside이 위치하고 있
다. 성당 내부를 공중에서 보면 삼중 구조로 이루어져 있음을 알 수 있
다. 이런 구조는 9세기에 이미 카롤링거 왕조 시대에 시도한 양식이며, 그
중에는 교회 측랑이 화려한 예배당을 좌우에서 감싸고 있는 건축 양식
도 있었다. 결국 로마네스크 양식은 과거의 양식을 조합하여 아주 화려
한 건축 양식으로 재탄생된 것이다. 수직의 줄무늬와 아치로 구성된 높
고 두터운 외벽은 측랑 상부의 누대를 떠받치고 있으며, 외부로 빛이 거
의 새어나가지 않는 높은 종루를 지탱하고 있다. 짧거나 가늘고 야윈 모

양의 기둥들 혹은 정방형의 기둥들이 지붕을 떠받치고 있고, 동시에 중
앙 홀과 측랑을 구분하는 경계를 이루고 있다. 이 시기에는 종의 사용이
일반화되기 시작했다. 그때까지 종의 크기는 작았으며 고정된 형태였다.
마치 고정된 징을 때리는 것과 같았다. 이후 줄과 지렛대를 사용하여 종
을 종루에 매달았다. 종의 크기가 점점 커지자 음량도 커지고 무게도 무
거워졌는데 그 이유는 음악성을 고려했기 때문이다. 그런데 옛 건물의 경
우 중앙 홀 위에 설치된 종을 울리면 진동이 심해 안전상의 문제가 발생
했다. 그러므로 중앙 홀 위의 목재로 만든 작은 종루는 철거하고, 그 대
신 건물의 가로 회랑이나 정면에 부속 종루탑을 설치했다. 로마네스크
양식의 교회는 카롤링거 양식의 교회보다 더 높았기에 지상에서 우뚝
솟아 멀리서도 잘 보였다. 이 새로운 교회 양식이 서기 1000년부터 유럽
의 풍경을 바꾸어놓았다. 아키텐의 연대기 작가 라울 르글라브르_{Raoul le}
Glabre는 이 건축물을 "하얀 교회의 가운이 세상에 옷을 입는다"라고 묘사
했고, 강력한 미학적 힘이 집중된 종교적 정신의 실체라고 칭송했다.

건축물의 장식은 인생 역정을 잘 표현하고 있다. 건축학적 구조는 때때로 그 형태를 확정짓는 역할을 한다. 장식물의 형태는 때로는 자유롭고 다양하지만† 전체적인 단일성을 유지하고 있다. 장식물의 종류에는 조각, 회화, 제단 같은 집기류(아직 스테인드글라스는 없었다)들이 있었다. 조각들은 교회 입구에 설치했는데, 성당 정문 안의 홀, 현관, 건물 정면 등에 설치하거나, 건축 보조물, 즉 기둥머리나 기둥의 장식으로 사용되었다. 이런 양식의 유행은 점점 더 확산되었다. 당시의 건축에는 두 종류의 예술과 두 종류의 정신 상태가 결합되어 있었다. 첫 번째 예술은 응용 예술이고 또 하나는 집합체bloc와 형상이 혼합되는 건축학적 예술이다. 석재 절단공은 고대의 무덤에 사용되었던 석상들과 금은 세공품 그리고 회화에서 영감을 얻었을 것이다. 하지만 정교하지 못한 연장과 숙련되지 못한 솜씨 등이 오랜 시간을 필요로 하는 작업의 발전을 가로막았다. 로마네스크 교회에는 회화가 벽과 기둥의 조각상에 장식으로 쓰였고, 곧 궁륭에도 사용되었다. 회화는 책에 사용되는 장식 문자처럼 건물에도 사용되었다. 회화는 아직까지 독자적인 예술 분야로 자리를 잡고 있지 않았지만, 그 끝은 아직 아무도 모르고 있었다. 한편 고대에 사용되던 모자이크 장식은 프레스코 벽화로 대체되었다.

많은 것이 혼재된 로마네스크 건축의 조화로움에서는 다른 재료들도 눈여겨 볼 필요가 있다. 목재와 조명 및 성직자석에 사용되는 청동이 그것이다. 성당의 중앙 홀은 긴 의자가 없는 빈 공간이었다. 그러던 것을 12세기에 부유한 신도들이 쿠션 위에서 무릎을 꿇고 기도할 수 있는 공

---

† 조각은 로마네스크 장식 중에서 지금까지 살아남은 유일한 장식이다.

동 의자를 발명했다! 이 밖에도 성수대와 세례대 그리고 조각에 사용되는 석재와 금속이 있었고, 금은 세공 그릇이나 다양한 물병, 성직자들의 제복 등에 사용되는 천들이 있었다. 당시의 교회는 신비스러운 공간이었으며, 사람들에게는 놀라운 일들이 벌어지는 곳이었다. 그들은 구원자가 온다는 맹목적인 믿음으로 살던 사람들이었다. 그들은 전례에 관한 시와 성가를 통해 미사에 몰입했고, 각자의 생각과 행동은 혼연일체가 되어 로마네스크 예술 속에서 하나가 되었다. 12세기까지는 세속인들의 미사나 기도에 관한 어떤 책도 존재하지 않았다. 최초의 서적은 1150년 노르망디의 성직자가 기록해놓은 것이다. 그러므로 성당 건물은 미사와 전례 행위들의 유일한 중재자이며 성무에 참석하는 조력자였다.

로마네스크 교회 건물이 확산됨에 따라 성무도 넓은 건물의 편리함 덕분에 일상생활의 중심으로 자리 잡았다. '신의 집'은 전형적인 공공의 장소가 되었고 제후들의 집합소가 된 것이다. 거기에서는 재판도 열리고 장도 섰으며, 악천후를 막아주는 피신처도 되었다. 사람들은 거기에서 만나 세상일들에 대하여 얘기했고, 순수한 사랑이 맺어지기도 했지만, 성당에는 소매치기도 있었고 싸움도 일어났다. 성무가 진행되는 동안 성직자의 목소리는 소란스러운 군중을 압도하기에는 역부족이었다. 수도사들이 '전례극drame liturgique'을 널리 보급시킨 것도 격렬한 일상생활에 시달리는 민중의 관심을 끌기 위함이었다.

로마네스크 양식이 수도원 개혁 운동과 함께 노르망디에 들어온 것은 정복왕이 태어나기 25년쯤 전이다. 초기에는 애매했던 이 건축 예술은 노르망디에서 독창적인 스타일로 발전했는데 이탈리아와 부르고뉴의 영향 덕분이었다. 그 중심에는 기욤 드 볼피아노Guillaume de Volpiano가 있었다. 하지만 그의 개인적인 활동은 거의 알려진 것이 없어서 11세기 초반의 노르망디 건축을 '기욤 파'라고 부른다.[†] 노르망디의 베르네Bernay[††]에는 중앙 홀 양쪽에 가로 회랑이 교차하고 있고, 홀 뒤에는 성가대가 있는 내진과 반원 모양의 후진 구조를 가진 전형적인 로마네스크 양식의 교회가 남아 있다. 제단 뒤의 소小 후진은 크기가 점점 줄어드는 모양이고, 롬바르디아와 디종, 루아르 계곡 지방에서 확인되는 형태의 성당이다. 몽생미셸은 원래 이교도의 사원이었는데 8세기에 수도원이 들어섰고, 이후 카롤링거 왕조 시대에 일드베르 수도원장이 1020년부터 세 번에 걸쳐 재건축한 것이다. 이 수도원은 베르네의 성당 양식을 따르고 있지만 그 규모는 당시로서는 대단한 것이었다. 건물의 길이가 무려 80미터였다! 수도원 건축은 자연 조건이 불리하여 오랜 시간이 걸렸다. 1063년에 르누프 수도원장이 몽생미셸 성당의 중앙 홀 공사를 시작했다. 르누프의 공법을 이어 받은 스리지Cerisy는 벽돌공들과 함께 이 수도원을 건축 작업의 경험장으로 활용했다.

위에서 설명한 세 곳의 대규모 건축물 외에도 노르망디에는 1050년에서 1060년 사이에 다른 건축물도 완성되었다. 공국의 이곳저곳에 위치한 이 건축물들은 지리적 영향으로 인해 다양한 모습을 보여준다. 디브강 서쪽에는 화강암이나 편암으로 건물을 지었지만, 캉은 주변이 석회암층이라 석회암을 사용했다. 동쪽의 베르농 지역에서는 규암이나 사암이 사용되었다. 한편 숲이 우거진 고지대 노르망디 지방에는 건물의 일부에 목재가 많이 사용되었다.

티에리 수도원장은 1028년 이전부터 쥐미에주의 노트르담 성당을 다

[†] 노르망디의 초기 로마네스크 양식의 교회는 거의 남아 있는 것이 없다. 왜냐하면 대부분의 유적은 12~13세기에 재건축되었기 때문이다.

[††] 볼피아노가 1017년에 건립했다. 본문 151쪽 참고.

시 짓고 있었다. 그는 1052년부터 1067년까지 성당의 중앙 홀을 건설했는데 오늘날에도 폐허 속에 그 모습이 잘 남아 있다. 루앙에서는 이장바르의 제자인 오즈베른이 조각, 건축, 회화, 로마의 회당 양식 등을 응용하여 오래 된 성당 자리에 새 성당을 완성했다. 성당의 축성식은 1062년에 윌리엄의 참석 아래 열렸다. 쿠탕스에서는 조프루아 주교가 자신의 교구 성당을 재건축하는 데 여념이 없었다. 그는 루앙에서 7명의 참사회원을 초빙하고, 몇몇의 필경사와 악사도 고용하여 학교를 열었다. 그는 성당의 재건축에 매진하여 마침내 1065년에 성당이 완공되었다. 르망에서는 노르망디의 영향력이 확산되자마자 주교 제르베는 노트르담드라쿠튀르 성당을 지었는데 쥐미에주 성당의 영향을 받았다.

'노르만 양식'이라고 부르는 건축 양식도 이제 그 절정기를 구가하고 있었다. 로마네스크 양식보다는 카롤링거 양식에 더 가까운 노르만 양식의 독창성은 내적 조화와 웅장하면서도 정교한 건축 기법에 있었다. 다시 말해 영혼의 특징이 건축 양식에 녹아 있었던 것이다. 영국 정복 이전에 노르만 양식은 균형과 생기가 그 특징이었다. 이후 북쪽으로 퍼져 앵글로색슨의 다양한 양식들이 노르만 양식에서 파생되었다.

캉의 두 수도원은 단기간에 완공되었다. 이 말은 수도원 건설에 강력한 의지와 상당한 수단들이 모두 동원되었다는 의미다. 트리니테 수도원은 6~7년 만에 완공되었고, 11세기 말에 궁륭을 석재 구조로 교체하여 건축의 모범이 되었다. 이 건물은 아름다운 선과 간결성이 돋보이며 중앙 홀은 밖에서 보면 우뚝 솟아 있었다. 마치 비르, 팔레즈, 동프롱 성의 직사각형 주탑이나 콩슈성의 원형 주탑과도 같다. 성당 내부 공간의 폭은 넓었고 수직 공간 또한 마찬가지였다. 중앙 홀은 3층이 포개져서 우뚝 솟은 자태를 뽐낸다. 먼저 아치형 회랑은 중앙의 큰 홀과 측랑을 하나로

333

쥐미에주 수도원의 폐허. 윌리엄은 1067년, 이 수도원에 영국에서 가져온 전리품과 재산을 기증했다. 16세기 종교 전쟁 당시 위그노들에 의해 파괴되어 폐허가 되었다.

연결한다. 이 구조물들은 내진의 기둥머리와 누대에 의해 솟아오른 구조를 하고 있고, 중앙 홀의 조명을 위해 창문들이 사방을 둘러싸고 있다. 성당 밖에는 많은 탑을 만들어 효과를 주려고 했는데 그러기 위해 중앙에는 조명탑을, 성당 정면에는 종루탑을 세웠다.

이런 건축 스타일은 수도원이나 성당이 넓은 공간을 차지할 수 있도록 설계되었지만, 상대적으로 선물의 면적은 그리 크지 않았다. 통Thaon의 나병 환자 수용소가 그런 종류의 건물이었는데, 성당 내부의 규모가 작아지면서 누대는 위층의 다락방으로 대체되었다. 노르망디에서는 이런 종류의 성당이 11세기 중반부터 주류를 이루고 있었지만 지금은 남아 있지 않다. 1060년과 1100년 사이에 노르망디 공국은 로마네스크 양식의 보고였다. 노르만인의 천재성과 경제적 번영의 결과였다.

초기의 노르만 양식은 장식을 최대한 아끼는 소박한 모습이었다. 그런 까닭에 필사본을 장식하는 그림도 다른 지방보다 더 간결한 모습이었다. 필사본 장식은 기욤 드 볼피아노가 노르망디에 들여온 것인데, 1050년에서 1060년 사이에 많이 창작되었다. 당대의 유명한 화가들이 『생방드리유의 주요 연대기』, 몽생미셸 수도원의 『성사Sacramentaire』, 성 아우구스티누스의 『시편』 등에 등장인물들을 그려 넣었다. 한편 캔터베리 대주교에서 망명길에 오른 로베르 샹파르는 1052년에 다시 노르망디로 돌아왔다. 그는 쥐미에주 수도원에 찬란한 앵글로색슨 풍의 「성사」 그림을 가져왔다. 특히 그는 에설레드 시대에 필사한 윈체스터의 그림 「로마 교황」도 가져왔다. 거기에는 액자 외에도 금박을 입힌 대형 장식 문자와 각 쪽마다 아름다운 그림들로 가득 차 있었다. 「성묘의 성녀들」 「오순절」 「마리아의 죽음」 같은 그림들이 샹파르의 짐 속에서 나왔다.

생테티엔이나 트리니테 같이 규모가 큰 성당에 노르만인들은 '신의 성_城'이라는 이름을 붙여주었다. 이 명칭은 메타포적인 의미 외에도 당시 사람들의 정신세계에서 그 유래를 찾을 수 있다. 로마네스크 양식은 모든 종류의 미의 형태를 포함하고 있었는데 그 유일한 목적은 집을 짓는 것이었고, 그 주제는 신의 위대함이었다. 이 목적과 주제는 구분을 멈출 때 비로소 조화를 이룬다. 건축 예술은 상상의 표상 세계에서 창조를 통해 실현된다. 그러므로 로마네스크 양식과 현대 예술은 유사해 보이지만 실제로는 그렇지 않다. 그런데 상상의 표상은 절대로 추상화되지 않는 경향이 있고, 결코 현대인이 생각하는 단순한 상징†이 되지 않는다. 르베크 수도원의 앙셀름Anselme은 어느 날 다음과 같은 글을 썼다.

"존재하는 모든 것은 유일한 이유에 의해서만 존재하고, 그 이유는 스스로 존재한다. 바로 신이다."

337

아주 도발적인 주장이었다. 이 말은 의도적으로 '신의 위대함'에 관해서 비관용적인 태도를 보여주는 것이었다. 인간이 가질 수 있는 다소 건방진 생각이었지만 그 생각의 숭고함은 모든 한계를 극복하는 것이었다. 같은 방식으로 로마네스크 양식은 고딕 양식의 특징인 체계적인 외적 규범을 무시했다. 이후 유럽에는 지중해에서 아일랜드와 발틱해까지, 그리고 도시와 촌락에 이르기까지 수백 개의 로마네스크 성당이 세워졌다. 비록 그 형태는 조금씩 달랐지만 건축 양식의 근본은 동일했다. 다만 다양한 형태를 한 마디로 정의한다는 것은 쉬운 일이 아니었지만, 그것은 신의 찬미를 향한 일종의 존재 방식이었으며, 동시에 신을 느끼고 경험하기 위한 것이었다. 요컨대 로마네스크 양식은 신을 찬미하기 위한 역동적

---

† 중세의 상징성은 조형, 문학, 신학 분야에서 점차 그 영역을 확장하여 13세기 초반부터 일반화되었다.

이고 위대한 창조적 건축 양식이었다. 하지만 이 양식은 인간 그 자체에 대한 인식에 대해서는 크게 고려하지 않았다. 당대의 가장 강력한 지도자 중의 한 명인 노르망디의 윌리엄은 평생 다음과 같은 말을 했다고 한다. "주님의 이름으로!"

로마네스크 양식과 그것을 사용하는 당시의 공동체 사이에는 애매하고 가변적이며 동시에 매우 긴밀한 관계가 형성되어 있었다. 석재를 사용한 양식은 다른 재료를 사용한 양식보다 당대 사람들의 의식 구조와 잘 부합하고 있었다. 그런 까닭에 다른 양식들은 로마네스크 양식에 흡수되고 종속되었다.

로마네스크 성당은 신의 집이었다. 독특한 배치를 가진 당대 모든 예술의 총 집합체였으며, 아마도 21세기로 치면 현대 도시에 비견할 수 있을 것이다. 석조 건물인 이 성당은 무엇 하나 설명하지 않으며 스스로 최고의 평정심†을 보여주고 있다. 분명한 것은 성당의 위엄과 탁월한 기능은 대부분의 사람이 문맹이었던 사실에 그 뿌리를 두고 있었다. 현대 문명에서처럼 문자는 인간에게 과거를 인식시켜주는 역할을 하고(모든 사회에서 이 역할은 중대한 것이다), 그 과거를 투명하게 인간에게 보여준다. 이런 점에서 조형 예술은 보조적인 역할을 하거나 적어도 자기중심적인 역할을 한다. 하지만 문자가 없는 사회, 즉 대부분의 주민이 문맹인 사회에서는 조형 예술이 기존의 지식과 공동체의 기억들을 보존하고 있으며, 그 집단으로 하여금 조형 예술의 안정된 형태를 통하여 그들의 과거를 이해하는 데 도움을 준다. 11세기의 문명은 이 두 형태의 대립—문자를 이해하는 집단과 문맹의 집단—에서 후자에 가까웠다. 그런 까닭에 로마

---

† 우리는 조형적 표상에서 나오는 이런 표현력을 직접적으로 느낄 수는 없다. 그런 까닭에 몇 세기 전부터 현대 예술의 모든 형태는 추상적이 되었다.

네스크 건축은 당시 문명을 구성하는 요소 이상으로 역동적인 열정을 표상하고, 동시에 근원적으로 찬란한 문화의 아이콘이었다. 이런 의미에서 '로마네스크†'라는 형용사를 더 일반화시키는 것은 어떠한가? '로마네스크 문명', '로마네스크 시', '로마네스크 인간'으로……

노르만 국가

1060년 여름 동안에 프랑스와 노르망디의 성직자들은 협상을 하고 있었다.†† 8월 4일 앙리 1세가 드뢰에서 사망했다. 그는 죽기 전에 노르만 봉신, 즉 윌리엄과 면담할 계획을 잡고 있었다. 앙리 1세는 후계자로 여덟 살 된 아들을 지목했다. 그리고 당시로는 특이하게도 필리프Philippe라는 그리스 이름을 붙여주었다. 키예프 공국 출신인 그의 어머니와 윌리엄이 곧바로 만났다.

그들이 무슨 말을 했는지 알려진 것은 없다. 우정의 말들이 오갔을 테지만, 분명한 것은 윌리엄이 프랑스 왕국에게 앞으로는 더 이상 노르망디 공국을 위협하지 말 것을 요구했을 것이다. 그래서 그런지 이후 필리프 1세는 반세기의 통치 기간 내내 거대한 앵글로-노르만 왕국의 위세에 대해 애써 무관심한 것처럼 운신했다. 게다가 노르망디를 왕국의 영향력 아래 두기에는 너무 늦었다. 이미 150년 동안 노르망디 공국은 암묵적인 합의 아래 프랑스의 일부를 차지하고 있었기 때문이다. 두 진영 사이의

---

† 프랑스어에서 '로마네스크romanesque'는 대개 로마네스크 건축 양식에 사용되는 반면 'roman'은 라틴어에서 파생된 언어인 로만스어langues romanes(이탈리아어, 프랑스어, 스페인어)를 가리킨다.

†† 노르망디가 티메르성을 함락시킨 직후 본격 협상이 시작되었다. 본문 322쪽 참고.

소모적인 오랜 분쟁은 우아즈강과 외르강의 경계를 국경으로 확정짓는 것으로 결말이 났다. 하지만 이 경계는 1204년 존엄왕 필리프(필리프 2세)가 노르망디를 완전히 수복함으로써 역사에서 사라졌다.

몇 달 동안의 상을 치르고 앙리 1세의 미망인은 라울 드 크레피Raoul de Crépy와 재혼하고 궁정에서 사라졌다. 어린 필리프 1세의 후견인은 외삼촌인 플랑드르의 보두앵 5세가 맡았다. 이제 적어도 몇 년 동안 윌리엄은 프랑스 왕국의 정치적 중립을 기대할 수 있게 되었다. 1067년에 필리프 1세가 성년이 되었지만 그의 허약한 성격 탓으로 아무도 그를 두려워하지 않았다. 게다가 왕을 불신하는 대제후들 사이에서 필리프 1세의 권위는 찾아볼 수 없었다. 그는 봉신들에게 자신이 그들을 도와줄 경우 돈을 지불하라는 말도 서슴지 않았다. 그는 나라의 국새를 지키는 임무도 저버렸으며, 시종들에 대한 지배권도 상실했다. 또한 국왕으로서의 사법적 의무도 등한시했고, 제후들을 통제하는 의무도 게을리했다. 그 결과 부샤르 드 몽모랑시Bourchard de Montmorency와 토마 드 마를Thomas de Marle 같은 제후들이 자신들의 영지에서 공포의 영주로 군림하고 있었다. 그는 왕실의 제후들이 모이는 회의도 소집하지 않았는데, 이 회의는 카롤링거 왕조 시대 때부터 내려오는 전통이었고 부왕 앙리 1세도 정기적으로 소집하던 회의였다. 색욕에 빠지고 게다가 교양도 없었던 필리프 1세는 '신의 평화'와 교회의 개혁에는 관심도 없었다. 그는 성직자들이 주교직과 수도원장직을 매매한다는 소문과 로마 교황청이 성물 매매를 한다는 비난에도 아랑곳하지 않았다. 그렇지만 필리프 1세가 군주의 자질이 없었긴 해도 그는 왕국의 세력을 넓힌 왕이었다. 그의 통치 기간에 가티네, 코르비, 벡생 동부, 부르주 같은 도시를 왕국에 합병시키기도 했다. 하지만 이 결과는 운이나 우연에 의한 것이었고 정치적 수완보다는 강도질의 결과였다.†

윌리엄은 어린 필리프 1세를 만났을 때부터 어린 왕의 무기력함을 간파하고 있었다. 그런데 앙리 1세가 세상을 떠난 지 3개월 뒤에 이번에는 조프루아 마르텔이 사망했다. 그는 교훈적인 인생의 말로를 보여주었다. 그는 임종 전에 생니콜라 수도원에 들어가 수도사의 의복을 입고 죽었다고 한다. 윌리엄을 괴롭히던 두 명의 완고한 적들이 차례로 세상을 떠난 것이다. 이후 앙주에서는 수년 동안 조프루아의 조카 형제들이 백작령을 차지하려고 서로 원수처럼 싸웠다. 그중에서 맏이인 '턱수염' 조프루아Geoffroi le Barbu는 미숙함으로 인해 봉신들에게 외면을 받았고, 그의 동생인 '불평꾼' 풀크가 마침내 1068년에 내전의 승리자가 된다. 그리고 그는 형을 무려 28년 동안 죽을 때까지 시농Chinon 성에 감금했다. 빈틈없고 교양을 갖추었으며 정치적 수완도 겸비한 풀크 가문은 노르망디 공국과 프랑스 중부 지방에서 대치하고 있었다. 하지만 새로 백작에 오른 풀크의 치세에서 앙주 지방 특유의 호전성은 찾아볼 수 없었다. 그는 고상함에 신경을 쓰고 불편한 다리를 감추려고 항상 길고 뾰족한 신발을 신고 다녔는데, 추문에 휩싸인 젊은 성직자들은 새로운 유행처럼 그를 모방했다. 그는 열정적이고 불안정한 성격의 소유자였지만, 당대 사람들에게는 연애 편력을 가진 전설적인 인물로 통했다. 첫 번째 부인을 잃은 풀크는 에르망가르드 드 부르봉Ermengarde de Bourbon, 오랑가르드 드 샤텔라용Orengarde de Châtellaillon, 망티 드 브리엔Mantie de Brienne과 재혼했지만 곧바로 이혼했다. 그 이유는 노르망디의 아름다운 베르트라드 드 몽포르Bertrade de Monfort와 결혼하기 위해서였다. 하지만 그녀는 필리프 1세가 원하던 여

---

† 그럼에도 이 불쌍한 군주의 후계자들은 정열적으로 왕국의 통일에 매진했다. 마찬가지로 왕국의 대사는 그리 부유하지 않은 신하들의 손에 있었는데, 그들은 군주에게 충성을 바치고 눈치만 보는 간교한 신하들보다 더 자유로웠다. 이런 이중적인 사실을 통하여 후대의 역사가들은 필리프 1세에 대하여 긍정적인 평가를 하기도 한다.

자였다. 필리프는 그녀를 투르성—남편 풀크의 소유였다—에서 한 번 보고 난 뒤, 자신이 베르트라드를 납치한다고 풀크에게 전령을 보내어 통보했다. 그리고 그녀를 오를레앙으로 데려왔다. 그때부터 필리프는 그녀를 공개적으로 데리고 다녔다. 부인이 버젓이 있는데도 간통을 한 것이다. 필리프는 교회법을 어겼지만 그런대로 잘 버텨냈다. 성직자들은 필리프의 죄를 물어 하늘이 그를 수치스러운 병으로 괴롭힐 것이라고 예언했다. 1095년 클레르몽 공의회에서 우르바노스 2세는 십자군 전쟁을 선언하는 동시에 필리프를 파문했다. 그때부터 필리프와 베르트라드는 자신들이 가까이 가면 문을 걸어 잠그는 교회들을 비웃었다. 한번은 상스에서 자신의 군대를 동원하여 교회의 문을 부수고, 신부에게 강제로 미사를 집전하라고 윽박지르기도 했다.

1060년 한겨울 밤의 야회에서 노르망디 공 윌리엄은 지나온 과거를 생각하며 얼마나 큰 자부심을 느꼈을까! 주변으로부터 미움을 받아 쫓겨난 아이가 이제는 주변 제후들 위에 군림하고 프랑스 왕까지 넘볼 수 없는 존재가 된 것이다. 명문가 출신의 아내인 마틸다와 세 아들은 자신의 왕조를 확실하게 해주었으며, 자신을 유럽에서 가장 번성한 나라의 군주로 만들어주었고, 어머니의 집안도 그의 승리에 일조했다. 아를레트는 여왕처럼 자신이 세운 그레스탱 수도원의 성당 내진의 바닥 아래에 누워 있었다. 아를레트의 동생인 고티에는 칼론의 영주가 되었고, 그녀의 남편 에를뤼앵Herluin은 15개의 봉토를 소유하고 있었다. 그는 또 다시 결혼하여 두 번째 부인과의 사이에 라울과 로제라는 두 명의 아들을 두었다. 오동†과 로베르 같은 윌리엄의 이복동생이자 봉신들은 자신들의 충

---

† 바이외의 태피스트리에는 오동Odon으로 나온다. 학자에 따라서 다르게 불리는데, 이 책의 저자는 외드Eudes로 부르고 있다.—옮긴이

베르트라드 드 몽포르와 동행한 필리프 1세. 왼쪽
에는 왕비 베르트 드 올랑드Berthe de Hollande가
두 연인을 감옥에서 내려다보고 있다.

성과 용기에 대한 충분한 보상을 받았다. 그들의 누이인 뮈리엘은 명문가
에 시집을 가기로 되어 있었는데 알베르말Albermale 백작이 그녀의 남편감
이었다. 윌리엄 공이 공국에서 이동할 때면 사람들은 그에게 다가와 반
가운 얼굴로 인사를 했다고 기욤 드 푸아티에는 노래에 적고 있다. 이렇
게 노르망디에서는 많은 사람이 평화의 분위기를 느낄 수 있었다. 대부

분의 노르만인들은 자신들의 영주가 강력하고 공정하다고 생각하고 있었으며, 많은 이방인이 그의 궁정에서 살고 싶어했다. 하지만 공작과 자작들이 주민들에게 내리는 명령은 한정적이었다. 일례로 윌리엄은 집안 간 복수를 아들이나 아버지가 살해된 사건에만 허용했는데 이 명령은 실제로 잘 집행되었다.

영국 정복(1066) 이전의 10년 동안 노르만국Etat normand은 그 형태를 완전히 갖추었다. 한 세기 전부터 이미 많은 분야를 통해 공국은 주변의 제후국과는 달리 체계와 제도의 틀이 잡혀 있었다. 노르망디 공은 젊고 총명했으며 넘치는 에너지를 가진 사람이었다. 그는 다른 제후국과는 차별화된 역할을 하는 체계적인 제도를 정착시켰는데, 정부라고 불러도 손색이 없을 정도였다. 이 시기의 노르망디 공국은 유럽의 발전에 한 축을 담당하는 중요한 위치에 있었으며, 제후국 중에서 가장 먼저 국가의 단계에 도달했다. 윌리엄은 자신만을 위한 목적으로 봉건적 관계를 이용하여 나라를 세웠다기보다는, 공국을 위한 법과 그 실천 수단을 가진 '국가'를 세웠던 것이다.

윌리엄은 이탈리아 남부로 떠나는 기사들로 인해 인력과 병력의 손실이 발생하자 토지 분배를 통하여 이 문제를 해결했다. 그 결과 1060년에서 1065년 사이에 공국을 떠난 기사들은 소수에 불과했다. 하지만 소수의 봉신들이 혜택을 보는 대규모의 영지—소유주는 공작의 친구나 친척이었고, '오뇌르honneurs'라고 불렀다—를 제외한 나머지 영지들은 소규모의 영지로 제후들에게 주거나 분할하여 양도했다. 그리고 봉토의 주인이 공석인 경우에는 공작이 주군으로서 그 영지를 관리한다고 엄격하게 천명했으며, 모든 영지의 양도에는 공작의 특별한 동의가 없으면 새로운 성을 건설할 수 없다고 공표하였다. 한편 배신陪臣, vavasseurs이 봉신에게 오마주를 바칠 때에도 충성의 궁극적인 대상은 공작이라는 관례가 굳어졌다. 그 결과 모든 봉신과 배신이 공작에게 오마주를 바치는 까닭에 봉신 간의 위계질서는 유동적이 되었고, 실제로 큰 의미를 갖지 않게 되었다. 모든 위계질서의 정점에는 공작만이 존재하고 있었다. 한편 가신의 풍습은 노르망디에서 생긴 것인데 개인적 혹은 봉건적 관계가 복잡하게 얽혀 있었다. 즉, 한 명의 봉신이 여러 명의 주군을 섬기는 경우에는 주군 중에서 한 명만을 섬긴다는 오마주를 해야 한다. 노르망디의 여론은 제후에게 평화의 서약을 하는 것을 충성의 행위로 생각하는 경향이 있었다. 이 행위는 공의회의 조치에 그 근거를 둔 의무적인 절차로 자리를 잡았고, 이 탁월한 징표는 기사들의 봉건적·법률적 정신세계를 잘 보여주는 예로 자리를 잡았다.

345

공작이 영지를 분할해서 수여한다는 것은 두 가지 보상을 받는다는 의미였다. 하나는 법적 근거—윌리엄은 자신이 그 근거의 당사자라고 여겼다—에 의해 보상을 받으며, 또 하나는 경제적으로 보상을 받는다는 것이다. 먼저 윌리엄 공에게는 봉신에게 수여한 재물, 부동산에 대한 몰수권(로마에서 유래한 법적 근거)과 범죄를 저질렀을 때 징벌할 수 있는 권리가 있었다. 두 번째는 봉신의 의무를 이행하지 않을 경우 주군으로서 봉토를 몰수할 수 있는 권리가 있었다. 게다가 계속되는 봉토의 수여 때문에 공작의 영지가 줄어들고 있음에도 11세기 중반의 공국에는 광활한 영지가 남아 있었다. 이후 공작의 영지들은 여러 조각으로 쪼개졌지만 여전히 공국의 모든 지방을 아우르고 있었다. 그의 영지는 숲의 대부분과 도시 전체를 포함하기도 했는데 캉이나 쿠탕스 같은 도시가 공작의 소유였으며, 그중 쿠탕스는 나중에 주교에게 절반을 팔기도 했다. 그의 재산은 부동산 외에도 염전, 센강에서 배를 이용한 철갑상어 낚시, 조업,

방앗간 등의 사용권과 허가권을 총망라하고 있었다. 이 밖에도 입항세, 입시세, 시장세 등의 수입도 공작의 몫이었다. 그는 또한 주교구가 공석일 경우 주교가 거둘 세금—본래는 국왕에 속한다—을 대신 징수하기도 했다. 다른 세금으로는 표류물에 대한 모든 소유권을 가지고 있었다. 예를 들어 이 권리는 바다에서 해안으로 밀려오는 모든 것에 대한 소유권을 말하는데 그것을 누가 발견하는지는 중요하지 않다. 그중에서 중요한 것들(은, 금, 상아, 모피, 비단)은 모두 공작의 소유가 된다. 여기에 '고래권'이라 불리는 소유권도 있었는데 해안에 떠밀려 오는 모든 고래에 대한 소유권을 말한다. 마지막으로 공작은 화폐 주조의 독점권이 있었다. 비록 시설은 보잘 것 없었지만 공국에는 주조국이 있었다. 아마도 루앙과 바이외에 있었을 것이다. 하지만 주조된 화폐의 질은 형편없었다.

공국의 행정은 자작에게 위임되었고 프레보 제도는 곧 사라졌다. 그 대신 옛 시스템인 재무국† 체계가 완숙 단계에 접어들고 있었다. 이제 최소한의 예산을 예상하는 것도 가능해졌다. 윌리엄은 구역마다 회계 장부를 만들어 수여한 영지와 자신이 증여한 것을 세금 징수권과 현금으로 환산하여 장부에 기록했다. 공국의 중앙 권력 강화와 행정기관 및 통제 기관의 활용은 지방의 관습을 통일하는 데 촉진제 역할을 했다. 12세기 초, 아니 그 이전부터 사람들은 '노르망디 관습'을 단일성의 기준으로 말하곤 했다. 이는 사법적인 형태††의 효시로 볼 수 있는 특별한 현상이었다.

당대의 연대기 작가들이 기록한 것을 보면 윌리엄은 중요한 사안이 있

346

---

† 영국 경제에서 길드의 운용과 재무국의 보조에 대해서는 본문 171쪽 참고.
†† 이 관습들은 13세기부터 성문화되기 시작하여, '노르만의 아주 오래된 관습'이라는 이름으로 알려졌다.

을 때마다 '원로 회의Conseil des Anciens'나 '현인 회의Conseil des Sages'의 의견을
경청했다고 한다. 다시 말해 '유력한 자들notable'의 말을 경청했다는 것이
다. 이 표현은 노르망디의 궁정을 의미하는데, 한 걸음 더 나아가 그의
궁정이 자문회의와 같았다는 것을 의미한다. 하지만 정복왕의 영국 통
치 기간(1066~1087)에 제후들이 전부 모이는 회의는 사라졌다. 리샤르
무리를 제거한 뒤에 공작 집안의 자문회의는 해체되었지만, 제후들에게
는 보다 공적이고 대중적인 임무가 부여되었다. 집안 자문회의는 1년에
2~4번 정도 열렸는데(성탄절, 부활절, 오순절), 이 회의에는 성직자 출신
의 봉신들만 모여 지방의 자문회의와 별 차이가 없었다. 하지만 이 회의
에 상서국Chancellerie은 없었다. 상서국의 역할은 법률 문서를 작성하는 것
이었는데(일부 규범을 유지하는 것도 그 기능 중의 하나였다), 11세기에 이런
기구를 가진 제후로는 교황, 황제, 일부 왕, 대주교와 대규모 수도원장 등
이 있었을 뿐이다. 그런 까닭에 공국에서 사법적 행위를 실행하는 특별
한 기구는 존재하지 않았다. 하지만 윌리엄은 일부 주교와 자작에게 사법
권을 위임하기도 했다. 심지어 사건을 담당하는 백작에게 사법권을 부여
하기도 했다. 그러나 이 임무들은 간헐적이었고, 공적인 특징을 가진 경
우에 한정되었다.

 공작 휘하의 '정치적' 인물 중에는 집안 시종들도 궁정에서 자주 눈에
띄었다. 빵 관리자, 요리사, 의사, 마구간 관리인, 수렵 관리인, 경호대원
등이 그들이었다. 그들은 총 몇 명이나 있었을까? 혹자는 증거도 없이 천
명 정도 되었을 거라고 주장하기도 하지만, 여자들과 아이들의 수를 고
려한다 해도 틀림없이 과장되었을 것이다. 게다가 궁정의 인원수가 주요
도시의 인구와 같을 수는 없지 않은가? 하지만 주요 도시에는 사람들이
별로 없었다. 윌리엄은 브리온과 동프롱 같은 반란의 도시에 사람들이 정

347

착하는 것을 꺼려했기 때문이다. 윌리엄은 자신이 거처하는 성을 릴본에
서 캉으로, 루앙에서 본빌쉬르투크로 옮겼는데 이때 궁정도 함께 이동했
다. 궁정이 이동할 때면 수레, 노새, 개, 군마가 전시戰時 행렬을 지어 소란
스런 소리를 냈고, 후위에서는 짐승들의 냄새가 사방에 진동을 했고, 공
작이 거처하는 성의 큰 방sallle에는 탁자를 놓았다.

바이외의 자수 그림은 자문 회의 다음에 이어지는 식사 장면을 잘 묘
사하고 있다. 건물 밖 주방에서는 요리사의 조수가 큰 솥과 석쇠 주위에
서 바삐 움직이고 있고, 요리사가 접시에 고기 한 점을 올려주는 장면도
보인다. 식탁에서는 모자를 쓰지 않고 식사를 하고 있는데 접시가 보이지
않는다. 하인은 팔에 수건을 걸친 채 식사 시중을 들고 있는데 무릎을 꿇
고 음식을 식탁에 올리고 있다. 사람들은 배가 불룩한 유리병에 담긴 포
도주를 큰 공기 그릇에 따라서 마시고 있다. 식탁에는 빵 조각과 생선들

이 어지럽게 늘어져 있고, 잠시 후 윌리엄 공은 의복을 갈아입지 않고 이 복동생들과 의자에 옮겨 앉는다. 이 장면은 신중한 대화와 합리적 의견의 교류를 암시하고 있다.

인구의 팽창

노르망디에서 전근대적인 국가가 출현한 시기는 인구의 폭발에서 시작된 농업 혁명의 시기와 일치한다. 이 두 현상은 9세기 말부터 서유럽 전역에서 일어난 민감한 현상인데 그 속도는 지방마다 달랐다. 그러므로 그 효과는 1050년 혹은 1100년경부터 다르게 나타나기 시작했다. 노르망디에서는 정치적인 구도처럼 인구의 변화 역시 다른 지방과는 다르게 일찍이 감지되었다.

11세기 중반, 옛 카롤링거 왕국에서 출생률의 증가는 많은 지표를 통해 확인할 수 있다. 끊이지 않는 전쟁으로 인해 기대 수명은 매우 낮았지만 인구는 빠르게 증가하고 있었다. 그 효과는 여러 분야에서 확인되었다. 당시의 유럽 사회는 그리 넓지 않은 경작지에 갇혀 있었고, 낮은 수준의 농업 기술이 농업 생산량 증가에 걸림돌이 되었던 것도 사실이다. 그러나 변하지 않을 것 같은 이런 사회적 분위기에도 변화가 일어나기 시작했다. 이런 변화의 요인으로서는 먼저 군주제의 급격한 확산을 들 수 있다. 그리고 군주제의 확산 배경에는 인력 보충이 보장되었던 것도 중요한 요인으로 작용했다. 여기에 평화 제도들이 안착한 것도 사회 변화에 중요하게 작용했고, 이는 생산에 필요한 최소한의 영양 필요량을 확보해주었다. 그리고 집단 이주와 식민지 개척의 시도는 1096~1099년의 1차 십자군 전쟁으로 이어졌다. 인구 증가의 마지막 요인으로는 숲의 개간을 꼽을 수 있다. 한 세기 반, 아니 거의 2세기 동안 지속된 광범위한 개간은 유럽의 지형을 바꿔놓았는데 그렇게 바뀐 모습은 산업혁명이 일어날 때까지 변하지 않았다. 때때로 당시의 유럽인들은 기존의 토지보다 훨씬 더 비옥한 땅을 개간을 통해 얻기도 했다. 예를 들어 저지대 노르망디의 코 지방은 12세기에 삼림을 개간하여 얻은 땅인데 프랑스에서 가장 비옥한 농입 지역으로 꼽혔다. 마치 요즘에 아프리카, 아시아, 아메리카 대륙에서 광활한 황야를 개간하여 획기적인 생활의 변화가 일어나는 것과 비교해보면 당시의 상황을 잘 이해할 수 있다.

일단 개간할 숲의 경계를 확정하면 농민들은 가시덤불과 소관목들을 불태운다. 그리고 나무줄기와 밑동을 제거한 다음 곡괭이로 땅을 파헤친다. 이 사업은 개간에 필요한 연장의 수급이 어려운 까닭에 개인은 상상도 못하는 일이었으며, 한 가족도 어려운 일이었다. 마찬가지로 작은 땅뙈기를 얻으려는 시도 역시 드물었고 그 성과 역시 보잘 것 없었다. 개간 사업은 기본적으로 공동 작업이었기 때문에 영주가 부과할 토지세와 비교하여 미리 수익성을 따져봐야 했다. 노르망디에서는 농민들이 단체를 만들어 공동으로 개간 사업에 필요한 자금을 적립했다. 때때로 일단의 이주자들이 기존의 도시에서 멀리 떨어진 광활한 삼림을 단체로 개척해 자신들의 개간지를 숲 사이에 만들기도 했다. 하지만 이런 식의 개간은, 해당 지역의 영주가 제안하거나 장려하는 경우를 제외하고는 용인되지 않았다. 당시에는 수도사들도 개간 사업에 관심이 많았다. 그들은 이 사업을 자선사업처럼 생각하고 있었다. 한편 세속의 제후들은 개간 사업에 대해 반대의 입장을 보이고 있었지만 필요성에 의해 자연스럽게 생겨나는 개간 사업을 승인할 수밖에 없었다. 개간 사업은 농민들이 주체가 되어 시작했고, 지방의 수도사들도 그 뒤를 따랐다. 그중에서 수도사들은 해당 지역의 영주를 설득하는 역할을 맡았다. 때때로 농민들은 개척자들을 채용하여 개간 사업을 벌이기도 했는데 해당 지역 영주들과의 협상을 통해 수확의 이익과 정액지대를 나누었다. 만약 임자 없는 땅을 개간했다면 농민들은 영주들과 해당 이익을 나누고, 그 땅의 경작자들은 정액지대를 개척자에게 납부해야 했다.

개간 사업은 단순히 옛 공유지를 확대하는 데 그 목적이 있었다. 하지만 새롭게 생겨난 경작지에는 사람들이 정착하기 마련이다. 정비된 토지에는 곡식 저장 창고가 생겨나고, 그 다음에는 사람들이 살 거처와 예배당이 들어선다. 만약 영주나 수도원처럼 지배층이 이 사업의 주체인 경우에는 총체적인 계획 아래 새로운 마을이 만들어졌다. 거기에는 집, 정원, 과수원 등이 들어섰고, 다른 용도로 쓸 여분의 공간까지 확보해두었다. 만약 개간 사업을 이주자가 한다면, 마을이 형성되는 데는 다소 시간이 걸렸다. 이 경우 마을은 외진 곳이나 한적한 교회 근처에 형성되었다. 노르망디에서는 개간 사업의 결과로 다음과 같은 곳에 새로운 마을이 생겨났다. 즉, 아직은 안전하지 않은 지역이나 공국의 국경 지방, 공동묘지 근처 또는 은신처 같은 불가침 지역에 마을이 생겨났다. 그리고 시간이 지나면 새로운 거주 밀집 지역은 채무와 봉사의 책임을 지게 된다. 이렇게 생겨난 도시들의 이름은 '신도시ville neuve' '자유도시ville franche' '주교 도시 ville-l'évêque' 등으로 다양하게 불려 현재의 지명에 남아 있다. 한편 옛 도시의 넘쳐나는 인구는 신도시에 흡수되었는데 대부분 사회의 주변을 맴돌던 다양한 계층들이었다. 그들은 새 도시에 이주하여 밭을 일구고 살았는데 생활은 비참하기 짝이 없었다. 이후 그들은 신도시에서 다시 사회의 구성원이 되어 최소한의 안전을 보장받았다. 11세기부터는 전혀 새로운 현상이 여기저기에서 발견되었다. 영주와 농민간의 채무 계약을 문서로 작성하기 시작한 것이다. 이렇게 작성된 농촌 현장은 문서의 서식에 관계 없이(보편적인 서식은 없었다) 당시의 사회적·경제적 관계에 최소한의 질서를 도입하는 계기가 되었다. 계약 문서의 작성은 구두 계약의 단점, 즉 자의적인 측면을 감소시키는 계기가 되었다.

노르망디에서는 교회가 개간 사업을 독점했다. 첫 번째 이유는 교회와 노르망디 공만이 개간에 필요한 충분한 토지를 가지고 있었기 때문이다. 두 번째 이유는 세속 제후들이 권력을 상실한 것을 들 수 있다. 여론은 제후들이 토지를 단순히 개인적으로 점유하고 있다고 생각했으며, 장기적으로 볼 때 제후들의 토지 점유는 그 어떤 법적 근거도 없다고 판단한 것이다. 그 결과 개간을 요구하는 농민들의 빈번한 요구에 대항하기 위해 세속 제후들은 교회와 손을 잡으려고 시도했다. 그들은 수도원에 개간할 토지를 기부했는데, 미리 새 개간지에서 나올 수입을 공제한 뒤에 기부했고, 수도원은 새로 얻은 토지에 대한 우선권을 갖게 되었다. 이제 세속 제후들은 직접적인 토지의 이용을 포기했고, 단순히 토지의 지대수입자로 바뀌게 되었다.

공국에 우후죽순처럼 생겨난 신도시들은 '부르구스burgus'라 불렸고, 그 지위는 부르구스의 관습법에 의해서 결정되었다. 공작이나 제후들은 도시와 농촌의 인구 밀집 지역의 토지에 부과된 채무를 경감해주는 조치를 취했다. 그리고 과거의 토지 양도 방식을 새롭게 바꾸었다. 이후 제후들은 새로운 방식을 통해 영지 내에서 노동자와 군인뿐만 아니라 장인들도 보유하거나 모집할 수 있게 되었다. 이제 제후도 자신이 건설한 성에 수비대를 주둔시킬 수 있게 된 것이다. '성읍'에서 토지를 보유한 사람들에게는 단체권을 확보하는 것이 가장 큰 관심사였다. 그 결과 공동체의 구성원들—그들은 단체권의 수혜자들이었다—사이에서는 평화를 유지하려는 의지와, 동시에 단체권을 침해하는 제후의 개입을 막으려는 의지가 강력하게 대두되었다. 얼마 뒤에 이런 움직임은 부르구스 헌장chartes de bourgage의 형태로 브르퇴유와 퐁토르송 그리고 다른 도시에서도 나타난다. 그 헌장에는 도시민에게 사법적·상업적 자치권을 부여한다는 내용이 담겨 있었다.

인적이 드문 곳에는 점점 더 사람들의 거주지가 들어서고 황무지도 줄어들었다. 인간 집단 사이의 거리가 가까워진 것이다. 농업 인구의 이동에 따라 새로운 촌락이 형성되었으며, 그 결과 구성원들의 동일 가계 관계는 느슨해졌고 다양한 동일 업종의 조합들이 생겨났다. 신도시의 '주인'들이 가진 유리한 지위는 옛 촌락의 주민들을 끌어들이기에 충분한 매력이 있었다. 그들은 피신처를 찾고 있었는데 신도시는 그러기에 적합한 곳이었고, 요청만 하면 피신처를 제공해주었다. 이런 흐름은 제후들이 자신의 소작농에게 신도시 주민과 유사한 경제적 조건을 제시해줘야 할 필요성을 인식하게 만들었다. 장기적으로 보면 이런 조치는 농민들의 생활수준을 개선시키는 효과를 가져왔다. 습지대와 황무지의 개간은 농업 생산량을 증가시켰고, 얼마 지나지 않아 생산량이 초과되어 교역 규모를 증대시켰다. 개간의 효과는 농업과 수공업에 다양한 에너지원을 사용한 기계가 일반화된 시기와 맞물려서 그만큼 농업 생산성을 빠르게 향상시켰다. 다양한 에너지원 중에는 자연의 동력을 사용하는 방법, 즉 바퀴를 돌려 곡식을 빻거나 무거운 짐을 이동시키는 방법이 있었는데, 2~3세기 전부터 알려지기 시작한 물레방아—하지만 잘 사용되지 않았다—와 풍차 등이었다. 풍차는 1040년에 영국과 프랑스 북부 지방에서 찾아볼 수 있었다. 다른 동력 방식으로는 조수간만의 차이를 이용하는

353

방아가 있었는데 영국 도버에 1070년과 1080년 사이에 설치되었다. 다양한 동력을 이용한 기계의 사용은 여러 분야의 작업(제분소, 염료 제조소)에서 생산성을 향상시켰을 뿐만 아니라, 금전적 이득도 보장해주었다. 왜냐하면 새로운 동력을 사용하는 곳은 세금이 부과되었고 마치 봉토처럼 양도되었다. 영주들은 풍차나 수차를 사용하는 제분소를 건설하여 원시적인 산업 투자의 형태처럼 활용했다. 하지만 경제 활동을 하던 사람들은 이런 발명의 반작용을 느끼기 시작했다. 사람들의 의식 구조가 변하기 시작한 것이다. 사람들은 이제 생존하기 위해서 생산하는 것이 아니라 재화를 축적하기 위해서 생산했다. 그 결과 생산한 물건을 쌓아 보관하기도 했다. 이제 미래를 인식한 것이다. 오늘날에는 황무지만 남아 있지만 당시 센강 어귀에는 염전들이 즐비했다. 그리고 그 중심에는 특별한 사람들이 모여 도시를 만들었다. 지금의 아르플뢰르, 우달, 상두빌, 라 세를랑그, 탕카르빌 등이 그런 도시였다.

전쟁의 부활

앙리 1세와 조프루아 마르텔의 죽음은 저지대 노르망디에서 끝까지 항거하던 무리에게는 주요 원군의 상실을 의미했다. 로베르 피츠제레는 조프루아 마르텔에게 타협을 통해 생제느리성과 라로슈이제성을 넘기기로 약속한 적이 있었다. 윌리엄은 로베르 피츠제레를 몽트뢰유 라르질레에서 포위했다. 하지만 반란군들의 저항은 완강했다. 한편 어느 날 저녁에 로베르 피츠제레는 그의 부인 아엘리스를 짓궂게 놀리고 있었다. 아엘리스는 윌리엄의 사촌이었다. 그녀가 남편 로베르에게 사과를 하나 건

넸다. 그런데 한 입 베어먹은 로베르가 그만 죽고 말았다. 독살이었을까? 사람들은 마비유 드 벨렘Mabille de Bellême이 개입되었다고 비난했다. 그녀가 원수 집안의 복수를 위해 공작이 처한 상황을 교묘히 이용했다는 것이다. 기욤 피츠제레의 아들이 로베르를 계승했지만 그는 유약한 인물이었다. 마비유는 이번에는 기욤 피츠제레의 아들이 라울 드 토스니 및 위그 드 그랑메닐Hugues de Grantmesnil과 함께 반란을 꾸미고 있다고 공작에게 밀고했다.

공작은 1061년과 1062년에 반란의 의심을 받는 자들의 재산을 몰수한 뒤에 그들을 추방했다. 그리고 얼마 뒤 생테브룰의 수도원장이 된 위그의 동생도 제거했다. 한편 라울은 위그 드 그랑메닐과 함께 이탈리아로 떠났다. 피츠제레 가문의 마지막 후손인 에르노Ernault Fitz-Géré는 샤르

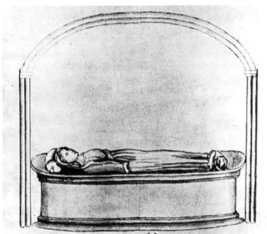

TOMBEAV DE LA CONTESSE MABILLE FONDATRICE
DE LABBAYE DE TROVARP, DANS LE COEVR COSTE DE LEVANGILLE

무덤에 누운 마비유 드 벨렘. 윌리엄이 노르망디를 통치하는 동안 수많은 인물이 등장하지만 마비유 드 벨렘만큼 악인은 없다.

트르 백작령에서 자작을 맡았는데 그곳에서 몇몇 무장한 군인의 도움으로 우슈 지방을 기습했다. 이 기습은 희극적이면서 영웅적인 특징이 혼재된 기이한 모습이었다. 그는 마침내 자신 소유의 에쇼푸르성을 탈환하여 공작의 수비대를 쫓아내는 데 성공했다. 에르노는 엄청난 소리를 지르며 밤에 수비대를 급습하여 그들을 공포에 몰아넣었던 것이다. 한 번은 생테브롤까지 들어가 성읍을 불 지르고 수도원까지 침입했다. 그리고 오즈베른 수도원장을 뒤쫓아 단칼에 베어버리려고 했다. 그러자 식료품 담당자가 그의 앞을 황급히 가로 막고 수도원을 세운 사람이 에르노 자작의 아버지라고 항변했다. 이 말을 들은 에르노는 칼을 거두고 제단에 속죄의 선물을 놓고 수도원을 떠났다. 그리고 그도 역시 이탈리아로 떠났는데, 거기에는 그의 사촌인 기욤 드 몽트뢰유Guillaume de Montreuil가 교황의 기수로 있었다. 반역의 조짐에도 불구하고 윌리엄은 그들의 친구인 몽포르Montfort와 브르퇴유Breteuil의 간청으로 그들을 다시 불러들였다. 잇달아 공국의 주요 인물들이 외국으로 이주하는 것이 마음에 걸렸던 모양이다. 공작은 1062년에 그들을 사면하고 몰수했던 재산도 되돌려주었다. 그리고 라울, 위그, 에르노는 다시 노르망디로 돌아올 수 있었다. 그들은 화해의 징표로 귀중한 망토를 윌리엄에게 선물했다. 하지만 마비유는 그들이 자신이 계획한 복수에서 살아 돌아온 것에 분개하며 그들의 귀국을 인정하지 않았다. 그녀는 에르노의 집사를 유혹하여 에르노의 독살을 사주한다. 라울에 대한 복수는 마비유 자신이 직접 맡았고, 위그는 라울의 사촌이라는 죄목으로 복수의 대상에 올렸다. 에르노에게는 두 명의 아이가 있었는데, 장자는 프랑스 왕국으로 간 다음에 이탈리아로 떠났다. 그리고 막내는 생테브롤에서 수도사가 되었다. 이렇게 피츠제레 가문은 대가 끊어졌다. 벨렘 가문의 마지막 자손인 마비유가 결국 승

356

리한 것이다.

월리엄은 위그 드 그랑메닐에게 뇌프마르세앙리옹성의 공동 소유권을 주었다. 윌리엄은 그 성의 주인이 자신을 모욕한 죄로 성을 몰수했었다. 그러자 성주는 보베 지방을 습격했다. 보베 주민들은 집요한 공격에 결국 항복하고 마는데 테랭, 밀리, 제르브루아 계곡에 전진 배치된 노르만 요새에 굴복한 것이다. 뇌프마르세앙리옹성은 엡트 강변의 성으로 효과적으로 공격에 응수했다. 위그는 보베 출신인 두 명의 제후를 포로로 잡았다. 이후 산발적인 전투가 있었지만 이 지방에는 다시 평화가 찾아왔다.

1062년에 멘 백작 에르베르 2세가 세상을 떠났다. 그는 윌리엄의 딸인 아엘리스의 약혼자였다. 생전에 자식이 없었던 에르베르는 멘의 제후들 중에서 윌리엄에게 오마주를 바칠 수 있는 후계자를 추천했다. 하지만 멘의 제후들은 그 제안을 거부했다. 백작이 죽자마자 그들은 노르망디의 요구에 굴복하지 않고 저항한 것이다. 그들은 앙주의 조프루아 가문에서 후계자를 물색했다. 하지만 앙주 백작은 베르트라드 드 몽포르†의 군주인 노르망디 공의 눈 밖에 날까봐 멘의 제후들을 지지하는 데 주저하고 있었다. 르망의 제후들은 에르베르의 숙부인 고티에 드 망트Gautier de Mantes에게 손을 내밀었다. 그는 벡생 동부의 백작이었으며, 노르망디에 대해서는 오히려 적대적인 정치적 입장을 취하던 인물이었다. 그는 또한 모르트르메르 사건에서는 프랑스 국왕의 편을 들었다. 조프루아 드 마옌Geoffroi de Mayenne의 부름을 받은 고티에는 부인 비오트Biote와 함께 르망으로 갔다. 그녀는 에르베르의 고모였다. 르망 주민들은 고티에에게 성문을 활짝 열어주었다. 성당 재건축에 여념이 없던 주교 부그랭이 고티에의 입

---

† 노르망디의 아름다운 여인 몽포르에 대해서는 본문 341~342쪽 참고.

성에는 관심도 없었기 때문이다.

이즈음에 윌리엄 공은 이탈리아로 추방한 자들을 다시 노르망디로 불러들였다. 그는 분명히 저지대 노르망디의 상황이 심각하여 평화를 되찾기 어렵다고 판단했을 것이다. 조프루아 드 마옌Geoffroi de Mayenne의 입장은 모든 경우의 수를 배제하고 있었다. 만약 윌리엄이 멘 지방을 원했으면 그는 조프루아로부터 멘 지방을 빼앗을 수 있었다. 윌리엄은 이 위험을 감수했다. 이 전쟁은 윌리엄의 첫 번째 정복 전쟁이었다. 일단 멘의 상황이 한 번도 안정된 적이 없었기 때문이다. 죽은 에르베르의 약속에 따라 윌리엄은 조프루아를 반역을 일으킨 봉신으로 간주했다. 하지만 에르베르가 최근에 노르망디 공에게 오마주를 바쳤다는 주장이 분명하지 않았다. 그러므로 르망 제후들의 주장에도 일리는 있었다.

멘 전쟁에 대해서는 거의 알려진 것이 없다. 단지 이 전쟁은 2년 정도 지속되었다.[†] 둔덕에서 아래를 굽어보는 모양새인 르망과 마옌성은 함락할 수 없는 철옹성으로 정평이 나 있었다. 평상시처럼 윌리엄은 성의 공격을 개시하지 않았다. 그는 여러 번 주변을 약탈하고 주민들을 고립시켜 주변의 치안을 위태롭게 만들었다. 때로는 윌리엄 자신이 성읍과 성을 탈취하여 훼손시키기도 했다. 그는 상황이 악화되도록 내버려두었다. 앙주의 백작은 르망에서 보내는 구원의 메시지를 모른 체하고 있었다. 고티에 드 망트는 개입을 주저했다. 조프루아의 상황은 점점 어려워지고 있었다. 그는 고군분투하고 있었지만 르망 주민들의 불만은 높아만 갔다. 그들은 공작의 전략을 잘 알고 있었다. 그들은 또한 마옌의 원군이 없다면 고립무원의 상태라는 사실도 잘 알고 있었다. 하지만 마옌은 르망에서 80킬

[†] 11~12세기 연대기 작가들의 기록에는 차이 나는 지점이 많다. 저자는 1063년을 르망이 함락된 해로 인정한다.

로미터나 떨어져 있었다.

르망의 주민과 성직자들은 하나둘씩 항복하자는 쪽으로 기울기 시작
했다. 윌리엄은 조프루아에게 최후통첩을 보냈는데 그때 그는 이미 패전
했다고 판단하고 마엔으로 도주한 상태였다. 그리고 거기에서 추종자들
과 함께 성문을 잠그고 농성에 들어갔다. 르망 시민들은 공작에게 성문
을 열어주었다. 그들은 불안하지만 도시의 독립을 열망하고 있었고 도시
에 대한 자존심도 강했다. 그들은 노르만인들을 증오하고 있었지만 결
국 윌리엄에게 완전히 굴복하고 말았다. 정복자들은 피정복자들을 감시
하기 위해 성곽 밖에 두 개의 망루를 건설했다. 한편 고티에 드 망트는 도
시의 항복 조약에 서명하고 전략적으로 조프루아 드 마엔과의 관계를 청
산했다. 노르망디 공은 그를 신중하게 배려하고 팔레즈성으로 부인과 함
께 초대했다. 그런데 고티에 부부가 갑자기 세상을 떠났다. 어떻게 죽었
는지는 알려지지 않았지만 나중에 독살되었다는 소문이 돌았다. 그들은
자식이 없었기에 백생의 땅은 고티에의 사촌인 발루아 백작 라울에게 돌
아갔다. 막강한 발루아 가문의 시조는 이때부터 프랑스 왕을 상시적으로
위협하는 가문으로 자리를 잡았다.

이제 윌리엄에게는 마엔을 굴복시키는 일만 남았다. 마엔에는 1000년
경에 축조된 석재 요새가 있었는데 강을 굽어보며 깎아지른 바위 위에
우뚝 솟아 있었다. 공작은 당장 마엔의 포위 공격에 들어갔다. 하지만 그
의 군대는 지쳐 있었다. 전투가 끝날 기미가 보이지 않았기 때문이었다.
윌리엄은 그들을 격려하고 조속한 승리를 장담했다. 그리고 술책을 하나
생각해냈다. 그는 성벽의 비밀 문 쪽으로 두 명의 어린아이를 보냈다. 그
리고는 마엔의 아이들에게 놀이를 제안하라는 명령을 내렸다. 비밀 문
을 지키던 병사들은 의심하지 않고 문을 열어주었다. 그런데 비밀 문으로

359

마옌 지방에 있는 생트쉬잔 성의 모습

들어간 아이들의 옷 속에는 조명탄이 숨겨져 있었고, 그 조명탄으로 성 안의 집에 불을 놓았다. 불은 삽시간에 번졌고 수비대는 양동이를 찾느라 우왕좌왕했다. 그 사이에 윌리엄 공은 수비대가 자리를 비운 성벽을 향해 총공격을 명령했다. 윌리엄의 군대는 성읍을 불태우고 약탈했다. 하지만 공작 자신은 작은 전리품 하나도 취하지 않았다. 조프루아 드 마옌은 두 번째로 항복했다.

윌리엄은 불에 탄 성읍을 다시 복구할 것을 명령하고 노르망디로 귀환했다. 그는 교활하고도 잔인하게 멘 지방을 초토화시키고, 다음에 있을지 모르는 반란의 가능성을 모두 제거했다. 이제 그는 미래를 현명하게 대비하고 있었다. 그는 앙주의 조프루아에게 타협을 제안했다. 협상 결과 두 제후국은 멘의 후계자로서 윌리엄의 장자인 로베르를 인정했다. 로베르는 5년 전부터 에르베르의 누이인 마르그리트와 약혼한 사이였다.

사람들은 두 사람의 후손들이 그 누구도 이의를 제기하지 못할 후계자가 되길 바랐다. 그 대신 윌리엄의 장남 로베르는 앙주 백작에게 오마주를 바쳤다. 신하의 서약은 윌리엄의 면전에서 이루어졌다. 틀림없이 알송에서 거행되었을 것이다. 사실상 이제 노르망디 공은 멘의 유일한 군주가 되었다. 비록 마르그리트가 일찍 세상을 떠났지만, 그렇다고 노르망디의 지배력이 약화되지는 않았다. 결혼식을 며칠 남겨두고 마르그리트는 자신을 길러준 수녀들 품안에서 세상을 떠났다. 그녀는 예쁘고 신앙심이 경건한 처녀였다. 그녀의 배필 로베르는 투박하고 싸움을 좋아하는 청년이었는데 사람들은 그를 '짧은 넓적다리'라고 불렀다. 그녀는 공작 가족들의 공동묘지가 있는 페캉에 묻혔다. 그녀에게는 두 명의 결혼한 숙모가 있었는데 한 명은 앙주의 제후 장 드 라플레슈Jean de La Flèche의 부인 폴라Paula였고, 또 하나는 샤르트르의 백작녀 제르상드Gersende였다. 폴라는 곧 이혼하고 에스트와 리귀리의 자작인 아종Azzon과 재혼했다.

서사시 『롤랑의 노래』와 노르만인

스페인에서 한 무슬림이 아라곤의 왕 라미레Ramire를 살해했다. 로마 교황청은 이 사건을 기독교가 관련된 문제라고 즉각 반발했다. 교황청은 이베리아반도의 무슬림을 응징하기 위해 원정을 준비할 것을 유럽의 각국에게 종용했다. 1063년에 아키텐, 가스코뉴, 이탈리아, 부르고뉴에서 자원군이 조직되었다. 윌리엄 공도 노르만 기사들의 출발에 반대하지 않았으며, 모르트메르 전투의 승자인 기욤 크레스팽이 원정대의 선두에 섰다. 기독교 연합군은 아키텐 공작의 지휘 아래 피레네산맥과 우에스카

❧
서기 778년 롱스보 전투에서 롤랑은 죽음을 맞이
한다.

방향으로 이동했다. 1064년에 기독교 연합군은 바르바스트로를 약탈하
고 끔찍한 짓을 서슴지 않았다. 그리고 기욤 크레스팽은 얼마 동안 도시
에 주둔했다.

전투가 끝나고 전사들은 자신들이 온 고장으로 되돌아가기 위해서 뿔
뿔이 흩어졌다. 그들은 르페르튀스를 통해 북쪽으로, 롱스보를 통해서
는 동쪽이나 서쪽으로 되돌아갔는데 소나 노새가 끄는 수레에는 전리품
이 가득 실려 있었고, 얼굴이 그을린 용병들은 무질서하게 대열을 이루
며 많은 포로를 끌고 갔다. 그들의 머릿속에는 피비린내 나는 전투와 화
공火攻과 영광이 교차하고 있었다. 그런데 군인들은 대열 속에서 옛 노래

를 흥얼거렸다. 그 노래는 술을 마실 때나 숙영지에서 쉴 때 부르던 노래이거나 성당에서 수도사들이 불렀던 성가聖歌였다. 그들은 후렴구까지 모두 암송했는데 앞으로 그들 고향에서도 부를 노래였다.

이런 방식으로 노르만군은 센강까지 돌아오면서 『롤랑의 노래Cahnson de Roland』의 원시적인 형태를 가져온 것일까? 산미얀데라코고야의 수도사들은 성 야곱의 콤포스텔라의 순례길(부르고스에서 팜플로나 구간)에서 이 노래의 요약본을 1060년부터 1070년 사이에 양피지에 옮겨 적었다고 한다. 프랑스군과 노르만군이 이 노래를 프랑스로 가져와 퍼트린 것은 아닐까? 학자들의 의견은 분분하다. 그러나 어쨌든 『롤랑의 노래』는 최초의 무훈시이자 걸작으로 보인다.† 현재 전해오는 무훈시의 필사본(12세기, 13세기, 14세기본)에는 즉흥적으로 끊임없이 개작한 흔적이 여기저기에서 발견되었고, 여러 가인歌人들이 개인적으로 혹은 집단으로 함께 부른 것을 알 수 있다. 필사본 중에서 가장 오래 된 판(옥스퍼드판 『롤랑의 노래』)은 앵글로-노르만 방언으로 12세기에 기록된 것이다. 우리는 무훈시에 등장하는 인명과 지명 그리고 세부적인 설명 등을 통해서 당시의 풍습, 사법적 관례, 무장 등에 관하여 알 수 있는데, 많은 세대를 거치며 수정되고 가필되어 지금의 모습에 이르고 있다. 분명한 사실은 서사시의 전통이 계승되는 동안 이따금 천재 시인의 작품에 영감을 받아 급작스런 변화가 일어났다는 것이다. 최근의 연구에 따르면 옥스퍼드판 『롤랑의 노래』에는 적어도 세 가지 버전이 있는데, 전체적인 관점에서 보면 내용의 조화를 찾아볼 수 있다. 첫 번째 판은 12세기 초의 것인데 동방의 십자군 원정에 대한 내용이 들어 있다. 두 번째 판은 20년 정도 앞선 판인데,

---

† 무훈시의 전통과 구체적 내용에 대해서는 본문 233~234쪽 참고.

작가는 1080년에서 1090년 사이에 발칸반도에서 벌어진 사건들에 대해 노래하고 있다. 마지막으로 가장 원형에 가까운 판은 11세기 판이다. 이 세 판을 제외하고는 더 이상 오래된 『롤랑의 노래』를 찾을 수 없다.

두 번째 『롤랑의 노래』는 노르망디의 특징에 대한 내용을 많이 담고 있다. 이 시에서는 천사 미카엘의 특별한 역할을 강조하고 있는데, 미카엘은 노르망디 공국의 수호신이다. 시인은 유럽의 많은 지방을 열거하면서, 특히 노르망디에 대한 칭찬을 아끼지 않는다. 그는 노르망디 공국을 자유롭고 고상한 지방이라고 칭송한다. 시인은 샤를마뉴 군대의 주요 구성원으로 '늙은 리샤르'가 이끄는 노르망디 군을 지목하고 있는데, '늙은 리샤르'는 노르망디 공 리샤르 1세를 말하며, 몽생미셀 수도원은 그가 세운 수도원이다. 무훈시는 여러 번 샤를마뉴 대제의 정복을 반복적으로 노래하고, 시에 등장하는 인물을 순서 없이 나열하고 있다. 1050년부터 등장하는 윌리엄 공과 이탈리아에서 한창 세력을 넓히던 로베르 기스카르와 그의 아들 보에몽Bohémond도 등장한다. 전반적으로 무훈시에는 시대에 상관없이 노르만 전통이 여기저기에서 발견되고, 심지어 저지대 노르망디 지방의 전통도 찾아볼 수 있다. 이런 까닭에 옥스퍼드 필사본은 시구의 종성이 애매하다. 예를 들어 'Turoldus'(그 의미는 알 수 없다)가 종성에서 운을 맞추고 있는데, '튀롤드Turold'란 이름은 전형적인 노르만 이름이고, 특히 11세기 저지대 노르망디에서 자주 발견되는 이름이다.

그런데 무훈시를 옮겨 적은 사람이 저자인지 아니면 단순한 필경사인지는 알 수 없다. 여기에는 많은 해석이 가능하지만 전반적인 의견은 저자라는 데 모아지고 있다. 시에 자주 등장하는 튀롤드 중에서 어떤 튀롤드는 1053년 노르망디 공국의 경비병이었고, 다른 튀롤드는 페캉 수도원의 수도사였다가 1066년에 맘즈버리와 피터버러의 수도원장이 되고, 또 다른 튀롤드는 1070년에 오동 드 바이외의 주교직을 계승하기도 한다. 『롤랑의 노래』 저자는 12세기 초반에 등장하는 위대한 인물로서 르베크의 수도사 튀롤드, 샤르트르 교구의 쿨롱 수도원장, 끝으로 1128년에 스페인 출신으로 튀델에 정착한 노르만 사람을 등장시키고 있다.

『롤랑의 노래』는 생동감 넘치는 미학을 통하여 훗날 프랑스 서사시에 결정적인 영향을 미쳤다. 『롤랑의 노래』는 중세 프랑스 서사시에 완벽하고 강력하면서도 동시에 야성적인 영향을 주었고, 무훈시의 저자가 훌륭한 교육을 받았을 것이라는 데는 이론의 여지가 없다. 『롤랑의 노래』에는 이 노래를 부른 익명의 음유시인과 그의 정신세계, 그가 속했던 사회, 노래를 들었던 대중의 모습이 잘 드러난다. 이들 모두는 중세 초기의 엄격하고 잔인한―동시에 교활하고 단순한―사회의 모습을 보여주고 있다. 시인은 아는 것이라고는 전쟁밖에 없는 기사들을 위해 노래를 부른다. 시인은 비참한 죽음을 통해 비장함을 느끼는 기사들을 위해서 노래하고, 그러한 인식에서 선은 악과 거의 구분되지 않는다. 영웅의 패배는 필연적으로 배신에 기인한다. 하지만 시인의 기술은 객관적인 사건이나 정황 등으로 이런 대조된 시각을 하나로 묶는다. 그는 작품의 균형과 반복적 효과, 주제의 상관성, 인물들의 도식화 및 등장인물들의 이름을 대비시켜 하나의 틀 속에서 작품의 균형을 맞춘다. 그는 또한 '신성한 기독교'와 '이슬람교'의 충돌 속에서 엄청난 희생, 동시에 고귀하고 기괴한 변형을 통하여 작품의 일관성을 유지한다. 이러한 문체는 공허하지 않고 긴장감을 주며, 짧은 문장을 사용하여 결론에 이르는 시구를 만들어낸다. 또한 끊임없이 시구들은 새로운 시절詩節을 만들어내고, 장식과 틀에 박힌 표현을 사용하여 의미심장한 내용을 만들어낸다. 그리고 그렇게 끊임없이 변형되면서 조화를 이룬 이야기는 비록 현실감은 떨어져도 독자들의 내면

365

에 깊은 인상을 준다.[†]

해럴드의 서약

브르타뉴에서 시작된 코난 2세의 추종자들과 에옹의 전쟁은 1062년
경에 소강상태에 들어갔다. 하지만 일부 봉신은 휴전에 불만이 있었다.
특히 콩부르의 영주이자 돌 주교의 형제인 뢰알롱Ruallon의 불만이 컸다.
그는 콩부르에서 농성을 벌이며 브르타뉴 공과 정면으로 맞섰다. 뢰알롱
과 그의 추종자들은 자신들의 힘으로는 역부족이라 판단하여 노르망디
공에게 원조를 청했다. 신중한 윌리엄은 일단 뵈브롱 계곡을 굽어볼 수
있는 곶岬에 성을 축조할 것을 명령했다. 뵈브롱 계곡은 성 제임스 기도원
옆에 있었다. 이 성은 모르탱 백작령의 요새 방어선 연장선상에 있었고,
노르망디 공국과 경계를 이루는 곳에 위치한 성이었다. 이런 조치에 화가
난 코난은 윌리엄에게 전령을 보내 기이한 전투를 제안한다. 하지만 결투
가 예정된 날 윌리엄의 군대는 경계선을 어렵지 않게 넘어 쿠에농의 사
구沙丘 어귀에 도착한다. 그는 머뭇거리지 않고 돌로 진격했다. 혼비백산한
코난은 성의 포위를 풀고 도주한다.

이번 전투를 통해 윌리엄의 주변에서 두각을 나타낸 제후 중에는 앵글
로색슨 출신의 해럴드가 단연 으뜸이었다. 그는 쿠에농을 지나가다가 출
중한 용기를 증명했다. 해럴드는 윌리엄 공에게 어떤 빚을 졌기에 노르망
디에서 벌어진 모험에 참전했을까? 이 사건의 배경은 어느 정도 알려져

[†]　『롤랑의 노래』는 매우 낯선 고어로 쓰여 있다. 그러므로 번역본이 없다면 이해할 수 없다.

있다. 문제는 어떻게 해석하느냐 하는 것이다.

해럴드의 명성은 당시 영국에서 널리 퍼져 있었다. 그는 1062년에 머시아 백작과 동맹을 맺은 웨일스 왕 그리피스 압 르웰른Griffith ap Llewelyn의 군대를 궤멸시켰다. 르웰른은 거의 섬과 같은 웨일스를 통일한 뒤에 영국 왕국을 자주 공격하곤 했다. 에드워드 왕은 이 사태에 크게 신경을 쓰지 않았다. 그 결과 해럴드만이 전쟁의 영광과 이득을 독차지했다. 하지만 해럴드는 경쟁자들을 모두 제거하지 못한 상태였는데, 특히 그의 동생 토스티Tosti가 주요 경쟁자였다. 토스티는 노섬브리아†의 백작이 되었고, 자신의 영지에서 멀리 떨어진 북쪽 지방에서 토착민들과 싸우고 있었다. 바로 이런 상황에서 해럴드는 1064년 여름에 배를 타고 대륙으로 떠났다. 토스티에 대항하기 위해 해럴드는 어떤 동맹을 맺으려고 대륙에 갔던 것일까? 아니면 노르망디 혹은 플랑드르와 다시 동맹을 맺을 생각이었을까? 하지만 동맹을 맺을 경우 어떤 대가를 치른다고 생각했을까? 11세기 노르망디의 기록은 한결같이 이 사건에 대해 한목소리를 내고 있다. 물론 그런 입장이 선전 효과를 노린 것이기도 하지만, 영국 쪽의 기록에는 그 어떤 입장에 대해서도 확인도 부정도 하고 있지 않다. 반면 바이외의 자수 그림은 분명히 이 사건에 대해 설명하고 있다. 자수 그림에서 해럴드는 에드워드의 전령으로서 많은 사신 일행과 함께 여행을 하고 있다. 그런데 어디로 가는 걸까? 해럴드 일행은 폭풍우를 만나 퐁티외 해안 근처에서 좌초한다. 퐁티외 백작은 그를 사로잡아 몸값을 기대하며 보랭의 감옥에 가둔다. 그러나 분명한 것은 해럴드가 상륙하려던 곳은 퐁티외 해안이 아니었다는 점이다. 악천후로 목적지에 도착하지 못했을 그는

---

† 토스티는 1055년에 노섬브리아 백작령을 하사받았다. 본문 287쪽 참고.

인질에서 풀려난 해럴드가 윌리엄의 성으로 가서
장황하게 무엇인가를 설명한다. 윌리엄은 자신의
딸 아엘리스를 해럴드와 약혼시킨다.

아마도 남쪽이 아니라 북쪽인 플랑드르로 향하고 있었을 것이다. 하지만 그는 원하지도 않았던 노르망디에 상륙했다. 윌리엄 공은 봉신인 퐁티외 백작에게 해럴드를 석방하라고 명령한다. 기욤 드 푸아티에에 따르면 윌리엄은 비싼 몸값을 대신 내주었다고 한다. 윌리엄은 외까지 나가 해럴드를 정중하게 맞이해주었다. 자수 그림에는 키가 크고 마른 앵글로색슨인(해럴드)이 보이는데, 그는 말이 없고 조심스런 윌리엄 앞에서 장황하게 몸짓을 섞어 무엇인가를 설명하고 있다. 해럴드는 왕의 메시지를 전하는 것일까? 아니면 변명하거나 윌리엄을 설득시키려는 것이었을까? 아마도 단순히 의중을 떠보려고 했던 것은 아니었을까? 왜냐하면 윌리엄은 영국 왕위를 놓고 해럴드와 공개적으로 겨룰 최대의 경쟁자였기 때문이다. 혹시 해럴드는 윌리엄이 왕위 계승권을 포기하기를 기대하고 있었을까?

윌리엄은 해럴드를 정중히 대접했다. 그는 딸 아엘리스를 해럴드와 약혼시켰는데, 얼마 전에 멘의 에르베르에게 약속했던 그 딸이었다. 사람들은 미남의 영국인(해럴드) 청년이 예쁜 아엘리스에게 한눈에 반했다고 전한다. 윌리엄은 12년 동안 인질로 데리고 있었던 하콘†을 풀어주고, 해럴

368

윌리엄이 해럴드에게 무장을 시켜주고 있다. 둘은
바이외로 함께 간다. 해럴드가 성물에 양손을 얹고
윌리엄에게 오마주를 바치고 있다.

드와 그의 일행에게 무구武具와 말들을 내준다. 그리고 브르타뉴까지 그
들과 동행했다. 아마도 윌리엄은 해럴드 일행에게 자신이 지휘하는 군대
의 위용을 보여주고 기를 꺾으려고 했던 것 같다. 브르타뉴인들과 전투
하는 동안 노르만인들은 전혀 마을을 약탈하지 않았다! 돌을 해방시키
고 윌리엄은 렌으로 내려왔다. 그리고 다시 코난 2세가 피신해 있는 디낭
으로 올라갔다. 코난 2세는 이미 앙주 백작에게 원군을 청했었다. 하지만
앙주 백작이 오기 전에 디낭은 항복을 하고 만다. 윌리엄은 유리한 위치
를 점할 수 있었지만 특별한 조치를 취하지 않고 철수했다. 사실 윌리엄
은 식량 보급의 어려움을 알았을 것이다. 곡식의 수확까지는 많은 시간
이 남은데다 브르타뉴인들이 협조하지 않아 철군을 결정한 것으로 보인
다. 윌리엄을 불렀던 브르타뉴인들이 그를 외면한 것이다.

　윌리엄은 해럴드와 함께 노르망디로 귀환했다. 그는 엄숙한 궁정—바
이외 또는 본빌—에서 영국인 해럴드에게 기사 서임식을 베풀어주었다.

† 　하콘은 고드윈의 손자다. 본문 284쪽 참고.

전통에 따르면 새로운 기사는 주군이 무구를 준비해줘야 했다. 그런데 윌리엄은 해럴드를 자신의 봉신에 포함시킬 의향이 있었을까? 일부 노르만인들은 그렇게 생각했다. 그런데 정작 해럴드 자신은 어떻게 생각하고 있었을까?

해럴드는 노르망디의 주요 제후들 면전에서 신하의 서약을 윌리엄에게 바쳤을 것이다. 그런데 연대기 삭사들은 이 사건에 대해 일관적인 기록을 하지 않고 있다. 연대기 작가 기욤 드 푸아티에는 해럴드가 서약을 통해 윌리엄에게 오마주를 바쳤다고 적고 있다. 해럴드는 윌리엄이 에드워드를 계승할 서열 1위라고 인정했고 윌리엄이 영국으로 보내는 사신使臣으로서의 임무를 수락했다는 것이다. 그 약속의 증거로 해럴드가 노르만 수비대가 점거하고 있는 영국의 도버성을 윌리엄에게 담보로 맡겼고, 그 대신 윌리엄은 해럴드의 개인 영지에 대한 소유권을 보장해주었다. 바이외의 자수 그림은 이 엄숙한 장면을 그리고 있다. 해럴드가 두 개의 성물 위에 손을 얹고 있는 그림이다. 이 행위는 서약이 엄숙하다는 사실과, 만약 이 서약을 배신하면 저주를 받을 것임을 암시한다. 노르망디 공국이 제시하는 가장 근거가 있는 주장이다. 바스에 따르면 윌리엄은 식탁보로 덮은 탁자 위에서 해럴드에게 서약을 하라고 주문했다고 한다. 해럴드는 별 생각 없이 단순한 약속은 큰 부담이 없는 법이라고 생각했을 것이다. 그런데 서약이 끝나자 윌리엄이 식탁보를 걷어냈다. 탁자는 '성인의 유골이 가득 찬 성물이었다! 해럴드는 덫에 걸렸다. 그 의도야 어떠했든 성물을 놓고 맹세를 했다는 것은 돌아올 수 없는 강을 건넜다는 뜻이니. 혼비백산한 해럴드는 성물의 마법에 걸린 희생자가 된 것이다. 아마도 바스는 떠돌아다니는 풍문을 모아 기록했을지 모른다. 혹은 앵글로색슨 세계에서 내려오는 전설을 기록했던 것일까?

이상의 증언들을 종합해보면 우리는 적어도 윌리엄과 해럴드 사이에 일종의 거래가 있었고, 오해도 있었음을 엿볼 수 있다. 하지만 정확한 기록이 없어 그 진위를 알 수 없다. 단지 극심하게 복잡했던 당시 영국의 정세와 역학 관계만이 이러한 상황을 설명할 수 있을 것이다. 당시 해럴드가 운신할 수 있는 폭은 정해져 있었다. 그러므로 그는 윌리엄이 요구하는 것이 무엇이라 할지라도 거부할 수 없었을 것으로 보인다.

해럴드는 1064년 가을 무렵 영국으로 다시 돌아갔다. 노섬브리아에 암운이 감돌았기 때문이다. 해럴드의 동생 토스티가 두 명의 종사從士†를 반역 혐의로 죽였다. 게다가 토스티는 성탄절에 왕궁 내부에서 버니시아 백작의 마지막 후손을 살해해버리고 말았다. 그러자 이듬해부터 북쪽 지방에 반란의 기운이 팽배해지기 시작하더니 마침내 10월에 터지고 말았다. 토스티는 국왕과 함께 햄프셔로 사냥을 가고 자리를 비운 상태였다. 200명의 노섬브리아 종사들은 토스티가 없는 틈을 타서 요크까지 진군한 뒤 자신들의 권위로 단체를 만들고 토스티의 하야를 요구했다. 그들은 백작령을 모르카Morcar에게 맡겼는데, 그는 레오프릭의 손자이자 머시아 백작 에드윈의 형제였다.

요크의 거리에서 모르카는 토스티 일당을 제거하고 남쪽으로 방향을 바꾸었다. 힘 있는 무리의 지도자가 된 모르카는 200여 명의 종사들이 자신에게 백작령을 바친 사실을 국왕이 인정할 것을 요구했다. 노샘프턴에서 추종자들이 마을을 약탈한 뒤 모르카는 토스티를 만났다. 토스티는 에드워드 왕이 보낸 전령의 자격으로 모르카 앞에 나섰다. 왕의 메

---

† 앵글로색슨 시대의 전사를 말하며, 종사從士라고 불렀다. 백작earl과 일반 자유민 사이의 중간 계층이다.—옮긴이

시지는 반군이 무기를 버리고 불만이 있으면 서식에 따라 작성하라는 것이었다. 모르카는 왕의 제안을 거부하고 자신이 점령하고 있는 옥스퍼드로 갔다. 에드워드는 마침내 동요하기 시작했다. 왕은 귀족들을 소집했지만 그들은 전투를 만류했다. 이윽고 겨울이 찾아왔다. 사람들은 해럴드가 동생 토스티를 제거하기 위해 음모를 꾸몄다고 에둘러 말했다. 이즈음에 에드워드가 병석에 누웠다. 시간이 촉박했다. 왕국의 모든 귀족이 영국을 주시하고 있었다. 그들의 지도자는 해럴드였다. 그는 모르카와 급하게 협정을 맺고 토스티를 추방했다. 그리고 모르카는 노섬브리아의 백작으로 인정을 받았다. 마침내 시바르의 아들인 월서프Waltheof가 노샘프턴, 헌팅던, 베드퍼드, 케임브리지의 주를 포함한 백작령을 받았다. 이렇게 왕국의 북부 중 절반은 다시 오래된 가문의 손으로 돌아갔다. 결국 앵글로색슨 왕조는 약화되고 고드윈 파벌의 퇴출은 북부 지방에 대한 지배력의 약화로 이어졌다. 그 결과 1067년 이후(윌리엄은 1066년에 영국을 정복했다) 정복왕 윌리엄은 이 지방에서 큰 환멸을 맛보게 된다.†

한편 토스티는 도버 해협을 건너 생토메르에 피신한다. 해럴드도 12월 초에 런던으로 돌아왔다. 에드워드의 병세는 차도가 보이지 않아 왕국을 돌볼 수 없었다. 그에게 중요한 것이 하나 있다면 웨스트민스터에 베네딕토 수도원을 건설하는 것이었다. 새로 건설할 수도원은 왕궁 바로 옆에 짓고 있었는데, 프랑스에서 수입한 아름다운 로마네스크 양식이었다.†† 노쇠한 에드워드는 50년간 살면서 자식도 없었기에 가문의 대가 끊어지게 생겼고, 그가 그때까지 주변과 유지하던 자연적 혹은 법률적 관계의 끈도 소멸되고 있었다. 그는 윌리엄이 성년이 될 무렵에 영국 왕좌에 올

---

† 실제로 윌리엄이 영국을 정복한 이후 가장 극렬한 반란이 이 지방에서 일어났다.—옮긴이
†† 웨스트민스터 사원은 13세기에 고딕 양식으로 재건축되었다.

지금의 웨스트민스터 사원은 13세기에 고딕 양식
으로 다시 지은 것이다.

랐었다. 그가 통치했던 20여 년 동안 왕권은 쇠약해지고 백작들의 영향력은 상대적으로 더 커졌다. 하지만 노르망디에서는 상황이 정반대였다. 영국에서는 왕권이 약화되는 동안 정치적, 문화적 상황도 퇴행하기 시작했다. 유럽 대륙에서 새로운 사상과 기운이 싹트고 있을 때에 영국에서는 그 어떤 정신적인 운동도 찾아볼 수 없었다. 영국이 마치 대륙으로부터 유리된 모습이었다. 영국은 이제 스스로 재기할 수 있는 원동력을 상실한 나라처럼 보였다. 켈트 신화에 따르면 영국은 무기력한 왕 때문에 고통을 받고 있다고 했다. 사람들은 에드워드가 성 알렉시처럼 위장 결혼을 했다고 떠들고 다녔다. 『에드워드 왕의 일생Vita Edwardi regis』에서 그의 동정성은 성인전의 주요 주제였고, 비록 그의 무능력은 은폐될 수 있지만, 그가 자식이 없었다는 것은 영국에 닥칠 불행의 씨앗이 되었다. 아들이 없는 에드워드는 왕권을 요구하는 귀족들을 반목하게 만들었다. 물론 그들도 온전한 자격을 갖춘 사람들은 아니었다. 에설레드의 후손인 에드거†는 여전히 미성년이었고, 에드워드의 사촌인 윌리엄은 외국의 군주이자 경쟁자였다. 사실상 영국에서 에드워드의 후계자로서 자격을 갖춘 인물은 12년 동안 현지에서 지도자의 역량을 키우고 있던 해럴드밖에 없었다. 물론 토스티와 노르웨이 왕 하랄 하르드라다 역시 왕권에 야심을 가지고 있던 인물이었다.

왕권을 주장하는 자들로 인해 왕국이 불안한데도, 영국의 관습법은 분명하게 그 입장을 정리해주지 못하고 있었다. 계승권에 관한 법과 정통성이 무시되고 있었기 때문이었다. 여론은 왕실에서 후계자가 나와야 한다고 생각하고 있었다. 왕은 신이 보낸 이라는 막연하고 오래된 믿음이

---

† 에드워드 에셸링의 아들 에드거에 대해서는 본문 319쪽 참고.

그 근거였다. 하지만 새로운 왕을 결정하는 것은 개인의 명성과 인기, 그리고 왕을 선출할 때 필요한 속임수였다.

1065년 12월 28일, 웨스트민스터 사원이 축성되었다. 에드워드는 건강 상태가 너무 좋지 않아 축성식에 참석하지 못했다. 그리고 일주일도 채 되지 않아 임종을 맞이했다.

제3부

영국 왕

9장

웨스트민스터로
가는 길 1066

　　　1066년 1월 5일, 주현절 전날에 참회왕 에드워드가 마지막 힘을 내서 침상에서 일어났다. 시종이 베개로 그를 받쳐줘 간신히 몸을 세울 수 있었다. 그만큼 쇠약해 있었던 그는 마지막으로 머리에 왕관을 썼다. 무슨 엄숙한 말을 신하들에게 하려고 했을까? 왕의 얼굴은 야위었고 턱수염은 더부룩했다. 그는 이미 저 세상을 응시하고 있는 것 같았다. 그의 임종을 지켜보기 위해 백작, 고위 성직자, 여인들이 모였고 특히 에디트 왕비가 죽어가는 왕의 침대 옆에 있었다. 그녀는 왕위를 차지하려는 생각뿐인 자신의 오빠, 즉 해럴드의 존재에 신경이 날카로워져 있었다. 왕의 목소리는 힘이 빠져서 잘 들리지 않았다.† 에드워드는 무슨 말을 했을까? 그가 무슨 말을 했는지 연대기 작가들은 전하지 않고 있다. 그러나 그의 유언은 앞으로 닥쳐올 사건들에 결정적인 역할을 할 수 있는 것이었다. 훗날 영국 왕에 오르려는 당사자들은 에드워드의 유언을 자신들에게 유리

---

† 이 장면은 바이외의 자수 그림Tapisserie de Bayeux에 근거를 둔 묘사다. 자수 그림은 해럴드의 대관식을 강조하기 위해 에드워드의 임종 장면을 더 부각시키고 있다.

우유부단했던 에드워드 왕이 드디어 세상을 떠났다. 이제 잉글랜드의 왕은 누가 될 것인가? 자수 그림은 오른쪽으로 사건이 전개되는데 이 장면에서는 에드워드의 장례식이 먼저 등장한다.

한 방향으로 해석하게 된다. 하지만 분명한 사실이 하나 있었다. 에드워드는 왕국과 왕비를 처남인 해럴드에게 맡겼다는 것이다. 그러면 과연 어떤 말을 통해서 그런 뜻을 전했을까? 그는 자신의 행동이 어떤 결과를 초래할 것인지 과연 인식하고 있었을까?

왕은 침대에 다시 쓰러졌고, 곧이어 세상을 떠났다. 주위에 있던 사람들은 왕관을 벗겨주고 그의 눈을 감겨주었다. 그리고 모두 무릎을 꿇고 왕을 위해 기도했다.

왕이 죽자 24시간도 안 되어 모든 일이 이상하리만큼 일사천리로 진행되었다. 밤사이에 모종의 비밀집회가 있었던 것처럼 보였다. 새벽 6시에, 왕의 서거 소식이 왕궁 밖을 넘어가기도 전에 시신은 이미 화려한 상여 위에 놓였고, 상여 행렬이 웨스트민스터 사원을 향해 움직이고 있었다. 상여는 여덟 명이 들었으며 그 뒤에는 귀족들과 고위 성직자들이 따르고 있었다. 장례 행렬이 지나갈 때마다 상여 종소리꾼들의 종이 에드워드 왕의 마지막 길을 슬퍼하듯이 울고 있었다. 런던 시민들은 왕에게 마지막

작별 인사를 하려고 구름처럼 모여들었다. 왕은 이미 성인이 되어 있었다.[†] 그런데 면죄 기도 성당으로 불리던 성 피터Saint Peter 성당의 내진 바닥 아래 왕의 시신을 매장하고 포석을 덮기도 전에 귀족들은 현인회를 소집하여 해럴드를 영국 왕으로 선출했다. 대관식이 진행되는 동안 해럴드는 왕관을 머리 위에 쓰고 축성을 받았다. 대관식은 파문당한 스티갠드[††]가 요크의 엘드레드Aeldred와 전적으로 합의하여 진행을 맡았다. 아무도 이 대관식에 이의를 제기할 수 없도록 하기 위함이었다. 이제 해럴드는 왕관을 쓰고 왕좌에 올랐다. 그는 망토를 걸치고 구球와 홀을 손에 들고 있었다. 해럴드의 등극에 민중들은 흔들리지 않았다. 오래전부터 런던은 고드윈 파벌의 영향력 아래 있었기 때문이다.

해럴드의 대관식이 끝나는 데는 채 반나절도 걸리지 않았다. 이 의식은 이미 계획된 것이었고, 그 계획의 주역은 단호하고 대담한 의지력을 가진 전사 해럴드였다. 그는 자신이 국왕의 직책을 성공적으로 수행할 것이라고 자신하고 있었다. 이렇게 새로운 국왕은 고위 성직자들의 동의 아래 선출되었다. 문제는 북부 지방의 백작들과 외국의 군주들이 새 국왕을 인정하는가에 달려 있었다. 해럴드는 새로운 왕으로서 법적으로 정통성을 인정받기 위해 곧바로 근거 법을 제정하는 데 착수했다. 연대기 작가 플로랑스 드 우스터Florence de Worcester는 대관식 이튿날 발표한 조치들을 긍정적으로 평가한다. 새 왕은 전임자의 부당한 법령을 폐지하고 모든 범죄자를 엄격한 법으로 다스릴 것이며, 교회를 보호하고 민중들에 대해서는 너그럽고 경건한 태도를 견지할 것을 약속했다. 해럴드는 자신의 고객, 즉 민중에 대해 세심한 배려를 한 것이다. 그는 윌리엄의 성격을 잘 알

[†] 사후에 에드워드의 별명은 '참회자He Confesseur'였다.
[††] 스티갠드는 고드윈의 측근이다. 본문 284~286쪽 참고.

고 있었기에 언젠가는 그의 반발에 부딪힐 것이라는 점도 예상하고 있었다. 한편 플랑드르에 있던 토스티는 자신의 형인 해럴드를 궁지에 빠트리려는 계략을 꾸미고 있었다. 해럴드는 어떤 대응책을 구상하고 있었을까? 해럴드는 훌륭한 책사이긴 했지만 좋은 전략가는 아니었다. 이런 성향으로 말미암아 그는 현실을 직시하지 못하고 너무 먼 미래만 내다보고 있었다.

해럴드의 소식이 윌리엄에게 당도했을 때 그는 위중한 병을 앓고 있었지만 다행히도 금방 회복했다. 그가 병석에 누워 있을 때에 군주에 대한 민중의 애정은 더욱 더 커졌다. 해럴드의 등극은 윌리엄에게 그다지 놀랄만한 소식은 아니었다. 그는 이 소식을 루앙 근처에서 사냥하다가 전령을 통해 들었다고 바스는 기록하고 있다. 전해오는 말에 따르면 윌리엄은 강가로 황급히 말을 몰아 배를 타고 공작 궁으로 돌아왔다고 한다. 궁에 돌아온 윌리엄은 망토를 벗지도 않은 채 탁자 앞에 앉아 오랫동안 깊은 생각에 빠졌다고 한다. 그는 에드워드의 합법적인 승계자는 자신이라고 골똘히 생각했던 것일까? 혹은 어제까지는 기대도 안 했지만 상황이 갑자기 자신에게 유리하게 전개되었다고 생각했을까? 그는 아마 신속한 성공을 기대했을지 모른다. 1052년에 에드워드가 자신에게 한 약속은 그렇다 치고, 윌리엄은 1057년에 에셀링Aetheling[†]이 죽은 뒤부터는 하루도 영국 왕위에 대해 생각하지 않은 적이 없었을 것이다. 하지만 윌리엄은 불확실한 가능성에 자신의 정책을 집중하면서 모든 것을 희생시킬 수는 없었다.

381

[†] 영국 왕을 가리키는 호칭. 에드먼드의 아들 에드워드를 가리킨다.—옮긴이

현인회의 전광석화와 같은 결정으로 해럴드는 왕위에 오른다. 오른쪽 위에는 핼리 혜성이 보인다. 윌리엄은 혜성의 출현이 왕이 바뀔 것이라는 길조로 해석했다. 해럴드 왼쪽에 캔터베리의 대주교 스티갠드의 모습도 보인다.

윌리엄은 기로에 섰지만 이미 그의 선택은 정해졌다. 그는 단순한 모험이 아니라 전쟁의 위험성을 감수하기로 작심한 것이다. 병력과 배, 자금 등 모든 면에서 노르망디 공국은 영국의 상대가 되지 않았다. 그런 까닭에 윌리엄은 한시도 지체하지 않고, 그렇다고 너무 서두르지도 않으면서 체계적으로 자신이 할 수 있는 일에 모든 운명을 다 걸었다.

윌리엄은 참모인 랑프랑과 이 문제를 상의했다. 법률가이기도 한 랑프랑과의 대화에서는 '노르만식 계획thèse normande'이 구체화되고 있었다. 여기에 관해서는 기욤 드 푸아티에가 잠시 뒤에 소개할 것이다. 영국의 선왕 에드워드는 두 가지 법적 행위를 남기고 세상을 떠났다. 하나는 영국의 계승권자로 윌리엄을 지목한 행위이며, 또 하나는 영국인들이 요구하는 대로 해럴드에게 왕위를 넘겨준 행위인데, 이는 '사자死者의 행위'다. 에드워드가 임종 전에 해럴드를 후계자로 지목한 행위를 가리킨다. 전자의 유언 행위는 로마법에 따르면 충분히 수용할 수 있다. 후자는 앵글로색슨의 관습법에 따르면 두 가지로 해석할 수 있다. 첫째는 형식적인 관점인데, 이 관점에 따르면 생전의 모든 양도는 무효다(에드워드가 윌리엄에게 생전에 한 약속). 두 번째는 공정성의 관점이다. 이 관점에 따르면 두 번째 행위는 그 어떤 보편적 구속력도 없고, 보증(담보나 봉신들의 서약)도 해주지 않는다. 다시 말해 첫 번째 행위가 두 번째 행위보다 우선한다는 것이다. 그러므로 법원이나 심판자는 해럴드에게 고작해야 유언장의 집행자로서의 자격만을 인정한 것이라고 윌리엄은 믿고 있었다. 결국 윌리엄은 자신이 에드워드의 왕위를 물려받을 수 있는 유일한 사람이라고 생각하고 있었다.

이 추론은 이론의 여지가 많지만, 법률적 행위에 대한 특별한 우려를 분명하게 말하고 있다. 이 추론은 또한 로마법의 개념에 익숙한 윌리엄 공의 생각이라는 점에서 각별한 의미를 지니고 있다.

그해 겨울이 가기 전에 토스티가 노르망디에 왔다. 그는 몇 주 동안 플랑드르에 머물면서 복수를 다짐하고 있었다. 그는 노르웨이 왕 하랄 하르드라다와 손을 잡고 윌리엄의 도움을 기대하고 있었다. 토스티가 하랄에게 오마주를 바쳐 그의 봉신이 되었다는 소문도 돌았다. 그는 플랑드르의 보두앵 5세를 설득했다고 판단하고, 이번에는 또 다른 계략을 준비하고 있었다.

한편 윌리엄은 해럴드에게 전갈을 보냈다. 몇 달 전 해럴드가 한 서약을 상기시키면서 자신의 딸 아엘리스와 지체하지 말고 결혼하라고 그를 노르망디로 초대한 것이다. 이에 대해 해럴드는 "강압에 의해 서약한 것"이라는 답변을 보냈고, 영국 왕위는 현인회만이 퇴위를 결정할 수 있다고 주장했다. 그리고 자신의 결혼 문제를 왈가왈부하는 것은 어불성설이라고 반박했다. 하지만 당시 노섬브리아의 백작들은 새로운 왕이 무력으로 왕위를 차지했다며 불만을 터트리고 있었다. 해럴드에 대한 노르망디 공의 위협은 점점 더 고조되고 있었다. 해럴드는 신속하게 이 문제를 해결해야 했다. 그는 요크로 가서 그 지방의 실력자인 에드윈과 모르카를 설득하여 합의에 서명했다. 그리고 머시아의 에디트와 결혼했다. 이로써 해럴드는 공개적이고 모욕적인 방법으로 노르망디 공과의 절연을 선언한 것이다.

하지만 이 시기에 윌리엄은 해럴드에게 연락하면서도 다양한 외교적인 시도를 함께 추진하고 있었다. 그는 교황 알렉산더 2세에게 편지를 보내 교황의 판단을 기다렸다. 그는 교황에게 해럴드가 거짓 서약을 통해 자신을 배신했다고 비난하면서(교회법의 관할이다), 피할 수 없는 전쟁으로 정의를 증명하겠다고 교황에게 약속했다. 노르망디 공의 이러한 명분은 로마 교황청에서 힐데브란트와 그 추종자들에 의해 적극적인 지원을 약속받는다. 윌리엄은 그가 만약 영국을 정복하면 과거에 크누트가 신설한 농노세chevage를 부활시킬 것이라고 약속하지 않았던가? 농노세는 과거에 크누트가 교황청의 이익을 위해 만든 세금인데 앵글로색슨 왕조가 부활하면서 폐기된 제도였다.

하지만 윌리엄의 적극적인 제안에도 교황청은 전쟁에 대해 전적으로 동의하지 않았다. 그러자 힐데브란트가 그의 편을 들고 윌리엄의 공정함에 대한 보증인이 되겠다고 나섰다. 그 무렵 교황청은 힐데브란트를 고집이 세고 스티갠드의 추문에 연루된 인물이라고 생각하고 있었지만, 이번에는 영국의 교회 개혁에 적임자라는 신망을 가지게 되었다. 혹시 해럴드의 사절이 교황청을 방문하여 최종 결정을 변경할 수도 있었겠지만, 해럴드는 아무런 행동도 취하지 않았다. 기욤 드 맘즈버리Guillaume de Malmesbury에 따르면 해럴드는 자신이 교황청에 보내는 사절이 노르망디에서 생포될까봐 두려워했다는 가정을 내놓는다. 해럴드는 그해 봄에 파문되었다.

결국 노르만식 계획이 승리했다. 군주제의 정통성을 지키려는 생각(월리엄의 생각)을 교황청은 가볍게 여기지 않았던 것이다. 윌리엄의 메시지에 부응하는 차원에서 알렉산더 2세는 상당량의 성물과 성 베드로의 깃발을 보내주었다. 교황은 윌리엄을 신성한 임무(영국 정복)의 대리인으로 지명했다. 교황은 이번 원정을 반대하는 사람들은 모두 유죄이므로 징벌의 대상이라고 천명했다.

1066년은 윌리엄에게는 사면의 해가 되었다. 자신의 결혼으로 인해 생겨난 교황청과의 반목 관계가 화해의 모드로 바뀐 것이다. 이 무렵 교황청은 7년 전부터 이미 노르만인 로베르 기스카르와 그의 형제들이 장악하고 있었다. 그들은 이탈리아 남부의 절반을 교황청을 대리하여 관리했다. 노르만인의 이름은 로마에서 신용의 상징이었고, 특히 교황청은 윌리엄이 보여준 교회 개혁에 대한 지지가 권모술수로부터 나온 것이 아니라고 믿고 있었다. 윌리엄의 교회 개혁안이 권위를 수반하고 법적 근거를 얻게 되자 교회 개혁은 노르망디 공이 원하는 방향으로 가고 있었다. 이제 교황청은 윌리엄의 입장에 묵시적으로 동의하는 것이 아니라 생각 자체가 동일해졌다.

윌리엄은 교황청과 협상하는 동안 영국 정복의 직접적인 이해 당사국들과 접촉을 시도했다. 먼저 신성 로마 제국의 하인리히 4세는 정복에 대해 개입하지 않겠다는 입장을 전해왔다. 처남인 플랑드르의 보두앵 5세에게는 도움은 못주더라도 호의적인 중립을 지켜달라고 요청했다. 사자使者들을 통해 두 나라의 협상이 시작되었다. 바스가 대화를 소설처럼 기록했다. 플랑드르에서 온 사자는 동맹의 대가로 무엇을 얻을 수 있는지, 정복에 성공할 경우 어떤 지방을 자기들에게 양도할지 윌리엄에게 물었다. "문서로 알려주겠다." 사신에게 건넨 윌리엄의 대답이었다. 그리고는 서신을 말아 봉인한 다음 보두앵 5세에게 보냈다. 보두앵은 서신을 개봉했다. 그런데 편지에는 글자 한자 쓰여 있지 않았다. 서신을 가져간 사신이 구두로 추가 설명을 했다. 이 정복에서 노르망디와 동맹을 맺으면 플랑드르 가문과 마틸다의 남편(윌리엄), 그의 자녀들에는 큰 이익일 것이라고 부연 설명을 했다. 보두앵은 마침내 윌리엄에게 우호적인 입장을 취하는 것으로 정복에 동의했다. 그리고 그는 보베에서 노르망디의 사자와 프랑스 왕의 면담을 주선했는데 분위기는 냉랭했다고 한다. 면담의 결과는 윌리엄의 사후에 두 나라, 즉 영국과 노르망디 제국은 해체되며, 윌리엄의 두 아들 중의 하나가 그중의 한 나라를 승계한다는 것이었다.

이제 남은 것은 영국 동쪽의 나라, 즉 덴마크의 중립을 확보하는 것이었다. 윌리엄은 덴마크 왕 스벤 에스트리트손Sven Estrithson(에스트리트의 아들, 즉 크누트 누이의 아들)의 의중을 파악하고 싶어했다. 왜냐하면 덴마크 왕도 자신이 에드워드의 계승자라는 생각을 하고 있었기 때문이다. 스벤이 개입하지 않겠다는 희소식을 알려왔다. 하지만 윌리엄은 남의 말을 잘 믿지 않는 사람이었다. 그는 혹시 다른 계략이 숨어 있을지 상상해보았다. 만약 토스티가 스벤에게 도움을 준다면?

겨울이 끝날 무렵 윌리엄은 릴본에서 봉신을 모두 불러 모았다. 관례에 따르면 군역을 통해 봉신을 모두 바다 건너편에 데려갈 수는 없었다. 그러므로 원정은 자원자들에 국한되었다. 공작은 봉신들을 다음과 같이 설득했다. 본래 자신의 용감한 봉신들은 원정에 참여하려는 유전자가 있고, 실제로 그렇게 많이 싸웠다. 그리고 이제는 주군인 자신을 위해 그 본성을 맡겨달라고 호소했다.

기욤 드 푸아티에의 기록에 따르면 회의의 분위기는 술렁거렸다고 한다. 멀리 있는 영국의 국력이 막강해 보였기 때문이다. 게다가 이 원정은 노르망디 공국의 역사에서 찾아볼 수 없는 전대미문의 사건이었다. 봉신들은 이 원정이 강의 반대편에서 무리지어 약탈하는 불한당들을 혼내주는 싸움과는 전혀 다른 것임을 인식하고 있었다. 이 원정은 잘 훈련된 군대를 보내 영국에 상륙시켜야 하는 전쟁이었고, 들판에서 수적으로 우위에 있는 적들을 격파해야 하는 그런 전쟁이었다.

전쟁에 반대하는 목소리가 여기저기에서 터져 나왔다. 실패할지도 모른다는 주장이 팽배했다. 이때 기욤 피츠오즈베른이 회의론을 잠재웠다. 토스티도 발언했다. 그의 발언에 드디어 청중은 설득되었다. 공작은 원정에 필요한 것에 대해 설명을 시작했고 봉신들의 재정 능력에 따라 군사들과 배를 요청했다. 오동 드 바이외, 조르푸아 드 쿠탕스, 모르탱 백작 로베르, 외 백작, 위그 다브랑슈Hugues d'Avranche, 리샤르 데브뢰, 턱수염 로제 드 몽고메리 등 공작의 친구 및 신하들 중에서 일부는 요구한 물자에 비해 2배나 많은 물자를 제공하기로 약속했다. 그들은 윌리엄의 지혜에 공감하여 위기의 순간에 항상 공작 편에 서서 도움을 주던 봉신들이었다. 로베르 모르탱은 120척의 배와 장비를 약속했고, 윌리엄의 이복동생 오동은 100척을 약속했다. 르망의 주교는 30척, 생투앵의 수도원장은 20척, 페캉의 기도원장 레미Rémi도 영국의 주교를 약속받는 대가로 같은 수의 배를 약속했다. 공작의 부인 마틸다는 남편이 타고 갈 모라Mora라는 아름다운 배를 건조해 선물했다. 그런데 실제로는 윌리엄의 친척들이 원정에 필요한 대부분의 물자를 제공했고, 정복이 성공한 다음 그들은 다른 사람들보다 훨씬 더 많은 부를 분배받았다. 정복이 일종의 가업의 일환이었던 셈이다. 윌리엄은 명실상부한 노르만 군의 지도자였다. 결국 영국을 정복한 사람들은 그의 가문 사람들이었다. 하지만 15년 뒤 두 형제,

387

자수 그림에는 드라카르를 건조하기 위해 벌목하는 장면이 묘사되어 있다. 영국 원정을 긍정적으로 판단한 공작의 봉신들과 친척들은 앞다투어 수백 척의 배를 지원했다. 아직 원근법을 몰라서 멀리 있는 배와 가까이 있는 배의 크기가 같다.

즉 윌리엄과 오동 간에는 비극이 일어나고 만다.

　　영국을 정벌할 함대는 하지 바로 전에 집결이 마무리되었다. 이제 물자, 무기, 가축, 인력을 확보하기까지는 4~5개월 정도의 기간이 남았다. 배를 실제로 항해시키고 조종하려면 당시의 기술로는 시간이 부족했다. 한편 원정에 필요한 배들을 한 번에 건조했다는 설은 설득력이 떨어진다 (바이외의 자수 그림이 과장된 탓이다). 기껏해야 몇몇 제후가 자기에게 할당된 몫을 채우기 위해서(충분한 목재가 확보된 제후의 경우) 선박 건조장에 주문했던 것을 자수 그림은 과장해서 표현하고 있다. 아마도 윌리엄과 주요 봉신은 외국 항구에서 소형 선박을 구입하거나 임대했을 것이다.(특히 플랑드르에서) 이렇게 구성된 함대의 모습은 여러 종류의 배가 잡다하게 뒤섞인 모습이었다. 바이외의 자수 그림에서는 도안상의 문제로 한 종류의 배만 수를 놓아 표현하고 있다. 자수 그림에 그려진 배는 바이킹의 무덤과 스웨덴의 이탄지泥炭地에서 발견된 배와 그 형태가 동일하다. 원정 함대는 순항함의 일종인 드라카르drakkar, 화물선, 노로 젓는 작은 배들로 구성되어 있었다. 스칸디나비아의 선박 건조 기술 전통은 11세기의 노르망디에도 남아 있었다. 왜냐하면 11세기에 도버 해협 연안에서 형태가 다소 개조된 드라카르는 전형적인 노르만 선박으로 인식되고 있었기 때문이다. 측면이 낮고 아몬드 모양을 하고 있는 드라카르는 배의 중앙에 늑재肋材가 있고, 배의 겉모습은 뱃머리로 가면서 대칭을 이루며 좁아지는 형태다. 뱃머리는 우뚝 솟아 있고 선미는 뱃머리보다 낮은 형태를 이루고 있다. 배의 가운데에는 돛대 하나가 있는데 거기에는 정사각형의 돛이 걸려 있고, 직선의 활대에 의해 고정되어 있었다. 돛은 다양한 색상으로 칠했으며, 선박의 방향을 잡아주는 키로는 배의 주변에 나와 있는 긴 노를 사용했다. 이중으로 닻을 내리는 시스템은 드라카르 같은 작은 배가 육지에 닿기 전에 안정을 유지하게 해주었고, 일단 배를 댈 곳과 순간을 정하면 배를 뭍에 닿게 하고 유지시키는 데 효과적이었다. 화물을 운반할

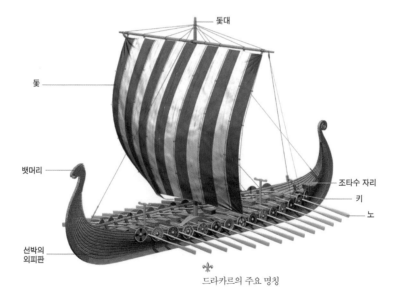

드라카르의 주요 명칭

경우에는 배의 형태를 직사각형으로 만들어 최대한 화물을 많이 실을 수 있게 했다.

드라카르 중에서 가장 큰 선박의 뱃머리는 나무로 깎은 조각상으로 장식했는데, 대개 용, 늑대, 여우, 새 등의 머리를 조각했다. 이 동물들은 주술적 상징물이었고 로마네스크 양식의 건물에 사용된 기둥머리에서 볼 수 있는 것들과 이상하리만큼 닮아 있었다. 뱃전, 즉 배의 측면 역시 돛처럼 파란색과 붉은색, 금빛과 검은색으로 칠해져 있었다. 전사들의 방패는 기와 모양으로 뱃전에 열을 맞춰 상갑판에 걸렸다.

가장 큰 드라카르는 스칸디나비아에서 발견되었는데 길이가 23미터에 폭이 5미터, 배수량은 30톤 정도였다. 1066년 윌리엄의 드라카르는 이 배보다 크지는 않았을 것이다. 이 배에는 평균 50명 정도가 승선할 수 있었고, 그 만큼의 말이 탈 수도 있었다.

1066년 부활절이 8일 지난 4월 24일, 이상한 천체가 꼬리를 달고 서유럽 하늘에 나타났다. 그리고 1주일 정도 밤하늘에 머물렀다. 학식이 있는 성직자들은 이 천체를 혜성이라고 불렀다. 이 혜성은 훗날 1705년에 핼리Halley가 76년을 주기로 1758년에 출현할 것을 예측했다고 해서 그의 이름이 붙어 핼리 혜성이 되었다. 도버 해협을 마주 보고 있는 당사자들은 자신들의 관심사와 이 혜성의 출현을 연관시켜 해석했다. 점성가들은 혜성이 왕조의 교체를 의미하는 징조라고 예언했다. 노르망디에서는 이러한 운명의 계시가 자신들의 열정을 한층 고조시키는 것이라고 믿었다.

해럴드도 적들이 침공을 준비하고 있다는 사실을 모르고 있지는 않았다. 여러 번 그는 노르망디에 스파이를 보냈다. 그런데 그중 한 명이 잡혀 포로가 되어 윌리엄에게 끌려갔는데, 공작은 그 스파이를 다시 영국 노르웨이 오슬로에는 바이킹 선박 박물관이 있다.
곡스타트에서 발견된 드라카르의 정면 모습.

으로 보냈다. 스파이의 손에는 윌리엄의 빈정거리는 도전장이 쥐어져 있었다. "가서 네 상전에게 고해라. 만약 1년 후까지 네 상전이 살아 있다면 그는 죽을 때까지 평화롭게 살 것이다." 결국 1년 안에 영국에 쳐들어가겠다는 말이었다.

해럴드는 당당하게 전쟁의 위험을 받아들였다. 하지만 외교적으로 그는 고립되어 있었다. 영국에서조차 북쪽 지방의 제후들은 자신들의 지도자, 즉 해럴드가 윌리엄의 침입을 가볍게 여기는 것에 대해 근심을 하고 있었다. 섬의 남쪽 지방의 해안에 군사 소집령이 내려졌다. 해럴드의 주력 부대로는 훌륭한 함대가 있었다. 그는 함대를 와이트섬에 집결시키고 해상의 통제권을 장악했다. 그리고 적의 상륙에 대비해 만반의 준비를 시켰다. 5월 초에 소형 선단이 영국 해안에 다가온다는 정보가 퍼졌다. 노르만 함대였을까?

소형 함대를 이끄는 주인공은 바로 해럴드의 동생 토스티였다. 그는 플랑드르와 스칸디나비아 선원들을 이끌고 도버 해협을 건너 동쪽에 있는 와이트섬 쪽으로 다가오고 있었다. 영국 해안의 서식스와 켄트 지방이 상륙 목표 지점이었던 것 같았다. 현지 수비대는 경계를 소홀히 한 탓에 토스티의 상륙을 막지 못했다. 토스티는 별 저항도 받지 않고 샌드위치에 상륙했다. 해럴드가 황급히 달려왔다. 그는 앵글로색슨 수병들을 빼내어 자신의 함대에 합류시켰다. 그러자 토스티는 해럴드를 피해 다시 바다로 나갔다. 17척의 드라카르가 오크니 제도에서 내려와 토스티의 함대에 합류했다. 그 배에는 1065년에 망명길에 올랐던 탈주병 콥시Copsi가 있었는데, 그는 노섬브리아의 종사였다. 이 함대에는 총 60척의 배가 있었고 험버강 어귀를 올라가며 영국의 동쪽 해안을 집요하게 공격했다. 오크니 제도는 노르웨이 왕국에 속한 섬이었다. 토스티는 노르웨이의 국왕 하랄 하르드라다의 원군을 받고 이번 원정에 나선 것이다. 하르드라다 역시 영국 왕을 자처했지만 이번 분쟁에서 토스티를 도와줄 것인가? 혹은 윌리엄에게 실망한 토스티가 본래의 계획을 수정할 것인가? 아니면 윌리엄과 스칸디나비아를 연결해주는 중재인의 역할을 할 것인가? 이 부분에서 역사학자들의 의견은 둘로 나뉜다. 하지만 윌리엄과 토스티가 결탁한 것만은 분명해 보인다. 노르만인들은 모험심이 강하고 절제심이 부족한 토스티를 교란 작전에 이용하는 것이 더 낫다고 생각했을 것이다. 게다가 토스티는 윌리엄의 경쟁자도 아니었다.

험버강 어귀에서 토스티의 함대는 에드윈과 모르카의 군대와 조우했다. 그러자 토스티는 함대를 후퇴시켜 스코틀랜드로 올라갔다. 그가 빌린 배들은 샌드위치에서 돌려주고 난 뒤였다. 그리고 그는 맬컴 왕이 있는 스코틀랜드로 갔다. 맬컴 왕과는 피를 섞는 풍습을 통해 의형제를 맺은 사이였다. 거기에서 토스티는 자원군을 모집하고 하랄 하르드라다를 기다렸다. 물론 두 사람은 사전에 협의를 했을 것이다.

해럴드는 웨섹스에서 정보원들의 도움으로 상황을 파악하고 있었다. 그는 크누트 제국을 부활시키려는 하르드라다의 야심을 모르고 있지 않았다. 그래서 해럴드는 덴마크 왕 스벤 에스트리트손에 대해 적대감을 품고 있었다. 하지만 해럴드는 동쪽 해안에 대해서는 크게 걱정을 하지 않았다. 덴마크군의 특별한 징후가 없었기 때문이다. 그는 에드윈과 모르카에게 군대를 소집해 동쪽 해안을 지키라는 명령을 내렸다. 하지만 진짜 위험은 남쪽 지방에 있었다.

그 사이 첫 번째 봄이 한창일 때, 노르망디로 통하는 길은 기사와 부랑자 같은 사람들의 무리로 우글거리고 있었다. 그들은 재물과 모험을 찾아 나선 자들이었다. 당시 서유럽에는 노르망디 공의 지휘 아래 참전하면 군인들은 봉급을 약속받고, 영국에 가면 많은 전리품도 챙길 수 있다는 소문이 널리 퍼져 있었다. 군인들은 원정대의 사령관이 윌리엄이라는 말에 열광했다. 그들은 가난한 기사들, 상속 재산을 못 받은 집안의 막내들, 플랑드르인이 대부분이었다. 또한 정복 후에 가족들을 영국으로 불러 그곳에 정착할 생각을 가지고 있었다. 원정에 참여한 브르타뉴인 중에는 팡티에브르Penthièvres 백작의 두 아들 디낭Dinan과 푸제르Fougères 같이 한 집안 출신들도 있었다(그는 가엘 출신이었다). 르망 출신의 기사, 일드프랑스 지역의 기사들과 제후들, 피카르디와 푸아투 기사들이 이번 원정에 참여하고 있었고, 바르바스트로 전투에서 패한 노르만 병사들─나바르와 아라공에서 용병으로 복무를 하고 있었다─도 원정에 참여했다. 여기에 이탈리아에서 돌아온 노르만 기사들도 있었다. 그들은 고향을 떠날 때와 정반대로 이번에는 아펜니노산맥과 알프스산맥을 넘고 프랑스 평원을 지나 고향인 노르망디로 돌아왔다. 윌리엄의 원정군은 이렇게 언어와 의식 구조 그리고 전쟁 장비도 달랐지만 오합지졸은 아니었다. 윌리엄은 처음부터 엄격한 통제로 원정군의 규율을 잡았던 것이다. 대제후들도 이번 원정에 참여했다. 브르타뉴 공, 동맹의 담보로 8살 된 장남을 노르망디에 맡긴 불로뉴 백작 외스타슈, 투아르의 자작, 툴루즈Toulouse와 앙굴렘 백작의 친척들이 이 원정에 참여했다. 원정군의 구성은 이렇게 복합적이었지만 원정군의 통제는 엄격하고 일사분란했다.

6월 중순에 공작은 본빌성에서 제후들을 소집했다. 사실 그는 공작령 내부 상황과 관련해 해결해야 할 문제가 하나 있었다. 그는 운명과 부딪힐 일이 있으면 절대로 우연에 맡기는 법이 없는 인물이었다. 먼저 자신이 원정에 나가 있는 동안 노르망디 공국의 통치는 아내인 마틸다에게 맡겼다. 경험이 많은 늙은 로제 드 보몽이 마틸다를 보좌할 것이다. 게다가 그는 자문회의에 장자 로베르를 공국의 차기 계승자로 인정해줄 것을 요청했다. 하지만 영국 원정으로 인해 노르망디 공국의 내부 사정에는 문제가 없다 하더라도, 대부분의 제후가 원정에 참여한 노르망디에는 병력의 공백이 생겼다. 그런 이유에서 자문회의에서는 공국의 치안을 강화하는 조치를 취했다.

제후 사이에서는 두 가지 입장이 교차하고 있었다. 먼저 원정에 대한 분위기는 신중했다. 마르무티에 수도원장 같은 비관주의자는 공작의 아들인 젊은 로베르에게 윌리엄 공이 수도원에 약속한 양도에 대하여 확인해달라고 요청했다. 하지만 원정을 낙관적으로 보는 사람들도 있었다. 페캉의 수도원장은 이미 윌리엄을 영국의 주인으로 여기고 선왕 에드워드가 기증했던 것에 대한 확인을 요청했다.

6월 18일 제후들의 자문회의가 끝나고 캉의 트리니테 성당의 축성식이 열렸다.† 윌리엄은 축성식에서 이번 원정에서 승리하면 영국에 수도원을 짓겠다는 소망을 밝혔다.†† 축성식에서 공작 부부의 딸인 세실Cécile이 새 수도원의 수녀가 되었다. 아마도 그녀의 소명이었으리라. 하지만 지금은 윌리엄의 일생 중 가장 중요한 시기다. 윌리엄은 교회에 대한 극진한 존경심을 통해 반드시 하늘이 자신을 도와줄 것이라고 믿었을 것이다. 그는 트로이의 총사령관 아가멤논이 딸 이피게네이아를 희생시키고 출항한 것처럼, 자신도 세실을 하느님께 담보로 바치고 원정에 참가한다고 생각한 것은 아닐까?

캉의 트리니테 수도원은 2~3년 전부터 여전히 공사 중이었다. 그런데 7월에 공작은 이 수도원의 원장에 랑프랑을 앉혔다. 이미 랑프랑에게 이

† 부인 수도원이라 불린 트리니테 수도원에 대해서는 본문 323~325쪽 참고.
†† 대다수 사람들의 의견이 그러했다. 하지만 날짜는 분명하지 않다.

전부터 얘기를 해둔 터였다. 랑프랑을 공국의 중심에 불러 마틸다를 정치적으로 보좌하며 자문을 하라는 것이 공작의 뜻이었다.

르베크 수도원은 랑프랑의 문하생인 이탈리아 출신인 앙셀름 디브레 Anselme d'Ivrée에게 넘어갔다. 그는 이미 스승인 랑프랑으로부터 수준 높은 학문적 수양을 받은 터라 많은 학교에 명성이 자자했다. 그의 저술 중 일부는 11세기 후반기의 사상과 연구에 필요한 학문적 도구를 제공해주었고, 12세기에 일어난 '르네상스'의 문을 열어주었다.† 앙셀름은 순박하고 온순한 사람이었지만 에너지를 주체할 수 없을 정도로 정열적이었다. 앙셀름은 랑프랑과 함께 자신들의 사상을 통합시킬 모임을 결성하기도 했다. 어쨌든 앙셀름은 랑프랑보다 더 사변적이었고, 랑프랑이 그에게 남겨준 무거운 부담도 회피하지 않았다. 그것은 윌리엄이 예견했던 공국의 연속성이었는데 노르만인들에게 유리한 영원한 연속성이었다.

이미 칼바도스의 여러 항구에는 선박과 군대가 집결하고 있었다. 주요 함대의 병력은 디브강 어귀에 모였는데, 카부르—당시에는 기적이 출현했다고 해서 생소뵈르라고 불렀다—의 맞은편에 집결했다. 이곳을 집결지로 선택한 것은 전략적 이유도 있지만 지명이 주는 경건함도 한몫을 했을 것이다.

원정에 필요한 사전 작전은 6~7주 정도가 걸렸고, 7월 말에 끝났다. 바이외 자수 그림은 전쟁 물자를 배에 싣는 과정을 셋으로 나누어 보여준다. 먼저 투구, 칼, 갑옷 등의 무거운 무기를 날랐다. 이 무기들은 너무 무거워 두 사람이 장대에 꿰어서 배에 실었다. 갑옷의 한쪽 소매에서 다른 쪽 소매로 장대를 넣은 다음 두 사람이 함께 옮겼다. 일단 배의 바닥

---

† 학문에 있어서의 르베크 수도원의 활약은 본문 225~226쪽 참고.

에 무거운 무기들을 싣고, 그 다음에는 가벼운 무기를 옮겼다. 던져서 사용하는 무기들도 배에 싣고 많은 포도주는 방추형의 통에 담아 운반했다. 식량은 현지에서 조달할 생각이었다. 마지막으로 말들을 배에 태웠다. 병사들이 방패를 들고 있는 모습이 보인다.

원정 거리는 비록 짧았지만 위험 부담이 컸으므로 틀림없이 배에는 최대한의 병력과 물자를 실었을 것이다. 하지만 11세기부터 연대기 작가들은 윌리엄의 병력 규모에 대해 다양한 평가를 내놓는다. 현대 역사가들은 함대의 규모를 1000척 정도로 보고, 병력은 1만에서 1만2000명 정도로 보고 있다. 그리고 군사 작전의 관행으로 볼 때 (11세기) 병력의 1/3은 기사들로 보인다. 이러한 계산은 바이외의 자수 그림이 보여주는 것처럼 상당수의 배가 전쟁 물자와 가축만을 운반하기 위해 동원되었다는 가정에서 나온 것이다.

출항 날짜는 분명히 정해졌을 것이다. 하지만 실제로 이렇게 많은 배가 빠른 속도로 200킬로미터를 흩어지지 않은 채 항해하기 위해서는 순풍이 남쪽에서 북쪽으로 규칙적으로 불어야 한다. 윌리엄은 출항에 적합한

무거운 갑옷을 두 명의 시종들이 장대에 꿰어 운반하고 있다. 투구, 포도주도 보인다. 배들은 닻을 내리고 정박 중이다.

시기를 7월 말이나 8월 초로 예상하고 있었다. 윌리엄은 본빌성에 머무르면서 '디데이'를 기다렸다. 기욤 드 맘즈버리에 따르면 윌리엄은 노르망디의 성직자나 이탈리아에서 온 기사들로부터 로베르 기스카르의 공적에 대한 얘기를 들었는데, 이 무용담은 윌리엄에게 동기를 부여해주었다.

핼리 혜성이 지나간 뒤의 여름은 화창했고 바람도 한 점 없었다. 8월이 되자 추수철이 다가왔고 8월도 그렇게 지나갔다. 들판에서는 도리깨질 소리만 들렸다.

수천 명의 병사들이 할 일도 없이 돛이 펄럭이지도 않는 배 주위에서 무위도식하고 있다고 상상해보라. 그중에는 모험만을 쫓는 강골의 병사들도 많았을 것이다. 출항의 날이 늦춰지면 늦춰질수록 병사들 사이에서는 싸움과 약탈이 일어날 확률이 높았다. 하지만 작은 사고조차 찾아볼 수 없었고, 비록 농촌의 사정은 매우 나빴지만, 규칙적인 보급을 통해 병사들을 감독할 수 있었다. 카부르와 디브 사이에 들어선 병영 바로 근처에서는 추수를 하고 있었지만 곡식의 낟알 하나조차 건드리지 않았다. 가축들은 초원에서 한적하게 풀을 뜯어먹고 있었고, 성직자, 상인, 촌부들은 볼일을 보기 위해 병사들이 주둔하고 있는 지역을 통과했다. 도중에 그들은 출정을 준비하고 있는 병사들과 마주쳤을 것이다. 기욤 드 푸아티에의 기록에 따르면 군인들은 말 위에서 노래를 부르며 지나갔다고 한다. 연대기 작가들은 그들의 놀라운 규율에 감탄했다고 적고 있다. 물론 그런 분위기가 당시로서는 쉽게 찾아볼 수 있는 것은 아니었지만, 결국 윌리엄의 의지에서 나온 결과로 볼 수 있을 것이다. 하지만 시끄러운 병사들을 항상 조용하게 만들 수는 없는 일이다. 한 부대의 일각에서 패배주의자들의 말이 나돌기 시작했다. 기욤 드 맘즈버리가 그 추억을 전하고 있다. 그들은 과거 장엄공 로베르의 실패한 원정―영국 원정―에 대해 떠들기 시작했다.† 그 아버지에 그 아들이라고! 그들은 공작 집안의 내력을 샅샅이 뒤져서 집안이 몰살한 기상천외한 실례를 찾으려 애썼다. 탈주병들이 나오기 시작했다. 게다가 윌리엄의 재정 상태도 심각했다. 용병들에게 계약금을 주는 바람에 금고가 텅 비었기 때문이다. 조속한 승리만이 윌리엄의 파산을 막을 수 있었고 군대도 제대로 유지할 수 있었다. 그해 여름, 기다리던 큰 바람은 불지 않았다. 그럼에도 원정대는 출항을 시도했고 결과는 실패로 돌아갔다. 게다가 여러 사고도 생기고 사상자도 발생했는데 흉흉한 소문을 잠재우려고 시체를 몰래 처리했다. 이제 9월의 첫 번째 주가 되었다. 폭풍우가 도버 해협을 지나갔다. 윌리엄은 사제들에게 기도를 간청했다. 공작은 원정의 성공을 위해 본빌 근처에 생마르탱 기도원을 세웠다. 그러나 병사들의 근심은 더욱 확산되었다. 윌리엄은 사비를 털어 병사들의 보급품을 늘리고 숙영지를 거의 떠나지 않았다. 그는 기사들과 함께 지내면서 그들과 대화를 나누고 격려하며 곧이어 영국의 부가 그들 차지가 될 것이라고 상기시켜주었다.

폭풍우가 그치고 정상적인 바람이 불기 시작했다. 그런데 이번에는 방향이 문제였다. 서쪽에서 바람이 불었다. 9월 10일경에 공작은 영국 해안으로부터 멀리 떨어지지 않은 곳에 배를 타고 가서 닻을 내려보았다. 그는 솜강 어귀에서 출항을 준비하라고 함대에 명령을 내렸다. 센강 어귀는 항해하기에 위험했기 때문이다. 9월 12일에 함대는 생발르리에 닻을 내렸다. 윌리엄은 퐁티외 백작의 거처에 머무르고 있었다. 이제 서식스의 영국 해안까지는 100킬로미터 정도만 남았다.

† 장엄공 로베르는 통치 초기에 영국 원정에 실패했다. 본문 193~194쪽 참고.

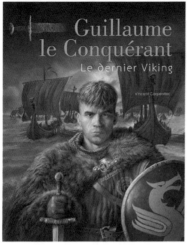

영국에서는 정복자로 그리 환영을 받지 못하지만, 프랑스에서 윌리엄은 위대한 군주로 칭송을 받고 있다. 2016년 뱅상 카르팡티에의 만화 작품 「정복왕 윌리엄(기욤), 최후의 바이킹」. 36세 장년의 모습을 그렸다.

400

마침내 바람의 방향이 바뀌고 있었다. 그런데 남풍이 불어야 영국 해안에 상륙할 수 있는데 북쪽에서 바람이 불기 시작했다. 노르망디에서 영국으로 가려면 남풍이 불어야 했다. 이제 서서히 추분이 다가오고 있었다. 상황이 좋지 않았다. 게다가 비까지 내리기 시작했다. 자신을 통제하는 데는 남다르고, 여덟 달 전부터 전장에서 있던 그였지만, 원정이 실패할 수도 있다는 불안감이 마음을 짓누르기 시작했다. 기 다미앵Guy d'Amiens의 말에 따르면 윌리엄은 한시도 생발르리 성당의 풍향계에서 눈을 떼지 않았다고 한다. 풍향계의 수탉이 조금이라도 움직일까봐 온 신경을 쓰고 있었던 것이다. 미래를 예측하는 데 뛰어난 한 사제는 윌리엄에게 와서 이번 원정이 전투도 하지 않고 성공적으로 끝날 것이라고 예언해주었다. 윌리엄이 인내심을 가지고 그의 말을 경청했다. 하지만 누가 알수 있단 말인가? 그는 이 예언을 거의 믿지 않았지만 잊지는 않았다. 윌리엄은 병사들에게 격려의 말을 계속해서 해주었고, 생발르리 수도원에도 많은 선행을 베풀었다. 그리고 수호성인의 성골함 뒤에서 병사들과 함께 예배를 드리며 신에게 겸손하게 바람의 방향을 바꾸어줄 것을 기도했다. 이렇게 9월이 지나고 있었다.

　한편 도버 해협 반대편의 사정은 이러했다. 그들은 긴 여름 동안 바다 건너편의 적들이 움직이지 않자 조바심을 느끼기 시작했다. 그렇다고 군사 소집령이 해제된 것도 아니었다. 고향에서 할 일도 많은데 적들을 마냥 기다리자니 진력이 나 있었다. 징집된 농민 병사들이 분별력을 잃기 시작했다. 두려움에 사로잡힌 병사들은 비통한 에드워드의 죽음을 시로 노래했고, 익명의 사제가 그 노래를 속어(영어)로 옮겨 적었다. 서사적 분위기와 해럴드를 향한 충성심이 잘 나타난 이 시는 사제의 근심이 깊이 배어 있었다. 9월 초의 폭풍우로 와이트섬의 함대는 풍비박산이 되었으며, 몇 달 전부터는 해안을 제대로 감시할 수도 없었다. 게다가 식량도 바닥을 드러내고 있었다. 9월에 해럴드는 윌리엄의 침공이 이듬해 봄에 있을 것이라고 확신하고 농민병들을 고향으로 돌려보냈고, 겨울을 대비해서 템스강 어귀에 다시 함대를 조직할 것을 명령했다. 10월에 모든 명령이 이행되었다. 이로써 영국 섬의 남부 지방을 방어할 수 있는 군대는 사라졌다. 해럴드 주위에는 엘리트 기사인 허스칼huscarl들만 남게 되었다.[†]

　이 무렵 노르웨이의 하르드라다 왕이 베르겐에서 영국을 공격하기 위해 출항했다. 그는 셰틀랜드에서 아이슬란드 함대와 합류하기로 되어 있었다. 거기에서 북풍—노르만군의 배를 생발르리에 묶어놓고 있던 그 바람—을 등지고 서남쪽으로 향하고 있었다. 하르드라다 왕은 300척의 범

401

[†]　충성심이 강한 전사들을 선발하여 '허스칼huscarl'(집안의 장정)이라고 불렀는데, 해럴드의 주변에 남은 엘리트 기사들을 말한다.—옮긴이

선을 이끌고 스코틀랜드 해안을 따라 타인강 어귀의 영국 북쪽 해안에 접근했다. 그곳에서 하르드라다는 토스티와 합류한 뒤 두 명의 동지는 저항도 없는 클리블랜드를 약탈하고 남쪽으로 이동하여 해안 지방을 유린했다. 정박 중이던 영국 선박들은 우즈강 쪽으로 후퇴했다. 토스티와 동맹군은 험버에 상륙한 다음에 요크 쪽으로 행군하기 시작했다.

윌리엄 공은 비록 자신이 토스티와 히르드라다가 감행한 공격의 배후는 아니지만, 제2의 전선이 열리기를 기다리고 있었다. 그의 침착성은 지루했던 여름 동안에 이미 입증된 바 있다. 노르웨이의 왕 하르드라다의 공격 소식은 해럴드를 초조하게 만들었다. 그는 재빨리 에드윈과 모르카에게 노섬브리아 지방의 군사를 소집하라는 명령을 내렸다. 하지만 이미 군사소집령은 효력이 없었다. 토스티와 노르웨이 군대가 요크 15킬로미터 근방까지 접근한 것이다. 9월 20일에는 풀퍼드에 공포감이 돌기 시작했다. 하르드라다는 별 저항 없이 요크에 입성하여 인질들을 잡고 주민들의 재물을 약탈하기 시작했다.

한편 해럴드는 북부 지방의 백작들이 저항한 덕분에 신속하게 자신의 지략과 전투력을 발휘할 수 있었다. 런던부터 그는 허스칼과 함께 쉬지도 않고 300~350킬로미터 떨어진 요크까지 단숨에 달려갔는데, 도중에 만난 웨섹스의 군사들도 함께 데리고 갔다. 풀퍼드에서 나흘을 싸우는 동안 노르웨이 군대가 영국군의 사정권 안에 들어왔다! 하르드라다가 겁에 질렸다. 그의 군대 중 일부는 험버강 어귀의 선박에 있었고, 나머지는 요크셔 지방에 있었다. 하르드라다는 병사가 부족했다. 그는 도시를 비우고 스탬퍼드브리지로 도주했지만 해럴드는 하루만에 그를 따라 잡았다. 노르웨이군은 피곤함에도 불구하고 다시 전투를 개시했다. 하르드라다는 험버에 있는 아군 진영에 긴급한 메시지를 보내고 전력을 정비했다.

토스티는 하르드라다를 보좌하고 있었다. 그런데 그때 해럴드가 잠시 고민에 빠졌다. 동생인 토스티에게 우호적인 휴전을 제안한 것이다. 토스티는 해럴드에게 왕국의 일부를 하르드라다에게 양도할 것을 요청했다. 하지만 해럴드의 대답은 "그가 묻힐 7피트의 땅밖에 없다"였다. 사실 하르드라다는 거구였다. 영국 기사들이 하르드라다를 집중적으로 공격하기 시작했다. 마침내 영국 궁사의 화살이 그의 목덜미를 꿰뚫었고 하르드라다는 절명하고 말았다. 이번에는 토스티가 전투를 지휘하기 시작했다. 험버에 있던 노르웨이의 증원군이 도착했지만 때는 너무 늦었다. 토스티도 전투에서 목숨을 잃고 말았다. 그날 저녁 노르웨이군은 살육을 당했다. 하르드라다의 아들 올라프Olaf와 오크니 제도의 귀족들도 목숨을 잃었

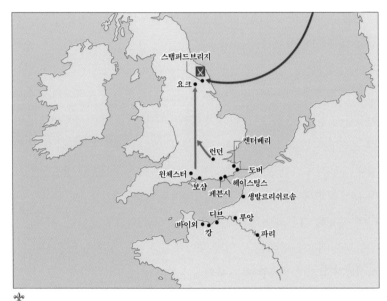

윌리엄이 쳐들어온다는 사실을 알고도 해럴드는 노르웨이의 하르드라다의 침입을 막기 위해 요크 지방으로 달려갔다. 1066년 9월 25일 해럴드는 스탬퍼드브리지에서 노르웨이 군대를 섬멸한다.

다. 노르웨이 주교들은 해럴드의 포로가 되었다. 해럴드는 흡족하게 평화의 서약을 받고 관대하게 그들을 24척의 배에 태워 돌려보냈다. 백년 마다 일어나는 영국과 스칸디나비아의 결투는 마침내 영국의 완승으로 끝나고 말았다. 1066년 9월 25일의 일이다.

1066년 9월 27일 수요일에서 28일 목요일 사이에 도버 해협의 동쪽에 내리던 비가 그치고 남풍이 불기 시작했다. 마침내 영국으로 갈 수 있는 바닷길이 열린 것이다. 새벽녘에 윌리엄 공은 전군에 승선을 명령한다. 그런데 그의 결정은 무시 못할 위험을 내포하고 있었다. 춘분 때의 조수의 힘이 얼마나 큰지 바다를 겪어본 사람이면 누구나 그 위험을 절감하고 있었다. 하지만 윌리엄은 명운을 걸었다. 당시 그는 서식스 해안에 적들이 없다는 것을 알고 있었을 것이다.

기욤 드 푸아티에에 따르면 윌리엄은 자신의 명령이 가져올 엄청난 결과에 대해 일부러 그 충격을 감추지 않았다. 갑작스런 출항 명령은 병사들과 기사들을 긴장하게 만들었으며, 전군을 아우성치게 만들었다. 윌리엄은 분주히 돌아다니며 병사들을 독려했다. 폭풍우가 몰아치는 가운데 기사들이 명령을 내리는 소리와 훈련관들의 독촉 소리가 사방에서 들렸다. 윌리엄은 남풍이 멎을까 혹은 방향이 바뀔까 계속 걱정했다. 12시간 안에 출항에 필요한 모든 작업이 완료되었다. 하지만 신중한 참모들은 도버 해협을 밤에 건너는 것이 좋다는 의견을 내놓았고, 알지도 못하는 해안에 상륙할 경우 매복병의 공격을 받을 수 있다고 충고했다. 윌리엄은 선원들의 의견에 동의하고, 영국 해안에 도착하는 선박은 닻은 내리되, 하선해서 육지에 상륙할 때는 주의해야 한다는 명령을 내렸다. 그리고 선박들은 동이 틀 때까지 모여 있을 것을 주문했다.

이윽고 밤이 되었다. 공작의 배 모라 호†에서 출항을 알리는 나팔 소

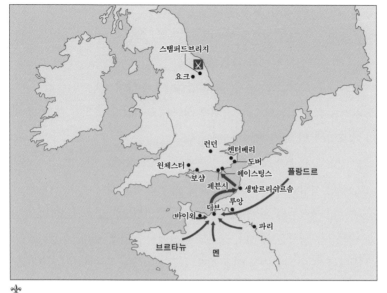

🌸
1066년 9월 29일 드디어 바람이 남쪽에서 불어오기 시작했다. 노르만 군대는 모두 승선하여 생발르리 쉬르솜 항구를 떠났다. 목적지는 잉글랜드의 서식스. 영국 정복의 서막은 이렇게 시작되었다.

리가 우렁차게 울렸다. 모든 배는 돛대에 등을 매달고 있었다. 모라 호의 등은 다른 배의 등보다 더 밝았는데, 금박의 청동으로 만든 풍향계가 높게 설치되어 다른 배들에게 집결의 신호를 보내주었다. 곧이어 1000여 척의 배가 뱃길을 따라 미끄러지듯이 움직이기 시작했다. 배들은 칠흑같이 어두운 밤을 틈타서 모라 호를 선두로 하나둘씩 연안을 빠져나가고 있었다. 돛을 올리고 바다로 나선 배는 연합군의 방향을 알려주었다. 하지만 달이 없어서 주변은 어두웠다. 윌리엄의 함대는 항해 전문가들의 말에 따라 북쪽을 향해 똑바로 운항하기 시작했다. 그러던 중에 중량이 무

---

† 'Mora'라는 이름은 '지혜'로 번역할 수 있다. 하지만 스웨덴 왕국의 부부가 왕위에 오른 뒤에 건져 올린 마법의 돌을 웁살Upsal 근처의 '모라'라는 마을에 안치했다는 사실을 상기하자.

겁고 크기가 큰 모라 호가 함대에서 이탈하게 되었다. 새벽이 되어서야 해안 초병들은 경보 신호를 울렸다. 주변에는 하늘과 바다만 보일 뿐이었다. 공작은 자신의 군대를 잃은 것이다!

아름다운 모라 호는 붉은 돛을 펄럭이며 우연히 만난 영국 해적선의 도움으로 홀로 적진의 해안 근처에 접근하고 있었다. 육지가 불과 몇 마일 정도밖에 안 되어 보였다. 배에 탄 사람들은 긴장이 고조되었다. 승선한 윌리엄의 오랜 동료들은 공포에 사로잡혔을까? 기욤 드 푸아티에는 승선한 사람들의 공포는 생각보다 컸다고 적고 있다. 정복 계획을 세울 때부터 예상했던 위험이었다! 상황을 파악한 윌리엄은 돛을 접고 닻을 내리라는 명령을 내렸다. 그리고 갑판에서 식사를 했다. 풍성하게 차린 식탁에 포도주를 곁들였다. 식탁에서 그는 웃고, 농담하며 동행한 제후들에게 열정적인 연설을 했다. 그들은 이제 침착성을 회복하고 있었다. 한편 배의 망루에서 경계를 보던 선원의 눈에 수평선이 들어왔다. 모라 호 뒤에 4개의 돛대가 보이기 시작한 것이다. 그리고 수많은 배가 그 뒤를 따르고 있었다. "울창한 숲의 나무들 위에 돛이 달린 것 같았다." 1066년 9월 29일, 노르망디의 수호성인 성 미카엘의 날은 이렇게 시작되었다.

다시 모인 함대는—두 척만 낙오되었다—비치 헤드곶에 이르렀다. 배들은 밀물에 서서히 석호潟湖까지 밀려갔는데 지금의 이스트본과 헤이스팅스 사이였다. 거기에서 닻을 내리고, 썰물이 되자 배들은 뭍에 갇힌 모습이 되었다. 이제 노르만군은 바다로부터 안전하게 보호받게 된 것이다. 하지만 윌리엄은 혹시 모를 적들의 기습에 노출되어 있다고 생각했다. 그의 군대도 이 사실을 알고 있었다.

그때가 아침 9시였다. 석호 안에 있는 페븐시의 작은 섬 중에는 요새화된 마을도 보였지만 인기척이나 영국 배를 찾을 수 없었다. 이제 선원들은 돛을 내리고 하역을 준비했다. 수백 척의 배에서 1000여 명의 궁사들이 손에 무기를 들고 물로 뛰어내린 다음에 해변을 향해 뛰었다. 하선의 분위기는 물에 뛰어내리는 소리와 고함 소리들이 뒤섞여 소란스러웠다. 그들은 하선하자마자 곧바로 적들의 급습에 대비하여 방어 진영을 갖추었다. 차례를 기다리는 동료들을 보호하기 위함이었다. 짐을 실은 거룻배도 닻을 내렸다. 하인들은 앞발을 구르며 거품을 토해내는 놀란 말들을 붙잡고 등 위에 안장을 얹었다. 그리고 열에 맞춰 육지로 한 마리씩 끌고 내려왔다. 기사들은 다시 갑옷과 투구를 쓰고 목수들은 요새를 짓기 위해 연장들을 챙겼다.

오후 3시가 되었는데도 적의 동태는 어디에서도 찾아볼 수 없었다. 윌리엄은 마지막으로 배에서 내렸다. 그가 모라 호에서 발을 들어 하선하는 순간 군대는 환호성을 질렀다. 그런데 공작은 그만 발을 헛디뎌 미끄러지고 말았다. 바스의 기록에 따르면 윌리엄은 모래사장에서 비틀거리다가 그만 쭉 뻗어버리고 말았다고 한다! 무슨 징조였을까! 사방에서 고함 소리가 들렸다. 공포에서 나오는 소리였다! 윌리엄은 맹세를 하듯이 일어서며 말했다. "주님의 영광으로! 봐라! 내가 이 땅을 손에 쥐고 있지 않은가! 내 손에서 절대 빠져나갈 수 없으리라!"† 그때 정열이 넘치는 기사 하나가 어부의 오두막집으로 달려가서 지붕의 짚을 한 줌 쥐고 공작에게 다가와 "나리, 여기 영국 왕국을 바칩니다!"라고 말했다. 이 장면은 기사 서임식을 흉내낸 것이었다. 사방에서 박장대소가 터졌음은 물론이다. 공작은 주변의 병사들 중에서 한 사람을 찾고 있었다. 안전한 항해를 신으로부터 들었다는 그 병사였다. 그런데 그 병사가 보이지 않았다. 다

---

† 이 에피소드는 아마 훗날에 만들어진 전설인 것 같다.

수많은 사람이 죽은 스탬퍼드브리지 전투에서 하르드라다와 토스티는 최후를 맞는다. 당시 전투 장면을 상상하여 그린 19세기 노르웨이 화가 아르보Peter Nicolai Arbo의 그림.

른 병사에게 물어보니 항해 도중에 바다에 빠져 죽었다는 것이었다. 윌리엄은 어깨를 들어 머쓱해 하며 "큰 손실은 아니지만, 자신의 죽음을 예견하지는 못했구나!"라고 말했다고 한다.

시간이 없었다. 윌리엄은 당시 영국에서 벌어진 사건들에 대해 몰랐기 때문에 적들의 공격을 기다릴 수밖에 없었다. 그래서 배가 정박한 곳 근처에 참호를 파라고 명령했다. 동시에 바다르Wadard라는 감독관의 지시에 따라 보급품들이 준비되었다. 건초 담당 하인들이 인근 마을과 들판으로 흩어져서 양, 소, 돼지를 잡았다. 그리고 식탁을 차린 다음에 영국에서의 첫 번째 식사를 했다. 이렇게 적지에서의 제1라운드는 별 탈 없이 지나갔다. 윌리엄이 상륙했다는 소식은 삽시간에 주변으로 퍼져나갔다. 그런데 영국인들은 무엇을 할 수 있었을까? 헤이스팅스—페븐시에서 수 킬로미터 떨어져 있다—주민들은 들판에서 가축을 도살하는 농민들의 고함 소리만 들었다고 한다. 그들은 그 소리를 듣고는 노르만 군대가 상륙했다고 생각해서 해럴드에게 이 사실을 알리려 길을 재촉하여 떠났다. 그런데 해럴드는 멀리 북쪽 지방인 요크에 있었다!

윌리엄이 자문회의를 소집했다. 먼저 헤이스팅스를 점령하여 요새를 건설하기로 결정했다. 봉신들은 해안을 따라갔는데 되도록 멀리 가지 않으려고 조심했다. 윌리엄은 함대가 머무는 곳 근처에서 전투를 하는 것이 유리하다고 판단했다. 그리고 적들의 반격이 없는 것도 함정일 수 있다고 생각했다. 그는 신하들의 용맹함과 자신의 신중함을 믿고 있었다. 물론 윌리엄도 마음 한구석에서는 최악의 경우도 생각하고 있었다. 하지만 한편으로는 결정적인 승리를 통해 영국을 차지할 수 있고, 이 땅의 주민들을 보란 듯이 비웃을 수 있다고 확신하고 있었다. 그가 보기에 윈체스터에서 기다리지 않고도 영국군을 공격할 수 있었다. 하지만 적에 대한 정보가 부족하여 그런 위험을 무릅쓸 수도 없었다. 게다가 그는 현지의 지형도 이미 연구해둔 터였다. 헤이스팅스는 주요 도로의 거점이었고, 영국 정복에 꼭 필요한 전략적 요지였다. 헤이스팅스는 부채꼴 모양의 언덕이 마을을 감싸고 있었다. 그리고 거기에서 8킬로미터 정도 북쪽에 평원이 펼쳐져 있었는데, 노르만인들은 그 평원을 지나가는 개울의 이름을 프랑스어로 바꾸어 '센락Senlac' 평원이라고 불렀다. 이 평원은 기병대가 대형을 펼치는 데 적합한 지형이었다.

이튿날 노르만군은 행군을 시작했다. 먼저 헤이스팅스 성읍을 점령하고 둔덕 위에 목재로 성곽을 지었다. 탑 주위는 말뚝으로 둘러치고 자신들의 구역으로 만들었다.

노르만군이 영국에 상륙한 지 2주일이 지났다. 각자는 자신의 임무에

409

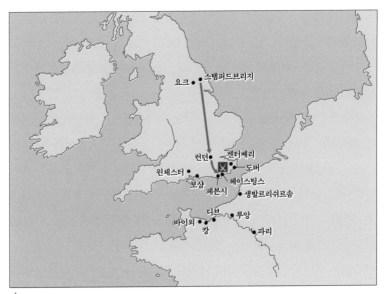

410

❧
윌리엄이 페븐시에 도착했다는 소식이 해럴드 진영에 들어갔다. 해럴드는 군대를 남쪽으로 돌렸다. 하지만 에드윈과 모르카는 해럴드에게 원군을 보내주지 않았다. 1066년 10월 14일 헤이스팅스 전투는 이렇게 시작되었다.

따라 주변에 적응하며 휴식을 취하고 있었다. 병사들은 야영하며 대충 지내고 있었는데 신선한 부식 등은 현지에서 조달했다. 공작은 병사들을 면밀히 감독하며 최상의 상태를 유지시켰고 주변의 지형도 탐색했다. 어느 날 공작은 25명의 기사와 함께 평원을 넘어 한 바퀴 둘러보고 돌아오다가 진흙땅 길을 만나 말들이 진창 속에 빠지는 바람에 걸어서 지날 수밖에 없었다. 그런데 날씨는 계절에 맞지 않게 더워서 기사들은 무거운 갑옷을 입을 수 없었고, 결국 가벼운 겉옷만 걸치고 길을 걸어갔다. 하지만 어깨에 멘 무구들이 너무 무거웠다. 기사 중의 기사인 기욤 피츠오즈베른이 더 이상 참지 못하자, 공작은 기욤의 갑옷을 들어 자기 갑옷에 맸다. 이렇게 두벌의 갑옷을 어깨에 메고 그는 헤이스팅스로 돌아왔다.

그 사이에 노르만 진영으로 정보들이 도달하고 있었다. 윌리엄의 군대가 결전을 미루고 기다리는 것도 어떤 면에서는 의미 있는 일이었다. 이따금 헤이스팅스에 신중한 모습의 사람들이 나타나 윌리엄과의 면담을 요구했다. 그들은 영국에 사는 노르만인들이었는데 해럴드에 대한 감정이 좋지 않았다. 그중 기욤 말레Guillaume Malet라는 기사가 있었는데 그의 부계는 윌리엄의 조상인 롤롱이었고 어머니는 레프릭 백작의 딸이었다. 또 한 명의 기사는 서식스에 오래전에 정착한 로베르라는 기사였는데 위마라Wimara라는 귀족 부인의 아들이었다. 로베르가 이상한 메시지를 공작에게 전했다. 그 메시지에는 윌리엄에게 해럴드와 전쟁을 하지 말 것을 권유하는 일종의 애원이 섞여 있었다. 해럴드는 얼마 전에 노르웨이 군을 섬멸하고 무적의 하르드라다 왕도 죽인 맹장이라는 것이 그의 주장이었다. 이 시간에도 그는 대군을 이끌고 남쪽으로 내려오고 있는데 아무도 그를 막지 못할 것이라고 충고했다.

그해 10월 1일이나 2일 쯤에 노르만 군대가 영국에 상륙했다는 소식이 요크에 있는 해럴드에게 전해졌다. 해럴드는 한시도 지체할 수 없었다. 그는 에드윈과 모르카에게 북부 지방의 군대를 소집하여 템스강으로 군대를 이동시키라는 명령을 내리고 허스칼들을 이끌고 런던으로 내려왔다. 오는 길에 태드캐스터, 링컨, 헌팅던주에 경계 태세를 내렸다. 10월 5일 혹은 6일에 해럴드는 런던에 도착했다. 하지만 에드윈과 모르카는 런던에 오지 않았다. 노르웨이 군의 공격을 받아 초토화된 백작령에서 새로운 군대를 소집한다는 것이 어려웠기 때문이다. 하지만 결정적인 이유는 그들이 이번 분쟁에서 거리를 두고 싶어했기 때문이다. 그들은 해럴드가 군사적 동기보다 정치적 동기로 자신들을 소환했다는 것을 잘 알고

411

있었다. 해럴드는 이들을 불신했고, 그들도 고드윈의 아들 해럴드를 불신하고 있었다.

해럴드 집안에 흉흉한 소문이 돌기 시작했다. 그의 식구들은 찬란한 집안의 명운에 치명적인 위기가 몰려오고 있음을 감지하기 시작한 것이다. 고드윈의 미망인, 즉 해럴드의 어머니인 기사Gytha는 해럴드가 동생 토스티를 죽였다고 맹비난했고, 집안에 불행을 몰고 왔다며 아들을 원망했다. 해럴드의 동생들, 특히 기스Gyrth도 어머니의 편을 들고 나섰다. 그들은 자신들에게 최소한 군대의 지휘권을 넘기라고 요구했다. 자신들만이 노르만 군대에 빚진 것이 전혀 없다고 강변했다! 그러자 고집이 센 해럴드는 대로하여 형제들을 겁쟁이라고 몰아붙이고 그들을 발로 차서 쫓아버렸다! 해럴드의 참모들은 나라를 초토화시켜 노르만 군대의 보급로를 차단한 뒤에 그들을 궁지에 몰아넣을 것을 충고했다. 그러나 해럴드는 이 제안을 일축했다. 왜냐하면 그런 전쟁의 희생자는 자신의 무고한 신민일 테고, 그는 그들의 왕이었기 때문이었다.

해럴드는 증원군을 보충하기 위해 10월 11일까지 런던에 머물렀다. 마침내 해럴드는 윌리엄의 군대와 적어도 인원수로는 비슷한 군대를 만들었다. 하지만 앵글로색슨 군대의 전통에 따라 해럴드의 군대는 기사들이 부족했다. 기병들은 훈련이 안 되어 있었고 구성원의 통일성도 부족한 상태였다. 직업 군인, 일시적으로 소집된 농민병, 교회의 수비대가 섞여 있었다. 힐다 수도원의 수비대, 12명의 수도사, 윈치컴 수도원에서 징집된 300명의 성직자들도 해럴드 군대의 일부였다. 해럴드는 템스강 함대를 도버 해협으로 보내 그곳에서 노르만 군대가 퇴각하는 것을 감시하라는 임무를 맡겼다.

양 진영은 전쟁을 준비하는 동시에 사절단도 교환했다. 해럴드와 윌리엄이 최후의 거래를 시작한 것이다. 하지만 누가 주도권을 잡았는지 정확히 판단할 수 없었다. 사절단의 임무는 수도사들이 맡았는데 양측 모두 마지막까지 주도권을 확보하려는 의도였다. 페캉의 수도사 위옹 마르고 Huon Margot가 런던에 가서 노르망디의 공식 입장을 설명했다. 그는 로마 교황청이 윌리엄의 견해에 동조했으므로 해럴드에게 조정법원의 결정을 따를 것을 제안했다. 만약 해럴드가 이 제안을 거부한다면 노르만식으로 윌리엄과의 결투에 응해야 한다는 것이 노르망디의 공식 입장이었다. 같은 시간에 헤이스팅스에는 영국의 수도사가 사절로 파견되었다. 그는 회담에서 노르만 방언, 즉 프랑스어를 사용했다. 윌리엄은 자신의 정체를 숨긴 채 집사처럼 그를 맞이하여 심사숙고할 시간을 벌었다. 해럴드는 자신이 보낸 사신에게 선왕 에드워드의 유언을 잘 설명하라고 주문했다. 하지만 최근 몇 년간 에드워드가 보인 불분명한 의지를 고려해서 해럴드는 윌리엄에게 금전적 손실을 보상해주겠다는 제안을 했다.

413

그러나 협상은 결렬되었다. 해럴드는 위옹 마르고를 거칠게 쫓아버렸다. 마르고는 이미 남쪽으로 길을 잡았다. 해럴드는 노르만 군대가 헤이스팅스 주변을 약탈하고 있다는 소식에 화가 나 있었고, 그래서 더욱 더 윌리엄의 사신을 거칠게 쫓아낸 것이다. 그는 북쪽 지방의 원군을 기다리지도 않고 강수를 두었다. 동생 기스는 해럴드에게 노르만군이 북진하도록 내버려둬 전선을 확장하라고 충고했다. 전선이 확대되면 소통이 어려워질 것이라는 게 기스의 생각이었다. 하지만 해럴드는 그 충고를 듣지 않았다. 그는 남쪽 지방의 주에 군대 소집령을 내렸다. 아마도 노르만 군대를 급습할 생각이었을 것이다. 10월 13일 금요일 저녁에 해럴드는 헤이스팅스에서 12킬로미터 떨어진 언덕에 진을 쳤다. 그곳에서는 평원에서 진을 치고 있는 노르만 군대를 굽어볼 수 있었다.

❧

왼쪽 사진은 노르만군 진영에서 바라 본 센락 언덕. 해럴드의 군대가 방어진을 치고 있었다. 오른쪽은 노르만 연합군의 부대 구성 그림이다. 노르만군을 중심으로 왼쪽은 브르타뉴군. 오른쪽에는 프랑스군과 플랑드르군이 배치되어 있다.

414

양 진영에 척후병들이 소리 없이 오고 갔다. 윌리엄과 해럴드는 상대방이 먼저 움직여주기만을 주의 깊게 기다리고 있었다. 영국군 진영에서는 해럴드와 기스 사이에 격렬한 논쟁이 벌어졌다. 수적으로 우세한 적들에 대해 어떤 전략을 사용할 것인가를 놓고 형제간 의견이 달랐기 때문이다. 기스는 형을 겁쟁이라고 몰아붙이며 격분했다. 두 형제는 하인들처럼 치고받으며 싸웠다. 그 사이 노르만 군대는 적들에게 헤이스팅스를 공격할 빌미를 주면서 평원에 자리를 잡았다. 새벽녘이었다. 윌리엄은 넓게 펼쳐진 평원이 적들과 싸우기에 유리하다고 판단했다. 이제 모든 것이 준비된 것이다. 그때 경비병이 두 명의 영국군 첩자를 생포했다. 윌리엄은 첩자들을 불러 흔쾌히 맞이해주었다. 그리고는 노르만 진영을 두루 보여주며 해럴드에게 노르만군의 규율과 명령이 얼마나 잘 유지되고 있는지 가서 보고하라고 말했다. 동시에 그는 해럴드에게 마지막 메시지를 전했

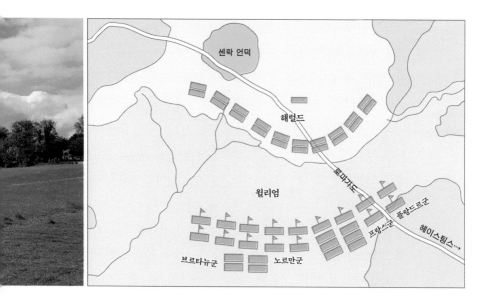

다. 왕국을 분할 통치하자는 내용이었다. 윌리엄 자신은 험버 이남의 지역을 주면 만족하겠다는 말을 해럴드에게 전하라고 했다. 물론 해럴드의 답은 들을 수 없었다.

그날 밤 노르만 진영에서는 미사가 집전되고 모두는 영성체를 했다. 바이외의 주교이자 윌리엄의 이복 동생인 오동과 조프루아 드 쿠탕스Geoffroi de Coutance를 비롯한 수도사들이 신도송信徒頌을 불렀고, 윌리엄은 해럴드가 거짓 서약을 할 때 사용했던 성물 메달을 목에 걸고 있었다. 해럴드는 거짓 서약으로 인해 보호받을 자격을 상실했다고 윌리엄은 생각했다!

쇠사슬 갑옷을 입을 시간이 다가왔다. 그런데 문제가 생겼다. 윌리엄이 자세를 잘못 취하는 바람에 갑옷의 일부가 몸에서 미끄러져 왼쪽에 떨어지고 말았다. 나쁜 징조였다! 하지만 윌리엄은 또 다시 크게 웃었다. 그는 "변화의 징조다. 내가 이제 공작에서 왕이 되려는 징후다!"라고 크게 소리친 뒤에 병사들을 격려했다. 연대기 작가인 기욤 드 푸아티에와 헨리 드 헌팅던은 윌리엄의 이 말을 수사적으로 바꾸어 우리에게 전해주고 있다. 윌리엄은 병사들에게 퇴로는 없다고 강조했다. "우리보다 수적으로 우세한 적들이 우리의 공격을 기다리고 있다. 제군들은 승리할 것이다. 왜냐하면 제군들은 가장 용감한 군인이며 지켜야 할 영광이 있기 때문이다. 그리고 이 나라의 부는 모두 제군들의 것이다." 이윽고 출발의 신호가 올라갔다. 한편 영국군 진영에서는 기스가 열정적인 연설을 하고 있었다. 아마도 윌리엄의 연설과 크게 다르지 않았을 것이다.

윌리엄은 자신이 선택한 위치에서 해럴드를 공격할 뜻을 굳혔다. 기병과 보병들을 전투에 투입하기로 결심한 그는 모든 것을 이 전투에 걸었다.

10월 14일 토요일이 되었다. 여명이 밝아오기 시작했다. 아마 새벽 5시나 6시쯤 되었을 것이다. 노르만 군대는 2~3시간 행군한 끝에 영국군이 진을 치고 있는 센락 언덕 근처에 도착했다. 공작은 아라비아 말을 타고 있었다. 그는 왼손에 방패를 그리고 오른손에는 지휘봉을 쥐었을뿐 다른 무기는 없었다. 자유로운 복장 덕분에 지도자의 임무에 집중할 수 있었다. 그의 주변에는 한 명의 시종만이 그의 가공할만한 장검을 가지고 다녔다. 그는 이 장검으로 노르망디의 제후들, 즉 리샤르 무리를 굴복시켰었다. 이제 35세가 된 윌리엄은 건장한 체격을 가진 불세출의 영웅으로 자리매김을 한 것이다. 윌리엄의 동생인 오동 드 바이외도 형 옆에서 말을 타고 따라왔다. 윌리엄은 흰 제복을 입고 있는 동생에게 쇠사슬 갑옷을 건네주고, 갑옷을 건네받은 동생은 몽둥이로 무장했다. 사제는 살인할 수 없었기 때문이다. 한 용감한 기사—루 르 블랑의 아들—가 교황기를 높이 들었다. 이 깃발은 윌리엄의 군대에게는 신의 가호를 내려주었고, 윌리엄 자신에게는 승리를 보장해주었다. 공작은 이 깃발을 유능한 기사인 라울 드 콩슈Raoul de Conches나 고티에 지파르에게 맡기려고 했으나 두 명 모두 전투 중에는 위험하다고 사양했다.

노르만 군대에는 타이페르Taillefer라고 불리는 음유시인도 있었는데 그는 칼로 재주를 부리거나 노래를 불러 병사들을 격려했다. 기욤 드 맘즈버리와 바스의 기록에 따르면 그는 『롤랑의 노래』를 불렀다고 한다. 하지만 현대의 비평가들은 특별한 이유도 없이 이 주장을 반박한다. 아마 바스의 기록이 맞다면 타이페르가 헤이스팅스에서 부른 『롤랑의 노래』는 가장 오래된 판版일 것이다.

센락 언덕 주위에는 나무들이 많아서 영국군은 잘 눈에 띄지 않았다. 윌리엄은 기사 비탈Vital을 보내 안전한 위치를 확보하라고 지시했다. 8시경에 노르만군은 전열을 펼치기 시작했다. 부대를 셋으로 나누어 대열을 형성한 것이다. 헤이스팅스에서 런던으로 이어지는 로마 가도를 따라 전열을 형성했다. 노르만군을 중심축으로 브르타뉴, 앙주, 푸아투, 르망에서 온 군대는 좌익에, 프랑스, 피카르디, 플랑드르에서 온 부대는 우익에서 진군을 했다. 각 부대는 앞에는 궁수들, 가운데는 갑옷으로 무장한 보병들, 나머지는 일반 보병들과 기사들로 구성되어 있었다.

방책 너머에 있는 해럴드가 척후병의 보고를 들었다. 그의 태도에 따라 왕국의 운명이 결정될 중요한 순간이 온 것이다. 그런데 그의 태도에는 일관성이 없었다. 그는 방어책을 선택했다. 하지만 방어책을 선택하면 적을 공격할 수 없었다. 갑자기 해럴드가 주저했다. 그의 수중에는 군대의 절반내지 3분의 1 정도만 있었다. 나머지 병력은 아직 오고 있는 중이었다(군대 소집령이 제대로 전달되었다면). 센락 언덕은 동서로 뻗은 두 개의 깊은 골짜기로 나뉘어 있었다. 해럴드는 언덕에 허스칼 정예 부대를 배치했다. 언덕의 남쪽에는 완만한 경사지가 이어지고 있었다. 노르만군이 공격하면 이쪽으로 올 것이라고 그는 예상했다. 해럴드는 언덕의 정상 부분에 500미터 정도의 전선을 배치하고 작전을 펼칠 생각이었다. 하지만 언덕 정상의 좁은 공간에서 그의 정예 부대는 가공할 '고슴도치 대열'을 만들 수 있을까? 허스칼 부대는 큰 도끼를 가지고 촘촘히 대열을 이루며 인간 방벽을 만드는 전술을 사용했는데, 과연 이런 공간에서 가능할까? 한편 움직임이 부산한 요새의 한가운데에 금실로 수를 놓은 깃발이 아침 바람에 펄럭이기 시작했다. 언덕 위에 진을 치고 있던 영국군에는 궁수 부대가 없었고 무기래야 고작해야 새총이나 투석기 정도만 있었다. 군대 소집령에 징집된 병사들의 무기도 뒤죽박죽이었고 창이나 모르겐슈테른Morgenstern[†]이 전부였다.

헤이스팅스 전투는 여러 개의 작전으로 전개되었다. 정확히 말하면 두 개의 전투가 동시에 진행되었다고 말해야 할 것이다.

9시에 노르만 궁수들이 활을 쏘기 시작했다. 영국군들이 엄청나게 돌을 던지며 응수하자 노르만군은 후퇴했다. 그러자 좌익의 브르타뉴 기사들이 전투를 독려하는 고함을 지르며 돌격을 감행했다. 도끼로 인간 방패를 만든 영국군은 꿈쩍도 하지 않았다. 브르타뉴 부대가 혼비백산하여 올라갔던 길을 내려오며 노르만 연합 부대의 대열을 흩어놓았다. 갑자기 고함 소리가 들렸다. "공작이 죽었다!" 패주자들의 고함이었다. 하지만 윌리엄은 무사했다. 그는 돌들이 비 오듯이 쏟아지는 가운데에도 투구를 벗어 자신을 알아보게 했다. 그는 병사들을 재집결시키고 다시 돌격 명령을 내렸다. 그리고 도망가는 노르만 병사들을 추격하러 내려오는 영국군을 포위한 뒤에 살육했다. 윌리엄은 이렇게 우연히 얻은 경험을

[†] 곤봉의 끝에 날카롭게 절개한 규석을 박아 만든 덴마크식 무기. 가시 곤봉으로 보면 된다.—옮긴이

✛ 윌리엄은 헤이스팅스 전투가 벌어졌던 자리에 배틀 수도원을 건립했다. 사진은 2006년에 재현된 헤이스팅스 전투의 장면. 높은 지대가 센락 언덕일 것이다. 영국군의 허스칼 정예 부대가 방어진을 허물지 않았더라면······.

전략으로 이용했다. 그는 또다시 언덕을 올라간 다음, 거짓으로 도주하는 척하며 정예부대 일부를 유인했다. 그러자 언덕 위에서 철벽같이 방어진을 치고 있던 인간 도끼 부대에 틈이 생겨 대열이 흐트러졌다. 이제 영국군의 일부가 평원으로 내려와 전투를 벌이고 있었다. 노르만군의 우익은 로베르 드 보몽Robert de Beaumont(로제 드 보몽의 장남)이 지휘하고 있었는데 내려오는 적들을 보며 방향을 바꾸려고 시도하고 있었다. 공작도 적들과 맞상대를 하고 있었다. 공작의 말이 벌써 세 마리나 죽었다. 하는 수 없이 윌리엄도 땅 위에서 적들과 싸웠고 방패로 많은 적을 죽였다. 그의 주변에는 피범벅이 된 용감한 병사들이 있었다. 바스는 그 목록을 우리

웨스트민스터로 가는 길

바이외의 주교이자 윌리엄의 이복동생인 오동이 곤봉을 들고 병사들을 격려하고 있다. 적들의 거짓 소문을 불식시키기 위해 스스로 투구를 벗어 자신이 살아있음을 확인시켜주는 윌리엄 공의 모습이 오른쪽에 보인다.

에게 전하고 있다. 다른 쪽의 사정도 마찬가지였다. 병사들의 용기는 하늘을 찔렀고 헛되이 죽는 이는 하나도 없었다. 언덕의 비탈길에서 습격이 진행되는 동안 일단의 프랑스 기사들이 말포스 협곡에 고립되는 우를 범하고 만다. 말들이 풀이 우거진 옛 참호에 빠져 기사들이 말에서 떨어지고 말았다. 이때를 놓치지 않고 영국 학살자들은 철퇴로 그들을 모두 살해했다. 그러나 운명은 모르는 법이다. 다혈질의 외스타슈 드 불로뉴(윌리엄 편에 섰던 에드워드 왕의 매형)가 50명의 기사와 함께 간신히 빠져 나와 말을 돌렸다. 그는 윌리엄의 목소리가 들릴 정도로 가까이 있었다. 외스타슈는 윌리엄에게 죽도록 도망쳐왔다고 말했다. 그때 외스타슈의 등에 화살이 꽂혔다. 그는 말을 잇지 못하고 혼절하고 말았다. 곧이어 다른 병사들이 공작을 위험한 상황에서 구해주었다.

노르만군은 무슨 수를 쓰더라도 영국군의 대열 속으로 들어가야 했다. 윌리엄은 궁수들을 시켜 다시 언덕 위의 영국군에게 화살을 퍼부었다. 하지만 화살들은 영국의 허스칼 부대를 조준했지만 그들 뒤편에 꽂혔

해럴드가 전장에서 눈에 화살을 맞아 절명했다.

다. 그런데 운명처럼 그 화살 중 하나가 해럴드의 눈에 박혔다. 그는 곧바로 절명했다.[†] 오후 4시 혹은 5시경이었다.

영국의 정예 부대는 대열을 유지한 채 여전히 잘 버텼다. 하지만 그들은 숲 쪽으로 조금씩 후퇴하고 있었다. 그리고 얼마 되지 않아 땅거미가 드리울 무렵 시야에서 사라졌다.

거기에서 2~3킬로미터 떨어진 곳에서 두 번째 전투가 전개되었다. 이 전투는 지리멸렬한 백병전이었는데 앞의 전투만큼 치열했다. 벌써 몇 시간 동안 계속된 이 전투는 늦게 도착한 영국의 농민군과 오동이 지휘하는 노르만 군대의 전투였다. 농민군은 밀물이 밀려오듯 계속해서 노르만 군을 압박하고 있었다. 무기의 수준이나 병력의 규모 면에서 영국의 농민군은 노르만군에 비해서 열세에 있었지만 적의 공격을 여러 번 격퇴했다. 해가 질 무렵 전투가 벌어진 평원 뒤편의 고을에서 영국군에 지원하려는 사람들이 줄을 이었다. 하지만 이미 운명의 여신은 승자를 점지하고 있었

† 다른 설에 따르면 해럴드는 화살에 맞아 부상을 입었고, 곧바로 노르만 기사가 그를 죽였다고 한다.

태피스트리의 마지막 장면. 영국 농민들은 도주하고, 강도들에 의해 처참하게 절단된 시신들이 보인다. 쇠사슬 갑옷을 벗기는 모습도 보인다.

다. 시간이 갈수록 농민군은 떼를 지어 혼비백산한 채 도망치기에 바빴고, 바이외의 자수 그림은 밭갈이에 사용하던 뚱뚱한 말들을 채찍질하며 도주하는 농민군을 잘 묘사하고 있다. 이윽고 밤이 되었다.

몇 시간이 지나자 승자들이 횃불 주변에 하나둘씩 모이기 시작했다. 공작은 전투가 벌어졌던 그 자리에 텐트를 세웠다. 그는 이번 전투를 통해 많은 희생을 치렀고, 아직 전쟁의 승리를 속단할 수 없었다. 살아남은 자들은 망토를 펼치고 잠시 쪽잠을 잤고, 시체 더미들을 치웠다. 찢어지고 끔찍하게 죽은 시체들은 대부분 나체로 팽개쳐졌다. 시체에서 값비싼 갑옷을 벗겨내기 위해 강도들이 벌써 지나간 뒤였기 때문이다. 강도들은 손쉽게 물건들을 약탈하기 위해서 시체의 사지와 머리를 잘랐다. 전쟁의 잔혹함을 잘 견뎌내는 윌리엄조차도 이 광경을 보고는 감정을 억누르지 못했다고 기욤 드 푸아티에는 적고 있다.

신의 심판이라는 확신이 윌리엄과 주변 사람들 사이에서 확산되고 있었다. 이 확신은 노르망디에서 여론처럼 퍼졌고, 나아가 유럽, 심지어 영국에서도 확산되고 있었다. 『앵글로색슨 연대기』의 저자인 성직자들도 영국민의 죄로 말미암아 헤이스팅스의 재앙을 불러왔다고 생각했다. 윌리엄의 첫 번째 걱정은 자신이 신에 대한 맹세를 지키는 것이었다. 그는 수도원의 건립을 명령하고, 해럴드와 전투한 바로 그 자리에 교회를 세우라고 명령했다. 공사가 곧 시작되었다. 이렇게 세워진 배틀 수도원은 노르만 양식이 가미된 로마네스크 건축으로 영국에 세워진 두 번째 교회가 되었다(첫 번째는 웨스트민스터 교회다).

주변 지역의 농민들은 공포에 떨었다. 헤이스팅스에서 동쪽으로 50킬로미터 떨어진 롬니 마을 사람들은 노르만 함대에서 낙오되어 좌초한 노르만 병사들을 무참하게 죽였다. 그들은 이제 뉘우치고 있었다. 한편 헤이스팅스 전투에서 사라졌던 허스칼 부대의 흔적도 찾을 수 없었다. 노르만인들은 훗날 비잔틴 제국의 용병으로 활약하는 그들을 발견하고 놀랐다고 한다.

10월 15일 일요일, 새벽부터 노르만 군대는 전사한 동료들을 땅에 묻기 시작했다. 영국군의 시체는 아직 기다려야 했다. 그 이튿날 공작은 사람들과 가축들이 생기를 회복하자 그 지방의 앵글로색슨인들에게 시체의 신원을 확일할 수 있도록 허락했다. 잠시 후 해럴드의 동생 기스와 레프와인 곁에서 세 번째 시체가 발견되었다. 하지만 벌거벗은 시신의 얼굴은 훼손되어 언뜻 보아서는 누구인지 알 수 없었다. 주변 사람들은 그 시신의 주인이 해럴드라고 수군거렸다. 결국 콜드시뉴Col-de-Cygne에 살고 있는 해럴드의 정부情婦 에디트가 시신의 몸에 있는 표식을 보고 해럴드임을 확인해줬다. 공작은 기욤 말레에게 해럴드를 헤이스팅스 해안에 묻어주라고 명령했다. 그리고 장례식에서 불운한 해럴드가 영국 해안을 지

423

키는 역할을 계속할 것이라고 말했다. 그의 연설을 역사의 아이러니라고 불러야 할까? 전쟁에서 원수를 죽이고 이번에는 그 원수를 칭송하고 있다. 하지만 감수성이 예민한 사람들의 눈에는 노르망디 공이 죽은 앨프레드†의 복수를 하러 온 사람처럼 보였을 것이다. 해럴드의 어머니인 늙은 기사Gytha는 자신의 눈으로 멸문의 장면을 목격했다. 그녀는 윌리엄에게 사신을 보내 아들의 시신을 돌려달라고 애원했다. 그녀는 막대한 금을 지불하겠다는 약속도 했다. 하지만 윌리엄은 거절했다. 시체를 돈을 받고 팔 수 없으며, 파문된 자를 기독교식으로 장례지낼 수는 없다는 것이 거절의 이유였다. 그렇다면 영국인들은 해럴드의 유골을 어떻게 했을까? 윌리엄은 죽은 해럴드에 대한 전설이 생기는 것을 싫어했다. 하지만 영국인들의 마음속에서까지 해럴드를 죽이지는 못했다. 12세기에 해럴드를 추억하는 멋진 전설이 세간에 퍼졌다. 그 전설에 따르면 부상을 입은 해럴드를 전장에서 누군가 거두어서 비밀리에 치료해주었다. 해럴드는 그렇게 완쾌되어 성지聖地에서 은둔자로 생을 마감했다고 한다. 에식스 월섬의 수도사들이 그의 무덤을 만들어주었다고 한다. 한편 윌리엄의 딸 아엘리스—해럴드의 약혼녀였던 적이 있었다—는 잘생긴 영국 청년, 즉 해럴드의 죽음에 결코 마음을 달랠 수가 없었고, 아무리 애를 써도 그에 대한 사랑을 접을 수 없었다고 한다.

일반적으로 수용되던 당시의 관습에 따르면, 윌리엄은 일단 헤이스팅스의 승리를 통하여 망자들이 가지고 있던 토지를 개인적으로 차지하게 되었다. 특히 고드윈 파벌의 엄청난 토지 유산을 양도받게 된 것이다. 해럴드와 그의 세 형제가 죽자 윌리엄은 평화로운 방법으로 그들의 토지를

---

† 에드워드와 앨프레드 형제의 관계와 운명에 대해서는 본문 207~209쪽 참고.

소유하게 되었다. 해럴드에게는 세 명의 사생아가 있었는데 시종들이 이미 아일랜드로 피신시킨 상태였다. 하지만 군사적인 측면에서 본다면 헤이스팅스에서 영국군을 섬멸했다는 사실이 왕국의 완전한 정복을 의미하는 것은 절대 아니었다. 이 점에서 윌리엄은 승리의 성과를 잘못 평가한 것 같다. 그는 영국의 귀족들이 당장 오마주를 바치러 올 것이라고 예상하고 있었다. 하지만 그에게 와서 신하의 서약을 한 귀족은 한 명도 없었다. 그들의 우두머리 격인 에드윈과 모르카는 템스강을 건너는 것을 증오할 정도였다. 그들은 자신들이 해럴드의 패배와는 무관하다고 생각했고, 그 결과도 결코 인정하지 않았다.

윌리엄은 노르망디에서 증원군이 도착한 다음에 헤이스팅스를 떠나면서(10월 20일) 에너지가 넘치는 기사 옹프루아 뒤 티이윌Onfroi du Tilleul에게 수비를 맡겼다. 윌리엄의 군대는 해안선을 따라 배를 타고 이동했다. 매

🔸 해럴드의 죽은 자리를 알리는 석판. 배틀 수도원 안에 있다. 해럴드는 하랄 하르드라다의 침입군을 격퇴했지만 그의 군대는 지쳐 있었다.

복이 많은 앤드리다 숲을 가로지르는 것을 포기했기 때문이다. 그날 저녁 공작은 롬니에 도착했다. 조난당한 노르만 병사들을 학살한 롬니 사람들에게 보복하고 마을을 불태웠다. 그리고 회의를 소집해 죄인에 대해 유죄 선고를 내렸다. 물론 이 결정을 공작이 냉정함을 가지고 했다고는 결코 볼 수 없다. 이제부터 그는 앵글로색슨인의 모든 저항은 반란으로 간주하기로 결심한다. 이제 공식적으로 왕위 계승 문제는 해결된 것처럼 보였다.

노르만 군대는 도버 항으로 진군했다. 해럴드가 건설한 도버성에는 막강한 수비대가 주둔하고 있었다. 성곽은 상당한 규모의 항구를 굽어보며 도시를 방어하고 있었고, 측면에는 절벽이 천혜의 방어벽을 구축하고 있었다. 당연히 노르만군은 성을 공격하여 함락시켜야 했지만 위험도 따르기 마련이다. 하지만 성의 수비대는 롬니의 학살에 겁을 먹고 성을 나와 윌리엄을 만났다. 그리고는 성의 열쇠를 건네주었다. 공작은 항복을 받아들이고 도시는 건드리지 않겠다고 약속했다. 그러자 말단 병사들은 공작의 결정에 분노했다. 약탈을 할 권리를 공작이 금지했다고 생각을 한 것이다. 공작이 월권을 행사했다고 분개한 병사들은 떼를 지어 거리로 달려가 첫 번째 집에 불을 질렀다. 불은 삽시간에 번졌다. 윌리엄과 기사들이 이 광경을 지켜봤지만 부하들의 반란을 막을 도리가 없었다. 공작은 주동자를 처벌할 수 없었고, 피해 주민들에게는 보상을 해주었다. 윌리엄이 보여준 관용을 통해 그는 마치 고향인 노르망디에 있는 것처럼 보였다. 노르만 군대는 며칠 동안 도시에서 휴식을 취했고, 이들의 숙박을 위해서 시민들을 내보내야 했다. 이때 이질이 도시에 퍼졌다고 누군가 알려주었다.

서식스와 켄트를 포함한 해안 지방에 거주하는 농민에 대한 징발은 그 부담이 컸다. 일부 마을에 공포감이 확산되었고, 템스강으로 가는 길에는 탈출 행렬이 이어졌다.

그 사이 해럴드가 죽었다는 소식에 에드윈과 모르카는 마침내 남쪽으로 내려올 것을 결심했다. 그들은 런던에 입성하여 그들의 누이동생인 에디트를 안전한 피신처로 보냈다. 에디트는 해럴드의 미망인이었고 첫 아이를 임신하고 있었다. 그들은 이 아이를 미래의 국왕으로 옹립하려고 했을지도 모른다. 그들은 런던에서 여러 주의 유력 인사들과 두 명의 대주교 그리고 허스칼 부대의 장교들도 만났다. 10월 말이 되기 전에 이 회의에 도시민들도 합류했고, 영국의 왕으로 에드거 에셀링Edgar Aetheling(에드먼드 2세의 손자)을 선출했다. 스티갠드가 곧바로 그를 축성해주었다.

에드거는 여전히 영국 왕위를 놓고 투쟁 중이었다. 하지만 에드거를 왕으로 선출한 이상 실세인 에드윈과 모르카는 군대를 북쪽으로 철수시켰다. 그들은 윌리엄이 세번강을 넘어 자신들의 백작령까지 침범하지는 않으리라고 확신했다. 그들은 왕국을 윌리엄과 분할해서 나눠 가질 것이라고 예상했던 것이다. 그들의 철군으로 에드거의 추종자들이 할 수 있는 모든 가능성—에드거를 국왕으로 옹립하는 것—은 배제되었다. 그럼에도 실제로는 중부와 동부 및 서부 지방에서 에드거를 국왕으로 인정하는 움직임이 구체적으로 형성되고 있었다. 한편 각 지방의 주에서 징집된 군대들이 도시에 모여 런던으로 이동했다. 피터버러의 수도사들은 헤이스팅스에서 치명상을 입은 수도원장 후임으로 브랜드Brand라는 인물을 지지했는데, 그는 에드거에게 정열적인 지원을 보냈고, 영국 왕으로 선출된 에드거를 곧바로 인정했다.

도버에서는 이질이 창궐하고 있었다. 윌리엄은 1주일 만에 성곽의 보강을 마친 다음 환자들을 격리소가 되어버린 요새에 남기고 길을 나섰다.

이제 도버를 확보한 이상 노르망디와의 교신에는 문제가 없게 되었다. 그는 로마 가도를 따라 캔터베리를 지나 런던으로 향했다. 도중에 샌드위치 항구와 리치버러 항을 손에 넣었다. 하지만 이질 때문에 병력이 줄어들어 장거리 행군을 할 수가 없었다. 게다가 마을과 도시를 지날 때마다 수비대를 남겨놓아야 했기 때문에 병력이 더 부족했다. 캔터베리도 도버처럼 항복했다. 여러 명의 유력 인사가 윌리엄에게 노르만식으로 오마주를 바쳤다.

바로 그때 캔터베리 근처의 숙영지에서 윌리엄이 전염병에 걸려 위중한 상태에 빠졌다. 노르만 병사들의 사기는 땅에 떨어졌다. 그들은 전투도 없는 지루한 행군에 신경이 날카로워져 있었고, 영광도 없는 위험에 진저리가 난 터였다. 윌리엄은 한 달 내내 꼼짝도 못하고 누워 있었다. 그즈음에 피신처에 머무르던 참회왕 에드워드의 미망인인 에디트 왕비가

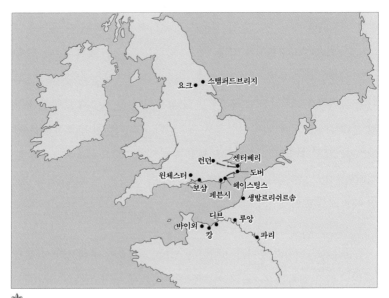

노르만 군대가 헤이스팅스에서 승리를 거두었다는 소문은 삽시간에 영국에 퍼졌다. 윌리엄의 군대가 지나가는 길목에 있는 도시들은 모두 도시의 열쇠를 그에게 바쳤다.

윌리엄에게 복종하겠다는 말을 전해왔다. 윌리엄은 정중한 말로 에둘러서 에디트에게 충성의 서약과 조공을 요구했다. 에디트는 도시의 유력 인사들과 상의한 뒤에 윌리엄의 제안을 받아들이고 그에게 선물을 보냈다. 이 사건은 윌리엄에게 유리하게 작용했고 좋은 징조였다. 사실 당시의 군대 상태로는 웨섹스의 수도인 윈체스터를 무력으로 굴복시킨다는 것이 어려워 보였기에 에디트의 신하 서약은 그만큼 값진 것이었다.

12월 초가 돼서야 윌리엄은 다시 출발할 수 있었다. 이제 런던까지는 80킬로미터가 채 남지 않았다. 중간에 로체스터도 항복했다. 런던과 동서로 같은 위치에 있는 로체스터는 템스강을 끼고 있었다. 도시는 북쪽의 연안에 자리를 잡고 있었고, 좁은 다리를 통해 사우스워크의 변두리와 연결되었다. 윌리엄은 인구가 만 명이나 되는 이 큰 도시를 공격하지 않기로 했다. 게다가 이 정도 도시면 방어군의 수도 엄청 많을 것이라고 판단했다. 로체스터의 수비대는 윌리엄의 길을 막기 위해 도시에서 나왔지만 윌리엄은 불리한 위치에서의 전투를 피하기 위해 교전에 응하지 않았다. 그 대신 엘리트 기사 500명을 런던 쪽으로 보내 퇴각하는 민병대 후위를 살육하도록 내버려두었다. 그리고 심리적인 효과를 노려 노르만군은 사우스워크를 불태웠다.

노르만군은 이제 강의 남쪽 하안을 따라 런던을 향해 올라가고 있었다. 이제 군대는 런던을 지나가는 템스강의 상류를 건너기 위해 방향을 크게 바꾸었다. 북쪽으로 우회해서 도시의 요각보凹角堡를 공격하기 위함이었다. 그곳은 런던 시민의 생필품을 공급해주는 곳이었다. 노르만군은 잔혹하게 서리와 버크셔의 대부분을 초토화시켰다. 그들은 공유지를 엉망으로 만들고 가옥을 불태웠으며 농민들을 학살했다. 이제 노르만군은 월링퍼드에 도착하여 다리와 개천을 건너 진군을 계속했다. 저항군은 나타나지 않았다. 이 기간 어린 에드거의 주변에 있던 성직자들은 협상 쪽으로 의견이 기울기 시작했다. 실제로 윌리엄의 군대가 월링퍼드에서 잠시 진군을 멈추고 있는데 스티갠드가 그를 찾아왔다! 그는 윌리엄에게 항복하고 자신은 에드거의 편이 아니라고 주장했다.

스티갠드는 앵글로색슨의 고위 성직자 중 처음으로 윌리엄 편에 가담한 인물이 되었다. 영국의 고위 성직자가 윌리엄의 정통성을 인정하고 나선 것이다. 이제 다른 현인회의 구성원들도 피할 수 없는 선택의 기로에 놓이게 되었다. 대주교인 스티갠드는 승리자가 과거에 주장했던 명분—영국 왕의 적임자라고 주장했던 명분—을 문제로 삼지 않는다고 생각했으며, 이제는 로마 교황청의 지원도 받을 수 있다고 판단했다. 윌리엄은 이 거래를 싫지 않은 척하며 받아들였다.

이제 에드거의 마지막 추종자들에게는 실낱같은 희망도 사라져버렸다. 노르만군이 버킹엄, 베드퍼드와 같은 주를 약탈하기 시작한 것이다. 런던 북쪽의 요각보도 힘없이 무너져버렸다. 런던의 시민들은 노르만군이 다가온다는 소식에 겁을 먹고 항복 조건을 협상하기 위해 모든 수단을 알아봤다. 에드거와 현인회는 런던에서 북쪽으로 40킬로미터 떨어진 버캠스테드에 머무르고 있었다. 윌리엄이 런던에 다가오고 있었다. 앵글로색슨 왕실은 그를 맞이할 준비를 하고 있었다. 에드거 주위에 있던 요크의 대주교 엘드레드, 우스터의 울프스탄Wulfstan, 헤리퍼드의 월터, 에드윈과 모르카 백작들이 윌리엄에게 신하 서약을 했다. 그 자리의 귀족들 또한 윌리엄을 국왕으로 인정하는 분위기였다. 그들은 관례에 따라 이런 의식을 국왕을 선출하는 의식과 동일한 것으로 생각했다. 이와 동시에 런던의 유지들이 런던 도지사의 주재 아래 도시의 항복을 인정하고 런던을 윌리엄에게 바쳤다.

윌리엄은 감정을 크게 드러내지 않고 신중한 태도를 취하고 있었다. 그는 자신의 군대가 계속해서 영국을 유린하도록 내버려두었고, 곧이어 자문회의를 소집했다. 결국 영국인들은 곰곰이 생각한 끝에 왕관을 윌리엄에게 바치게 된다. 하지만 상황은 그렇게 만만하지 않았다. 공작은 현지인들의 반감이 커지고 있음을 직감하고 있었고, 자신이 내륙으로 들어갈수록 그들의 완강한 저항에 부딪힐 것을 알고 있었다. 왕위 수락의 제안을 한 영국인들에게 답하지 않고 이듬해 봄까지 기다리는 것이 더 나을까? 다시 말해 현 상태를 유지하면서 왕위가 자신에게 오는 것을 기다리는 것이다. 그는 마틸다도 대관식에 참석하는 것이 합당하다고 제후들에게 선언했다. 하지만 공작부인 마틸다는 노르망디에 있었다. 바다를 건너오려면 12월 중순이 되어야 한다. 마틸다와 함께 대관식을 올리려는 계획은 심오한 정치적 이유를 위장하기 위한 단순한 핑계였을까? 또는 두 사람의 인생에서 가장 중요한 순간에 보여준 아내에 대한 애정과 예의의 표현이었을까? 자문회의는 윌리엄의 제안을 당장 수용한다. 하지만 이 주장은 곧바로 반격을 당한다. 이번 원정에 자원해서 참전한 아키텐의 투아르 Thouars 자작이 장황한 연설을 통해 이런 경우에는 조속하게 왕위를 물려받아야 한다고 주장하고 나선 것이다. 왕실의 위엄은 마지막 저항을 무력화시키기 때문에 하루라도 빨리 왕위를 받아야 한다는 것이 요지였다.

윌리엄은 런던을 점령하기 위해 파견대를 보냈다. 그리고 자신의 위상, 즉 제후로서의 위상을 정했다. 앵글로색슨인들은 윌리엄의 권리에 대해서만 인정했다. 하지만 윌리엄은 왕실의 존엄성을 물려받아야 하는 이유가 자신이 에드워드의 친척이고, 그의 유언에 따른 것이라고 주장했다. 여기에서 왕의 선출에 대한 말은 없었다. 그 대신 앵글로색슨 교회가 새 왕의 대관식을 주재한다는 합의를 보았다.

윌리엄은 대관식과 축성식에 마틸다를 참석시킨다는 계획을 단념했다. 대관식은 12월 25일 웨스트민스터 사원에서 열리기로 확정되었다. 여기에는 두 가지 이중적인 상징성이 내포되어 있다. 성탄절인 12월 25일은 앵글로색슨인과 스칸디나비아인들에게 가장 큰 축제일이고, 노르망디에서는 새해가 시작되는 날이었다.[†] 한편 런던 시민들은 자신들의 지도자들이 잘 알지도 못하는 자(윌리엄)에게 항복한 것과, 그들이 시민들의 동의도 받지 않고 영국 왕위를 물려주는 것에 대해 불만이 고조되고 있었다. 하지만 소용없는 일이었다. 공작의 밀사들은 런던을 군사적으로 점령했고, 며칠 남지 않은 대관식을 준비 중이었다. 그 사이 윌리엄은 하트퍼드셔에서 한가히 사냥을 즐기고 있었다.

12월 24일 대관식 하루 전날, 윌리엄은 울창한 에핑 숲에서 나오면서 자신에게 항복한 도시들을 바라보았다. 원형의 성벽 너머로 햄스테드와 하이게이트 언덕이 띄엄띄엄 보였고, 맞은편 템스강 남쪽에는 시더럼과 노우드 언덕이 눈에 들어왔다. 넓고 맑은 강에는 배들이 긴 자취를 남기며 오가고 있었고, 윌리엄의 하얀 집과 정원의 나무들이 강물 위에 투영되었다. 대관식을 위해 런던으로 다가오는 열정적인 기사 부대의 오른편에는 런던 성의 외곽 지역인 웨스트민스터 구역이 있었는데 새 돌로 지은 왕국의 교회가 우뚝 솟아 있었다. 노르망디의 어린 사생아 윌리엄이 이제 몇 시간 뒤면 왕이 되는 것이다. 그러던 중 14일 전인 12월 10일에 브르타뉴 공 코난 2세가 시종에 의해 독살되었다. 윌리엄의 라이벌인 코난이 후계자도 없이 세상을 떠난 것이다. 이제 노르망디의 위협이 사라졌으므로 새로 정복한 영국에 대한 지배력이 약해도 크게 문제될 것이 없

432

[†] 영국에서는 부활절에 새해가 시작되었다.

었다. 윌리엄은 도유식을 통해 왕이 되는 집안, 즉 왕실의 구성원이 된 것이다. 2세기 전에 카롤링거 왕조는 성경과 로마 그리고 게르만 전통에 따라 군주는 신성한 직무를 수행한다는 생각을 퍼뜨렸다. 물론 성직자들은 이 주장에 절반만 동조했다. 그들은 왕은 선출되어야 한다는 원칙을 고수하고 있었지만, 합리적인 선거보다 신이 원하는 인물에서 발현하는 친숙한 표징들을 통하여 왕을 추대하는 것이 더 낫다고 생각하고 있었다. 실제로 성직자들은 왕은 축성을 통해 태어나며, 신성한 기름은 왕에게 성직자가 받는 은총과 거의 비슷한 은총을 내려준다고 생각하고 있었다. 일부 고위 성직자들의 반대에도 불구하고 일반 민중들은 왕으로부터 또 다른 모습을 한 사제의 모습을 발견한다. 왕이 지나갈 때면 농민들은 왕이 걸친 망토의 가장자리를 만지려고 아우성이었는데, 이는 농지의 풍성한 수확을 기원하기 위함이었다. 초기 카페 왕조의 왕들은 서툰 말솜씨에도 불구하고 자신들이 어떤 힘을 가진 존재인지 알고 있었고, 그들은 그 힘을 왕위 세습 시에 귀족들을 설득하는 방편으로 삼았다. 그들은 생전에 자신의 아들 중 한 명을 축성하면 세습 문제는 해결된다고 생각하고 있었다. 왕은 관례에 따라 대의식大儀式 때마다 왕관을 썼는데, 그 이유는 자신은 대관식에서 한 번 축성을 받았기 때문에 신의 대리인으로서 회의 주재를 맡는다는 의미였다.

성탄절 아침에 대관식을 준비하는 신하들의 행렬이 왕궁에 머물고 있는 노르망디 공을 찾았다. 스티갠드와 엘드레드가 대주교에 종속된 주교들을 이끌고 행렬을 이끌었다. 윌리엄은 엘드레드가 대관식을 집전해달라고 간청했다. 윌리엄은 대주교의 권한이 금지된 스티갠드보다는 엘드레드에게 대관식을 맡기는 것이 자신의 정통성을 확보해준다고 판단한 것이다. 성당 중앙 홀에는 노르만인과 영국인들이 반반씩 자리를 잡고

433

있었다. 성당 바깥에는 소요에 대비하여 무장한 기사와 많은 경비병이 성당을 에워싸고 있었다. 도유식과 대관식이 거행되기 전에 윌리엄은 신민들에게 연설했다. 아마도 갑자기 근심에 사로잡혀 그랬을 것이다. 그의 명령에 따라 엘드레드와 조프루아 드 몽브레가 말을 이어갔다. 엘드레드는 영어로 조프루아는 프랑스어로 연설했다. 그들은 윌리엄 공에게 영국 왕을 맡아달라고 간청했다. 연설을 들은 참석자들은 환호로 답했다. 밖에서 이 소리를 들은 경비병들은 몸을 떨었다. 소란한 분위기가 계속 이어졌기 때문이다. 성당 안팎에서 폭동이 일어날 기세였다! 병사들의 분

✤
1066년 12월 25일 크리스마스 날 윌리엄은 웨스트
민스터 사원에서 영국 왕에 올랐다.(세베리노 바랄
디Severino Baraldi의 그림)

노는 공포로 변했다. 잠도 제대로 못자고, 폭력과 파괴에 시달렸던 그들이 아니었던가? 그들은 근처 동네의 목재 집으로 들어가 현관을 부수고 타다 남은 짚단을 던졌다. 삽시간에 성당 근처 동네가 불길에 휩싸였다. 화재의 불빛이 성당 창문을 통해서 들어왔다. 사람들은 웅성거렸고 성당 중앙 홀에 모여 있던 사람들은 혼비백산하여 흩어졌다. 사람들은 강으로 달려가 물을 길어 화재를 진압하려고 안간힘을 썼다. 하지만 제정신이 아닌 군인들은 시민들을 거칠게 몰아붙였고, 보물 등을 찾으려고 불 속으로 뛰어들었다.

제단 앞에는 주교들과 몇몇 사제 그리고 윌리엄만 있었다. 윌리엄도 떨고 있었다! 그들은 공포와 끔찍한 전조들에 의해 정신이 나가 서로를 마주보고 있을 뿐이었다. 하지만 윌리엄이 다시 침착함을 되찾았고 말을 이었다. "전통적인 말에 따라(다시 말해 아직까지 이해를 하지 못하던 앵글로색슨어에 따르면) 교회를 보호하고 정의를 통해 통치를 하며, 훌륭한 관습을 지키고 폭력을 금지시킬 것을 맹세합니다." 그의 목소리는 텅 빈 중앙 홀 뒤로 울려 퍼졌다. 한편 밖에서는 군중들의 소란이 커져가고 있었지만 엘드레드는 윌리엄의 이마에 기름을 바르고 그를 왕으로 축성해주었다.

435

승리의 모습

윌리엄은 이번 사태의 의미를 잘 파악하고 있었다. 그리고 너무 빠른 승리의 취약함도 이해했다. 대관식을 올리자마자 그는 에식스의 바킹으로 거처를 옮겼다.

절반은 봉건 영주이자 절반은 농민의 의식을 가진 윌리엄으로서는 '대도시'의 군중들이 보여준 집단적이고 가공할 저항에 어찌할 바를 몰랐다. 그에게 도시민들의 삶의 방식은 특별하게 보였다. 윌리엄에게 도시민들은 경멸적이고 의심이 많고, 새로운 것을 추구하는 사람들로 보였다. 그는 이러한 사실을 이번 기회를 통해 확실히 알았다. 대관식이 있을 무렵 런던 시민들은 관례에 구애받지 않고 용감하게 자신들의 견해를 피력했다. 반세기 전에 그들은 크누트Cnut 대신에 '무쇠 갈비뼈 에드먼드†'를 현인회

---

† 윌리엄이 영국을 정복했을 무렵 영국 왕으로 옹립한 에드거 에셀링의 조부. 에드먼드 2세로도 불린다. 본문 161쪽 참고.

에서 왕으로 선출했다. 그들은 또한 에드워드를 국왕으로 인정했고 지지를 보냈었다. 그런 점에서 해럴드 역시 그들에게 약간의 빚이 있었다. 영국 왕은 런던 시민이 없다면 왕국을 통치할 수 있을까?

위협과 회유 정책을 병행해서 윌리엄은 도시와 그 주변에 여러 개의 요새를 건설하라고 명령했다. 그러면서도 그는 도시민들의 재산을 보호해주었고, 그들이 평화롭게 관습을 유지하며 살 수 있도록 허가장을 발부해주었다. 이 허가장에 서명한 사람은 이미 앵글로색슨 도지사가 아니라 조프루아라는 노르만인이다. 틀림없이 조프루아 드 망드빌Geoffroi de Mandeville일 것이다. 한편 영국인들의 나쁜 감정보다 더 안 좋은 것은 무기력과 나태에 빠진 노르만 군대였다. 그들이야말로 12월 25일 사태의 진정한 원인 제공자들이었다. 놀기 좋아하고 쉽게 재물을 얻으려는 그들은 도박, 여자, 술집에 빠져 있었는데, 그들의 이런 기질은 그리 오래 갈 수 없었다. 윌리엄이 원하는 진정한 평화가 아니었기 때문이다. 윌리엄은 치안 규정에 관한 법령을 공포한다. 기욤 드 푸아티에는 주요 내용을 전하고 있다. 먼저 모든 일에 사전 고지 제도가 적용되었다. 노르만인들과 동맹국의 사람들은 신 앞에 평등하며, 승자가 패자를 끝없이 억압할 수 없다는 규정을 명문화했다. 부당 징수는 피해자의 저항을 불러올 수 있으며, 본래 권리를 가진 영국인들에게 피해를 준다고 보았다. 이제부터 강간, 살인, 절도와 관련된 죄는 엄중하게 처벌할 것이고, 지나친 음주와 매춘도 마찬가지로 처벌하며 아울러 범죄를 구분하는 특별 재판소를 설치한다는 것이 주요 골자였다.

사회 질서는 법을 통해 확립할 수 있었지만 또 다른 문제가 하나 있었다. 영국의 부와 엄청난 전리품이 그 문제의 핵심이었다. 새롭게 얻은 부를 통제하는 기관이나 법령을 제정하는 것이 급선무였다. 새 국왕은 순

437

찰을 늘려 도로와 항구의 안전을 어느 정도 확보했다. 윌리엄은 또한 정복을 통해 얻은 엄청난 규모의 재산을 단 한 번에 청산하는 법령을 공포했다. 그가 세운 원칙은 아주 간단했다. 모든 재산은 왕의 손을 거쳐 처분한다는 것이다. 왕만이 재산을 몰수하고 세금을 징수하며, 정해진 법에 따라 그것을 분배한다. 해럴드가 봉신들로부터 거둔 재물과 이윤들은 노르만식으로 보면 개인적인 재산이므로 윌리엄에게 귀속된다.[†] 윌리엄의 견해로는 해럴드가 소유했던 왕실 특권은 에드워드의 사망에서 비롯된 것이다. 해럴드는 왕위 찬탈자가 아니라 반역자라는 것이 윌리엄의 생각이었다. 윌리엄은 해럴드의 추종자들과 그의 범죄에 합류한 공모자들의 재산을 몰수하는 것이 마땅하다고 생각했다. 아울러 이번 전쟁에서 얻은 전리품들을 헤이스팅스 전투에서 살아남은 자들의 재산으로 규정하고, 원주인들에게 다시 구매하도록 명령했다.

영국의 귀족과 교회 그리고 도시는 다소 강요된 분위기에서 정복자에게 선물을 바쳤다. 1월에서 2월 사이 바킹으로 가는 길은 전국 각지에서 보내는 현금과 값비싼 선물들로 가득 메워졌다. 윌리엄 일행은 이 광경을 보고 감탄을 금치 못했다. 왕은 승리의 기쁨을 음미하고 있었다. 1월에 윌리엄은 도버 해협의 악천후에도 불구하고 영국인들이 바친 엄청난 선물과 전리품들을 배에 실어 노르망디로 보냈다. 고향의 교회로 보내는 선물이었다. 정복 첫해부터 윌리엄은 영국의 토지를 노르망디에 양도했다. 먼저 포츠머스와 치체스터 사이의 만(灣)에 위치한 헤이링섬을 쥐미에주 수도사들에게 기증했다. 이 기증 행위를 기록한 양도 문서에 그는 자랑스럽게 "세습권을 가진 노르망디의 제후와 영국 왕의 자격으로 기증

[†] 전쟁의 승리로 윌리엄이 차지한 재산은 고드윈 파벌의 토지 유산 등 엄청난 것이었다. 본문 424~423쪽 참고.

한다'라고 적고 있다. 그리고 로마 교황청에 교황 깃발을 돌려주며 감사의 말을 전하고, 농민이 밀린 지대를 영주에게 바치듯이 해당 금액을 금화로 보냈다.

그러는 동안에도 영국의 많은 귀족과 지방은 바킹에 있는 윌리엄에게 복종의 서약을 하기 위해 줄을 이었다. 왕은 그들을 환대했으며, 늦게 문안 인사를 드리러 온 이유는 모른척하며 그들을 맞이해주었다. 아마도 이미 손익을 맞춰봤으리라. 충성의 서약을 하러 온 이들 중 가장 중요한 사람들은 북부 지방의 귀족들이었다. 토스티의 옛 동맹 콥시Copsi와 윌리엄의 신임을 받고 있던 노샘프턴의 백작 월서프Waltheof가 찾아왔다. 그들은 영국의 귀족들로서 무리를 지어 윌리엄의 궁정으로 찾아온 것이다. 그 중에는 에드거와 스티갠드도 있었는데 그들은 신하이자, 동시에 인질이었다. 그런데 그중에서도 에드윈은 벌써 윌리엄의 신임을 받고 있었다.

에드윈과 그의 동생 모르카는 윌리엄의 등극으로 왕국은 일시적으로 통일되었지만, 동시에 그들이 계획했던 왕위 계승은 영영 물거품으로 돌아갈 수 있다고 확신하고 있었다. 그렇다면 1067년 초에 윌리엄이 실제로 통치하고 있던 영토는 어디까지였을까? 그가 서명한 헌장과 외교 문서를 조사해보면 몇몇 단서를 찾을 수 있다. 법률적 혹은 사실적 근거에 따라 "영국 왕은 켄트, 서식스, 런던 지역, 머시아, 에식스와 이스트앵글리아의 일부를 통치한다"라고 서명이 되어 있다. 다시 말해 영국 왕국의 절반에 해당되는 영지이며, 당시에는 가장 많은 사람이 살고 있던 부유한 지역이다. 콘월 반도와 트렌트의 북쪽은 윌리엄의 통치에서 벗어나 있었다. 이미 그곳은 참회왕 에드워드 시대에도 영국에서 빠져있던 지방이었다. 노섬브리아 지방은 숲으로 안전하게 보호되어 있었고, 스칸디나비아와 스코틀랜드 쪽으로 뻗어 있었다. 이 지방의 백작인 모르카의 항복은 순전

어려운 정복

히 개인적인 문제 때문이었다. 남부 지방과 중부 지방의 사정도 마찬가지였다. 윌리엄은 단지 1회전만 승리한 셈이고 스스로도 이 사실을 알고 있었다. 짧았던 헤이스팅스 전투 그리고 대관식을 통해 적을 없앴지만, 언젠가 적은 다시 일어날 것이다. 중요한 것은 시간을 버는 것이고, 동시에 확고부동한 자리를 잡는 것이다. 그런 맥락에서 윌리엄은 점령한 지역 중에서 전략적 요충지에 요새 성을 건설했다(윈체스터는 도시 한 가운데에 성곽을 축조했다). 성곽은 둔덕 주변에 참호를 판 다음에 다시 말뚝으로 둘러치고, 정상에는 나무로 탑을 세우는 방식이었다. 석재로 만든 성곽은 그이후에 만들어졌다. 1070년 전까지 노르만군은 12개 정도의 요새를 연결하는 방어선을 구축하게 되었다. 정복을 당한 영국인들은 이런 종류의 성곽들을 본 적이 거의 없었다. 그들에게 노르만군이 만든 성곽은 증오와 공포의 대상이었다. 게다가 성곽을 건축하기 위해 많은 물자가 필요했으므로 성곽에 대한 증오심은 줄어들지 않았다. 성곽을 축조하기 위해 거주지를 파괴하는 경우 주민들의 증오는 더 커져갔다. 일례로 링컨성을 건설하기 위해 160채의 집을 철거했다.

윌리엄은 영국에서 얼마 지내지도 않았는데 벌써 노르망디로 돌아갈 결정을 내렸다. 무장한 군사들을 무작정 유지할 수는 없었던 것이다. 실제로 도버 해협 양쪽에서 벌써 심각한 문제가 발생하고 있었다. 헤이스팅스 전투에서 혁혁한 공을 올린 노르만 기사들은, 만약 그들에게 군사적역할만을 맡긴다면, 자신들의 주군에게 위협적인 집단이 될 수 있었기 때문이다. 그러므로 그들을 다시 민간인의 신분으로 돌려놓고, 영주권을 수호하는 데 전념하게 만들 필요가 있었다. 공작왕duc-roi† 윌리엄은 당분간 휴지休止의 필요성을 느끼고 있었다. 윌리엄은 그런 기회를 통해 현 상황에 대해 곰곰이 생각해보고, 이런 관점에서 새로운 외교 관계 수립을 시도할 계획이었다. 그리고 여기에는 개인적인 이유도 있었다. 그가 전리품으로 얻은 것을 저장할 안전한 장소를 확보하는 것과, 자국민들 앞에서 개선하고자 하는 것도 귀국의 이유였다.

윌리엄은 부활절인 4월 8일 전에 노르망디에 돌아왔다. 그 전에 그는 왕국의 행정과 관련된 업무를 처리했다. 혹시 오랫동안 영국을 비워둘지도 모르기 때문에 왕국의 안정을 위해서였다. 그는 단 한 명에게 왕국의 섭정을 맡기는 것을 피했다. 이미 켄트는 백작령으로 만든 다음에 동생인 오동에게 맡겼고, 헤리퍼드 백작령은 기욤 피츠오즈베른, 라울 드 망트††의 아들에게는 이스트앵글리아(정복 이전에는 해럴드의 동생 기스의 땅) 백작령을 주었는데, 새 백작이 된 라울 드 와더Raoul de Wader는 출신지가 노르망디임에도 불구하고 앵글로색슨 백작으로 분류되었다. 월서프, 에드윈, 모르카는 최소한 이름만이라도 노샘프턴 백작, 머시아 백작, 노섬브리아 백작의 칭호를 보전할 수 있었다. 한편, 멀리 떨어진 버니시아에는 2년 전부터 법적인 영주가 없었다. 영국식 전통에 따라 왕국을 군사적 구분에 따라 분할하면 지휘권에 따라 세 지방을 구분할 수 있다. 윌리엄은 콥시에게 햄버 북쪽의 군대 지휘권을 맡겼는데 순전히 정치적 의도였다. 왜냐하면 콥시에게는 실질적인 정치적 권력이 전혀 없었기 때문이다. 하지만 이 영국인은 충성스럽게 보였기 때문에 노섬브리아를 영국 왕국에 재규합시킬 수 있는 인물이었다. 오동 드 바이외는 도버에 자리를 잡았다. 그는 거기에서 템스강 남쪽 지방의 질서를 유지하는 임무를 수행하고 있었다. 그리고 그의 수하에는 위그 드 그랑메닐이 있었는데 그는 원

---

† 저자는 영국 왕에 등극한 윌리엄이 노르망디 공작을 겸하고 있으므로, 정복 이후에는 윌리엄을 '공작왕duc-roi'으로 부르고 있다. 옮긴이도 원문에 충실하기 위해 저자의 뜻에 따라 '공작왕'이라는 호칭을 사용했다.—옮긴이
†† 노르만 출신인 망트의 라울. 본문 277쪽 참고.

체스터의 방어를 책임지고 있었다. 끝으로 기욤 피츠오즈베른에게는 템스강 북쪽인 왕국의 중부 지방을 맡겼는데 노리치성이 그 사령부였다. 윌리엄은 스칸디나비아인들이 약탈해올 것을 대비하고 있었기에 도버와 노리치를 영국의 동쪽 해안에서 가장 방어력이 강한 도시로 만들었다.

도버 해협의 안전을 위해 윌리엄은 분명히 무슨 조치를 내렸을 것이다. 이 시기에 실제로 브리튼섬의 남쪽 해안에 스칸디나비아 혹은 색슨 해적들의 출몰이 자주 목격되었다. 이제 윌리엄은 모든 용병에게 고향으로 돌아갈 수 있도록 허락해주었다. 왕 자신도 페븐시에 직접 가서 급여를 지불하고 보상도 해주었다. 그리고 그들을 배에 태워 보냈다.

윌리엄은 3월에 배를 타고 바다로 나갔다. 그의 배는 꿈에서나 볼 수 있는 전리품들로 가득 차 있었다. 왕의 배에 초대된, 아니 포로로 잡혀온 손님들 중에는 에드거 에셀링('1일 천하 왕'), 모르카, 에드윈, 월서프, 에셀노스Ethelnoth라고 불리는 켄트 출신의 부유한 종사從士, 대주교 스티갠드, 글래스턴버리의 수도원장이 승선해 있었다. 이들 모두는 주인, 즉 윌리엄이 영국에 없을 경우 영국에 반란이 일어날까봐 좌불안석이었다. 그들은 혹시 자신들이 음모와 반란의 주역들로 비춰질까봐 전전긍긍하고 있었던 것이다. 하지만 그들 역시 노르만식 규율과 질서에 따라 벌어지는 광경에 감탄을 금하지 못하고 있었다.

한편 노르망디의 교회와 수도원에서는 긴 사순절을 보내며 부활절 축일을 준비하고 있었다. 신자들은 재의 수요일을 보낸 뒤에 고행의 행렬을 이루며 행진하고 있었다. 그러던 중 왕의 배가 노르망디에 도착했다.

사람들의 고함과 환성이 사방에서 들렸다. 마을은 텅 비었고 주민들은 왕이 지날지도 모르는 도시로 몰려갔다. 당연히 사순절 기간도 중단되었다. 윌리엄은 루앙 시민들의 열렬한 환호를 받으며 입성했다. 남녀노

소 할 것 없이 흥분한 군중들은 광적으로 왕을 맞이했다. 석 달 동안 엄숙한 종교적 분위기로 점철되었던 노르망디에 환희의 순간이 찾아온 것이다. 사람들은 자유를 만끽했다. 윌리엄은 대중의 열정적인 환대를 받았고 조상들이 대대로 물려준 이 땅에서 얼마 전에 자신이 쟁취한 영국 왕의 위엄을 신민들에게 보여주고 있었다.

부활절 축일을 위해 윌리엄은 페캉의 트리니테 수도원에 모든 봉신을 소집했다. 바로 이곳에서 그의 아버지인 장엄공 로베르는 32년 전에 예루살렘으로 성지 순례를 떠나기 전에 모든 봉신을 소집한 적이 있었다. 프랑스 왕의 처남인 라울 드 발루아 백작도 프랑스 봉신들에 둘러싸여 의식에 참석했다. 프랑스 왕 필리프 1세는 왜 처남을 이 의식에 보냈을까? 무슨 일이 벌어지는지 궁금해서였을까? 카페 왕조의 후손인 필리프 1세의 마음 속에 상존하던 윌리엄에 대한 질투심 때문이었을까? 성당 주변에서는 수호성인 축제가 연상되는 성무 의식이 진행되고 있었다. 행렬 속에는 키가 크고 장발인 앵글로색슨인들이 금실로 수놓은 옷을 입고 이국적인 이미지를 보여주며 왕실 일행을 따라가고 있었다. 사람들은 그들을 호기심에 가득 찬 눈길로 보았다. 이때 윌리엄이 군중에게 조용히 하라는 말을 하자 곧 기도가 시작되었다. 왕 자신도 성당의 중앙 홀에 수도사들과 함께 착석했다. 곧이어 큰 홀에서 그는 내빈들에게 풍성한 연회를 베풀었다. 식탁에는 노르만인들이 처음 보는 앵글로색슨풍의 화려한 접시들이 놓였다. 그런 광경을 보기만 해도 그 자리에 있던 사람들은 윌리엄이 겪은 굉장한 모험 이야기에 빠져드는 듯했다.

노르망디의 수도원—특히 왕이 세운 생테티엔 수도원—에는 영국에서 가져온 화려한 선물로 넘쳐났다. 금괴, 자수 장식, 성합聖盒, 술잔 등 모두 영국 교회에서 가져온 것들이었다. 이 광경을 본 기욤 드 푸아티에는 비잔틴인들이나 아랍인들이 봐도 아름다움에 경탄을 금치 못할 것이라고 적었다. 왕실의 하사품은 직접 갈 수 없는 교회나 수도원에도 전달되었다. 코르메유, 콩슈, 몽트부르, 몽생미셸 수도원과 르망, 앙주, 투르의 수도원들†이 왕실의 하사품을 받았다. 브르타뉴 공국의 경계에 있는 성 제임스 기도원은 하사품은 받지 못했지만 윌리엄은 기도원이 위치한 성의 수입 절반과 어업권을 주었다!

5월 1일에 생피에르쉬르디브 성당이 축성되고, 7월 1일에는 쥐미에주 성당의 축성식이 열렸다. 공작왕 윌리엄은 마지막으로 모리유 대주교를 만났다. 얼마 후 대주교는 8월 9일에 세상을 떠났다. 루앙의 성직자들은 그의 후임으로 랑프랑을 선출하고 싶어 했다. 하지만 랑프랑은 왕과 상의한 후에 대주교 자리를 사양했다. 그는 다른 일을 맡기로 되어 있었기 때문이다. 결국 모리유 대주교 자리는 아브랑슈의 주교인 장Jean에게 돌아갔다. 랑프랑은 곧바로 로마로 떠났다. 교황청으로부터 대주교가 걸치는 영대pallium를 받기 위해서였다. 물론 그의 임무는 이것 말고도 또 있었다.

틀림없이 아미앵의 주교 기Guy는 고향으로 돌아가는 길에 헤이스팅스 전투의 승리††를 기념하는 서사시를 썼을 것이다. 그는 라틴어로 된 이행시를 썼는데 평범한 학생 수준의 서사시였다. 시의 제목은 「헤이스팅스 전투의 노래Carem de Hastingo proelio」로 전투의 영웅을 카이사르나 알렉산더처럼 수사학적 명성을 가진 고전극의 인물 혹은 고대 가면극의 주인공처럼 묘사했다.

윌리엄이 헤이스팅스 전투의 승리에 빠져 있을 무렵, 그의 처남이자 플

† 마르무티에Marmoutier, 피카르디Picardie의 생리키에Saint-Riquier 그리고 부르고뉴의 클뤼니 Cluny 수도원들이 왕의 하사품을 받았다.
†† 이 서사시를 아미앵 주교 기가 썼다는 데는 이론이 많다. 그럼에도 확실한 것은 이 시가 1068년 봄 이전에 완성되었다는 것이다.

랑드르의 백작인 보두앵이 세상을 떠났다. 프랑스 왕국의 대제후 중에서 월리엄은 보두앵의 유일한 라이벌이었다. 그의 후계자인 보두앵 6세는 고작 3년 동안 백작령을 통치했다. 이후 두 아들이 백작령을 양분해서 통치했다. 이제 강력했던 플랑드르 백작령의 시대도 저물고 있었다. 반대로 노르망디에서 분쟁을 일으키던 제후들의 시대에 변화의 조짐이 일어났다. 파렴치한 마비유 드 벨렘 같은 여인은 집요하게 가문의 복수를 이어갔다! 그녀의 구원舊怨은 생테브룰의 수도사들에게까지 미쳤는데, 그 이유는 수도원을 세운 가문이 그녀의 원수인 피츠제레Fitz-Géré 가문이었기 때문이었다. 그렇다고 그녀는 감히 공개적으로 수도사들을 미워할 수는 없었는데, 용감한 남편인 로제 드 몽고메리가 수도사들을 아꼈기 때문이다. 그녀는 수도원장 티에리에게 과도한 요구를 하거나 인력을 징발하는 식으로 그를 괴롭혔다. 어느 날 그녀의 복수에 시친 수도원장 티에리는 그녀를 천벌로 위협했다. 이튿날 밤 그녀는 턱에 엄청난 고통을 느꼈다. 곧바로 회개한 마비유는 티에리에게 생마르탱드세 성당을 봉헌했다고 한다.

한편 영국에서는 기욤 피츠오즈베른과 오동이 새 영주로서 적절한 정치적 역량을 보여주지 못하고 있었다. 그들은 점령지에서 악행을 자행하고 있었는데, 부당 징수로 인한 현지인의 저항과 보복의 악순환이 반복되고 있었다. 게다가 왕이 부재중이라 노르만 통치에 소극적으로 저항하던 사람까지 준동했다. 많은 앵글로색슨 귀족은 고향을 등지고 외국으로 떠났다. 그들은 아예 이주하거나 외국에 도움을 청하러 영국을 떠난 것이다. 이 시기의 영국 연대기는 수많은 서신이 이웃나라와 은밀하게 교환되고 있었다고 기록한다. 스코틀랜드, 아일랜드, 플랑드르가 그런 나라들인데, 그중에서도 덴마크는 영국인들이 희망을 걸고 있던 나라였다. 하랄하르드라다가 죽은 후에 덴마크 왕은 스벤 에스트리트손이었는데, 그는 성격이 괄괄한 인물이었고 영국 북부 지방에 호의적인 감정이 있었다. 이때부터 영국 각지에서 '무법자'들이 발호하기 시작했다. 그들은 반은 군인, 반은 강도였는데 징집이나 검문 등을 피해 도주한 자들이었다. 노르만인들은 그들을 자신들의 언어로 '원시인sauvages' 혹은 '숲에 사는 자들 forestiers'†이라고 불렀다. 이들 무리는 전설의 주인공들을 만들어냈다. 어띤 '무법자'는 영국에 한 명의 노르만인이라도 있는 한 지붕 아래에서는 잠을 자지 않겠다고 맹세까지 했다.

1067년 4월과 12월 사이에 여러 지방에서 유혈 사태가 발생했다. 첫 번째는 비록 단기적으로는 심각하지 않았지만 왕국의 미래를 위험에 빠뜨리는 사태였다. 노르만인들이 앉힌 콥시를 인정하지 않던 노섬브리아인들이 그들의 우두머리인 오스울프Oswulf—버니시아 마지막 백작의 아들—에게 투항한 것이다. 하지만 콥시는 이 사태를 애써 모른 체했다. 하지만 오스울프는 무법자 무리를 동원하여 콥시를 쫓아버렸다. 어느 날 콥시는 타인강 근처의 뉴번에서 동료들과 주연을 즐기고 있었다. 이 소식을 들은 오스울프는 콥시를 기습할 마음을 먹었고, 콥시는 일행에게 교회에 숨어 있으라고 경고했다. 하지만 일행 중 한 명이 그를 배반했다. 오스울프는 교회에 불을 지르고 콥시가 나오기를 기다렸다. 결국 콥시가 숨이 막혀 입구로 나오자 오스울프는 도끼로 그를 살해했다. 이 사건은 비록 반란은 아니었지만 왕실 집안 간에 일어난 노섬브리아식 복수였다. 하지만 노르만인들은 자신들이 보호해줘야 할 사람이 해를 입어도 그를 대신하여 복수할 방법이 없었다. 오스울프는 여름 동안 노섬브리아를 다스렸지만 다른 패거리와의 전투에서 생을 마감하고 만다.

왕국의 서부 지방에서는 웨일스의 불모지에 사는 주민들과 노르만인의 충돌이 있었다. 이 지방은 캄브리아산맥이 굽어보는 지역인데, 습하고 더운 헤리퍼드 바로 옆에 있었다(노르만 점령지였다). 먼저 노르만 수비대는 머시아의 종사 '야만인 에드릭Edric le Sauvage'의 영지를 황폐화시켰다. 그러자 에드릭은 복수를 결심한다. 그는 웨일스에서 왕을 자칭하는 블레딘

447

---

† 'sauvage'란 말은 라틴어 'silva'에서 왔는데 '숲에 사는 사람'이란 뜻이다.

Bleddyn과 리월론Rhiwallon을 설득하여 헤리퍼드 주의 약탈을 계획하고, 그들의 무리는 헤리퍼드를 노략질하고 전리품을 가지고 철수했다. 하지만 노르만군의 병력은 전혀 약화되지 않았다.

다른 지역에서는 켄트에서 문제가 발생했다. 이 지방의 상황은 다른 지역보다 더 안 좋았다. 영국 원정에 별다른 열정 없이 참여한 외스타슈 드 불로뉴는 영국에서 영지를 받았음에도 불구하고 1066년 가을부터 대륙에서 지냈다. 게다가 윌리엄과의 사이도 안 좋았다. 외스타슈는 야심은 많지만 우유부단한 인물이었다. 그는 자신의 가문에 대단한 자부심이 있었지만(샤를마뉴 대제의 후손이었다!), 노르망디에 대해서는 질투심과 원한이 있었다. 틀림없이 그는 오래전부터 불로뉴와 함께 도버 항도 탐내고 있었을 것이다. 그렇게 되면 그는 도버 해협의 지배자가 되고 양안의 교역을 통해 아주 많은 부를 챙길 수 있을 것이라고 생각했다. 켄트의 일부 지도자는 외스타슈의 이런 야심을 알고 그와 함께 이익을 나눌 생각이었다. 그들은 윌리엄이 노르망디에 가 있는 동안 외스타슈에게 도버 항을 점령할 것을 충동질했다. 그 사이에 또 다른 소요 사태가 일어난다. 템스강 북쪽에서 발생한 사태로 인해 오동이 주동자들을 징벌하기 위해 대군을 이끌고 강을 건너려고 했다. 하지만 오동이 밤중에 막 출발하려고 하는데 외스타슈가 정예 부대를 데리고 도버 해협을 건너고 있었다. 그는 도버에 닻을 내리고 도시를 점령했다. 도버 주변은 무장한 앵글로색슨인들로 가득 찼다. 앵글로색슨인들이 도버성에 들어오기도 전에 외스타슈는 성을 포위했다. 그는 기습을 기대하고 있었던 것이다. 하지만 노르만 수비대는 예상보다 성을 잘 방어했다. 포위되었던 노르만군은 탈출로를 찾았고, 오동의 군대가 오고 있다는 소문이 돌았다. 외스타슈는 낙담하여 갑자기 승선 명령을 내렸다. 하지만 너무 늦었다! 대부분의 패주자는 성곽의 한쪽 절벽에서 떨어져 죽었다. 앵글로색슨인들은 혼비백산해서 흩어졌다. 노르만군은 수적으로 열세인지라 도주하는 적들을 내버려두었다.

여름이 지났다. 윌리엄은 영국에서 벌어진 사태에 대해 보고를 받았다. 하지만 그는 자기가 영국에 있어야 한다고 생각하지 않았다. 그는 그런 사태는 돌발적인 것에 불과하기 때문에 별 영향을 미치지 않는다고 생각했고, 만추晚秋 전에 다시 영국에 갈 것이라고 주변 사람들에게 말했다. 그동안 노르망디는 마틸다와 맏아들 로베르에게 맡기기로 했다. 그는 로제 드 보몽을 데려가기로 마음을 먹었다. 그런데 그는 정말 늙은 현자 로제의 자문이 필요하다고 느꼈을까? 그 사이 덴마크인들이 영국 해안으로 내려오고 있었다. 윌리엄에게 그 위협은 점차 구체화되고 있는 것처럼 보였다. 이 위협을 막을 사람은 윌리엄 자신밖에 없었다. 하지만 이 소식은 해럴드 집안에서 꾸며낸 계략일 수도 있었다. 공작왕은 12월 6일 데파Deppa†라는 작은 강어귀에서 배를 탔고 이튿날 윈첼시에 도착했다. 영국 상황은 썩 좋지 않았다. 그래서 윌리엄은 공석인 버니시아 백작 작위를 고스패트릭Gospatric이라는 앵글로색슨인에게 팔았다. 그는 자신이 버니시아에 기득권이 있다고 주장하던 터였다! 윌리엄은 사실상 일시적으로 험버강 너머로 세력을 넓히는 것을 포기했다. 그 대신 중부 지방 및 동부와 남부에 있는 주들의 동화 작업에 집중했다. 실제로 성탄절에 웨스트민스터의 궁정에 모인 봉신들의 수는 두 나라, 즉 노르망디와 영국 모두 같았다. 이 광경은 지나간 소요 사태가 영국의 마지막 저항이었음을 간접적으로 보여준다.

449

† 지금의 디에프Dieppe를 가리킨다.

그런데 1067년이 저물 무렵, 엑서터에 반란이 발생했다는 소식이 런던에 들려왔다. 이 도시는 콘월 반도에 위치하고 있었는데, 막강한 요새를 통해 콘월 반도와 아일랜드, 브르타뉴로 통하는 뱃길을 통제하고 있었다. 그때까지 노르만 군대는 데번셔의 주도인 엑서터에 들어간 적이 없었다. 거기에는 오래전부터 노르만 상인들이 개척한 식민지가 있었는데, 현지 주민들은 헤이스팅스 전투의 승자에 대해 반감이 있었다. 해럴드의 미망인 에디트는 갓난아이인 딸 건힐드Gunhild와 함께 엑서터에 정착했다. 엑서터는 노르만 군대의 침입에 대항하기 위해 성문을 잠그고 무장에 들어갔다. 그렇다면 원군은 어디에서 올 것인가? 프랑스의 브르타뉴에 거주하는 아르모리크인Armoricain과 콘월인은 같은 켈트족이므로 브르타뉴에서 원군이 올 것인가?

윌리엄에게는 군대가 부족했다. 그는 덴마크군의 공격을 기다리고 있었으므로 영국 섬의 동쪽 병력을 이동시킬 수도 없었다. 윌리엄은 기회를 기다리는 수밖에 없었다. 그는 엑서터 시민들에게 충성의 서약을 요구하는 메시지를 보냈다. 하지만 엑서터 시민들은 이 제안을 거부했다. 자신들은 영국 왕에게만 세금을 낼 뿐이라고 항변하고 나선 것이다. 윌리엄은 이 답변이 자신에 대한 모욕이라고 생각하고 반란자들을 폭력으로 다스리기로 결정했다. 그는 소규모의 노르만 군대를 소집하여 출정했다. 그는 엑서터로 가면서 현지 주민들에게 군대 소집령을 내렸다. 처음으로 새 국왕이 앵글로색슨인들을 징집한 것이다. 물론 그만큼 위험하기도 했다. 윌리엄은 두 나라 혼성 군대의 맨 앞에서 부대를 통솔했다. 엑서터의 유지들과 겁을 먹은 자들이 스스로 항복하거나 왕의 사절을 자처하고 나섰다. 그들은 왕을 만나 교섭을 시도했다. 하지만 그들이 다시 엑서터에 돌아왔을 때 성문이 굳게 닫혀 있었다. 도시의 시민들은 항거하기로 결정한 것이다.

때는 한겨울이었다. 윌리엄은 낯선 고장에서 투항을 거부한 채 저항하는 자들과 대치하게 되었다. 도시의 포위 공격은 오래갈 것 같았다. 하지만 그는 인질을 잡고 있었다. 인질 중의 한 명을 성벽 아래로 데려가 수비대들이 보는 앞에서 그의 눈을 뽑았다. 엑서터 시민들은 3주 동안 버텼지만 마침내 항복했다. 노르만 군대의 압박이 아니라 내부의 분열 때문이었다. 앵글로색슨 연대기 작자는 '종사從士들의 배신' 때문이라고 적었다. 엑서터는 항복했지만 다행히 세금의 증액은 피했다. 왕은 엑서터에 성곽을 하나 짓게 하고 질베르 드 브리온의 아들 중의 하나에게 수비를 맡겼다.

노르만군이 입성하기 전 에디트와 그녀의 일행은 배를 타고 엑서터를 빠져 나갔다. 그들은 브리스톨 운하의 작은 섬 플랫홈에 피신했다. 에디트가 이곳을 피신처로 선택한 이유는 아일랜드에서 피신한 앵글로색슨 망명자들을 만날 수 있다고 생각했기 때문이었다. 훗날 에디트는 플랑드르로 가서 생토메르에 정착하고, 그녀의 딸 건힐드는 수녀원에 들어간다.

엑서터의 항복으로 서남부 지방에 평화가 정착된 것은 아니었다. 1068년 윌리엄은 콘월 반도에서 또 다시 군사 작전을 펼쳤다. 그는 이 지방이 굴복시키기 어렵기 때문에 노르만군이 직접 장악해야 한다고 판단하고 있었다. 그래서 그의 이복동생 로베르에게 콘월주와 데번주를 직접 맡겼다.

윌리엄은 윈체스터에서 부활절 축제를 보내고 있었다. 덴마크의 공격은 아직 시작되지 않았다. 그해 여름에 해럴드의 세 아들이 더블린에 모여 54척의 배를 모아 서머싯 해안에 나타났다. 하지만 윌리엄 편에 있던 에드노스Ednoth라는 현지 민병대장이 그들을 퇴각시켰다. 그는 전투에서 죽었지만 침략자들은 상당한 전리품을 챙겨 배를 타고 떠났다. 그들은 다시 올 계획이었다.

5월에 마침내 마틸다가 아들 리샤르, 아미앵 주교 기와 함께 영국에 왔다. 5월 11일 성신강림일[†]에 모든 신하가 웨스트민스트 성당에 모였고, 요크의 대주교 엘드레드가 그녀에게 왕관을 씌워주었다. 이 자리에 참석한 노르망디와 영국의 성직자들 그리고 양국의 백작들은 왕실 증서에 서명을 했는데, 그 증서에는 웨스트민스터 수도원에 기증을 약속한다는 내용이 들어 있었다. 관례에 따라 기도문laudes[††]이 성당 중앙 홀에서 낭송되었다. 기도문은 교황 알렉산더 2세, 윌리엄 왕, 왕비 마틸다, 의식을 집전하는 요크의 대주교를 위해 낭송되었다. 양국의 신하들은 두 나라가 합동으로 진행하는 이 의식을 근심스럽게 바라보고 있었다. 하지만 윌리엄은 아내 마틸다가 새로운 아이를 가진 것 이상으로 이 의식에 큰 의미를 두고 있었다. 그만큼 그는 아내를 위해 최선을 다하고 싶었던 것이다. 마틸다는 해산할 때까지 영국에 있었다. 그리고 1069년 윌리엄 부부에게 네 번째 사내아이가 태어났다. 부부는 아이의 이름을 앙리Henri라고 지어주었다.

이때까지 윌리엄은 자신의 통치권이 미치는 지역에서 앵글로색슨의 행정법을 그대로 유지하려 애를 썼다. 대부분의 중요한 주에서는 비록 해럴드가 지명했다고 해도 예전의 주장州長을 그대로 두었다. 고위 성직자들도 그대로 자리를 유지했다. 브랜드Brand[†††]와 스티갠드조차 자리를 보전할 수 있었다. 스티갠드는 1068년 페캉의 수도사 레미를 축성해주기까

[†] 부활절로부터 일곱 번째 일요일.—옮긴이
[††] 노르만 방언으로 기록된 찬송문에 관해서는 본문 219쪽 참고.
[†††] '1일 왕' 에드거를 지지했던 수도원장.—옮긴이

지 했다. 레미는 나중에 도체스터의 주교가 된다. 윌리엄은 주변에 유력한 행정관들을 배치했는데 그중에는 영국에 오래 있었던 로렌 출신의 앵젤브리크Ingelbric, 에드워드 시대 때부터 상서尙書를 맡고 있던 레젠발드Regenbald도 있었다. 그들은 노르만 성직자들에게 앵글로색슨족의 관습을 가르치고 있었다. 정복 이후 2~3년 동안 왕실 헌장은 현지어, 즉 앵글로색슨어로 작성되기도 했다. 한편 그때까지 남아 있던 허스칼 부대는 윌리엄의 개인 경비병으로 임명했다. 비록 두 부류의 경비병, 즉 노르만 출신과 허스칼 부대 출신들 사이에는 항상 반목이 있었지만, 윌리엄과 요크의 대주교 알드레드는 이런 정책을 신뢰하는 유일한 인물들이었다. 한편 에드윈에 대한 윌리엄의 감정은 좋은 편이었다. 그는 에드윈에게 딸 아가트를 아내로 주겠다고 약속했다. 그러자 노르만인들 사이에서 좋지 않은 소문이 돌기 시작했다. 그래서 그랬을까? 에드윈은 약혼을 차일피일 미루었다. 분명히 그는 복수의 기회를 엿보고 있었을 것이다.

453

정복 이후 일부 노르만인들은 이미 영국 사회에 뿌리를 내리고 있었다. 쿠탕스의 주교 조프루아 드 몽브레는 로베르 기스카르와 연대하여 영국 섬을 떠나지 않고 있었다. 그는 이후 25년 동안 자신의 교회를 영국의 교회들을 총괄하는 상위 교회로 만들었다. 이와는 반대로 늙은 로제 드 보몽은 윌리엄이 하사한 정복지의 영지를 받지 않았는데 그 이유는 영국 땅의 영지보다는 노르망디의 영지를 선호했기 때문이었다. 얼마 있다가 그는 프레오 수도원에서 눈을 감았다. 노르만인 중의 일부는 자신들이 이번 정복에서 큰 소득을 올리지 못했다고 생각하고 있었지만 그래도 약탈한 전리품에 만족했다. 그들은 또 다른 모험을 꿈꾸었는데, 1068년에 루셀 드 바이욀은 콘스탄티노플에 당도했다.† 그래도 그들은 낙원 같은 노르망디와 집, 아내를 잊을 수 없었다. "여인들이 원하는 것은 끝이 없다

Vide chambre fait dame folles"라는 속담처럼 그들의 야망은 끝이 없었다. 하지만 고향에 대한 향수와 아내에 대한 걱정은 점점 더 커져만 갔다. 오드릭 비탈에 따르면 남편이 원정을 떠나 버려진 부인들이 남편의 귀국을 간절하게 원했다고 한다. 그녀들은 더 이상 견디기 힘들었기 때문이다. 이런 불만이 왕에게까지 들려왔다. "우리를 떠나게 허락해주십시오! 그렇지 않으면 타국에 있는 남편들이 모두 바람둥이가 될 겁니다!" 왕은 그녀들이 남편을 찾아 떠나도록 허락해주었다. 하지만 모험을 찾아 노르망디를 떠난 자들 중에는 겁쟁이나 바람둥이만 있는 것은 아니었다. 윈체스터의 영주 위그 드 그랑메닐과 헤이스팅스의 성주 옹프루아 뒤 티이욀Onfroi du Til-leul도 그들 중에 있었다.

454

불과 피

1068년 노르만인들의 통제권 밖에 있는 요크에서 음모가 꾸며지고 있었다. 알드레드는 음모를 사전에 진압하려고 했으나 헛수고였다. 상황이 자신의 통제권 밖에 있었기 때문이다. 험버강 이북에서 반란이 일어날 조짐이 보였다. 단지 시기와 장소만 모를 뿐이었다.

궁정에 볼모로 있던 에드윈과 모르카도 추이의 변화에 대해 신경을 쓰고 있었다. 에드윈은 윌리엄에게 약속을 상기시켰다. 자신에게 딸을 주기로 한 약속을 지키라는 것이었다. 하지만 윌리엄은 망설였다. 기사들이 이 결혼에 반대하고 있었기 때문이다. 궁정에 있던 앵글로색슨인들은 파

---

† 바이욀은 비잔틴 황제 디오게네스의 장군 중 한 명이었다. 본문 117쪽 참고.

혼을 통해 선수를 칠 수 있다고 생각하고 있었다. 여름 동안에 앵글로색슨인들은 하나씩 궁정을 빠져 나가고 있었다. '1일 왕 에드거'는 비밀리에 어머니와 누이를 데리고 스코틀랜드로 갔다. 에드윈과 모르카도 요크로 갔다. 그들의 발자취를 보면 모든 친구가 차례로 도망간 것과 같았다. 왕의 보복을 피하기 위함이었을까?

에드윈과 모르카 주변에는, 비록 짧은 시간이었지만 많은 앵글로색슨인이 각지에서 모여들었다. 에드워드 시대에도 이런 적이 여러 번 있었는데, 이번에는 웨일스가 노섬브리아를 지원하고 나선 것이다. 웨일스 북부의 왕인 블레딘Bleddyn이 두 명의 백작, 즉 에드윈, 모르카와 동맹을 맺었다. 버니시아 백작 고스패트릭도 그들과 동맹을 맺었는데, 그는 스코틀랜드의 맬컴 왕과 가까운 친척이었다. 그들은 에드거와 반군 사이에 가교를 놓은 셈이 되었다. 게다가 덴마크인들의 지원도 확보한 상태였다. 그런데 에드윈과 모르카는 시간을 낭비하고 있었다. 그들은 일관성이 없고 변덕이 심하여 장기적인 계획을 수립할 능력이 없었던 것이다.

반군은 미들랜드로 이동했다. 런던까지 내려갈 것인가? 윌리엄과 노르만 기사들은 북쪽으로 길을 잡았다. 험버강 방향으로 직접 갈 생각이었다. 도중에 노르만군은 주요 성읍 중에서 길을 굽어볼 수 있는 곳을 골라 유리한 지형에 요새 성을 세웠다. 흙으로 둔덕을 쌓아 올린 뒤에 에이번강이 바라보이는 곳에 워릭 요새를 세워 앙리 드 보몽(로제의 둘째 아들)에게 수비를 맡겼다. 노섬브리아인들이 멀리서 보이기 시작했다. 그런데 에드윈과 모르카는 이번에도 전투를 포기하고 윌리엄에게 항복했다. 전투가 싱겁게 끝난 것이다. 윌리엄은 레스터 평원을 유린하고 노팅엄 시를 굽어보는 절벽 위에 요새 성을 세웠다. 그는 트렌트를 지나 우즈강을 건넜다. 이제 곧 요크에 도착할 것이다. 요크 시를 얼마 앞에 두고 시의 대

455

표단이 시의 열쇠와 인질을 윌리엄에게 보냈다. 윌리엄은 요크에 입성하여 요새 성을 하나 세우고 유지들의 오마주를 받았다. 그중에는 더럼의 주교 에셀와인Ethelwine도 있었다.

반란의 주모자들은 스코틀랜드로 피신했다. 그들 중 일부는 웨스트모 지방에 집결해 있었다. 윌리엄이 에셀와인을 통해 맬컴 왕에게 전갈을 보냈다. 맬컴은 반군 중의 몇몇이 자신에게 오마주를 바쳤다는 답신을 보냈다. 그렇다면 맬컴에게 이 행위는 무엇을 의미하는가? 최근 몇 년 동안 스코틀랜드인과 노섬브리아인들은 충성의 서약을 휴전의 수단으로 꾸준히 이용했다. 노르만인들은 이러한 서약을 거짓 서약으로 간주했다. 하지만 북부 지방의 사람들—그들은 이상한 봉건제도에 익숙해 있었다—은 봉건제를 준수하지 않는 거짓 서약의 법적 의미를 어떻게 이해하고 있었을까? 노르만 정복자들은 이런 계약의 의식을 매우 중시했지만 북부 지방의 제후들은 그렇지 않았다.

요크를 떠난 윌리엄은 동부 지방을 통해 남진하고 있었다. 링컨, 헌팅던, 케임브리지를 지나면서 3개의 요새 성을 세우고, 단 한 번의 전투만 치렀다.

북부의 반란은 성공적으로 진압되었다. 하지만 해결된 것은 아무 것도 없었다. 어쨌든 노섬브리아를 반란의 중심에서 멀어지게 한 것은 성공적이었다. 리치먼드 주위에는 작은 백작령이 하나 있었는데, 윌리엄은 그곳의 지휘를 보좌관 중의 한 명인 브르타뉴 출신의 브리앙 드 팡티에브르에게 맡겼다. 1069년에는 버니시아 백작에 로베르 드 코민Robert de Commine 남작을 임명하고 더럼에 거주할 것을 지시했다. 로베르는 곧장 북쪽으로 떠났다. 하지만 노섬브리아인들은 자신들의 지도자가 도피했다는 것을 인정하지 않고 로베르를 암살하려는 음모를 획책하고 있었다. 에셀와인

주교는 더럼으로 가는 중에 이 사실을 로베르에게 알렸다. 하지만 로베르는 이 정보에 크게 신경을 쓰지 않았다. 그는 자신과 동료들의 용기를 믿었던 것이다. 그는 몇몇 농민을 학살하고 더럼의 숙소에 들어갔다. 그런데 한밤중에 느닷없이 노섬브리아인 몇몇이 몰래 숙소에 들어와서 '프랑스인'들을 닥치는 대로 살해했다. 로베르는 근처의 집으로 들어가 몸을 피했지만 절망적이었다. 암살자들이 집에 불을 지른 것이다. 로베르를 제외한 모든 노르만인이 죽음을 맞이했다. 얼마 뒤 요크의 성주 로베르는 암살자들과 맞서 싸워봤지만 그만 목숨을 잃고 말았다.

곧이어 스코틀랜드에 피신해 있던 에드거와 고스패트릭이 승자의 자격으로 왕국의 경계를 넘어 요크까지 내려왔다. 그리고 요크성을 포위했다. 혼비백산한 노르만 수비대가 왕에게 전갈을 보냈다. 얼마 뒤에 윌리엄이 급히 요크로 왔다. 그리고는 반군을 제압하고 우즈 강변에 또 하나의 요새 성을 세웠다. 그리고 그는 윈체스터로 돌아가 부활절 축제를 즐겼다. 하지만 윌리엄이 노섬브리아를 떠나자마자 각 지방에서 폭동이 일어났다. 요크성의 수비대는 무기를 놓을 여유가 없었다.

상황이 이렇다보니 왕국의 치안은 불안하기 짝이 없었다. 정복한 왕국의 안정을 위해 윌리엄은 로제 드 몽고메리에게 줄 서식스 해안 지방의 백작령을 하나 만들었다. 이 백작령은 치체스터와 애런델성 사이에 있었다. 아직도 윌리엄에게는 대륙과의 연결이 확보되지 않은 것처럼 보였기 때문일까? 그런 상황에서 그는 마틸다를 노르망디로 되돌려보냈다. 하지만 반란에 가담한 자들은 예측할 수 없는 방식으로 이따금 다른 사람들과 소통하고 있었다. 앵글로색슨 지도자들은 한 번도 연대를 하지 않았고, 단결조차 한 적이 없었다. 그래서 그들의 지리멸렬한 행동들은 노르만 정복자들에게는 당연히 단순한 강도질 정도로 보였다.

6월에 해럴드의 아들들이 또 다시 약탈을 위해 영국에 왔다. 70척의 배를 타고 아일랜드를 떠나 데번셔에서 하선한 다음에 일부 지방을 약탈했다. 이번에는 브리앙 드 팡티에브르가 약탈자들을 쫓아버렸다. 그 사이에 덴마크 왕 스벤 에스트리트손이 마침내 대규모 군사를 동원하여 영국을 침략할 마음을 굳혔다. 그는 발틱해 연안에서 군사들을 모아 상당한 규모의 함대와 군대를 조직했다. 하지만 그의 군대에는 여러 나라의 병사들이 섞여 있었다. 덴마크 군대에는 폴란드인, 프리슬란드인, 색슨인들이 섞여 있었고, 심지어 리투아니아의 이교도들도 있었다. 덴마크 왕의 형제인 아스비외른Asbjoern의 지휘를 받은 대함대는 250척의 배를 거느리고 있었다. 그달 말쯤에 함대는 닻을 올리고 네덜란드 해안을 따라 남진하여 도버 항을 지나갔다. 노르만 수비대는 함대의 하선을 막았다. 그러자 아스비외른은 서쪽으로 올라가 입스위치 땅을 밟았다. 그곳에 거주하던 앵글로색슨 농민들은 노르만 통치에서 해방되는 것보다 약탈을 더 걱정하고 있었다. 그래서 그들은 아스비외른의 군사들을 격퇴했다. 북쪽으로 방향을 돌린 덴마크 함대는 이번에는 노리치를 하선 지점으로 삼았다. 하지만 노르만 군대가 성을 지키고 있었기 때문에 덴마크 군대는 후퇴하고 만다. 결국 함대는 험버만 쪽으로 방향을 돌려 거기에서 하선을 시작했다.

그 무렵 윌리엄은 웨일스 경계에 위치한 딘 숲에서 사냥을 즐기고 있었다. 그는 황급히 요크의 수비대에게 새로운 위험이 다가오고 있음을 경고했다. 그는 필요할 경우 자신도 갈 수 있다는 전갈을 보냈다. 그 사이에 에드거—링컨을 약탈하고 돌아가는 중이었다—와 월서프가 지휘하는 대규모의 앵글로색슨 군대가 덴마크군과 합류하여 요크로 향하고 있었다. 요크의 대주교 엘드레드는 노약하여 그해 9월 11일에 죽었다.

9월 21일 아침에 요크의 노르만 수비대는 지평선에 엄청난 규모의 군대가 나타난 것을 목격했다. 수비대는 주변의 민가에 불을 지르고 성 안으로 들어갔다. 집의 들보를 사용하여 공성루 등을 못 만들게 하기 위함이었다. 도시에 불이 번졌다. 성 피터 성당이 화염 속에 무너졌다. 영국과 덴마크 연합군이 요크를 숯덩이로 만들었고, 출구를 찾아 빠져나온 노르만인들은 무참히 학살당했다. 월서프의 용기와 잔임함에 노르만인들은 속수무책으로 당했다. 그날의 영웅은 월서프였다. 생존자는 기욤 말레와 그의 가족뿐이었다. 앵글로색슨군은 술에 취해 요크 시의 두 성을 파괴하고 둔덕도 없애버렸다.

요크의 함락은 1066년 이후 윌리엄에게 가장 큰 치명타를 입혔다. 북부 지방에 덴마크 제후국이 잠정적으로 들어섰고, 주변에는 저항 세력들이 계속 집결하고 있었다. 이러한 움직임을 뒤집을 수 있을까? 『윈체스터 연대기Annales de Winchester』에 따르면 요크성의 함락 소식을 들은 윌리엄은 대로했다고 한다. 그는 패배의 소식을 가지고 온 도주병들의 사지를 잔인하게 절단하라는 명령을 내렸다. 이 행동은 병사들을 벌주기 위함이 아니라 배신에 대한 강박 관념이 분노로 표출된 것이었다.

윌리엄은 서둘러서 북부 지방으로 달려갔다. 그 사이에 덴마크 군대는 요크를 떠나 험버만을 지났다. 그들은 링컨 북쪽에 위치한 늪지대에 피신해 있었다. 윌리엄은 덴마크 군대를 추격하여 그중 일부를 격퇴했다. 그러자 덴마크 군대의 일부는 다시 배를 타고 도주하려고 했다. 윌리엄은 두 명의 형제와 막강한 군대를 린지에 남겨두고 말을 몰아 서남쪽에 있는 스태퍼드로 갔다. 거기에는 웨일스인 블레딘이 '야만인 에드릭'과 체스터에 있는 앵글로색슨인들의 도움으로 군대를 일으켜 영국 서부 국경에 위치한 노르만 성들을 공격하고 있었다. 정복 이후 벌써 세 번째 반란이었다. 이미 슈루즈베리는 불에 타고 있었다. 윌리엄은 늦가을의 악천후 속에서도 온힘을 다해 절반 정도의 거리를 달렸다. 하지만 부대원들은 대부분 용병들이었고 사기도 저하되어 있었다. 슈루즈베리는 끝까지 항전했다. 마침내 왕이 도착하자 또 한 번 반란군들은 줄행랑을 쳤다. 곧이어 스태퍼드도 항복했다.

윌리엄의 형제들이 린지에서 삭은 매복전을 하는 동안 덴마크 군은 다시 요크를 점령했다. 민중 봉기가 데번과 서머싯에서 불길처럼 번지고 있었고, 반란군들은 콘월에 있는 엑서터와 맨터큐트 성(로베르 드 모르탱의 거처)을 봉쇄했다. 엑서터 주민들은 만약 사태가 악화되면 자신들의 자치권을 잃을 수 있다고 걱정했다. 그래서 그들은 브르타뉴 출신의 백작 브리앙 드 팡티에브르가 도착할 때까지 적들을 공격하여 꼼짝 못 하게 만들었고, 맨터큐트에 봉쇄된 수비대는 런던에서 달려 온 조프루아 드 몽브레가 구해주었다. 몽브레와 함께 온 병사들은 오는 길에 몇몇 도시에서 징집한 병사들이었다.

윌리엄은 부관에게 사소한 일들을 남기고 노팅엄과 요크로 올라갔다. 하지만 폰트프랙트 근처를 지나가려는데 에르강의 물이 불어 다리가 떠내려가고 말았다. 반대편에는 영국과 덴마크의 연합군이 집결해 있었다. 이런 계절에 다리가 없는 강은 건널 수 없었다(1069년 12월). 적군은 아군의 창이 미치는 사정권 안에 있었다. 노르만군은 꼬박 석 달 동안 꼼짝하지 않고 거기에 있었다. 적군도 미동도 하지 않고 있었다. 그러던 어느 날, 리주아 드 무티에Lisois de Moûtier라는 기사가 약탈하는 도중에 도강하기 적합한 개울을 에르강의 상류에서 발견했다. 윌리엄이 이끄는 60여 명의 일행은 앵글로색슨인들의 보호를 받으며 개울을 건넜다. 나머지 군대도 뒤를 따라 개울을 건넜다.

요크를 점령한 적들은 아직 반응을 보이지 않고 있었다. 요크의 앵글로색슨 주민과 침략자인 덴마크인 사이에는 어떤 연대감도 찾아볼 수 없었다. 물론 노르만 군이 에르강을 건넜다는 사실은 덴마크군의 사기를 떨어뜨렸을 것이다. 각자는 자기의 운명만을 끊임없이 생각하는 법이다. 아스비외른은 요크를 포기하고 퇴각을 명령했다. 그러자 노르만군은 대열을 둘로 나누었다. 윌리엄은 부대를 둘로 나누어 한 부대는 험버의 덴마크군을 감시하게 하고, 다른 부대는 그와 함께 요크에 입성했다. 그는 성곽이 무너진 자리에 다시 성곽을 건설했다. 반란군은 혼비백산하여 요크셔 서쪽과 북쪽 언덕으로 도주한 뒤였다. 그 지역은 나무가 울창한 계곡과 해발 600~800미터에 달하는 산악 지역이었고, 특히 겨울에는 접근하기 어려웠다. 윌리엄은 노섬브리아의 잦은 반란에 짜증이 나 있었다. 그리고 소극적인 진압은 실패했다고 판단하고, 이번 기회에 도주병을 추격하여 몰살시키기로 작정했다. 추격이 수 주간이나 계속되었다. 반군의 토벌은 전쟁의 공포에 익숙했던 당시의 사람들에게조차 끔찍한 기억을 심어주었다. 노르만군은 하나의 명령만을 따랐다. 항복한 지역도, 항복한 사람도 절대로 살려주지 말라는 명령이었다. 모두 죽여야 했고, 동시에 모두 파괴시켜야 했다. 토지를 불태우자 음습한 겨울 안개가 비옥한 땅에서 피어올랐다. 그곳에는 독립 정신을 가지고 있는 자유민들이 살고 있었다.

전투가 여기저기에서 벌어졌다. 그리고 모든 반란군은 죽음을 당했다. 한 지방이 송두리째 죽은 것이다. 노르만군은 냉혹하게 한 채의 집도, 한 개의 다리도, 경작지 하나도 남기지 않고 대지를 초토화시켰다. 윌리엄은 요크 서남 지방의 초토화 작전을 손수 지휘했고, 부하들에게 도시의 북쪽과 동쪽을 포기할 것을 명령했다. 그 다음에 군대는 질서정연하게 서쪽으로 이동했다. 철저한 파괴와 공포를 확인하기 위해서 노르만군은 살아 있는 것은 모조리 죽였다. 왕은 진군한 지역의 후미에 군사 초소를 설치하여 마무리 작업을 맡겼다.

성탄절 전까지 왕국의 모든 지방, 다시 말해 요크와 랭커스터, 북해와 아일랜드까지 전 지역이 황폐화되었다. 연안에 가까운 작은 섬들만 노르만군의 분노를 피해갈 수 있었다. 면적으로 치면 가로 70킬로미터, 세로 180킬로미터의 땅에서 생명체가 사라진 것이다. 노르만군의 학살을 모면한 현지인들은 수천 명씩 숲으로 도망갔으나 배고픔과 추위로 살아남지 못했다. 남쪽으로 도주한 사람들은 살아남기 위해 스스로 노예로 팔려

정복 당시 영국의 지도.

나갈 정도로 비참했다. 그해 겨울 글로스터 근처에 있는 이브섬 수도원의 연대기 작가는 굶주린 피란민 무리가 여인숙에 열을 지어 모여들었다고 적고 있다. 그들 중에는 하루에도 대여섯 명씩 기력이 쇠진해서 죽었다고 한다. 이렇게 폐허가 된 촌락에 새로운 마을이 들어선 것은 그 뒤 15년이 지난 뒤였다. 하지만 12세기 초에도 초토화된 폐허를 눈으로 확인할 수 있었다.

월리엄의 이런 행동은 맹목적인 격정과 단순한 잔인성으로는 설명할 수 없다. 11세기의 군사적 관습은 모든 경우에 약탈을 수반하고 있었다. 당시의 사람들은 현대인들과는 다르게, 군대의 그런 행동을 가증스럽게 여기지 않고 있었다. 당시의 노섬브리아 유린 작전을 연대기 작가들이 가증스럽다고 판단한 이유는 황폐화 작전이 냉혹하게 이루어졌고, 그것도 이제 왕관을 쓴 지 얼마 안 된 왕에 의해 자행되었기 때문이다. 스코틀랜드와 덴마크 해적도 이 정도로 나라를 초토화시키지는 않았다. 하지만 월리엄은 반란의 기운이 있는 이상 모른 체 넘어갈 수는 없었다. 다시 말해 반란의 반복을 더 이상 용인할 수 없었던 것이다. 결국 상황이 필요를 만든 것이다. 노르만인의 수가 너무 적어 영국을 식민지로 만드는 것이 어렵다는 것도 큰 원인으로 작용했을 것이다. 지난 2년간의 사건들은 앵글로색슨인과의 협력이 부질없었다는 것을 반증하고 있었다. 신하 서약에 무관심하고 거짓 서약에 익숙한 영국인에 맞서기 위해서는 새로운 반란에 필요한 모든 물자를 없애버리는 것이 상책이라고 월리엄은 생각했을 것이다. 또한 반란을 진압하는 데 지친 월리엄은 '피할 수 없는 범죄'가 필요하다고 이성적으로 판단했을 것이다.

월리엄은 그해 성탄절을 보내기 위해 요크로 돌아왔다. 그런데 일단의 무법자 무리가 요크 북쪽 티스 늪지대에 집결해 있다는 소식이 들려왔다. 윌리엄은 다시 그들을 쫓아버리기 위해 출정했다. 하지만 무법자 무리는 밤을 틈타 도주하고 말았다. 윌리엄은 티 계곡에서 그들과 전투를 벌이느라 2주를 보냈다. 그런데 그곳에 월서프가 나타나 자비를 베풀어 줄 것을 간청했다. 고스패트릭 역시 그의 부하 한 명을 보내 충성의 서약을 다시 하겠다고 제안해왔다. 에드윈과 모르카도 다시 윌리엄을 찾아왔다. 윌리엄은 그들의 제안을 받아들였다. 아마도 우정의 필요싱과 폭력에 대한 혐오는 윌리엄의 성격 중에서 가장 유약하고 인간적인 면이었다. 그는 고스패트릭과 월서프에게 다시 임무를 맡겼다. 게다가 월서프에게는 자신의 조카 쥐디트Judith†를 배필로 주었다. 그리고 그는 다시 요크로 향했는데, 1월의 매서운 추위가 맹위를 떨치고 있었다. 윌리엄은 새로운 무법자들을 찾아 동쪽의 구區††를 갈지자로 통과하고 있었다. 그의 군대는 혹한으로 인해 고통받고 있었고, 말들도 죽어갔다. 한번은 이런 일도 있었다. 어느 추운 겨울날 저녁에 윌리엄이 여섯 명의 기사와 함께 급습 공격을 나갔다가 그만 길을 잃고 말았다. 마침내 그는 요크에 도착하여 아스비외른—여전히 험버 지방에 주둔하고 있었다—에게 비밀 전갈을 보냈다. 평화 조약을 맺자는 전갈이었다. 그 내용은 만약 덴마크인들이 노르만인들에게 적의를 보이지 않으면 겨울까지 모든 생필품을 제공한다는 것이었다. 그 비용은 현지에 거주하는 앵글로색슨 농민들이 부담하는 조건이었다! 그리고 상당한 돈도 보냈다. 아스비외른은 제안을 받아들였다. 노섬브리아가 완전히 산산조각이 난 것이다.

이제 반란도 잠잠해졌다. 하지만 영국은 너무나 많은 피를 흘렸다. 노

---

† 아버지 장엄공 로베르와 아를레트 사이에서 태어난 아엘리스의 딸이다. 윌리엄은 그녀에게 외삼촌이 된다.
†† 주州를 분할한 행정 구역—옮긴이

르만인은 주요 도시를 모두 장악했는데 한 도시만 예외였다. 바로 체스터였다. 이 도시는 1066년 이후에도 앵글로색슨 행정관이 통치하는 자치 도시였다. 게다가 웨일스의 북부 지방으로 통하는 관문을 지키고 있었으므로 그 역할을 다소 축소시킬 필요가 있었다.

다시 한 번 윌리엄은 출정의 신호를 보냈다. 요크에서 체스터까지는 150킬로미터에서 200킬로미터를 가야하는데, 계곡과 늪으로 끊어진 지대를 지나 길도 거의 없는 곳으로 이동해야 한다. 이번에는 군대가 노골적으로 원정에 불만을 표시했다. 앙주, 브르타뉴, 르망에서 온 용병들이 끝이 보이지 않는 행군과 성곽의 경비, 추위와 궁핍에 반기를 든 것이다. 결국 윌리엄은 용병들을 풀어주었다. 그랬더니 그들은 봉급을 달라고 아우성이었다!

윌리엄이 불만을 가진 병사들을 모아놓고 말했다. "나는 겁쟁이들은 필요하지 않다. 떠날 사람들은 어서 떠나라. 나는 상관없다." 그리고 다시 길을 재촉했다. 그는 지난 12월에 쑥대밭으로 만들었던 지방을 다시 지나가고 있었다. 이제는 약탈할 것도 없었다. 병사들은 배가 몹시 고파서 말고기를 얇게 저며서 먹었다. 그들은 늪지대를 지날 때마다 늪에 빠져 익사하기도 했다. 하지만 그들은 자신들을 지탱해주는 힘을 지닌 지도자의 뒤를 따랐다. 체스터는 전투도 하지 않고 항복했다. 윌리엄은 웨일스로 가는 길을 굽어볼 수 있는 곳에 요새 성을 세웠다. 체스터를 떠난 윌리엄은 스태퍼드로 내려가서 거기에 다시 요새 성을 하나 축조했다. 솔즈베리에서 윌리엄은 병사들의 소집령을 해제했다. 하지만 중간에 불만을 표출하던 병사들은 40일간의 추가 징집이라는 벌을 내렸다. 웨일스의 침입을 막기 위해 그는 국경 근방에 두 개의 백작령을 새로 만들었다. 슈루즈베리 근처에 백작령을 하나 만들어 로제 드 몽고메리를 백작으로 봉하

465

고, 또 하나는 체스터 근처에 만들어 플랑드르 출신인 제르보Gherbod에게 맡겼다. 하지만 제르보는 몇 주 후에 전투에서 죽고, 공석이 된 백작 자리는 아부랑슈의 자작 위그에게 갔다. 이제 노르만군은 적을 공격할 수 있는 거점을 확보하게 된 것이다. 1071년 기욤 피츠오즈베른은 웨일스 남부 지방을 점령하고 쳅스토와 몬머스에 식민지를 개척했다. 한편 로제 드 몽고메리는 카디건을 습격했다. 그는 1075년에 거의 황무지와 다름이 없던 산악 지대를 개척하여 슈루즈베리 백작령에 편입시켰는데 오늘날의 몽고메리셔가 이 지방이다. 한편 체스터에서는 위그 다브랑슈가 웨일스 북부의 왕을 25~30킬로미터 후퇴시켜서 자신의 영지를 확대했다.

이제 반란의 진압과 정복도 일단 마무리가 된 것처럼 보였다. 1070년 부활절에 왕의 제안에 따라 윈체스터에서 세 명의 교황 특사가 참석한 가운데 공의회가 개최되었다. 몇 달 전부터 준비한 끝에 개최된 이 회의는 비참한 전쟁의 후유증이 팽배한 가운데 열렸다. 회의에서는 기사들이 왕명에 따라 군역을 수행하기 위해 싸웠다는 명분을 담은 법령을 공포했다. 이 법령은 윌리엄과 기사들이 폭력의 시대를 종료시키는 내용을 담고 있었고, 교회법이 정하는 속죄의 고행을 규정하고 있었다. 하지만 단지 속죄의 기간만을 정할 뿐이고 방법은 명시되어 있지 않았다. 속죄의 대상은 전쟁에서 행한 행동들로서 다음과 같이 나열하고 있다.

a) 헤이스팅스의 행위: 한 사람을 죽인 자는 1년의 고행을 통한 속죄, 한 사람에게 상해를 입힌 자는 40일 간의 속죄를 할 것. 그 수를 모르는 자는 해당 주교의 판단에 따라 1주일에 한번 평생 동안 속죄를 할 것. 단 자선을 위한 기부를 하거나 교회를 건설하면 예외로 인정함. 궁수의 경우, 누구를 죽였는지 모르므로 세

번의 사순절에 해당하는 기간에 고행을 통해 속죄할 것.

b) 헤이스팅스 전투와 왕의 대관식 사이에 저지른 행위: 한 사람을 죽인 자는 1년의 고행을 통해 속죄할 것. 하지만 생필품을 빼앗기 위해 사람을 죽였다면 3년 동안 속죄할 것.

c) 대관식 이후에 저지른 행위: 비무장한 사람을 죽인 경우 교회 형벌에 따라 살인죄로 처벌. 만약 죽은 사람이 무장을 하고 있었거나 반란군이었다면 상기한 바에 따른다.

d) 절도, 강간, 교회에 대한 테러는 보통법droit commun에 따라 처벌한다.

위에서 열거한 죄의 항목들은 노르망디의 평화에 유리하게 혹은 영국 주교단의 구성에 따라 변경될 수 있었다. 하지만 앨드레드의 죽음은 윌리엄에게 유리하지 않았다. 왜냐하면 그는 영국의 고위 성직자들에게 왕의 입장을 대변해주고 있었기 때문이다. 그는 스티갠드와 함께 가장 높은 자리에 있던 성직자였다. 스티갠드에게도 위기의 순간이 도래했다. 교황 특사단은 스티갠드의 죄목을 열거하면서 그를 파문할 것과, 대주교의 자리에서도 파면할 것을 윌리엄에게 요구했다. 다른 주교들에 대해서도 비슷한 조치를 요구했다. 스티갠드의 형제인 이스트앵글리아의 주교 에셀머Ethelmer, 더럼의 주교 에셀와인, 셀슬리의 주교인 늙은 에셀릭Ethelric 등이 고소 대상이었는데, 그들은 현지법을 잘 알고 있는 전문가들이었다. 영국 교회는 이제 원로들이 물러나고 왕의 신임을 받는 성직자들이 그 자리를 채웠다. 요크의 대주교에는 바이외 교회의 재무담당인 토마Thomas de Bayeux 가 임명되었는데, 그는 왕의 동생인 오동의 신임을 받고 있었고 학식 또한 출중했다. 스티갠드가 있던 윈체스터에는 왕의 전속 신부를 임명했다.

한편 캔터베리 대주교는 랑프랑에게 돌아갔다. 랑프랑은 베랑제†에 맞서
『성체에 대하여De Corpore Domini』라는 저술의 집필을 끝내고 있었는데, 그
는 열정과 왕의 신임을 등에 업고 영국 교회를 개혁할 수 있는 최적의 적
임자로 떠올랐다. 교황청도 랑프랑이 캔터베리 대주교에 임명된 것을 열
렬히 환영하고 있었다. 물론 사전에 통고를 받았겠지만……. 몇 달 후에
랑프랑이 로마를 찾았을 때('사도좌 정기 방문'이라 부른다), 교황 알렉산더
2세는 각별한 관심을 표명하며 랑프랑에게 대주교가 걸치는 영대를 한
벌만 하사한 것이 아니라 두 벌을 하사했다고 한다. 한 벌은 새 대주교에
게 주는 것이고, 한 벌은 교황 자신의 옷을 성유물처럼 주었다고 한다.

스티갠드와 절연하고 그의 후계자 자리에 랑프랑 같이 비중 있는 인물
을 앉혔다는 사실은, 윌리엄의 입장에서 보면, 현지인들과의 협력에 종지
부를 찍었다는 의미로 볼 수 있다. 스티갠드는 이 결정에 불복하고 스코
틀랜드에 있는 에드거를 찾아 떠났다.

5월에 왕은 브랜드의 죽음으로 공석이 된 피터버러의 수도원장에 노
르망디 출신의 튀롤드 드 페캉을 임명했다. 그는 그때까지 맘즈버리 수도
원장이었다. 왕은 튀롤드를 총애했다. 그는 용맹스럽고 거친 사람이었다.
그래서 왕은 자랑스럽게 혹은 짓궂게 그를 공개적으로 칭찬했다. "이 사
람은 성직자보다 기사라고 불러야 할 것이다." 그런데 왕이 그에게 이런
임무를 부여한 것은 우연이 아니었다. 이번에는 영국의 동부 지방(펜랜드)
이 불안해졌기 때문이다. 스벤 에스트리트손이 손수 이끄는 덴마크 함대
가 영국에 접근하고 있다는 소식이 들려왔다. 여기에 험버만에 주둔하고
있던 덴마크 왕의 형제 아스비외른도 워시만 근처에서 합류할 예정이었

† 베랑제는 1040년부터 투르의 학교에서 학생들을 가르쳤다. 본문 271쪽 참고.

다. 노르만군의 침략에도 안전하게 소택지 근처에 살고 있던 농민들과 어민들의 상황이 급변했다.[†] 덴마크인들이 이 지방을 습격하기 위해 다가오고 있었다. 농민들은 아스비외른과 연락을 취하고 노르만군을 습격하기 위해 무장에 들어갔다. 그들의 지도자는 헤리워드Hereward라는 소작민이었다. 그는 크롤런드와 피터버러 수도원의 소작인이었는데, 성격이 까다롭고 항상 주인들과 분쟁을 일으키는 인물이었다. 덴마크군이 오기도 전에 헤리워드는 미리 예상하고 전쟁을 일으켰다. 5월의 어느 날 그는 농민군을 모아서 수비대도 없는 피터버러 수도원을 점령했다. 그는 수도원이 노르만인들의 본거지라고 생각했을까? 아니면 지난날의 부당한 처사에 대한 복수였을까? 수도사들은 이 사건에 대해 새로 임명된 수도원장 튀롤드의 답을 듣기 위해 사자를 보냈다. 튀롤드는 아직 오고 있는 중이었으므로 수도사들은 보물들을 숨기거나 수도원의 문을 걸어 잠그는 수밖에 없었다. 헤리워드는 성읍에 불을 놓았다. 교회만 빼고 모든 것이 다 불에 타버리고 수도원도 잿더미가 되었다. 이 광경을 보고 겁에 질린 헤리워드는 수도사들에게 곧 덴마크군이 와서 노르만군을 쫓아낼 것이라고 설명했다. 그러면서 그는 수도원의 재산, 즉 윌리엄의 재산을 몰수하여 자신의 감시 아래 두었다. 사람들은 그의 말을 믿었다. 게다가 그는 성실하기까지 했다. 헤리워드의 말을 들은 수도사들은 해산했고, 그는 전리품들—귀중한 성유물들—을 엘리까지 가져가서 덴마크군에게 넘겼다. 이 밖에도 그는 에설월드Ethelwold 수도원을 덴마크군에게 담보로 바쳤다.

　헤리워드의 영웅적인 행적은 30~40년 뒤에 민담이나 발라드 시로 다

[†]　런던과 서식스 해변 사이에는 울창한 원시림이 자연 방벽을 역할을 했다. 본문 157쪽 참고.

노르만 군대와 싸우는 헤리워드 『일러스트 영
국사』(1865)

시 태어난다. 라틴어로 쓰인 이 무훈시는 1150년경에 엘리의 수도사 리
샤르가 「헤리워드의 무훈 이야기Gesta Herwardi」라는 제목으로 세상에 알렸
다. 이 서사시는 '무법자'들을 노래하고 있는데, 13세기의 앵글로-노르만
문학을 대표하는 작품이다. 저자는 '수도사' 위드테스Wistasse le Moine, 월데

영국 왕

470

프Waldef 혹은 푸크 피츠워린Fouke Fitz-Warin이라는 이름으로 알려져 있다. 용감하고 성실한 헤리워드는 강도이자 불의를 바로잡는 의적이었다. 그는 엘리에 일당들과 정착했는데, 이스트앵글리아에 있는 모든 무법자가 합류할 정도였다. 이들의 '피신 야영지'는 매복병들이 우글거리는 복잡한 강과 운하가 배들을 보호해주었다.

한편 스벤과의 전쟁은 일어나지 않았다. 여름이 시작할 무렵 윌리엄은 또 다시 협상 카드를 꺼내들었다. 덴마크군이 점령지에서 완전히 철수하면 전리품들의 소유권을 인정해주겠다고 스벤에게 제안했다.

하지만 덴마크군이 바다로 나아가려는 순간 스코틀랜드 왕이 평화 협정을 깨뜨려버렸다. 그는 에드거의 편을 들어 손쉬운 약탈에 더 많은 관심이 있었기 때문이었다. 맬컴 왕은 티스 계곡을 따라 노섬브리아로 쳐들어와서 클리블랜드 지방을 황폐화시키고, 다시 더럼까지 올라갔다. 한편 노섬브리아의 웨어머스 시가 불타고 있는 동안 에드거가 합류했다. 그는 얼마 전부터 워시 지역의 덴마크 진영에 피신하고 있던 중이었는데, 덴마크군에게 피신을 요청한 것은 이번이 벌써 세 번째였다. 맬컴이 에드거와 그의 어머니 마거릿을 맞아주었다. 맬컴은 아무 일도 없는 것처럼 영국의 북부 지방을 약탈하고 있었다. 이 지방의 방위를 맡은 고스패트릭은 약탈자들을 막을 엄두도 못냈다. 맬컴은 이후 다시 스코틀랜드로 돌아가서 에드거에게 마거릿과의 결혼을 요청했다. 마거릿은 이 결혼에 극구 반대했지만 에드거의 입장에서는 거절할 수 없었다. 이 결혼을 통해서 스코틀랜드는 유럽의 일원이 되었다. 교양을 갖춘 마거릿은 야만인들로 우글거리는 스코틀랜드 궁정을 세련되게 바꾸어놓았던 것이다. 실제로 그녀는 1072년에서 1075년 사이에 랑프랑과 서신을 주고받으며 그에게 조언과 도움을 요청했다. 영국의 한 시인은 그녀의 세련된 미덕과 영향력 덕

471

분에 맬컴 왕과 그의 신하들이 스코틀랜드 왕조의 합법성을 확립하는 데 관심을 갖게 되었다고 그녀를 칭송하고 있다.

1070년경에 또 다시 반란의 소문이 돌기 시작했다. 에드윈과 모르카가 두 번째로 윌리엄을 배신한 것이다. 모르카는 엘리의 무법자들과 합류했고, 에드윈은 스코틀랜드로 갔다. 그러나 에드윈의 부하들은 가는 길에 그를 배신하고 주군인 에드윈을 노르만군에게 인도했다. 하지만 절체절명의 순간에 에드윈은 스무 명의 기사들과 함께 탈출에 성공했고, 배신자들은 미친 듯이 에드윈을 추격했다. 바다 근처에 이르자 밀물 때문에 강을 건널 수 없었다. 에드윈 일행은 배신자들과 맞서 영웅적으로 싸웠지만 하나둘씩 쓰러지기 시작했다. 마침내 에드윈도 배신자들의 손에 죽임을 당했다. 배신자들은 에드윈의 목을 잘라 왕에게 가져갔다. 물론 어느 정도의 보상을 예상했을 것이다. 하지만 윌리엄은 아꼈던 봉신의 머리를 보자 눈물을 흘리기 시작했다. 윌리엄의 전기에서 그가 눈물을 흘렸다는 장면은 이것이 유일하다. 그는 배신자들을 추방했다.

한편 엘리의 '피신 야영지'에 머무르고 있던 헤리워드 일당은 이제 더 이상 노르만 군대에게 거추장스러운 존재가 되지 못했다. 그들이 고립무원의 상태에 놓여 있었기 때문이다. 하지만 윌리엄은 이 종기를 도려내기로 결심한다. 1071년 봄에 노르만군은 케임브리지에 집결하여 지형을 검토하기 시작했다. 연대기 작가 플로랑스 드 우스터Florence de Worceter에 따르면 소택지 주변에 엘리섬으로 들어가는 출입구만 제외하고 3킬로미터의 목재 방책을 세워 야영지를 포위했다고 한다. 이제 노르만 기병대만 이 출입구를 통해 야영지로 들어갈 수 있었다. 처절한 저항에도 불구하고 엘리섬은 수도사들의 배신으로 함락되고 만다. 윌리엄은 무법자들을 생포한 뒤에 그들을 두 부류로 나누었다. 먼저 불구자와 장님들은 풀어주고, 나머지는 감옥에 가두었다. 그들 중에는 신분이 높은 자들도 있었다. 바로 모르카가 그 주인공이었다. 로제 드 보몽이 그를 노르망디까지 호송했다. 엘리에 들어간 윌리엄은 성곽을 세우고 수도원장에게 700마르크 은화를 몸값으로 요구했다. 하지만 수도원장이라는 위상에 비해 몸값이 너무 적다고 생각한 윌리엄은 300마르크 은화를 더 요구했다.

헤리워드는 노르만군의 공격으로 아비규환이 된 늪지대에서 몇몇 동료와 함께 탈출에 성공했다. 패자들은 그를 불사신이라고 불렀다. 그 뒤 그는 어떻게 되었을까? 그에 대한 소식은 전설로만 전해온다. 그는 결국 윌리엄에게 항복했는데, 1086년 이전에 노르만인이 암살했다고 한다. 묵은 빚에 대한 앙갚음을 한 것이다. 하지만 헤리워드의 행적은 영웅적이었고, 그는 후대에 많은 사회적 영향을 끼쳤다. 실제로 1080년 이후 헤리워드가 속했던 농민 출신의 종사 계급이 다른 지방보다 이 지방에서 영향력이 컸었다는 사실은 우연이었을까?

정복을 통하여 윌리엄은 성장했고 그의 개인적인 명성도 커지고 있었다. 물질적으로는 상당한 수단들을 장악했지만, 그는 정복으로 인해 행동의 자유를 제한받았다. 순수한 봉건적인 관점에서 보면 정복은 장기적으로 노르망디에 득이 되지 못했다. 도버 해협의 양쪽에 있는 왕국과 공국을 효과적으로 통치한다는 것이 어려운 일이었기 때문이다. 그 사이에 1071년에 프랑스의 필리프 1세가 성년이 되었다. 그는 노르망디에는 관심이 없는 척했다. 그는 과거에 범한 실수를 기억하면서도 여전히 노르망디 공국을 노리고 있었다. 앙주 지방에서는 '불평꾼 풀크'가 백부인 조프루아 마르텔의 정책을 계승하여 멘 지방을 차지하려고 호시탐탐 기회를

473

엿보고 있었다. 비록 이 둘의 힘은 약했지만 현 상황에서 둘이 연합한다면 윌리엄에게는 큰 위협이 될 수 있었다.

결국 플랑드르의 계승권†을 둘러싸고 형제간에 분쟁이 일어났다. 보두앵 6세의 두 아들 중에서 보두앵은 에노 지방을, 아르눌Arnoul은 플랑드르를 물려받았다. 그런데 두 아들 모두 미성년이었다. 그래서 어머니 리실드Richilde가 아르눌의 섭정을 맡았고, 보두앵은 그의 숙부 로베르가 섭정을 맡았다. 로베르는 프리슬란드 출신으로 네덜란드의 플로랑 드 올랑드Florent de Hollande의 미망인과 결혼한 사이였다. 그런데 이 두 명의 섭정인(리실드와 로베르)은 사이가 안 좋았다. 리실드는 야심이 많은 로베르에게 위협을 받는다고 느끼고 있었고, 그가 곧 공격할 것이라고 믿었다. 그녀는 프랑스 왕에게 도움을 청한다. 동시에 평소에 존경심을 가지고 있었던 기사—그의 용맹과 명성은 익히 잘 알려져 있었다—에게도 손을 내밀었다. 바로 윌리엄의 오른팔 기욤 드 피츠오즈베른에게!

오즈베른은 마틸다 여왕과 함께 노르망디에 머무르고 있었다. 그는 윌리엄의 허락을 받고 플랑드르로 떠났다. 마치 궁정 소설 속의 영웅처럼 학대받고 있는 귀부인을 찾아 힘차게 말을 달렸다. 그러나 그가 플랑드르에 도착하자마자 그는 매복해 있던 병사들에게 살해되었다. 아르눌도 같은 시간에 죽었다. 리실드는 리에주 주교의 도움으로 싸움을 계속해 나갔다. 하지만 몽스에서 패배하여 결국 플랑드르를 로베르에게 내준다. 그녀는 수도원에서 생을 마감했다.

윌리엄 왕은 이 사건으로 가장 친한 친구이자 가장 용감한 기사를 잃었다. 하지만 윌리엄의 고집은 꺾을 수가 없었다. 그는 조롱당한 보두앵의

---

† 　보두앵 6세와 두 아들 이야기는 본문 444~445쪽 참고.

이름으로 로베르를 플랑드르 백작으로 인정할 수 없다고 선언했다. 필리프 1세는 이 와중에 자신에게 유리한 패를 만지작거리고 있었다. 그는 로베르를 플랑드르의 백작으로 인정하고 두 나라의 동맹을 꾀했다. 그러나 필리프 1세는 로베르를 코르비에서 죽이고 자신의 결정을 없었던 것으로 돌렸다.

노섬브리아에서 오는 보고는 윌리엄에게 새로운 걱정거리를 안겨주었다. 바로 스코틀랜드에서 발원한 새로운 위협이었다. 윌리엄은 추방된 자들과 무법자들의 소굴인 스코틀랜드를 이 기회에 궤멸시키기로 작심했다. 그는 대규모 원정을 준비했고 군대도 직접 지휘할 작정이었다. 곧바로 군사 소집령을 내리고 함대를 북쪽으로 이동시켰다. 지상군도 마찬가지로 북진 명령을 내렸다.

1072년 여름 전에 윌리엄의 원정군은 스코틀랜드 출정에 나섰다. 요크와 폐허로 변한 주변을 지나 더럼을 통과한 원정대는 타인강을 지나 히드가 무성하고 언덕으로 둘러싸인 지방으로 깊숙이 들어갔다. 언어도, 풍습도 다른 낯선 땅이었다. 맬컴 왕은 후퇴하면서 주변을 다 비워놓았다. 그는 전투를 회피하고 있었다. 윌리엄의 군대는 포스강을 건너 주위를 초토화시킨 다음에 롤런드로 들어가기 시작했다. 테이 지방의 애버내시에서 최초의 전투가 있었다. 이 전투에서 패배한 맬컴은 항복하고 다시 윌리엄에게 오마주를 바쳤다. 그리고 자신의 아들 도널드Donald를 볼모로 보냈다. 맬컴은 새롭게 만들어진 봉신 관계를 인정하고 에드거를 돕지 않겠다고 약속했다. 위기감을 느낀 에드거는 서둘러서 새로운 피신처를 찾아 플랑드르로 떠나려던 참이었다. 윌리엄은 맬컴의 임시방편 같은 제안에 만족하고 있었다. 사실 맬컴을 더 이상 압박할 수단도 없었던 것이다. 윌리엄은 다시 영국으로 돌아왔다. 하지만 이번에는 지나온 지방에 하나

475

의 요새 성도 건설하지 않았다. 이제 자신의 위상이 안정되었다고 판단해서 그런 행동을 했을 것이다. 버니시아와 노섬브리아는 왕국에서 가장 변방에 속한 지방이었다. 길도 제대로 없고 주군에 대한 충성심도 의심스러웠기에 가장 강력한 노르만 행정 조직으로 통제할 필요가 있는 지방이었다. 그런 이유에서 주민과의 타협은 일찌감치 포기했다. 스코틀랜드에서 돌아온 윌리엄은 더럼 주교에 로렌 출신인 고셰Gaucher를 임명했다. 그리고 그의 신자들을 보호해주기 위해 성곽을 하나 건설하라고 명령했다. 한편 윌리엄은 로베르 드 코민의 살해에 가담했다고 의심을 받고 있던 고스패트릭을 버니시아의 백작에서 쫓아낸다. 그리고 마지막 호의로 윌리엄은 월서프에게 노섬브리아 백작령을 맡긴다. 고스패트릭은 다른 사람들이 그랬던 것처럼 스코틀랜드로 피신했고, 그 후 그의 모습은 다시 볼 수 없었다.

이 시기의 정복왕과 관련된 두 가지 에피소드를 오드릭 비탈과 기욤 드 맘즈버리가 전하지만 진위는 확인할 수 없다. 군사 원정을 수행하는 동안 윌리엄은 앵글로색슨 신부神父의 딸에 반해서 그녀와 얼마 동안 함께 살았다고 한다. 이 소식을 들은 마틸다 여왕은 질투심에 불타 하인 한 명을 그녀의 집에 보내 그녀의 다리 하나를 잘라 갔다고 한다! 결정적인 신체 부위를 절단한 끔찍한 일이었지만, 그런 행동에 어떤 마법적인 의도가 있는지는 신만이 알 수 있는 상징적인 사건이었다. 얼마 후에 윌리엄은 노르망디의 숲에서 말을 타다가 유혹을 참지 못하고 두 번째로 두 명의 처녀에게 빠지고 말았다. 마틸다는 이번에도 라이벌들을 죽이려고 했다. 윌리엄은 마틸다가 보낸 살인 청부업자를 보고 깜짝 놀라서 그녀들을 멀리 보냈다. 이후 그녀들을 결혼시키고 두둑한 지참금을 주었다고 한다.

멘의 제2차 전쟁과 자치도시

1063년 노르망디 공이 르망 문제를 반강제적으로 해결했을 때† 고인이 된 에르베르 1세에게는 두 딸이 있었다. 그런데 두 명의 사위, 즉 리귀리의 자작 아종Azzon과 앙주 출신 장 드 라플레슈Jean de La Flèche는 불만에 가득 차 있었다. 1069년 봄 아종은 부인과 아들 위그Hugues를 데리고 멘 지방으로 여행을 갔다. 그리고 그 지방의 제후들에게 아들을 소개시켰다. 그리고 위그는 그들로부터 백작의 지위를 인정받았다. 리귀리의 아종 자작이 과거에 돈으로 이들과 협정을 맺은 적이 있기 때문이다. 돈을 지불하면 신하의 충성도 흔들리기 마련이다. 하지만 아종은 이런 이익을 포기하고 위그와 아내를 멘에 남겨두고 이탈리아로 떠난다. 멘의 실력자인 조프루아 드 마옌이 아종의 가족들을 맡았다.

그런데 조프루아가 아종의 아내와 사랑에 빠졌다. 사실상 그는 멘의 맹주였다. 한편 오래전부터 르망의 주민들과 조프루아 사이에는 알력이 있었는데, 특히 도시 변두리에 살던 장인들과 상점 주인들이 그 당사자였다. 이들은 아종이 떠나자마자 주교가 모르는 사이에 몰래 집결하기 시작했다. 그들은 자신들의 기득권과 옛 관습들을 유지하겠다고 서약했으며, 영주의 중재에 대해서는 자결권을 요구했다. 그들은 영주를 협박해서 독립은 아니더라도 그에 상응하는 적당한 지위를 요구했다. 그들은 중개업자들을 없애줄 것과, 자신들이 앙주 백작이나 노르망디 공이 아닌 도시에 직속되게 해달라고 요구했다. 실제로 그들은 주변의 제후들을 자신들이 요구하는 협정에 가입하라고 압박했으며, 대부분의 제후가 동의했

477

---

† 르망의 시민들은 노르만을 증오했지만 결국 굴복할 수밖에 없었다. 본문 357~359쪽 참고.

다. 이러한 단체 동맹이 멘 지방에서 확산되었다. 이 운동은 조프루아 드 마엔이 주교에게 항거하는 운동처럼 비춰졌다. 그들은 마지못해 전광석 화처럼 이 사태를 처리하면서 이미 완성되고 인정된 르망의 '자치도시'를 애써 외면하려 했다.

자치도시commune란 용어는 10세기부터 문헌에 등장하는데 한 장소에 사는 주민들의 집단을 가리켰다.[†] 하지만 11세기에 이 말은 정치적 의미가 들어간 독특한 말로 바뀌었다. 이런 의미상의 변화는 인구의 증가와 농업의 비약적인 발전과 깊은 관련이 있고, 이 시기의 전형적인 특징이다. 이 시기에는 소비재의 요구가 꾸준히 증가하고 있었고, 장원에서 생산되는 생산품의 양도 늘어남에 따라 잉여 재화를 소비할 통로가 필요하게 되었다. 당시의 상황은 이러했다. 재화를 나르는 상인들은 길에 넘쳐 도적들의 표적이 되었다. 상인들 중 유대인이 차지하는 비율이 꾸준히 증가했는데 그들은 뛰어난 상인이었다. 그러자 현지인과 유대인 간에 분쟁이 발생하여 긴장감이 고조되었다. 그 긴장은 폭력적으로 변해 여기저기에서 유혈 사태가 발생하기도 했다. 결국 교황 알렉산더 2세는 1065년에 유대인들에게 불리한 성명을 발표하게 되었다. 한편 북해와 도버 해협을 사이에 두고 양안 간의 교역은 완전히 중단된 적이 없었다. 특히 11세기 중엽부터는 교역의 규모가 급증하는 추세였고, 교역을 통해 영주들은 이익을 챙겼다. 영주들은 시장, 항구, 성읍 등을 소유하고 있었기 때문에 이곳을 이동하는 상인들이나 출입하는 시민들에게 입시세와 통행세라는 구실로 세금을 거두어 많은 부를 축적했다. 그러자 이번에는 제후

[†] 프랑스어 'commune'은 라틴어 'communia'에서 유래했다. 본래의 의미는 수도원의 공동재산을 가리켰다. 그러던 의미가 중세에는 사람들이 공동으로 소유하고 있는 재산으로 바뀌었다.

들 사이에서 불만의 소리가 터져 나왔다. 대제후와 중소 제후들 간에 생활의 격차가 벌어졌기 때문이다. 몇몇 제후, 특히 윌리엄 공 같은 제후들은 이런 교역을 장려하는 것이 자신들의 이해관계와 맞아 떨어진다는 것을 알고 있었다. 윌리엄 같은 대제후들은 교역의 보호를 위해서 약탈자들을 막아주었으며, 장기적인 이득을 위해 당장의 이익은 희생할 줄도 알았다. 윌리엄은 1060년경에 루앙과 생투앵의 입시세를 면제해주었다. 상인들은 과거보다 영주들에게 덜 종속되어 있었고, 반대로 자신들의 존재에 대해서는 더 잘 인식했다. 그런 이유로 상인들은 자신들의 권익을 보호해줄 수 있는 단체를 만들기 시작했다. 고립된 행상인들은 사라지지 않았지만(시골에서 그들이 사라진 것은 20세기 초반이다) 이제는 조직적인 대상隊商들을 전국에서 볼 수 있었다. 그들은 특정 지방의 시골 장터에서 봄과 여름에 자주 눈에 띄었다. 길에서 마주치는 상인들은 시장을 거점으로 정보를 교류했고, 그런 과정에서 상인 조합이 태동했다. 이러한 만남이 잦아질수록 상인들의 활동 범위도 넓어지게 되었다. 예를 들어 파리와 트루아에서 롬바르디아 상인들을 만나는 것도 흔한 일이었다. 상인들의 장거리 이동이 빈번해지자 약탈을 일삼는 일부 제후들은 허술한 호위를 받으며 이동하는 상인들을 급습하여 귀중품을 약탈하기도 했다. 하지만 상인들을 약탈한다는 것은 예전보다 훨씬 어려운 일이 되었다. 한편 유럽의 곳곳에서 교회와 도시, 영주들은 시장을 만들었다. 그리고 자신들의 영지에 길을 만들고 다리를 재건설하거나 아예 새로 놓기도 했다. 상인들의 왕래가 빈번해지자 숙박 시설도 들어서기 시작했다. '신의 집Maisons-Dieu'이라고 불리는 이 집은 지금으로 치면 여관 같은 곳이었는데, 상인들의 왕래가 잦은 도로변 혹은 수도원 옆에 세워졌다. 화폐의 통용이 활성화되자 급여와 세금도 화폐로 대신하게 되었다. 예전에는 현물로 지급하던 것이 화폐를 통한 교환으로 바뀐 것이다. 숙박지에서 상인들과 동업자 조합원들은 많은 교류를 통해 유대 관계를 증진시켰다. 그들은 도시와 성읍에서 같은 업종에 종사하는 장인들과 조합을 만들기도 했다. 친목과 상호부조를 목적으로 만들어진 조합들은 공동의 재산을 소유하고 있었고, 교회의 후원을 받기 위해 공동으로 회비를 갹출하기도 했다. 그러므로 조합들은 최소한의 행정 조직을 갖추고 있었다. 조합의 구성원들은 동일한 관심과 공동체에 대한 요구 사항들을 가지고 있었다. 그리고 축적한 부를 통해 풍성하게 잘 살려는 취향도 생겨나게 되었다. 일부 조합원들은 이미 특정 지역에서 직업 활동을 독점하려는 생각도 꿈꾸었다. 이러한 생각은 동업 조합인 '길드'의 출발점이 되었는데, 길드는 12세기 중반에 등장한다. 적어도 11세기부터 장인들(그들의 집은 상점이 되었다)과 상인들은 공통분모가 있었고, 1차 재료의 운송과 최종 상품의 유통 과정에서 긴밀한 관계를 유지했다. 한편 이들의 이해가 집중되자 도시는 중간에서 이익을 얻는 수혜자가 되었다. 수세기 전에 도시는 피신처에 불과했지만, 이제는 마침내 고유한 경제적인 기능을 하게 된 것이다. 노르망디의 경우 영국 정복을 거치면서 대부분의 도시가 이 단계를 뛰어넘었다. 윌리엄의 영국 정복 덕분에 바다를 통한 교역량은 많이 증가했다. 그 결과 오래된 노르망디의 항구로는 대규모 교역을 감당할 수 없는 지경에 이른다. 1070년경에 공작왕은 디에프라는 도시와 항구를 건설했다. 기욤 드 맘즈버리에 따르면 1066년부터 정복왕은 루앙의 유대인 거주 지역의 일부를 런던으로 옮겼다. 이 조치는 봉건제의 시각으로 보면 왕이 현물 자산을 현금으로 바꾸기 위해 전문가 집단(유대인)을 자기 휘하에 두고 싶어했다는 말이다. 그리고 유대인들로부터 세금을 징수할 수 있었으니 일석이조가 아닌가! 윌리엄은 영국의 도시에 경제적인 동시에 정치적인 조직체를 만든 것이다.

한편 이 시기에는 사회 변혁을 알리는 조짐들이 나타나기 시작했다. 하지만 특정 지역에 국한되어 있었다. 여전히 자급자족 경제에서 살고 있던 농민들은 변화의 수혜를 거의 못 느꼈고, 변화는 불가피한 것이었지만 경제라는 동체는 너무 느리게 움직였다. 1080년에 케임브리지에는 300채의 집이 있었는데 1280년에는 500채이니 200년 동안 고작 200채가 늘어난 것이다! 1100년경에 대부분의 유럽 도시에는 수백 명 정도의 주민만 살고 있었다. 하지만 같은 시기에 스페인의 코르도바에는 50만 명, 콘스탄티노플에는 100만 명이 살고 있었다!

하지만 여기저기에서 새로운 도시의 형태가 생겨났다. 그리고 신도시들은 개간으로 생겨난 촌락과 동일한 법적 조건을 부여받았다.[†] 이렇게 생겨난 신도시들을 당시에는 '자유 부르구스' 혹은 '신 부르구스'라고 불렀다. 이런 도시들 중에는 성이 있던 자리에 1070년에 세워진 제르브루아(보베 지방), 수도원 자리에 세워진 노르망디의 페캉, 코드베크, 코르메유 등이 있었다.

농촌이 전부였던 중세 유럽의 세계에서 새로 생겨난 도시들은 1차 재료를 소비하는 중심이 되었다. 그리고 복잡한 유통을 통해 도시는 자신만의 생산품을 화폐로 바꾸어놓았다. 도시는 장원의 생산품만을 받아들이는 곳이 아니라, 생산품의 이송과 배송의 목적지가 되었다. 이후 도시는 특이하고 독창적인 공동체로서 농촌의 잠재적인 경쟁자로 떠오른다. 사실 11세기의 성읍에서 생산되는 제품들은 그 양이 보잘 것 없었지만, 이는 봉건제도의 붕괴를 알리는 신호탄이었다. 경작지에서 오직 농사만

481

[†] 옛 공유지 확대를 위한 개간 작업에 대해서는 본문 350~351쪽 참고.

짓는 농민의 수가 줄어들자 현지에만 국한된 과거의 시장을 대체하는 새로운 시장이 늘어나기 시작했다. 그 결과 특정 계층은 자금을 축적하고, 그 계층은 농업 이외의 경제 분야에 투자를 하고, 그리고 조만간 일단의 사람들이 자신들의 노동력을 팔겠다고 나서는 현상이 목격되기 시작한다. 봉건제도의 점진적인 붕괴를 알리는 신호들이었다.

원래 '큰 마을에 사는 사람' 혹은 '성읍에 사는 사람'이란 뜻의 부르주아bourgeois의 의미는 11세기 후반을 지나면서 그 의미가 특별해지고, 점차 사람들의 눈에 띄기 시작한다. 그들의 직업적 기능은 농민들과 비교하면 점점 더 분명히 구분이 되었다. 그들은 자신들이 종속되어 있는 영주들의 항의에도 아랑곳하지 않고, 예전에는 집안에서 세습했던 작은 땅을 미개간지로 남겨놓기도 했다. '직무'란 뜻의 'mestier'는 부르주아의 입에서 새로운 의미로 재탄생하는데, 바로 '서비스'란 의미가 생겨난 것이다. 이 말은 이제 특별한 방식으로 이뤄지는 경제적 행위—농민들에게는 낯선 행위들이다—들을 지칭하는데, '경작labour'이란 의미와는 다른 뜻으로 사용되었다. 노르망디에서는 영국 정복을 통해 유동 자산을 손쉽게 형성할 수 있었다. 1090년 루앙의 한 부르주아는 몸값으로 3000파운드의 엄청난 돈을 지불했다. 하지만 재산의 축적은 안전하지 못했다. 많은 돈을 모은다는 것은 필연적으로 그 돈을 쓴다는 말이다. 하지만 그 과정에서 후회가 없는 사람이 과연 있을까? 그러므로 노년이 되면 참회하기 위해 평생 모은 돈을 교회에 기부하기도 한다. 이와 동시에 인간과 토지의 분리는 개인의 해방을 준비한다는 의미로 볼 수도 있었다.

부르주아와 자유 농민은 영주에 대한 공동의 감정을 느끼고 있었으나 온도의 차이가 있었다. 일단 그들은 영주와는 다른 부류의 사람들이었지만 이해관계를 통해 영주와 연결되었다. 12세기부터 이 두 계층은 혼인을 통해 자신들의 사회적 입지를 넓혀 나갔다. 게다가 11세기 중엽부터 부르주아 계층의 스펙트럼은 다양해졌다. 도시와 관련된 서류를 보면 많은 곳에서 부유한 부르주아와 가난한 부르주아를 구분하고 있다. 부르주아 계층의 제1부류는 성직에 종사하는 사람들과 도시에 거주하던 기사들이었다. 이미 그들은 자신만의 관습이 있었는데, 그들의 모임을 '술을 마시는 사람들potationes'이라고 불렀다. 그리고 거기에는 '괜찮은' 사람들이 모였으며 서로 즐겁게 포도주를 마셨다.

부르주아 계층은 개인적인 자유보다는 자신들의 재산을 보호해주는 현지의 자치권을 더 중시했다. 그 결과 부르주아 계층이 형성되었고 그 정치적 영향력은 사회를 흔들었다. 먼저 부르주아 계층 내부에서 '우정'이라는 특별한 이름으로 다양한 그룹이 생겨났다. 동업자들, 상인 조합, 평화 동맹 등이 그런 그룹이었다. 어떤 경우는 도시 전체가 앞에서 나열한 그룹에 가입하기도 했고, 조합원들은 상부상조의 서약을 통해 긴밀하게 연결되어 있었다. 부르주아 계층이 발전하는 두 번째 단계는 그들이 영주에게 예속된 관계를 청산해달라고 요청하거나 강요하는 단계다. 그들은 상업적 활동에 제약이 되는 영주의 행위들을 없애달라고 요청했다. 임의적인 징세와 과도한 통행세의 철회, 단순화된 사법적 절차의 수용, 징집의 철폐 등을 요구하고 나섰다. 이런 요구를 통해 그들은 스스로 공동체의 이권을 운영할 수 있는 권리를 부여받았다. 이때부터 '자치도시'가 새롭게 탄생했다. 가장 오래된 자치도시는 이탈리아 북부에서 1030년에 나타났고, 프랑스에서는 르망 자치도시가 첫 번째로 이름을 올렸다. 이후 1077년에 캉브레와 다른 도시들이 생겨났다. 노르망디에서는 정복으로 인해 나라가 부유해졌음에도 불구하고 자치도시들은 공작왕이 부여하는 최소한의 특권을 누리는 데 만족해야 했다.

483

영국 플랜태저넷 제국의 헨리 2세가 태어난 르망의 백작 궁. 그는 정복왕 윌리엄의 손녀 마틸다와 앙주 백작 조프루아 5세 사이에서 태어났다.

1069년에 자치도시 르망이 공작왕에게 신하 서약을 한 후 3년이 지났다. 그런데 '작은 공화국' 르망의 상황은 호전될 기미가 보이지 않고 있었다. 주교 아르눌은 이런 상황을 영국으로 가서 왕에게 보고했다. 하지만 영국에서 해결해야 될 사안이 많았던 윌리엄은 아르눌을 다시 르망으로 보냈다. 도시에 주인이 없으면 안 된다는 것이 그의 생각이었다. 하지만 르망 시민(부르주아)에 대한 주교의 불만은 심각한 결과를 초래했다. 시민들은 노르만 수비대를 학살하고 관습법을 위반했으며, 경범죄를 사형으로 다스리고 전례력을 왜곡했다. 그러자 르망의 제후들은 분열되었다. 그들은 이번 사태에 대해 나쁜 감정을 가지고 있었다. 시예의 성주 위그가 르망 시민들을 위협했다. 시민들은 위그에게 대항하기로 결정했다. 그들은 시민군을 조직하여 그들의 주인인 아르눌 주교에게 지휘권을 일임했다. 그런데 주교는 이 사태에서 시민들을 배신한다(상부의 명령으로?). 그럼에도 시민들은 동맹인 조프루아 드 마옌의 도움을 얻는 데 성공한다. 시민군은 바람에 나부끼는 주교의 깃발을 따라 전진했다. 결과는 대참사였다. 많은 시민군이 죽었고, 곧바로 퇴각했다. 그런데 시민군은 여기에서만 배신을 당한 것이 아니었다. 에르베르 1세의 사위인 아종의 부인은 르망에 성을 하나 차지하고 있었는데 그 성을 애인인 조프루아에게 준 것이다. 전투는 도시 곳곳에서 벌어지고 있었다. 시민군은 주인이 바뀐지도 모르고 성을 포위했다. 절망에 빠진 시민군은 앙주 백작에게 도움을 청했다. 앙주 백작이 다가오자 조프루아 드 마옌은 줄행랑을 치고 만다. 시민군은 성을 파괴하고 도시는 다시 방어 태세로 들어갔다.

1073년에 윌리엄 왕은 이제는 영국을 별 위험 없이 떠날 수 있다고 판단했다. 노르망디에 안 간 지도 5년이나 되었다! 앙주가 르망 시에 개입한 것이 그로 하여금 조속한 결정을 내리게 만들었다. 그는 앵글로-노르만 군대와 함께 노르망디에 상륙하여 사르트 계곡을 따라 멘 지방으로 침투했다. 먼저 프레스네를 포위한 다음에 주변을 초토화시켰다. 그리고 보몽 성과 시예성을 세웠다. 르망 시민들은 저항할 엄두도 내지 못했다. 그들은 윌리엄에게 사죄했으며, 1069년에 확정된 관할권의 대가로 시의 열쇠를 승자에게 바쳤다. 자치도시는 이렇게 사라졌지만 그 와중에도 르망 시민은 몇 가지 이익을 챙겼다.

앙주 백작은 신중하게 사태의 추이를 지켜보기만 했다. 하지만 윌리엄이 떠나자 그는 장 드 라플레슈를 비난했다. 배신을 했다는 것이 이유였다. 장은 공작왕에게 도움을 요청하여 증원군을 얻었다. 그러자 앙주 지방의 풀크 백작이 증원군을 포위했다. 그리고 오엘 드 브르타뉴에게 구원을 요청했다. 소규모의 노르만 부대가 학살당할 운명에 처한 것이다.

그러자 윌리엄이 다시 돌아왔다. 두 진영이 대치하고 있을 때 로제 드 몽고메리가 이끄는 수도사들이 양 진영 사이에 자리를 잡았다. 그들의 지루한 연설 덕분에 마침내 블랑슐랑드에서 협정을 맺었는데, 1063년의 협정을 재확인했다. 윌리엄의 장남인 '짧은 넓적다리 로베르'가 앙주 백작과 윌리엄에게 오마주를 바쳤다. 그리고 노르망디 공국에게 반기를 들었다가 입은 피해를 보상해주겠다고 약속했다.

윌리엄은 이후 2년 동안 노르망디에 머물렀다. 영국의 상황이 안정적이라고 판단했기 때문이다. 바야흐로 바다 건너 영국에서는 신세계가 태동하고 있었다. 1073년 링컨에서 성당 공사가 시작되었고, 캉에서는 남자 수도원Abbaye-aux-Hommes의 축성식이 열렸다. 먼 영국 땅에서의 힘든 전쟁을 끝내고 이제 윌리엄은 평소 계획했던 대륙 정책을 다시 추진하기 시작했다. 먼저 영원한 약혼녀인 딸 아엘리스는 스페인 레온 왕국의 알폰소 6세와 맺어주었다. 그는 형제들과 대립하고 있었는데 노르망디 같은 강력한 공국과 동맹을 맺기를 원하고 있었다. 하지만 해럴드에 대한 추억을 잊지 못하고 있던 아엘리스는 이 결혼을 원하지 않았다. 결국 스페인으로 떠나기도 전에 그녀는 우울증에 시달리게 된다.

그사이에 유럽의 동쪽에서는 루셀 드 바이윌이 장 두카스Jean Doukas† 의 비잔틴 군대를 격파했다. 로마에선 교황 알렉산더 2세가 신성 로마 제국의 황제인 하인리히 4세와 대립하고 있었다. 황제는 밀라노 교구에 전통대로 자신의 사람을 앉히고 싶어 했다. 그러자 교황은 황제의 고문관들을 파문했다. 교황은 1073년 4월 21일에 세상을 떠났다. 이튿날부터 장례식이 거행되는 동안 로마의 시민들은 성 베드로 성당으로 몰려가서

---

† 바이윌은 1073년 콘스탄티노플을 점령하려고 시도했다. 본문 117쪽 참고.

힐데브란트 추기경을 환호하고 그를 새 교황에 임명할 것을 요구했다. 성직자단은 곧 힐데브란트를 교황으로 인정하고 그를 그레고리우스 7세로 선출했다.

프랑스의 필리프 1세는 자신의 봉신인 노르망디 공에게 보복할 날만 초조하게 기다리고 있었다. 그러나 그는 치밀한 정책을 수립할 능력이 부족한 군주였으므로 윌리엄의 상대가 못 되었다. 그럼에도 정복왕이 죽을 때까지 끊임없이 부질없는 싸움을 걸어왔다. 1074년 여름에 그는 영국의 전왕前王 에드거를 초대했다. 에드거는 플랑드르에서 머물다가 스코틀랜드로 돌아간 상태였다. 필리프 1세는 그에게 자신이 소유한 유일한 항구 도시인 몽트뢰유쉬르메르를 주었다. 몽트뢰유는 퐁티외와 불로뉴 사이에 있는데, 영국 원정에 중요한 기지로 삼을 수 있는 항구 도시였고, 반反 노르망디 음모를 꾸미기에 적당한 도시였다. 에드거는 필리프 1세의 제안을 받아들였다. 하지만 폭풍으로 인해 그는 그만 영국 해안에 표류하고 말았다. 그는 필사적으로 도주했고, 결국 스코틀랜드로 넘어갔다. 그 와중에 일행 중 몇몇은 노르만군에 잡히고 말았다. 맬컴 왕의 자문회의에서 그는 모든 것을 포기한다. 그리고 윌리엄에게 항복한다는 전갈을 보낸다. 윌리엄은 에드거를 찾으러 사람을 보냈고 그를 정중히 맞아주었다. 그리고 하트퍼드셔의 영지를 하사했다. 에드거의 정치 생명은 여기까지였다.

최후의 반란

1074년, 영국에서 비공식적으로 섭정하던 랑프랑이 캔터베리에 성당 건설을 시작했다. 노르만 양식으로 지어질 이 성당은 1066년에 중단된 앵글로색슨 양식의 건물을 대체할 예정이었다.

정복자 노르만인들은 1071년에서 1072년 사이에 무자비할 정도로 영국을 조이고 있었다. 영국의 백작령은 축소되었고, 그중에서도 6~7개의 백작령은 '프랑스인'[†]들에 의해 통치되고 있었다. 도버 해협에 가까운 지방, 즉 켄트 백작령은 오동 드 바이외가, 애런덜은 로제 드 몽고메리가 다스리고 있었다. 웨일스의 경계에 위치한 슈루즈베리도 몽고메리의 영지였다. 헤리퍼드는 기욤 피츠오즈베른이 죽은 다음에 그의 아들 로제 드 브르퇴유에게 넘어갔는데, 그는 머리가 둔하고 특색이 없는 인물이었다. 1072년에 알랭 드 팡티에브르가 그의 형인 브리앙Brian의 뒤를 이어 리치먼드 백작이 되었다. 위그 다브랑슈는 여전히 체스터의 주인이었고, 라울 드 와더Raoul de Wader는 이스트앵글리아의 백작이었다. 그런데 라울은 프랑스에도 브르타뉴 출신인 어머니로부터 상속받은 영지를 가지고 있었는데, 그 땅을 영국의 영지보다 더 아끼고 있었다. 월서프만이 영국 귀족으로서 노샘프턴과 버니시아의 백작으로 남아 있었는데, 이제 최고 책임자로서의 모습은 찾아보기 어려웠다.

중앙 권력이 통제하기 어려운 제후국들은 왕국의 단일성의 측면에서 보면 분명히 위험 인자들이었다. 그런데 그 본질이 변화하기 시작했다. 백작령들이 연대하여 공모하기 시작한 것이다. 1075년에 헤리퍼드의 영주 로제 드 브르퇴유는 누이를 라울 드 와더에게 시집을 보냈다. 이 소식을 들은 윌리엄은 이 결혼 계획에 분명히 반대했다. 왕국에 지나치게 강력한 가문이 탄생할 것을 걱정했기 때문이다. 라울과 로제는 윌리엄의 결혼 반대를 모욕으로 여겼다. 그리고 복수를 궁리한 끝에 왕의 동의 없이

[†] 저자가 '프랑스인'에 인용부호를 붙인 이유는 노르만인들도 결국은 프랑스인이었기 때문이다.—옮긴이

결혼을 성사시키기로 합의했다. 결혼식은 케임브리지에 있는 엑스닝에서 거행되었다. 이 도시의 관할권을 가진 월서프도 결혼식에 참석했다. 이 자리에서 그들은 서로에게 호의를 보였고, 라울과 로제는 반란의 계획을 월서프에게 공개했다. 분위기는 고조되어 그들은 윌리엄을 퇴위시키기로 모의하고 왕의 죄목을 조사하기 시작했다. 그들은 월서프에게 동맹의 대가로 왕국의 1/3을 주겠다고 제안했다! 자신이 몫이 적은 것에 격분한 월서프는 그 제안을 거부한다. 하지만 그는 이 모반의 비밀을 누구에게도 발설하지 않겠다고 맹세했다. 그러나 그의 부인인 쥐디트Judith(노르망디 출신)가 이 말을 듣고 있었다.

모반의 소식이 스벤 에스트리트손에게 들어갔다. 에스트리트손은 그들에게 배를 지원하겠다고 약속한다. 라울과 로제가 군사를 모으는 동안 라울은 자신의 고향인 브르타뉴에서 군대를 불러들였다. 라울과 로제의 영지 사이에는 80킬로미터 정도의 왕실 소유 땅이 있었다. 그들은 그곳에서 왕의 대리인들을 쫓아내고 자신들이 그곳을 차지할 생각을 하고 있었다. 그런데 이 모반의 소문이 랑프랑의 귀에 들어가고 말았다. 일흔이 된 늙은 현자가 왕국을 구하게 된 것이다. 그는 먼저 이 사실을 왕에게 알린 다음, 두 명의 주모자들을 파문하고, 그 다음에는 군사적 역습을 시도했다. 왕은 랑프랑과 그의 주변 사람들을 신임하고 있었다. 랑프랑은 제후들과 영국 농민들의 충성심을 확신하고 있었다. 그는 세번강을 따라 방어선을 구축하고 우스터셔의 주장州長과 종사들에게 방어를 맡겼다. 울프스탠의 주교, 이브셤의 앵글로색슨인 수도원장과 노르만 수도원장인 고티에 드 라시Gautier de Lacy가 그들과 합류했다. 이제 영국에서 두 나라의 연합을 상징적으로 보여주는 군대가 만들어진 것이다.

그런데 전투가 본격적으로 시작되기도 전에 로제는 왕의 연합군에게

489

고티에 드 라시는 앵글로-노르만 제후로 윌리엄으로부터 웨일스 경계에 있는 헤리퍼드셔의 라시를 봉토받았다. 사진은 라시의 중심지였던 러들로의 겨울 풍경.

잡히고 말았다. 라울은 그때 그의 동맹군을 앞질러 지나고 있었다. 이동 중에 공격을 받은 라울의 군사는 뿔뿔이 흩어지고, 라울은 스벤 에스트리트손에게 도움을 청하기 위해 덴마크로 도주했다. 랑프랑은 상황이 종료되었다고 확신하고, 이 기쁜 소식을 노르망디에 알렸다. 한편 라울은 도주하기 전에 노리치성을 그의 젊은 아내에게 맡긴 다음, 관리를 잘 하라는 명령을 내렸다. 그의 부인 엠마Emma de Breteuil는 기욤 피츠오즈베른의 딸답게 석 달 동안 꿋꿋하게 성을 지키면서 남편이 오기만을 학수고대했다. 하지만 그녀는 결국 명예로운 항복을 선택했다. 그리고 동향인 두 명의 남자와 함께 고향인 브르타뉴로 돌아갔다.

그때 스벤의 막내아들이 지휘하는 200척의 덴마크 전함이 험버 지방으로 들어오고 있었다. 노르망디에 있는 윌리엄은 더럼의 주교에게 영국 북부 지방의 수비를 맡겼다. 그러나 덴마크인들은 북쪽 지방을 피해 요크의 성당을 노략질한 다음 다시 배에 올라 플랑드르로 갔다. 라울은 브르타뉴에서 아내와 재회했다. 그리고 얼마 뒤에 스벤 에스트리트손도 죽었다.

1075년 말에 윌리엄이 영국에 돌아왔다. 이번에는 전쟁의 수장이 아니라 정의의 수호자 자격이었다. 성탄절에 반역도들에 대한 재판이 열렸다. 라울의 영국 영지는 몰수되었고, 로제(윌리엄의 오른팔 기욤 피츠오즈베른의 아들)에 대해서는 각별한 관용을 베풀었다. 지난 30년 동안 친형제보다 아꼈던 오즈베른의 아들을 심하게 벌줄 수는 없었다. 그는 로제를 조건이 아주 좋은 곳으로 유배시켰는데, 그를 몇 년 안에 풀어줄 생각이었다. 하지만 일은 예상대로 진행되지 않았다. 윌리엄은 부활절에 로제에게 비단과 모피로 된 망토를 우정의 선물로 하사했다. 그런데 로제는 분노에 사로잡혀 이 망토를 잡아챈 뒤 화덕에 던지고 말았다. 윌리엄은 이 행동을 자신에 대한 모욕이라고 생각하고 용서하지 않았다. 로제는 평생을 감옥에서 보냈다.

이제 남은 사람은 죄 없는 앵글로색슨인 워서프였다. 하지만 그도 모반과 완전히 무관한 인물은 아니었다. 그는 홀로 무자비한 복수를 계획하고 있었다. 그들의 모반이 실패로 돌아간 이유는 워서프의 아내 쥐디트가 배신하여 엑스닝의 대화를 숙부에게 고해바쳤기 때문이었다. 다른 설에 따르면 월서프 자신이 윌리엄에게 모반의 계획을 털어놓으며 자신의 석방과 평화의 대가를 요구했다고도 한다. 이렇게 그는 모반을 꾸민 주모자들을 배신했기 때문에 랑프랑은 교회법에 따라 그에게 속죄를 강요했다. 왕실의 판결은 끔찍했다. 험버에서 체포된 월서프(덴마크로 탈출하려고 했을까?)는 윈체스터의 지하 감옥에 갇히게 되었다. 1076년 5월까지도 그는 지하 감옥에 감금된 채로 있었다. 윌리엄은 신하를 살려줄지 고민하고 있었을까? 랑프랑은 월서프의 구명을 위해 개입하려고 했다. 하지만 5월 말에 왕은 그의 사형을 명했디.† 5월 31일에 형리들은 월서프를 감옥에서 꺼내 생질 언덕으로 끌고 갔다. 6개월간의 투옥 생활은 거칠고 자존심이 강한 월서프를 완전히 파괴시켰다. 그는 숲에 사는 동물처럼 변해 있었다. 그는 형리의 발아래 매달리며 애원했다. 형리들은 혹시라도 사면령이 떨어질까 신경이 쓰였지만 공공의 정의를 위해서는 형의 집행을 서두를 수밖에 없었다. 그들은 월서프를 일으켜 세워 앞으로 끌고 나왔다. 월서프는 형리들에게 주기도문을 달라고 애원했다. 그는 무릎을 꿇고 주기도문을 중얼거리기 시작했다. 주기도문의 '시련'이라는 말에 눈이 멈추자 그의 목소리는 오열로 변했다. 칼이 공중에서 큰 원을 그렸고 목이 떨어졌다.

30년 뒤에야 크롤런드의 수도사들이 그의 시신을 제대로 묻어주었다. 그들은 월서프의 머리가 몸에서 떨어져 나간 뒤에도 기도문을 끝까지 마쳤다는 이야기를 주변에 퍼뜨렸다. 이렇게 그는 헤리워드처럼 전설과 발라드 시의 주인공이 되었다. 앵글로색슨인들은 그를 성인으로 추대했다. 이유 없이 죽은 순교자로.

---

† 후대의 학자들은 로제 드 브르퇴유가 받은 징벌과 월서프에 대한 징벌의 차이에 대해 다음과 같이 법률적 근거를 가정하고 있다. 로제는 앵글로색슨 법에 따라 처리된 것이고, 월서프는 윌리엄이 사법적 처리를 한 것이라고 말이다.

11장

균형을 찾아서

1076~1089

영광 그리고 역경

라울 드 와더Raoul de Wader가 브르타뉴로 돌아오자 또 다른 내란이 벌어졌다. 코난 2세가 결혼도 안 한 채 12년 전에 죽었기 때문에 공국은 코난 2세의 누이가 통치하고 있었다. 코난의 누이 아부아즈Havoise는 코르누아유Cornouaille 백작 오엘의 아내였고, 브르타뉴 공국의 실질적인 통치자는 오엘이었다. 그런데 오엘의 통치에 불만을 품은 일단의 무리가 렌 백작의 주변에 모이기 시작했다. 주동자는 전前 공작 알랭 3세의 사생아인 '콧수염 조프루아'였다. 라울은 귀국하자마자 모든 수단을 동원해 조프루아의 편을 들고 나섰다. 그들은 군사를 동원하여 돌 성을 공격했고, 곧 성을 수중에 넣었다. 공국의 일부 지방이 반란군에게 넘어간 것이다. 화가 난 오엘은 서둘러서 영국에 있는 윌리엄에게 도움을 청한다. 돌 성의 함락은 노르망디 공국의 경계선을 위협하는 사건이었다. 윌리엄은 군사 소집령을 내리고 앵글로색슨 군대를 이끌고 1076년에 바다를 건넜다. 그리고 돌 성의 포위 공격에 들어갔다. 그 사이에 라울과 조프루아는 미리 프랑스 왕에게 이 사실을 알렸다. 이 사건은 늘 노르망디를 노리고 있던 프랑스 왕 필리프 1세의 관심을 끌기에 충분했다. 하지만 필리프 1세는 자신만의 병력으로는 불안하여 먼저 푸아티에로 갔다. 1076년 10월의 일이었다. 그는 몽티에뇌프 수도원에게 특권을 베푸는 대가로 기 조프루아 백작의 도움을 얻어냈다. 몽티에뇌프 수도원은 기 조프루아가 사촌인 오데아르드Audéarde와 결혼을 하려고 세운 수도원이었다. 교황청의 환심을 사기에 이보다 더 좋은 보시가 어디에 있단 말인가! 이윽고 필리프 1세의 군대가 돌 성에 근접해 오자 뜻밖의 광경을 본 윌리엄은 충격을 받았다. 자신의 주군인 필리프 1세가 대열의 선봉에 있는 것이었다. 결국 윌리엄은 이 전쟁을 포기하고 만다. 프랑스 왕의 봉신인 자신이 이 전쟁을 수행하기에는 부담이 컸던 것이다. 게다가 윌리엄은 이 전쟁에서 자신의 주군과 싸워봐야 소용이 없다는 것을 알았을 것이다. 혹은 자신의 군대에 대한 믿음이 없었을 수도 있었다. 그는 후퇴하면서 싸웠지만, 너무 성급하게 퇴각하느라 짐을 실었던 수레들이 미처 본대를 따르지 못했다. 프랑스 군이 이 수레들을 차지했다.

브르타뉴 전쟁은 이후 3년이나 지속되었고, 결국 오엘이 1079년에 승자가 되었다. 오엘이 어렵게 브르타뉴 지방의 영주권을 지킨 것이다. 이후 오랫동안 윌리엄은 브르타뉴 지방의 쿠에농에 발을 들여놓지 않았다.

브르타뉴 전쟁은 윌리엄이 통치 기간에 처음으로 맛 본 패배였다. 윌리엄의 나이도 이제 쉰에 이르고 있었다. 몸은 비대해졌고 심신의 피로는 더해갔다. 그는 여전히 정력적인 사람이었지만 그 역시 인간의 나약함과 모든 것에는 끝이 있다는 불변의 진리를 깨닫고 있었다. 당대의 사람들은 왕이 변하고 있다는 사실을 어느 정도 느끼고 있었다. 윌리엄보다 더 오래 살았던 당대의 사람들은 그의 마지막 10년을 쇠락의 시기라고 말한다. 하지만 이는 잘못된 해석이다. 영국 사람들의 일부는 말년의 불행을 하늘의 복수라고 생각하기도 했다. 윌서프의 죽음에 대한 인과응보라는 생각이었다.

사람들은 윌리엄에게 전사戰士, 운 좋은 내기꾼, 엄청난 보물의 소유자라는 찬사를 보낸다. 사람들은 그의 분노를 두려워했고, 그와 동맹을 맺고 싶어했다. 하지만 그가 보인 행동의 깊은 의미는 아무도 이해하지 못했다. 그가 이룩한 정복을 통해 영국은 북유럽 세계와의 관계를 정리하고 새로운 세계에 편입되었다. 그 세계에서 언젠가 보편적인 문명이 될 씨앗이 잉태되고 있었다. 이후 스칸디나비아 제국은 다시 본래의 운명 속으로 떨어지고, 의미도 없는 정책으로 말미암아 퇴보의 길을 걷게 되었다. 이후 영국은 유럽의 일원이 되고, 인문주의 전파의 선구자로 전진하게 된다. 그러나 이런 종류의 혁명에 참여한 사람들의 눈에는 불분명한 생각들로 인해 혁명의 특징이 정확히 보이지 않는다. 그러므로 이 문제는 역사적인 관점에서 접근해볼 필요가 있다.

로마 교황청은 종교 개혁 운동에 오직 하나의 길만이 있다고 생각하고 있었다. 한편 윌리엄과 그의 측근들은, 그들의 폭력성에도 불구하고, 합법성에 대한 일종의 강박관념이 있었다. 이미 1065~1066년 사이의 전쟁을 합법적으로 설명하려는 시도가 있었으며, 이는 당대인들에게는 새로운 모습이었다. 이제 전쟁 행위는 '평화'를 유지하기 위한 신의 영향력만으로는 설명이 되지 않았다. 그래서 이를 어떻게 설명해야 할 것인지에 대한 근심과 우려가 생겨났다. 그런데 그 근심을 전쟁의 승리가 덜어주었다. 이제부터는 합법성을 증명하면 되는 일이었다.[†] 그래서 학식을 갖춘 궁정의 많은 사람은 지적인 활동 중에서도 가장 진지한 것, 다시 말하면 정복의 당위성 같은 주제에 많은 관심을 보였다. 당시의 궁정에는 상주하는 시인들이 많았다. 어느 날 앙주 출신의 성직자 마르보드Marbode가 윌리엄의 식탁에서 잔을 들면서 라틴어 풍자시를 즉흥적으로 읊었고, 랑그르의 주교 위그는 6각시로 정복왕에게 인사를 했고, 보베의 대주교 풀크는 윌리엄에게 운문으로 지은 서신을 보냈다. 그렇지만 이런 오마주는 아첨을 떠는 행위였을 뿐 정작 윌리엄은 관심도 없었다. 그의 주변엔 왕실 전속 금은세공사 오통Otton(귀금속 작업은 축재의 한 유형이었다!)이 늘 있었지만 랑프랑 같은 법률가, 앙셀름이나 기 같은 신학자, 『윌리엄 이야기De rege Wilhelmo』를 쓴 익명의 작가, 기욤 드 쥐미에주 같이 왕조의 명분을 대변하는 역사학자들은 찾아볼 수 없었다. 오드릭 비탈에 따르면 윌리엄은 그들이 저술 활동을 하는 데 도움을 주었고, 나름대로 신중한 의도하에 그들을 잘 관리했다고 한다. 동시대의 사람인 에메Aimé(몽카생의 수도사)는 처음으로 윌리엄의 지적 보조인들의 공적을 이야기로 옮긴 사람이다.

쥐미에주의 수도사 기욤은 1071년 혹은 1072년에 『노르망디 공국의 역사Historia Normannorum ducum』에서 "경건한 승리자이며 정통성을 지닌 영국의 최고 군주인 정복왕에게"라고 말하면서 자신의 저서를 헌정한다. 이 책의 7권에서는 영광스러운 통치에 대해 말하고 있는데 노섬브리아의 반란까지 다루고 있다. 이 책의 내용은 정복의 과정을 기술한 공식적인 판본으로 인정받고 있다. 12세기에는 다소 전통적인 시각에서 벗어난 오드릭 비탈의 저술도 세상에 나왔고, 그의 저술 방식은 로베르 드 토리니Robert de Torigny가 이어받았다. 정복왕의 전속 신부인 기욤 드 푸아티에도 1073년에서 1074년에 걸쳐 『윌리엄 이야기Gesta Guillelmi』라는 책을 저술했

---

† 윌리엄의 별명인 '정복자'는 그가 죽고 한참 후에 붙여진 이름이다. 이 호칭은 라틴어로 된 헌장에 'Willelmus Expugnator'(정복자 윌리엄)로 등장한다.

다. 이 책은 전기傳記라기보다는 찬양 글에 가까운데, 각 장은 연대기에 주의를 기울이기보다는 생각이나 기억(기욤 드 쥐미에주의 기억)들로 구성되어 있다. 그리고 그 내용은 위기의 시간들에 대한 노르만 궁정의 염려를 잘 보여주고 있다. 『윌리엄 이야기』의 마지막 부분은 전해오지 않으며 기술 방식도 상징적이다. 에드윈의 죽음이 그런 방식을 잘 보여주고 있다. 거친 대조법으로 변론하기, 선한 자들을 찬양하고 악한 자들을 깎아내리는 서술 방식은 윌리엄 시대의 사람들을 설득하기에 꼭 필요한 방식이었을 것이다.

기욤 드 푸아티에는 책에서 윌리엄이라는 이상적인 인물상을 대략적으로 묘사했다. 그 이상형이란 노르만인들이 선전하려는 이상형의 군주였을 것이다. 기욤 드 푸아티에가 칭송한 위대함이란 윌리엄이 현실에서 보여준 덕성이었다(증거는 불충분하지만)! 그는 점차 아킬레우스, 아이네이아스, 카이사르, 티투스 같은 고전 속의 위인들과 동일시되고 있었다. 1067년 루앙에 개선하는 그의 모습은 폼페이우스를 연상시켰다. 푸아티에는 베르길리우스와 스타티우스의 시에서 많은 구절을 빌려와 윌리엄을 칭송했다. 이러한 서사시 속에는 정확한 근거와 주석, 예리한 통찰력이 엿보이는 것도 사실이다. 이 서사시 속에는 고대 로마인들이 가지고 있던 법의 정신이 녹아 있다. 제후 간의 관계를 해결해주는 자연법이 존재하고 있었던 것이다. 즉 그들은 무법천지의 정글에서 싸우고 있지 않았다. 왕이라는 사실은 윌리엄 자신에게 별 의미가 없었고, 정당한 왕(윌리엄)이 폭군(해럴드)을 제압했다는 사실이 중요했다. 결국 윌리엄의 즉위는 정의가 합법적으로 승리했음을 보여주고 있다.

윌리엄에게 가장 고통을 준 것은 자녀들 문제였다. 그의 딸들은 하나둘씩 그의 곁을 떠났다. 에드윈의 전 약혼녀 아가트는 수녀가 되었고, 둘째 아들 리샤르는 영국 정복 후에 윈체스터 근처의 포레뇌브에서 사냥하다 사고로 죽었다. 넷째 아들 앙리는 아직 어린애에 불과했다. 장남 로베르와 셋째 윌리엄은 이미 성년이 되어 있었다. 하지만 그들에게서 아버지를 안심시켜주는 자질들은 찾아볼 수 없었다. 셋째 아들 젊은 윌리엄의 별명은 '붉은 얼굴Rufus'이었는데 머리카락이 붉었거나 얼굴이 홍조를 띠고 있었기 때문에 붙은 별명이었다. 그는 건장하기보다는 폭력적이고, 용맹스럽기보다는 음흉한 성격에 낭비벽의 소유자, 융통성이 없는 비사교적 성격의 소유자였다고 한다. 갑자기 유쾌해지는 성격, 교만하지만 교양도 없고, 게다가 잔인하기까지 한 그는 모든 성직자의 적이었다. 그의 단점 중의 최악은 동성애자였다는 사실이다. 랑프랑만이 그에게 충고를 할 수 있었고, 이런 단점들을 지적할 수 있는 유일한 사람이었다. 장남 로베르도 '붉은 얼굴' 윌리엄과 닮았지만, 그에게는 조금 더 솔직함이 있었다. 하지만 매력적이다가도 경멸스러웠던 로베르 또한 아버지의 용기는 물려받았지만 근본적으로 부자父子는 서로 잘 맞지 않았다. 작지만 다부진 몸, 건장한 상체, 굵은 하체를 가진 그의 별명은 그래서 '짧은 넓적다리'였다. 몽상가이자 가볍고 순진하기까지 한 그는 게으르고 향락적인 성격의 소유자였다. 그는 아버지보다는 숙부인 오동 드 바이외와 더 닮아 있었다. 오동은 조카를 지지했지만 로베르에게서 숙부의 정력은 찾아볼 수 없었다. 하지만 부산하고 유치한 성격이 그에 대한 호감을 자아낸 것도 사실이다. 쾌락을 찾는 취향으로 인해 그는 '현대적'인 생활 속에서 사치와 고상한 여가를 즐겼다. 그러므로 윌리엄은 그에게서 원하는 것이 거의 없었다. 아니, 아들에게 세련된 성품을 가르치는 것을 포기했는지도 모른다. 그는 아들에 대한 불신을 숨기지 않았다. 로베르는 어린 시절에 이미

✤ 13세기 마티유 파리(13세기)가 그린 윌리엄 루푸스(윌리엄 2세). 오른손에는 웨스트민스터 사원의 넓은 홀 모형을 들고 있다. 훌륭한 아버지에 천박한 아들이라니!

아버지로부터 멘 백작 지위를 받았고, 1073년에 확인받았다. 하지만 윌리엄은 그 칭호를 단순히 이름만 빌려준 것이라고 생각했고, 헌장에서는 자신이 '멘의 제후'라고 자칭했다. 아들에 대한 공공연한 경멸의 표시였다. 1066년에 노르망디의 잠재적 상속자로 지명을 받은 뒤에 로베르는 아버지가 없는 사이에 실질적인 권력을 행사하려는 야망을 드러냈다. 하지만 윌리엄은 아들의 그런 의도를 전혀 눈치 채지 못하고 있었다. 1073년부터 부자간에 갈등이 싹트기 시작한 이유가 여기에 있었다. 로제 드 브르퇴유와 라울 드 와더가 반란을 일으켰을 때 반군들은 두 부자가 곧 인연을 끊을 것으로 예상했었다. 반군은 부자간의 갈등을 이용하려고 했던 것이다.

그런데 실제로 부자간의 의절은 1076년 말 혹은 1077년에야 시작되었다. 오드릭 비탈에 따르면 왕실 가족이 우슈 지방의 레글에 있는 한 봉신의 집에 머무르고 있을 때였다. 봉신의 이름은 로제 칼세주Roger Calcège였다. 어느 날 로베르가 마당에서 일행들과 장난을 치고 있었는데 2층에 있던 어린 동생들이 양동이로 그에게 물을 부었다. 그러자 로베르는 격노하여 당장 2층으로 쫓아 올라갔다. 아버지가 로베르를 막아서며 훈계했다. 그런데 아들이 아버지의 말을 중간에 끊었다. "전하, 저는 이런 연설을 들으러 여기에 온 것이 아닙니다! 가정교사 같은 당신의 말은 이제 구역질이 납니다." 부자간의 언쟁은 불에 기름을 부은 듯이 악화되었다. 로베르가 아버지에게 노르망디는 자신의 유산이니 이제 포기하라고 재촉하기에 이른 것이다. 그러자 윌리엄은 왕답게 아들에게 간략한 대답을 들려주었다. "나는 잘 때만 옷을 벗는다." 결국 로베르에게는 절대 노르망디를 물려주지 않는다는 말이었다.

주위에 있던 로베르의 친구들이 윌리엄의 모욕에 거칠게 대꾸하라고 아들을 충동질했다. 그날 밤 이 젊은이들은 레글을 빠져나와 루앙으로 가서 기습적으로 루앙성을 점령하려고 했다. 하지만 수비대가 그들을 물리쳤다. 그러자 로베르 일당은 페르슈로 가서 마비유 드 벨렘의 친척인 위그 드 샤토뇌프Hugues de Châteauneuf의 집에 피신했다. 노르망디 변방에서 다시 음모가 획책되고 있었다. 이 지방의 제후들은 영지 중의 일부가 프랑스 왕국에 있었기 때문에 대개 프랑스 왕의 봉신들이었다. 위그는 소렐성과 레말라르성을 로베르 일당에게 주었는데, 그들은 오래전부터 가문끼리 연결된 젊은이들이었다. 라울 드 콩슈, 로베르 드 벨렘(로제 드 몽고메리와 마비유의 아들), 기욤 드 브르퇴유, 로제 드 비앙페트, 기욤 드 물랭, 거인 알프레드Alfred le Géant의 아들 조엘Joël le Géant 등이 로베르와 같이 몰려다니던 젊은이들이었다. 그들은 피가 끓고 통이 크며 자신들의 힘을 발휘하지 못해서 안달이 난 그런 젊은이들이었다. 그들은 또한 내일을 생각하지 않고 힘을 낭비하고, 애들처럼 규율 교육을 받을 때 착용하는 갑옷을 흔들고 다니던 철부지들이었다.

그러므로 그들의 우정, 상호간의 충성심, 방탕의 공동체는 이런 배경 속에서 탄생했다. 이후 다년간 그들은 항상 몰려다녔다.

프랑스 왕은 반군들의 땅을 몰수하고, 그 영지를 자신의 아들인 로트루Rotrou 백작에게 주었다. 그는 레말라르성의 주인인 위그 드 샤토뇌프의 주군主君이었다. '짧은 넓적다리 로베르'는 프랑스 왕의 결정에 항의하지 않았다. 그는 플랑드르까지 도주했다. 하지만 플랑드르의 백작 로베르 르프리종Robert le Frison은 그를 도우러 오지 않았다. 로베르 일행은 다시 길을 나섰다. 한 세기 뒤에 소설에 등장하는 길을 잃은 기사들처럼 그들의 방랑은 계속되었다. 로베르 일당은 잘못을 인정하기는커녕 즐겁게 인생을 살고 있었다. 2년 이상 말을 타고 주변의 궁정을 돌아다니며 대접도 잘 받고, 그리고 곧바로 그곳을 떠나는 식으로 이동하며 다녔다. 로베르의 외숙부인 트레브의 대주교가 그들을 환대해주었고, 로렌, 독일, 투렌 등지를 돌아다녔다. 아키텐에서는 음유시인이자 아마추어 배우인 기욤 9세가 그들을 맞아주었다. 그들은 잘 먹고 잘 놀았으며 자주 악사와 창녀들을 대동했다. 하지만 중간에 늘 돈이 부족했다. 어디에서 돈을 조달할 것인가? 마틸다 왕비는 남편과 아들 사이에서 가슴이 찢어지고 있었다. 그리고 아들이 전적으로 잘못했다고 생각하지도 않았다. 결국 어머니는 캉과 팔레즈 왕실 금고를 헐어 일정한 금액을 몰래 아들에게 보내주었다. 공국의 섭정자로서 그녀는 왕실의 금고를 관리하고 있었던 것이다. 윌리엄은 곧 아내의 부정직한 행동들을 알게 되었다. 그는 아내에 대해 가지고 있었던 신뢰와 본인의 자존심 사이에서 괴로워했다. 그런데 그 고통은 점차 분노로 바뀌어갔다. 그는 마틸다를 섬기는 전령을 불렀다. 브르타뉴 출신인 그의 이름은 삼손Samson이었다. 부부 사이에 끔찍한 장면이 벌어지고 있었다. 공작이 그의 눈을 뽑으라고 명령했기 때문이다. 그러나 다행스럽게도 삼손은 몰래 빠져나와 생테브룰로 피신하여 수도사가 되었다. 절망에 빠진 마틸다는 유명한 독일 출신 예언가를 찾았다. 그는 상당한 시간이 지난 뒤에 재앙이 닥칠 것이라고 예언했다.

그 사이 소식을 들은 필리프 1세는 이 기회를 이용하기로 마음을 먹었다. 사실상 현재로는 자신이 노르망디 공에 비해 유리한 입장에 있었기 때문이다. 브르타뉴의 돌 성 사건 이후에 그는 1077년 오를레앙에 주요 봉신들을 총집합시켰다. 하지만 윌리엄은 프랑스 왕과 화해할 생각이 없었다. 같은 해에 프랑스 왕은 벡생 지방(망트와 퐁투아즈)을 왕령에 합병시켰다. 이 지방의 백작 부부는 결혼하던 저녁에 종교에 귀의했기 때문에 백작령의 주인이 없었다. 필리프 1세는 그 무렵 에드거와 모략을 꾸몄던 것처럼 1078년 로베르에게 보베지에 있는 제르브루아성을 주었다. 로베르 일당은 거기에 정착한 뒤 프랑스와 노르망디의 모험가들을 끌어 모았다.

이 소식을 들은 윌리엄은 조용히 응징을 준비했다. 윌리엄은 이 모든 상황이 로베르의 운명이라고 여겼다. 그는 제르브루아성 근처에 자신의 사람들을 배치하고, 성탄절 즈음에 앵글로-노르만군을 동원하여 성을 포위했다. 성을 포위한 지 3주 만에 성 문을 열고 나온 이들과 격렬한 전투가 벌어졌다. 전투가 벌어지던 도중에 아버지와 아들이 정면으로 마주쳤다. 서로 공격이 시작되었다. 윌리엄의 말이 고꾸라지자 로베르는 창으로 윌리엄을 공격하여 손에 부상을 입혔다. 그의 목숨이 경각에 달렸다! 이 장면을 목격한 노르만 기사들은 정신이 나간 채 급히 윌리엄 쪽으로 달려왔다. 이 추악한 사건은 왕국 전역에 소문으로 퍼져나갔다. 이윽고 사건의 주모자인 필리프 1세가 전투가 벌어지는 곳에 당도했다. 윌리엄의 참모들과 모든 노르만 성직자는 화해를 요구했다. 결국 윌리엄은 포위를 풀고 루앙으로 물러났고, 로베르는 당분간 플랑드르에 가 있기로 했다. 그리고 불안한 협정이 조인되었다. 로베르는 아버지의 궁정에 다시 돌아와서 공국의 재산 중 3분의 1을 물려받는다는 협정에 서명했다.

한편 1079년 혹은 1080년 초반에 앵글로-노르만 왕국의 북쪽 변방에 또 다시 스코틀랜드의 맬컴 왕이 침략을 개시했다. 그들은 타인강 계곡까지 내려와 왕국을 유린했다. 이 지역의 방위를 맡고 있는 고셰 드 더럼은 속수무책이었다.

아마도 윌리엄은 이번 스코틀랜드의 침략이 잘못을 뉘우친 아들을 시험할 좋은 기회라고 생각하고 있었던 것 같다. 경우에 따라서는 아들을 멀리 보낼 수 있는 기회라고까지 생각했다. 그는 로베르에게 원정대의 지휘권을 주고 맬컴 왕을 혼내주고 신하의 서약을 받아오라는 명령을 내렸다. 숙부인 오동과 함께 로베르는 스코틀랜드 땅인 포스 강가의 폴커크까지 들어갔지만 별 소득은 없었다. 하지만 남쪽으로 내려오면서 그는 타인강가에 뉴캐슬 요새를 건설했다. 스코틀랜드인의 침입을 막기 위해 '신新 요새'라는 이름을 붙인 것이다.

스코틀랜드에 들어간 원정대가 갑자기 철수한 것에는 나름의 이유가 있었다.[†] 그해 5월 더럼에서 소요가 일어나 긴박하게 개입할 필요가 있

[†] 스코틀랜드와 더럼의 원정 명령은 그 시기가 확실하지 않다. 두 원정 모두 1080년에 이루어졌다.

었기 때문이다. 게다가 더럼의 방위를 책임지고 있는 고셰Gaucher는 사나운 버니시아 주민들을 통제할 능력이 없었다. 그래서 그는 성직의 임무를 내려놓고, 정치적 권력도 친척인 질베르Gilbert라는 인물에게 맡겼다. 하지만 두 명의 유력한 인물들이 주교 궁에서 영향력을 행사하기 시작했다. 첫 번째 인물은 종사 출신인 리걸프Ligulf였고, 두 번째 인물은 신부 로브와인Leobwine이었다. 그런데 1080년경에 두 사람 사이에 싸움이 일어났다. 로브와인이 리걸프를 살해하기 위해 질베르를 끌어들인 것이다. 이 사실을 알게 된 고셰는 공포에 사로잡혀 '게이트헤드Gateshead', 즉 자유민으로 구성된 버니시아 총회를 소집한다. 하지만 그의 시도는 적대감을 가진 자들에 의해 철저히 봉쇄당하고, 그는 안전한 곳인 교회로 피신한다. 폭동

504

✤
자식 복이 없었던 윌리엄에게 정면으로 칼을 들이댄 로베르. 윌리엄은 저런 군주를 모시게 될 노르망디의 운명에 대해 탄식했다고 한다.(사진은 글로스터 대성당의 로베르의 무덤).

이 진행되는 동안 교회는 불타고 고셰는 '프랑스인'과 플랑드르인에게 암살당한다.

폭동을 진압하기 위해 오동과 로베르는 더럼 지역을 약탈했다. 예전에 윌리엄이 요크를 쑥대밭으로 만들었을 때보다 더 잔인하게 그 지역을 초토화시켰다. 버니시아의 통치는 오브리 드 쿠시Aubrey de Couci에게 맡겼는데, 그는 건장한 체형이었음에도 불구하고 버니시아의 질서를 유지하지 못하고 물러났다. 그리고 그의 후임자는 10년 동안 버니시아에 '평화'를 정착시키기 위해 인정사정없이 통치했다.

그런데 스코틀랜드 원정 중에 로베르가 사라졌다. 아버지가 그에게 부여한 임무는 무슨 수를 써서라도 노르망디와 영국의 단일성을 지키라는 것이었다. 이 의지를 로베르는 수용하지도 않았고, 이해하려고 하지도 않았다. 그는 다시 방랑의 길에 접어들었다. 그는 남부 이탈리아로 갔다. 그리고 거기에서 그 지방에 대한 관심보다는 귀족들의 사치와 이슬람과 비잔틴 제국의 세련된 풍습 등에 더 많은 관심을 보였다. 그는 7년 뒤에 노르망디로 돌아왔는데 복장이 가관이었다. 땅에 끌리는 망토, 이마 위로는 머리를 다 밀었고, 목덜미에는 긴 머리가 치렁거리고 있었다. 그리고 목이 짧은 부츠를 신고 있었는데, 여기에서 그의 두 번째 별명, 즉 '짧은 장화Courte-Heuse'가 생겨났다.

505

교황과 왕

그레고리우스 7세의 재임 초기부터 두 번의 공의회가 1074년과 1075년에 개최되었다. 두 번의 공의회를 통해 다시 한 번 성직자의 결혼

Nicolaïsme에 대한 반대 의지가 천명되었고, 결혼한 사제 혹은 동거중인 사제는 미사의 집전을 금지시켰다. 교회 개혁의 규율적인 측면을 강조하는 이 발표는 단지 계획이었을까, 아니면 선택이었을까? 새로운 교황은 막강한 클뤼니 수도원의 지원을 받고 있었다. 그의 성향은 군주제의 이상형이 내포하고 있는 도덕적 가치를 중시하는 쪽으로 기울고 있었다. 그러나 그의 머릿속에는 반세기 전부터 교황청이 중시하는 정치적 계획들로 가득 차 있었다. 이런 생각은 점점 더 무르익었고, 그가 추기경 직을 수행하는 동안에 이미 관념적 골격은 형성되었다. 이제 그 생각이 적극적인 행동으로 표출될 때를 기다리고 있었다. 그는 이미 전임자처럼 기독교 세계에서 군림하고 있는 제후들과 오마주의 관계를 통하여 긴밀히 연결되어 있었다. 1074년에 헝가리의 왕, 1076년에 크로아티아의 왕이 교황에게 오마주를 바치고 돌아갔다. 그는 가톨릭의 전례에 두 종류의 성유聖油를 구분하여 도입했다. 하나는 성직자의 도유식에, 또 하나는 왕의 축성식에 사용하는 성유를 구분한 것이다. 그는 후자, 즉 왕의 축성식의 의미를 축소시켰던 것이다. 하지만 영국의 윌리엄과 그의 후계자들은 이런 식의 성유 구분을 인정하지 않았다. 1075년부터 그레고리우스 7세는 세속 제후들에게 전대미문의 도전장을 던졌다. 그는 '교황령Dictus papae'이라는 법령을 공포했는데, 이전의 교황 칙서를 법전화한 것이었다. 그는 이 법령에서 모든 성직에 세속의 신자는 무조건 서임할 수 없도록 규정했다! 이제 교회는 타협을 모르는 기관이 되었고, 외교력의 부재 속에서 세속 제후들과 힘겨루기에 들어간 것이다. 하지만 교황의 결정이 몰고 올 파장은 아무도 예측하지 못했다. 혈기 왕성했던 신성 로마 제국의 하인리히 4세(그는 25세였다)는 노르망디의 윌리엄처럼 제후들의 손에 넘어간 권력을 다시 찾으려는 군주 중의 하나였다. 교황은 황제의 생각과 마찬가지로 자신에게 귀속된 관례적 권리를 필요로 하고 있었다. 1075년 교황은 로마의 산타마리아마조레 대성당Sainte-Marie-Majeure에서 미사를 집전하고 있었는데, 무장한 한 무리의 병사가 제단에서 그를 끌어내서 몇 시간 동안 감금하는 사태가 벌어지고 말았다. 하지만 그는 민중들의 폭동으로 풀려날 수 있었다. 1076년에 독일의 공의회는 황제의 요청에 따라 교황의 폐위를 요구하고 나섰다. 이에 맞서 교황은 봉신들에게 반란을 사주하며 황제의 폐위로 응수했다. 그 다음의 이야기는 익히 잘 알려져 있다. 하인리히 4세의 명백한 항복으로 끝이 난 것이다. 1077년 엄동설한에 카노사Canossa에서 황제는 교황에게 파문을 취소해줄 것을 간청하며 빌었다.

❦
1077년 이탈리아의 북부 도시 카노사에 신성 로마 제국의 황제인 하인리히 4세가 자신을 파문한 교황 그레고리우스 7세를 찾아와 무릎을 꿇고 빌고 있다. 토스카나의 마틸다의 모습도 보인다.

균형을 찾아서

그렇다면 앵글로-노르만 왕국은 어떻게 이런 종류의 분쟁을 피할 수 있었을까? 윌리엄은 1068년 캉에 생테티엔 수도원을 지으며 교황청의 직속령으로부터 면제를 받았다. 그런데 새로 교황이 된 그레고리우스 7세가 부질없이 그 결정에 반대하는 여론을 조성하고 나선 것이다. 사실 이 수도원은 다른 클뤼니 수도원처럼 교황청에 직속된 것이 아니라, 루앙 대주교의 관할을 받고 있었다. 윌리엄은 이와 관련된 모든 변경을 거부했다. 이후 윌리엄의 통치 말년까지 교황청은 노르망디의 모든 수도원에 그 어떤 특권도 부여하지 않았다. 힐데브란트가 교황에 등극한 시기는 우연히도 윌리엄이 정복 사업을 힘겹게 마치던 시기와 일치한다. 하지만 알렉산더 2세가 정복에 힘을 실어준 것과는 달리, 정복의 완수는 로마 교황청의 도움 없이 윌리엄 스스로 이룰 수 있었다. 새로운 교황이 공개적으로 자신의 견해를 드러냈을 때, 윌리엄의 자유분방한 생각도 고조되고 있었다. 그는 이 기회에 교황청과 거리를 두고 앵글로-노르만 성직자들과 교황청의 관계를 느슨하게 만들려고 시도했다. 먼저 윌리엄은 랑프랑이 공의회에 참석하기 위해 로마에 가는 것을 막았다. 랑프랑은 교황보다 윌리엄의 명령에 따랐다. 1078년 루앙의 대주교인 장Jean de Bayeux은 건강이 안 좋아져서 더 이상 성무를 볼 수 없게 되었다. 공작왕은 르베크의 수도사 기욤을 장의 후임에 지명했는데, 그의 별명은 '훌륭한 영혼'을 의미하는 '본암Bonne-Âme'이었다. 그는 학식과 독실한 신앙심을 갖춘 사람이었다. 하지만 그레고리우스 7세는 본암의 지명을 거부했다. 그리고 교황청 소속의 성직자 한 명을 보내 루앙 교구를 조사할 것을 명령했다. 거의 동시에 교황은 리옹의 대교구에 투르, 상스, 루앙의 대교구를 관할할 수 있는 권리를 부여했다! 이 조치는 노르망디 교회의 독립을 말살시키는 것이었다. 윌리엄은 최대한 정중하게 교황에게 서신을 보냈다. 하지만 문제의 본질

508

에 대해서는 언급하지 않고 로마의 친구들을 동원했다. 많은 문제를 다룬 서신이 오고 갔지만 핵심은 빠져 있었다. 1080년에 마침내 모든 것이 전략적으로 해결되었다. 루앙 대주교에 대한 리옹 대주교의 우위권은 서류상으로만 유지되었다. 본암의 루앙 대주교 서임도 승인되었으며, 윌리엄의 아들 로베르가 신중하게 처신하도록 대주교가 설득해줄 것을 요청했다! 동시에 윌리엄은 랑프랑을 통해서 교의教義에 관한 계획에 대해 교황청이 보증해줄 것을 요구했다. 한편 당시 가톨릭에서 이단으로 몰렸던 투르 학파 출신의 베랑제 드 투르는 1079년에 로마에, 1080년에는 보르도에 가서 랑프랑의 논문이 비난한 과거의 오류들을 취소해달라고 요청했다.[†] 랑프랑은 이런 비난에 『성찬De sacra cena』을 통하여 반박한 적이 있었다.

카노사의 굴욕 이튿날 독일의 제후들barons은 교황청의 사주를 받아 반란을 일으켰다. 그들은 하인리히 4세를 퇴위시키고 로돌프Rodolphe라는 참칭왕antiroi을 옹립했다. 하지만 하인리히 4세가 교황으로부터 사면을 얻어내자, 독일 내의 교황 지지자들은 무장해제를 당했다. 교황이 정치적 주도권을 잡으려는 시도는 물거품이 되었다.

그렇지만 상황은 또 반전되었다. 교황은 1080년 3월 7일에 또 다시 하인리히 4세의 퇴위를 발표하고, 공개적으로 로돌프의 후원자를 자처하고 나선 것이다. 하지만 절대 다수의 독일 성직자는 로돌프에게 등을 돌렸다! 그러자 교황은 4월 24일 장문의 편지를 작성하여 영국 왕인 윌리엄에게 보냈다. 편지의 내용은 교황청의 개혁주의자들이 노르망디에서 일어난 송사訟事에서 힘을 써준 것에 대한 찬양 일색이었다. 그는 명백하게

509

[†] 랑프랑은 베랑제가 이교도와 접촉한 적이 있다고 언급했는데, 베랑제는 이러한 발언을 취소해달라고 랑프랑에게 요구한 적이 있었다.—옮긴이

자신이 계획한 목표—잘 알려지지 않은 미묘한 목표였다—를 향해 분위기를 조성하고 있었다. 5월 8일 그레고리우스 7세는 루앙으로 떠나는 교황 특사 위베르 편에 편지를 동봉했다. 교황은 무겁고 함축적인 수사학적 비유를 통해 교황의 권력을 태양에, 왕은 달에 비유했다. 둘 다 모두 찬란하지만 하나는 또 다른 하나의 빛을 빌어서 반사할 뿐이라고 교황과 왕을 비유했다. 위베르는 윌리엄이 5월 31일 릴본에서 지방 공의회를 소집하기 바로 전에 노르망디에 도착했다. 위베르는 교황이 요청한 두 가지 요구 사항을 전달했다. 첫 번째는 규칙적인 농노세를 교황청에 바칠 것이며, 두 번째는 영국에 새로 들어선 제후국들이 교황에게 신하의 서약을 하라는 것이었다! 윌리엄은 영국 관습에 그런 경우는 없다면서 단호하게 두 번째 요청을 거부했다. 첫 번째 요청, 즉 교황청이 징수하는 농노세('성 베드로의 드니에'라고도 불렸다)는 원칙적으로 수용했다. 하지만 영국을 비롯하여 덴마크, 폴란드 등지에서 거두는 이 세금은 지나치게 과도하여 계층 간의 차별을 유발시켰고, 이탈리아는 이 세금의 폐해로 인해 극적인 사태가 발생할 수도 있는 상황이라고 항변했다.

5월 31일에 릴본에서 지방 공의회가 열렸다. 이 회의에서는 노르망디 공국의 정치적 변화에 한 획을 긋는 결정이 내려졌다. 공국의 영지에 관련된 모든 법률은 사실상 공작의 토지 양도로부터 발생한다는 내용을 담은 법령이 공포된 것이다. 그러므로 공작왕만이 토지 보유자를 정할 수 있고, 분쟁이 있을 경우에도 공작왕만이 개입할 수 있다는 내용의 법령이었다. 이 결정은 보편적 관습법을 뒤엎는 것이었고,† 이제 막 탄생하려는 국가에게는 유리하지만, 봉건 체제의 효과를 반감시키는 결정이었

---

† 봉건 세계의 토지 제도와 재판 제도 등에 대해서는 본문 75~78쪽 참고.

다. 이와 동시에 릴본 공의회는 교회 개혁에 대한 몇몇 원칙을 명문화했다. 그중에는 성직자의 독신을 강조한 조항도 있었는데, 교황청을 의식한 유화의 제스처였다.

6월 25일 그레고리우스 7세는 사신으로부터 분명히 윌리엄의 부정적 회신을 보고받았을 것이다. 하인리히 4세는 또 다시 교황을 폐위시켰고 라벤의 주교인 기베르를 '참칭 교황antipape'으로 옹립했다. 그러다가 10월에 참칭왕 로돌프가 황제에 대항하여 싸우다가 죽었다. 하인리히 4세는 1080년 알프스의 눈이 녹자마자 군대를 이끌고 이탈리아로 가서 참칭 교황 기베르를 강요하여 황제의 대관식을 올렸다. 무려 25년 동안 제국을 통치하면서 기다리던 대관식이었다.

한편 권력 투쟁에서 패한 그레고리우스 7세는 쇠락의 길에 접어들고 있었다. 이제 신성 로마 제국의 군대가 로마로 접근하고 있었다. 그러자 교황은 메츠의 주교에게 보내는 편지에 왕권의 기원에 대한 이론을 제안한다. 그의 이론은 단순하지만 당시로서는 놀라울 정도로 대담한 내용이었다. 그의 이론에 따르면 최초의 왕은 낙천적인 강도 유형인데, 그의 성격 때문에 상당 기간 자기와 동등한 타인들을 지배한다. 그는 또 간결한 표현을 빌어서 왕권에 대한 분명한 생각을 밝힌다. 왕권은 제후들의 권력과 마찬가지로 선점을 통해 그 효력이 발생한다고 편지에 적고 있다. 교황의 편지에는 고대로부터 기원하는 개념들에 대한 과장된 내용과 그의 감정이 들어 있었다. 그런데 고대의 개념이란 9세기에 랭스의 대주교 앵크마르Hincmar de Reims가 다시 찾아내어 교회에 대한 일부 인식을 부활시킨 것이었다. 그 개념에 따르면 모든 왕권의 근원은 민중으로부터 나오며, 군주는 암묵의 계약에 근거해서 그 대표를 인정해야 한다는 것이다. 사실 그 대표는 바꿀 수 없으며 심지어 세습도 된다. 하지만 그 대표란 자들도 정의라는 이름으로 해임할 수 있는데, 교회가 그들을 심판할 수 있는 최고 기관이라는 것이 그레고리우스 7세의 생각이었다.

1081년과 1082년 두 번에 걸쳐 하인리히 4세는 로마 근처까지 와서 주변을 맴돌았다. 물론 감히 로마를 점령하려는 생각은 하지 않고 포위만 하고 돌아갔다. 로마 시민들과 성직자들은 교황이 주장하는 명분에 지쳐 있었다. 그리고 대부분의 추기경은 이미 항복할 준비가 되어 있었다. 1083년 제국의 군대가 마침내 성 베드로 성당을 점령했다. 그레고리우스 7세는 항복하고, 이전에 자신이 유죄라고 고소한 사건들을 모두 취소했다. 그리고 공개 속죄를 통해 하인리히 4세의 축성을 수용했다. 하지만 교황의 회신을 받은 황제는 그 제안을 거부했다. 교황은 더 이상 굴복하지 않았다. 결국 그는 몇몇 병사와 함께 견고한 산탄젤로Saint-Ange 성의 감옥에 갇히고 만다.

하인리히 4세는 어떻게 보면 윌리엄의 근심을 덜어주었다. 교황과 영국 왕 간의 분쟁이 한 번에 해결되었기 때문이다. 적어도 두 사람 사이의 신랄한 대립은 해소되었다. 이렇게 교황과 신성 로마 제국 황제간의 1회전은 끝이 났다. 하지만 그 후로도 반세기 동안 그 어떤 유럽의 성직자들과 제후들도 두 세력 간의 충돌에 완전히 무관심할 수는 없었다. 이제 막 성숙기에 접어들고 있었던 서유럽 사회에서 처음으로 성직자와 비종교인 사이의 갈등이 수면 위로 올라온 것이다. 이 문제에 대한 해답을 줄 수 있는 사람들은 신학자들과 법률가들이었는데, 그들은 수 세기 동안 뜨거운 논쟁 끝에 로마 가톨릭의 실체를 완성시켰다. 반면에 로마 가톨릭과 분리된 동방정교회에서는 이런 문제가 제기되지 않았다. 그레고리우스 7세가 반대한 '황제교황주의césaro-papisme'†는 세속적인 것에 대한 영적인 것의 우월성이 정치적, 법률적, 철학적으로 확고해지는 결과로 이어졌다. 도덕적 권위는 원칙적으로 물질적 힘을 능가하지만, 그 역할은 공동의 목표를 위해 두 힘을 조화시키고 공동의 선으로 인도하는 것이다. 이제 '기독교 세계chrétiennté' 또는 '기독교도'란 말의 옛 의미 속에서 새로운 의미가 생겨나고 있었다.

세속 제후들과의 전쟁에서는 패한 그레고리우스 7세는 그렇다고 영적인 면에서 순수한 승리를 거둔 것도 아니었다. 그에게 정신적 승리란 폐위 혹은 순교를 의미했다. 산탄젤로성에 유폐된 교황은 전쟁을 준비하고 있었다. 그런데 그의 행동은 그의 심오한 생각과 일치하지 않았으며, 구상하고 있는 기독교 세계와도 모순적인 입장을 취하고 있었다. 원칙적으로 권력이란 아무리 그 실체를 확인하려고 해도 구체적으로 볼 수 있는 것이 아니다. 그레고리우스의 개혁은 교회와 정치권력 사이의 불분명한 혼동에 대한 반작용으로 생겨났는데, 교회의 경쟁 상대를 제거하는 것이 그 목표였다. 그러다보니 세속 제후들에게 더 많은 의무를 요구했다. 분명히 이런 변화는 11세기에는 불가피했을 것이다. 왜냐하면 교회가 변질되었기 때문이고, 모든 잠재적인 반대 세력이 결집되어 있었기 때문이다. 그때부터 교회는 비중이 큰 수단에 의존하게 되었다. 교회는 금권, 정치 세력, 군대를 이용하여 언젠가는 세속 제후들에게 구속받지 않을 것이라고 생각했고, 모든 종류의 전통적 지배 수단들을 소유할 것으로 믿었다. 그레고리우스 7세가 영국 왕에게 오마주를 요구했을 때, 그는 분명히 자신의 선의善意를 믿었을 테고 재정적인 도움도 기대했을 것이다. 그런데 그런 교황이 자신에게 봉건 영주의 지위를 달라고 요구하고 나선 것이다.

이제 교황은 자신이 촉발한 분쟁 덕분에 제후들에게 스스로의 정치적

513

†　세속의 황제가 교황보다 높은 지위를 가진다는 사상.—옮긴이

실체를 보여주었다. 그전까지 제후들은 교황의 이런 모습을 본 적이 없었다. 교황의 이데올로기는 제후들에게 부족한 언어를 제공해주었고, 제후들은 그것을 통하여 자신들의 정치적 권력에 대하여 생각하기 시작했다. 왕들이 그런 생각에 별 걱정을 하지 않고 있었던 것처럼, 카페 왕조의 왕들도 그렇게 인식하고 있었다. 논쟁과 개념에 대한 인식, 논리학에 대한 취향과 분석적 사고 등이 공적인 관계에 대한 연구에 적용되기 시작했고, 조만간 관습법은 성문법에 밀려날 처지에 놓이게 되었다. 교회의 경우도 1080년경부터 교회법 전문가들이 옛 교황령을 편찬하고 보완하기 시작했다. 그 후 40년 뒤에 그라티아누스Gratien의 손에서 교회법의 원전인 『교회법령집Decretum』이 완성되었다.

1081년에 공작왕 윌리엄이 영국에 갔다. 웨일스 국경의 사태가 불안해 무력시위를 보여줄 필요가 있다고 생각했기 때문이다. 왕은 펨브로크반도의 끝에 있는 성 데이비드 성소聖所를 순례할 목적으로 웨일스 남부를 지나고 있었다. 그는 노르만 기사들의 호위를 받으며 현지 주민들에게 경각심을 불어넣어줄 생각이었다. 가는 길에 왕은 태프강 어귀에 카디프 성을 건설했다. 그는 웨일스인들이 잡고 있던 수백 명의 포로들을 풀어주고 철군했다. 스코틀랜드의 경우처럼 윌리엄은 무력을 통해 웨일스에서 평화를 정착시켰다. 하지만 양국의 공존 문제는 해결하기 어려웠고, 윌리엄은 그 문제를 제기하지도 않았다.

그해 말에 왕은 다시 노르망디로 돌아왔다. 1076년에서 1081년 사이에 영국에서는 심각한 사태가 없었으므로, 그는 5년 이상 영국에 머무르지 않았다. 1075년에 반란을 진압한 이후 왕국의 안정은 확고해졌기 때문이다. 10년 동안의 전쟁과 혼란 속에서 왕국의 정치적 균형은 자리를 잡았다. 그런데 그 균형은 무엇에 근거를 두고 있었는가?

영국과 노르망디의 인구와 문명화된 지역에 대한 다양한 평가가 이루어졌다. 1080년 영국의 국토는 험버강 남쪽 지역이었고, 인구는 200만 명이 채 안 되었다. 인구와 총생산량은 노르망디와 멘을 합친 것의 두 배였다. 다시 말하면 윌리엄의 힘이 3배가 되었다는 뜻이다.

노르망디의 승리는 유럽 역사의 중요한 시점에서 일어났는데, 그 시기에 경제와 사상의 발달이 사회적 분화에 유리한 환경을 조성하고 있었다. 영국에서 정복자들은 1066년 혹은 1069년부터 이런 상황을 심리적으로 잘 이용하여 사회의 균형을 유지했다. 윌리엄과 그의 봉신들은 적대감을 품고 있는 현지인들로부터 유리된 채 자신들이 처한 상황을 잘 이해하지 못하고 있었다. 하지만 그들은 해럴드의 뜻밖의 죽음으로 야기된 예상밖의 상황에서 하나로 뭉쳐 있었다. 근본적으로 보전에 대한 본능은 규율과 권리의 안정에 유리하게 작용한다. 그래서 역동적인 체제는 확고하게 정착하고, 왕권의 강화가 확대되는 특징을 보여준다. 그리고 그런 왕권 덕분에 서유럽Occident에서 최초의 국가적 통일을 이루게 된다. 앵글로-노르만 왕국이 그런 나라였다.

강력한 군주제는 지속적인 의지가 뒷받침되어야 한다. 그렇다면 강력한 군주제는 절대왕정과 일맥상통하는가? 절대왕정이란 말은 봉건적 체제에서는 그 의미가 없었다. 하지만 절대왕정의 다양한 양태는 셀 수 없을 정도로 그 수가 많다. 절대 권력은 속성상 제도적인 것이라기보다는 개인적인 것이고, 수장首長의 의도에 따라 가변적일 수 있다. 그리고 윌리엄 이후의 후계자들 사이에서 절대 권력의 흔적을 찾아볼 수 있다. 절대 권력은 현실 속의 체계에서 해결해야 할 문제가 단순할수록 더욱 더 그 진가를 발휘한다. 그런데 이런 관점에서 보면 윌리엄이 취한 연속적인 행

515

정 조치는 단순화에 대한 열망에서 비롯된 것으로 보였다. 초기 봉건제의 무정부 상태 이후, 그리고 경제 발달 과정에서 새롭고 다양한 모습이 나타나기 전까지, 윌리엄은 전제 정치가 합리적으로 가능했던 짧은 기간에 군림했던 군주였다.

이런 지배력의 의지를 보여주는 상징으로서 1078년부터 영국의 주요 도시에는 탑tour이 건설된다. 런던에 건설된 탑은 백탑白塔이라고 불렸는데, 측면은 성벽이 지지하고 있었고, 로체스터의 주교(로렌 출신) 건덜프 Gundulf가 설계를 맡았다. 캉에서 가져온 돌로 지은 두터운 사각 모양의 주탑은 높이가 27미터, 탑의 두께는 3.5미터에 이르렀다! 탑의 내부는 둘로 나뉘어 있었는데, 한쪽에는 1080년에 완공된 성 요한 예배당이 있었

🔆
윌리엄은 1078년에 요새성인 런던탑을 축조했다.
런던 시민들은 이 요새성을 정복의 상징으로 생각했다.

다. 이 예배당은 고대 로마네스크 양식으로 축조되었는데, 묵직한 세 개의 기둥이 건물을 받치고 있었고, 기둥머리들이 순서대로 조각되었다. 그리고 세 개의 중앙 홀에는 아케이드 모양의 후진後陣이 배치되어 있었다.

1080년에서 1085년 사이에 영국 왕국의 모습은 1066년 10월 14일 헤이스팅스 전투가 끝났을 때의 모습과는 많은 차이를 보였다. 하지만 '숙고를 거친 음모'나 '완전한 격변'의 의미를 가진 '혁명'의 모습은 전혀 찾아볼 수 없었다. 이 기간 중에는 점진적인 변화가 일어났다. 방해물이 없었던 것은 아니지만 20여 년 동안 단절은 없었다. 노르만인들은 처음부터 앵글로색슨의 풍습을 받아들였다. 하지만 차츰 저항과 반란을 통해 정복자들은 피정복자들에게 지휘권의 자리를 넘겨줄 수밖에 없었다. 그런

런던탑 안에 있는 백탑White Tower. 과거의 주탑이다. 정복왕의 명령으로 1078년부터 축조되었다.

데 앵글로색슨 사회는 봉건적 의식 구조가 침투하기 어려운 구조를 가지고 있었기에 노르만 방식이 정착한다는 것은 매우 힘든 일이었다. 그러므로 폭력 사태가 발생했고, 식민지화라는 비하적 표현이 생겨났다. 기욤 드 맘즈버리Guillaume de Malmesbury의 기록에 따르면 공작왕은 헤이스팅스 전투에서 노획한 포로들을 아일랜드에 노예로 팔아버렸다고 한다. 한편 정복 초기에 사법권은 법의 특성에 따라 적용되었다. 노르만인에게는 노르만 법을, 영국인에게는 앵글로색슨법을 적용한 것이다. 하지만 곧바로 법의 적용이 속지주의로 바뀌었다. 그러자 현지 주민들의 반감은 상당히 커졌다. 신명재판神明裁判이나 결투 같은 방식은 많은 반감을 부추겼고, 이런 폭력적인 판결은 12세기까지 지속되었다. 정복으로 야기된 무질서는 억압적이고 학대적인 해결 방법을 양산하는 결과를 가져왔다. 예를 들어 '프랑스인'이 살해된 지역은 원주민 전체가 그 책임을 져야 했다. 해안 지역의 농민들은 노르만식으로 면도하거나 옷을 입게 했는데, 그 이유는 앵글로색슨의 현자賢者들을 찾는 덴마크 해적들을 속이기 위해서였다!

경멸당하고, 약탈당하고, 강제로 추방당한 피정복자의 대부분은 정복자의 힘에 굴복했지만 그들은 정복자들을 증오하고 있었다. 원주민들은 정복자가 차지한 나라가 사실은 자신들의 것이라고 생각했고, 정복자들은 그 땅을 잠시 임대했을 뿐이라고 여겼다. 그 결과 앵글로색슨 연대기 작가들은 끊임없이 불만을 토로했으며, 고통을 겪고 있는 민중들의 갈망에 자주 동정심을 드러내 보였다. 오래된 앵글로색슨 전통은 새로 수입된 관습보다 더 많은 변화를 겪었다. 하지만 앵글로색슨의 의식 구조 변화는 지속적인 틀 속에서 계승되었다. 앵글로색슨 법이 철폐되지 않은 것이 좋은 예다. 정복자들은 12세기 초에 앵글로색슨 법을 라틴어로 번역했지만, 결코 노르만 관습법이 현지법을 대신한 적은 없었다. 하지만 '윌리엄 법

Lois de Guillaume'에서 볼 수 있듯이 두 나라의 법은 상호 교류되었으며, '붉은 얼굴 윌리엄' 시대에 편찬된 법전은 현지어, 즉 앵글로색슨어로 작성되었음을 알 수 있다.

왕은 이제 참회왕 에드워드와 고드윈 가문이 소유했던 영지의 대부분을 개인적으로 소유하게 되었다. 무려 1422개에 달하는 '영주의 저택'을 윌리엄이 소유한 것이다. 거기에 관습법에 따라 그는 토지에 딸린 숲도 가졌다. 다시 말해 전쟁으로 초토화된 황무지도 수중에 넣은 것이다. 왕실에 귀속된 숲들은 왕들만 사냥할 수 있는 땅이었지만 이렇게 만들어진 광활한 숲도 윌리엄의 사냥에 대한 열정을 충족시켜주지 못했다. 그는 주민들을 동원하여 햄프셔 지방에 1000제곱킬로미터(서울 면적의 1.7배)에 이르는 광활한 토지를 사냥터로 만들었다. 그러기 위해 교회를 포함한 60개의 마을이 사라졌다. 그리고 사냥감의 수를 늘리기 위해 가혹한 조치를 발령했다(크누트 시절의 조치를 반복). 사냥터 인근에 거주하는 주민들이 소유한 동물의 발가락이나 발굽 혹은 개들의 발을 자르는 등 사냥에 유리한 조치를 취한 것이다. 밀렵꾼에게도 거세나 손발을 절단하는 엄격한 형벌이 내려졌다. 이렇게 생성된 지방은 '새로운 숲Forêt-Neuve'이라고 불렸다. 하지만 윌리엄의 아들이자 첫 번째 후계자인 리샤르는 바로 이런 숲에서 목숨을 잃었다. 아마도 살해된 듯했다. 영국인들은 그것을 윌리엄이 받은 천형天刑이라고 생각했다.

사냥에 국한된 이런 영지는 약 1100파운드의 연 수입을 보장해주었다. 이 금액은 왕국의 농지가 생산하는 액수의 7분의 1 정도였다. 윌리엄은 에드워드가 보유했던 토지의 2배 정도를 소유하고 있었다. 물론 11세기에는 국가의 수입과 왕의 수입은 구분하기가 쉽지 않았다. 세금의 경우 장원에서 생산되는 생산품에는 3중의 과세가 부과되었다. 실제로 윌리엄은 영국에 노르만 관습에서 비롯된 세금을 부과했지만, 덴마크 바이킹의 침략에 대비하여 유지하고 있던 데인겔드danegeld 세금도 철폐하지 않았다.† 이 세금은 정기적으로 납부하는 세금은 아니었으며, 20년 안에 네 번 납부하면 되었다. 이 밖에도 윌리엄은 유대인, 교회, 도시 등에 기회가 될 때마다 세금을 부과했는데 이 세금은 자의적인 성격이 강했다. 그는 영국에서는 주장shérif에게, 노르망디에서는 자작에게 이 세금의 징수를 맡겼다. 오드릭 비탈은 이렇게 왕이 징수하는 하루 세액이 1000파운드가 넘는다고 기록하고 있지만 상당히 과장된 수치로 보인다. 이 금액을 1950년의 화폐 단위로 환산해보면, 왕의 연간 수입은 100만 파운드에 해당한다. 어쨌든 당시로서는 굉장한 금액이었던 것만큼은 틀림이 없었다.

윌리엄을 둘러싸고 있던 영국 궁정의 구성은 공작 궁정의 경우보다 잘 알려져 있지 않다. 두 궁정의 생활은 비슷했을 것이다. 영국 궁정에서도 신하들과의 관계는 노르망디처럼 시끄럽고 무질서했다. 왕은 축제와 연회를 즐겼는데, 이런 성향은 영국에서 더 두드러졌다. 체형 비만은 이때에 더욱 심해졌을 것이다. 가족 구성원과 왕실 문서에 서명한 대제후들의 이름은 1066년 이후 거의 변하지 않았다. 주장—대개 학식이 없는 사람들—들도 업무 차 궁정에 오곤 했는데, 이들은 재상인 랑프랑을 보좌하는 직함이 없는 성직자들과 구분되었다. 랑프랑 주위의 성직자들은 문서 작성과 같은 지적 작업에 필요한 사람들이었다. 당시에는 성직자들만이 토론을 이끌어가고 위원회를 구성하는 방법을 알고 있었다. 또한 그들은 보고서를 작성하거나, 결정문을 간결한 문서로 작성하는 법을 알고 있었으며, 선거를 진행하는 법도 알고 있었다. 궁정에 소환된 관리들은 집사

---

† 영국 왕은 10세기부터 전국에서 '데인겔드'라는 토지세를 징수했다. 본문 166쪽 참고.

sénéchal 혹은 고위관리Connétable—앵글로색슨의 유산—그리고 상서chacellier 등이 있었다. 1072년에서 1077년까지 이 업무는 훗날 솔즈베리의 주교인 오즈먼드가 맡았다. 하지만 궁정에서 관리들이 맡고 있던 역할은 분명하지 않았다. 사실 그들의 임무는 자문회의에서 다루는 모든 법률적, 입법적, 행정적 사건들을 총망라하고 있었다. 만약 사법적인 사건에서 문제가 생기면 궁정은 이 문제를 귀족에게 맡겨 해결시켰다. 이렇게 특정 집단이 생겨났는데, 그 집단은 가변적이고 동질성도 없었다(훗날 재판관을 의미하는 Justiciar로 불렸다).

궁정은 왕실 봉신들의 모임에 지나지 않았다. 자문회의conseil라고도 불렸던 이 모임은 해럴드 시대에 존재했던 현인회Witanagemot처럼 인식되었다. 이 회의의 구성원은 대주교, 주교, 수도원장, 백작, 기사들로 구성되었고, 인원수도 시기에 따라 차이가 났는데 1069년 부활절에는 27명, 같은 해 오순절에는 50여 명, 1077년 성탄절에는 25명, 1080년 부활절에는 18명으로 가변적이었다. 어떤 회의에서는 성직자들이 주도권을 잡고—그럴 경우 공의회concile라고 불렸다—어떤 때에는 세속 봉신들이 회의를 주도했다. 그러나 1075년부터는 성직자들과 세속 제후들을 구분하여 회의를 소집하는 방식으로 바뀌기 시작했다. 1075년과 1085년은 마지막 회의가 열렸던 해로 기록되었다. 1070년까지는 앵글로색슨인들도 노르만인들과 동등하게 이 회의에 참석할 수 있었다. 하지만 그 이후 영국인들은 찾아볼 수 없었다.

자문회의는 원칙적으로 1년에 세 번 열렸다. 성탄절에는 글로스터, 부활절에는 윈체스터, 오순절에는 웨스트민스터에서 열렸다. 회의는 왕이 주재했고, 매우 세심한 의식에 따라 진행되었다. 왕은 왕좌에 화려한 옷을 입고 앉아 회의를 주재했는데, 머리에는 왕관을 손에는 홀을 쥐고 있

521

었다. '대관식couronnement'이라는 말이 이 회의의 의전을 가리키는 말에서 나온 것도 흥미롭다. 회의에 참석한 자들은 '국왕 찬가laudes rigae'를 부르며 왕에 대한 예를 갖추었다. 하지만 왕이 노르망디에 머무르면 왕실의 자문 회의는 정기적으로 열리지 않았거나 왕비가 회의를 주재했고, 왕비도 자리에 없을 경우에는 회의의 대표가 진행을 맡았다. 이 회의의 역할은 왕실의 상황과 의지에 따라 결정되었지만 행정 기구 중의 하나에 불과했다. 그리고 고작해야 자문의 역할만 할 뿐이었고, 때로는 의전상의 기구에 지나지 않았다. 하지만 월서프 사건의 경우처럼 이 회의는 정치적, 사법적 책임을 진 경우도 있었다.

주州, shire는 백작령에 편입되지 않은 영지로 이루어져 있던 행정 단위였다. 왕국에는 30개 정도의 주가 있었다. 윌리엄은 주의 책임자인 주장州長, shérif을 왕명을 집행하는 대리인으로 만들었는데, 노르망디로 치면 자작vicomte의 역할과 비슷했다. 이후 주장의 임무는 노르망디의 대제후들에게 넘어간다. 1070년까지 대부분의 주장은 앵글로색슨인이었다. 하지만 1080년경에는 노르만인들이 광활한 주의 대부분을 차지한다. 그들 중 일부는 왕의 반대에도 불구하고, 주장 직을 가문의 세습직으로 정착시켰고, 윌리엄은 지방에 확실히 뿌리를 내린 지주들을 주장으로 임명하여 왕국을 통치했다. 주장들은 궁정을 통해 직접 왕명을 전달받았는데, 왕실 위원commissaires royaux─카롤링거 왕조 시대의 '군주의 대리자에 해당─은 정기적으로 주장에게 전달되는 왕명을 검토했고, 필요할 경우 주장의 업무를 감독했다. 1077년부터 왕은 주장이 저지르는 부동산과 관련된 모든 불법 거래를 통제하는 법령을 공포했는데, 그 불법 거래들은 주에 있는 왕실 영지와 교회의 영지를 주장이 허가 없이 매매한 경우였다.

왕명의 결정은 주장에게 문서의 형태로 전달되었다. 그리고 작성 방법에 따라 '허가증brefs'과 '증서chartes'로 구분되었다. 허가증은 간단한 표현과 통일된 조항들로 이루어져 있었고, 증서는 더 길고 다양한 문장들로 구성되어 있었다.

주장과 헌드레드†로 구성된 회의는 왕명에 따라 주장의 소환으로 개최되었다. 이 회의는 왕실 자문회의의 지방 분원에 해당되는 것이었다. 노르만인들은 지방의 자문회의에 조사위원회를 도입했는데, 그 구성원들은 선서를 한 대표들로 이루어져 있었다. 그들은 '심사원juré'이라고 불렸고 12세기까지 행정직과 관련된 임무만 수행하다가, 나중에 사법적 역할을 맡게 되었다. 훗날 '심사원'이 영미 사법제도의 '배심원jury'이 된 것은 잘 알려진 사실이다. 이 회의는 예전의 역할을 그대로 수행하고 있었다. 그러나 노르망디의 사법 제도가 빈번히 적용되자 많은 사건을 이전의 회의 절차로는 해결할 수 없게 되었다. 그래서 기사가 법을 어긴 경우라 할지라도, 기욤 피츠오즈베른은 헤리퍼드 법원에게 7실링 이상의 벌금을 물리지 못하게 했다. 1077년경에 있었던 어떤 재판에서는 왕과 로체스터 주교가 토지의 소유권을 놓고 다투고 있었다. 그런데 어떤 노르만인 주장은 주군에게 유리하도록 상대방 증인들을 위협하여 무려 12명으로부터 거짓 서약을 받아냈다. 하지만 전前 주장인 앵글로색슨인은 피해를 입은 로체스터 주교에게 증인들이 압력을 받았다고 폭로했다. 결국 오동 드 바이외는 이 사건을 법원에서 제외시킨 다음에 본인이 직접 맡았다. 노르망디의 관습법에 따라 오동은 거짓 서약을 한 사람들을 신명 재판ordalie에 넘겼다. 그러자 당사자들은 줄행랑을 놓았다. 왕실 자문회의는 이들

523

---

† 헌드레드는 사법 구역에 따라 나라를 분할한 영국의 행정 구역이다. 본문 166쪽 참고.

에게 300파운드씩 왕에게 바치라고 판결했다.

주장은 왕의 요청에 따라 지방의 군사를 소집할 수 있는 권한fyrd이 있었다. 하지만 윌리엄은 이 권한을 제한적으로 부득이한 경우에만 사용했다. 군사 소집령의 가장 중요한 요소들은 점차 노르만식 기사 제도에 흡수되었는데, 그중에서 대표직인 계층이 종사從士들이었다. 그들은 토지를 소유하고 있었기에 값비싼 장비들을 구입할 능력이 있었다. 이후 영국의 종사들은 군사적 기술을 습득해 정식 기사가 되었다.

정복 이후 영국의 백작령은 거의 다 사라졌다. 1075년의 반란 이후 윌리엄은 헤리퍼드와 노샘프턴의 백작령을 다 없애버렸다. 1080년경에는 국경 근처에 네 개의 백작령이 남게 되었다. 스코틀랜드 국경 지대의 버니시아 백작령, 웨일스와 인접한 체스터 백작령, 플랑드르와 덴마크 방향에 위치한 켄트 백작령이 있었고, 여기에 로제 드 몽고메리가 만든 2개의 백작령(서식스 해안의 애런딜 근처와 슈루즈베리 근처)이 있었다. 이 밖에도 리치먼드 백작령은 영지의 크기가 보통이었는데 알랭 드 팡티에브르의 소유였다.

정복이 영국에 가져온 변화는 정치 제도보다 사회 구조를 송두리째 바꾸어놓았다. 노르만인들이 가져온 봉신제도와 봉건제도는 앵글로색슨 제도보다 더 발전되고 단순한 형태였다. 정복 전 영국에는 많은 자유민이 토지를 소유하고 있었는데 그들은 별다른 이유도 없이 일부 지주들에게만 매여 있었다. 하지만 그들의 관계는 형식적이었다. 그러던 것이 1085년경에는 봉신제도와 봉토로 연결된 지주와 농민의 관계가 파기할 수 없을 정도로 긴밀해졌다. 그 결과 대륙에서 여전히 남아 있던 자유지는 영국에서는 모두 사라졌다.

헤이스팅스 전투가 끝난 이튿날부터 왕명 대리인들이 관리하던 토지들이 재분배되기 시작했다. 이 과정에서 노르망디, 플랑드르, 브르타뉴 같은 공국이나 백작령들만이 전리품들을 챙긴 것은 아니었다. 왕은 왕명 대리인들에게 앵글로색슨인들의 재산을 처분할 수 있는 재량권도 부여했다. 하지만 왕국의 모든 영지는 새 주인들, 즉 정복자들에게 넘어갔다. 전반적으로 이 작업은 대륙의 제후들에게 유리한 방향으로 전개되었고, 패자들에게는 이상한 기사도 정신만 심어주었다.

정복 초기에 토지 소유권의 이전은 그리 많지 않았다. 망자亡者들의 재산을 기탁하는 수준에 그쳤기 때문이다. 일부 종사들은 정복자들에게 항복할 때 자신들의 토지를 담보로 맡기며 소유권을 포기했다. 토지를 약탈당한 이들은 아들들을 스코틀랜드나 비잔틴 제국 등지로 멀리 보냈다. 젊은이들이 모험을 찾도록 떠나보낸 것이다. 또 다른 이들은 딸들을 노르만인들에게 시집보냈다. 왜냐하면 노르만인들이 앵글로색슨인들의 영지를 강탈할 때 부인 명의로 영지를 세습시켜주겠다는 약속을 했기 때문이다. 여기에 반란이 일어날 때마다 징벌적인 토지 몰수가 이어졌다. 1086년에 영국 토지의 8퍼센트는 앵글로색슨 귀족이 소유하고 있었다. 이런 상황에서 윌리엄은 정치적인 영향력을 발휘했다. 영국에 토지를 소유한 노르만인들은 노르망디에도 영지가 있었는데, 그들은 의무적으로 두 지방에 토지를 소유해야 했다. 그 결과 봉건적 관계에서 본다면 앵글로-노르만국은 실질적인 공생 관계에 놓이게 된 것이다. 이러한 상황은 윌리엄이 죽은 다음에도 두 나라의 단일성을 유지시켜준 요인으로 작용했다.

525

---

† 11세기 말 영국 왕은 축적한 부를 통하여 봉토가 아닌 정기 수입을 봉신에게 하사했다. 프랑스에서는 이런 수입이 1세기 뒤에야 정착되었다.

윌리엄은 영국 왕국의 수천 개 장원을 봉토로 팔았다.[†] 대부분은 작은 장원이었다. 1086년에 연간 수입이 100파운드를 넘는 봉신들은 180명을 초과하지 않았다.[†] 이들은 대규모 영지honneur[††]를 왕국 곳곳에 소유한 자들이었다. 전국에 산재한 앵글로색슨인의 장원들이 이런 상황을 만들어낸 것이다. 하지만 윌리엄은 이런 문제를 개선하지 않고 그대로 두었다! 그 결과 중소 장원을 소유한 많은 사람을 제외하고 상위 10위 안의 대제후들이 왕국의 25퍼센트를 소유하게 되었다. 로제 드 몽고메리, 기욤 드 바렌, 조프루아 드 쿠탕스, 위그 다브랑슈 같은 대제후는 엄청난 토지를 소유하고 있었고, 특히 왕의 이복 동생인 로베르 드 모르탱은 793채, 오동 드 바이외는 439채의 대저택을 소유하고 있었다. 이것에 비하면 위그 드 몽포르가 소유한 100채의 저택은 초라해 보였다!

앵글로색슨족의 고위 귀족들 중에서 100여 개의 집안이 귀족의 칭호를 빼앗기고 사라졌다. 그들 중 대부분은 죽거나 해외로 이주했다. 남은 자들의 선택은 노르만 귀족들로 구성된 사회 계층에 섞이는 것이었다. 소지주들은 자신들의 터전을 떠나기보다 새로운 이주자들에게 그것을 그대로 넘겨주었다. 소지주들은 이러한 희생을 통해 빈곤 상태에 빠진 것이 아니라 예속 상태에 빠졌다고 말하는 것이 정확했다. 노르만 계층이 종속적인 상황에서 봉건 관계를 통해 앵글로색슨 계층 위에 그대로 눌러 앉아버린 것이다.

영국에서 영지를 수여한 방식은 윌리엄이 노르망디에서 예전에 자신의 영지를 나눠주던 방식과 동일했다. 윌리엄은 제후들의 군역軍役을 보

[†] 1950년 화폐 단위로 환산하면 5000~6000 스틸링 파운드에 해당된다(더글러스, English Historical Documents, pp.56-57.) 하지만 이는 잘못된 비교다. 생활비와 가계 예산 비용을 정확히 알 때만이 두 시대의 화폐 가치를 비교할 수 있다.

[††] 오뇌르라 불린 대규모 영지에 대해서는 본문 344~345쪽 참고.

장받고 싶어했다. 그는 자신과 직접적으로 오마주를 통해 연결된 봉신들이 왕의 군대에게 일정 수의 기사들—완벽하게 장비를 갖춘 기사들—을 제공해주길 무엇보다도 원했다.† 봉토의 몰수는 이 계약 조항의 의무를 지키지 않는 데서 비롯되었다. 그러므로 봉신의 입장에서는 오마주를 통해 병사들을 확보할 필요가 있었다. 그러므로 그 병사들에게 봉토를 지급하느냐 혹은 그렇지 않느냐는 전적으로 봉신에게 달려 있었다. 사실 배신陪臣들은 자신들의 주군으로부터 봉토를 하사받을 경우, 그들도 다시 봉토를 다른 하급 배신에게 분배할 수 있었다. 예를 들어보자. 왕은 요크의 대주교에게 레스터셔에 있는 러버넘 영지를 하사한다. 대주교는 이 봉토를 다시 워첼린Wauchelin이라는 사람에게 주고, 그 역시 봉토의 일부분을 세 '쟁기 분의 토지Charruées'††로 쪼개어 가난한 기사에게 하사한다. 이런 식으로 봉토가 재분배되면 왕국의 모든 자유민도 직간접적으로 사실상 왕에게 종속되는 셈이다. 봉신제와 봉토는 이제 모든 개인이 국가와 맺고 있는 관계를 정의하는 기준이 되었다. 앵글로-노르만 법률 언어는 공식적으로 이렇게 새롭게 맺어진 관계를 뒷받침해주었다. 즉 기존의 용어들(가신과 봉신)이 토지의 원소유자—그는 왕에게 직속되어 있다—와 일반 소유자에 의해 대체되었다.

527

윌리엄은 통치 말기에 5000명의 기사를 소집할 수 있는 군역권을 가지고 있었다. 물론 그들은 봉토를 하사받은 기사들이었다. 윌리엄은 이 귀족들에게 사적인 전쟁을 금지시킬 수 있는 힘이 있었다. 기사들은 이런 월권적인 조치에 불만이 컸지만 복종하는 길 외에는 다른 방법이 없었다.

---

† 서기 1100년경 영국 왕들은 때때로 봉신들에게 기사 대신에 돈을 요구했다(병력 수에 따라 상응하는 돈). 병력 수는 방패 수에 따라 계산했는데, 역사적으로 방패écu는 한 사람의 가격을 의미했다. 훗날 방패écu라는 말에서 '금화라는 말이 나왔다.

†† 한 명의 농부가 하나의 쟁기로 1년간 경작할 수 있는 농지를 가리킨다.

그 결과 강도들이 사라졌다. 강간죄는 범인의 신분에 관계없이 거세로 다스렸다. 성의 건설도 왕의 허가를 받아야 가능했다. 1087년에 왕국에는 70개의 성이 있었는데 그 크기는 상당히 차이가 났고, 그중에서 20개는 왕실 소유의 요새였다. 대부분의 성은 목재와 흙을 사용해서 건설했는데, 나중에 석재를 사용하여 부분적으로 보강했다. 에식스에 있는 콜체스터성은, 1080년에 로마 신전의 폐허 위에 건축 자재를 사용하여 건설되었다. 이렇게 대규모의 성은 대도시나 주요 도로를 따라 건설되었다. 나머지 50개 성은 개인 소유였다. 대부분의 성은 도시에 있었는데†, 그 이유는 경제 중심지를 지키기 위한 윌리엄의 근심에서 찾을 수 있다.

왕실 영지를 봉토로 수여받은 봉신과 관련된 사법적인 권한은 하급 법원의 소관이었으며, 상급 법원의 권한은 왕만이 행사할 수 있었다. 실제로 윌리엄은 이 두 가지 견해에 대해 자신이 살던 시대의 의식 구조에 따라 깊이 생각해보았다. 권력을 가진 모든 인간은 가장 연약한 사람들에 대하여 정의를 행사할 수 있다. 예를 들어 봉건적 관계에서 영주는 토지를 보유한 자들을 심판한다. 게다가 영주는 자신의 영지 안에 재판소도 가지고 있다. 이렇게 그는 자신의 주거지에서 정의를 실현하는 것이다. 이런 절차는 소송인과 재판관들이 이동할 때 발생하는 비용을 덜어주었다. 사실 근 1세기 동안 헌드레드와 주州에 재판소가 있었음에도 불구하고 영주의 재판소는 권한을 계속해서 넓혀갔고, 둘은 처음부터 경쟁 관계를 형성하고 있었다. 실제로 소송인이 주의 재판소에서 유죄 판단을 받더라도 그는 영주의 재판소에서 다시 소송할 수 있었다. 하지만 새로운 재판의 요청은 항소가 아니라 단순히 재판소를 교체하는 것에 불과했다.

---

† 대륙에서는 도시보다는 시골에 성을 건설하는 것이 일반적이었다.

대부분의 앵글로색슨 농민은 이러한 사법 체계 속에 있었다. 1087년에 영국 농민의 3분의 2는 자유민이었고, 그들은 오마주를 통해 봉토에 종속된 사람들이었다. 대륙에서 자신의 땅에서 농사를 짓는 농민들은 군역의 의무가 없었다. 하지만 앵글로색슨 관습에 따르면 토지 소유자들도 군 소집의 대상에 포함되었다. 그 결과 농민 계급 안에는 일종의 획일적인 의무가 자리를 잡게 되었다. 즉, 토지 보유 계약, 군 소집에 응하는 것, 헌드레드와 주 회의의 참석 등이 농민 계급이 획일적으로 감당해야 할 의무 사항이었다. 전前 종사들의 뿌리였던 농민 계층은 삼중(토지, 군역, 회의) 채무를 통해 기사들과 대립하고 있었다. 물론 1066년에서 1076년 사이에 영국의 농민들(중간 계층)은 불행에 시달렸지만, 그들의 삶의 전통은 단절되지 않았다. 촌락의 관습은 일상의 존재를 지배했고, 그것을 통하여 지방마다 다양한 삶의 방식이 생겨났는데 시간이 지나도 잘 변하지 않았다. 영주의 장원은 새로운 봉건제 아래서도 살아남았고 그 조직과 형태도 존속할 수 있었다.† 사실 1066년 이전까지 영국의 농민들은 상대적으로 번영을 누리고 있었다. 하지만 정복 이후 봉토를 매개체로 한 토지 보유가 일반화되자 중간 계층인 농민들의 사회적 기반이 약화되고 말았다. 영주의 자의적인 결정으로 인해 버림받은 농민 계층의 삶은 더 나빠졌고, 그 상태는 1세기 정도 계속되었다. 그 결과 영국의 많은 자유농민은 대륙의 농노 수준으로 추락했다. 예를 들어 케임브리지셔에 살던 900명의 자유농민 중—그들은 자유지를 소유하고 있었다—700명이 정복 이후 준 농노 수준으로 그 처지가 바뀌었다.

정복 이후 앵글로색슨 제도는 노르만인들에 의해 체계화되었다. 그 결

---

† 장원의 변화에 대해서는 본문 171쪽 참고.

과 영주들은 대륙과 같은 시기에 영지 내의 모든 사람에 대한 통제권을 행사할 수 있게 되었다. 장원의 구성원들은 10명씩 단체로 모든 일에 책임을 져야 했으며, 구성원 중 한 명이 법원에 설 경우 상호 보증의 책임도 있었다. 10명 단위 집단의 조장은 정기적으로 왕의 대리인(사실은 영주)에게 보고할 의무도 있었다. 실제로 영주는 조원들에 대한 추가 정보와 약점들을 농민의 통제 수단으로 이용했다.

도시의 전 단계인 부르구스†들은 정복을 통해서 많은 혜택을 받았다. 특히 길드의 활성화는 성읍의 확대와 밀접한 관계가 있었다. 아마도 윌리엄은 부르주아 계층의 확고한 형성이 국가에 중요하다는 사실을 이해한 최초의 군주 중 한 명이었을 것이다. 하인리히 4세는 부르주아들과 관련된 결정을 내리기 전에 그들에게 의견을 물어본 최초의 군주였다. 그는 토스카나 지방에 왕명의 대리인을 지명하기 전에 피사의 유지 12명에게 조언을 구했다. 1080년에 비잔틴 제국의 황제인 알렉시오스 1세는 로베르 기스카르와 맞서 싸운 베네치아 시민들에게 감사의 뜻을 전하며, 그리스 제국과 교역할 수 있는 특권을 부여했다. 윌리엄도 1067년부터 런던 시민들의 권리를 보장해주었다. 통치 초기부터 런던 시민들은 자신들의 주장을 선출할 수 있는 권리가 있었으며, 전해오는 관례에 따라 1년에 3회씩 모여 회의를 했다. 한편 점차 무역과 행정의 관리는 시의 유력 인사들로 구성된 위원회인 '허스팅husting'으로 넘어갔다. 허스팅 회의는 매주 월요일 길드홀에서 열렸다. 하지만 많은 '프랑스인'이 도시에 거주하자 그들은 자신들만을 위한 법을 제정해줄 것을 요구했다. 그럼에도 현지 주민들은 한 번도 이주민들(프랑스인들)에게 동화되지 않았다.

† 영국에서는 'borough'로 불렸다.

'프랑스(노르만 출신)' 제후들이 앵글로색슨 제후들을 대체하는 시기와 맞물려 영국의 고위 성직자들도 노르만인들로 바뀌고 있었다. 다수의 앵글로색슨 주교들은 윌리엄의 정복에 대해 호의적인 생각이 있었다. 하지만 상황은 그들에게 유리하게 전개되지 않았다. 종교개혁자들의 요구가 강력했기 때문이다. 예를 들어 새 왕에게 충성을 서약한 우스터의 울프스탄은 무식한 성직자였는데, 그로 인해 주교 자리에서 쫓겨날 뻔했다. 그러나 그는 독실한 신앙심 덕분에 교구를 지킬 수 있었다. 영국에서는 1066년 이전에 이미 두 곳의 교구가 노르만인들에게 넘어갔다. 런던 교구는 1044년부터, 헤리퍼드 교구는 1061년부터 노르만 주교가 맡고 있었다. 윌리엄이 공석이 된 주교구에 주교를 선임한 최초의 해는 1067년이었다. 랑프랑은 캔터베리의 대주교로 승격되었고, 앵글로색슨 교구장들은 죽거나 퇴출되어 노르만 주교들이 그 자리를 승계했다. 1080년에는 웰스, 치체스터, 우스터 교구에서만 앵글로색슨인이 주교를 맡고 있었다. 이 교구들은 정복 이전에 주교가 임명된 곳이었다. 이마저도 1088년에는 두 곳으로 줄었다. 영국 출신의 주교들이 사라지는 동안 중심 교구를 옮기는 방식으로 교구의 지도 역시 바뀌었다. 수도원도 일반 교구와 마찬가지로 그 지도가 바뀌었다. 영국의 수도원에 공석이 늘어나자 윌리엄은 대륙으로부터 26명의 수도원장을 영입했는데, 그중에서 22명은 노르망디 출신이었다. 수도원장과 함께 규율과 업무를 맡고 있는 수도사들과 상인들도 영국에 들어왔다. 그 결과 1087년에 영국에는 3개의 수도원에만 영국 출신 수도원장이 있었다! 이 무렵 영국에서는 새로운 수도원도 거의 건립되지 않았고, 대부분의 수도원은 대륙에 있는 수도원의 분원分院이었다. 헤이스팅스의 생마르탱드라바타유 수도원은 독립하기 전에 오랫동안 마르무티에 수도원(프랑스 동북부에 위치)에 종속되어 있었다. 1080~1085

년 콘월 반도에 세워진 공동 기도원의 수도사들은 1년에 한 번씩 후원하는 몽생미셸 수도원에 의무적으로 다녀와야 했다. 윌리엄은 통치 초기에 클뤼니 수도원장인 위그에게 수도사 12명을 보내달라고 부탁했는데, 그들의 임무는 영국 교회를 개혁하는 것이었다. 하지만 선교사적 자질이 거의 없던 위그는 그 제안을 거절했다. 오직 기욤 드 바렌이 1076년에 세운 기도원 성격의 루이스 수도원만이 클뤼니 수도원에 속해 있었다.

윌리엄과 랑프랑은 사회의 정점에 있는 교회의 통일과 집중에 전념하고 있었다. 그런데 1070년부터 랑프랑과 요크의 대주교인 토머스 사이에 분쟁이 일어났다. 그때까지도 북부 지방은 영국에서 불안정한 곳이었다. 그래서 하나의 교구로 확정하는 과정에서 누구를 교구장으로 선임하느냐가 문제였다. 요크의 대주교와 캔터베리 대주교 중에서 누구를 책임자로 앉힐 것인가? 두 명의 대주교는 같은 서열이었지만 누가 수석 주교의 역할까지 할 것인가? 윈체스터의 자문회의는 1072년에 캔터베리 대주교를 선임했다. 이후 영국의 교회는 오랜 기간 안정기에 들어간다. 랑프랑은 이후 1089년 사망할 때까지 수석 주교의 자리를 맡았고, 그의 후임자 앙셀름은 1109년까지 그 자리에 있었다. 이 두 명의 이탈리아 출신 성직자들의 삶과 사상은 거의 반세기 동안 지방 교구의 통치를 안정시켜주었을 뿐만 아니라, 지적·도덕적 부흥의 원동력이 되었다. 1073년에 랑프랑은 더블린의 새 주교 패트릭Patrick을 축성해주었고, 더블린을 자신의 재판권이 미치는 교구 속에 편입시키려 했다. 앵글로-노르만 세력이 아일랜드에 손을 뻗친 최초의 시도였다. 1077년에는 요크의 대주교인 토머스의 간청에 따라 랑프랑은 오크니 제도의 귀족에게 새로운 교구 신설을 연구하는 위원회를 맡겼다. 이미 영국의 교회는 북부 지방에까지 영향력을 뻗치고 있었다.

1070년부터는 영국에서는 주기적으로 주교와 수도원장이 참석하는 공의회가 열리고 있었다. 대륙에서 시작된 교회 개혁의 흐름은 영국 교회의 고위 성직을 프랑스인들이 독점해 가는 현상에 대하여 반성하는 쪽으로 기울고 있었다. 교회의 규율에 관해서 왕과 랑프랑은 성물 매매를 비난했고, 1072년에는 성직자들의 결혼에 대해서도 분명하게 비판하고 나섰다. 실제로 주교들에게는 독신 상태를 지킬 것을 권유했다. 그런 맥락에서 더 엄격하지만 효과는 없는 조치들이 1076년에 제정되었다. 1075년에는 주州 법원으로부터 종교와 관련된 권한을 교회 법원으로 이전한다는 법령이 공포되었는데, 이 법령은 성직자들뿐만 아니라 교회법에 관련된 사건들도 교회 법원이 관할한다는 내용을 포함하고 있었다. 이런 조치들을 취하면서 윌리엄은 영국에 대한 로마 교황청의 영향력을 제한하기 위해 주의를 기울였다. 12세기의 영국인 연대기 작가인 이드머Eadmer에 따르면 윌리엄은 로마 교황청으로부터 어떤 약속을 받아냈다고 한다. 그 약속이란 윌리엄의 동의를 받지 않고서는 그 어떤 교황의 교서도 영국에서 배포될 수 없으며, 파문도 할 수 없다는 내용이었다. 이 조치는 훗날 다양한 분쟁을 야기한다. 그리고 이런 근심, 즉 교황의 영향력이 영국에서 커질 수 있다고 생각한 윌리엄은 수도사보다는 세속 사제들 중에서 주교를 선임하게 된다. 윌리엄은 봉건제의 관습을 자신에게 유리하도록 적용시켰는데, 그중에서도 특히 군대 소집령을 교회 기관에 강제로 적용했다. 예를 들어 각 수도원에게 기사의 수를 임의적으로 할당한 것이다. 피터버러 60명, 애빙던 30명, 성 알바노 6명 등등. 이런 조치에 앵글로색슨인들은 황당한 반응을 보였다. 하지만 노르망디에서 온 수도원장들은 이 체제에 잘 적응하고 있었고, 가난한 친지에게 봉토를 지급할 좋은 기회로 여기고 있었다. 사실 교회는 징집에 대한 의무로 인해 세속 봉신들에게 종속될 수밖에 없었다. 연대기 작가 엘리Ely는 세속 기사들이 끊임없이 보여주는 무질서에 대해 불만을 털어놓고 있다. 1083년 글래스턴버리 수도원장은 수도사들과 분쟁이 있었는데, 그들을 제압하기 위해 자신의 봉신인 기사들을 불러들였다. 하지만 이성을 잃은 기사들은 수도원장의 통제를 벗어나 교회로 난입했다. 그러자 놀란 수도사들은 제단 뒤로 숨었는데 기사들은 그들에게 화살을 퍼부었다. 결국 3명이 죽고 18명이 부상을 당했다.

고독으로 들어가다

1082년 윌리엄은 노르망디에 머무르고 있었다. 그해 그는 딸 아델을 블루아 백작의 아들과 결혼시켰다. 그의 이름은 에티엔앙리Étienne-Henri였는데 8년 뒤에 블루아 백작이 된다. 1135년에 아델의 장남인 에티엔은 숙부인 '미남 학자 앙리Henri Beau-Clerc'(윌리엄의 막내아들)가 죽자 영국 왕위를 부당하게 차지한 뒤 18년 동안 군림하기도 했다.

아델은 당시로서는 드물게 세련된 교육을 받은 여자였다. 그녀의 남편도 교양이 없진 않았지만 그의 궁정에는 거친 전사戰士들로 가득 찼으며, 관심이 없는 것에는 눈길을 주지 않는 사람이었다. 아델은 일찍이 명망이 높던 주교 이브 드 샤르트르Yves de Chartres와 종교적 교감을 나누고 있었다. 정복왕은 이브에게 종루鍾樓를 선물한 바 있었다. 이브 주교는 학식이 있는 사람이었고, 아델에게는 거의 25년 동안 친구 혹은 조언자 같은 사람이었다. 바로 이 지방, 즉 프랑스의 서부 지방에서는 12세기에 다른 지방보다 더 활발하게 고전주의에 근접한 '르네상스'가 태동 중이었다. 궁정에는 젊은 백작 부인에 대해 호감이 많은 사람들이 모였으며, 그녀에게 오마주를 바치는 사람도 많았다. 시학에 관해서 그녀는 많은 이와 서신을 주고받았는데, 동료들이 새로운 오비디우스라고 칭송했던 렌의 차기 주교인 마르보드와 부르괴유의 수도원장이자 돌의 차기 대주교 보드리 Baudri de Bourgueil와는 1089년에, 차기 투르의 대주교인 르망의 주교 일드베르Hildebert와는 1096년에 서신을 주고받았다. 이런 고위 성직자들과의 교신을 통하여 그녀는 세련된 취향과 정신세계에 대한 작업을 찬미하게 되었고, 결국은 이런 것들이 시학에 대한 열정으로 이어졌다. 문학적 소양이 있던 고위 성직자들은 수도원의 문화적 토양과 고대 로마에 대한 상기를 통하여 균형 감각을 추구했는데, 그들은 그런 이유로 문학적 열정을 포기하지 않았다. 그들의 시 속에는 라틴 문학, 도덕적 혹은 우화적 주제, 신화적 모티프 등이 섞여 있었다. 그들은 조각가들이 성당 기둥에 표현했던 것처럼 자유롭게 자연의 모습을 문학적 작품으로 승화시켰다. 아델은 이렇게 귀중한 예술에 부합되는 학식 있는 인물이었다. 그녀는 점차 교육적이면서도 유쾌하게 농담도 할 줄 아는 사람이 되어 가고 있었다. 그녀가 보낸 시에 대한 찬사를 단순한 아첨 정도나 사교계에서 그녀가 보여주었던 예의범절로 설명할 수 있을까? 어느 정도는 그럴 수 있다. 하지만 그녀가 보여준 새로움이야말로 그녀의 문학적 소양을 잘 대변하고 있다. 아델의 고귀한 덕성, 그녀의 총명함, 호기심, 허약한 체질까지도 주변의 성직자들에게는 새로운 존재로 각인되었던 것이다. 그녀에게 '여인'은 단순한 여인이 아니었고, 탁월한 의미가 있는 신비스런 존재였다. 그러므로 끊임없이 그런 것들을 인식해야 하는 것이 중요한 문제였다. 이런 것들을 주위의 성직자들은 언어의 힘을 빌려 설명하고, 때로는 자신들도 모르는 사이에 선정적인 표현을 사용하기도 했다. 아델은 자신의 이런 장

535

점을 잘 알고 있는 여자였다. 그녀는 십자군 전쟁에서 돌아온 남편이 이교도 앞에서 도주했다는 사실을 알고 있었다. 그녀는 속죄를 위해 그런 남편을 다시 성지聖地로 보냈다.†

같은 시기인 1079년 낭트 근처의 팔레 성읍의 평범한 기사 집안에서 피에르 이벨리르Pierre Abélard기 태어났디. 이벨리르는 중세의 뛰어난 학자인데 엘로이즈라는 여인과 사랑에 빠진다. 그러나 아벨라르가 엘로이즈와의 결혼을 차일피일 미루자 그녀의 가족이 몰려와 아벨라르 신체의 일부를 잘랐다고 한다. 이후 두 연인은 플라토닉 사랑에 빠졌다. 또 다른 서정적 이야기 중에는 리무쟁 지방의 거친 계곡과 푸아투의 평원에서 생겨난 노래를 꼽을 수 있는데, 이 노래††의 주인공은 아키텐의 기욤 9세였다.

이렇게 현대적 감정을 담은 이야기와 시들이 태동하는 동안, 반대로 다른 이야기는 그 종말을 고했다. 이 이야기들은 윌리엄의 통치 기간에 있었던 비천한 내용으로 가득 차 있었다. 1082년에 마비유 드 벨렘†††은 특별한 이유 없이 피츠제레의 봉신이었던 위그 드 상지Hugues de Sangey 가문의 봉토를 몰수했다. 그러자 위그와 그의 두 형제는 복수를 다짐한다. 12월의 어느 날 그들은 뷔르성에 몰래 침입하여 마비유의 방으로 올라갔다. 마침 그녀는 디브강에서 목욕하고 벌거벗은 채 침대에서 쉬고 있었다. 그들은 그녀에게 달려들어 마비유의 머리를 잘라 트로피처럼 들고 귀환했다. 훼손된 그녀의 시신은 트로아른 수도원에 묻혔지만, 그녀의

† 노년에 과부가 된 아델은 마시이Macilly 수도원에서 말년을 보냈다.
†† 이 노래의 다양성은 아이러니하고, 풍자적이고 심지어 외설적이기까지 하다. 아마도 성城에서 만들어진 노래의 전통일 것이다. 음유시인들의 노래 중에서 가장 오래된 형태의 노래로 볼 수 있다.
††† 윌리엄의 공작 승계에 반대하여 반란을 일으킨 벨렘의 제후 탈바의 외동딸. 윌리엄에게 적대감을 가지고 있었던 로제 드 몽고메리 2세와 결혼을 한다.—옮긴이

아들인 로베르 드 벨렘은 훗날 노르망디에서 그녀보다 더 잔인한 인물로 통했다. 그는 마비유가 살해당한 뒤 20년 동안 악명을 떨치다가 마침내 1115년에 투옥되어 긴 감옥생활을 한다.

마비유가 죽던 때 윌리엄은 황급히 다시 바다를 건넜다. 이번에는 이복 동생 오동이 반란의 주역이었다!

정복 이후 오동은 조프루아 드 쿠탕스, 랑프랑과 함께 왕권에 가장 가까운 인물이었다. 그는 윌리엄이 노르망디에 머물 때에는 왕실의 실질적인 2인자였다. 게다가 다른 사람보다 더 정복의 열매를 많이 차지한 인물이었고, 가혹한 통치로 앵글로색슨인들의 원성을 사고 있었다. 그는 자신의 교구인 바이외에 머무르지도 않으면서 그곳에 많은 혜택을 주었고, 대성당을 건립할 것을 명령했다. 이 성당은 나중에 고딕 양식으로 재건축

이 책에 등장하는 수많은 인물 중에서 가장 사악한 인물은 역시 마비유 드 벨렘이다. 그녀는 결국 자다가 암살당하고 만다. 그녀가 살해당한 뷔르성의 모습.

되었지만, 파사드는 본래의 모습을 오늘날까지 간직하고 있다. 성당의 축성식은 1077년에 열렸는데 아마도 축성식을 기념하기 위해서 앵글로색슨 장인에게 바이외의 자수 그림을 제작하도록 했을 것이다.[†] 그런데 영국 정복 과정을 자수로 수놓은 태피스트리가 처음 제작된 것은 아니었다. 윌리엄은 여러 번 앵글로색슨 자수 그림을 노르만 교회에 봉헌한 적이 있었기 때문이다. 자수 그림은 크기와 주제에 따라서 구분이 되었다. 1073년부터 분명히 바이외의 자수 그림은 오동의 지시 아래 바이외 성당의 중앙 홀을 장식하고 있었을 것이다. 그리고 성당의 크기에 맞춰 자수 그림의 끝을 절단했을 가능성도 있다. 현재의 자수 그림(길이 70미터, 폭 50센티미터)에는 결론 부분의 장면이 잘려서 그 내용을 알 수 없다. 자수 그림은 밑그림에 수를 놓아서 만든 작품인데 원근법이나 입체감은 찾아볼 수 없다. 그림에 사용된 색상은 평범하다. 파란색, 노란색, 붉은색, 두 가지의 초록색 등 8가지가 사용되었다. 하지만 이 자수 그림에는 당시의 풍부한 삶의 모습이 자세히 묘사되어 있다. 623명의 등장인물, 500마리의 동물, 50그루의 나무, 40척의 배……. 그림의 대상들은 의미심장한 그림틀 안에 모여 있다. 이 형상들은 당대의 삶에 대한 결정적인 정보를 제공하고 있을 뿐만 아니라, 중세인들의 생활상을 생생하게 증거한다. 정복을 기념하면서 이 자수 그림을 만든 사람은 그 기억을 영원히 후세에 남기려고 했을 것이다. 또한 자수 그림은 성당을 장식하기 위한 것이기도 했다. 이때부터 오동은 자신의 성공에 도취하여 더 큰 야심을 키웠는지 모른다. 1081년 교황과 신성 로마 제국의 황제 사이에 불화가 일어났을

[†] 자수 그림에 대한 설은 분분하다. 가장 신빙성이 있고 납득할만한 주장은 이러하다. 18세기의 베네딕토 수도사인 베르나르 드 몽포콩Bernard de Montfaucon에 따르면, 이 작품을 마틸다 여왕에게 헌정하기 위해 제작했다는 주장은 지방에서 유통된 전설(?)에 불과하다는 것이다.

때 오동은 그의 형인 윌리엄과 다른 입장을 보였다. 윌리엄은 본능적으로 황제의 편을 들었고, 오동은 그레고리우스 7세를 지지했다. 오드릭 비탈에 따르면 오동은 로마에 저택을 하나 구입해두고 교황청의 고위 인사들과 은밀한 접촉을 했다고 한다. 그가 교황의 후임자를 꿈꾸지 않았다고 누가 말할 수 있으랴!

이번에는 또 다른 해석이다. 하지만 윌리엄의 시종들이 1082년 노르망디로 가져온 이야기이므로 완전히 믿을 수는 없을 것이다. 오동은 군사를 모아 윌리엄의 허락도 없이 영국을 떠날 채비를 하고 있었다. 사면초가에 빠진 교황을 구원하기 위함이었다.

윌리엄도 곧 승선하고 와이트섬으로 가고 있었다. 오동이 거기에서 이제 막 돛을 올리려는 순간이었다. 윌리엄은 오동을 소환한 다음 캐리스브룩의 왕실 소유 성에서 자문회의를 주재했다. 하지만 오동의 힘과 위세는 막강했다. 왕의 분노가 지대했음에도 아무도 회의 자리에서 입을 열지 않았다. 그래서 관례를 무시하고 윌리엄 자신이 발언하기 시작했다. 그는 오동을 고소하고 판결하는 역할을 자처했다. 그는 동생 오동을 반란의 주모자로 취급하고 당장에 모든 것을 중지하라는 명령을 오동에게 내렸다. 하지만 아무도 주교(오동)에게 손가락질을 하지 않았다. 그러자 윌리엄이 갑자기 일어나 오동의 멱살을 잡았다. 오동은 형과 맞서 싸우고 소리를 지르면서 자신을 단죄할 사람은 교황뿐이고, 자신은 면책을 받은 사람이라면서 형에게 대들었다. 그러자 윌리엄은 "내가 너를 단죄하는 것은 바이외의 주교로서가 아니라 켄트의 백작으로 단죄하는 것이다!"라고 응수했다. 아마도 랑프랑이 이 말을 제안했을 것이다. 이제 오동은 주교로서의 지위를 상실한 것이다. 오동은 체포되어 루앙의 감옥에 갇히고 말았다. 말이 감옥이지 거처를 감시하는 수준이었다. 그러나 왕의 호의는 증오로 바뀌었다. 오동은 윌리엄이 죽은 뒤에야 영국으로 돌아올 수 있었다. 하지만 결국은 윌리엄 후계자들과의 분쟁으로 인해 그는 재산을 몰수당하고 유배의 길을 떠나야 했다. 그는 팔레르모에서 1097년에 죽었다. 십자군 전쟁에 나서는 길이었는데 조카 '짧은 장화 로베르Robert Courte-Heuse'의 품 안에서 삶을 마감했다.

이제 윌리엄의 주변에는 몇 사람만 남아 있었다. 여든이 된 랑프랑은 윌리엄이 이룩한 영광의 후광이자 가톨릭 교회의 기둥이었다. 그리고 로제 드 몽고메리와 윌리엄의 이복 동생인 로베르 드 모르탱—그는 용맹스러웠지만 약간 아둔했다—이 있었다. 로베르 드 모르탱은 윌리엄 다음으로 영국에 많은 영지를 가진 제후였다. 그는 노르망디에도 모르탱 백작령을 소유하고 있었는데 공국에서 가장 광활한 영지였다. 그 지역은 세강, 셀륀강, 에그렌강, 센강 계곡을 따라 코탕탱 지방까지 펼쳐져 있었다. 노르망디, 브르타유, 멘 지방의 중심에 위치한 이 지역에는 40여 개의 도시 및 성읍이 있었고, 10개의 장소에서 정기적으로 장이 서고 있었다. 1082년에 로베르는 공작왕의 면전에서 모르탱에 참사회 교회의 설립을 약속하는 증서에 서명했고, 그 교회에 소와 양을 기를 수 있는 권리를 부여했다. 그리고 영국에서 가져온 훌륭한 복음서 그림을 기증했다.

1083년에 윌리엄은 다시 노르망디로 돌아왔다. 그해 가을에 페스트가 캉 지역에서 창궐했다. 10월에는 마틸다 여왕이 병석에 눕고 말았다. 그리고 11월 2일 세상을 떠났다. 그녀는 자신이 세운 캉의 트리니테 교회에 묻혔다.

540

12장

통치의 말년
1084~1087

조사표

로마의 산탄젤로성에 감금된 교황 그레고리우스 7세에게는 희망이 없었다. 1084년 하인리히 4세가 로마에 개선장군으로 입성한 뒤에 기베르를 '참칭 교황'으로 임명했기 때문이다. 황제는 새 교황에게 라트란궁을 거처로 정해주었다. 카노사에서 굴욕을 당한 황제가 복수한 것이다. 3월 31일에 클레멘스 3세로 등극한 교황 기베르는 황제에게 관을 씌워주었다. 이 의식은 평화가 다시 찾아왔음을 수많은 군중에게 알리는 신호였다. 하지만 일흔이 다 된 그레고리우스 7세는 항복하지 않았다. 그는 마지막까지 정열과 앞을 예측할 수 없는 기질로 노르만인 로베르 기스카르에게 도움을 청했다. 일종의 불한당 같은 기스카르 무리에게는 교황을 돕는다는 것이 더 없이 좋은 기회로 여겨졌다. 그들은 푸이야와 칼라브레로 올라간 다음 3만 명의 군사를 이끌고 5월 24일에 로마를 공격하기 위해 몰려들었다. 그들은 황제의 군대와 충돌하고 거리에 불을 질렀다.

사방에는 전리품과 시체들이 즐비했다. 마침내 기스카르 무리는 그레고리우스 7세를 구출하여 잔해만 남은 교황궁까지 그를 호위했다. 그 시기에 로베르 기스카르의 아들 보에몽은 비잔틴 제국에서 복무하고 있었다.

한편 공작왕의 생활 리듬은 점차 느려지고 있었다. 1084년 내내 그는 노르망디에 홀로 머물렀다. 그의 주변에는 신세대 기사들이 자라고 있었지만, 그는 진지한 것을 가볍게 여기는 그들의 경솔함, 경박함, 진지하지 못한 열정들, 비현실적인 영웅주의 등을 이해하지 못했다. 이번에도 멘 지방이 골칫거리였다. 20년간의 전투와 외교에도 불구하고 이 지방 사람들을 굴복시키지 못한 것이다. 윌리엄은 공작의 이름으로 멘의 제후 중에서 위베르를 자작으로 임명했다. 위베르는 사르트강과 에르브강이 합류하는 지역에 우뚝 솟은 생트쉬잔성의 주인이었고, 1063년에는 반反노르만 당의 리더 중의 하나였다. 그에게서 노르망디에 대한 완전한 항복을 기대한다는 것은 생각하기 힘든 일이었다. 부르고뉴 공작의 질녀를 아내로 맞이한 그는 카페 왕조와 동맹을 맺고 있었으며, 자신이 어떤 역할을 할 수 있기를 학수고대하고 있었다. 그러던 중 1084년에 우연히 기회가 찾아왔다. 그는 보몽성과 프레스네성을 비우고 확실한 병력을 생트쉬잔성에 집결시켰다. 벌써 노르망디 서부 지방에 새로운 반란의 기운이 퍼지기 시작한 것이다. 모험을 즐기는 이 지방 사람들이 모여들어 기꺼이 반란에 참여했다. 멘 지방의 경계를 따라 분산되어 있던 노르망디의 수비대는 반군들을 저지하려고 했다. 하지만 병력 수에서 불리한 노르만 수비대는 공작왕에게 이 사실을 보고했다.

윌리엄은 군사소집령을 공포했다. 이제 나이를 먹어 건강이 쇠약해진 윌리엄은 아직 피곤을 느끼지는 않았지만 쇠락한 모습이 역력했다. 하지만 그에게 다시 충동적인 열정이 생겼다. 멀리 떨어진 곳의 상황이 요동

치고 있었고 당장 행동을 취해야 했다. 신이 그에게 생명을 주는 한 그는 그곳으로 달려갈 것이다. 왕은 멘 지방을 통과하여 전진하고 있었다. 그는 몸집이 무거워져서 튼튼한 말을 타고 길을 나섰다. 하지만 생트쉬잔성 앞에서 공격을 포기하고 만다. 그 대신 위베르를 고립시키기 위해 주위에 요새들을 건설할 것을 명령했다. 그리고 지휘권을 리치먼드의 백작인 알랭에게 넘기고 자리를 떠났다. 하지만 능력이 부족했던 알랭은 2년 이상 에르브강 계곡에서 소득도 없는 매복전을 벌이고 있었다. 그 사이에 위베르의 영향력은 커지고 명예를 좇는 자원병들도 증가했다. 그는 왕들 중에서 가장 강력한 왕인 윌리엄을 격퇴한 것인가?

하지만 윌리엄의 철군은 영국으로부터 날아온 보고서 때문이었다. 덴마크인들의 침입이 있을지 모른다는 보고가 올라온 것이다. 스벤 에스트리트손이 죽은 뒤에 영국과 덴마크의 분쟁은 해결된 듯했다. 스벤의 후계자는 통치 기간 내내 평화를 유지했다. 하지만 그가 1080년에 동생인 크누트에게 왕위를 넘기고 죽었는데, 그의 아내는 로베르 르프리종의 딸이었다. 로베르 르프리종은 12년 전부터 플랑드르의 백작이었는데 노르망디 공의 천적이었다. 평화의 기운은 걷히고 다시 북해에 강력한 해군을 가진 두 진영(덴마크와 플랑드르)이 동맹을 맺고 영국 침략을 계획했다. 1066년 이래 스칸디나비아인들이 맛보았던 실패에도 불구하고 새로운 동맹군은 낙담하지 않았고, 영국에 대한 해군력의 우위도 침략을 부추겼다. 크누트는 노르웨이 왕 올라프Olaf를 끌어들이려고 했지만, 올라프는 60척의 드라카르만 제공한 채 참전을 거부했다.

영국을 침략하려는 덴마크와 플랑드르 동맹군은 사전 준비가 길어지는 바람에 비밀이 드러나고 말았다. 윌리엄은 이 위협을 매우 심각하게 받아들이고 있었다. 하지만 그가 내린 명령은 실제의 위험에 비해서는 균

543

형이 결여되어 있는 것처럼 보였다. 갑자기 불안에 사로잡혀서 그랬을까? 동맹군에 플랑드르군이 있다는 사실이 윌리엄에게 더 위협적이었을까? 또는 과거로 시간을 돌린다면 작금의 상황이 1066년에 연합군을 이끌고 영국 정복에 나선 상황과 비슷하다고 생각했을까? 그것도 아니면 그는 단지 침략이 위협이 왕국의 군사적·정치적 관계를 결속시켜주는 기회라고 판단했던 것일까? 『영국의 연대기Chronique anglo-saxonne』에 따르면 그는 1066년보다 더 많은 규모의 기사와 용병들을 노르망디와 브르타뉴에서 모집했다고 한다. 그렇게 많은 병사가 하선하는 모습을 보면서 사람들은 영국이 그런 규모의 대군을 유지할 수 있다는 사실에 놀랐을 것이다. 연대기 작가들의 과장에도 불구하고 윌리엄은 대군을 이용하여 영국의 능력을 과시하려고 했을 것이다. 군대의 일부는 왕의 봉신들 집에서 숙박을 해결했고, 나머지는 덴마크인들이 식량을 조달하지 못하게 동부 지방의 해안에 집결시켰다.

이렇게 1085년 여름 내내 영국군은 적들이 도착하기만을 기다리고 있었다. 그런데 비통한 소식이 로마로부터 들려왔다. 그 전해에 노르만인들이 저지른 사건—그레고리우스 7세의 복위 쿠데타—으로 말미암아 로마 시민은 그레고리우스 7세 교황을 증오하게 되었고, 더 나아가 특별한 이유도 없이 교황을 사태의 책임자라고 규정한 것이다. 교황은 그런 사실을 부인했지만 결국 그는 기스카르 일당의 품을 떠나 몽카생 수도원으로 피신했다. 하지만 그의 안전은 여전히 보장받지 못했다. 그는 다시 길을 떠나 베네벤토까지 내려간 다음에, 다시 살레르네까지 가서 노르만 사람들에게 은신처를 구걸했다.

그 즈음 성지에서는 셀주크튀르크인들†이 이집트의 아랍인들을 몰아내고 예루살렘을 탈취했다. 그리고 안티오키아도 점령했다. 그러자 교회 내부에서도 클뤼니 수도원이 주도하는 교회 개혁에 대한 반작용으로 영적인 움직임이 포착되고 있었다. 새로운 형태의 교회 개혁이 시작된 것이다. 서유럽에서는 12년 전부터 은둔 생활을 강조하는 움직임이 조직적으로 확산되고 있었다. 1086년에 전前 성당 부속학교 교장인 레나니아 사람 브뤼노Bruno가 도피네의 황량한 계곡에 샤르트르 수도회를 세웠고, 브르타뉴 출신의 뛰어난 신학자이자 성직자인 로베르 다르브리셀Robert d'Arbris-sel은 렌의 수석 사제직을 그만두고 떠돌아다니며 설교를 했다. 그는 아키텐의 높으신 제후들에게 절대 빈곤의 사상을 설파하며 돌아다녔다. 그러자 영주들과, 특히 귀부인들이 모든 것을 버리고 그의 뒤를 따랐다. 해체되는 가정도 여기저기에서 생겨났다. 이런 모험은 퐁트브로 수도원처럼 두 개의 쌍둥이 수도원을 탄생시켰는데, 하나는 수도사 또 하나는 수녀들의 수도원이었다. 이 수도원들은 같은 공간에 있었기에 수녀원장에게는 충격 그 자체였다! 아키텐의 음유시인 기욤 9세는 이런 수도원의 건립에 기여했고, 그의 시는 에로티시즘이 스며든 로베르 다르브리셀의 신비주의에 영향을 주었다.

1085년 5월 25일 교황 그레고리우스 7세가 살레르네에서 마침내 세상을 떠났다. 그는 완고하고 서툴렀던 기질로 인해 많은 고난을 겪었다. 그런데 그의 몰락은 단순한 허울뿐인 사건은 아니었다. 서유럽 왕국 대부분의 고위 성직자에게 그의 사상이 침투했기 때문이다. 그의 사상은 외교력이 뛰어났던 우루바누스 2세 치세에 더욱 빛을 발하게 된다. 그는 랭스의 주교 브뤼노의 제자였고, 로베르 다르브리셀의 친구, 그레고리우스 7세의 협력자 그리고 무엇보다도 십자군 원정의 주창자였다.

545

† 셀주크튀르크 제국은 아르메니아 기독교 왕국을 북쪽으로 몰아냈으며, 이집트 왕국을 위협했다. 본문 118쪽 참고.

1085년에는 로베르 기스카르가 코르푸에서 세상을 떠났다. 그는 죽기 전까지 그리스 해안을 바라보며 부질없는 정복의 야심을 키웠었다. 그 사이 영국에서는 윌리엄이 여전히 덴마크의 침공을 기다리고 있었다. 하지만 북해의 수평선은 잠잠하기만 했다. 여름이 지나고 가을도 지나고 있었다. 물자의 조달 문제와 군대의 내분 등으로 덴마크의 크누트는 발목이 잡혔던 것이다. 겨울이 다가오자 윌리엄은 군대의 일부를 대륙으로 돌려보내고, 글로스터의 궁정에서 크리스마스를 보냈다.

글로스터에서 윌리엄은 런던, 엘름햄, 체스터의 주교들을 임명했는데, 그중에서 세 명은 왕실의 측근이었다. 이 기회에 랑프랑은 자신의 수하에 있던 수도사들 중에서 도나Donat를 선임하여 더블린의 주교로 축성했다. 아일랜드에 대한 캔터베리의 영향이 한층 더 강화된 것이다. 마찬가지로 루앙의 대주교는, 비록 르망 교구가 투르에 속해 있었지만, 르망의 주교를 축성해주었다. 앵글로-노르만 교회의 세력이 이중으로 강화된 결과였다. 그러는 동안 왕은 제후들에게 심각한 행정적 문제를 제기하여 며칠씩 뜨거운 토론을 벌였다. 그는 정복과 관련된 조사표를 만들고 싶었다. 자문회의는 조사표의 작성에 원칙적으로 동의했다. 중세 봉건 사회에서 전례가 없던 이 시도의 제1차 목표는 왕국의 재정 상태를 파악하는 것이었다. 조사표의 목적에는 덴마크의 침입에 대비해서 징수하는 데인겔드danegeld의 기준을 확정하려는 것이었고, 그러기 위해서는 토지에 근거를 둔 중요한 수입의 단위들을 조사할 필요가 있었다. 두 번째 목적은 왕이 봉토와 인력에서 나오는 수입에 대한 명세서를 확보하는 데 있었다. 그리고 마지막으로 이번 기회에 20년 전부터 지속된 토지의 양도와 관련된 분쟁을 해결할 수 있었다. 당시 각 지방에서 실시되고 있었던 정액 지대 방식에 비해 독창적이었던 이 계획은 지금도 그 자료가 전해지고 있다.

글로스터에서 열린 자문회의는 체계적인 이 조사를 주와 주, 마을과 마을을 구분해서 실시하기로 결정했고, 왕실의 봉신들로 구성된 위원회가 조사를 위임받았다. 자료를 구성하는 수많은 정보에 대한 확인은 각주의 심사원 그룹이 맡았으며, 당사자들의 선서가 자료의 진위를 입증했다. 이런 식으로 토지의 소유주와 점유자 목록도 완벽하게 작성했는데, 왕국의 모든 장원의 크기, 구성, 수입 등을 파악할 수 있었다! 하지만 실제로는 티스강과 모컴만 이북 지방은 조사에서 제외되었고, 또한 버니시아 지방과 왕국의 내륙 지방, 황무지, 전쟁으로 폐허가 된 지방(요크셔와 웨일스 국경 근처)도 조사에서 제외되었다. 계획이 확정되자 조사관들은 곧바로 작업에 들어갔다. 1086년 초여름쯤에 조사의 주요 업무는 거의 완료되었다. 물론 현지 주민들의 불만도 많았다. 그들은 이 조사를 새로운 폭정의 증거로 여기고 있었기 때문이다. 하지만 이 조사는 경탄을 받을만한 행정 작품이며, 비록 약간의 대략적 수치와 불분명한 용어들 그리고 누락된 부분도 있지만, 신속하게 이루어진 이 조사는 당시의 노르만 체제의 확고함을 보여주는 가장 설득력 있는 증거다.

조사관들이 수집한 자료들은 다시 한 번 검증의 단계를 거쳤다. 거짓 증언을 한 자들은 많은 벌금을 물어야 했다. 이렇게 수집된 엄청난 자료는 봉건적 기준을 통해 재배열되었다. 제후들의 서열은 봉신과 배신으로 크게 구분하여 구성원들을 구분했다. 이런 형태를 갖춘 다음 조사의 결과를 여러 장부†에 옮겨 적었다. 그중 가장 유명한 것은 12세기에 윈체스터 왕실 금고에 보관된 『둠즈데이 북Doomsday Book』(최후의 심판 책)이다. 당

---

† 이 조사를 기록한 장부는 두 종류가 존재한다. 하나는 장문의 내용과 조사의 결과를 담은 것이고, 두 번째 장부는 핵심 내용, 다시 말하면 요약본에 해당하는 장부다. 윈체스터의 왕실 금고에 보관된 두 권의 장부는 이런 형식을 취하지 않고 있다. 제1권은 몇몇 지방을 제외한 왕국 전체에 대한 요약이고, 제2권은 장문의 내용을 포함한 장부의 일부다.

시 주민들이 얼마나 이 조사를 두려워했는지 잘 보여주는 명칭이다.

헌팅던셔에 대한 조사 자료를 보기로 하자.

a) 구역을 나누어 왕실의 봉신들이 소유한 도시의 부동산들을 하나씩 열거하고 있고(헌팅던도 포함), 시민들과 시민 공동체에 부과된 재성 부담도 기록되어 있다. 부동산의 경우 1065년 이후 소유주의 변경(만일의 경우 세제도 기술)이 기록되어 있다.

b) 왕이 주州에 양도한 토지를 소유한 사람들도 모두 열거되어 있다. 링컨과 쿠탕스의 주교, 5명의 수도원장, 20명의 대제후(세속 제후들인데 앵글로색슨 제후도 포함!), 8명의 종사들.

c) 이 주에 있는 여러 개의 헌드레드와 왕실 영지들에 대한 세부적인 자료가 열거되어 있다. 예를 들어보자. 브램턴에는 참회왕 에드워드 시기에 15필지가 과세 대상이었다. "이곳에는 15개의 쟁기가 있고, 3개의 쟁기가 여분으로 있다. 그리고 38명의 자유농민이 14개의 쟁기를 소유하고 있다. 교회가 하나, 신부가 한 명, 100에이커의 목초지, 숲의 크기는 가로 2킬로미터에 폭이 1킬로미터, 2개의 방아는 100실링의 수입을 올린다. 에드워드 시기에 이 장원의 가치는 20파운드인데 지금도 마찬가지다."

d) 왕실 봉신이 소유하고 있는 장원도 같은 조사를 거쳐 목록을 작성했다.

e) 목록의 진위에 논란이 있는 경우는 심사원들의 증언이 요구되었다. 하나를 예로 살펴보자. "헌팅던의 심사원들에 따르면 성읍에 있는 성모 마리아 성당과 귀속 토지는 소니 수도원의 토지라고 한다. 그러나 수도원장이 이 토지를 시민들에게 저당으로 잡혔다. 에드워드 왕은 그 토지를 자신의 전속 사제인 비탈과 베르나르에게 주었고, 그들은 다시 이 땅을

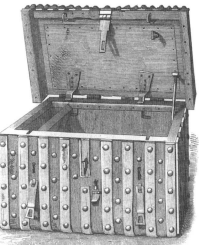

윌리엄이 영국을 정복한 지 20년째 되는 1085년 크리스마스의 글로스터. 윌리엄은 참모들과 장시간 상의한 뒤에 영국 전역의 토지와 가축의 수를 파악하기로 결정한다. 『둠즈데이 북』은 이렇게 탄생했다.

왕의 시종인 위그에게 되팔았다. 위그는 왕의 인장이 찍힌 계약서를 근거로 이 땅이 자신의 땅이라고 헌팅던의 두 신부에게 소유권을 주장하고 있다. 그런데 지금 이 땅은 외스타슈Eustache가 양도의 절차를 거치지 않고 소유하고 있다. 외스타슈는 불법적으로 르뵈브Leveuve의 집을 빼앗아 런던에 있는 오지에Ogier에게 주었다."

이런 종류의 문서에 대한 해석은 100여 개의 장원과 수천 명의 사람이 관련되어 있으므로 헤아릴 수 없을 정도의 문제를 내포하고 있다.

그럼에도 『둠즈데이 북』은 11세기 영국과 관련된 정보의 보고이고, 서유럽의 그 어떤 나라도 이와 비슷한 문서를 가지고 있는 나라는 없다. 또한 통계학적인 측면 외에도 이 문서는 노르만 정복 20년 후의 영국 사회에 한 줄기 빛을 던져주고 있다(베일에 가려진 빛이지만 매우 소중한 빛이다). 우리는 어느 정도 이 문서를 통하여 당시 토지의 생산물, 전쟁과 약탈의 보고서에 관한 내용을 알 수 있다. 조사관들의 실제 임무는 에드워드 시대의 각 장원의 재정 수입을 파악하는 데 있었고, 더불어 소유권이 바뀐 경우와 1086년의 상태에 대한 정확한 정보를 파악하는 데 있었다. 조사 수치의 편차는 그리 크지 않다.[†] 그럼에도 이 문서는 아쉽게도 당시 영국의 경제 상황에 대한 간접적이고 문제의 소지가 있는 정보만을 전해줄 뿐이다.

[†] 헌팅던셔에 있는 15개의 장원을 비교해보면 1065년과 1086년 사이에 주州에 있는 장원 중 3분의 1에서 4분의 1 정도의 장원에서 수입의 순위가 바뀌었다. 7개의 장원 중에서 5개는 수입이 감소했고, 2개는 증가했고, 8개는 변동이 없었다.

새로운 세계로

겨울이 지나고 봄이 왔지만 영국 동부 해안에 덴마크 함대의 징후는 발견되지 않았다. 부활절에 윌리엄은 윈체스터의 궁정에 있었고, 오순절인 5월 25일에는 웨스트민스터로 궁정을 옮겼다. 오드릭 비탈에 따르면 바로 이때 대주교 랑프랑이 왕의 막내아들인 앙리를 오게 했다. 그리고 그는 주님의 이름으로 고리 갑옷을 입히고, 투구를 씌우고, 기사의 칼집 멜빵을 허리에 둘러주었다. 왕의 아들에게 어울리는 의식이었다.

이 모습은 전형적인 기사 서임식인데, 본래는 비종교적인 의식이었다.[†] 그런데 나중에 변화가 생겨 용어들도 바뀌게 되었다. 교회는 일찍이—신의 평화를 정착시켰던 것처럼—칼을 사용하는 이 의식을 세례 의식과 동일하게 만들었다. 그리고 노동 도구, 수확, 혼례 침대에 내리는 축복을 통해 불행을 막을 수 있다는 믿음을 신자들에게 심어주었다. 점점 더 교회는 기사 서임식을 교회의 의례로 만들어나갔다. 그런 점에서 1086년에 랑프랑이 윌리엄의 막내아들 앙리에게 해준 기사 서임식은 좋은 본보기였다. 분명히 윌리엄은 랑프랑에게 기사 서임식을 요청했을 것이다. 윌리엄은 당시의 세태가 그렇듯이 정치적인 의도에서 랑프랑에게 이 의식을 양보했을 것이다. 무기에 대한 축복과 거기에서 얻게 되는 도덕적 의미는 본래의 군사적 입문의 특징을 희미하게 만들었다. 그리고 이 의식은 기사 서임식에서 중요한 단계로 자리를 잡았다. 기사 서임식은 특히 국가의 법률적 변화가 의례적인 것으로 탈바꿈하는 사회에서 더욱 그 의미가 중요하게 작용했다. 기사가 서임식을 통과한다는 것은 전사가 된다는 것

551

---

† 기사 서임식은 기사에 입문하는 의식이었지만 12세기부터 종교적 서약식으로 자리를 잡는다. 본문 99쪽 참고.

이 아니라, 도덕적 공동체이자 폐쇄된 집단인 '기사단'에 들어간다는 것을 의미한다. 그런데 이 집단은 봉토를 점유하고 있는 집단이다. 과거의 전통적인 충성 관계, 즉 주군에게 속해 있는 전사의 관계가 이제는 토지에 기반을 둔 실질적인 재산의 소유 관계와 자주 혼동이 되었다. 이런 구조의 변화는 봉토에서 나오는 규칙적인 이윤을 보장하기 위해 강력한 권력을 요구하게 되었다. 그러므로 1085년에 이런 변화의 요구는 노르망디, 멘, 영국에서 훨씬 더 크게 대두되었다. 하지만 이런 변화는 그 시기의 차이는 있었어도 전 유럽에서 감지되었으며 중세 초기(476~987)와 후기 (1328~1453) 사이에 서유럽에서 두드러졌다. 후기 봉건 시대는 '귀족 계층'의 등장이 그 특징인데, 다름 아닌 '제후 기사' 계층의 등장을 의미한다.

　　기마 전투 전술의 발달은 이러한 시대적 변화를 촉진시켰다. 기사들이 편리하게 사용하는 화살 모양의 창은 점차 주무기인 칼로 대체되었다. 하지만 칼은 살상력이 약했고, 다루기가 용이하지 않았다. 얇은 금속판을 이어 만든 갑옷은 금속 고리를 연결하여 짠 쇠사슬 고리 갑옷으로 대체되었는데, 이 갑옷은 공격 방법을 바꾸어놓았다. 실제로 이 갑옷을 입은 사람 앞에선 대부분의 방사물(돌, 화살)이 무용지물이었다. 그러므로 전투는 마주보고 하는 방식이 주를 이루게 되었고, 사전에 두 당사자가 장소를 합의해서 결정하는 것도 중요해졌다. 한편 식자층의 스포츠식 전쟁은 이미 오래전부터 크게 비난을 받았다. 그러므로 기사들은 게임은 공정해야 하며, 모든 계략은 명예롭지 못하다고 생각했다. 비록 조상대부터 내려오는 야만성으로 인해 기사들은 주기적으로 스스로를 통제하지 못했지만, 기사도 정신은 발전을 거듭했다. 시골의 몇몇 농가를 지배하는 소영주들은 제후들의 지배 속으로 들어가고 싶어 했다. 그들은 제후들의 궁정으로 자식들을 보내 기사 서임식을 통하여 일종의 정신 입문 의식을 받고 싶어 했는데, 그런 윤리적 사고방식이 일종의 미학이었기 때문이다. 오드릭 비탈에 따르면 기사 서임식 같은 새로운 풍습과 의복 착용은 그 레고리우스 7세와 윌리엄 왕의 사망 이후 귀족들 사이에서 갑자기 일반 화되었다고 지적하고 있다. 하지만 성직자들은 이런 풍습이 여성적이라고 비난했다. 이런 유행을 처음으로 퍼뜨린 사람은 '불평꾼 풀크'와 '짧은 장화 로베르' 같은 선구자들이었다. 노인들은 젊은이들이 여자처럼 긴 머리에 여성 의복을 입는 것에 대해 불평했고, 그들이 여자의 환심을 사기 위해 매너나 목소리 등에 신경을 쓴다고 비난했다. 한편 젊은 여자들은 정숙함은 안중에도 없었고, 젊은 남자들 사이에서 웃거나 수다를 떠는 일이 잦아졌다. 여자들은 사랑받기를 원했던 것인가! 세상은 어디로 가는 것일까?

553

윌리엄의 아들 앙리는 윌리엄의 통치 17년째인 1086년에 태어났다. 형들과는 다른 성격이었던 앙리는 신세대에 속하는 왕자였다. 앙리가 태

✿
쇠사슬 고리 갑옷cotte de maille과 고리를 연결한
모양(프랑스 국립중세박물관 소장).

어났을 때의 신세대는 귀족 사회가 스노비즘snobisme으로 이동하던 시대였다. 나중에 이 흐름은 '궁정풍의 정중함'이라고 불렸다. 앙리는 당시 영국 궁정에서 가장 고상한 인물 중 하나였던 로제 드 보몽의 아들인 로베르 드 뫼랑Robert de Meulan과 매우 긴밀한 우정을 나누었고, 그의 딸인 엘리자베스와도 오랫동안 시귀었다. 앙리는 아버지와는 달리 여자에 대해 감수성이 매우 예민한 남자였기 때문에 연애 이야기가 늘 그를 따라다녔다. 그런 그의 연애편력을 증명이라도 하듯이 그는 적자嫡子 이외에도 무려 20명의 사생아를 두었다! 그의 경박함은 이제 더 이상 덴마크식 결혼 풍습으로는 설명할 수 없었다. 그는 집안 혈통이 그랬던 것처럼 건장하고 다혈질인 젊은이였다. 하지만 키는 보통이었고, 검은 머리에 눈은 초롱초롱 빛났다. 마음이 여렸고 씀씀이가 헤펐지만 성격은 온순한 편이었으며 매사에 정력적이었던 앙리는 능수능란한 아첨으로 귀족들의 환심을 사는 법을 알고 있었다. 그는 자기 자신을 로마의 명장 스키피오에 비유하며, "어머니는 나를 군인이 아닌 지도자로 만들어주셨다"라고 말하고 다녔다. 그는 젊은 시절부터 '학자Clerc' 혹은 '미남 학자Beau-Clerc'라고 불린 교양 있는 왕자였다. 어린 시절부터 학문에 심취했는데, 책에 대한 세련된 취향과 더불어 성년이 되면서부터는 형이상학적인 것에 대한 관심도 높아졌다. 한 번은 이런 일도 있었다. 공격적인 열정에 사로잡힌 앙리는 부왕인 윌리엄 면전에서 다음과 같은 라틴 경구를 말했다고 한다. "학식이 없는 왕은 노새가 왕관을 쓴 것과 같다Rex illiteratus, asinus coronatus." 이렇게 말하는 왕자를 홀대하는 이는 아무도 없었다. 윌리엄은 앙리를 총애했고, 아마도 앙리에게서 자신의 가장 좋은 모습을 보면서 큰 기대를 했을 것이다. 그렇지만 앙리는 정복왕의 열정이 없었다. 그는 총명하고 재기가 넘쳤지만 차가운 성격의 소유자였다. 다시 말해 복잡하고 소극적이고

앙리는 정복 왕 윌리엄의 막내아들로 태어나 영지를
물려받지 못했지만, 형인 윌리엄 루푸스가 급사하
자 영국 왕이 되었다. 왕은 하늘이 내리는 법이다.

사람을 기피했다. 그는 기억력이 매우 뛰어났고, 모든 것에 호기심이 많
았으며, 누이인 아델처럼 이브 드 샤르트르와 서신을 주고받았다. 또한
우드스톡의 영지에 이국異國의 왕들이 선사한 짐승들로 동물원을 조성했
는데 사자, 표범, 호랑이, 낙타 등이 있었다. 그러던 중 앙리의 운명을 바
꾸어놓은 사건이 일어난다. 1100년에 형인 '붉은 얼굴' 윌리엄이 포레뇌
브로 사냥을 갔다가 화살에 맞아 절명하고 만 것이다. 그 순간 앙리는 형
의 시신을 수습하지도 않고 곧바로 윈체스터로 달려가 왕위를 차지한다.

영국의 토지 조사는 마무리되었다. 각 주에 파견된 왕실 대표들은 서
류를 대조한 다음에 조사 장부를 윈체스터로 보냈다.

덴마크에서는 마침내 영국 침공을 위한 함대가 모습을 드러냈다. 덴마
크의 림피오르 해안에 집결한 덴마크-플랑드르 연합 함대는 출항에 필요

한 모든 준비를 마쳤다. 7월 10일 크누트 왕은 출발 신호를 내리기 전에 오덴세 교회에 가서 이번 원정을 보호해달라고 신에게 빌었다. 그는 머리를 숙이고 주변의 웅성거리는 소리에도 아랑곳하지 않고 기도를 올렸다. 그런데 그의 주변에 몇몇 사람이 다가오기 시작했다. 그리고 칼을 꺼내 크누트의 목을 베었다. 애매모호한 원정의 종말이었다. 함대는 곧 해체되었다.

이 소식이 영국에 당도하기 전에 윌리엄은 이미 8월 1일에 솔즈베리에서 왕국의 토지를 소유한 사람들을 모두 모아 전체 회의를 소집했었다. 윌리엄이 이례적인 대규모의 전체 회의를 소집한 이유는 분명히 덴마크의 침공에 대비하기 위해서였을 것이다. 그런데 크누트가 죽자 회의의 명분이 사라졌다. 하지만 신하들의 소환은 그대로 유지되었다. 그 대상은 왕에게 직속된 봉신들, 더 나아가 회의에 소집된 자유민들, 아니면 적어도 군사 소집령을 받고 달려온 5000명의 기사와 종사從士 그리고 유복한 농민들이었다. 윌리엄은 이들에게 각자의 재산이 종속된 영주들에게 충성의 서약을 당부했고 그들은 그렇게 하겠다고 서약했다. 아마도 그들은 크누트의 죽음을 몰랐을 것이고, 왕이 단순히 자신들의 변절을 우려해서 확신을 받으려는 것이라고 생각했다. 그들은 왕에게 충성을 다할 것이라고 서약했다. 사실 윌리엄은 이 자리에서 봉건제의 주군으로서가 아니라 왕으로서 서약을 받고 있었다. 오마주로 맺어진 관계는 왕국의 자유민들에게도 예외 없이 적용되고 있었다. 그런데 이 자리에 모인 사람들은 봉건제의 특징인 피라미드 모양으로 주군과 신하의 관계로 맺어진 것이 아니라, 왕에 대한 충성의 서약을 통해 개인적으로 직접 맺어진 사람들이었다. 전통적인 봉건제의 관점에서 보면 이러한 관계는 특수한 왕권의 탄생을 예고하는 새로운 것이었다. 놀라운 사실은 이런 계획을 윌리엄이 직접 창안해냈고, 이 제도를 정착시키기 위해 필요한 권력을 이용했다는 것이다. 아마도 왕의 참모들은 이 제도를 사전에 절충하는 과정에서 과거 앵글로색슨 왕국의 역사 자료도 인용했을 것이고, 카롤링거 왕조 시대의 사료도 참고했을 것이다.

이 무렵 멘에서 반란을 꾀했던 위베르 드 생트쉬잔Hubert de Sainte-Suzanne이 윌리엄과 화해하기 위해 영국을 다녀갔다. 통행증을 발급 받아 위베르는 궁정에 모습을 드러냈다. 국왕은 관대하게 그를 맞아주었다. 여름이 가기 전 윌리엄은 와이트섬으로 갔다. 그리고 다양한 명목의 세금을 징수했다. 『영국의 연대기』에 따르면 현지 농민들은 가혹한 세금에 불만이 컸다고 한다. 실제로 1086년 농촌의 사정은 최악이었다. 가축에게는 전염병이 번지고, 혹독한 기후와 끊임없는 폭풍우 때문에 작황은 말이 아니었으며 기근의 징조까지 보이고 있었다.

윌리엄의 정복 이후 전쟁이나 잔혹함에 의해 생긴 승자와 패자 사이의 골은 우리가 생각하는 것만큼 깊지 않았다. 그럼에도 두 민족 사이의 결혼은 이브 타이보스크Yves Taillebosc와 모르카Morcar의 경우처럼 12세기 초반까지 흔하지 않았다. 하지만 토지 분배가 시작되었을 때부터 두 민족 간의 결혼이 눈에 띄기 시작했다. 노르만 기사가 앵글로색슨 과부나 처녀(아버지로부터 유산을 받은 신부)와 결혼한 것이 좋은 예다. 그런데 '미남 학자 앙리'가 1100년에 앵글로색슨 공주 모드Maud와 정식으로 결혼한 것이다. 궁정의 노르만 제후들은 이 결혼에 대해 비아냥거렸다. 그들은 앙리를 고드릭Godric 혹은 고디브Godgive 같은 현지인들의 별명으로 부르면서 조롱했다. 하지만 스코틀랜드 왕 맬컴의 딸인 모드는 앵글로색슨인들의 마지막 왕 에드거의 질녀였다. 알다시피 에드거는 정복 이후에도 끝까지 영국의 왕권을 주장한 인물이 아니던가? 앙리는 이 결혼이 브리튼 섬에 사는 사람들에게 중요한 동맹을 확인시켜주는 것이라고 생각했다.

1066년부터 1086년에 영국에 정착한 노르만인의 수는 2만 명을 넘지 못했을 것이다. 하지만 그들은 남녀를 불문하고 엘리트들이었으며 노르만인들 중에서 가장 문명화된 사람들이었다. 특히, 노르만 성직자들은 당시까지 서유럽에서 가장 세련된 문화인 노르만 문화를 영국에 이식한 주역들이었다. 고향을 떠난 노르만인들은 낯선 타국에서 이민족과의 대결과 분쟁을 통하여 더 과감한 시도와 기발한 선택을 해야 했다. 정복왕이 죽고 20년 뒤에 영국은 유럽에서 가장 '현대적'인 국가가 되었으며, 거기에서 많은 새로운 사상이 태동했고, 장기적으로 볼 때 왕국의 운명을 결정할 소중한 경험을 얻었다.

영국이 현대적인 국가로 성장한 배경에는 세속인들laïc과 성직자 집단이 있었다. 세속인들은 체력적인 힘으로, 성직자들은 추상적인 지식과 선견지명을 통해 국가의 발전에 이바지했다. 오드릭 비탈은 영국에서 활약한 노르만 제후 중에서 가장 훌륭한 인물로 위그 다브랑슈를 꼽았다. 윌리엄은 그를 영국에서 가장 위험한 백작령인 체스터의 백작에 봉했는데, 그 지역은 스코틀랜드와 웨일스 국경에 인접한 컴벌랜드에 있었다. 왕국의 변방에서 위협을 받던 이 지역에는 강력한 제후가 필요했던 것이다. 위그는 아브랑슈 자작이었을 때 브르타뉴인들을 제압했던 전력이 있었으므로 윌리엄은 그가 켈트족과의 전쟁에 전문가라고 여기고 있었다. 에너지가 넘치고 주군에 대한 충성심이 대단했던 위그는 지나치게 비대하여 말을 탈 수가 없을 정도였다고 한다. 성직자들과 교회로부터 경멸을 받던 위그는 사치, 놀이, 곡예사들, 개들에 빠져 있었고, 그의 주변은 항상 시끄러운 사람들로 가득했다. 그가 제후로 있던 30년 동안 교회는 그의 궁정을 사교와 방종의 장소라고 비난했다. 그럼에도 1080년에는 그의 수하에 있던 다섯 명의 제후가 생테브룰 수도원에 들어가기도 했다. 노르만 제후들은, 물론 자신들의 광대들이나 농민들에게는 친숙한 모습을 이따금 보이기도 했지만, 앵글로색슨인들에게는 주인으로 군림하면서 가혹하고 경멸적으로 그들을 대했다.

교회 사람들은 자신들이 현지인들의 재산을 강탈했음에도 불구하고 두 민족의 화해에 이바지하려고 노력했다. 랑프랑과 앙셀름의 영향은 항상 두 민족의 갈등을 중재하는 데 크게 기여했다. 그들은 현지인들의 전례가 지닌 특수성을 보전하여 전례력에 반영했다. 예를 들어 현지인들에게 아주 인기가 높았던 성 체드Chadde나 성 엘페주Elphège의 축일을 달력에 넣었고, 아주 미약하지만 현지인들의 문화를 이해하려고 노력했다. 하지만 우스터의 울프스탄 주교는 현지인들 사이에서 명성이 높아 주교직을 유지했지만 학식이 부족하여 신자들로부터 멀어질 수밖에 없었다.

언어의 차이는 두 민족이 인간관계를 맺는 데 가장 큰 걸림돌로 작용했다. 제1세대 제후들은 언어에 대한 근심이 거의 없었다. 그들이 구사하는 영어는 초보적인 수준이었으며, 이런 부정확한 영어도 꼭 필요한 경우가 아니면 거의 사용하지 않았다. 고유명사가 그런 경우였다. 노르만인들은 해럴드Harold를 헤로Héraud, 월서프Waltheof는 왈데프Waldef 혹은 갈데브Gualdève, 베스Baeth는 바Ba(현대 영어 베스Beth), 캔트웨러비리그Cantwarabyrig는 캉토르비르Cantorbire 혹은 칸토르비에르Cantorbière(영어의 캔터베리Canterbury)로 바꾸어 불렀다. 이렇게 두 언어 사이에 갈등이 빚어지자 성직자들이 이런 문제를 해결하려고 발 벗고 나섰다. 대륙에서 건너온 그들은 현지인들의 언어, 즉 영어로 시골에서 설교할 수 있는 자들이었다. 윌리엄은 한 번도 영어로 설교하는 것을 비난하지 않았고, 영어를 없애려는 시

559

도는 생각조차 하지 않았다. 대륙에서 성장한 제후들은 문어文語와 외교어는 성직자들이 사용하는 라틴어라고 생각하고 있었다. 그런데 앵글로색슨 사회는 언어적으로 전혀 다른 배경을 가지고 있었다.† 윌리엄은 이런 사실을 인정할 수밖에 없었다. 통치 초기에는 에드워드 왕의 비서들을 그대로 두고 왕의 교서를 영어로 작성하도록 내버려두었다. 하지만 곧바로 그는 라틴어로 회귀했다. 물론 라틴어가 버림받은 언어라는 점에서 현지인들이 라틴어에 반감을 보인 것도 사실이다. 하지만 라틴어는 봉건국가들이 전통적인 규범으로 여기는 언어였다. 윌리엄은 영어를 배우려는 생각도 있었다고 오드릭 비탈은 적고 있는데, 그 이유는 새로운 신민들이 왕에게 요구하는 내용을 통역 없이 전달받고 싶었기 때문이었다. 하지만 43살이 된 왕의 기억력은 이런 노력에 걸림돌이 되어 적응하기 힘들었다. 게다가 해결해야 할 일이 산적해 있던 까닭에 윌리엄은 영어를 배우는 취미를 포기했다. 하지만 그의 아들 앙리는 어려서부터 영어에 익숙해졌다고 한다.

대부분의 앵글로색슨인들은 프랑스어를 배우지 않았다. 노르만인이 주재하는 재판은 통역사에 의해서 진행되었다. 그러므로 재판 중에 얼마나 많은 오역誤譯이 있었을지 짐작을 하고도 남는다! 당시의 상황은 이러했을 것이다. 즉 2개 국어를 사용하는 사람들은 별로 없었고, 두 언어가 공존하는 상황이 보다 더 현실에 가까웠을 것이다. 프랑스어를 사용하는 자들은 소수였지만 지배층이었고, 다수의 앵글로색슨인들은 비천한 계층이었다. 공식 문서에 사용되는 라틴어는 두 언어의 갈등을 봉합해주었다. 사회적 위상이 다른 프랑스어와 영어가 공존하면서 언어적 간섭이 일

<hr>

† 본문 175~176쪽 참고.

찍부터 일어났는데, 특히 고유명사에서 두드러졌다. 1066년 이후에 태어난 아이들의 이름 중에는 윌슨Wilson, 리처드슨Richardson이 자주 보이는데, 그 뜻은 '윌리엄의 아들' '리처드의 아들'이다. 노르만 이름에 영어 단어가 합성되어 만들어졌다. 노르만 이름인 드빌Deville, 몽브레Montbray, 생레제Saint-Léger 는 영어에서 더빌Devil, 머메리Mummery, 샐린저Sallenger가 되었다.

정복이 있은 후 얼마 되지도 않아 프랑스어의 영향을 받아 영어에 많은 변화가 일어나기 시작했다. 프랑스어처럼 영어의 마지막 음절이 약화되고, 영어의 문법적 특징인 곡용曲用이 사라졌고, 어순도 프랑스어를 따라가고 있었다. 노르망디 방언, 피카르디 방언, 앙주 방언들이 그 형태가 조금 변화되어—정복 초기에는 완만한 속도로—영어 어휘에 들어갔다. 'ox'(황소), 'swine'(돼지), 'sheep'(양) 같은 명사는 가축을 기르는 앵글로색슨 농민들의 말이고, 'beff'(소고기, 현대 영어의 beef), 'pork'(돼지고기), 'mutton'(양고기) 같은 말은 고기를 요리하는 주방과 식탁에서 사용하는 주인들의 말이었다.

이번에는 반대로 승자들의 언어도 변화하기 시작했다. 영국에 들어온 프랑스어의 이질성으로 인해 프랑스어 자체에 변화가 일어난 것이다. 영국에 건너간 '프랑스인'들은 다양한 방언을 사용하고 있었다. 그들 중 일부는 모국어로 플라망 방언이나 켈트어 계열의 브르타뉴 방언을 사용하고 있었다. 이렇게 해서 '앵글로-노르만어'가 탄생하게 되는데, 이 언어는 대륙에서 건너온 노르만 방언에 개인적 변이 형태가 많이 혼합된 언어다. 여느 수입어처럼 앵글로-노르만어에는 고어古語의 흔적이 많이 남아 있고, 현지인들의 고유어도 많이 녹아 있다. 앵글로-노르만어의 변화 속도는 본국의 언어, 즉 대륙의 프랑스어 변화 속도와 일치하지 않았다. 12세기에 이미 앵글로-노르만어는 대륙의 프랑스어와 비교할 때 여러 가지 특징에서 차이가 났다. 먼저 곡용이 사라졌는데, 대륙에서는 1세기 이상 곡용이 존속했었다. 이 밖에도 일부 소리도 앵글로-노르만어에서는 사라졌다. 노르만 필경사들은, 그 근원은 확실하지 않지만, 대륙의 필경사들이 사용하지 않는 특별한 표기법을 사용하기도 했다.

1066년이 지나자 앵글로색슨 문학의 샘은 말라버렸다. 물론 그 후 30년이 지나도 몇몇 고립된 시인은 사라지고 있던 앵글로색슨 대중들을 위해 영어로 시를 짓기도 했다. 마침내 1090년 우스터의 수도사이자 시인은 죽어가고 있는 과거의 찬란한 문명의 영광을 칭송했다. 수도원에서 영어로 작성되던 연대기들은 점차 하나씩 사라지거나 라틴어에 의해 대체되었다. 애빙던의 연대기 작가는 1066년에 작성된 연대기에서 해럴드의 스탬퍼드브리지 승리를 기록한 다음에, 그 후의 이야기를 적지 않고 있다. 그런 행동의 이면에는 어떤 의도가 숨겨져 있던 것일까? 이런 연대기들은 『앵글로색슨 연대기』라고 불리는데, 1065년 이후에는 두 개만 전해올 뿐이다. 하나는 아마도 요크에서 편찬되었을 것인데 1079년까지의 기록을 적고 있고, 또 하나는 캔터베리의 것인데 1154년까지 기록하고 있다. 앵글로색슨어로 기록된 것 중에서 이제 남은 것은 시뿐인데 그 수준은 민담처럼 격하되었다. 그리고 정복 이후의 불행과 저항하는 영웅들에 관한 주제는 서사적 혹은 서정적 발라드에 새로운 영감을 주었다. 이후의 발라드는 정복자들의 시에서 많은 영향을 받게 된다.

영어의 위상이 위축되고 있던 것과는 반대로, 앵글로-노르만어는 그전까지 영어가 국내에서 차지하고 있던 자리를 대신하게 되었고 정복왕이 죽은 뒤 30~40년 뒤에 영국의 노르만인들 사이에서는 앵글로-노르만어가 라틴어에 비해 일상생활에서 중요한 위치를 차지했다. 프랑스의 노르만 방언보다 더 중요한 언어가 된 것이다. 이 무렵 최초의 앵글로-노르만어로 쓰인 문학작품, 즉 '프랑스어'로 된 작품이 탄생하게 된다. 정복왕의 시종 중 하나인 브네Beneit는 1080년부터 루앙의 부주교로 있었는데, 그는 아일랜드의 신화를 앵글로-노르만어로 각색하여(10세기에 성인의 이야기가 되었다) 1120년에 '미남 학자 앙리'의 부인에게 헌정한다. 이 작품은 성 브랜던Saint Brandan에 관한 내용을 담고 있었는데, 미지의 세계에서 하는 여행이 그 주제였다. 그보다 몇 해 전에는 필리프 통Philippe Thaon이라는 신부가 다른 신부들을 위해 앵글로-노르만어로 운문을 지었는데, 그 내용은 교회력의 변동 축일 산정에 관한 것이었고, 영국의 여왕을 위해서는 『동물 우화집』을 썼다. 이 우화집은 고대 로마 제국 말기에 쓰인 『보석 상인Lapidaire』—자연 생물을 묘사했다—에 근거를 둔 우화집이었다. 이후, 얼마 지나지 않아 영국의 작가들은 요일 이름에 앵글로색슨 이름 대신 스칸디나비아 이름이나 앵글로-노르만어로 된 말들을 사용하기 시작했다. 1140년에 『아블로크 이야기Haveloc』의 저자가 사용한 예가 이런 현상을 잘 보여주고 있다. 앵글로-노르만어의 영향은 작시법에도 영향을 주어 프랑스어의 음절 수에 따른 운율법이 시에서도 두드러지게 되었다. 이런 현상은 문화의 잡종 상태, 즉 통합을 의미한다.

앵글로-노르만어가 영국에서 자리를 잡아가는 동안, 정복왕의 시대부터 노르만인들은 영국에 무훈시를 들여왔다. 오드릭 비탈에 따르면 1080년경에 위그 다브랑슈의 시종인 제롤드Gérold는 자신에게 맡겨진 제후 집단의 안녕에 신경을 쓰면서, 자신의 성무일과표를 토대로 성인의 반열에 오른 유명한 전사들을 인용해 가며 무훈시의 형식을 고치고 또 그열기를 고조시켰다. 그는 특히 샤를마뉴 대제를 호위했던 백작 성 기욤

---

† 『기욤의 노래』는 중세 무훈시 중에서 가장 오래된 것 중의 하나로, 중세 학자들로부터 만장일치로 인정을 받아 왔다. 그러나 이렇게 탁월한 작품이 최근에는 그 진위를 의심받고 있다.

드 젤론Guillaume de Gellone을 자주 인용했는데, 기욤은 어느 날 속세를 버리고 수도사가 되었다. 그런데 여기에서 말하는 기욤은 기욤 도랑주Guillaume d'Orange를 말하거나 무훈시에 나오는 '비뚤어진 코 기욤Guillaume au Courbe Nez'을 말하는 것이었다. 그렇다면 제롤드가 독자들에게 말하려는 시는 위에서 언급한 시들 중의 하나였을까? 혹시 그가 잘 알고 있는 이야기를 자신이 좋아하는 형식에 맞춘 그런 시였을까? 혹은 젤론의 수도사들이 수도원의 설립자를 기리기 위해 쓴 라틴 형식의 성인전Vita에서 유래한 시였을까? 첫 번째 가정은 틀리지 않아 보인다. 앵글로-노르만어로 기록된 『기욤의 노래Chanson de Guillaume』는 고어古語†로 된 필사본이다. 하지만 작품의 연도는 단정하기 어렵다. 아마도 『롤랑의 노래』 바로 이후에 만들어진 듯하다. 이 노래는 『롤랑의 노래』보다 거칠고 무질서한 형식을 취하고 있는데, 이상하면서도 아름다운 특징을 간직하고 있다. 예를 들어 기괴한 것과 숭고한 것, 찬미와 야유를 연결시키기도 한다. 12세기 중반 이후에는 무훈시들이 『롤랑의 노래』의 형식으로 획일화되지만, 『기욤의 노래』가 가진 형식상의 특징을 통하여 우리는 프랑스 서사시의 독창성과 다양성을 확인할 수 있다. 마치 로마네스크 건축 양식이 가진 다양성과 같은 특징을 무훈시에서도 찾아볼 수 있게 되었다.

12세기 중반부터 앵글로-노르만 사회에서 발원한 문학적 유행 속에는 앵글로-노르만인들의 의식세계와 '고딕식' 감수성의 특징이 반영되었다. 이 문학적 유행은 프랑스를 넘어 전유럽으로 확산되고 있었다. 그리고 소설 같은 이야기를 켈트적 황홀함으로 잘 포장했다. 이 특별한 황홀함은 라틴 혹은 게르만 민족의 민속적 전통에 이국적인 특징을 가미한 것이었는데, 그 전파의 진원지는 영국의 서남부 지방이었다. 사실 왕국의 서부 지방이 군사적으로 안정을 되찾자 포이즈나 기네드에 거주하는 산

564

악지방 사람들과 콘월 반도의 어부들은 이웃인 노르만 영주들과 안정적인 교역을 할 수 있게 되었다. 정복왕의 군대에서 브르타뉴 출신의 병사들이 중간에 다리를 놓는 역할을 했다. 웨일스인들이 오랫동안의 고립을 깨고 왕국 밖으로 나온 것이다. '미남 학자 앙리'는 네스타Nesta라는 애인이 있었는데, 그녀는 남부 웨일스 왕 리스 압 튜더Rhys ap Tudor의 딸이었다. 둘 사이에는 로베르라는 아들이 하나 있었고, 그는 장차 글로스터의 백작이 된다. 로베르는 매우 예의가 바른 기사로 정평이 나 있었다. 네스타는 나중에 카디간의 성주인 에티엔Étienne의 애인이 된다. 이후 그녀는 제럴드 드 윈저Gérald de Windsor와 결혼한다. 웨일스의 가인歌人과 이야기꾼들은 위험을 무릅쓰고 카디간성 같은 철옹성에 와서 노래를 부르거나 이야기를 들려주기 시작했다. 성주가 이들에게 넉넉한 보수를 주었기 때문이다. 그들은 자신들의 노래와 이야기를 번역하고 각색해서 들려주거나, 고객들의 취향에 맞게 상상력을 가미해서 들려주기도 했다. 때로는 거의 광고에 가까운 수단을 이용하여 청중들의 호기심을 유발하기도 했다. 기욤 드 맘즈버리에 따르면 정복왕이 통치하던 시절, 로스 지방의 웨일스인들이 바닷가에서 그들의 영웅 월웬Walwen†의 무덤을 발견했다고 한다. 그리고 월웬에 대한 전설을 웨일스의 이야기꾼들이 들려주고 있다. 이 전설은 12세기 초부터 널리 알려졌는데, 한 조각가는 여섯 명의 브르타뉴 전사들과 함께 월웬의 조각상을 모뎅 성당 현관 앞에 놓고 자신의 이름을 새겨 넣었다. 웨일스와 콘월 반도는 아일랜드의 이야기를 전달해주는 중계소와 같았다. 이렇듯 영국에 정착한 정복자들의 기억 속에는 앞뒤가 안맞는 신화—점점 본래의 이야기에서 멀어진—들이 쌓이고 있었다. 그 이

565

---

† 아더왕이 조카인데 근친상간을 저질렀다고 한다. 그는 나중에 프랑스의 소설 『원탁의 기사』에 등
   장하는 고뱅Gauvain을 가리킨다.

야기들의 의미는 퇴색되었고, 이국의 역사적 이야기들이 고유의 전통에 혼합되었다. 그리고 이야기꾼들에 의해 과장되거나, 중복적인 요소들이 들어가서 확대되었다. 소수의 켈트족이 만들어낸 이 이야기의 지리적 배경(거친 바다와 황야)은, 세부적인 요소들은 차이가 많이 나지만, 큰 틀에서 보면 거의 유형이 동일하고, 거기에서 나오는 본능적인 힘도 동일하다. 이를테면 금기禁忌로 인해 영웅은 타격을 받고, 영웅은 활동의 근거를 마련하지만 곧 그 터전은 폐허가 된다. 그리고 영웅은 마법의 능력을 받지만 모험을 떠날 수밖에 없게 되고, 결국 다른 세계의 상징인 마법에 걸린 대상을 찾아 헤매게 된다. 이후 기독교 시대 이전의 신화에 등장하는 마법에 걸린 성을 찾아가지만 때는 이미 늦었다. 또한 처녀 요정이 왕에게 부상을 입히면 왕권은 곧 소멸된다. 이런 인물이 당시 이야기에는 단골로 등장한다. 이런 주제들은 한 세기 뒤에 처음으로 문학적 형식을 갖춘다. 이후 1135년부터 푸아티에의 백작 궁정에 머무르던 웨일스의 이야기꾼은 『트리스탄과 이졸데』의 전설을 이야기한다. 『트리스탄과 이졸데』는 켈트 문학의 백미인데, 운명적인 사랑으로 생을 마감하는 기사와 공주의 비극적인 사랑을 노래하고 있다.

한편 노르만 성직자들은 당시로서는 가장 '현대적인' 라틴 전통의 학교를 영국에 도입했다. 생투앵Saint-Ouen에 상당한 규모의 서적 인쇄소Scriptorium를 가지고 있었던 생테브룰 수도회는 영국의 수도원에 많은 교수를 보냈다. 4명의 생테브룰 수도사가 케임브리지에 학교를 세웠고, 르베크의 질베르 크리스팽Gilbert Crispin은 웨스트민스터 수도원의 원장이 되었다. 그는 『엘루앵의 일생Vie d'Hellouin』이라는 책을 저술했는데, 랑프랑의 전기와 그가 지나온 투쟁의 여정을 그리고 있다. 크리스팽은 또한 영국 사회의 유대인 공동체와도 교류했는데, 특히 유대인 식자층들이 그의 상대였다. 이미 당시에 영국에는 유대인 사회가 형성되어 있었던 것이다. 윌리엄의 정복은 그때까지 알려지지 않았던 유대인 사회가 영국에서 자리를 잡는 데 일조했고, 노르만인들은 그들이 전통을 지키는 데 호의적인 정책을 유지하고 있었다. 얼마 지나지 않아 프로방스, 샹파뉴, 레나니아 수준의 유대인 학교가 요크에 들어섰고, 12세기 초에는 시토 수도원장인 영국인 에티엔 하딩스Étienne Hardings는 탈무드의 해석에 심취되기도 했다.

1100년에서 1130년 사이에 앵글로-노르만 출신 교회 작가들이 윌리엄의 통치 말년에 등장하여 '현대식'으로 역사를 기술할 것을 제안한다. 새로운 역사가들은 오래된 연대기적 방식과 이야기를 수사학적으로 인식하는 태도를 버리고, 노르만 국가 안에서 일어난 사건들을 공동의 인식을 통하여 기술하는 방식을 지향했다. 노르망디 왕조의 역사는 다음과 같이 기술되었다.

생테브룰 수도회가 초석을 놓은 케임브리지 대학.
사진은 피터 하우스Peterhouse의 모습.

먼저 기욤 드 맘즈버리와 헨리 드 헌팅던은 정복 이후 한두 세대가 지난 뒤에 속어俗語, 즉 앵글로-노르만어로 최초의 노르만 왕조의 연대기를 편찬했다. 먼저 조프루아 게마르Groffroi Gaimar는 1140년 영국에서 노르만 왕조의 연대기를, 1160년에 노르망디에서는 바스가 『루 이야기Roman de Rou』를 통해 노르망디 공의 기원부터 12세기 초반까지의 이야기를 기술했다. 이 이야기는 브누아 드 생모르Benoit de Sainte-More가 계속해서 써내려갔다. 다른 연대기 작가들은 게르만 전통을 따랐는데, 넓은 지평을 통해 당대의 역사적 사실을 일반적인 시각에 따라 기술하는 방식을 채택했다. 당대의 사람들은 그들의 '현대성Modernitas'을 아주 보잘 것 없고 서투른 연대기라고 꼬집었다. 이런 부류에서 선두주자는 플로랑스 드 우스터였는데, 그는 영국과 아일랜드의 연대기 작품에 자신의 수도원에서 작성한 일반 연대기를 합쳐서 편찬했다. 그의 뒤를 이은 사람은 노르만인 로베르 드 토리니Robert de Torigny였다. 그는 르베크의 수도사에서 몽생미셸의 수도원장이 된 사람으로 이런 장르의 연대기를 편찬하는 데 관심이 많은 사람이었다.

지금까지 언급한 유명한 연대기 작가 중에서도 오드릭 비탈은 중요한 위치를 차지한다. 그는 1075년 슈롭셔에서 로제 드 몽고메리와 영국인 어머니 사이에서 사생아로 태어났다. 11살의 어린 나이에 생테브룰 수도원에 들어간 비탈은 수도원의 역사를 편찬하기 시작했다. 그러나 애초에 그의 계획은 기독교화된 영국의 교회사를 기술하는 것이었다. 『교회사 Historia ecclesiastica』로 불린 이 역사서에서 저자는 정복왕에 대한 찬사에도 불구하고, 정복이 끼친 좋지 않은 소문들도 자세히 전하고 있다. 하지만 저술의 대부분은 비판의식이 결여된 채 편찬되었다. 그럼에도 그가 살던 시기의 노르망디와 영국에 대한 기술은 사료의 출처가 분명하고, 날카로운 판단과 함께 다양하고 신랄한 모습을 보여주고 있다.

　석재를 사용하는 건축 예술 분야의 경우, 정복은 영국의 건축에 더 많은 영향을 주었다. 물론 에드워드 왕 때부터 노르만 건축 양식은 영국에 민감한 영향을 끼치고 있었다. 대륙에서 건너온 주교와 수도원장들은 자신들의 건축적 관습뿐만 아니라, 아마도 건축의 거장들도 영국으로 데리고 왔을 것이다. 1070년부터 영국의 대성당과 수도원들은 한두 세대만에 재건축되었다. 울프스탄조차 이 흐름에 동참하여 1084년에 마침내 우스터 성당을 부숴버리고 만다. 그의 조상의 작품인 우스터 성당은 노르만 양식으로 재탄생하게 되었다.

　영국의 교회는 노르만 양식의 조화를 그대로 간직한 채 그 크기는 더욱 웅장해졌다. 베네딕토파의 설계로 건축된 교회로는 링컨과 캔터베리 대성당, 그리고 폴 드 캉 수도원(1077년부터 건설)이 있었고, 로마식 벽돌로 건설된 성 알바노 수도원, 1081년에는 시메옹 수도원장이 건설을 시작한 엘리 수도원, 1087년부터 지은 블리트 기도원 등이 있었다. 대성당의 모델은 루앙의 대성당이었다. 1079년 우스터 대성당을 시작으로 1087년에는 15개의 교구 중 7개의 교구에서 대성당이 재건축 중이었다. 영국에 수입된 노르만 건축 양식의 전통은 헤리퍼드에서 그대로 계승되었고, 로렌 지방 출신의 로베르 주교는 1080년에 라인란트에 교회의 부속 건물을 노르만 양식으로 지었고, 또 다른 로렌 출신인 셔본의 주교 에르만Hermann도 1078년 이전에 대성당을 재건축했다. 하지만 영국과는 다르게 노르망디의 캉에 있는 생테티엔의 수도사들은 1083년에 봉신들을 위한 생니콜라 성당을 검소하고 우아한 작은 건물로 지었다.

　건축 양식의 수입과 함께 전례의 모든 양식도 노르망디에서 영국으로 수입되었다. 비록 전해오는 문서는 없지만 루앙의 전례 의식이 영국 교회

569

에 많은 영향을 주었을 것이라고 추정할 수 있다. 이 점은 영국인들도 부정하지 않는다. 교회에서 사용되던 전례 의식의 멜로디를 모아놓은 『윈체스터 전례 노래 모음집Tropaire de Winchester』은 11세기까지 그 역사가 거슬러 올라가는데, 이는 영국이 대륙에서 시도한 음악적 연구에 동참하고 있었음을 확인시켜준다. 이 모음집에는 다음계로 이루어진 150개의 멜로디organa polyphonique가 수록되어 있으며, 이러한 음악적 장르는 2세기 전부터 시도한 결과의 산물이었다. 카롤링거 왕조 시대에도 신성한 성무를 장식하기 위해 일부 전례 텍스트(솔로 혹은 합창으로 불렀다)에 2개의 멜로디를, 그것도 같은 음의 차이를 가진 화음으로 동시에 장식했다. 노래의 음계는 8음계, 5음계 혹은 4음계로 이루어져 있었고, 점차 이 시스템은 복잡해지고, 처음과 마지막 부분의 멜로디는 비슷해지거나 달라졌다. 그래서 가운데 부분의 멜로디만 규칙적인 간격을 가진 채 남게 되었다. 『윈체스터 전례 노래 모음집』의 텍스트는 완전히 별개인 두 개의 멜로디가 음표에 따라 구분되어 있다. 소박한 진전일지 모르지만 교회의 합창 성가인 모텟Motet의 발명에 따라 12세기 중반부터는 다음계의 음악이 꽃을 피울 수 있었다.

이렇게 영국에서는 정복 이후 독창적인 문화가 놀라운 속도로 확산되고 있었고 그 문화가 정착하는 데는 고작 3세대 정도밖에 걸리지 않았다. 영국인과 노르만인은 동일한 갈망을 가지고 있었고, 역사를 통하여 두 민족이 동화될 수 있는 권력도 소유하고 있었다. 그들의 역사가 서로 밀접하게 연결되어 있었다는 것도 이러한 사실을 잘 뒷받침하고 있다. 과거에 찬란했던 앵글로색슨 문명은 기울어져 가는 사회 체제 속에서 쇠락의 길로 접어들고 있었다. 노르만 문명은 자신들의 뿌리인 바이킹 문화와 절연하고 역동적인 모습으로 새로운 터전을 찾아냈다. 이런 시도는 정당

✤
영국 교회의 성지 캔터베리 대성당. 정복왕 윌리엄
의 멘토 랑프랑이 대주교로 있었다.

성을 가진 전통을 만드는 데 그 목적이 있었다. 윌리엄의 정복이 경화증
을 보이는 앵글로색슨 사상에 대륙의 활력소를 가져온 것은 틀림없는 사
실이다. 정복은 영국이 고유한 세계의 건설을 통해서 성숙되고 활력이 넘
치는 장소가 될 수 있게 해줬다. 이렇듯 정복은 서유럽에서 가장 오래 된
나라를 1세기 만에 조직적이고 중앙집권적이며, 내부에는 긴장이 팽배한
나라로 탈바꿈시켰고, 그때까지 결여되어 있었던 것을 태동하게 했다. 그
것은 국가에 대한 인식이었다.

최후의 전투

노르망디에 돌아오자마자 윌리엄은 소집한 군사들을 이끌고 브르타뉴로 향했다. 오엘†의 아들 알랭 페르장Alain Fergent(알랭 4세)이 브르타뉴 공이 되었는데, 윌리엄에게 오마주를 바칠 것을 거부했기 때문이었다. 그런 알랭의 버릇을 고쳐주기 위해 윌리엄은 돌 성을 다시 포위했다. 하지만 이번에도 실패로 돌아갔다. 윌리엄은 협상을 제안했는데, 예전에 멘에서 단기간에 얻었던 평화에 비견할 수 있었다! 그는 알랭에게 자신의 딸인 콩스탕스를 주었다. 하지만 그녀는 4년 뒤에 자식도 남기지 못하고 죽고 말았다. 그리고 알랭은 앙주 백작 풀크의 딸과 재혼한다.

스페인에서 '레콩키스타Reconquista'로 온 나라가 격정에 휩싸여 있을 때, 프랑스 왕국에서는 새로운 근심이 확산되고 있었다. 과거에 바르바스트로를 상실했던 사라고사††의 무어 왕이 1064년에 다시 이 도시를 점령했기 때문이다. 기독교 원정군은 1073년과 1078년에 걸쳐 이 도시를 공략했지만 실패하고 만다. 1085년 알폰소 6세는 톨레도를 점령하고 타가와 두오로 사이의 지역을 되찾았다. 하지만 이슬람 세력의 끔찍한 반격에 스페인 원정대는 타격을 받는다. 무라비드 왕조는 고행의 전사들을 규합하기 시작하고, 11세기 중반부터 사하라 사막 근처에서 세력을 모아 북쪽으로 침공하기 시작했다. 그들은 무력으로 이슬람 문명을 전파하려는 꿈을 꾸고 있던 무리였다. 1059년에 무라비드 군대는 아틀라스산맥을 넘었고, 1082년에는 서부 알제리와 모로코까지 진출했다. 1086년 10월 23일에 마침내 무라비드 군대는 스페인의 알제지라스에 상륙한 뒤에, 알폰소

† 브르타뉴 공국의 실질적인 통치자 오엘에 대해서는 본문 493쪽 참고.
†† 스페인의 동북부 지방.—옮긴이

6세의 군대를 사그라야스에서 격파했다. 그런데 그때 수세기 동안 군사적 도발을 하지 않고 있던 서유럽의 이슬람 세력이 마치 협공 작전을 펼치듯 스페인 왕국을 공격하기 시작했다. 유럽인들은 피레네산맥으로 북진하는 북아프리카 이슬람 세력의 공격과, 팔레스타인과 비잔틴 제국 쪽으로 남진하는 튀르크의 공격을 불길한 징조로 받아들였다. 부르고뉴와 툴루즈 백작들은 즉각적으로 반응하여 새로운 십자군을 형성했다. 이 십자군은 겨울 내내 그럭저럭 모양새를 갖추어 갔다. 하지만 1087년 봄에 십자군의 내부에 균열이 생기기 시작했다. 그중에는 노르만 출신의 징집병도 있었고, 군대를 단지 약탈의 무리로 생각하는 오합지졸도 많았다. 하지만 스페인 쪽은 상황이 달랐다. 엘시드El Cid로 유명한 로드리게스 디아스 드 비바르Rodriguez Diaz de Bivar가 종횡무진으로 활약하고 있었다. 이때부터 카스티야의 왕들은 전쟁으로 황폐화된 지역에 이주자들의 거주를 장려했는데 그중에는 노르만인들도 있었다. 하지만 스페인에는 이탈리아처럼 노르만 식민지가 한 번도 건설된 적이 없었다. 페르슈의 백작 로트루Rotrou의 경우는 홀로 스페인으로 이주해 간 경우다. 그는 노르망디 공의 봉신이었는데 '싸움꾼 알폰소'로부터 1121년에 투델라를 봉토로 받아 동족들을 와서 살게 했다.

573

1087년은 영국 역사에서 최악의 해로 기록된다. 기근에 열병을 동반한 전염병이 온 나라를 휩쓸었다. 이 소식이 가뜩이나 지친 윌리엄에게도 들어갔다. 그에게 이런 소식은 헤어날 수 없는 수렁과 같았고 피할 수 없는 필연과도 같았다. 기욤 드 맘즈버리의 증언에 따르면, 그는 이제 대머리에 코는 농진이 생겨 붉게 되었다고 한다. 그 모습을 상상해보면 눈 밑에 지방이 늘어져 눈은 작아 보이고, 주름진 목은 푹 파묻혀서 볼품도 없고, 흰 수염도 더부룩한 노인이 떠오른다. 그리고 강압적인 시선은 인색한 시선으로 바뀌었다. 윌리엄은 이제 60세가 되었다. 당시로는 고령에 해당하는 나이였다. 그는 이제 안장에 똑바로 앉을 수 없는 고통에 시달리고 있었다. 당대의 사람들도 그 이유를 잘 알지 못했다. 그는 루앙의 성으로 옮겨져 의사들의 진찰을 받았다. 결과는 침대에서 누워 있으라는 처방뿐이었다. 아마도 의사들은 단식과 땀을 흘려 체중을 줄이라는 충고도 했을 것이다.

그렇다면 이런 굴욕적인 여가를 즐길 수밖에 없는 윌리엄에게 남은 것은 무엇인가? 이런 시간들은 그가 지나온 과거와는 어울리지 않는 것이었다. 오히려 그의 자존심에 상처를 주는 것이 아닌가? 그의 과거는 자신이 세운 왕조에 근거를 두고 있었고, 그의 정통성을 보여주는 거울과도 같은 것이었다. 그런 상황에서 그는 비잔틴 제국에 사신을 보내 아버지의 유해를 노르망디로 수습해오라는 임무를 맡겼다.[†]

윌리엄의 권위주의에 반기를 든 반란군, 불만을 품은 자들, 혼란의 주모자들, 이들은 모두 야심이 많은 보잘 것 없는 인간들이었는데 끊임없이 50년 동안 윌리엄을 괴롭혔다. 하지만 이제는 더 이상 그를 제거할 희망도 없게 되었고, 쇠락해가는 그를 지켜볼 뿐이었다. 그래도 그들은 윌리엄을 놓아주지 않았다. 그럼에도 윌리엄은 그런 인간들을 이끌고 있었다. 마치 파리 떼가 황소를 따라가는 것처럼 그는 묵묵히 무리를 이끌고 앞으로 가고 있었다. 1077년에 그는 필리프 1세가 벡생 지방을 약탈하는

[†] 본문 204쪽을 보면 이상하게도 우연의 일치를 보여주는 사건이 있었다. 1086년에 바리Bari의 상인들이 안티오키아에서 돌아오면서 소아시아 해안에 있는 미라Mira에 들렀는데, 그들은 성 니콜라의 성유골을 훔쳐왔다고 했다. 그리고 자신들의 조국으로 그것을 가져왔다. 이때부터 서유럽에서는 12세기에 성 니콜라와 관련된 운문극(『성 니콜라 운문극jeux de saint Nicolas』)이 크게 유행했고, 전례의 범주 밖에서 대중적인 운문극으로 발전했다.

✦ 벡생 지방과 근방의 망트 및 퐁
투아즈는 노르망디 공국과 프랑
스 왕국의 경계로 수시로 군사적
대결이 벌어진 지역이다. 정복왕
윌리엄 말년에도 필리프 1세가
이 지역을 노르만인들로부터 수
복하기 위해 공격했다.

것을 내버려두었다. 그때부터 망트의 프랑스인들은 노르망디 공국의 경
계 지방을 수시로 습격했다. 윌리엄은 영국에서 돌아오자마자 벡생 지방
의 종주권을 주장하고 나섰다. 필리프 1세의 아버지 앙리 1세는 50년 전
윌리엄의 아버지인 장엄공 로베르에게 이 지방의 종주권을 인정했었다.
그러므로 이 문제를 다시 법적으로 거론하는 것은 앙리 1세가 인정한 것
을 뒤집는 것이었다. 그러므로 윌리엄은 10년 전부터 상속자가 부재중인
벡생의 주인은 로베르의 유일한 상속자인 자신이라고 주장했다.

필리프 1세는 윌리엄이 보낸 사신이 말을 하도록 내버려두었다. 지루한
연설에도 불구하고 그는 대답도 하지 않았고, 사신들을 보면서 윌리엄을
조롱하고 있었다. 윌리엄은 병 때문에 힘을 쓸 수도 없었다. 옷도 거의 입
지 않고 침대에 누워 있는 윌리엄을 두고 필리프 1세는 늘 빈정거렸다. 그

는 윌리엄을 증오했다. "그 뚱보는 언제 몸을 푸느냐?" 필리프 1세가 윌리엄의 사신에게 물었다.

사신들은 곧바로 이 말을 이해하고 더 이상 한 마디도 하지 않았다. 그들은 루앙으로 돌아와서 윌리엄에게 필리프 1세의 말을 전했다. 윌리엄은 몸을 벌떡 세우고 분노를 터뜨렸다. "오 주님! 제가 주님께 맹세컨대 파리의 노트르담 성당에서 초 대신에 1만 개의 창으로 산후產後 축성식을 올려야 할 것 같습니다!"

결국 전쟁만이 최후에 의존할 방법으로 남았다. 윌리엄은 망트와 퐁투아즈에서 일어난 반란을 무력으로 진압하여 그 지방의 주인이 누구인지 분명히 보여주려고 했다. 7월 말이나 8월 초, 런던에서는 성 폴 성당이 불에 탔다. 왕은 힘겹게 말안장에 올라앉았다. 그 고통은 오죽했을까? 그리고 군대를 이끌고 엡트강을 지났다. 가면서 주변 마을을 쑥대밭으로 만들고, 목표 지점으로 이동을 계속했다. 도시의 수비대는 출구를 만들어 기습 공격을 했지만, 윌리엄은 교묘히 그 공격을 피하고 성을 공격하기 시작했다. 전투는 성벽 아래에서 벌어졌고, 노르만 군대가 곧 승리하는 듯 보였다. 하지만 도시는 불에 타고 용병들에 의해 폐허가 된 도심에서 전투가 벌어졌다. 윌리엄이 난장판이 된 전투에 뛰어들었다. 그는 자신의 부대를 통제하고 명령하고 있었다. 그런데 윌리엄을 태운 말이 불이 붙은 들보에 발굽을 놓다가 헛발을 딛고 말았다. 바로 그 순간 윌리엄의 눈에 강렬한 햇빛이 들어왔다. 말 위에서 몸을 지탱할 수 없었던 노인의 거구가 말안장의 앞부분에 심하게 부딪히고 말았다. 정복왕 윌리엄의 얼굴은 창백해지고 그만 말에서 거꾸러지고 말았다.

말에서 떨어진 충격으로 그는 장기에 치명적인 손상을 입었다. 아마도 간이나 복막을 다친 것 같았다. 의사들은 피하출혈을 확인했고, 그들의 의술로는 이 고통을 치유할 수 없었다. 할 수 없이 가마에 왕을 태우고 루앙으로 돌아왔다. 이제 죽는 순간만 남은 것이다.

  그해 여름은 뜨거웠다. 영국에서는 화재가 도시를 휩쓸었다. 군대는 일단 퇴각했다. 루앙성에서 의학 지식이 해박한 리지외의 주교 질베르 마미노Gilbert Maminot, 쥐미에주 수도원장 공타르Gontard가 왕의 침대 머리에

577

윌리엄이 숨을 거둔 루앙의 생제르베 교회의 현재 모습.

모였다. 왕의 상태는 매우 안 좋았고, 힘을 전혀 쓸 수가 없었으며 몸은 계속되는 오한에 떨고 있었다. 숨도 제대로 쉴 수 없게 된 윌리엄은 먹고 마실 수도 없는 상태가 되었다. 그 어떤 약을 써보아도 구토와 발열을 막을 수가 없었다. 왕은 참을 수 없는 고통에 시달렸다. 그는 루앙 서쪽에 위치한 생제르베 기도원으로 옮겨졌다.

거기에서 그는 6주 동안 고통과 싸웠는데 의식은 또렷했다. 어느 순간 그는 근심에 사로잡혀 자신이 벌을 받고 있다고 생각했다. 그는 아들 윌리엄과 앙리를 불렀다. 그리고 르베크의 앙셀름과 고위 성직자들, 친구들이 주변에 모여들었다. 기욤 본암, 상서尙書 제라르, 로베르 드 모르탱, 이제 모두 노인이 되어 있었다. 그들은 겁에 질렸다. 든든한 버팀목을 잃게 되었기 때문이다. 튼튼한 왕국의 기둥인 윌리엄을 말이다. 정복왕의 죽음이 큰 혼란을 야기할 것이라고 확신한 그들은 꺼져가는 권력에 촉각을 곤두세우고 끝까지 자신들의 안전을 위해 권력을 이용하려는 생각뿐이었다. 그들은 왕이 혼란을 막는 최후의 결정을 내리도록 압력을 넣고 있었다. 그러면 그 결정을 통하여 왕권이 보장되고, 최악의 선택은 피할 수 있기 때문이었다.

이제 얼마 안 있으면 세상을 떠날 왕이 주변인들을 둘러보았다. 그리고 그들에게 차례로 각자가 맡을 중책에 대해 말하기 시작했다. 중간에 고통이 잠시 사그라질 때, 그는 기도를 멈추고 말했다. 오드릭 비탈은 윌리엄이 이때 뱉은 속말을 캉의 수도사가 들려주는 절도 있는 이야기처럼 잘 정리해놓았다. 윌리엄은 여전히 교회에 대해 헌신적이었고, 교회를 위하여 봉사할 의지가 있었다. 그는 또한 학식 있는 사람들을 도왔으며, 그들이 행사하는 영향력도 보장해주었고 자신이 설립한 수도원을 아낌없이 후원했다. 물론 그는 많은 전쟁을 벌였다. 하지만 그것은 그가 전쟁광이거나 잔인한 성격이어서가 아니라, 봉신들이 충성을 바치지 않거나, 자신을 배신했기 때문이었다. 하지만 영국 정복에 대해서는 임종을 지키고 있던 주변 사람들에게 한 마디도 하지 않았다.

정복왕은 그의 동생 로베르를 불러 궁정의 관리들과 시종들을 집합시키라고 말했다. 그들의 손에는 왕이 개인적으로 소장하고 있던 귀중한 물건들이 들려 있었다. 무기, 화병, 왕관, 책, 화려한 장식품 등을 시종들이 가지고 왔고, 곧 유산 목록을 작성했다. 이 목록에 적힌 보물 중의 일부는 교회에 분배되고, 또 일부는 빈자貧者들에게 기증했다. 나머지는 아들들에게 유산으로 물려주었다. 그런데 왕은 무슨 말을 하려 했던 것일까? 다시 구원舊怨에 빠져 '짧은 장화 로베르'의 상속권을 박탈할 것인가? 그러면 왕국의 평화는 다시 위협을 받을 것이다. 주위에 있던 고위 성직자들이 수심에 가득차서 웅성거렸다. 왕이 말했다. '붉은 얼굴 윌리엄'에게는 영국 왕위와 자신의 검과 홀을……. 그는 윌리엄에게 영국 왕위를 물려주기로 한 것이다! 그렇다면 반란군의 수괴이자 추방당한 장남 로베르는? 걱정하던 것이 현실이 되는 순간이었다. 그 자리에 있던 사람들이 무엇인가를 상의하더니, 루앙의 주교에게 사태를 수습해줄 것을 요청했다. 루앙의 대주교인 기욤 본암은 로베르의 반란과 비행이 얼마나 왕을 가슴 아프게 했는지 잘 알고 있었다. 대주교는 로베르를 동정할 말을 찾았다. 윌리엄은 곰곰이 생각 중이었다. 이윽고 그가 말했다. "로베르가 이곳에 오기를 거부했기 때문에 나는 당신들의 판단과 신의 뜻에 따라 말하겠다. 당신들 앞에서 로베르가 나에게 범한 죄를 용서한다. 나는 과거에 약속한 것처럼 로베르에게 노르망디 공국을 준다. 하지만 그를 잘 통제하기 바란다. 그는 나의 너그러움을 너무 악용했다. 그는 신의 계시를 무시하고 늙은 애비를 저 세상으로 보내려고 한 자다." 이렇게 결정이 되

579

었다! 왕 자신이 영국과 노르망디를 이어주던 밧줄을 끊어버린 것이다. 그리고 벌써 그는 '붉은 얼굴 윌리엄'에게 지체하지 말고 바다를 건너 영국으로 떠나라고 재촉했다. 그리고 영국인들이 자신의 죽음에 대해 모를 때 얼굴을 잠깐 내밀라고 말했다. 그는 아들에게 옥새를 주며 축복해주었고, 빨리 떠날 것을 명령했다. 그러면서 이 결정의 내용을 담은 편지를 랑프랑에게 전달할 것도 잊지 않고 명했다.

그 사이에 막내아들 '미남 학자 앙리'도 자신의 몫을 요구하고 있었다. 하지만 왕은 더 이상 자신의 영지를 쪼개려는 생각이 없었다. 앙리에게는 현금이 선물로 주어졌다. 무려 5000파운드의 현금을! 자신의 몫에 떨떠름했던 앙리는 진짜 재산은 땅이라고 항의했다. 사실 윌리엄은 사랑하는 막내아들에게 왕국의 절반을 주겠다고 약속한 적이 있었다. 그런데 이런 예언은 20년 뒤에 쓰이게 될 연대기의 작가에게는 쉬운 예언이었다.[†] 하지만 어쨌든 앙리는 아버지의 뜻을 따르기로 마음을 먹었다. 우선 자신이 보는 앞에서 은화 5000파운드의 무게를 재고 충복들을 동원하여 안전한 장소로 옮겼다. 이 돈을 노리는 자들이 사방에 있었기 때문이다.

왕은 참회하고 마지막 영성체를 했다. 이제는 정의로 판단할 아니 심사숙고를 통하여 판단할 일이 하나 남았다. 주변 사람들은 왕에게 오래전부터 감옥에서 기력을 잃고 있는 포로들에 대하여 상기시켜 주었다. 그들 중에는 로제 드 브르퇴유, 울프노스, 모르카 그리고 울프Wulf, 시바르Siward 같은 여러 명의 앵글로색슨 귀족도 있었다. 왕은 사면을 허락했다. 그는 "이들의 투옥은 부당했지만 왕국의 평화를 위해서 불가피한 것이었

[†] 결과적으로 형 윌리엄이 요절하자, 영국은 앙리의 차지가 되었고, 로베르가 십자군 원정에 나가면서 윌리엄에게 저당 잡혔던 노르망디 또한 앙리의 것이 되었다. 결과를 알고 있던 연대기 작가들이 과거 시점에서 예언을 만들어내는 것은 손쉬운 일이다.—옮긴이

다"라고 자신의 과오를 인정했다. 이들은 서약을 하고 모두 풀려났다.† 그렇다면 왕의 동생인 오동 드 바이외는 어떻게 되었나? 그는 이번 사면에서 제외되었을까? 원수가 된 동생을 왕은 절대로 용서할 생각이 없었다. 그러자 로베르 드 모르탱이 오랫동안 왕을 설득했다. 결국 왕은 승복했다. 하지만 여전히 망설이고 있었다. 왕은 "당신들은 지금 간청하는 사람의 성격에 대해서 나보다는 잘 알지 못한다. 그는 당신들을 혼란에 빠뜨릴 인물이다"라고 말했다. 그리고 왕은 오동을 석방하라는 지시를 내렸다.

그때 갑자기 왕은 자신이 부당하게 처리한 사건 하나가 생각났다. 주변에 있던 대제후나 고위 성직자들은 생각도 나지 않는 일이었다. 기사 중에 보드리Baudri라는 자가 있었다. 그는 생트쉬잔 전쟁에서 오랫동안 복무했던 니콜라의 아들이었다. 그는 지난봄에 왕의 허가도 받지 않고 스페인으로 떠났다. 그에 대한 벌로 왕은 그의 영지를 몰수한 적이 있었다. 왕은 몰수한 영지를 그에게 돌려주고 후회와 빈정거리는 어투로 다음과 같이 말했다. "니콜라의 아들처럼 세상에서 용감한 기사는 없을 것이다. 하지만 그는 낭비벽이 심하고 변덕스럽고, 너무 이국의 땅을 좋아하는 사람이다." 윌리엄에게 고향인 노르망디는 이런 땅이었다.

9월 8일 왕은 편안하게 잠을 자고 있었다. 밤새 별일은 없었다. 그런데 새벽녘에 성당의 종소리가 미풍에 실려 생제르베까지 들려왔다. 왕은 잠에서 깨었다. 그는 이 소리가 무엇인지 물었다. 성무의 제1과를 알리는 노트르담의 종소리라고 주위에서 알려주었다. 그러자 왕은 손을 들고 다음과 같이 중얼거렸다. "나 자신을 주님의 어머님께 의탁합니다. 나를 그녀의 아들과 화해시켜주소서!" 그리고 베개에 몸을 떨구었다. 이렇게 왕

---

† 하지만 '붉은 얼굴' 윌리엄은 왕위에 오른 뒤에 곧바로 이들을 다시 감옥에 가두었다.

은 운명을 달리 했다.

그는 52년 동안 노르망디의 공작으로, 그리고 21년 동안 영국의 왕으로 두 나라를 통치했다.

왕이 서거했다는 소식이 알려지자 극심한 혼란이 찾아왔다. 다들 폭력의 희생양이 될까봐 도망가느라 정신이 없었다. 평화는 끝나고 야수의 시대가 다시 찾아온 것이다! 오드릭 비탈은 이때의 상황을 대략적으로 묘사하고 있다. 왕은 호화스런 침대에 홀로 버려졌다. 망자의 눈이라도 감겨주었을까? 도시의 유지들은 말을 몰아 집으로 피신하고 바리케이드

✤
알베르 메냥Albert Maignan의 「정복왕 윌리엄의 죽음」(1889).

를 설치했다. 성직자들은 교회에서 장황한 이야기들만 늘어놓으며 무슨 일을 해야 할지 모르고 있었다. 왕이 서거했다는 소식은 어떤 재앙을 불러올 것인가? 그 사이에 생제르베의 하인들은 왕이 죽은 방에 몰래 들어가 가구, 귀중품, 의복 등을 훔쳐 나왔다. 대담한 자들이 이 중대한 죽음 앞에서 왕의 옷을 벗겨 거의 나체로 만든 것이다.

이 사태를 처음으로 수습한 사람은 루앙의 대주교였다. 그는 망자의 뜻에 따라 윌리엄을 캉의 생테티엔 성당에 매장하기로 결정했다. 먼저 시신의 염을 하고, 배를 갈라서 내장을 들어냈다. 그리고 그 속에 향신료를 채워 넣었다. 그 다음에 시신을 소가죽으로 싸서 관 모양으로 만들었다. 루앙에서 캉까지는 거리가 꽤 되었기 때문에 호송대를 조직해야 했다. 그런데 아무도 나서는 사람이 없었다. 책임 있는 대봉신들이 선뜻 나서지 못한 것이다. 시간은 촉박했다. 서둘러서 사람들을 찾았지만 부득이 평범한 기사—그의 이름은 에를뤼앵Herluin이었다—에게 시신의 호송을 맡겼다. 그는 몇 명의 인부와 함께 홀로 센강의 배에 시신을 옮기고, 다시 수레에 실어 캉으로 향했다.

윌리엄의 사망 소식은 이제 공식적으로 확인되었고, 공국에는 소문만 무성했다. '붉은 얼굴 윌리엄'은 위상Wissant에서 배를 타려는 순간에 이 소식을 들었다. 하지만 아버지의 명령대로 그는 돛을 올리고 노르망디를 떠났다. 반란의 조짐은 벌써 나타나기 시작했다. 로베르 드 벨렘은 알랑송에서 왕실 관리들을 추방했고, 에브뢰의 백작인 기욤도 그 뒤를 따랐다. 기욤 드 브르퇴유와 라울 드 콩슈는 성에 들어가 방어진을 구축했다. 윌리엄이 죽었다는 소문은 입에서 입을 통해 프랑스를 지나 알프스, 이탈리아로 퍼지고 있었다. 누가 시키지 않아도 자원한 병사들이 말을 몰듯이 이 충격적인 소식은 온 유럽으로 퍼져나갔다. 소식은 오리엔트에서 유럽으로 오는 길목에 위치한 칼라브리아에 도착했다. 마침 윌리엄의 아버지 장엄공 로베르의 유골을 가지고 오던 일행은 이 소식을 듣고 망연자실했다. 그들은 단숨에 도망쳐서 사라지고 말았다. 그리고 소중한 유골은 어디로 갔는지 누구도 모른다.

그 사이에 또 다른 죽음이 천천히 캉으로 오고 있었다. 도시에서 얼마 떨어지지 않은 곳에 한 행렬이 만들어졌는데, 수도사들, 교회지기들, 상여의 종소리꾼들이 행렬을 이끌고 있었다. 농민, 부르주아, 기사들이 반세기 동안 자신들의 주인이었던 상여 앞에서 걸어가고 있었다. 그런데 성직자들이 장례식 때 드리는 기도문인 '리베라 메Libera me'를 합송하는 동안 하늘에서 갑자기 벼락이 쳤다. 그 뒤에 천둥과 불꽃이 솟구치더니 도시에 화재가 발생했다. 군중은 혼비백산하여 흩어졌다. 시신을 옮기는 들것 주위에는 생테티엔의 수도사들만 남았다. 그들은 윌리엄의 시신을 빈자들의 시신처럼 거두어주었다.

윌리엄의 장례식에는 노르망디의 고위 성직자들이 모두 모였다. 마침내 풀려난 오동 드 바이외와 니콜라 드 생투앵†의 모습도 보였다. 성당 중앙 홀에는 세 개의 하얀 장식 기둥이 받치고 있는 석관이 안치되었다. 열려진 석관 안으로 이제 윌리엄의 시신을 넣고 관을 봉하려는 참이었다. 리지외의 주교가 망자에 대한 찬사를 웅변으로 대신했다. 그런데 분노에 찬 목소리가 홀 안에서 들렸다. 캉의 부르주아 아슬랭Asselin이라는 사람이었는데, 그는 아르튀르Arthur의 아들이었다. 사람들은 그를 가로막았다. 장례식의 분위기나 그곳에 모여 있는 성직자들에 대한 고려도 없이 아슬랭은 자신의 권리를 강력히 주장했다. 그는 윌리엄이 묻히게 될 장소가

---

† 니콜라의 출생과 사망에 대해서는 본문 184쪽 참고.

생테티엔 성당이 들어서기 전부터 자신의 아버지가 묻혀 있던 곳이라고 주장했다. 그곳을 윌리엄이 수도사들에게 자신의 허락도 없이 주었다는 것이다. 그리고 아슬랭 자신은 한 푼도 받지 못했다고 불만을 털어놓았다. 그는 망자에 대한 비난도 서슴없이 늘어놓으면서 고함을 질렀다. 다행히 군중의 소란 덕분에 그의 목소리는 더 이상 들리지 않게 되었다. 이 말썽꾼의 입을 막기 위해 현장에서 60파운드 스털링을 그에게 주었다.

마침내 불쌍한 윌리엄의 시신을 관에 넣어야 할 순간이 왔다. 그런데 석관을 제작한 사람들은 어떤 감정이 복받쳤기에 관의 크기를 정확히 계산하지 못했던 것일까? 시신이 너무 컸던 것이다! 오드릭 비탈에 따르면 결국 시신을 눌러서 억지로 석관에 넣었다고 한다. 너무 우겨서 넣다보니 시신을 싸고 있던 소가죽이 찢겨져서 끔찍한 악취가 진동했다. 향신료를 넣은 엄청난 배가 그만 터지고 만 것이다.[†]

585

노르망디와 영국의 많은 문인은 망자를 위하여 장엄한 시를 썼고, 금은세공사 오통Otton이 관의 겉면을 은판과 송진으로 다시 덮었다.

[†] Pinguissimus venter crepuit……. 아마도 오드릭 비탈은 고의로 마지막 순간의 비장한 장면을 비난했을지도 모른다.

이 책에는 결론이 없다. 역사는 겉에서 일어난 사건들의 모습만을 보여줄 뿐이고 그 실체를 말해주지 않기 때문이다.

윌리엄이 죽은 뒤인 1087년 9월 29일 랑프랑은 웨스트민스터 대성당에서 '붉은 얼굴 윌리엄'의 대관식을 축성해주었고, '짧은 장화 로베르'는 노르망디를 차지했다. 하지만 4년 뒤 로베르는 돈이 부족하여 노르망디의 외 지방과 오말 지방을 포함한 브레슬 계곡을 '붉은 얼굴 윌리엄'에게 저당 잡히고, 1096년에는 십자군 원정에 필요한 자금을 마련하기 위해 노르망디 공국 전체를 담보로 맡긴다.

1100년에 '미남 학자 앙리'가 영국 왕에 오른다. 그는 형 로베르와 영국 왕을 놓고 일전을 벌여야 했다. 로베르는 성지에서 돌아왔는데 그는 로베르 기스카르의 질녀인 시빌 드 콘베르사노Sibyle de Concersano와 결혼한 터였다. 1106년 9월 28일 노르망디의 탱슈브레에서 로베르와 앙리는 왕국의 명운을 걸고 결전을 벌였다. 그리고 페븐시에서 떠난 앙리의 군대가 마침내 로베르의 군대를 물리치고 왕국의 통일을 이루었다. 로베르는 웨일스의 카디프성에서 무려 28년 동안 죽음을 기다리며 감옥에 갇혀 있게 된다. 마침내 정복왕 윌리엄은 자신의 눈높이에 맞는 후계자를 찾은 것이다. 윌리엄의 사후 19년의 혼란과 무질서의 시간은 그가 이룬 탄탄한 정복의 기초를 허물기에는 충분하지 않았던 것이다.

에필로그

588

589

592

593

594

595

597

600

603

이 책에 등장하는 인물들

리샤르 1세와 그의 후예들Richardides

(좌에서 우로 읽음)

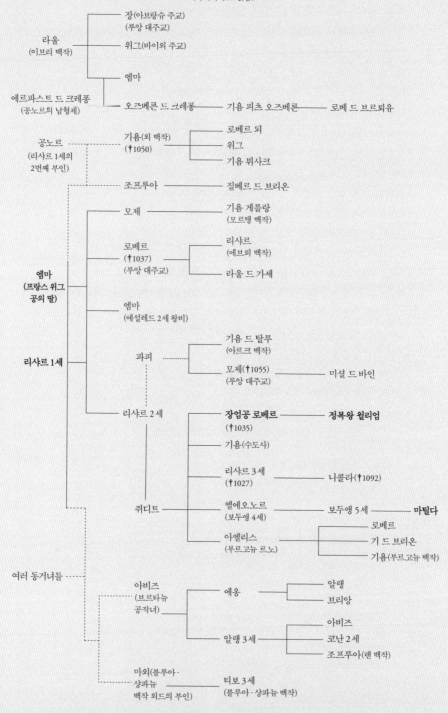

장엄공 로베르와 아를레트 드 팔레즈의 가계도

(좌에서 우로 읽음)

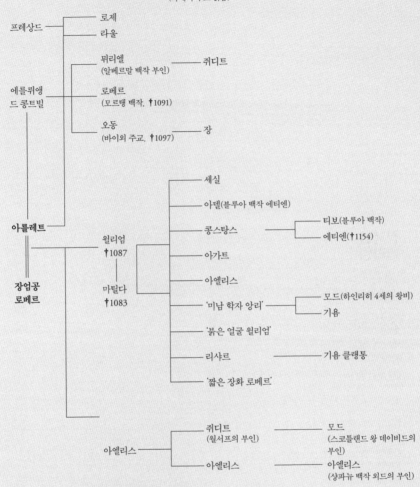

정복왕
윌리엄

1판 1쇄 2020년 4월 13일
1판 2쇄 2020년 7월 10일

지은이 폴 쥠토르
옮긴이 김동섭
펴낸이 강성민
편집장 이은혜
편집 박은아 곽우정 김해슬 신상하 이여경
마케팅 정민호 김도윤 고희수
홍보 김희숙 김상만 지문희 우상희 김현지

펴낸곳 (주)글항아리 | **출판등록** 2009년 1월 19일 제406-2009-000002호
주소 10881 경기도 파주시 회동길 210
전자우편 bookpot@hanmail.net
전화번호 031-955-2663(편집부) 031-955-8891(마케팅)
팩스 031-955-2557

ISBN 978-89-6735-764-1 03920

글항아리는 (주)문학동네의 계열사입니다.

이 도서의 국립중앙도서관 출판예정도서목록(CIP)은 서지정보유통지원시스템 홈페이지
(http://seoji.nl.go.kr)와 국가자료종합목록 구축시스템 (http://kolis-net.nl.go.kr)에서
이용하실 수 있습니다. (CIP제어번호 : CIP2020010306)

잘못된 책은 구입하신 서점에서 교환해드립니다.
기타 교환 문의 031-955-2661, 3580

geulhangari.com